2010~2011

中国社会科学院创新工程学术出版资助项目

CASS 中国社会科学权威报告系列

总主编：陈佳贵

2010~2011

THE GLOBAL TELECOM
ENTERPRISES REPORT 2010-2011
——Financial Competitiveness and Substained Development

2010~2011

全球电信运营企业发展报告

——财务竞争力与可持续发展

何瑛 主编

经济管理出版社
ECONOMY & MANAGEMENT PUBLISHING HOUSE

图书在版编目（CIP）数据

全球电信运营企业发展报告：2010~2011/何瑛主编.
—北京：经济管理出版社，2011.12
ISBN 978-7-5096-1720-5

Ⅰ.①全…　Ⅱ.①何…　Ⅲ.①电信—邮电企业—企
业发展—研究报告—世界—2010~2011　Ⅳ.①F631

中国版本图书馆 CIP 数据核字（2011）第 258703 号

出版发行：**经济管理出版社**

北京市海淀区北蜂窝 8 号中雅大厦 11 层

电话：(010)51915602　　　邮编：100038

印刷：精美彩色印刷有限公司　　　经销：新华书店

组稿编辑：张　艳　　　责任编辑：张　艳
责任印制：黄　铄　　　责任校对：曹　平　李玉敏

880mm×1230mm/16　　　29 印张　　　720 千字
2011 年 12 月第 1 版　　　2011 年 12 月第 1 次印刷

定价：398.00 元

书号：ISBN 978-7-5096-1720-5

全球电信运营企业发展报告（2010~2011）

专家委员会

编写委员会

序　言

　　我国《国民经济和社会发展第十二个五年规划纲要》中明确提出要培育发展战略性新兴产业，并将新一代信息技术产业确立为七大战略性新兴产业之一，加以重点推进。新一代信息技术产业包括下一代信息网络、电子信息核心基础产业、高端软件及新兴信息服务业三个重点领域，其中新一代移动通信、下一代互联网、三网融合、物联网和云计算等是与通信业密切相关的重点发展方向。

　　世界各国为加快经济复苏并重建国家竞争力，纷纷加快科技创新与产业革命步伐，通过政府战略指引、政策激励甚至直接资金投入等重大举措，加强国家部署，将构建下一代国家信息基础设施作为发展重点和优先领域，力图抢占后金融危机时代经济、科技制高点。受到政府支持的全球重要电信运营企业竞争激烈，技术和商业模式创新已扩展到产业各个领域。面临国内外复杂的经济形势和社会发展环境，我国的通信业发展坚持统筹部署、创新引领、服务民生、安全可靠的基本原则，加快构建下一代国家信息基础设施，全面提高宽带普及率和接入带宽，深化基础设施应用效能，提升基础设施使用效率，培育基于宽带和移动互联网的新兴服务业态，发展壮大信息网络产业经济。

　　作为全面支撑经济社会发展的战略性、基础性和先导性行业，通信业具有创新速度快、通用性广、渗透力强的特点，是经济增长的倍增器、发展方式的转换器和产业升级的助推器。"十二五"期间，通信业将以服务经济社会发展为中心，加快转型升级，供给和需求双向推动，夯实市场对资源配置的基础性作用，强化规划指引、政策导向、要素支持的保障性作用，创新商业和服务模式，促进产业链的完善和延伸，推动工业化和信息化的深度融合，实现工业化和信息化的相互渗透和循环提升，提升国家信息化水平，为构建信息社会打下坚实的基础。同时，通信业还需要以国际化视野和战略性思维来推动宽带网络、新一代移动通信、下一代互联网、云计算、物联网等新兴产业形态发展，培育新的经济增长点。通过致力于提高国家科技实力和综合实力，着眼于引发技术和产业变革，做好战略决策储备、科技创新储备、领军人才储备、产业化储备，依托新一代信息技术这一战略新兴产业来支撑和引领我国经济社会的可持续发展。

随着通信业价值链外延的不断扩大，以及通信市场竞争的日趋加剧，如何通过创新商业模式和重塑价值创造方式获得可持续发展的核心能力，正成为电信行业发展的主旋律，智能管道和聚合平台正是实现这一转变的抓手或基石。随着行业融合发展的趋势进一步显现，电信运营企业对外，需要与设备供应商、内容提供商、系统集成商、最终用户等共同搭建协同发展的产业链；对内，需要进一步优化组织架构，逐步向平台化、虚拟化的方向演进，提高管理效率和管理水平。

"十二五"时期是全面建设小康社会的关键时期，通信业发展大有可为。希望我国通信业在未来发展中进一步提高核心竞争力，加快转型升级步伐，为服务国民经济和社会发展做出更积极的贡献。

工业和信息化部党组成员　总工程师

朱宏任

2011 年 11 月

前 言

随着全业务竞争的日益加剧，电信行业正在发生本质的变化。日益同质化的产品和业务，使电信行业尤其是电信运营商的竞争，从业务和价格的竞争逐步转变为商业模式之争。因此如何在价值链上改变电信运营商的地位，通过创新的商业模式获得持续发展的核心能力，正成为电信行业发展面临的核心问题。企业商业模式反映了一个公司基于价值导向的组织管理体系，是企业的DNA。成功的商业模式可以促进对企业战略选择的分析、试验和确认；同样，成功的商业模式也能使企业获得强势的市场地位。随着物联网、云计算、Web3.0等最新应用和技术的不断推广，苹果、微软、谷歌等企业对电信行业的进军，电信行业的构成和商业运作日趋复杂，因此，对电信运营企业来说创新商业模式应是一个系统工程。同时，伴随着用户规模的增长，话音的支柱作用在减弱，数据以及移动互联网成为电信运营商的发力方向，智能手机和各类新型终端成为新的主流，移动流量激增及互联网创新商业模式也为电信运营商带来了新的挑战。总之，从目前电信行业的发展来看，技术、竞争、需求三方面的驱动力已经使得战略转型成为必然。电信行业的转型可以从三个角度界定：第一，从产业角度看，就是从传统的语音通信转变为信息通信，即ICT行业。第二，从价值创造角度看，电信价值链条转变成了电信价值网络。第三，从企业角度看，传统的网络运营商正在转变为综合信息服务提供商。电信企业转型，其本质就是对公司赖以实现持续增长的商业模式进行创新，从而使企业获取长期竞争优势和实现可持续发展。

随着电信产业价值链的外延不断扩大，企业内部价值链所涉及专业分工更加精细，环节与流程更加复杂，但是电信运营商在产业价值链中的重要地位却始终没有变。因此，技术和业务的转型要求管理向以客户为中心和提高运营效率方面转变，财务管理作为公司价值管理的主要部门，要深入研究产业价值链和内部价值链变化对公司价值的影响，提供战略成本信息，建立相应的估值模型，支撑公司建立合理的产业价值分配模式、盈利模式，推动产业价值链的扩大，实现企业价值最大化。同时，由于用户需求的多样化和激烈的市场竞争，企业内部需要精细管理经营收入、控制经营成本，确保收入质量、实现成本结构和效益的最优化，建立内部价值链管理体系，防止价值流失。

近年来，随着电信市场的进一步饱和，电信业务增长空间急剧缩小，企业效益、价值的增长陷入了困境，收入的增长进入了阶段性"瓶颈"，增速不断减缓，已无法有效拉动企业效益的增长，成本资源消耗在市场竞争、服务完善、企业战略转型等增量因素作用下，上升似乎无法避免。因此如何在电信运营企业利润不断摊薄的情况下，实现股东对投资回报的要求，保持强劲的财务竞争力，并保证企业的可持续增长，成为所有电信运营企业面临的重要问题。

在上述背景下，《全球电信运营企业发展报告（2010~2011）——财务竞争力与可持续发展》的公开出版恰逢其时，为全球电信运营企业财务竞争力的研究和信息资源交流奉献了一部优秀的著作。

《全球电信运营企业发展报告（2010~2011）——财务竞争力与可持续发展》的主要内容包括：

第一部分：专题篇。包括一份总报告和五份分报告。

总报告对电信运营企业财务竞争力综合评价和提升路径进行了全面、系统的研究。基于价值导向从综合绩效和现金流视角构建电信运营企业财务竞争力评价体系，运用因子分析模糊矩阵评价法对世界500强中的20家电信运营企业（2010年）进行实证研究，并对综合绩效和现金流视角的两种财务竞争力评价结果与价值创造结果（EVA率）进行相关性分析，提出电信运营企业财务竞争力的提升过程需要遵循"财务转型—协同战略—价值创造—价值实现与经营—价值文化"的基本路径，也就是基于价值导向实现价值创造、价值实现、价值经营的过程。

分报告则从财务转型、资本运营、人才再造、绩效评价、价值创造与提升等不同视角致力于电信运营企业财务竞争力与可持续发展的专题研究。

第二部分：报告篇。包括12家电信运营企业的可持续发展报告。

2010年进入世界500强的电信运营企业有20家，主要分布在美洲（6家）、欧洲（7家）、亚洲（6家）和大洋洲（1家），其中：

美国5家（AT&T、Verizon、Comcast、Sprint Nextel、DirectTV Group）；

日本3家（NTT、KDDI、Softbank）；

中国3家（China Mobile、China Telecom、China United Telecom）；

英国2家（Vodafone、BT）；

法国2家（France Telecom 、Vivendi）；

墨西哥、澳大利亚、德国、意大利、西班牙各1家（America Movil、Telstra、Deutsche Telekom、Telecom Italia、Telefonica）。

报告从2010年进入世界500强的20家电信运营企业中，挑选出具有代表性的12家电信运营企业（中国3家，美国2家，英国2家，日本、德国、西班牙、法国、墨西哥各1家），分别从公司简介、公司战略、公司治理、市场概览、业务概览、经营和财务绩效、内控与风险管理、人力资源发展、企业社会责任和前景展望10个方面，对其可持续发展状况进行概述研究。

第三部分：指标篇。呈现全球电信运营企业关键绩效指标概览及财务竞争力与可持续发展的深度解析。

报告从投资经营效果、融资管理效率、成本费用管理、现金与质量管理、可持续成长管理、价值创造与分配六个方面精选出42个重要指标，呈现出2010年20家公司的指标值以及平均值，为电信运营企业的标杆管理提供了可以参照的依据。同时，报告对每个关键绩效指标分四大洲呈现出2008~2010年的趋势数据，为电信运营企业的精细化管理提供有价值的基础数据信息。最后，基于价值导向对电信运营企业财务竞争力与可持续发展进行深度解析，为电信运营企业的价值创造与成长提供了有价值的思路和建议。

第四部分：附录篇。

主要包括：2010年中国国民经济和社会发展

统计公报、2010 年中国电信业统计公报、2010 年进入世界 500 强的 20 家电信运营商关键绩效指标一览表。

《全球电信运营企业发展报告（2010~2011）——财务竞争力与可持续发展》的创新之处包括：

第一，目前国内外对企业财务竞争力的研究多处于概念界定和理论阐述阶段，尚未建立起规范可行的财务竞争力评价体系。报告基于价值导向从综合绩效和现金流视角构建了电信运营企业财务竞争力评价体系，并运用因子分析模糊矩阵评价法对 2010 年进入世界 500 强的 20 家电信运营企业进行实证研究得出：①基于综合绩效和现金流视角的财务竞争力评价结果之间具有较强的相关性；②价值创造能力（EVA 率）与财务竞争力评价结果之间具有较强的相关性；③股价与财务竞争力评价结果之间也具有较强的相关性。

第二，截至目前，国内外没有公开出版过对全球电信运营企业可持续发展状况进行综述的著作，由于时间和成本等方面的限制，报告从 2010 年进入世界 500 强的 20 家电信运营企业中，挑选出具有代表性的 12 家分别从 10 个方面对其可持续发展状况进行概述研究，为电信运营企业的国际化拓展提供了有价值的信息。

第三，报告呈现的全球电信运营企业的关键绩效指标（横向比较、纵向趋势、均值数据、分洲数据），为电信运营企业的标杆管理、精细化管理提供了可以参照的依据和有价值的基础数据信息。

作为第一次有益的尝试，也是第一部反映全球电信运营企业财务竞争力和可持续发展状况的报告，该著作难免有偏颇或疏漏之处。报告团队将与电信各界携手前进，共同努力，为电信行业的发展和电信运营企业的可持续发展做出更大的贡献。

何 瑛
2011 年 11 月

目 录

第一部分 专题篇——全球电信运营企业财务竞争力综合评价

总 报 告　电信运营企业财务竞争力综合评价与提升路径 / 3
分报告一　电信运营企业实施财务转型的现状、问题与发展方向 / 20
分报告二　电信运营企业财务竞争力的全角化透视 / 31
分报告三　电信运营企业战略绩效模糊综合评价 / 41
分报告四　电信运营企业海外拓展中成功实施资本运营的策略 / 50
分报告五　电信运营企业推进财务转型构建多层次财务人才体系 / 58

第二部分 报告篇——全球电信运营企业可持续发展报告

一　美国电话电报公司可持续发展报告（AT&T） / 67
二　日本电话电报公司可持续发展报告（NTT） / 85
三　美国 Verizon 电信公司可持续发展报告（Verizon） / 111
四　德国电信公司可持续发展报告（Deutsche Telekom） / 131
五　西班牙电信公司可持续发展报告（Telefónica） / 147
六　中国移动公司可持续发展报告（China Mobile） / 169
七　英国沃达丰公司可持续发展报告（Vodafone） / 199
八　法国电信公司可持续发展报告（France Telecom） / 217
九　墨西哥美洲电信公司可持续发展报告（América Móvil） / 239
十　中国电信公司可持续发展报告（China Telecom） / 261
十一　英国电信公司可持续发展报告（BT） / 285
十二　中国联通公司可持续发展报告（China Unicom） / 305

第三部分　指标篇——全球电信运营企业关键绩效指标及分析

一　电信运营企业投资经营效果绩效指标概览 / 325

二　电信运营企业融资管理效率绩效指标概览 / 338

三　电信运营企业成本费用管理绩效指标概览 / 345

四　电信运营企业现金与质量管理绩效指标概览 / 352

五　电信运营企业可持续成长管理绩效指标概览 / 360

六　电信运营企业价值创造与分配绩效指标概览 / 367

七　电信运营企业财务竞争力与可持续发展的深度解析 / 373

第四部分　附录篇——统计公报和绩效指标

附录一　2010 年中国国民经济和社会发展统计公报 / 385

附录二　2010 年中国电信业统计公报 / 407

附录三　2010 年进入世界 500 强的 20 家电信运营商关键绩效指标一览表 / 420

后　记 / 445

Contents

Section 1   Special Subject Part: The Comprehensive Evaluation of Financial Competitiveness for Global Telecom Enterprises

Main Report   The Comprehensive Evaluation and Promoting Paths of Financial Competitiveness for Telecom Enterprises / 3

Report I   The Status、Problems and Development Paths of Carrying out Financial Transformation on Telecom Enterprises / 20

Report II   The Multi–dimentional Perspective of Financial Competitiveness for Telecom Enterprises / 31

Report III   Fuzzy Comprehensive Evaluation on Strategic Performance of Telecom Enterprises / 41

Report IV   Tactics on Successfully Implementing Capital Operation in the Process of Overseas Development for Telecom Enterprises / 50

Report V   Constructing the System of Multi–level Financial Talents to Promote the Financial Transformation for Telecom Enterprises / 58

Section 2   Report Part: The Report on Sustainable Development of Global Telecom Enterprises

一   The sustainable development report of AT&T / 67

二   The sustainable development report of NTT / 85

三   The sustainable development report of Verizon Communications / 111

四   The sustainable development report of Deutsche Telekom / 131

五   The sustainable development report of Telefonica / 147

六   The sustainable development report of China Mobile Communications / 169

七　The sustainable development report of Vodafone / 199

八　The sustainable development report of France Telecom / 217

九　The sustainable development report of America Movil / 239

十　The sustainable development report of China Telecommunications / 261

十一　The sustainable development report of BT Group / 285

十二　The sustainable development report of China United Network Communications / 305

Section 3　Indicator Part: Key Performance Indicators and Analysis for Global Telecom Enterprises

一　An overview of performance indicators of investment management effecticeness for telecom enterprises / 325

二　An overview of performance indicators of financing management efficiency for telecom enterprises / 338

三　An overview of performance indicators of cost management for telecom enterprises / 345

四　An overview of performance indicators of cash and quality management for telecom enterprises / 352

五　An overview of performance indicators of Sustainable development management for telecom enterprises / 360

六　An overview of performance indicators of value creation and distribution for telecom enterprises / 367

七　Deep analysis on the financial competitiveness and the sustainable development ability for telecom enterprises / 373

Section 4　Appendix Part: Statistical Bulletin and Performance Indicators

Appendix Ⅰ　China's national economy and social development statistical bulletin for the year 2010 / 385

Appendix Ⅱ　China's telecom industry statistics bulletin for the year 2010 / 407

Appendix Ⅲ　List of key performance indicators for the twenty telecom enterprises on the top 500 of fortune forum in the world during the year 2010 / 420

Postscript / 445

第一部分　专题篇

——全球电信运营企业财务竞争力综合评价

总报告　　　电信运营企业财务竞争力综合评价与提升路径

分报告一　　电信运营企业实施财务转型的现状、问题与发展方向

分报告二　　电信运营企业财务竞争力的全角化透视

分报告三　　电信运营企业战略绩效模糊综合评价

分报告四　　电信运营企业海外拓展中成功实施资本运营的策略

分报告五　　电信运营企业推进财务转型构建多层次财务人才体系

总 报 告
电信运营企业财务竞争力综合评价与提升路径

　　企业的实质就是一种价值创造和增值过程，如何有效地实现价值创造和增值是企业运营的不变追求和本质目标。价值创造思想的源头最早可以追溯到 20 世纪初期 Fisher 的资本价值理论，Modigliani 和 Miller 的资本结构理论对价值管理产生了重大影响，Rappaport 沿袭了 Modigliani 和 Miller 对企业价值的理解基于自由现金流探讨价值创造及驱动因素，20 世纪 90 年代，美国斯图斯特顾问公司提出了经济增加值（EVA）概念，并将价值驱动因素归结为税后净营业利润、投资资本和资金成本，1996 年，Ottosson 和 Weissenrieder 提出了现金增加值（CVA）价值衡量指标，认为建立在现金流量基础上的现金增加值模型，符合公司的价值来源于公司产生的现金流量和基于现金流量的投资回报的能力，与企业价值管理相一致。Kaplan 和 Norton 创造性地将企业价值创造的驱动因素从财务层面延伸至非财务的客户层面、内部流程层面和员工的学习与成长层面，构造了一个内在驱动富有逻辑的基于价值导向的平衡计分模式并加以推广。Andrew Black

等（2001）提出价值是由三个基本规则所推动：获得超过资本成本的回报（盈利）、增加业务和投资基数（增长）、管理和接受适当的业务风险和财务风险（风险），企业实施价值管理的基本路径就是实现管理成长、追求盈利和控制风险的动态平衡。企业价值创造与管理的内涵与外延随着时代的变迁在不断演进和深化，但是企业对于价值创造的追求却始终如一，因为价值创造是企业提升财务竞争力的根本。

　　近年来，随着电信市场的进一步饱和，电信业务增长空间急剧缩小，企业效益、价值的增长陷入了困境，收入的增长进入了阶段性瓶颈，增速不断减缓，已无法有效拉动企业效益的增长，成本资源消耗在市场竞争、服务完善、企业战略转型等增量因素作用下，上升似乎无法避免。因此如何基于价值导向保持强劲的财务竞争力以保证企业的可持续增长成为所有电信运营企业面临的重要问题，而正确评估财务竞争力并探寻其提升路径正是解决问题的关键。

一 基于价值导向的电信运营企业财务竞争力综合评价

财务竞争力根植于企业的财务资源和财务管理活动中，是基于价值导向的成长管理、盈利管理和风险管理动态平衡的综合实力体现（Fama 和 French，1991）。财务竞争力的强弱可以基于现金流量、综合绩效、经济增加值等视角加以衡量和评价。笔者以 Fama 和 French、吴荷青、张友棠、朱晓等关于如何评价财务竞争力的研究作为基础，结合电信运营企业资产、技术密集型的特点，逐步实施精细化管理将效益管理落到实处的要求，以及追求管理成长、提高盈利和控制风险的动态均衡实现价值增值为导向，构建了现金流视角的电信运营企业财务竞争力评价体系，同时为了验证评价结果的客观性，又建立了一套综合绩效视角的电信运营企业财务竞争力评价体系进行相关性研究，如表 1-0-1 和表 1-0-2 所示。

表 1-0-1 电信运营企业基于综合绩效的财务竞争力评价体系

总目标	子目标	一级指标	二级指标
财务竞争力	风险管理	融资效率	资产负债率、流动比率、利息保障倍数
	盈利管理	投资效果	主营业务利润率、总资产报酬率、净资产报酬率 经济增加值率（EVA 率）、息税、折旧摊销前利润占收比（EBITDA 率）
		资产管理	总资产周转率、固定资产周转率、应收账款周转率
		现金管理	销售现金比率、资产现金回收率、自由现金流占收比
	成长管理	成长能力	总资产增长率、主营业务收入增长率、净利润增长率 资本性支出占收比、每股收益增长率

表 1-0-2 电信运营企业基于现金流的财务竞争力评价体系

总目标	子目标	一级指标	二级指标	三级指标
财务竞争力	风险管理	安全性	流动性	现金比率、现金流量比率
			结构性	现金流入流出比
			灵活性	坏账发生率
	盈利管理	盈利性	效率性	销售现金比率
			效益性	自由现金流占收比、资产现金回收率、息税、折旧摊销前利润占收比
	成长管理	可持续性	充足性	现金流量经营充足率
			稳定性	可持续增长率
			增长性	资本性支出占收比、经营活动现金流量增长率

本书选取的样本研究对象为进入世界 500 强的 20 家电信运营企业，其中各项指标的计算取值均来自于各公司公布的 2010 财年的年报。在计算出各评价指标数值后使用 SPSS 13.0 软件对数据进行处理。本书采用了因子分析模糊综合评价法，能够将对样本公司各项指标的客观评价以及决策者对各评价层面的主观判断相结合，弥补了层次分析法易受人为操纵以及主成分分析法不能体现决策者经营重心的缺憾。基于两种不同视角（综合绩效和现金流）的评价结果不仅可以对企业的

整体财务竞争力进行相关性评价，而且能够从多角度进行分析并提出提升电信企业财务竞争力的路径。

（一）因子分析

（1）提取公共因子。对各指标进行因子分析前，我们先对样本数据进行了 KMO 检验和 Banlett 球度检验，检验结果表明，所有的 KMO 检验值均大于 0.5，说明样本数据适用于因子分析。所有的 Banlett 球度检验值均小于 0.05，即当显著水平为 95% 时，样本数据适用于因子分析。对样本数据进行因子分析，按照累积方差贡献率大于 80% 的原则，各一级指标选入的公共因子列表如表 1-0-3 和表 1-0-4 所示。

表 1-0-3　各一级指标公共因子及方差贡献率（基于综合绩效）

目标	指标	公共因子	特征根	方差贡献率（%）	累积方差贡献率（%）
风险管理	融资效率	F11	1.674	55.794	55.794
		F12	1.068	35.605	91.399
盈利管理	投资效果	F21	2.383	47.664	47.664
		F22	1.197	23.935	71.599
		F23	1.044	20.879	92.479
	资产管理	F31	1.585	52.833	52.833
		F32	1.007	33.551	86.384
	现金管理	F41	1.331	44.382	44.382
		F42	1.167	38.895	83.277
成长管理	成长能力	F51	1.770	35.401	35.401
		F52	1.399	27.979	63.380
		F53	1.222	24.446	87.826

表 1-0-4　各一级指标公共因子及方差贡献率（基于现金流）

目标与指标	公共因子	特征根	方差贡献率（%）	累积方差贡献率（%）
风险管理——安全性	F11	1.524	38.106	38.106
	F12	1.003	25.065	63.171
	F13	1.002	25.04	88.211
盈利管理——盈利性	F21	1.773	44.33	44.33
	F22	1.512	37.789	82.119
成长管理——可持续性	F31	1.289	32.226	32.226
	F32	1.143	28.585	60.811
	F33	1.026	25.638	86.448

（2）计算各一级指标的综合得分。以旋转后因子的方差贡献率为权重，由各因子的线性组合得到某个一级指标的综合得分。计算公式如下：

$$F = \omega_1 F_1 + \omega_2 F_2 + L + \omega_n F_2 \qquad 式（1）$$

在各一级指标内按照式（1）计算因子得分总计，如表 1-0-5 和表 1-0-6 所示。

表 1-0-5　20家电信运营企业基于因子分析的各一级指标因子得分及排名（基于综合绩效）

排名	公司名称	风险管理		盈利管理						成长管理	
		融资效率		投资效果		资产管理		现金管理		成长能力	
		得分	排名	得分	排名	得分	排名	得分	排名	得分	排名
1	美国 AT&T	−0.29	14	0.02	8	−0.38	16	−0.18	12	−0.02	11
2	日本 NTT	0.58	3	−0.34	17	−0.47	18	−0.10	9	−0.14	12
3	美国 Verizon	−0.22	13	−0.24	15	−0.35	15	0.14	7	−0.61	18
4	德国电信	−0.43	17	−0.21	14	−0.31	14	−0.46	18	0.92	1
5	西班牙电信	−0.46	18	0.47	4	−0.63	20	−0.15	11	0.69	2
6	中国移动	2.31	1	1.12	1	1.29	2	1.34	2	0.55	3
7	英国沃达丰	0.17	4	−0.06	12	−0.30	13	−0.31	15	−0.58	16
8	法国电信	−0.37	15	−0.03	11	−0.19	11	−0.06	8	−0.01	10
9	墨西哥美洲电信	−0.12	9	1.03	2	0.22	5	1.51	1	0.12	9
10	日本 KDDI	1.01	2	−0.24	16	0.25	3	−0.38	17	−0.37	15
11	中国电信	−0.05	7	0.04	6	−0.29	12	0.22	5	−0.30	14
12	法国 Vivendi	−0.07	8	0.01	10	0.07	8	−0.35	16	0.34	7
13	美国 Comcast	0.01	5	0.02	9	−0.17	9	−0.11	10	−0.15	13
14	意大利电信	−0.16	11	0.36	5	−0.56	19	−0.64	19	0.47	5
15	日本 Softbank	−0.12	10	0.03	7	0.07	7	0.22	4	0.47	4
16	美国 Sprint Nextel	−0.01	6	−1.54	20	0.13	6	−0.90	20	−0.60	17
17	英国电信	−0.67	20	−0.11	13	0.23	4	−0.23	13	−0.87	20
18	中国联通	−0.51	19	−0.41	18	−0.41	17	−0.30	14	0.28	8
19	美国 Direct TV Group	−0.38	16	−0.58	19	1.96	1	0.15	6	0.46	6
20	澳大利亚电信	−0.20	12	0.65	3	−0.17	10	0.61	3	−0.65	19

表 1-0-6　20家电信运营企业基于因子分析的各一级指标因子得分及排名（基于现金流）

排名	公司名称	风险管理——安全性		盈利管理——盈利性		成长管理——可持续性	
		得分	排名	得分	排名	得分	排名
1	美国 AT&T	−0.27	14	−0.13	12	0.08	9
2	日本 NTT	0.74	2	−0.12	10	0.08	10
3	美国 Verizon	0.15	9	0.04	8	0.09	8
4	德国电信	−0.05	12	−0.40	18	−0.10	12
5	西班牙电信	0.26	7	0.12	5	0.23	5
6	中国移动	0.55	3	1.43	1	0.66	2
7	英国沃达丰	−0.25	13	−0.26	14	−0.30	15
8	法国电信	−0.41	15	−0.09	9	−0.46	17
9	墨西哥美洲电信	−0.04	11	1.25	2	0.66	3
10	日本 KDDI	0.54	4	−0.48	19	−0.18	13
11	中国电信	−0.61	18	0.35	4	0.15	7
12	法国 Vivendi	−0.77	20	−0.39	17	−0.26	14
13	美国 Comcast	1.10	1	0.09	6	−0.02	11
14	意大利电信	−0.50	16	−0.26	15	0.45	4
15	日本 Softbank	0.39	5	0.08	7	0.19	6
16	美国 Sprint Nextel	0.29	6	−1.20	20	−0.62	19
17	英国电信	−0.75	19	−0.35	16	−0.94	20

续表

排名	公司名称	风险管理——安全性		盈利管理——盈利性		成长管理——可持续性	
		得分	排名	得分	排名	得分	排名
18	中国联通	-0.57	17	-0.15	13	1.20	1
19	美国 Direct TV Group	0.18	8	-0.13	11	-0.51	18
20	澳大利亚电信	0.03	10	0.62	3	-0.41	16

（二）模糊综合评价

本书的财务竞争力评价指标体系共有 3 或 5 个一级指标，设 d_k（$k = 1$，2，3，4，5）或 d_k（$k = 1$，2，3）为第 k 个一级指标的权重，用模糊评价法确定如下：

（1）确定一级指标对于评价财务竞争力的重要性排序及对于财务竞争力重要性的隶属度值。本文对一级指标之间的相对重要性进行了专家调查，然后结合电信运营企业现阶段的发展特点，将融资效率、投资效果、资产管理、现金管理和成长能力按 1，2，3，4，5 的顺序排列成一个矩阵 A，或将安全性、盈利性、可持续性按 1，2，3 的顺序排列成一个矩阵 B，就会分别得到两个各一级指标之间优越性二元对比矩阵 A 和矩阵 B。

$$E = \begin{bmatrix} 0.5 & 1 & 1 & 1 & 1 \\ 0 & 0.5 & 1 & 0.5 & 1 \\ 0 & 0 & 0.5 & 0 & 0.5 \\ 0 & 0.5 & 1 & 0.5 & 1 \\ 0 & 0 & 0.5 & 0 & 0.5 \end{bmatrix} \qquad 矩阵 A$$

或者

$$E = \begin{bmatrix} 0.5 & 0 & 1 \\ 1 & 0.5 & 1 \\ 0 & 0 & 0.5 \end{bmatrix} \qquad 矩阵 B$$

矩阵 A 和矩阵 B 满足条件：若 d_k 比 d_l 优越，取 $e_{kl} = 1$，$e_{lk} = 0$；若 d_l 比 d_k 优越，取 $e_{kl} = 0$，$e_{lk} = 1$；若 d_k 与 d_l 同样优越，取 $e_{kl} = e_{lk} = 0.5$。其中 k，l = 1，2，3，4，5 或 k，l = 1，2，3。

矩阵 A 和矩阵 B 通过了一致性检验，可以得出各一级指标对财务竞争力的重要程度的排序为：①基于综合绩效：分为三个层级——第一层级为投资效果、第二层级为融资效率和成长能力、第三层级为资产管理和现金管理水平，重要度依次减弱。以投资效果为标准，将其他方面逐一和投资效果进行对比发现：投资效果与成长能力和融资效率相比，其重要程度介于"同样重要"与"稍稍重要"之间；投资效果与资产管理和现金管理水平相比，其重要程度介于"稍稍重要"与"略微重要"之间。②基于现金流：分为三个层级——第一层级为盈利性、第二层级为安全性、第三层级为可持续性，重要度依次减弱。以盈利性为标准，将其他方面逐一和盈利性进行对比发现：盈利性与安全性相比，其重要程度介于"同样重要"与"稍稍重要"之间；盈利性与可持续性相比，其重要程度介于"稍稍重要"与"略微重要"之间。这样，我们就用语气算子定义了前一步中所提及的优越性的程度。

（2）对隶属度值进行归一化处理，即得到各一级指标的评价权重。根据上述判断结果，查表即可得到各一级指标对财务竞争力重要性的相对隶属度向量：

$$d_k = (1.0, 0.905, 0.739, 0.905, 0.739)^T$$

式（2）

或者

$$d_k = (0.905, 1.0, 0.739)^T \qquad 式（3）$$

对式（2）和式（3）进行归一化处理后，即得到各一级指标的权向量：

$$d'_k = (0.2332, 0.2111, 0.1723, 0.2111, 0.1723)^T$$

式（4）

或者

$$d_k = (0.3423, 0.3782, 0.2795)^T \qquad 式（5）$$

（三）财务竞争力综合得分

样本的综合评价得分计算公式为：

$$Z = \sum_{k=1}^{q} d_k F_k \quad (q = 5 \text{ 或 } 3) \qquad 式（6）$$

其中，F_k 即根据式（1）计算得出的各一级指标的综合得分；Z 即财务竞争力得分。将上述计算结果代入式（6）即可计算出各电信运营企业的财务竞争力综合得分，如表1-0-7所示。

表1-0-7　20家电信运营企业财务竞争力综合得分及排名

500强排名	公司名称	财务竞争力得分（综合绩效）	财务竞争力排名（综合绩效）	500强排名	公司名称	财务竞争力得分（现金流）	财务竞争力排名（现金流）
6	中国移动	1.37	1	6	中国移动	0.91	1
9	墨西哥美洲电信	0.57	2	9	墨西哥美洲电信	0.64	2
19	美国 Direct TV Group	0.24	3	13	美国 Comcast	0.40	3
15	日本 Softbank	0.12	4	2	日本 NTT	0.23	4
10	日本 KDDI	0.08	5	15	日本 Softbank	0.22	5
20	澳大利亚电信	0.08	6	5	西班牙电信	0.20	6
12	法国 Vivendi	−0.02	7	20	澳大利亚电信	0.13	7
5	西班牙电信	−0.03	8	3	美国 Verizon	0.09	8
11	中国电信	−0.06	9	18	中国联通	0.08	9
2	日本 NTT	−0.06	10	11	中国电信	−0.04	10
13	美国 Comcast	−0.07	11	10	日本 KDDI	−0.05	11
14	意大利电信	−0.11	12	1	美国 AT&T	−0.12	12
4	德国电信	−0.14	13	19	美国 Direct TV Group	−0.13	13
8	法国电信	−0.14	14	14	意大利电信	−0.14	14
1	美国 AT&T	−0.17	15	4	德国电信	−0.20	15
7	英国沃达丰	−0.19	16	7	英国沃达丰	−0.27	16
3	美国 Verizon	−0.24	17	8	法国电信	−0.31	17
18	中国联通	−0.29	18	12	法国 Vivendi	−0.48	18
17	英国电信	−0.34	19	16	美国 Sprint Nextel	−0.53	19
16	美国 Sprint Nextel	−0.60	20	17	英国电信	−0.65	20

（四）评价结果相关性分析

现将上述财务竞争力评价结果及价值创造排名（EVA率）汇总如表1-0-8所示。

表1-0-8　基于综合绩效和现金流的财务竞争力评价综合排名

500强排名	公司名称	财务竞争力综合排名（基于综合绩效）	财务竞争力综合排名（基于现金流）	EVA率排名
1	美国 AT&T	15	12	8
2	日本 NTT	10	4	18

续表

500 强排名	公司名称	财务竞争力综合排名（基于综合绩效）	财务竞争力综合排名（基于现金流）	EVA 率排名
3	美国 Verizon	17	8	13
4	德国电信	13	15	17
5	西班牙电信	8	6	6
6	中国移动	1	1	2
7	英国沃达丰	16	16	14
8	法国电信	14	17	10
9	墨西哥美洲电信	2	2	1
10	日本 KDDI	5	11	11
11	中国电信	9	10	15
12	法国 Vivendi	7	18	9
13	美国 Comcast	11	3	16
14	意大利电信	12	14	7
15	日本 Softbank	4	5	12
16	美国 Sprint Nextel	20	19	20
17	英国电信	19	20	4
18	中国联通	18	9	19
19	美国 Direct TV Group	3	13	3
20	澳大利亚电信	6	7	5

　　综观上述针对进入世界 500 强的 20 家电信运营企业的 3 种排名结果，可以看出相关性较高。例如，20 家电信运营企业中财务竞争力排在前两位的是中国移动和墨西哥美洲电信，财务竞争力排在后两位的是美国 Sprint Nextel 和英国电信，2009 年和 2010 年的综合排名相比变化不大，具体如表 1-0-9 所示。并且价值创造能力（EVA 率）与财务竞争力排名之间也具有较强的相关性，这进一步说明财务竞争实力强的公司价值创造能力也强。

表 1-0-9　世界 500 强电信运营企业财务竞争力评价综合排名（2009~2010 年）

500 强排名	公司名称	2009 年			2010 年		
		财务竞争力综合排名（基于综合绩效）	财务竞争力综合排名（基于现金流）	EVA 率排名	财务竞争力综合排名（基于综合绩效）	财务竞争力综合排名（基于现金流）	EVA 率排名
1	美国 AT&T	13	10	11	15	12	8
2	日本 NTT	8	4	17	10	4	18
3	美国 Verizon	10	7	12	17	8	13
4	德国电信	15	14	19	13	15	17
5	西班牙电信	7	6	5	8	6	6
6	中国移动	1	1	2	1	1	2
7	英国沃达丰	12	13	8	16	16	14
8	法国电信	14	12	10	14	17	10
9	墨西哥美洲电信	2	2	1	2	2	1
10	日本 KDDI	6	9	9	5	11	11
11	中国电信	5	8	14	9	10	15

500 强排名	公司名称	2009 年			2010 年		
		财务竞争力综合排名（基于综合绩效）	财务竞争力综合排名（基于现金流）	EVA 率排名	财务竞争力综合排名（基于综合绩效）	财务竞争力综合排名（基于现金流）	EVA 率排名
12	法国 Vivendi	8	18	13	7	18	9
13	美国 Comcast	17	5	16	11	3	16
14	意大利电信	18	17	7	12	14	7
15	日本 Softbank	11	11	15	4	5	12
16	美国 Sprint Nextel	19	20	20	20	19	20
17	英国电信	20	19	3	19	20	4
18	中国联通	16	15	18	18	9	19
19	美国 Direct TV Group	3	16	6	3	13	3
20	澳大利亚电信	4	3	4	6	7	5

进入世界 500 强的电信运营企业主要分布在美洲（6 家）、欧洲（7 家）和亚洲（6 家），其中亚洲电信运营企业的整体财务竞争实力和价值创造能力超过美洲和欧洲的电信运营企业。2010 年，进入世界 500 强的 20 家电信运营企业中有 6 家 EVA 率为正值，14 家 EVA 率为负值，平均 EVA 率为 -0.83%（如图 1-0-1 所示）。而 2009 年，进入世界 500 强的前 20 家电信运营企业中有

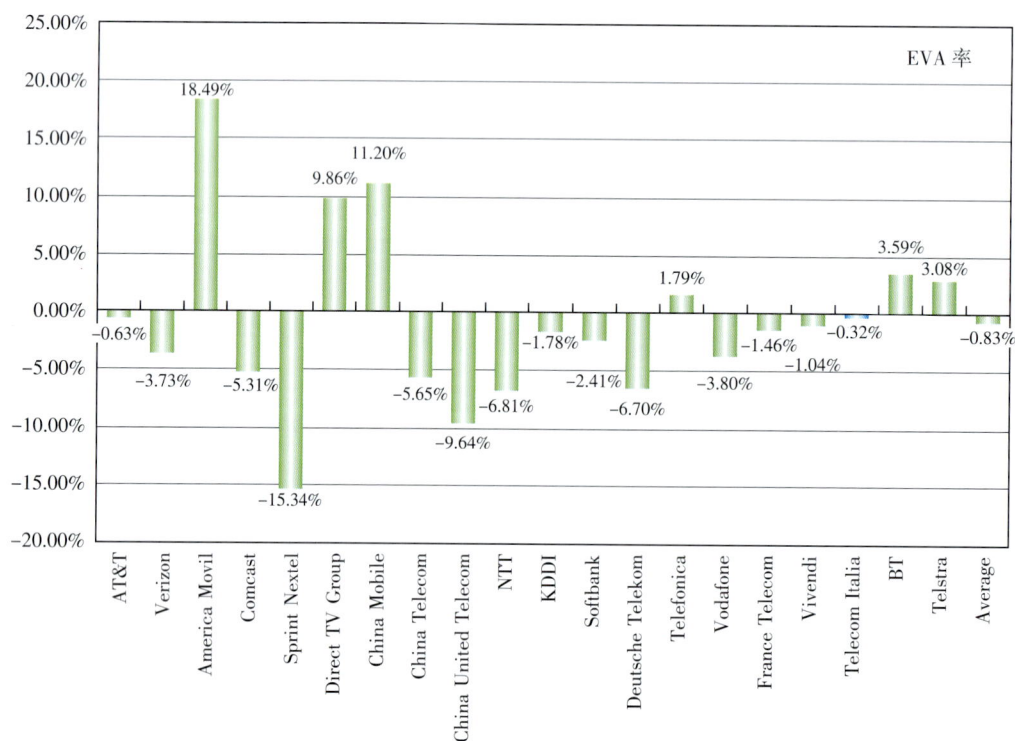

图 1-0-1　进入世界 500 强的 20 家电信运营企业价值创造与价值毁灭状况（EVA 率）（2010 年）

5 家 EVA 率为正值，15 家 EVA 率为负值，平均 EVA 率为-1.41%，说明整个行业还处于毁灭价值的状态，但是已经呈现出良性发展趋势。

2010 年，中国的三家运营商，即中国移动、中国电信和中国联通的 EVA 率分别为 11.2%、-5.65% 和-9.64%，也就是说只有中国移动创造了价值，而中国电信和中国联通仍然在毁灭价值，并且三家运营商的 EVA 率与 2009 年相比都有所下降，这与资本性支出的居高不下关系十分密切。自 2006 年 8 月 11 日以来，中国移动市值稳居全球运营商榜首，可是在进入世界 500 强的电信运营企业中却名列第 6 位，说明投资者看重的是企业未来的发展空间和财务综合绩效，股价与财务综合实力之间也具有较强的相关性。根据营业收入、规模、利润等绝对指标进行排名的世界 500 强榜单并不真正代表企业的财务竞争实力和价值创造能力，只有正确评估财务竞争力并探寻其提升路径才是客观评价企业增长质量、实现经济价值增值的前提和手段，也只有这样电信运营企业才能在激烈的竞争中立于不败之地。

二　基于价值导向的电信运营企业财务竞争力提升路径

（一）依托经济和组织转型，持续拓展和深化基于战略视角的财务转型——财务转型

当前，随着国际经济格局和国内经济发展的重大变化，企业面临经济转型的严峻挑战。"转型"对于组织来讲，即通过组织运行逻辑的根本性变化实现组织行为的根本性变革（李烨、李传昭，2004）。目前对组织转型没有统一的定义，有从组织行为学角度诠释的，也有从战略管理视角进行定义的，但目前比较认同的是从组织行为学视角进行的描述。贝克哈德从组织行为学角度将企业组织转型定义为"组织在形式、结构和性质上发生的变革"；莱维和默瑞将组织转型描述为一种彻底的、全面的变革，认为"组织转型需要解决组织的核心流程、精神、意识、创新能力和进化等方面的问题"；巴图克认为组织转型是"一种发生在组织对自身认识上的跳跃式的变革，并伴随着组织战略、结构、权力方式、模式等各方面的变化"。不同形式的定义主要是基于转型内容和转型程度的差异，但都具有一些共性：企业转型是一种根本性的、质的、剧烈的、跳跃式的变革；企业转型是一种范式转换，是一种对自我认知方式的彻底转变，包括在管理理念、思维方式、价值观等方面的彻底变革，并伴随着企业战略、结构、行为方式、运行机制等方面的全方位变革。成功的组织转型需要多种因素的支持和有效配合，其中财务转型至关重要。英国学者玛格丽特·梅对近十几年来公司财务管理环境的变化归纳为九个方面，即客户需求模式的改变；客户讨价还价能力的提高；降低成本的压力；新技术的冲击；战略联盟的出现；新市场的开拓；经济全球化；政府法规增多；高度流动的资本市场（玛格丽特·梅，2001）。此外，对商业伦理和道德问题的关注、对环境和生态问题的重视等都不可避免地对财务转型提出要求。所谓财务转型就是指从传统的核算型、管理型向战略型转变。战略型财务是一种面向战略，以战略为核心的财务管理过程，从核算为重点向资源整合、决策支持和价值管理转变（何瑛，2008）。

从目前电信行业的发展来看，技术、竞争、

需求三方面的驱动力已经使得转型成为必然。电信行业的转型可以从三个角度界定：第一，从产业角度看，就是从传统的语音通信转变为信息通信，即 ICT 行业。第二，从价值创造角度看，电信价值链条转变成了电信价值网络。第三，从企业角度看，传统的网络运营商正在转变为综合信息服务提供商。电信企业转型，其本质就是转变公司实现持续增长的商业模式，转型所遵循的最好商业战略就是双赢。由技术和业务转型带来的管理转型，对财务管理的价值管理能力、业务支撑能力和精细化管理能力提出了更高要求。今天电信产业价值链的外延不断扩大，企业内部价值链所涉及专业分工更加精细，环节与流程更加复杂，但是运营商作为产业价值链的核心、用户作为价值链的终端始终没有变。因此，技术和业务的转型要求管理向以客户为中心和提高运营效率方面转变，财务管理作为公司价值管理的主要部门，要深入研究产业价值链和内部价值链变化对公司价值的影响，提供战略成本信息，建立相应的估值模型，支撑公司建立合理的产业价值分配模式、盈利模式，推动产业价值链的扩大，实现企业价值最大化。同时，由于用户需求的多样化和激烈的市场竞争，企业内部需要精细管理经营收入、控制经营成本，确保收入质量、实现成本结构和效益的最优化，建立内部价值链管理体系，防止价值流失。

目前从国内外电信运营企业实施财务转型的实践经验来看，财务转型有三种趋势（Stewart Clements 和 Michael Donnellan，2004）：一是更新系统，以决策支持为导向（如西班牙电信等）；二是面向经营，提供服务（如墨西哥美洲电信等）；三是优化财务组织，降低成本（如英国沃达丰等）。财务转型的三种趋势的有机融合最终将会在企业内部建立一套高效精简的财务系统，实现企业价值最大化的终极目标。我国电信运营企业应持续拓展和深化将三种趋势有机融合的基于战略视角的财务转型路径（如中国移动等），具体包括财务战略管理、财务组织管理、财务执行管理、财务基础管理四个层次，如图 1-0-2 所示。财务转型作为企业转型的重要支撑手段，是业务转型下实现资源优化分配的有效工具，也是提高企业财务竞争力的前提和基础。

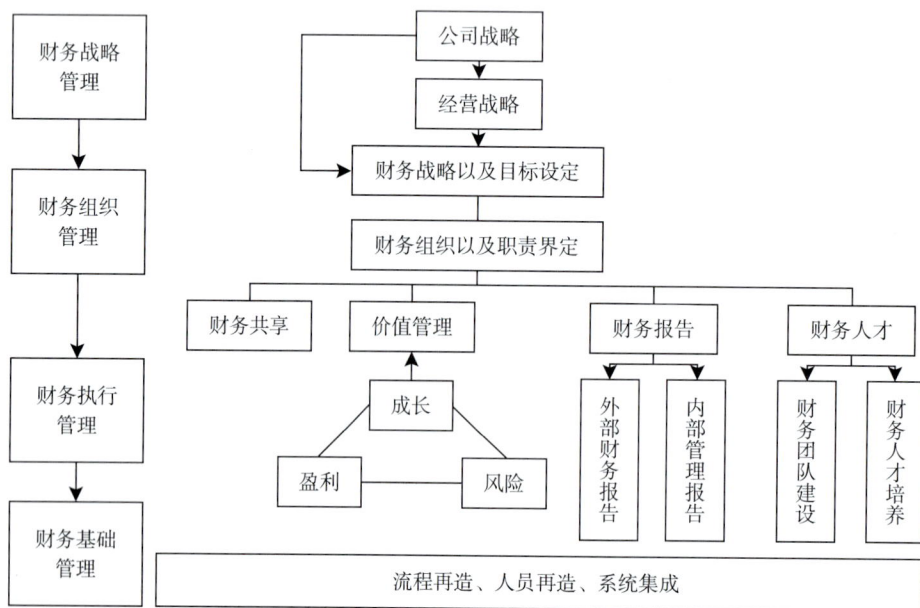

图 1-0-2 基于战略视角的企业财务转型拓展路径

（二）建立基于价值导向的企业经营战略与财务战略协同机制——协同战略

在过去的半个多世纪里，拉巴波特创立的自由现金流量（FCFF）估价模型将企业价值管理和价值增长的基本路径相结合，一直为理论界所推崇。20世纪80年代后期，出现了诸如经济增加值（EVA）、现金增加值（CVA）、市场增加值（MVA）、股东价值分析（SVA）、投资现金流收益（CFROI）等价值评估模型，这些模型本质上都是从财务视角分析企业价值驱动因素（Fredrik Weissenrieder，1997）。直到1989年，美国学者罗伯特·S.卡普兰与戴维·P.诺顿提出平衡计分卡，从经营视角诠释企业价值驱动因素，基本模式为：企业价值 = 产品/服务 + 形象/声誉 + 客户关系。这两个模式从不同视角诠释了企业价值的驱动因素，财务视角的价值驱动因素包括预期的运营现金流水平、运营现金流时间安排、运营现金流可持续性、运营现金流带来的风险等（Peter Doyle，2007），经营视角的价值驱动因素包括产品与服务、形象与声誉、客户关系等，反映了不同的战略思想。对电信运营企业来说，两种不同模式的具体驱动指标可以总结为提高销售增长率、提高EBITDA率、降低有效税率、降低CAPEX占收比、降低资本成本、延长获取超额收益的期间，其中，提高EBITDA率、降低CAPEX占收比、延长获取超额收益的持续期间通常与企业的经营战略有关；降低纳税支出、降低资本成本通常与企业的财务战略有关；而提高销售增长率和可持续增长率则是经营战略、财务战略协同作用的结果（见表1-0-5、表1-0-6）。FCFF价值链主要从财务战略的角度出发，强调财务价值和资本市场的作用；而卡普兰的价值链则从经营战略的角度出发，强调经营价值和产品市场的作用（刘淑莲，2004）。电信运营企业要想实现价值创造与可持续

发展，只有实现产品市场与资本市场的联动，财务价值与经营价值的统一，才能最终提高EVA率并提升企业财务竞争实力，以中国移动、墨西哥美洲电信、日本Softbank和澳大利亚电信为代表，财务竞争力位居世界500强电信运营企业的前四位。因此就有必要制定基于价值导向的企业经营与财务协同战略，建立基于价值导向的企业经营战略与财务战略协同机制，主要内容包括：①价值定位——财务战略与经营战略的协同；②价值组织——财务流程与经营流程的协同；③价值规划——财务预算与经营预算的协同；④价值控制——财务风险与经营风险的协同；⑤价值报告——财务报告与经营报告的协同；⑥价值分析——财务分析与经营分析的协同；⑦价值绩效——财务绩效与经营绩效的协同；⑧价值文化——财务文化与经营文化的协同。其中：价值定位是目标，价值组织、规划与控制是过程，价值报告、分析与绩效管理是结果，价值文化是基础。如图1-0-3所示。

（三）持续优化资本结构与资产结构，实现价值创造与可持续增长——价值创造

从公司管理层面理解公司融资，它是资本结构管理问题；从公司治理角度理解公司融资，它是产权管理问题（张云亭，2003）。不同的融资渠道和结构，不仅影响公司的资本结构和价值增值，还会从深层次上影响公司的产权和控制权（Chirinko，R.S.，Singha，A.R.，2000）。西方发达国家电信运营企业普遍认为，合理的资产负债率应介于45%~50%之间。但是2010年，进入世界500强的20家电信运营企业平均资产负债率高达62.10%，相比2009年57.59%的平均水平有所提高。其中，欧洲和美洲的电信运营企业资产负债率普遍偏高，大都高于60%，亚洲的电信运营企业举债相对比较谨慎，大都保持在40%~50%的

价值导向	财务战略与经营战略协同机制	
价值定位	财务战略与经营战略的协同	→ 目标
价值组织	财务流程与经营流程的协同	
价值规划	财务预算与经营预算的协同	→ 过程
价值控制	财务风险与经营风险的协同	
价值报告	财务报告与经营报告的协同	
价值分析	财务分析与经营分析的协同	→ 结果
价值绩效	财务绩效与经营绩效的协同	
价值文化	财务文化与经营文化的协同	→ 基础

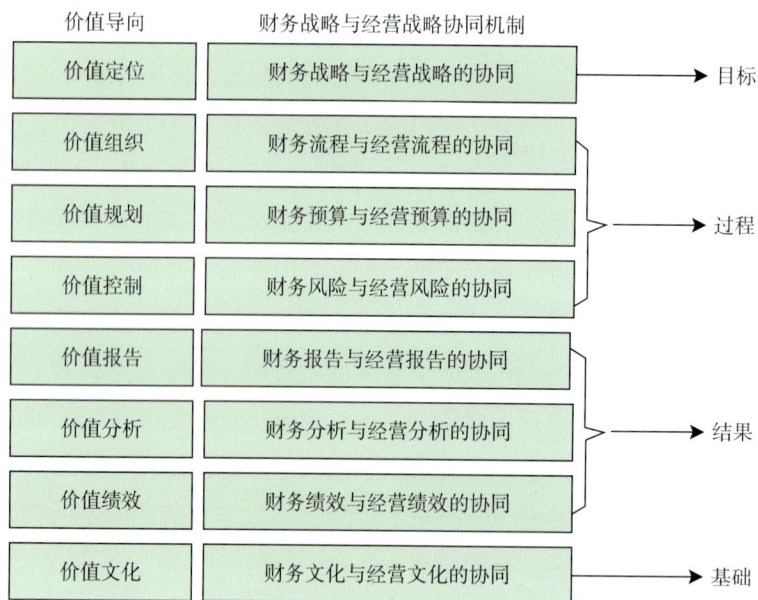

图 1-0-3　基于价值导向的企业财务战略与经营战略协同机制

合理区间内（如图 1-0-4 所示）。自本世纪初始，所有欧洲电信运营企业为了竞得 3G 牌照都背上了沉重的债务包袱，至今仍未得以完全缓解，而美洲企业则通过股票回购等多种方式调整资本结构，致使综合资本成本得以降低。我国电信运营企业在中国香港和美国上市后，受制于美国资本市场的压力和国资委的要求开始运用 EVA 进行绩效考核，使资本结构持续不断优化，逐渐趋于合理水平。与此同时，我国三家电信运营企业的内源融资能力也呈现出逐年上升和好转的趋势，今后还需通过提高 EBITDA 率、提高折旧和摊销比率、资产剥离、股票回购等多种方式提高内源融资，因为内源融资是企业实现可持续发展的基础。

随着电信行业从规模扩张型阶段进入效益增

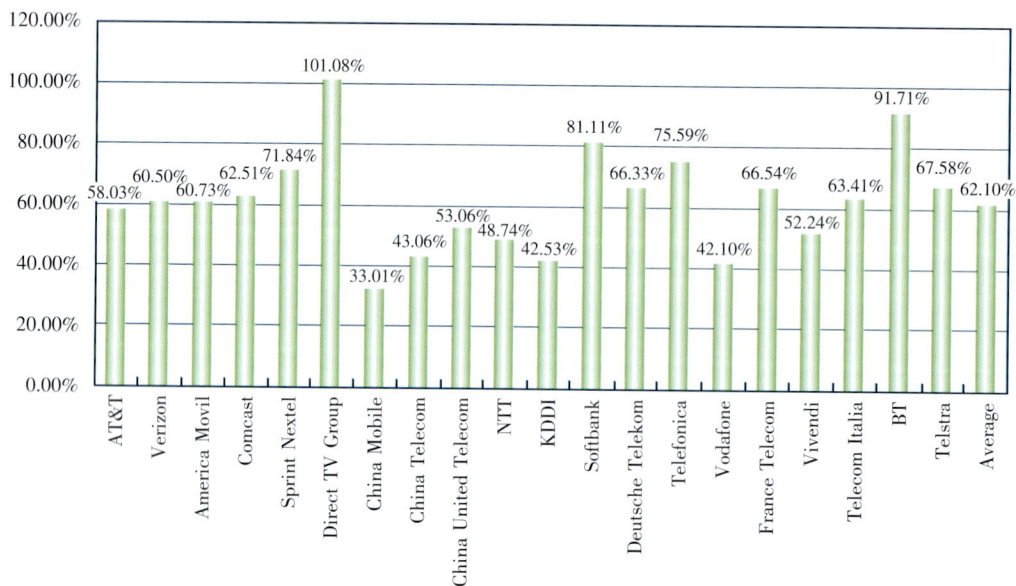

（柱状图数据，资产负债率）
- AT&T: 58.03%
- Verizon: 60.50%
- America Movil: 60.73%
- Comcast: 62.51%
- Sprint Nextel: 71.84%
- Direct TV Group: 101.08%
- China Mobile: 33.01%
- China Telecom: 43.06%
- China United Telecom: 53.06%
- NTT: 48.74%
- KDDI: 42.53%
- Softbank: 81.11%
- Deutsche Telekom: 66.33%
- Telefonica: 75.59%
- Vodafone: 42.10%
- France Telecom: 66.54%
- Vivendi: 52.24%
- Telecom Italia: 63.41%
- BT: 91.71%
- Telstra: 67.58%
- Average: 62.10%

图 1-0-4　进入世界 500 强的 20 家电信运营企业资本结构状况（资产负债率）（2010 年）

长型阶段，资本性支出占收比 2003~2007 年呈现出逐年下降的趋势，投资风险逐渐降低，投资策略趋于理性，投资结构不断优化。2008 年，在中国政府的主导下中国电信行业进行了重组，运营商形成了"三足鼎立"的格局，三家运营商均具备运营全网业务的能力。为了寻找新的收入增长点，三家运营商均向新技术、新业务的发展投入大量资金，CAPEX 占收比远远高于世界 500 强 20 家电信运营企业 15.72% 的平均水平（如图 1-0-5 所示）。另外，虽然电信运营企业经营的过程就是不断占用电信制造商资金的过程，但是我国三家运营商的总资产周转天数均高于世界 500 强前 20 家电信运营企业 636 天的平均水平，所以尚需持续改善。从投资效果来看，我国三家运营商的盈利能力不容乐观，大致呈现出逐年下降的趋势，

EVA 率、EBITDA 率、净利润率、ROA 和 ROE 都在逐年下降。投资效果逐年下降，与日趋饱和的通信市场、日趋激烈的全球化竞争以及三家运营商之间层出不穷的价格战直接相关。总之，对于资产密集型的电信运营企业来说，需要通过持续不断地完善企业投资规划与计划体系、健全项目前评估与决策体系、建立并完善项目后评价与考核体系，来实现固定资产全生命周期闭环管理；通过把握过程环节，强化精细化过程管理水平，形成动态分析与跟踪机制，以夯实固定资产全生命周期管理；通过实施基于价值导向的 CAPEX 精细化管理，来提升企业的 CAPEX 管理水平和资源使用效率，资产结构的不断优化是提高企业财务竞争力的关键之所在。

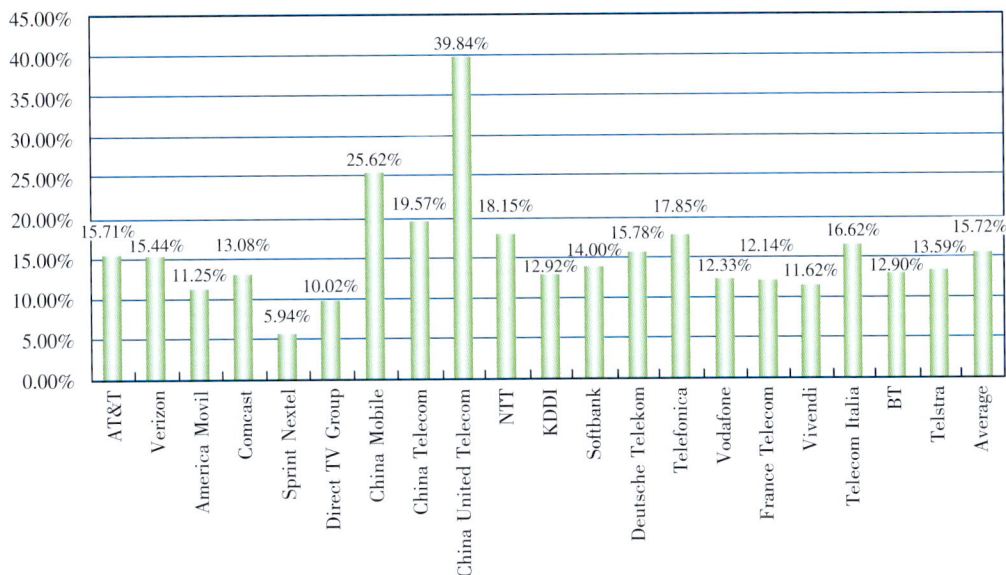

图 1-0-5　进入世界 500 强的 20 家电信运营企业资本性支出水平（CAPEX 占收比）（2010 年）

（四）产业经营与资本运营联动，产业资本与金融资本融合——价值实现与经营

随着国内外学者对企业经营目标的反思，价值管理理论经历了从股东价值管理、利益相关者价值管理到市值管理的变迁过程。Jensen 的研究最大的理论贡献在于提出了企业价值是利润预期下的长期市场价值这一重要概念（Jensen Michael，2001），使人们认识到对企业的市场价值管理成为价值管理理论发展的重要路径，价值

管理理论的研究重心也逐渐从价值创造转向价值实现与价值经营（翁世淳，2010）。根据经济增加值估值模型，电信运营企业的总市值由当前营运价值和未来增长价值两个部分构成，其中当前营运价值体现的是当前盈利能力对价值的贡献，未来增长价值用于度量公司期望增长价值的贴现值（戴维·扬、斯蒂芬·奥伯恩，2002）。公司价值创造环节产生的公司价值为"当前经济价值"，价值经营环节产生的公司价值为"潜在经济价值"，当前经济价值与潜在经济价值共同反映了电信运营企业的内在价值，价值实现环节是在股市有效性检验的基础上，通过对上市公司市场价值与内在价值的相关性分析，衡量上市公司市场价值与内在价值的匹配程度（张济建、苗晴，2010），充分运用上市、资产分拆、并购重组、定向增发、大股东增持与减持、发放股票股利、转增股本、股票回购等资本运营手段，以英国沃达丰、西班牙电信、日本 KDDI、和记电讯的表现尤为突出。电信运营企业若要在海外拓展中成功实施资本运营策略需要做到：树立资本运营意识并强化价值投资理念、内部管理型战略和外部交易型战略并举、谨慎选择合作伙伴和市场进入方式、资本运营方式的多样化、加强风险管理和控制、产融结合等。只有通过产业经营和资本经营的合理联动，产业资本与金融资本的适度融合，才能在价值创造的基础上最大限度地实现经营价值。

（五）塑造以价值为核心的学习型财务文化，拓展多层次财务人才成长通道——价值文化

世界 500 强电信运营企业胜出其他公司的根本原因，就在于这些公司善于给它们的企业文化注入活力。这些一流公司的企业文化同普通公司的企业文化相比注重四点：一是团队协作精神，二是以客户为中心，三是平等对待员工，四是激励与创新（Cedric Read、Hans-Dieter Scheuermann，2003）。企业最高形态的竞争，就是以理念为核心的企业文化的竞争。财务文化则是在长期财务管理过程中，在财务群体中逐步形成并为大家认可、遵循，带有财务特色的价值取向、精神、道德、作风、思想意识、行为方式、规范、制度等因素的总和（裴富才，2009）。从广义讲，财务文化是人类社会在实践中创造的与财务相关的物质财富和精神财富的总和；从狭义讲，财务文化是财务人员在长期的财务管理实践中形成的财务意识形态以及与之相适应的财务管理制度和财务组织机构的综合体。财务文化包括财务物质文化、财务制度文化和财务精神文化三个层次（林洪美，2010）。财务物质文化是财务人员在财务活动中应用的方法、工具、技术和环境的总和。物质文化的塑造依赖于宣传和培训，通过"因学而治"，体现为"人治"。财务制度文化是财务人员在财务活动中应遵循的各种规章制度、纪律条例等行为准则的总和。制度文化的塑造依赖于激励和约束，通过"循法而治"，体现为"法治"。财务精神文化是在物质文化和制度文化的基础上形成的财务人员的思想意识、价值观念、行为规范和财务信仰的总和。精神文化的塑造依赖于辐射和融合，通过"无为而治"，体现为"心治"。财务文化的内辐射可以产生向心力，外辐射可以产生发散力，最终实现文化的全面融合。

"理念决定道路、理念成就结果"，所以电信运营企业提高财务竞争力首先需要从观念转型入手，培育以价值为核心的学习型财务文化。作为在中国香港、美国等地上市的上市公司，必须高度关注资本市场和投资者，因为上市传递着企业价值最大化的管理理念，企业价值最大化是资本市场唯一的游戏规则，资本市场会一直向企业传递价值理念，同时上市以后，更加透明的信息披露，也能够促使企业不断增加价值，并逐步以收

入、利润导向向以现金流、企业价值导向转变，最终塑造和培育学习型财务文化。另外，电信运营企业还需要塑造一种把事情做到最好的执行文化，主要包括执行目的、执行动力、执行过程和执行结果，企业需从培育执行文化入手基于战略导向提升财务管理运作能力，成功实施"价值引导、成本管控、效益分析、需求挖掘"职能，实现财务竞争力的全面提升。当然，拓展多层次财务人才成长通道是基础和关键。合理设定岗位等

级，结合岗位能力要求和公司发展需要，让员工明确自己的职业发展方向和能力提升的重点；通过理顺岗位体系，搭建职业发展平台，拓展职业发展空间；通过建设有导向性的职业发展机制，形成合理的财务人才梯队。企业不断致力于建立多层次财务人才体系的过程，也是塑造学习型财务文化、构建学习型财务组织、实现企业价值最大化目标的过程。财务文化决定了企业财务团队的角色定位和财务价值。

三　结论

　　财务竞争力根植于企业的财务资源和财务管理活动中，是基于价值导向的成长管理、盈利管理和风险管理动态平衡的综合实力体现。本文基于价值导向从综合绩效和现金流视角构建了财务竞争力评价体系，并运用因子分析模糊矩阵评价法对2010年进入世界500强的20家电信运营企业进行实证研究发现：①基于综合绩效和现金流视角的财务竞争力评价结果之间具有较强的相关性；②价值创造能力（EVA率）与财务竞争力评价结果之间具有较强的相关性；③股价与财务竞争力评价结果之间也具有较强的相关性。根据营业收入、规模、利润等绝对指标进行排名的世界500强榜单并不真正代表企业的财务竞争实力和价值创造能力，只有正确评估财务竞争力并探寻其提升路径才是客观评价企业增长质量、实现经济价值增值的前提和手段。电信运营企业财务竞争力的提升过程就是基于价值导向实现价值创造、价值实现、价值经营的过程，需要遵循"财务转型—协同战略—价值创造—价值实现与经营—价值文化"的基本路径进行。第一，基于战略视角的财务转型作为企业转型的重要支撑手段，是业

务转型下实现资源优化分配的有效工具，也是提高企业财务竞争力的前提。第二，建立基于价值导向的企业财务战略与经营战略的协同机制，通过协同管理实现产品市场与资本市场的联动，财务价值与经营价值的统一，是提高企业财务竞争力的核心。第三，通过战略投融资管理，持续优化资本结构与资产结构，实现价值创造与可持续增长，是提高企业财务竞争力的关键。第四，通过产业经营和资本经营的合理联动，产业资本与金融资本的适度融合，在价值创造的基础上最大限度地实现经营价值，是提高企业财务竞争力的目标。第五，塑造价值文化的过程就是拓展多层次财务人才成长通道的过程，也是构建学习型财务组织的过程，文化经营是企业经营的最高层次，也是提高企业财务竞争力的保障。

参考文献：

［1］Eugene F. Fama. Efficient Capital Markets［J］. The Journal of Finance，Vol. 46. No. 5，1991（12）.

［2］Fredrik Weissenrieder. Value Based Management：Economic Value Added or Cash Value Added? [J]. Gothenburg Studies in Financial Economics，1997（3）.

［3］Cedric Read, Hans-Dieter Scheuermann. The CFO：As Business Integrator［M］. New York：John Wiley & Sons，2003.

［4］Graham J. Harvey C. Rajpopal S. The Economic Implications of Corporate Financial Reporting [J]. Journal of Accounting and Economics，2005（40）.

［5］Jensen Michael C. Value Maximization，Stakeholder Theory and that Corporate Objective Function ［J］. Journal of Applied Corporate Finance，2001（14）.

［6］Peter Doyle. Value-based Marketing：Marketing Strategies for Corporate Growth and Shareholder Value ［M］. New York：John Wiley & Sons，2007.

［7］Chirinko，R.S.，Singha，A.R. Testing Static Tradeoff Against Pecking Order Model of Capital Structure：a Critical Comment［J］. Journal of Financial Economics，2000（58）.

［8］Michael C. Jensen.Agency Cost of Free Cash Flow，Corporate Finance and Takeovers［J］. American Economic Review，1986，76（2）.

［9］Andrew Black，Philip Wright，John Davis.In Search of Shareholder Value［M］. Pricewaterhouse Coopers，2001.

［10］Gary Simpson，Theodor Kohers. The Link Between Corporate Social and Financial Performance：Evidence from the Banking Industry ［J］. Journal of Business Ethics，2002（2）.

［11］Stewart Clements，Michael Donnellan. CFO Insights：Achieving High Performance Through Finance Business Press Outsourcing［M］. New York：John Wiley & Sons，2004.

［12］Bartlomiej Nita.Transformation of Management Accounting：From Management Control to Performance M anagement ［J］. Transformations in Business & Economics，2008，7（3）.

［13］何瑛，彭晓峰. 基于战略视角的企业财务转型拓展路径研究［J］. 经济与管理研究，2008（9）.

［14］陈志斌，韩飞畴. 基于价值创造的现金流管理［J］. 会计研究，2002（12）.

［15］刘圻. 企业价值管理创新模式研究：基于自发程序和程序理性的视角［J］. 会计研究，2010（8）.

［16］卢闯等. 导入 EVA 考核中央企业的公平性及其改进［J］. 中国工业经济，2010（6）.

［17］汤谷良，杜菲. 试论企业增长、盈利、风险三维平衡战略管理［J］. 会计研究，2004（11）.

［18］刘淑莲. 企业价值评估与价值创造战略研究［J］. 会计研究，2004（9）.

［19］李烨，李传昭. 透析西方企业转型模式的变迁及其启示［J］. 管理现代化，2004（3）.

［20］汤谷良，林长泉. 打造 VBM 框架下的价值型财务管理模式［J］. 会计研究，2003（12）.

［21］翁世淳. 从价值创造到市值管理：价值管理理论变迁研究评述［J］. 会计研究，2010（4）.

［22］张济建，苗晴. 中国上市公司市值管理研究［J］. 会计研究，2010（4）.

附　件

表 1-0-10　20 家电信运营企业因子得分排名及基于综合绩效的财务竞争力综合排名

500 强中排名	公司名称	融资效率排名	投资效果排名	资产管理排名	现金管理排名	成长能力排名	财务竞争力排名（综合绩效）
1	美国 AT&T	14	8	16	12	11	15
2	日本 NTT	3	17	18	9	12	10

续表

500强中排名	公司名称	融资效率排名	投资效果排名	资产管理排名	现金管理排名	成长能力排名	财务竞争力排名（综合绩效）
3	美国 Verizon	13	15	15	7	18	17
4	德国电信	17	14	14	18	1	13
5	西班牙电信	18	4	20	11	2	8
6	中国移动	1	1	2	2	3	1
7	英国沃达丰	4	12	13	15	16	16
8	法国电信	15	11	11	8	10	14
9	墨西哥美洲电信	9	2	5	1	9	2
10	日本 KDDI	2	16	3	17	15	5
11	中国电信	7	6	12	5	14	9
12	法国 Vivendi	8	10	8	16	7	7
13	美国 Comcast	5	9	9	10	13	11
14	意大利电信	11	5	19	19	5	12
15	日本 Softbank	10	7	7	4	4	4
16	美国 Sprint Nextel	6	20	6	20	17	20
17	英国电信	20	13	4	13	20	19
18	中国联通	19	18	17	14	8	18
19	美国 Direct TV Group	16	19	1	6	6	3
20	澳大利亚电信	12	3	10	3	19	6

表 1-0-11 20家电信运营企业因子得分排名及基于现金流的财务竞争力综合排名

500强中排名	公司名称	安全性排名	盈利性排名	可持续性排名	财务竞争力排名（现金
1	美国 AT&T	14	12	9	12
2	日本 NTT	2	10	10	4
3	美国 Verizon	9	8	8	8
4	德国电信	12	18	12	15
5	西班牙电信	7	5	5	6
6	中国移动	3	1	2	1
7	英国沃达丰	13	14	15	16
8	法国电信	15	9	17	17
9	墨西哥美洲电信	11	2	3	2
10	日本 KDDI	4	19	13	11
11	中国电信	18	4	7	10
12	法国 Vivendi	20	17	14	18
13	美国 Comcast	1	6	11	3
14	意大利电信	16	15	4	14
15	日本 Softbank	5	7	6	5
16	美国 Sprint Nextel	6	20	19	19
17	英国电信	19	16	20	20
18	中国联通	17	13	1	9
19	美国 Direct TV Group	8	11	18	13
20	澳大利亚电信	10	3	16	7

分报告一
电信运营企业实施财务转型的现状、问题与发展方向

对于电信运营企业来说，技术、竞争、需求三方面的驱动力已经使得转型成为其发展的必然。由技术和业务转型带来的管理转型，对财务管理的价值管理能力、业务支撑能力和精细化管理能力提出了更高要求。财务管理作为公司价值管理的主要和牵头部门，要深入研究产业价值链和内部价值链变化对公司价值的影响，提供战略成本信息，建立相应的估值模型，以支撑公司建立合理的产业价值分配模式和盈利模式，以推动产业价值链的扩大，实现企业价值最大化的终极目标。同时，由于用户需求的多样化和激烈的市场竞争，企业内部需要精细管理经营收入、控制经营成本，确保收入质量、实现成本结构和效益的优化，建立内部价值链管理体系，防止价值流失。总之，成功的企业转型需要多种因素的支持和有效配合，其中财务转型至关重要。财务管理作为企业转型的重要支撑手段，是组织转型和业务转型下实现资源优化分配的有效工具。强化财务管理支撑企业转型的管理主线，可以有效降低电信运营商业务转型中面临的多元化战略风险。财务转型就是指从传统的核算型、管理型向战略型转变。战略型财务是一种面向战略，以战略为核心的财务管理过程，从以核算为重点，向资源整合、决策支持和价值管理转变（Martin Fahy，2005）。

一 问卷发放、样本特征与分析方法

问卷调查研究是财务学和金融学的重要研究方法之一，取得的研究成果十分丰富。为了深入了解我国电信运营企业实施财务转型的现状，我们自 2007 年 6 月至 2008 年 4 月对电信运营企业的部分企业经理、财务经理和财务人员进行了问卷调查和访谈。访谈对象包括：北京网通、河南网通、重庆移动、吉林电信和北京联通的部分企业经理和财务经理。问卷调查对象包括：四大电信运营商的部分企业经理、财务经理和财务人员。截至 2008 年 3 月，我们总共发放了 250 份调查问卷，其中有效问卷 150 份，问卷有效回收率为 60%，涉及中国移动、中国电信、中国联通和中国网通（四大电信运营商）。被调查对象中，中国移动占总人数的 26%，中国电信占总人数的 25%，中国联通占总人数的 24%，中国网通占总人数的 25%；被调查对象中，16% 属于企业经理，

60%属于财务部经理和总会计师，24%属于企业财务人员；被调查对象中，高层管理者占总人数的18%，中层管理者占总人数的67%，基层管理者占总人数的15%；被调查对象中，拥有硕士学位者占总人数的69%，拥有学士学位者占总人数的23%，拥有博士学位者占总人数的8%。问卷设计的问题包括单选、多选和评级三类。问卷主要通过E-mail、邮局寄发以及培训课后发放等方式进行，问卷回收后，由专人负责整理、录入和复核。为了全面反映问卷的调查结果，深入了解

和揭示我国电信运营企业实施财务转型的现状与问题，问卷分析通过描述性统计分析进行。我们对问卷涉及的问题总结为10个方面，进行描述性统计分析，以准确揭示问卷的全貌。鉴于问卷中的评级问题答案赋值分为1、2、3、4、5五个等级，因此，在描述性统计分析中，我们主要对问题以及选择的结果采用百分比的方式进行直观描述，对评级题附以均值（极大值为5）反映样本的平均状态。并且对于所有的问卷调查结果都按照降序进行排列。

二　电信运营企业实施财务转型的现状与问题分析

（一）财务管理目标

财务管理目标是指企业理财活动所希望实现的结果，是评价企业理财活动是否合理的基本标准（荆新，2003）。它是财务管理理论体系中的基本要素和行为方向，也是财务管理实践中进行财务决策的出发点和归宿。合理的财务管理目标有助于理财人员进行科学财务决策，有助于日常理财行为的高效和规范化，同时也有助于理财人员

树立科学的理财理念。目前，国内常见的公司财务管理目标主要包括记账算账、市场占有率、收入成长、利润、投资报酬率、现金流量、价值最大化、社会责任。从本次问卷调查结果可知，52.00%认为公司财务管理的目标是利润最大化，47.33%认为公司财务管理的目标是价值最大化，44.67%认为公司财务管理的目标是收入成长最大化，另外，只有7.33%认为公司财务管理的目标是履行社会责任。这说明电信运营企业的财务管

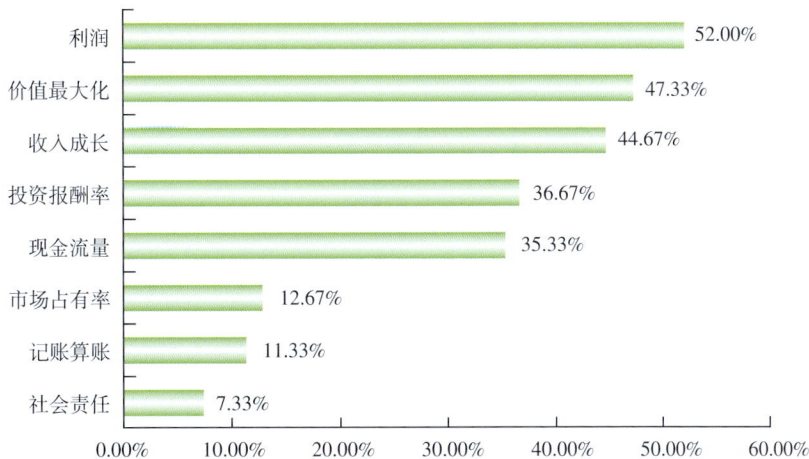

图 1-1-1　公司的财务管理目标

理目标处于较低的位置，需要从观念转型入手，营造以价值为核心的财务文化。

公司价值最大化是电信企业理财目标的优化选择，该目标处于总体目标中主导目标的位置。但是，也不应忽略对主导目标起作用的辅助目标的确立。由于电信企业属于公众服务业，处在大的社会环境里，备受社会各方与公众的关注。因此，履行社会责任也是公司理财的总体目标之一。并且从长远来看，企业履行一定的社会责任与企业价值最大化的目标并不相悖。社会责任的履行确实会耗费企业一定的资源，提高企业的经营成本，但从长远来看，这种资源的耗费有助于企业树立良好形象，为电信企业的可持续发展奠定基础。

（二）财务管理功能定位

目前业界比较认可的财务管理功能定位包括战略型、管理型、综合型和核算型四种。从本次问卷调查结果可知，56.67%认为公司目前财务管理的功能定位是管理型，29.33%认为公司目前财务管理的功能定位是战略型，13.33%认为公司目前财务管理的功能定位是综合型，只有0.67%认为公司目前财务管理的功能定位是核算型。对于电信运营企业这样的大型央企来说，财务管理的功能定位应该向战略型财务逐步迈进。以公司战

略和经营战略为导向制定具有前瞻性的财务战略，促进公司的可持续发展。

战略型财务的"战略"二字，主要体现在：改善基本财务作业流程、提供高附加价值的经营业务分析、公司风险与机会的管理、绩效管理的建立和完善、公司价值管理、财务评估与控制，以及战略与业务计划的参与及推动（胡泳，2006）。在考虑未来公司战略和经营战略的基础上，合理配置资源，进行中长期的盈利规划，把握和支撑公司未来的发展。从本次问卷调查结果可知，对公司风险与机会的管理（51.33%）以及公司价值管理（50.67%）重视程度较高，但对于改善基本的财务作业流程（15.33%）重视程度较低。对于国企改制上市的电信央企来说，这才是公司成功实施财务转型的前提和保障。

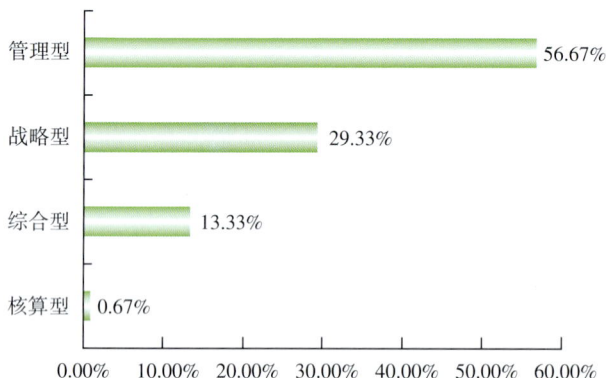
图 1-1-2　财务管理的职能定位

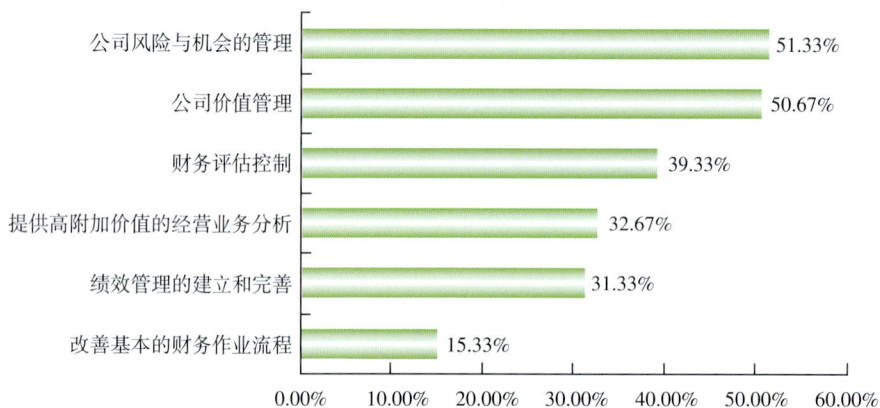
图 1-1-3　战略性财务的功能

（三）全面预算

全面预算应该处于承上启下的地位，从目标利润出发，以预测和决策的结果为根据，是预测和决策的延续，同时又是控制的先导和考核业绩的前提。所以，全面预算主要和目标利润、成本管理和控制、业绩评价、现金流量和市场前瞻性有关。从本次问卷调查结果可知，53.33%认为公司推行全面预算管理的目标是目标利润，44.67%

认为公司推行全面预算的目标是管控成本，40.67%认为公司推行全面预算的目标是业绩评价，31.33%认为公司推行全面预算的目标是现金流量，24.67%认为公司推行全面预算的目标是提高对市场的前瞻性。这说明电信运营企业的全面预算主要是为了控制成本从而实现目标利润（与我国绝大多数国有企业相同），对业绩评价、现金流量和提高市场前瞻性的重视程度还不足。

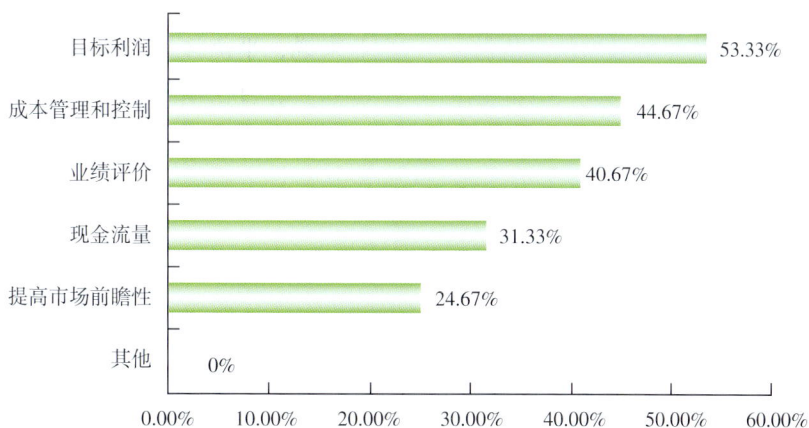

图 1-1-4　全面预算的目标

在全面预算实施过程中，预算编制是一个非常重要的基础环节，如果预算编制质量不高，全面预算管理的作用和功能就会大打折扣。编制全面预算的主要方法包括：固定预算、增量预算、零基预算、弹性预算、滚动预算和作业预算。从本次问卷调查结果可知，52%认为公司编制全面预算使用的主要方法是滚动预算，40.67%认为公司编制全面预算使用的主要方法是弹性预算，只有19.33%认为公司编制全面预算使用的主要方法是作业预算，15.33%认为公司编制全面预算使用的主要方法是固定预算。先进预算编制方法在电信企业的推广使用和高度重视将会逐步提升管理的精细化程度。

全面预算管理是电信运营企业实施精细化管理的重要基础，已经成为连接战略管理与绩效管

理以及落实精细管理的重要牵引环节，所以需要逐渐从成本目标控制手段向财务绩效评价工具和企业战略执行平台演进。目前，电信运营企业的全面预算已经基本从僵化阶段过渡到优化阶段，但从优化阶段迈进固化阶段将需要更多的努力和投入。

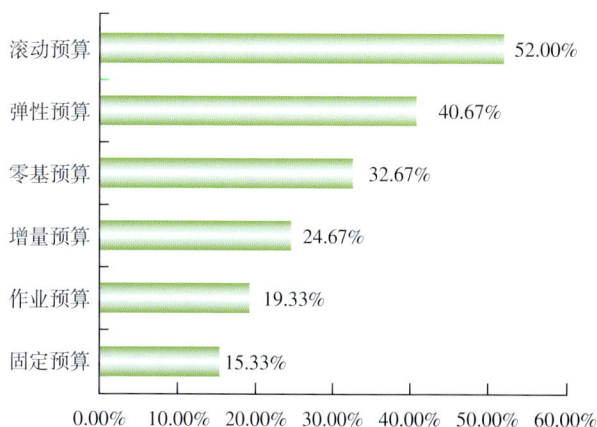

图 1-1-5　全面预算的编制方法

（四）绩效评估

绩效一般包括两个方面的含义：一方面是指员工的工作结果；另一方面是指影响员工工作结果的行为、表现及素质。所以鲍曼和默顿维都（Borman 和 Motowidlo，1993）从个体的角度出发，将绩效分为任务绩效和关系绩效两个方面。任务绩效主要是指员工是否完成任务以及达到组织规定的绩效目标；关系绩效主要是指员工在工作中与别人合作共事的程度、团队精神的好坏以及组织归属感的强弱等情况。绩效评估必须从多来源、多层面进行。绩效评估是一把"双刃剑"，好的绩效评估制度可以激活整个组织；但如果做法不当，可能会产生许多负面后果。目前，公司使用的绩效评估方法包括国有资本金绩效评价指标体系、关键业绩指标法（KPI）、360度全方位绩效考核法、基于经济增加值的绩效考核方法和平衡计分卡。从本次问卷调查结果可知，56.67%认为公司的绩效评估在使用关键业绩指标法，20.67%认为公司的绩效评估在使用平衡计分卡，19.33%认为公司的绩效评估在使用360度全方位绩效考核法，11.33%认为公司的绩效评估在使用基于经济增加值的绩效考核方法。总之，对于以知识型员工为主、均已在中国香港、美国两地上市的电信运营企业来说，平衡计分卡和经济增加值均应得到高度关注。并且运用经济增加值进行绩效评估对于电信运营企业来说既是国资委的要求，也是美国资本市场的压迫。

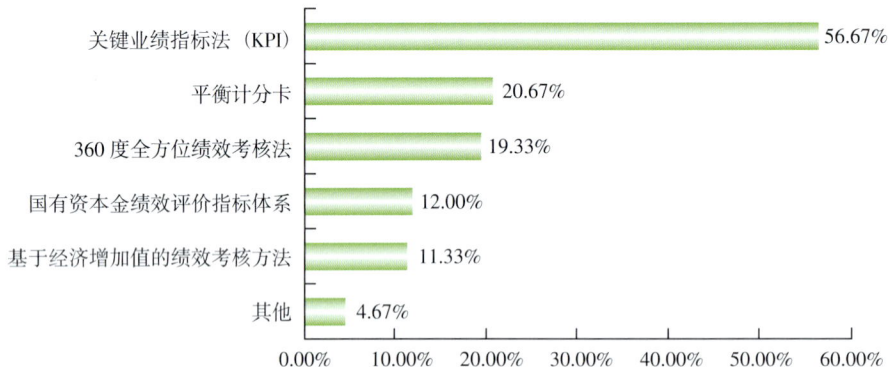

图 1-1-6　绩效评估方法

（五）财务管理基础工作

基础管理是电信运营企业不可逾越的阶段，如果企业基础管理的基本功不好，市场竞争力就会大打折扣。从本次问卷调查结果可知（见表 1-1-1），电信运营企业对财务管理基础工作关注程度较高，其中最关注统一会计核算制度，统一财务报告体系，规范业务流程，建立以会计核算为基础的会计体系，而对财会人员的培训和成本费用定额管理的关注程度稍欠。

表 1-1-1　财务管理基础工作

	均值（降序排列）	极不重视 → 十分重视（%）				
		1	2	3	4	5
统一会计核算制度	4.76	1.33	0.67	2.00	12.67	83.33
统一财务报告体系	4.73	0.67	0.67	1.33	19.33	78.00
统一经济业务核算规范	4.45	0.67	0.67	12.00	26.00	60.67
财会人员培训与经验交流	4.16	0	1.33	7.33	65.33	26.00
规范和健全成本费用定额管理	4.14	0	1.33	9.33	63.33	26.00

电信运营企业需要借助内控和全面风险管理的正式实施，继续规范和加强财务管理基础工作。系统梳理管理流程，寻找漏洞和缺陷，使企业各项经营活动有制度、有记录、有流程、有标准、有监督、有控制。更重要的是，再好的管理架构是由人来搭建，再好的制度也是由人来执行，所以财会人员的专业水平和综合素质直接决定着工作的效率和质量，这就要求企业采取措施不断提高财会人员的素质和水平，最终使财务管理工作走向规范化和系统化。这些都要求公司高层管理者必须高度重视和积极支持财务管理基础工作，加强内部控制建设，协调并处理好公司内部的各类涉财关系，加大对财务理念、成本理念的灌输，当好"全员理财"、"全员成本管理"的总导演，引导公司财务成本管理走向科学、规范、合理，以适应公司转型的要求。

（六）财务管理执行力

2003 年，拉里·博西迪与拉姆·查兰的《执行》中文版面世，带来了"执行"这个广受关注的话题，告诉我们"在大多数情况下，战略本身并不是原因，战略之所以失败关键在于没有得到很好的执行"，这使我们真正意识到企业的"执行"是一种问题、一种系统。所以电信运营企业财务转型的成功实施需要从培育执行文化入手基于战略导向提升财务管理运作能力，成功实施"价值引导、成本管控、效益分析、需求挖掘"职能，将财务管理体系从传统核算型逐步转变为决策支持型、建立和完善财务运行体系，基于战略导向不断提升财务管理执行力，为企业的战略实施提供强有力的支撑。提升财务执行力主要包括提高公司理财能力、改善基本财务作业流程能力、财务报告模式对信息质量的保障能力、财务制度与政策的执行能力以及财务对业务的支撑能力。从本次问卷调查结果可知（见表 1-1-2），电信运营企业财务执行力居中，其中对于提升财务对业务的支撑能力最为关注，而对于提升公司理财能力和改善基本财务作业流程能力的关注程度最低。这并不意味着公司已经转型成为战略型财务，而是由于激烈的市场竞争以及资本市场的双重压力促使电信企业快速实施财务转型，为业务发展提供决策支撑。所以，电信运营企业对于提升公司理财能力和改善基本财务作业流程能力也必须给予高度关注，因为这是基于战略导向不断提升财务管理执行力的基础。

表 1-1-2　财务管理的执行力

	均值（降序排列）	极不重视 → 十分重视（%）				
		1	2	3	4	5
财务对业务的支撑能力	2.96	0	1.33	2.00	48.67	48.00
财务报告模式对信息质量的保障能力	2.92	0	1.33	10.00	38.00	50.67
财务政策与制度的执行能力	2.92	0	0	1.33	60.00	38.67
改善基本财务作业流程	2.80	0	1.33	14.00	47.33	37.33
公司理财能力	2.79	0	1.33	16.00	45.33	37.33

（七）成本管理

成本是企业所有员工选择作业活动发生的总耗费。成本可以分为已耗成本和未耗成本两类（乐艳芬，2004）。对于电信运营企业来说，已耗成本主要包括主营业务成本、营业费用和管理费用。未耗成本主要包括固定资产、存货和欠费。从本次问卷调查结果可知（见表1-1-3），电信运营企业对不同成本管理举措的重视程度相差较大，其中对于优化全面预算和加强欠费管理最为关注，而对于完善投资项目闭环管理体系、基于作业而非职能部门进行资源分配以及探索和试点作业成本法的关注程度较低。

由于固定资产占电信运营企业资产的比重高达70%以上，所以应是企业进行成本管理和控制的重点。公司须着手进一步规范固定资产管理流程，建立完善的固定资产管理系统，对于工程项目管理要把好三个关：立项审核关、投资预算控制关、项目验收关。项目评估按照规范的步骤进行：审查（项目报告的初步调查、详细评估、分析风险、成本考察）、批准、落实、监控、项目完成后评估和审计。成本管理的基础是能够准确地进行成本计量，但是电信运营企业当前采用的成本计算方法不能准确计算每一种业务和每一类客户的真实成本和给企业带来的真实收益，所以就有必要对作业成本法进行深入探索，以便更精确地衡量产品和客户群的盈利能力，并且了解作业流程的成本信息并进行有针对性的控制，使得公司内部供应链的设计更加有效，最终致力于实现全面成本绩效管理。

表 1-1-3 成本管理的改进举措

	均值（降序排列）	极不重视 → 十分重视（%）				
		1	2	3	4	5
优化全面预算管理	4.63	0	0	1.33	34.00	64.67
加强欠费管理	4.48	0	0	6.67	38.67	54.67
建立以会计核算为基础的会计体系	4.42	0	1.33	2.67	48.67	47.33
财务流程的改善	4.41	0	1.33	8.67	38.00	52.00
加强物资资产管理	4.00	0	0	24.00	52.00	24.00
从信息技术投资中获取价值	3.96	0	1.33	21.33	57.33	20.00
完善投资项目闭环管理体系	3.60	3.33	3.33	38.67	39.33	15.33
基于作业而非职能部门进行资源分配	3.39	3.33	3.33	48.67	40.00	4.67
探索和试点作业成本法	3.35	4.00	4.00	49.33	38.67	4.00

（八）内部控制与风险管理

内部控制和风险管理是控制风险的两种不同的语义表达形式（谢志华，2007）。内部控制是指组织自身为了降低内部各层级之间代理问题而建立的一套风险控制机制。内部控制的目标是通过保证内部各层级委托代理关系中代理人信托责任的履行，进而保证组织目标实现的过程（丁友刚，2007）。而风险管理则包括风险计划、风险控制和风险应对。风险计划强调的是如何进行风险和收益组合的选择和确定，风险控制强调的是如何将风险最小化至无害水平，风险应对强调的是如何积极面对风险，三者共同构成一个完整的风险管理过程。有效的风险管理是建立有效内部控制体系的先决条件，风险的识别和对风险的应对是企业决策层的责任，并直接影响内部控制体系的设计和建立。从本次问卷调查结果可知（见表1-1-4），电信运营企业鉴于《萨班斯-奥克斯利法案》、国资委和企业自身发展的要求，对完善内部控制和风险管理给予了高度重视，其中对内部控制认识

表 1-1-4　内部控制与全面风险管理的完善对策

	均值（降序排列）	极不重视　→　十分重视（%）				
		1	2	3	4	5
信息系统与业务的衔接	4.68	0	0	8.00	16.00	76.00
内部控制认识不到位	4.52	0.67	0.67	4.67	34.00	60.00
风险监督与评价	4.13	1.33	1.33	14.00	49.33	34.00
执行监督、奖惩不力	4.11	0	1.33	15.33	54.67	28.67
风险管理环境尚未形成	4.03	1.33	0.67	16.00	57.33	24.67
机构设置不合理，权责不明晰	3.96	0	1.33	22.67	54.67	21.33
文档记录不全	3.96	0	1.33	18.00	64.00	16.67
风险评估较弱	3.92	1.33	1.33	22.67	53.33	21.33
风险应对措施较少	3.79	4.00	1.33	26.00	49.33	19.33

不到位、执行监督和奖惩不力等问题重视程度较高，而对风险评估较弱、风险应对措施较少等问题的重视程度较低。这显示了电信运营企业的内部控制和风险管理长效机制的建立还处于初级阶段，需要进一步强化和完善，以为企业实施财务转型提供重要的制度保障。

总之，薄弱的风险管理和内部控制体系会提高舞弊发生的可能、错误的财务报表、不良的公众形象、对股东价值的负面影响、招致证券监管机构制裁、诉讼或者其他法律纠纷、资产的流失、经营决策不能最优化。而良好的风险管理和内部控制体系会降低舞弊的可能、获得（或重获）投资者的信心、遵守法律和法规、降低资源流失的风险、以更高质量和更及时的信息优化业务决策、暴露经营中的低效环节。

（九）财务流程再造

面对信息技术和业务流程重建的挑战，基于帕乔利的会计理论发展起来的财务部门的工作流程已经不再适应网络时代财务运作信息化的实际情况，美国注册会计师协会主席罗伯特·梅得理克指出："如果会计行业不按照 IT 技术重新塑造自己将可能被推到一边，甚至被另一个行业——对提供信息、分析、签证、服务有着更加创新视角的行业所代替。"（胡玉明，2006）因此，用流程再造的思想指导财会人员重塑并控制财务流程具有重要的实践价值。财务流程再造包括简化、标准化、共享服务和外包四个逐步递进的阶段，这也是世界级企业业绩改变的过程（Cedric Read，2003）。当公司在集团范围内实现了简化和标准化两个阶段后，就朝着共享服务中心迈进了一大步，每一步都会给公司带来更多的利益，但同时也意味着更多的变革和更多需要克服的障碍。从本次问卷调查结果可知（见表 1-1-5），电信运营企业对共享服务、标准化和简化的关注程度高，而对于外包尤其是财务职能外包的重视程度低，这完全符合电信运营企业的发展阶段，意味着"集中管理、财务共享"已成为电信运营企业财务管理

表 1-1-5　财务流程再造

	均值（降序排列）	极不重视　→　十分重视（%）				
		1	2	3	4	5
共享服务	4.42	0	0	7.33	43.33	49.33
标准化	4.37	0.67	0.67	8.00	42.67	48.00
简化	3.99	1.33	2.67	16.00	56.00	24.00
外包	2.87	13.33	8.00	57.33	21.33	0
财务职能外包	2.21	32.67	13.33	54.00	0	0

的核心。财务共享服务是实现公司内各流程标准化和精简化的一种创新手段，也是企业整合财务运作、再造管理流程的一种崭新的制度安排。其价值在于：通过实现数据集中，提升企业竞争能力；实现财务资源共享，促进会计核算的精确性，支持财务功能的转型；达到对资金流的实时监控目的，通过实时监控提高资金使用效率，降低运营风险。

（十）财务转型实施过程

基于战略视角的财务转型包括财务战略管理、财务组织管理和财务运行（执行）管理三个层次。首先，财务战略是指通过选择最佳的财务资源配置路径以实现企业价值最大化的目标。"虽然财务战略不能将经营灾难转换成巨大的成功，但是它却能够增加企业获得长期生存的可能性。"（Harold Bierman，1999）其次，在 IBM 的报告中 Colin Powell（2007）提出，只有整合财务组织才能应对全球化竞争和全球化风险。整合财务组织要有统一的标准、标准化的账表、统一的数据以及标准化的流程。最后，企业财务转型的成功实施需要建立完善的财务运行体系，基于战略导向不断提升财务管理运作能力，为企业的发展提供强有力的支撑。从本次问卷调查结果可知（见表 1-1-6），电信运营企业对财务转型实施过程中各项工作的重视程度相差较大，其中对于加强内部控制与风险管理、规范财务管理基础工作、完善全面预算管理最为关注，而对于探索作业成本管理以及积极尝试资本运营的关注程度较低。

表 1-1-6　财务转型的实施过程

	均值（降序排列）	极不重视　→　十分重视（%）				
		1	2	3	4	5
加强风险管理与内部控制	4.83	0	0	0	17.33	82.67
规范财务管理基础工作	4.63	0	0	5.33	26.67	68.00
完善全面预算管理	4.63	0	0	3.33	30.67	66.00
财务业务信息系统整合	4.50	0	0	2.67	44.67	52.67
提升财务管理执行力	4.37	0	0	13.33	36.00	50.67
强化综合绩效管理	4.36	0	0	0	64.00	36.00
营造以价值为中心的财务文化	3.99	4.00	2.00	10.67	57.33	26.00
探索作业成本管理	3.22	10.00	8.00	32.00	50.00	0
积极尝试资本运营	2.87	13.33	10.67	64.00	0	12.00

从调查结果来看：①反映了中国电信运营企业实施财务转型的现状。②在一定程度上对文献资料和访谈的结果加以验证、补充和修正。③通过对问卷调查的结果进行深度和关联分析，可以发现存在的问题，为电信运营企业的财务转型实践指明可能的改进方向和思路。

三　电信运营企业实施财务转型的方向

电信运营企业财务转型的方向应当是实施战略型财务，以公司战略和经营战略为导向制定具有前瞻性的财务战略，促进公司的可持续发展。战略型财务（Martin Fahy，2005）主要体现在进行有附加价值的经营业务分析、中长期的资源配置规划、优化的预算和绩效管理系统、商业机会和风险的管理，以及战略与业务计划的参与及推动等方面。通过对问卷调查和访谈结果进行分析，笔者认为电信运营企业成功实施财务转型的方向如下：

（一）观念转型

从观念转型入手营造以价值为核心的财务文化氛围，在市值管理时代宣传和渗透资本市场理念，由以收入和利润为导向向以现金流、企业价值为导向转变，对财务管理职能和角色进行重新认识。财务理念决定了企业财务团队的角色定位和财务价值。电信运营企业需要借助内控和全面风险管理的正式实施，继续规范和加强财务管理基础工作，使财务管理工作走向规范化和系统化，为财务转型的成功实施提供基础和保障。电信运营企业还需从培育执行文化入手基于战略导向提升财务管理运作能力，成功实施"价值引导、成本管控、效益分析、需求挖掘"职能，将财务管理体系从传统核算型逐步转变为决策支持型，为企业的发展提供强有力的支撑。

（二）制度转型

电信运营企业实施财务转型需要建立基于经济增加值的价值管理（绩效管理）体系。企业价值的驱动因素包括：现金流量、资本成本和竞争优势持续期间。现金流量和资本成本的管理主要取决于企业投融资管理和资金管理的效率，竞争优势的建立和保持需要公司以战略体系落地为目标，推进"SBP"（战略、预算、绩效）战略管理闭环的实施，形成战略三维度（管理成长、追求盈利、风险控制）预算管理模式，建立基于战略、以价值为导向、多种预算方式相结合的闭环反馈良性循环系统，以配合公司实施国际化战略。

（三）报告转型

电信运营企业实施财务转型需要不断完善财务信息质量确保机制，提高对外财务报告的财务信息质量，致力于统一数据口径，整合业务、统计与财务信息，加强财务数据分析与预审工作，重点关注对资本市场披露、对集团上报的重要数据，加强数据预审，保证数据披露质量。运用报表盈余管理改善外部披露信息，实现自定义管理需求，通过报表系统自动生成标准的定制管理报表，强化预防机制。满足预算管理、管理报告和成本管理对核算信息的要求，定期生成标准的内部报表。通过不断完善对外和对内财务报告体系，发挥信息服务和决策支持作用。

（四）人才转型

随着财务理念、财务角色及定位的转变，对于财务人员来说是巨大的挑战，成为价值创造者对财务人员的要求是能够为公司提供有价值的贡献和指导、处于有利位置集中控制和跟踪已达成共识的行动、绝非消极的只关注数字和控制活动。因此，企业就必须在财务理念转型的基础上对财务团队建设和财务人才培养体系的构建予以足够的关注，打造面向国际化的多层次、复合型财务人才体系，只有这样才能支撑财务转型的成功实施。

总之，电信运营企业的财务转型需要逐步建立起以企业发展战略为导向，以优化配置资源为核心，以持续创造价值为目标，以风险管理控制为保障的财务集中管控模式。

参考文献：

[1][英] 玛格丽特·梅. 财务职能转变与公司增值 [M]. 北京：电子工业出版社，2001.

［2］谢志华. 内部控制、公司治理与风险管理［J］. 会计研究，2007（10）.

［3］齐寅峰等. 中国企业投融资行为研究［J］. 管理世界，2005（3）.

［4］荆新等. 财务管理［M］. 北京：中国人民大学出版社，2006.

［5］胡玉明，鲁海帆. 打造高绩效财务［J］. 新理财，2006（7）.

［6］Harold Bierman. Corporate Financial Strategy and Decision Making to Increase Shareholder Value［J］. Frank J. Fabozzi Associates. New Hope，Pennsylvania，1999.

［7］Cedric Read、Hans－Dieter Scheuermann. The CFO：AS Business Integrator［M］. John Wiley & Sons，Inc. 2003.

［8］Andrew Black、Philip Wright、John Davis. In Search of Shareholder Value［M］. Prentice Hall，2001.

［9］Martin Fahy. The Financial Future［J］. Financial Management 5，2005.

［10］Robert W.Gunn，David P.Carberry，Robert Frigo，Stephen Behrens，Shared Services：Major Companies are Reengineering Their Accounting Functions［J］. Management Accounting，1993，Vol.75 Issue.

分报告二
电信运营企业财务竞争力的全角化透视

2010 年是三家电信运营商大力发展 3G 业务的第二年，从 2010 年年报数据可知，受 3G、互联网发展等诸多因素的影响，我国电信行业正在逐渐打破"一家独大"的局面，"三足鼎立"的格局日益明显。在全球化竞争的大背景下，要成为我国电信行业新纪元的赢家，是三家运营商共同面临的一个巨大挑战。本文将从经营业绩、筹资效率、投资效果、资产管理、股利分配、现金增值、资本运营、价值创造八个方面全面透视和解析三家运营商的财务竞争力，对促进我国电信运营企业成功实现战略转型，逐步实施精细化管理，将效益管理落到实处，从而持续改善公司绩效，并增强国际竞争力具有十分重要的借鉴价值。

一　经营业绩

2010 年三家电信运营商的年报数据显示，我国电信业"一家独大"的格局正在被逐渐打破，"三足鼎立"的格局日益明显，具体如表 1-2-1 所示。

表 1-2-1　我国三家电信运营商各业务用户数比较（2010 年）

单位：万户	移动用户净增	移动用户总数	3G 用户净增	3G 用户总数	固话用户净增	固话用户总数	宽带用户净增	宽带用户总数
中国移动	6170	58400	—	2070	—	—	—	—
中国电信	3443	9052	822	1229	-1351	17500	1002	6348
中国联通	1978	16743	1132	1406	-619	9664	867	4722

2010 年，中国移动营业收入继续高涨，其中增值业务收入增长了 15.2%，其占总收入的比重从 2009 年的 29.1% 上升至 31.2%，并且尤以数据流量业务收入的增长最为凸显，数据流量实现翻倍增长。同时，MOU（平均每月每用户通话分钟数）值持续增高，与继续下降的 ARPU（平均每月每用户收入）值形成鲜明对比。如何促进 2G 和 3G 的融合发展，实现网络优化、带宽升级，以协调满足用户急剧增长的话音、数据业务需求是中国移动面临的一大难题。全业务运营以来，

中国电信的移动业务发展迅猛。移动用户总数呈现出规模化发展态势，其中 3G 业务用户比 2009 年增长两倍以上。同时，中国电信利用其原有的固网和宽带网络优势，深化融合经营，大力推进移动业务与宽带、固话、综合信息应用等业务的深度融合，以统一账号、时长共享、应用整合等手段扩大销售，以融合套餐营销为主，辅以向中高端倾斜的补贴政策和终端策略，引导低端用户向高端转移，使得中国电信得以稳定提升用户价值，增强用户黏性，促进了用户数量和业务收入的增长。中国联通 3G 业务和宽带业务增长显著。在固网业务方面，中国联通同中国电信处境相同，宽带用户数增长较快但是固话用户仍在迅速流失。但中国联通充分发挥了已经成熟的 WCDMA 产业链优势，在 3G 领域的业务拓展带动了公司整体经营业绩的提高，充分利用开放的合作环境，推出大量 3G 定制终端，并以合约模式成功引入 iPhone4，在国内掀起 iPhone 热潮，大大增加了用户黏性。

总之，目前三家电信运营商都在大力推进 3G 投资，同时致力于将 3G 业务与其他业务融合，以带动公司提升整体绩效。中国移动、中国电信和中国联通占据 3G 用户市场份额分别为 44%、26% 和 30%，占据移动用户市场份额分别为 69%、11% 和 20%，由此可见中国移动虽然在移动业务上具有很大优势，但是随着 3G 业务和应用的发展，其一家独大的地位正在被撼动。而在固网业务方面，中国电信和中国联通则显示出强大优势，几乎瓜分了全部固网业务市场。但两家又同时遭受到固定电话用户流失的困扰。因此中国电信和中国联通都将业绩提升寄希望于 3G 和宽带业务的发展，利用 3G 业务的融合优势，增加用户黏性，带动全业务发展。而中国移动面对来自另外两家运营商的 3G 与固网业务融合创新应用所带来的竞争压力，必须探索出一条能够充分利用其巨大移动业务优势的 3G 业务发展模式。

二 融资效率

从公司管理层面理解公司融资，它是资本结构管理问题；从公司治理角度理解公司融资，它是产权管理问题（张云亭，2003）。不同的融资渠道和结构，不仅影响公司的资本结构和价值增值，还会从深层次上影响公司的产权和控制权。三家电信运营商 2010 年融资管理效率比较如表 1-2-2 所示。

表 1-2-2　我国三家电信运营商融资效率比较（2010 年）

	中国移动	中国电信	中国联通
资产负债率	33.01%	43.06%	53.06%
速动比率	1.24	0.41	0.19
利息保障倍数	169.72	9.71	2.54

西方发达国家运营商普遍认为，合理的资产负债率应介于 45%~50% 之间。中国大陆电信运营商在中国香港和美国上市后，受制于美国资本市场的压力和国资委的要求开始运用 EVA 进行绩效考核，致使资本结构持续不断优化，逐渐趋于合理水平。其中中国移动偿债能力超强，每年产生

丰厚的息税前利润，同时负债率较低又使其财务费用支出较少，因此利息保障倍数指标表现异常优异，短期偿债能力很强。

企业融资按照来源可分为内源融资和外源融资。其中内源融资主要源自企业内部正常经营形成的现金流，在数量上等于净利润加上折旧、摊销后减去股利，它是企业实现可持续发展的基础。内源融资的资金来源主要有三种：股东投入的资本金、折旧摊销额转化为重置投资以及留存收益转化为新增投资（傅元略，2009）。企业通常通过后两种方式进行内源融资。

表1-2-3数据显示，三家电信运营商的内源融资能力呈现出逐年上升和好转的趋势。从内源融资结构看，中国移动内源融资额逐年上升，这是净利润和折旧摊销额缓慢上升的结果。中国电信2008年以来净利润上升较快，为企业提供了丰厚的内源资金，同时其分派的现金股息逐年缓慢下降，也提高了自身的内源融资能力。中国联通自2008年出售CDMA业务之后，净利润滑坡明显，造成其内源融资额大幅下降，但是其折旧摊销额的增加以及股息的下降为公司提高内源融资能力提供了一定的支持，并已呈现出好转的趋势。总之，电信运营商提高内源融资水平的方法包括通过提高运营效率增加利润、适度提高折旧和摊销比率、资产剥离、股票回购，等等。

表1-2-3 我国三家电信运营商内源融资效率比较（2008~2010年）

内源融资分析 （百万元人民币）	年份	税后净利 1	折旧＋摊销 2	股息 3	内源融资额 4
中国移动	2008	112954	71713	48364	136303
	2009	115465	80235	49544	146156
	2010	119889	86292	51818	154363
中国电信	2008	979	53880	6063	48796
	2009	14626	52243	6076	60793
	2010	15888	51656	5778	61766
中国联通	2008	33728	46563	1424	78866
	2009	9378	46282	1424	54231
	2010	3671	54786	1136	57321

三 投资效果

随着电信行业从规模扩张型阶段进入效益增长型阶段，资本性支出占收比2003~2007年呈现出逐年下降的趋势，投资风险逐渐降低，投资策略趋于理性，投资结构不断优化。2008年，在中国政府的主导下中国电信行业进行了重组，运营商形成了"三足鼎立"的格局，三家电信运营商均具备运营全网业务的能力。为了寻找新的收入增长点，三家电信运营商均向新技术、新业务的发展投入大量资金，CAPEX占收比远远高于世界500强20家电信运营商的平均水平（15.72%）。中国移动44%的资本开支用于基础网络建设，以确保网络质量整体领先优势，适应数据流量爆炸性增长的需要。中国电信主要投资于加快宽带业务发展，加大光纤化改造和宽带能力建设，并且严格控制传统固网语音等业务投资。中国联通在移动网络、宽带及数据和基础设施及传输网三个主要方面的投资大致持平。

从投资效果来看，我国三家电信运营商的盈利能力不容乐观，大致呈现出逐年下降的趋势，EBITDA 率、净利润率、ROA 和 ROE 都在逐年下降。投资效果逐年下降，与日趋饱和的通信市场、日趋激烈的全球化竞争以及三家电信运营商之间层出不穷的价格战直接相关。目前我国通信市场几近饱和，三家电信运营商为了推动 3G 业务的

发展，不惜投入巨额的推广销售费用，价格战之声不绝于耳。同时来自国内外的终端提供商、内容提供商也给运营商带来了巨大的挑战。总之，我国运营商需要通过持续不断地完善企业投资规划与计划体系、健全项目前评估与决策体系、建立并完善项目后评价与考核体系，来实现固定资产全生命周期闭环管理；通过把握过程环节，强化精细化过程管理水平，形成动态分析与跟踪机制，以夯实固定资产全生命周期管理；通过实施基于价值导向的 CAPEX 精细化管理，来提升企业的 CAPEX 管理水平和资源使用效率，这也是提高企业核心竞争力的关键之所在。

表 1-2-4 我国三家电信运营商投资效果分析（2008~2010 年）

公司	中国移动			中国电信			中国联通		
年份	2008	2009	2010	2008	2009	2010	2008	2009	2010
收入（百万元）	411810	452103	485231	186529	209370	219864	164085	158370	176168
EBITDA（百万元）	216487	229023	239382	85899	83284	88495	57750	60090	59630
EBITDA 率	52.50%	50.70%	49.33%	46.50%	39.40%	40.25%	35.20%	37.94%	33.85%
净利润（百万元）	112627	115166	119889	20066	13271	15888	7252	9373	3671
净利润率	27.35%	25.47%	24.71%	10.76%	6.34%	7.23%	4.42%	5.92%	2.08%
ROA	22.70%	20.47%	13.91%	7.27%	7.37%	3.90%	2.55%	2.91%	0.83%
ROE	28.06%	22.73%	20.76%	0.42%	6.73%	6.85%	10.26%	13.20%	1.76%
CAPEX（百万元）	120816	115314	124300	48410	38042	43037	70490	112470	70190
CAPEX 占收比	29.34%	28.62%	25.62%	26.24%	18.17%	19.57%	42.96%	71.02%	39.84%
FCF（百万元）	57355	77756	107032	36768	31159	27107	−120517	−53160	−1980
FCF 占收比	17.20%	13.93%	22.06%	19.93%	14.96%	12.33%	−73.45%	−33.57%	−1.12%

四 资产管理

企业资产管理效率的高低主要取决于固定资产管理的效率和营运资金管理的效率。对于运营商来说，一方面需要开拓市场和认真做好投资项目的规划和控制，加大对存量资产的管理，向管理要效益，建立不良资产责任追究制度。另一方面需要适当加快营运资金的周转，营运资金是指公司用以支

持经营活动的净投资，这些资金因为在运转所以会创造利润，而且运转越快创造的利润越大。营运资金管理不是财务人员专属的责任，它是所有经理人员以及相关人员，为了降低营运资金需求量而相互沟通协调的作业（尤登弘，2009）。三家电信运营商 2010 年资产管理相关指标如表 1-2-5 所示。

表 1-2-5　我国三家电信运营商资产管理指标对比（2010 年）

公司	中国移动	中国电信	中国联通
总资产周转天数 1	642.86	666.67	900.00
固定资产周转天数 2	285.86	450.68	622.09
存货周转天数 3	3.15	5.19	7.62
应收账款周转天数 4	5.66	28.3	21.27
应付账款周转天数 5	82.83	65.56	191.47
资金积压期间（营运资金循环期）6 = 3 + 4 − 5	−74.02	−32	−162.58

上述数据显示，中国移动的资产管理效率高于中国电信和中国联通，但是中国三家电信运营商的总资产周转天数均高于世界 500 强 20 家电信运营商的平均水平（636 天），所以尚需持续改善。资金积压期间是指企业正常经营垫支的资金。从三家电信运营商资金积压期间的数据可知，电信运营商经营的过程就是不断占用电信制造商资金的过程。中国联通的资金积压期间高达 162.58 天，报表显示，在中国联通的应付账款中，应付工程及设备款高达 7815200 万元，其中账龄超过 1 年的应付款有 727900 万元，占总额的将近 10%。而中国移动的应付账款总额为 11146400 万元，并且所有应付款均预期在一年之内偿还。中国电信的应付账款为 4003900 万元，六个月以上时间内到期的应付账款为 1127500 万元。从存货和应收账款的管理来看，中国移动的管理效率明显高于中国电信和中国联通。总之，对于资产密集型的运营商而言，只有同时致力于提升已耗成本和未耗成本的管理效率，才能赶超世界电信运营商资产管理的平均水平。

五　股利分配

股利分配政策是股东当前利益与企业未来发展之间权衡的结果，将引起企业资金存量与股东权益规模及结构的变化，也将对企业内部的筹资活动和投资活动产生影响。股利分配的核心问题就是如何权衡公司股利支付决策与未来长期增长之间的关系，以实现公司价值最大化的理财目标。公司经常采用的股利政策有：剩余股利政策、固定或持续增长股利政策、固定股利支付率政策以及低正常股利加额外股利政策。三家电信运营商 2008~2010 年的股利支付相关指标如表 1-2-6 所示。

表 1-2-6　我国三家电信运营商股利政策一览表

企业	指标	2008 年	2009 年	2010 年
中国移动	EPS（¥）	5.63	5.74	5.96
	DPS（HK$）	2.743	2.804	3.014
	股利支付率	43.00%	43.00%	43.00%
中国电信	EPS（¥）	0.248	0.164	0.189
	DPS（HK$）	0.085	0.085	0.085
	股利支付率	30.25%	42.60%	36.37%
中国联通	EPS（¥）	0.9313	0.148	0.0579
	DPS（¥）	0.0672	0.0225	0.0536
	股利支付率	4.22%	15.20%	48.62%

中国移动采取的是43%的固定股利支付率政策，它每年产生丰厚的经营活动现金流和自由现金流，有力地支撑了逐年上升的股息，并发挥了向众多投资者传达了强有力的信号的显示作用。中国电信采取的是每股0.085港元的固定股利政策。中国电信自2008年以来发展迅猛，在移动业务领域迅速扩大市场份额，采取固定股利政策目的在于向市场传递公司稳健发展的信息，稳定股价，增强投资者对公司长期持有的信心，同时尽量留存更多的现金流以满足公司扩张的需求。中国联通2008年重组后，出售了原有的CDMA网络，在继续经营GSM网络的同时大力发展基于WCDMA的网络，到2010年已取得不错的经营业绩。但是近三年中国联通逐年回升的自由现金流始终为负数，分配股利的能力较弱，所以股利分配政策尚不明朗，且连续几年的波动较大。

六　现金管理

随着企业经营规模日渐扩大、地域分布趋于广泛、管理链条逐渐延伸以及组织边界的不断变化，如何对组织不同层级和维度的现金流量进行整体管理控制，确保风险控制和价值创造的有机统一，成为企业管理的核心问题之一。现金管理是指企业为了实现价值最大化的目标，通过预测与计划、执行与控制、信息传递与报告以及分析与评价等手段对不同时期的现金流向、流量、流程与流速进行合理配置的管理活动（陈志斌，2007）。三家电信运营商2010年的现金管理相关指标如表1-2-7所示。

表1-2-7　我国三家电信运营商现金管理状况（2010年）

公司	中国移动	中国电信	中国联通
自由现金流（百万元）	107032.00	27107.00	−1980.00
经营活动净现金流（百万元）	231379.00	75571.00	68210.00
每股经营活动净现金流（元）	11.50	0.90	1.08
销售现金比率	47.68%	34.37%	38.72%
资产现金回收率	26.84%	18.55%	15.38%

中国移动、中国电信、中国联通的现金流呈现出依次减少的现状，并且三家电信运营商产生自由现金流的能力也依次降低。自由现金流越高，表明公司未来的投融资能力和股利支付能力都越强。中国移动每股经营活动净现金流为11.5元，为其固定股利支付率提供了强有力的资金支持。中国电信的每股经营活动净现金流为0.9元，足以支撑其0.085港元的股利。中国联通的自由现金流为负，主要归因于2010年7010900万元的高额资本开支的结果。综观现金管理相关指标可知，中国移动相对于其他两家公司而言，收益与现金流之间的相关性更高，收益的质量更好。

七　资本运营

资本运营，是指以企业资本为主要对象的企业重组、资本扩张和资本收缩等经营活动，其主体主要是企业，客体是资本及其运动，动机是追求资本增值的最大化，本质是企业产权的交易，结果是企业产权的转移或重新划分及由此而引起的企业资产控制权和剩余索取权的转移或重新划分。企业集团资本运营包括四个组成部分：资本存量经营、资本增量经营、资本配置经营和资本收益经营（张先治，2008）。相对于商品经营和资产经营而言，资本运营是企业经营的最高层次，是企业经营发展的必然趋势和最高阶段。在中央政府和电信行业倡导实施"走出去"战略的今天，积极实施资本运营战略对推动我国电信运营企业的国际化进程具有极为现实而重要的意义。

2010 年 3 月 10 日，中国移动子公司广东移动与浦发银行签订股份认购协议，广东移动以人民币 398 亿元（相当于港币约 452.55 亿元）现金有条件对价认购浦发银行向中国移动定向增发的每股 18.03 元的 22.1 亿股股份，占浦发银行全部股份的 20%，成为第二大股东。双方还签署了《战略合作备忘录》，共同发展包括移动支付和移动银行卡在内的移动金融和移动电子商务业务。中国移动入股浦发银行，实质就是电信产业资本通过银行进入金融产业，以此实现方兴未艾的产融结合。中国电信在资本运营方面一直未有进行大手笔的并购。目前中国电信已经在美国、巴西、日本、越南、德国、中国台湾等国家和地区建立了海外分公司，并且投入大量资金加快海外市场拓展的步伐。2011 年 1 月，中国联通与西班牙电信公司签署了加强战略联盟协议，相互增持对方约 5 亿美元的股份。中国联通对西班牙电信的持股比例提高至 1.37%，西班牙电信对中国联通的持股比例提高至约 9.7%。双方加强战略联盟，并在采购、移动通信服务平台、跨国客户服务、国际漫游和技术等领域深化合作。

总之，电信运营企业若要在海外拓展中成功实施资本运营策略需要做到：树立资本运营意识并强化价值投资理念；内部管理型战略和外部交易型战略并举；谨慎选择合作伙伴和市场进入方式；资本运营方式的多样化；加强风险管理和控制；产融结合等，这些均已成为电信运营企业资本运营的新趋势。

八　价值创造

投资者出于对投资回报的要求，必然促进公司关注企业价值最大化。基金经理、股票分析员、新闻媒体和各类股东要求上市公司增加公司价值，提高投资回报，要求实现新业务增长的同时实现利润率、回报率的增长，要求企业控制资本开支，控制成本开支，要求企业持续优化资本结构，以实现持续的价值增值。经济增加值（EVA）是衡量企业价值创造与毁损的重要指标，国资委已决定从2010年开始在中央企业全面推行经济增加值考核。经济增加值强调价值管理理念和资本成本意识，在考虑资本成本的前提下，重点考察企业提高价值创造的能力和实现科学发展的水平。2010年，我国三家电信运营商价值创造情况如图1-2-1所示。

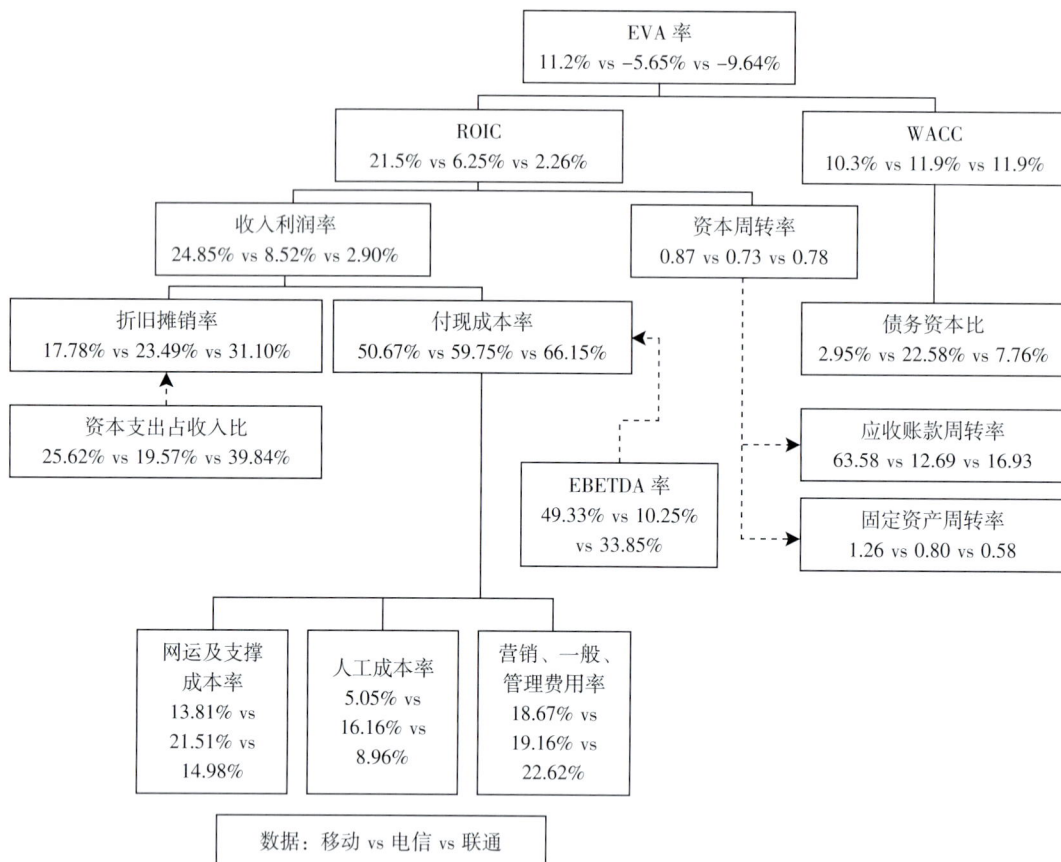

图 1-2-1　我国三家电信运营商 EVA 率指标分解图（2010年）

2010年，中国移动、中国电信和中国联通的EVA率分别为11.2%、-5.65%和-9.64%，即只有中国移动创造了价值，而中国电信和中国联通则在毁灭价值。中国移动在创造价值、提高EVA率的各个方面都表现优异。中国电信整体表现较好，但其网运及支撑成本率和人工成本率均高于中国移动和中国联通，因此需要加强付现成本的控制。中国联通的不足体现在营销、一般、管理费用率上，主要是由于中国联通2010年为推广3G业务加大营销措施，合约机的出售等活动都耗费了大量的营销管理费用，同时中国联通的折旧摊销率偏高，也与3G网络的大量投资关系密切，2009年，中国联通的CAPEX占收比高达70%多，过高的CAPEX必然会导致以后年度的折旧摊销率上升。

总之，电信企业属于资本和技术密集型企业，相对于制造业来说，折旧摊销率、资本成本率较高，因此，通过精细化管理出效益会成为调整的重点，通过管理水平的提升、技术的创新、网络的拓展等，提高服务水平，提高销售收入，降低成本费用，当然，减少资金占用，提高资金、资本、资产利用率以及增加物流、信息流和资金流的周转速度和效率，对电信运营企业实现持续的 价值创造和价值增值至关重要。

九 财务竞争力

　　财务竞争力是以企业的盈利能力、风险控制能力和成长能力为表征的综合能力，其目的是提高企业财务综合绩效，服务于企业价值最大化的终极目标。如何保持强劲的财务竞争力以保证企业的可持续增长是所有电信运营企业面临的重要问题。笔者基于 2010 年世界 500 强排行榜，对世界 500 强榜单中的 20 家电信运营企业的财务竞争力运用因子分析模糊矩阵评价法进行实证分析计算，得出运营商财务竞争实力排名及得分如表 1-2-8 所示。

表 1-2-8 　基于综合绩效和现金流的财务竞争力评价综合得分及排名

500 强排名	公司名称	财务竞争力综合得分及排名（基于综合绩效）		财务竞争力综合得分及排名（基于现金流）		EVA 率
		得分	排名	得分	排名	排名
1	美国 AT&T	−0.17	15	−0.12	12	8
2	日本 NTT	−0.06	10	0.23	4	18
3	美国 Verizon	−0.24	17	0.09	8	13
4	德国电信	−0.14	13	−0.20	15	17
5	西班牙电信	−0.03	8	0.20	6	6
6	中国移动	1.37	1	0.91	1	2
7	英国沃达丰	−0.19	16	−0.27	16	14
8	法国电信	−0.14	14	−0.31	17	10
9	墨西哥美洲电信	0.57	2	0.64	2	1
10	日本 KDDI	0.08	5	−0.05	11	11
11	中国电信	−0.06	9	−0.04	10	15
12	法国 Vivendi	−0.02	7	−0.48	18	9
13	美国 Comcast	−0.07	11	0.40	3	16
14	意大利电信	−0.11	12	−0.14	14	7
15	日本 Softbank	0.12	4	0.22	5	12
16	美国 Sprint Nextel	−0.60	20	−0.53	19	20
17	英国电信	−0.34	19	−0.65	20	4
18	中国联通	−0.29	18	0.08	9	19
19	美国 Direct TV Group	0.24	3	−0.13	13	3
20	澳大利亚电信	0.08	6	0.13	7	5

　　中国移动、中国电信和中国联通在世界 500 强的电信运营企业中分别位于第 6、11、18 位，财务竞争力综合排名分别位于第 1、9、18 位（基于综合绩效）和第 1、10、9 位（基于现金流）。说明我国的三家电信运营商的财务竞争力较强，尤其是中国移动。总之，根据营业收入、规模、利润等绝对指标进行排名的世界 500 强榜单并不真正代表企业的财务竞争实力。只有正确评估财

务竞争力并探寻其提升路径才是客观评价企业增长质量、实现经济价值增值的前提和手段，也只有这样电信运营企业才能在激烈的竞争中立于不败之地。

结语

中国移动、中国电信、中国联通在 3G 领域中的积极拓展极大拉动了我国电信行业的发展。同时，随着来自于终端设备商、互联网企业以及其他增值服务内容提供商的竞争日趋激烈，三家运营商在 3G 业务的融合与发展方面进行了大量的开拓与创新，极大地推动了我国移动应用的发展，运营商在积极应对来自各方面的挑战以避免自身被渠道化的危机，因此积极拓展海外市场，实现产品经营与资本运营的联动、实现产业资本与金融资本的融合将是我国运营商不断实现价值增值、提升财务竞争力的最佳路径。

参考文献：

［1］何瑛.电信运营企业财务转型［M］.北京：经济管理出版社，2011.

［2］刘圻.现金流管理：风险控制与价值创造［M］.云南：云南大学出版社，2010.

［3］于增彪，等.管理会计研究［M］.北京：中国金融出版社，2007.

［4］卢闯，等.导入 EVA 考核中央企业的公平性及其改进［J］.中国工业经济，2010（6）.

［5］孙薇，等.基于模糊综合评价方法的企业财务绩效评价［J］.南京理工大学学报，2006（3）.

［6］张先治.基于价值的管理与公司理财创新［J］.会计研究，2008（8）.

［7］傅元略.公司财务战略［M］.北京：中信出版社，2009.

［8］陈志斌，等.基于价值创造的现金流管理［J］.会计研究，2002（12）.

［9］熊艳，等.现金流管理研究现状评介及展望［J］.经济与管理研究，2011（2）.

［10］张云亭.顶级财务总监［M］.北京：中信出版社，2003.

分报告三
电信运营企业战略绩效模糊综合评价

一　引言

随着企业创造价值方式的改变、价值链日趋复杂化、快速的科技与经济变化以及难以预测的竞争态势，我国电信运营企业需要着力思考如何建立以战略为核心的企业组织，如何建立沟通战略的架构和语言并确认战略的完整性与执行方式，如何将战略目标层层展开落实到部门与个人，如何量化指标来反映公司的选择和目标，如何界定战略绩效驱动因素，如何反映并建立可控的支持差异化、低成本、目标聚焦的竞争优势，如何进行目标和资源的平衡以实现价值最大化目标等问题。电信运营企业目前主要采用的 KPI 关键业绩指标体系无法准确反映企业的核心竞争力以及价值实现状况，更无法根据市场需求的变化调整考核指标体系，从而合理调配资源，在竞争中立于不败之地。电信运营企业在绩效管理中存在的现实困惑可以用"四个缺乏"、"三个障碍"、"两个不能"来描述（王静，2008），即缺乏多环节管理，缺乏管理的广度，缺乏管理的深度，缺乏管理的远度；存在远景障碍，存在目标整合障碍，存在资源配置障碍；不能有效平衡短期利益和长期利益、局部利益和全局利益，不能充分关注企

业的战略管理。因此，如何运用适当的管理工具和方法，提高电信运营企业的绩效管理水平，从而有效评估战略制定的推进程度和实施效果，对战略执行过程进行运营诊断，及时发现企业运营的问题和不足，最终达到增强企业战略执行力，持续提升企业价值的目标，就成为理论界和实务界亟待解决的关键课题。

科学合理的绩效评价方法，不仅要关注财务衡量，还要全面、动态地关注经营过程中其他层面的衡量问题，使企业的经营战略、绩效驱动因素能与企业最终财务成果有效地配合，将组织的战略目标、管理手段与财务结果有机地结合起来。为此，本文以经济增加值（Economic Value-Added，EVA）作为最高战略目标、平衡计分卡（The Balanced Scorecard，BSC）的四个维度作为战略绩效的策略目标，结合电信运营企业的特殊性挑选和设计了具体的绩效指标，建立了多层次的战略绩效结构模型，并通过层次分析法（Analytical Hierarchy Process，AHP）界定各个绩效驱动因素，最终将战略目标层层展开落实到具体的行动、措施，构建一个整合 BSC 与 EVA 的、

以价值增值为导向的、过程化的、综合体现财务动因和非财务动因的电信运营企业战略绩效评价与管理系统，从而为电信运营企业战略绩效综合

评价提供理论框架和科学评价方法，为战略决策和绩效管理提供科学、客观的依据。

二 电信运营企业战略绩效综合评价

（一）电信运营企业战略绩效评价的现状

近年来，国内学者一直在积极探索适合我国电信运营企业的绩效评价方法，杨宗昌等人（2003）的研究始于建立电信企业绩效评价指标链结构，隋学深（2003）构建了电信企业的财务和非财务指标绩效评价体系，张磊等人（2005）构建了电信企业绩效评价指标体系，徐大志、汪国平等人（2004）利用平衡计分卡模型建立了电信企业绩效评价体系，田志龙等人（2006）运用电信企业经营卓越阶段（TSOE）竞争评价模型，即客户领先、运营卓越、资源高效和创新领导，构建了基于价值导向的中国电信企业转型绩效评价体系。

目前平衡计分卡绩效评价方法已在国际电信企业得到了广泛应用，许多国际电信企业均在利用平衡计分卡模型实施绩效考评。例如德国电信（Deutsche Telekom）、韩国三家最大的电信企业SK Telecom、Korea Telecom 和 LG Telecom 均引入了平衡计分卡法进行测度，并取得了良好的管理效果，国内的三家运营商也开始纷纷尝试使用平衡计分卡绩效评价方法。经济增加值作为综合绩效评价指标也已在国内外电信运营企业中被使用，中国电信自 2006 年起，使用 EVA 对省公司进行绩效考评，考虑到各省之间的可比性，2010 年公司采用 EVA 率进行相对考核，考核权重为 15%。

国资委也已决定从 2010 年开始在中央企业全面推行经济增加值考核，与前两个 3 年任期考核相比，经济增加值强调价值管理理念和资本成本意识，在考虑资本成本的前提下，重点考察企业提高价值创造的能力和实现科学发展的水平。

综上所述，无论是理论界还是实务界，单独对平衡计分卡或经济增加值在电信运营企业绩效管理中的研究和应用较多，而两者的整合研究和应用较少；对战略管理、绩效驱动因素，尤其是两者之间的内在联系关注较少；尚未建立起一个可行的、完善的将战略目标落实到具体的行动措施以指导电信运营企业实践的战略绩效管理系统。

（二）电信运营企业 BSC 与 EVA 相结合的战略绩效评价模型

鉴于经济增加值作为绩效评价指标有诸多不足之处：如资本成本计算比较复杂；无法解释企业内在的成长机会；由一个指标构成，只能说明整体价值创造状况，不能看出企业各个方面对价值创造的贡献度；对经营业绩的评价作为事后报告；等等。笔者认为电信运营企业应构建 BSC 与 EVA 相结合的战略绩效评价模型，以 BSC 为总体的业绩管理框架，将企业战略目标引入绩效考核指标体系，通过财务、客户、内部流程、学习和成长四个维度的测评绩效指标，不仅实现将财务指标和非财务指标有机结合，弥补现行绩效考核体系中只使用单一财务考核指标的不足；同时，

四个维度间的因果驱动关系把企业长期目标和短期行动联系起来，突显了企业战略目标的实施途径。此外，使用 EVA 价值指标，考虑了所有者投入资本的成本，与现行考核体系中的利润总额、ROA、ROE 等传统考核指标相比较，能更准确地计算出企业为所有者创造的财富，使经营者更加注重经济增长的质量。

电信运营企业 BSC 与 EVA 相结合的战略绩效评价模型应包括两个层次：第一层次是 EVA 组成部分，第二层次是 BSC 组成部分（见图 1-3-1）。两者的连接点在于实现公司价值的可持续成长，这又通过公司愿景加以连接，并把愿景转化为战略行动，行动通过四个维度得以实现。经济增加值的主要驱动因素在通过愿景连接平衡计分卡的同时与平衡计分卡的财务维度紧密融合。以 EVA 作为电信运营企业所追求的战略总目标，平衡计分卡四个维度所确定的战略主题与价值管理的总目标相呼应，落实到了相应的指标框架，最终提

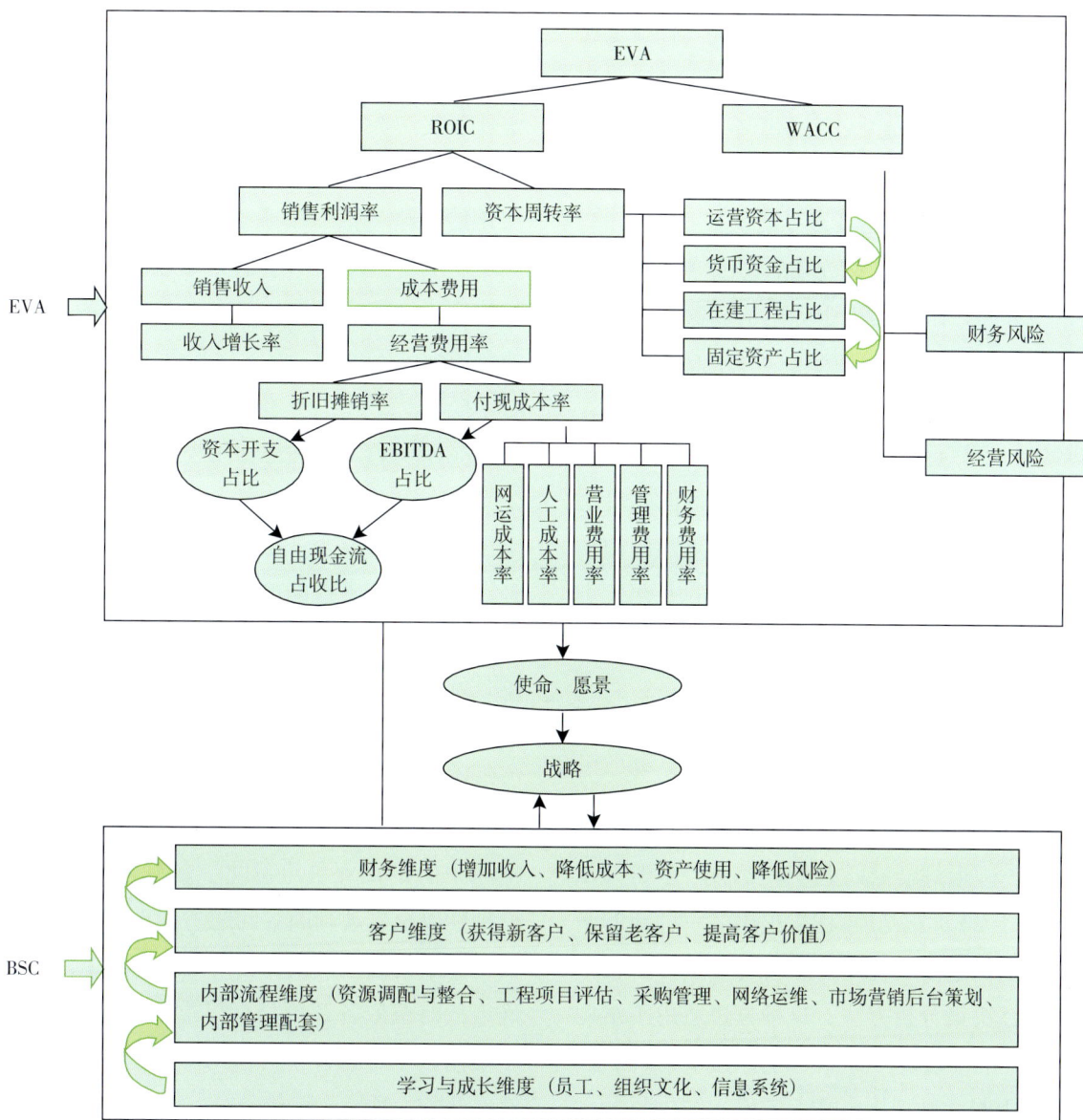

图 1-3-1　电信运营企业 BSC 与 EVA 相结合的战略绩效评价模型

高企业的价值创造能力和财务竞争力。电信运营企业在实际操作时，可结合企业实际情况，对具体指标的设计进行挑选和组合，从而有效地提高企业战略执行和管控能力。

电信运营企业实施 BSC 与 EVA 相结合的战略绩效评价模型的具体步骤包括：公司各级管理者形成对 BSC 与 EVA 相结合的战略绩效评价模型的认同；将省公司、地市公司、各级业务部门作为 EVA 责任中心进行绩效考核；建立对战略目标的共识；选择和设计绩效评价指标；确定目标值和行动方案；向所有员工传达 BSC 与 EVA 相结合的战略绩效评价模型；与全面预算管理流程相衔接；建立有效的 EVA 激励机制；执行的反馈与学习。总之，BSC 与 EVA 相结合的战略绩效评价模型是一种以增加价值为导向的、过程化的、综合体现财务动因和非财务动因的战略绩效评价系统，一方面，EVA 可以引导电信运营企业价值创造型战略的制定和高效执行；另一方面，把影响公司价值的价值驱动因素整合在公司的战略管理体系中，可以促使战略转变为具体的行动，如组织、控制、评价等，最终实现企业价值的可持续成长。同时，该战略绩效评价系统是开放的动态系统，将随着环境和企业战略选择的变化发生相应的变化。

（三）模糊层次分析法（AHP-Fuzzy法）与电信运营企业战略绩效综合评价

层次分析法（Analytical Hierarchy Process，AHP）是美国运筹学家匹兹堡大学教授萨蒂（A. L. Saaty）于 20 世纪 70 年代末提出的一种新的系统分析方法，它是一种定性分析与定量分析相结合的多目标决策分析方法，这种方法适用于结构复杂、决策准则较多，而且不易量化的决策问题。AHP 本质上是一种思维方式。它将无结构复杂系统结构化，层次内两两比较和层次间权重解决了

多因素、主观判断的不可公度问题，实现定性和定量相结合，通过一致性检验一定程度上解决主观判断的可靠性问题，提高主观决策过程的科学性，是分析多目标、多因素、多准则复杂大系统的有力工具（韩传模等，2009）。电信运营企业战略绩效综合评价符合上述结构复杂、准则较多、不易量化的特征，同时，由于 BSC 与 EVA 相结合的战略绩效评价模型以因果关系链为链接原则，因此电信运营企业可以应用层次分析法解决其综合评价的难题。在 AHP 中，递阶层次思想占据核心地位，通过对评价对象的系统分析建立科学合理的递阶层次结构对于能否成功解决问题具有决定性意义。为此，本文在解构电信运营企业战略绩效体系的基础上，构建了一个包含追求 EVA 最大化的战略目标、基于 BSC 四维度的策略目标、确定企业价值驱动因素的具体业绩指标的多层次结构模型，提高电信运营企业战略绩效综合评价的系统性、层次性、科学性和可行性。

模糊综合评价（Fuzzy Comprehensive Evaluation，FCE）就是利用模糊数学的方法，对受到多个因素影响的事物，按照一定的评判标准，给出事物获得某个评语的可能性。模糊综合评价是对受多种因素影响的事物做出全面评价的一种十分有效的多因素决策方法，其特点是评价结果不是绝对地肯定或否定，而是以一个模糊集合来表示。将模糊评价方法用于电信运营企业战略绩效综合评价，可以综合考虑影响战略绩效的众多因素，根据各因素的重要程度和对它的评价结果，把原来的定性评价定量化，较好地处理多因素、模糊性以及主观判断等问题。基于 AHP 的电信运营企业战略绩效模糊综合评价，是在使用 AHP 法确定战略绩效各评价指标权重分配的基础上，采用模糊数学综合评价方法对电信运营企业战略绩效展开的一种综合评价。

三　基于 AHP 的电信运营企业战略绩效模糊综合评价

（一）递阶层次结构模型的构建

电信运营企业战略绩效评价涉及相互关联、相互制约的众多方面的一系列因素。利用层析分析法研究这一问题时，首先需要对其进行层次化，即根据电信运营企业绩效所要达到的战略目标（EVA 最大化），将其分解为不同的组成要素，再按照各要素之间的相互关联影响和隶属关系将所有要素按若干层次聚集组合，形成一个多层次的递阶层次结构模型。

基于上述分析，可以建立如图 1-3-2 所示的电信运营企业战略绩效综合评价指标体系递阶层次结构模型。

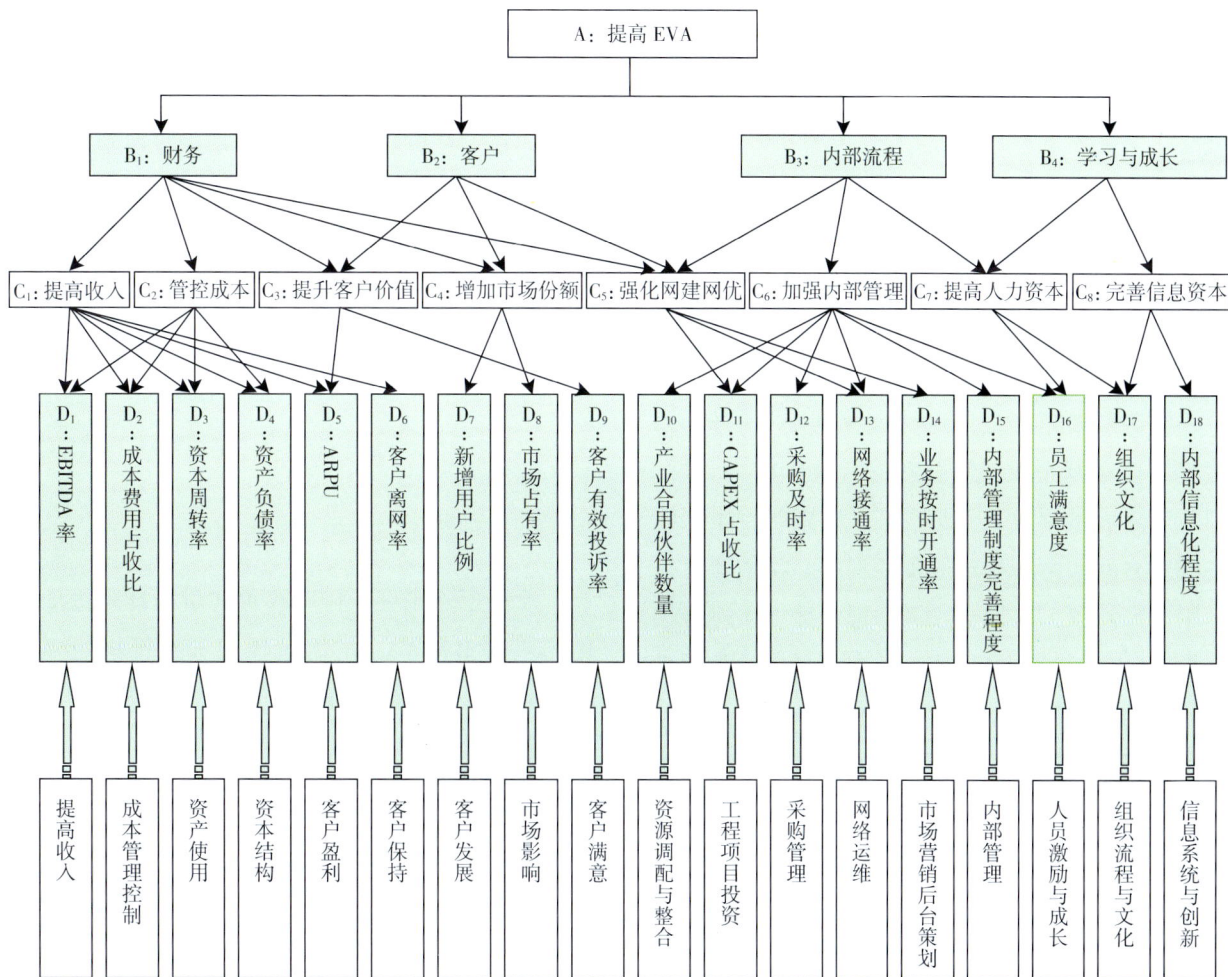

图 1-3-2　电信运营企业战略绩效综合评价指标体系递阶层次结构模型

本模型由上到下分为以下四个层次，下一层次是对上一层次的测评和保障，由此逐层递阶。

目标层：追求 EVA 最大化是企业最高的战略目标。

策略层：企业可通过基于 BSC 的财务、客户、内部流程、学习和成长四个维度的策略实现其战略目标。不同策略对战略目标的影响程度不同。

措施层：企业通过实施具体的措施保证上述四个维度策略的执行，最终保障企业战略目标实现。采用不同的策略对不同措施的影响程度不同，反过来，针对不同的策略，不同措施的实施效果不同，进而对战略目标的保障程度也不同。

指标层：措施实施的效果通过反映企业价值驱动因素的具体的绩效衡量指标进行评价。实施措施不同，对各指标的影响也不同，反过来，不同的措施实施效果用不同的绩效指标来衡量。

最后一层是指标层每一个指标所代表的驱动因素，涉及电信运营企业驱动价值提升的各个重要方面。

（二）构造判断矩阵与相对权重计算

构造判断矩阵是由定性过渡到定量的核心，决定电信运营企业战略绩效综合评价的科学性。判断矩阵表示相对上一层次某一因素时，本层次各因素之间的两两相对重要性程度。评估者可以运用专家评议、引导会议等常规定性方法对各层级构成要素相对于上层特定准则或目标的重要性进行两两比较，比较结果采用 Saaty 1~9 标度法。对不同情况的比较给出数量标度，其目的是为了对层次结构中各层次相关因素的相关程度赋值，使定性的因素量化，表明下一层次各因素在上一层次某因素中所占的比重。就上述递阶层次结构模型而言，评估者并不能够简单识辨出电信运营

企业战略绩效各执行策略、实施措施、测量指标的重要性次序，但两两比较则相对简单。

1. 判断矩阵

（1）判断矩阵 A-B。相对于战略目标而言，各策略重要性两两比较，得到判断矩阵 $A-B=(b_{ij})_{4\times4}$。

（2）判断矩阵 B_1-C、B_2-C、B_3-C、B_4-C。分别相对于财务、客户、内部流程、学习与成长四个策略，不同措施对特定策略实现的影响程度两两比较，分别得到判断矩阵 $B_1-C=(C_{ij})_5\times_5$、$B_2-C=(C_{ij}^2)_{3\times3}$、$B_3-C=(C_{ij}^3)_{3\times3}$、$B_4-C=(C_{ij}^4)_{2\times2}$。

（3）判断矩阵 C_1-D、C_2-D、C_3-D、C_4-D、C_5-D、C_6-D、C_7-D、C_8-D。分别针对提高收入、管控成本、提升客户价值、增加市场份额、强化网建网优、加强内部管理、提高人力资本、完善信息资本等实施措施，各衡量指标的重要性比较，或各措施实施对公司层面和业务层面的影响程度比较，分别得到矩阵 $C_1-D=(d_{ij}^1)_5\times_5$、$C_2-D=(d_{ij}^2)_{4\times4}$、$C_3-D=(d_{ij}^3)_{2\times2}$、$C_4-D=(d_{ij}^4)_{3\times3}$、$C_5-D=(d_{ij}^5)_{3\times3}$、$C_6-D=(d_{ij}^6)_{5\times5}$、$C_7-D=(d_{ij}^7)_{2\times2}$、$C_8-D=(d_{ij}^8)_{2\times2}$。

2. 相对权重计算和一致性检验

根据矩阵原理，排序权重向量的计算进而转化为求解 $BW=\lambda_{max}W$ 的特征根和特征向量 $W=(w_1, w_2, w_3, \cdots, w_n)$ 问题，其计算方法分为精确计算和近似计算，常用的是近似计算的方根法。其基本计算原理是先计算判断矩阵每一行因素的乘积 M_i，然后计算 M_i 的 n 次方根 $\overline{w_i}$，再对向量 $\overline{w}=(\overline{w_1},\overline{w_2},\cdots,\overline{w_n})^T$ 进行规范化，即 $w_i=\dfrac{\overline{w_i}}{\sum\limits_{j=1}^{n}\overline{w_j}}$，则

$w = (w_1, w_2, w_3, \cdots, w_n)^T$ 即为各因素相对上一层次某因素的权重向量 $\lambda_{max} = \sum_{j=1}^{n} \frac{(BW)_i}{nW_i}$，（$(BW)_i$ 表示向量 BW 的第 i 个元素）即为判断矩阵的最大特征根。

利用判断矩阵的最大特征根，可求 CI 和 CR 值。当 CR < 0.1 时，认为层次排序的结果有满意的一致性；否则需要调整判断矩阵各元素的取值。

根据本文指标体系解出的对电信运营企业战略绩效评价有重要意义的权重向量含义如下：

（1）单一准则下相对权重含义。$W_1^a = (w_{11}^a, w_{12}^a, w_{13}^a, w_{14}^a)^T$：相对于战略综合目标，各策略的重要性排序，值最大者为关键执行策略（第二层对第一层排序）。

$W_2^{b_i} = (w_{11}^{b_i}, w_{12}^{b_i}, \cdots, w_{1n}^{b_i})^T$，(i = 1, 2, 3, 4)：相对于各执行策略，各措施影响程度排序，得执行各策略的关键措施（第三层对第二层排序）。

$W_3^{c_i} = (w_{11}^{c_i}, w_{12}^{c_i}, \cdots, w_{1n}^{c_i})$，(i = 1, 2, 3, 4, 5, 6, 7, 8)：相对于各实施措施，各测量指标重要程度排序，得衡量各措施实施效果的关键指标（第四层对第三层排序）。

（2）合成权重向量含义。运用加权的思路计算合成权重，并进行一致性检验，具体计算过程不再赘述。根据本文体系解出的合成权重向量含义如下：

$W_2^a = (w_{11}^a, w_{12}^a, w_{13}^a, w_{14}^a, w_{15}^a, w_{16}^a, w_{17}^a, w_{18}^a)^T$：影响战略目标实现的各措施重要性排序，权重大者为需要着重实施的措施（第三层对第一层排序）。

$W_3^{b_i} = (w_{301}^{b_i}, w_{302}^{b_i}, w_{303}^{b_i}, \cdots, w_{317}^{b_i}, w_{318}^{b_i})^T$：指标层对各策略 b_i(i = 1, 2, 3, 4) 权重（第四层对第二层排序），含义为衡量各策略执行效果的关键绩效指标。

$W_3^a = (w_{301}^a, w_{302}^a, w_{303}^a, \cdots, w_{317}^a, w_{318}^a)^T$：衡量战略总目标实现情况时，各测量指标重要程度排序（第四层对第一层排序）。

根据电信运营企业战略绩效指标体系可解出对战略绩效评价有重要意义的解向量，通过因素间两两比较建立判断矩阵，利用矩阵原理求解排序向量，可以得出企业重点执行策略、重点实施措施及重点测量指标，进而确定企业价值驱动因素。

（三）模糊评价

电信运营企业在进行战略绩效综合评估前，应先确定指标层各指标的评估值，即计算隶属函数值，但由于评估指标的类型不同，其隶属函数值的计算方法也应不同，主要可分为两类：

1. 定性指标隶属函数值的确定

对于那些难以用数量来定量表示的指标，如内部管理制度完善程度、员工满意度等指标，采用模糊统计方法确定其隶属函数关系。建立评估集 V = {好，较好，一般，较差，差} = {V_1, V_2, V_3, V_4, V_5}，让参与评估的各位专家（有 n 位专家）按评估集 V 给各评估指标划分等级，再依次统计各评估指标 d_{ij} 属于各评估等级 V_t（t = 1, 2, 3, 4, 5）的频数 m_{ijt}，则 $x_{ij}(t) = m_{ijt}/n$ 表示评估指标隶属于 V_t 等级的隶属度。

2. 定量指标隶属函数值的确定

对于评估指标体系中的数量指标（如 EBITDA 率、成本费用占收比、资本周转率等）的隶属函数关系的确定方法又分为效益型指标（越大越好型）和成本型指标（越小越好型）两种情况考虑。

（1）效益型（越大越好型）指标。先确定该指标的最优、最差临界值 a、b(a<b)，再在区间 (a，b) 内插入 3 个等距离点 V_2、V_3、V_4 ($V_1 = a$，$V_5 = b$) 得出指标 x_{ij} 隶属于等级 V_t 的隶属度为：

$$x_{ij}(1) = ij \begin{cases} 1, & x_{ij} \geq V_5 \\ (x_{ij} - V_4)/d, & V_4 \leq x_{ij} \leq V_5 \\ 0, & x_{ij} < V_4 \end{cases}$$

$$x_{ij}(i) = \begin{cases} 0, & V_{5-i+1} \leq x_{ij} \\ (V_{5-i+1} - x_{ij})/d, & V_{5-i} \leq x_{ij} \leq V_{5-i+1} \\ (x_{ij} - V_{5-i+1})/d, & V_{5-i+1} \leq x_{ij} \leq V_{5-i} \\ 0, & x_{ij} < V_{5-i-1} \end{cases}$$

$$x_{ij}(5) = ij \begin{cases} 1, & x_{ij} \geq V_1 \\ (V_i - x_{ij})/d, & V_1 \leq x_{ij} \leq V_2 \\ 0, & x_{ij} \geq V_2 \end{cases}$$

其中，i = 1，2，3，4；d = (b − a)/4。

（2）成本型（越小越好型）指标。隶属函数的确定方法与效益型（越大越好型）指标类似，x_{ij} 隶属于等级 V_t 的隶属度为：

$$x_{ij}(1) = \begin{cases} 1, & x_{ij} \geq V_1 \\ (x_{ij} - V_{i-2})/d, & V_1 \leq x_{ij} \leq V_2 \\ 0, & x_{ij} < V_2 \end{cases}$$

$$x_{ij}(i) = \begin{cases} 0, & x_{ij} \geq V_{i-2} \\ (x_{ij} - V_{i-2})/d, & V_{i-2} \leq x_{ij} \leq V_{i-1} \\ (V_i - x_{ij})/d, & V_{i-1} \leq x_{ij} \leq V_i \\ 0, & x_{ij} < V_i \end{cases}$$

$$x_{ij}(5) = \begin{cases} 0, & x_{ij} \geq V_4 \\ (V_i - x_{ij})/d, & V_4 \leq x_{ij} \leq V_5 \\ 0, & x_{ij} < V_5 \end{cases}$$

其中，i = 1，2，3，4；d = (b − a)/4。

根据各绩效指标隶属度函数值构造各指标的模糊评价向量 R^{di}，即各绩效指标被评价为好、较好、一般、较差、差的概率。

（四）电信运营企业战略绩效模糊综合评价

各绩效指标的模糊评价结果结合 AHP 解出的权重向量，即各绩效指标相对措施层各措施、策略层各策略以及最高战略目标权重向量与各绩效指标评价向量的乘积，可向上归纳出各措施绩效模糊评分、各策略绩效模糊评分及最高战略目标实现程度综合模糊评分，从而得出电信运营企业战略绩效综合评价的完整结论。分别如下：

各实施措施绩效评价向量：$F^{ci} = R^{dn}W_3^{ciT}$ (i = 1，2，3，4，5，6，7，8)，对其进行归一化处理后，即为各实施措施绩效被评价为好、较好、一般、较差、差的概率。

各执行策略绩效评价向量：$F^{bi} = R^{dn}W_3^{biT}$ (i = 1，2，3，4)，对其进行归一化处理后，即为各执行策略绩效被评价为好、较好、一般、较差、差的概率。

最高战略目标绩效综合评价向量：$F^a = R^{dn}W_3^{aT}$，对其进行归一化处理后，即为最高战略目标实现程度被评价为好、较好、一般、较差、差的概率。

四 结语

绩效评价是企业绩效管理的核心模块之一，是企业进行战略决策的有力依据。目前世界各国企业通行采用的绩效评价体系大致有四种：传统的绩效评价体系、基于平衡计分卡的绩效评价体系、基于经济增加值的绩效评价体系和基于利益相关者的绩效评价体系（绩效棱柱）。笔者构建了电信运营企业 BSC 与 EVA 相结合的战略绩效评价模型，并引进系统工程方法 AHP 和模糊评价方法，实现了定性与定量相结合、过程与结果兼顾、财务动因和非财务动因并重的电信运营企业战略绩效评价与管理，提高了评估的系统性和科学性。笔者在对电信运营企业 BSC 与 EVA 相结合的战略绩效评价模型深入剖析的基础上，结合电信运营企业的行业特性选取关键指标，建立了战略目标→执行策略→实施措施→绩效指标的递阶层次结构模型。该结构体系分别从战略目标、执行策略、实施措施、绩效指标等多角度对电信运营企业战略绩效进行了模糊综合评价。评价方法具有较强的可操作性，评价结果具有很强的直观性。电信运营企业可根据企业具体情况和具体评估对象对模型中的具体绩效指标进行调整、删减，以满足评价需要为前提可尽量减少指标个数，遵循满意化原则。

参考文献：

［1］何瑛. 电信运营企业财务转型［M］. 北京：经济管理出版社，2011.

［2］卢闯等. 导入 EVA 考核中央企业的公平性及其改进［J］. 中国工业经济，2010（6）.

［3］孙薇，程龙生，宋煜. 基于模糊综合评价方法的企业财务绩效评价［J］. 南京理工大学学报，2006（3）.

［4］张云亭. 顶级财务总监［M］. 北京：中信出版社，2003.

［5］杨宗昌，许波. 企业经营绩效评价模式研究——我国电信企业集团经营绩效考评方法初探［J］. 会计研究，2003（12）.

［6］乔均，祁晓荔，储俊松. 基于平衡计分卡模型的电信企业绩效评价研究——以中国网络通信集团江苏省公司为例［J］. 中国工业经济，2007（2）.

［7］韩传模，汪士果. 基于 AHP 的企业内部控制模糊综合评价［J］. 会计研究，2009（4）.

［8］田志龙，李金洋. 一种合适的中国电信企业转型绩效评价体系［J］. 武汉理工大学学报，2006（4）.

［9］Bartlomiej Nita . Transformation of Management Accounting：From Management Control to Performance Management ［J］. Transformations in Business & Economics，2008，7（3）.

［10］Robert S. Kaplan. Building Strategy Focused Organizations with the Balanced Scorecard ［R］. Balanced Scorecard Collaborative，2002.

［11］Hall Matthew.Accounting information and Managerial Work ［J］. Accounting Organizations and Society，2010（1）.

［12］Tom Kopeland. Tim Koller. Jack Murrin. Valuation：Measuring and Managing the Value of Companies ［M］. 3rd Edi2，John Wiley & Sons，Inc. 2001.

［13］Fredrik Weissenrieder. Value Based Management：Economic Value Added or Cash Value Added? ［J］. Gothenburg Studies in Financial Economics，1997（3）.

［14］Cedric Read,Hans-Dieter Scheuermann. The CFO：As Business Integrator ［M］. New York：John Wiley & Sons，2003.

［15］Gary Simpson, Theodor Kohers. The Link Between Corporate Social and Financial Performance：Evidence from the Banking Industry ［J］. Journal of Business Ethics，2002（2）.

［16］Stewart Clements,Michael Donnellan. CFO Insights：Achieving High Performance Through Finance Business Press Outsourcing ［M］. New York：John Wiley & Sons，2004.

分报告四
电信运营企业海外拓展中成功实施资本运营的策略

在经济一体化向纵深发展的今天，任何企业的生存与发展都不可避免地要参与国际竞争。对电信运营企业而言，实施国际化经营战略，加速自身向国际性企业转变，是企业做大做强、由国内市场向国际市场发展的必由之路。在中央政府和电信行业倡导实施"走出去"战略的今天，积极实施资本运营战略对推动我国电信运营企业的国际化进程具有极为现实而重要的意义。从国际电信运营企业的全球化拓展历程看，不同电信运营企业的出发点虽然不尽相同，但普遍认可的拓展目标有：满足客户的全球拓展而实施业务网络延伸，获取新用户和新市场空间，通过利润潜力更高的国际市场来提高整个企业效益，获取世界先进的管理和技术经验。无论是从中国的电信强国战略还是电信运营企业的自身发展看，通过积极尝试资本运营实施"走出去"战略都是国内电信企业发展的必经之路。

一 引言

（一）资本运营的内涵及内容构成

资本运营，是指以企业资本为主要对象的企业重组、资本扩张和资本收缩等经营活动，其主体主要是企业，客体是资本及其运动，动机是追求资本增值的最大化，本质是企业产权的交易，结果是企业产权的转移或重新划分及由此而引起的企业资产控制权和剩余索取权的转移或重新划分。资本运营的内容贯穿企业资本存量、资本增量、资本配置以及资本收益等价值管理的整个过程。相对于商品经营和资产经营而言，资本运营是企业经营的最高层次，是企业经营发展的必然趋势和最高阶段。

企业集团资本运营包括四个组成部分：资本存量经营、资本增量经营、资本配置经营和资本收益经营（陈月明，2007）。①资本存量经营。资本存量经营从涉及的范围来看，包括企业现存的全部资产和全部资本。资本存量经营是指在不增加资本投入的情况下，对企业现存资本的经营。其目标是通过对闲置资本和使用效率低的资本进行运作，挖掘潜在经济效益，使现有的资本存量创造更大的价值。在企业存量资本中，有使用中、未使用或闲置之分；在使用资本中，有效率高低之分；在资本使用效率一定的情况下，由于投向不同，有资本增值率高低之分。资本存量经营的核心是要解决资本闲置以及资本利用率低的问题。企业资本闲置从基建、生产和销售等环节来看主要表现为：在投资建设环节固定资产交付使用率低；在生产环节存在封存、未使用、不需用的固定资产，积压材料，废品等；在销售环节产品存在积压。资本利用率低主要表现为：机器设备等固定资产开工不足、原材料利用率低等。进行资本存量经营包括：第一，采取有效营运措施，盘活资本存量，使闲置资本充分发挥作用；第二，提高资本使用效率，使效率低的资本提高利用率；第三，重组或者重新配置存量资本，使低增值率资本向高增值率资本转化。②资本增量经营。资本增量是指企业在资本存量基础上增加的资本投入量，它从资本占用或者使用角度看，表现为企业集团资产的增加；从资本来源形成角度看，表现为企业集团权益的增加。资本增量经营正是研究在企业资本增加过程中的资本运营及其效果。进行资本增量经营，首先要以最低的资本成本取得企业集团发展所需的增量资本，其次要以资本增值为目标，充分有效地使用增量资本。增量资本的高效使用表现在：以增量资本盘活、激活存量资本；以增量资本推进企业扩张，优化企业规模；以增量资本提高企业技术水平。进行资本增量经营包括：第一，规模管理。处理好资本投入与企业经济规模的关系，确定合理的企业规模。第二，技术进步管理。不断提高技术选择、技术创新、技术推广、技术引进、技术改造的水平。第三，筹资管理。选择筹资渠道、筹资方式，优化筹资结构和权衡筹资风险，降低筹资成本。第四，投资管理。确定投资方向、投资结构和投资

项目，深入进行投资项目可行性研究，选择科学的决策程序与方法，提高投资收益率。③资本配置经营。资本配置经营主要研究资本在不同来源或用途之间的配置。这个配置既包括空间上的配置，即资本在不同产品、不同行业、不同产业、不同地区间的配置，又包括时间上的配置，即资本在不同时期的配置。企业集团资本配置状况可用资本配置结构或者资本结构表示。资本结构优化可从资本使用结构优化和资本来源结构优化两方面进行。资本使用结构优化，有利于促进企业资产结构、产品结构优化，还可促进行业结构、地区结构优化，使资本发挥最大的使用效率，获取最大效益，实现企业集团整体价值最大化。主要包括：一定量的资本如何在不同产品或不同用途之间进行配置，使投资收益率最大，如多项目组合投资决策等；生产一种产品如何优化配置各种资本资源的结构，使成本最低，如固定资产与流动资产结构优化、固定资产内部结构优化、流动资产或原材料内部结构优化等。资本来源结构优化，指调整企业负债与所有者权益及其内部结构，均衡风险、收益与成本，使自有资本发挥最大控制力和效率，实现股东价值最大化。④资本收益经营。资本收益是资本运营的所得或者成果，从持续经营角度看，资本收益分配既是终点，也是始点。资本收益管理从广义看，包括资本收益过程管理、资本收益业绩管理和资本收益分配管理（张先治，2009）。资本收益过程管理的内容主要有价格管理、收入管理、成本管理等；资本收益业绩管理的内容主要有利润管理、盈利能力管理、资本收益考核评价等；资本收益分配管理的内容包括资本收益分配标准、分配政策、分配方式等。从狭义看，资本收益管理主要指资本收益分配管理。因为资本收益分配政策与分配方式选择，对持续经营企业的资本经营，对企业筹资、市场价值等都至关重要。

（二）资本运营的模式

（1）扩张型资本运营。资本扩张即扩张型资本运营是指在现有的资本结构下，通过内部积累、追加投资、吸纳外部资源等方式，使企业实现资本规模的扩大。根据产权流动的不同轨迹可以将资本扩张分为三种类型，即横向型资本扩张、纵向型资本扩张和混合型资本扩张。①横向型资本扩张，是指交易双方属于同一产业或部门，产品相同或相似，为了实现规模经营而进行的产权交易。横向型资本扩张不仅减少了竞争者的数量，增强了企业的市场支配能力，而且改善了行业的结构，解决了市场有限性与行业整体生产能力不断扩大之间的矛盾。②纵向型资本扩张，是指处于生产经营不同阶段的企业或不同行业部门之间，有直接投入产出关系的企业之间的交易。纵向型资本扩张将关键性的投入产出之间的关系纳入到自身控制范围内，通过对原料和销售渠道以及对用户的控制来提高企业对市场的控制力。③混合型资本扩张，是指两个或两个以上相互之间没有直接投入产出关系和经济技术联系的企业之间进行的产权交易。混合型资本扩张适应了现代化企业集团多元化经营战略的要求，可实现跨越经济技术联系密切的部门之间的交易。

（2）收缩型资本运营。收缩型资本运营是指企业把所拥有的一部分资产、子公司、内部某一部门或分支机构转移到公司之外，从而缩小公司的规模。它是对公司总规模或主营业务范围进行的重组，其根本目的是追求企业价值最大化以及提高企业的运行效率。收缩型资本运营通常是放弃规模小且贡献少的业务，放弃与公司核心业务没有协同或很少协同的业务，宗旨是支持核心业务的发展。当一部分业务被收缩掉后，原来支持这部分业务的资源就相应转移到剩余的重点发展的业务，从而母公司可以集中力量开发核心业务，有利于主流核心业务的发展。收缩型资本运营是扩张型资本运营的逆操作，其主要实现形式有资产剥离、公司分立、股份回购等。①资产剥离，是指把企业所属的不适合发展战略目标的资产出售给第三方，这些资产可以是固定资产、流动资产，也可以是整个子公司或分公司。②公司分立，是指公司将其拥有的某一子公司的全部股份，按比例分配给母公司的股东，从而在法律上和组织上将子公司的经营从母公司分离出去。通过资本运营，形成一个与母公司有着相关股东和股权结构的新公司。在分立过程中，不存在股权和控制权向第三方转移的情况，母公司的价值实际上没有改变，但子公司却有机会单独面对市场，有了自己的独立的价值判断。公司分立通常可分为标准式分立、换股式分立和解散式分立。③股份回购，是指股份有限公司通过一定途径购买本公司发行在外的股份，适时、合理的进行股本收缩的内部资产重组行为。通过股份回购，股份有限公司达到缩小股本规模或改变资本结构的目的。需要注意的是，资本裂变与收缩并非一定是企业经营失败的标志，它是企业发展战略的理性选择，属于与扩张经营相对应的资本运营模式。

对于我国企业集团来说，资本运营的核心内容包括：①资本存量经营的存量资产通过并购、重组、剥离、分立得以盘活；②资本增量经营中引进战略投资者，进一步激活国有资本，以提升核心竞争力和国际竞争力；③资本配置经营中通过使用不同资本运作方式优化资本使用结构和资本来源结构；④资本收益经营中通过改制上市、剥离与分立等方式优化股权结构、强化股权管理。

二　资本运营动因的理论解析

综上所述可知，扩张型资本运营的主要方式是并购（横向并购、纵向并购与混合并购），收缩型资本运营的主要方式是剥离、分立与股票回购。弗里德里克（Friedrich，2002）认为并购动机理论分为七类，即垄断理论、效率理论、入侵者理论、价值理论、扩张理论、过程理论和波动理论。斯科特（Scott，2004）认为并购动机理论分为五类，即垄断理论、效率理论、扩张理论、自由现金流量假说和税收理论。并购的主要动机为：规模经济动机、范围经济动机、降低交易成本动机、市场势力动机和多元化经营动机。剥离与分立的理论基础为：效率理论、激励理论和资源优化配置理论，主要动机为提高管理效率、适应环境、反收购防御、激励效应与优化配置资源。股票回购的理论基础为：效率理论、资本结构理论与控制权增效假说，其主要动机为提升公司股价，改善公司形象、保持公司的控制权，防止被收购、资金盈余，向股东返还资金、改善资本结构。不同的资本运营方式其理论基础和动因有所差异，对国外研究成果进行总结如表1-4-1所示。

表 1-4-1　资本运营的理论基础与动因解析

资本运营主要方式	理论基础	主要动因
并购	• 垄断理论 • 效率理论 • 入侵者理论 • 价值理论 • 扩张理论 • 过程理论 • 波动理论 • 自由现金流量假说 • 税收理论	• 规模经济 • 范围经济 • 降低交易成本 • 市场势力（垄断） • 多元化经营
剥离与分立	• 效率理论 • 激励理论 • 资源优化配置理论	• 提高管理效率 • 环境适应 • 反收购防御 • 激励效应 • 资源有效配置
股票回购	• 效率理论 • 资本结构理论 • 控制权增效假说	• 提升公司股价，改善公司形象 • 保持公司的控制权，防止被收购 • 资金盈余，向股东返还资金 • 改善资本结构

三　电信运营企业海外拓展中成功实施资本运营的策略

国内学者陈帅、袁波（2005）认为企业资本运营的动因包括：效率性动机、战略性动机、功利性动机、国家政策性动机和机会性动机。并对我国企业并购的动机总结为：救济性并购——消除亏损的动机；存量调整式并购——优化资源配置的动机；扩张型并购——组建企业集团的动机；投机型并购——获取低价资产的动机；资源型并购——享受优惠政策的动机；管理型并购——降低代理成本的动机。在实务中普遍使用的是协同效应理论，该理论将并购动机分为三个方面：财务协同效应、管理协同效应和经营协同效应。

总之，企业资本运营战略的选择要建立在对企业发展战略充分拟合和匹配的基础上，以企业竞争优势为根本出发点，通过一系列战略整合来规划和实施，以充分体现资本运营战略的正向杠杆效应。

伴随着国内四家主导电信运营企业成功实现海外上市以及中国加入世界贸易组织开放进程的加快，成功实施资本运营必将提上议事日程。电信运营企业海外拓展的具体形式各不相同，有形的如全球网络建设、投资并购、剥离等，无形的如战略联盟、国际双边合作等。海外拓展经营是一个长期的积累过程，根据跨国经营理论及发达国家运营企业的实践经验，电信运营企业国际化一般会经历下面五个循序渐进的阶段（熊小明，2007），如图1-4-1所示。

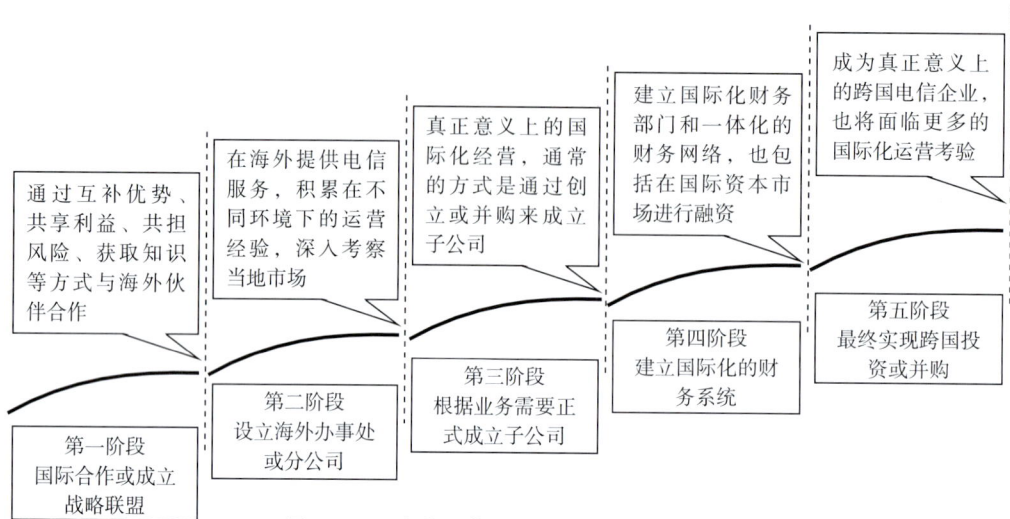

图1-4-1　电信运营企业国际化的必经阶段

我国电信运营企业在海外拓展中已逐步实施资本运营战略，标志着国际化进程进入了新阶段。但是我国电信运营企业的资本运营水平和思想仍显保守和落后，今后在激烈的市场竞争和海外扩张中，应积极尝试多元化资本运作，同时审慎地决策资本运作组合与手段。在资本运营中，必须把握好时机的选择，把握多元化资本运作的方式，以确保成功实施资本运营。从国内外无数成功与失败的资本运营案例可以总结出成功的资本运营表现出以下五个方面的特征，即方式、时间、风险控制、资金供应链、效果。只有同时关注这五个方面，才能实现企业资本扩张、资金筹措、资本增值的主要目的。

（一）树立资本运营意识并强化价值投资理念

资本运营意识的树立要求电信运营企业在以下几个领域实现经营意识的转变：从只注重电信网络的建设、电信业务的经营和电信收入的循环，向电信资本的输入、输出的循环转变；从电信运营企业以往只注重利润的积累向加快资本积累转变；从企业的经营、决策主要围绕电信建设和经营，向围绕资本的使用效益和资金的循环增值转变；从电信运营企业的经营手段只注重电信建设和经营，向产权市场和资本市场的各种操作形式转变。

产业经营和资本运营是高科技企业发展的两个车轮，两者并重，不能只重视其中任何一方。因此，对于电信运营企业来说，无论是产业投资还是资本运营其目的都是为了实现价值最大化的终极目标。价值投资理念就是企业并不是一味盲目追求规模和股权的扩张，而是更加注重资产价值的及时变现，尤其是强调通过快速的资产周转来不断优化资产和精干主业，从而提升企业资产的质量和效益，把价值最大化作为企业的战略目标，创造价值并实现价值增值，例如和记电讯对Orange 股份的出售创造了"千亿卖橙"的神话，对所持位于印度的 Hutchison Essar 67% 的股权出售实现较高溢价。中国有些企业缺乏价值投资意识，在投资时往往只考虑如何经营或一味追求扩张，没有在经营中适应战略调整的需要，主动退出与战略发展方向不符的业务，实现投资增值。只有在投资项目经营不善，甚至难以维系时才被动考虑退出。国内电信运营企业应学习和借鉴强调资产价值，而不应单纯追求资产规模的资本运营模式。

（二）内部管理型战略和外部交易型战略并举

企业就像一棵树，从根部生长，根基是核心能力，树干是核心产品，核心产品由核心能力和生产经营单位养育，所得果实就是最终产品。核心能力的建立是赢得竞争优势的法宝，企业内部管理型战略（生产经营）和企业外部交易型战略（资本运营）的有效运用是获得与提升核心能力的根本途径，也是企业经营的精髓（胡玉明，2002）。对于电信运营企业集团来说，企业核心能力的培育，既可以通过整合内部资源，即实施内部管理型战略；也可以通过整合外部资源，即外部交易型战略。企业在具体实践中，应正确运用两种战略培育和发展企业核心能力：①通过内部管理型战略巩固企业核心能力：控制成本、提高管理水平、网络设备更新改造、开发新市场、采用新营销手段等；②利用外部交易型战略强化企业核心能力：增资扩股、兼并收购、公开上市、战略联盟等资本运营手段。但企业内部管理型战略只是企业获得持续竞争优势的基础条件，企业要扩展生存空间，在更大、更广的范围内控制资源，仅靠内部挖潜是极其有限的，必须走资本运

营之路。而且，企业任何一项具体的竞争优势均会随着外界环境的变化而具有一定的生命周期。企业要在既有竞争和生存优势的基础上，获得新的、更强的竞争优势，以适应环境变化，就必须应用资本运营战略。

（三）谨慎选择合作伙伴和市场进入方式

电信运营企业在进行资本运营时，对合作伙伴的选择非常重要。首先，目标公司应该与本国企业有相同或者是相似的业务领域，而且业务领域不能与本公司业务发生冲突；其次，目标公司要与本企业在业务开展方面形成优势互补；最后，要考虑目标公司的技术标准、网络结构等与本企业的主导技术能否匹配。电信运营企业海外市场拓展区域的选择与其所选择的拓展模式有很大关联，不同业务模式的目标市场具有较大差异。就国际业务和网络延伸来说，国际业务需求规模主要是由国际贸易水平、文化交流以及该国电信发展水平等因素所决定，显然中国与美国、西欧以及东亚地区之间的跨境通信需求最大。在美国、西欧和东亚等重点国家和地区进行网络延伸和机构建设，是中国电信运营企业首选拓展的目标市场，同时应选择与合适的发达国家电信运营企业进行合作，联合拓展这些地区的电信市场。目标市场的选择，要注重重点突破，避免"全面开花"。要深刻理解目标市场，对当地的用户群体及法律政策等环境有充分了解，分析判断目标市场的发展潜力及业务需求趋势，熟悉当地市场的管制环境及市场竞争状况，特别是要评估电信企业的自身综合能力和优势，选择关键市场进行拓展，进而形成区域辐射效应（熊小明，2007）。此外，地域的选择，不但要考虑目标区域的电信业务发展情况，还要考虑目标区域的文化背景和地缘政治，要选择与自己国家有相似文化背景的国家。除了需要考虑投资收益、市场状况、政府管制、

法律规定等常规因素外，对国家关系、社会制度、民族习惯、宗教信仰等在本土运营中容易忽视的地方也要给予足够的重视。从某种意义上看，这些非常规因素其实更需要给予更高度的重视，因为一旦在这些方面出现问题，就不是简单的经济问题，一般来说，也不是电信企业本身所能解决的问题，它经常会引发更大的政治或外交事件。企业国际化阶段理论认为，企业国际化应该被视为一个发展过程，这一过程表现为企业对外国市场逐渐提高承诺的连续形式。只有先经营好本国市场，然后才能扩展到邻近市场，最后再扩展到世界市场上去。

（四）资本运营方式的多样化

由于资本运营方式的选择受到很多因素的影响，因此电信运营企业应根据具体的情况采取合适的方式。在政府开放程度高、市场化程度高的国家实施国际化运营，可以成立自己的子公司。在政府开放程度高、市场化程度低的国家或者地区实施国际化运营，可以考虑和目标区域原有的数一数二的电信公司合资成立一家新的电信公司，既有一定的监督公司运营的权利，又能和熟悉本土运营商合作，避免风险。在政府开放程度低的国家或者地区实施国家化运营，无论其市场化程度是高还是低，运营商都可以采取参股目标运营商的方式，这样可以避开目标国政策的限制，顺利进入市场。另外，由于海外拓展所需的投资数额巨大，仅靠自有资金远远不能满足企业的需求，因此，要充分利用资本市场的融资优势，灵活采取多元化融资方式，为企业的海外拓展提供充足的资金支持，同时又可适当分散投资风险。例如，和记电讯最引人注目之处就在于其高超而频繁的资本运营。通过实施多元化资本运营，强化对外部资金的使用和配置，为 3G 建设和运营提供充足的资金保障。同时，借助资产并购，实现规模

的快速扩张，以及电信业务的国际化、规模化和多元化。将子公司和优质资产分拆上市，成为和记电讯募集资金和扩大知名度的有效途径，也分散了在全球的投资风险。把握时机出售资产是和记电讯收回投资、优化主业和资产的常用手段。在实施多元化资本运营的同时，始终保持自由现金流为正，是和记电讯决策投融资规模的最根本出发点。

（五）加强风险管理和控制

电信运营企业海外拓展既包括经济风险因素，又包括非经济风险因素，在经济风险因素中，战略选择阶段中的战略定位失误，评估实施阶段中的低估并购成本、交易方案设计缺陷，并购整合阶段中的文化冲突和人力资源整合等都是中国电信运营企业海外并购扩张的主要风险因素。而政治、社会、军事、法律、舆论等非经济风险因素则贯穿并购扩张的各个阶段（见表1-4-2）。

表1-4-2　中国电信运营企业海外并购扩张三阶段可能面临的主要风险因素

项目	经济风险	非经济风险
战略选择	战略定位失误 行业选择失误 目标企业选择失误	政治 社会 军事
评估实施	低估目标成本 交易方案设计缺陷 融资失利 汇率与利率波动	政治 法律 舆论 —
并购整合	文化冲突 资金链断裂 企业管理模式冲突 人才流失	政策 法律 社会 宗教

海外拓展对电信运营企业有着很高的要求，如充足的现金流、良好的政府关系、企业的资源整合能力、自身强大的经营管理能力、风险管理和控制能力等等。所以，电信运营企业的海外拓展绝对不能单纯为了国际化而国际化。任何国际战略的出发点都应该以盈利为原则，以为企业增

加新的收入和利润增长点为目标，正视并管控各种经济风险和非经济风险。目前电信运营企业在海外的投资对象都是中小型，这样可有效降低海外风险。目前国内市场竞争日趋激烈，ICT 等新业务的启动，都需要电信运营企业投入更大的精力，如果海外市场拓展规模过大，很可能造成国内竞争的失利，所以需从战略高度进行有效权衡。

（六）产融结合成为电信运营企业资本运营新趋势

产融结合，即产业资本和金融资本的结合，指两者以股权关系为纽带，通过参股、控股和人事参与等方式而进行的结合。产融结合的本质在于企业通过产融结合，实现对金融机构的控制，构成一种包含金融机构的内部资本市场，从而对资本配置产生的影响。这种影响主要体现为：提高企业集团资金的使用效率，有效降低企业集团外部金融市场的交易成本，增加企业集团的收益和资本积累速度，产生一种跨行业的协同效应，最终形成较为显著的竞争优势。产融结合是产业发展的必然趋势，通过产业资本与金融资本的融合，可加快集团企业的财富聚集的速度，并且能最大限度地利用社会资源。2010 年 3 月 10 日，中国移动子公司广东移动与浦发银行签订股份认购协议，广东移动以人民币 398 亿元（相当于港币约 452.55 亿元）现金有条件对价认购浦发银行向中国移动定向增发的每股 18.03 元的 22.1 亿股股份，占浦发银行全部股份的 20%，成为第二大股东。双方还签署了《战略合作备忘录》，共同发展包括移动支付和移动银行卡在内的移动金融和移动电子商务业务。中国移动入股浦发银行，实质就是电信产业资本通过银行进入金融产业，以此实现方兴未艾的产融结合。同时，中国银联近日联合商业银行、移动通信运营商、手机制造商等，共同成立移动支付产业联盟，传统的电子支付开始向移动支付延伸。我国电信运营企业和银行业之间开始合作的声音越来越大，合作的步伐也日益加快。中国电信开始在多个城市与银联合作电子支付项目。中国联通也与中国银行在北京签署全面战略合作协议，正式建立战略合作伙伴关系。与此同时，中国联通还与中国平安达成战略合作，双方将在基础通信服务、行业应用、合作开发、金融及保险、联合营销等领域全面深化战略合作，建立密切的合作伙伴关系。

参考文献：

［1］何瑛. 电信运营企业财务转型［M］. 北京：经济管理出版社，2011.

［2］胡玉明. 高级成本管理会计［M］. 厦门：厦门大学出版社，2002.

［3］傅元略主编. 公司财务战略［M］. 北京：中信出版社，2009.

［4］陈帅，袁波. 企业并购动机的初步探讨［J］. 管理科学文摘，2005（8）.

［5］吴星泽. 从战略高度推进并购重组在探索当中落实内部控制：并购、重组、企业战略与内部控制研讨会综述［J］. 会计研究，2010（2）.

［6］何瑛. 中国移动财务转型路径与实践研究［J］. 管理现代化，2009（6）.

［7］熊小明. 探讨中国电信运营商的海外拓展之路［J］. 电信科学，2007（5）.

［8］Bartlomiej Nita, Transformation of Management Accounting: From Management Control to Performance Management, Transformations in Business & Economics, Vol.7, No.3（15），2008.

［9］Andrew Black、Philip Wright、John Davis, In Search of Shareholder Value, Price Water House Coopers, 2001.

分报告五
电信运营企业推进财务转型构建多层次财务人才体系

一　成功实施财务转型亟待进行财务人员再造

（一）电信行业发展态势对财务转型的迫切要求

随着全业务竞争的日益加剧，中国电信行业正在发生本质的变化。日益同质化的产品和业务，使电信行业尤其是电信运营商的竞争，从业务和价格的竞争逐步转变为商业模式之争。因此如何在价值链上改变电信运营商的地位，通过创新的商业模式获得持续发展的核心能力，正成为电信行业发展的主旋律。企业商业模式反映了一个公司基于价值导向的组织管理体系，是企业的DNA。成功的商业模式可以促进对企业战略选择的分析、试验和确认；同样，成功的商业模式也能使企业获得强势的市场地位。随着物联网、云计算、Web3.0等最新应用和技术的不断推广，苹果、微软、谷歌等企业对电信行业的进军，电信行业的构成和商业运作日趋复杂，因此，对电信运营企业来说创新商业模式应是一个系统工程。同时，伴随着用户规模的增长，话音的支柱作用在减弱，数据以及移动互联网成为电信运营商的发力方向，智能手机和各类新型终端成为新的主流，移动流量激增及互联网创新商业模式也为电信运营商带来了新的挑战。总之，从目前电信行业的发展来看，技术、竞争、需求三方面的驱动力已经使得战略转型成为必然。电信行业的转型可以从三个角度界定：第一，从产业角度看，就是从传统的语音通信转变为信息通信，即ICT行业。第二，从价值创造角度看，电信价值链条转变成了电信价值网络。第三，从企业角度看，传统的网络运营商正在转变为综合信息服务提供商。电信企业转型，其本质就是对公司赖以实现持续增长的商业模式进行创新，从而使企业获取长期竞争优势。

由技术和业务转型带来的管理转型，对财务管理的价值管理能力、业务支撑能力和精细化管理能力提出了更高要求。今天电信产业价值链的外延不断扩大，企业内部价值链所涉及专业分工更加精细，环节与流程更加复杂，但是运营商作为产业价值链的核心、用户作为价值链的终端始终没有变。因此，技术和业务的转型要求管理向以客户为中心和提高运营效率方面转变，财务管理作为公司价值管理的主要部门，要深入研究产业价值链和内部价值链变化对公司价值的影响，提供战略成本信息，建立相应的估值模型，支撑公司建立合理的产业价值分配模式、盈利模式，推动产业价值链的扩大，实现企业价值最大化。同时，由于用户需求的多样化和激烈的市场竞争，企业内部需要精细管理经营收入、控制经营成本，确保收入质量、实现成本结构和效益的最优化，建立内部价值链管理体系，防止价值流失。

在电信运营企业利润不断摊薄的情况下，股东对投资回报的要求并没有降低。市场竞争和资本市场的双重压力促使电信运营企业通过财务转型逐步实施精确化管理，将价值管理落到实处，从而持续实现价值创造并提升企业财务竞争力。所谓财务转型就是指从传统的核算型、管理型向战略型转变。战略型财务是一种面向战略，以战略为核心的财务管理过程，从以核算为重点向资源整合、决策支持和价值管理转变。它以改善基本财务作业流程为基础，通过提供高附加价值的经营业务分析、公司风险与机会的管理、绩效管理的建立和完善，来支持公司制定战略，并在实施过程中进行财务评估与控制，促使公司完成重要的战略目标。对于以盈利为目标的电信运营企业来说，几乎所有的经营活动都有一个成本效益的比较问题，而财务部门正好具有收集、整理成本与收益信息的优势以及核算和预测上的技术能力。因此，其管理职能应当也必须渗透到公司经营管理的方方面面，而不应仅仅局限在本部门内部。要在财务分析的基础上，重点进行战略的成本效益分析，加强战略实施考核与控制，降低财务风险，提供决策支持。

（二）中国移动实施财务转型对财务人员提出的挑战

自 2006 年以来，中国移动审时度势不懈努力，为了支持公司的战略和管理转型积极推进财

务转型，以核算集中为支点带动包括预算在内的整体财务管理体制集中变革，建立真正符合企业发展战略的财务集中管理模式。自 2007 年开始，中国移动实施了省公司层面的财务集中，通过在财务组织架构及职能合理调整与财务信息化系统建设的支持下，将地市公司的会计核算工作向省公司层面集中，实现信息收集、信息处理与会计核算的标准规范，促使财务工作在统一规范、信息准确、风险控制、资源配置、业绩改善等方面获得实质改进，并通过财务管理与会计核算职能的适度分离，为企业财务从核算型向战略型转型奠定必要的基础。中国移动财务集中管理的成功实施以财务组织再造、财务流程再造和财务人员再造作为基础和保障。其主要意义在于：有利于促进财务管理转型，提升财务管理核心能力；有利于财务向业务靠拢，实现对经营的全方位支撑；有利于缩短核算链条，提高财务效率；有利于会计核算规范化，财务报告实时化；有利于财务信息透明化。其总体思路就是把会计核算、资金支付等操作性工作集中到省公司层面，统一为各市分公司提供专业化的财务服务，市分公司不再负责会计核算工作。核心目标在于通过财务集中管理体系的建立和实施，拓宽财务管理领域，提升会计核算质量和水平，强化财务管理的广度和深度，实现财务处理流程化、规范化，财务信息透明化，从而更好地发挥出财务管理对企业发展的保障支撑作用。中国移动财务核算中心的建立和财务共享服务理念的渗透符合世界管理变革的主流方向，有利于降低内控风险，大幅度提升财务管理效率和效果。

2011 年 7 月 9 日，财富中文网公布了 2010～2011 年世界 500 强排行榜，入榜的电信运营企业为 20 家，中国移动（China Mobile）在进入世界 500 强的电信运营企业中名列第 6 位，可是市值却位居全球运营商的榜首，且财务竞争力综合排

名第一，价值创造能力（EVA率）排名第二，说明投资者真正看重的是企业未来的发展成长空间和财务综合实力。中国移动只有凭借财务转型契机逐步提升财务管理运作能力，成功实施"价值引导、成本管控、效益分析、需求挖掘"职能，不断提升企业财务竞争力，才能在激烈的竞争中立于不败之地。随着中国移动战略转型、业务转型与技术转型的深入推进，财务转型与变革的压力对旧有的财务人才体系提出了挑战，主要表现在以下三个方面：

第一，财务知识体系。大部分财务人员原有的知识储备已无法满足新的财务管理职能的需要，财务管理知识体系更新迫在眉睫。

第二，管理知识架构。财务人员不仅要具备先进的财务管理知识，还必须深入了解市场、网络、运维、法律等相关专业知识，构建起综合型的管理知识架构，为提供良好的市场和管理决策支撑奠定良好的基础。

第三，职业技能领域。财务人员过去以会计核算工作为主，实施财务转型之后需要与业务层和管理层进行更多的交流、沟通与合作，才能加强对运营的财务支撑，所以就需要从观念转型入手，培育以价值为核心的学习型财务文化，以职业技能的全面提升作为基础和保障，不断完善和超越自我。

二 推进财务转型构建多层次财务人才体系

中国移动进行财务集中管理后，除了省公司财务核算中心以外，省公司财务部、市公司财务部都将需要更多履行财务管理、价值创造和决策支持的职能。因此，转型对财务人员来说是机会又是挑战，必须从各方面更新自己的知识结构和技能才能够胜任新的角色。

（1）省公司财务部——需要培养一批具有前瞻性的复合型财务人才。因为高层财务人员需要更多地在企业发展战略的制定和执行上为企业做出贡献，并且还应积极参与经济环境分析和行业环境分析，以确保战略决策的制定建立在科学的基础之上，并有效控制各类风险对企业财务的影响。在整个公司战略的实施过程中，财务人员更要发挥监督的作用，这不仅仅是对财务资源的监督，需要结合企业战略目标，识别出实现企业目标的关键成功要素，从而设计关键业绩指标，并对关键业绩指标进行监控，以保证企业战略目标的实现。

（2）省公司财务核算中心——需要培养一批专业型财务人才。财务核算中心人员的合理安排与管理直接决定财务转型的成功与否。财务核算中心需要保留一部分业务素质较高、具有良好职业素质和职业判断力的人员，处理复杂业务的会计核算。所以工作岗位可以按照重要性和复杂性程度设定为几个层级，层级较高和对企业信息保密、资金安全影响较大的岗位从地市分公司选聘人员，层级较低的岗位从社会公开招聘人员。

（3）地市公司财务部——需要培养一批分析型、创造型财务人才。财务集中促使地市公司财务人员转型，一方面，从事简单的核算支撑工作，如对单据进行初核、传递档案等；另一方面，从事高难度的工作，如财务分析、经营分析、预算管理及分析、内控管理、收入管理、资产及工程财务管理、税务管理等。财务核算中心的建立必须与财务管理转型、经营财务体系搭建紧密结合，在市公司需要培养一批既了解企业的经营规律，又精通财务管理知识的人员队伍，通过观念转型和专业提升积极从事财务管理和运营支撑工作，从稳健型的核算人员转型为分析型、创造型的财务管理人才。

总之，中国移动为了积极推进财务转型，需要以"统筹安排、归口负责、分层培训"原则为指导，积极推进财务人员培训工作，着力打造多层次财务人才体系。在做好分级、分层、全面培训，构建多层次财务人才体系的基础上，培养一批复合型人才、专业型人才和分析型人才。培训内容涵盖管理、市场、业务等层面，体现财务管理人员对运营管理的参与、支撑与服务。财务管理队伍整体素质的提高会不断提升公司财务部门的价值管理能力、业务支撑能力和精细化管理能力，从而持续实现价值创造并提升公司的财务竞争实力。中国移动多层次财务人才体系的建立过程，也是塑造学习型财务文化，逐步构建基于价值导向的学习型财务组织的过程。

三　基于财务转型的三维立体式培训体系设计

为了积极推进中国移动的财务转型并保证财务转型的成功实施，我们在结合中国移动财务管理和财务人员现状和特点的基础上，设计了一套个性化、结构化、系统化的"基于财务转型的三维立体式培训体系"（如图 1-5-1 所示），着力打造"面向市场，以复合型人才"为核心的多层次财务人才体系。

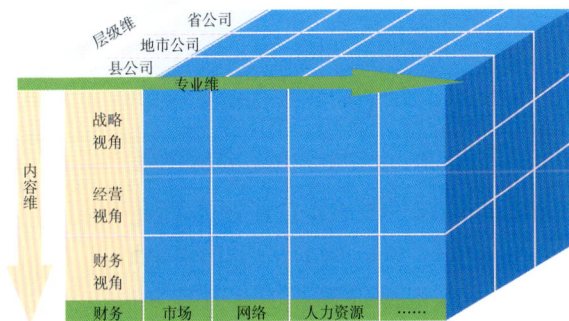

图 1-5-1　基于财务转型的三维立体式培训体系

其中："个性化"体现在结合中国移动财务转型的实施现状，财务管理和财务人员现状和特点，以及培训需求量身定制培训方案；"结构化"体现

在将多样化的培训信息分维度、分层次加以体现，以反映培训信息的完整性和综合性；"系统化"体现在基于不同视角（战略视角、经营视角、财务视角）致力于实现公司的财务战略目标——全面提升公司价值创造和价值管理能力，实现公司价值可持续成长。

基于财务转型的三维立体式培训体系中的"内容维"是指基于不同视角（战略视角、经营视角、财务视角）致力于实现公司的价值创造和价值管理；"层级维"是指与公司的层级结构相对应，致力于实现本层级的财务管理目标；"专业维"是指鉴于交叉培训的重要性和迫切性，无论是财务部还是非财务部门的人员都亟待进行财务知识的培训，以便进行更好的交流与合作。

由于培训目标的差异，对于财务人员和非财务人员的培训内容和课程设计也会有相应的差异，这样就可以将上述基于财务转型的三维立体式培训体系进行细化，分别针对非财务人员和财务人员进行，如图 1-5-2、图 1-5-3 所示。

总之，中国移动应逐步建立企业集团财务人

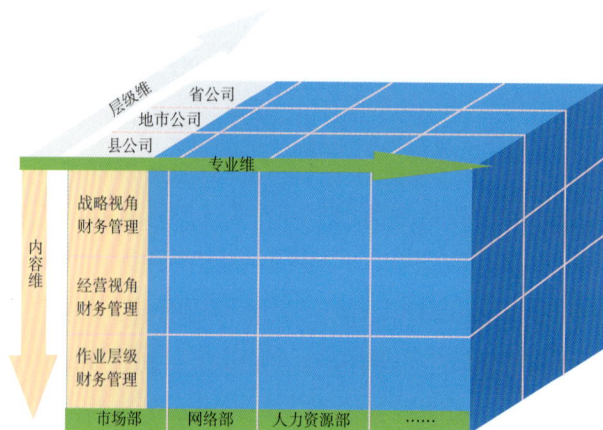

图 1-5-2　基于财务转型的三维立体式培训体系——针对非财务人员

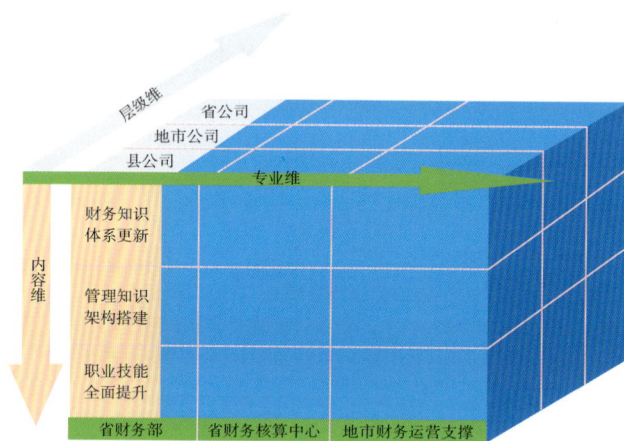

图 1-5-3　基于财务转型的三维立体式培训体系——针对财务人员

员能力素质管理模型，分岗位体系梳理（明确财务序列的岗位层级、岗位职责分工界面，以及岗位晋降及调整通道）、能力素质模型建设（针对财务序列岗位特征及本企业经营管理要求，分析确定财务序列岗位的能力素质模型及分级评价标准）、管理机制设计（基于能力素质模型，设计财务人员能力素质评价、测试、考核、培训及培养等相关机制）、相关体系建设（基于能力素质模型，针对财务人员各项核心能力素质要求，进行相应的培训课程开发、测试题库建设以及有关资料的数据库建设）几个步骤进行，因为人员安排与管理是决定中国移动的财务转型能否成功实施的重要环节。

转型对财务人员来说是机会又是挑战，必须从各方面更新自己的知识结构和技能才能胜任新的角色。因此，财务人员需要主动迎接变革，完善能力结构；通过教育与培训提高财务人员的知识与技能，提高财务人员整体素质以满足企业集团不断提升财务竞争实力、实现可持续发展的需要。

第二部分　报告篇

——全球电信运营企业可持续发展报告

一　美国电话电报公司可持续发展报告（AT&T）

二　日本电话电报公司可持续发展报告（NTT）

三　美国 Verizon 电信公司可持续发展报告（Verizon）

四　德国电信公司可持续发展报告（Deutsche Telekom）

五　西班牙电信公司可持续发展报告（Telefonica）

六　中国移动公司可持续发展报告（China Mobile）

七　英国沃达丰公司可持续发展报告（Vodafone）

八　法国电信公司可持续发展报告（France Telecom）

九　墨西哥美洲电信公司可持续发展报告（América Móvil）

十　中国电信公司可持续发展报告（China Telecom）

十一　英国电信公司可持续发展报告（BT）

十二　中国联通公司可持续发展报告（China Unicom）

at&t

AT&T的LOGO的主要图像要素是一个地球，但并不画成光溜溜的球体，而是特意加上了一圈圈线条，表示地球正被电子通信线路环绕着。

AT&T是公司的简称，全称为American Telephone & Telegraph Company。

兰德尔·斯蒂芬森（Randall L. Stephenson）
董事长、首席执行官兼总裁

　　兰德尔·斯蒂芬森在2007年被任命为AT&T的董事长、首席执行官兼总裁。自上任董事长后，斯蒂芬森先生巩固了AT&T全球最大的电信公司的地位和移动、宽带和基于IP的商业通信服务的领导者地位。在他的领导下，AT&T还加快了其在先进的电视服务方面的发展，并成为了本地搜索广告的领导者。

　　2001~2004年，斯蒂芬森先生曾担任AT&T高级执行副总裁和财务总监；2004~2007年期间，斯蒂芬森先生还曾担任AT&T的首席运营官（COO），负责无线和有线业务的运营。2005年斯蒂芬森先生成为AT&T董事会成员。

　　兰德尔·斯蒂芬森出生于俄克拉荷马城，1982年开始任职于西南贝尔电话在俄克拉荷马城的信息技术部门。随后担任一系列的领导职务，包括墨西哥SBC国际财务总监，监督SBC公司在墨西哥的所有者权益。1996年，斯蒂芬森先生被任命为controller for SBC Communications。斯蒂芬森先生还担任过主管消费市场的高级副总裁。

　　在斯蒂芬森先生的领导下，AT&T发起了AT&T公司历史上最大的教育倡议——AT&T Aspire——1亿美元的慈善计划，帮助学生做好成功和工作的准备。

　　斯蒂芬森先生是美国艾默生电气公司（Emerson）的董事会成员，美国童子军全国执行委员会成员以及2011年美国首都达拉斯运动的主席。

一　美国电话电报公司可持续发展报告（AT&T）

（一）公司简介

美国电话电报公司（American Telephone & Telegraph Company）是一家美国电信公司，创建于 1877 年，曾长期垄断美国长途和本地电话市场。AT&T 在近 20 年中曾经历过多次分拆和重组。AT&T 的前身是由电话发明人贝尔于 1877 年创建的美国贝尔电话公司。1895 年，贝尔公司将其正在开发的美国全国范围的长途业务项目分割，建立了一家独立的公司称为美国电话电报公司（AT&T）。1899 年，AT&T 整合了美国贝尔的业务和资产，成为贝尔系统的母公司。该公司一直是美国长途电话技术的先行者。1984 年，美国司法部依据《反托拉斯法》拆分 AT&T，分拆出一个继承了母公司名称的新 AT&T 公司（专营长途电话业务）和七个本地电话公司（即"贝尔七兄弟"），美国电信业从此进入了竞争时代。1995 年，又从公司中分离出了从事设备开发制造的朗讯科技和 NCR，只保留了通信服务业务。2000 年后，AT&T 又先后出售了无线通信、有线电视和宽带通信部门。2005 年，原"小贝尔"之一的西南贝尔对 AT&T 并购，合并后的企业继承了 AT&T 的名称。

美国电话电报公司有八个主要部门：贝尔实验室、商业市场集团、数据系统公司、通用市场集团、网络运营集团、网络系统集团、技术系统集团和公司国际集团。美国电话电报公司在泰国、德国、新加坡等地设有工厂，在意大利、韩国、日本等国设有子公司或者合资公司，公司总部设在纽约。1995 年 9 月，该公司分拆为三个独立的公司，即通信服务公司、通信设备公司和电脑信息服务公司，并退出个人电脑领域。

截至 2010 年年底，AT&T 共有 6495231088 股普通股，2010 年共实现销售收入 1242.80 亿美元，净利润 198.64 亿美元，股东投资报酬率达到 17.74%，每股收益为 3.35 美元，2010 年 12 月 31 日的收盘价为 29.38 美元，市盈率为 8.77。在美国《财富》杂志公布的 2010 年度全球企业 500 强排行榜中 AT&T 排在第 30 位，位居行业排名首位。

（二）公司战略

在过去三年里，AT&T 投资了将近 700 亿美元用以建设最先进的无线和有线网络，致力于为用户提供一个集视频、数据及语音一体的网络。在未来 AT&T 将投资数百亿美元的设备，致力于建设世界上最先进的智能网络，这需要营造一个能产生新创意和突破思维定式的开放的创新环境。AT&T 公司的公司战略聚焦于移动宽带带来的机遇。

（三）市场概览

AT&T 每个分部即战略业务单位基于各种技术平台提供不同的产品和服务。下面将按照内部管理报告，分别提供各个分部的经营业绩。公司共有四个报告分部：即无线、有线、广告解决方案及其他。2010 年，公司各个分部营业收入构成如图 2-1-1 所示。

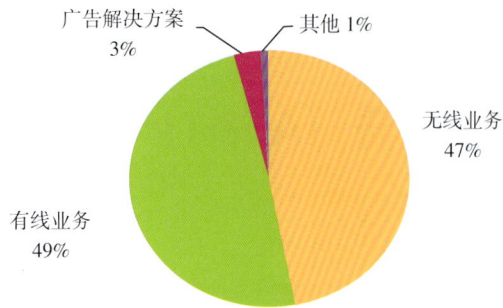

图 2-1-1　AT&T 公司各个分部营业收入构成（2010 年）

1. 无线业务

2010 年，无线业务占 AT&T 所有分部营业收入总额的 47%，2009 年该比重为 44%。这部分业务通过 AT&T 的全国性网络来为用户提供无线语音和先进的数据通信服务，如表 2-1-1、表 2-1-2 所示。

表 2-1-1　无线业务经营业绩　　　　　　　　　　　　　　单位：百万美元

年　份	2010 年	2009 年	2008 年	百分比变动状况	
				2010 年相对 2009 年	2009 年相对 2008 年
分部营业收入					
服务	53510	48563	44249	10.2%	9.7%
设备	4990	4941	4925	1.0%	0.3%
分部营业收入总额	58500	53540	49174	9.3%	8.8%
分部营业费用					
运营支持	36746	33631	31530	9.3%	6.7%
折旧和摊销	6497	6043	6025	7.5%	0.3%
分部营业费用总额	43243	39674	37555	9.0%	5.6%
分部营业利润	15257	13830	11619	10.3%	19.0%
子公司净利润中所占权益	9	9	6	—	50.0%
分部利润	15266	13839	11625	10.3%	19.0%

表 2-1-2　无线业务的其他重要业绩表现　　　　　　　　　　单位：千户

年　份	2010 年	2009 年	2008 年	百分比变动状况	
				2010 年相对 2009 年	2009 年相对 2008 年
无线用户数	95536	85120	77009	12.2%	10.5%
用户净增	8853	7278	6699	21.6%	8.6%
流失总数	1.31%	1.47%	1.70%	(16) BP	(23) BP
后付费用户数	68041	64627	59653	5.3%	8.3%
后付费用户净增	2153	4199	4523	(48.7) %	(7.2) %
后付费流失	1.09%	1.13%	1.18%	(4) BP	(5) BP
预付费用户数	6524	5350	6106	21.9%	(12.4) %
预付费用户净增	952	(801)	71	—	—
经销商客户数	11645	10439	8589	11.6%	21.5%
经销商客户净增	1140	1803	1102	(36.8) %	63.3%
设备连接客户数	9326	4704	2661	98.3%	76.8%
设备连接客户净增	4608	2077	1003	—	—

2. 有线业务

2010 年，有线业务约占 AT&T 所有分部营业收入总额的 49%，2009 年该比重为 52%。这部分业务使用 AT&T 局域、全国以及全球网络为用户提供固话语音、数据通信服务、U-verse 电视和高速宽带，并为企业客户提供网络管理。此外，AT&T 还向通过 AT&T 卫星提供卫星电视服务的销售机构收取佣金，如表 2-1-3、表 2-1-4 所示。

表 2-1-3　有线业务经营业绩　　　　　　　　　　　　　　　　单位：百万美元

年　份	2010 年	2009 年	2008 年	百分比变动状况	
				2010 年相对 2009 年	2009 年相对 2008 年
分部营业收入					
话音	28315	32324	37322	(12.4) %	(13.4) %
数据	27479	25561	24416	7.5%	4.7%
其他	5408	5629	6152	(3.9) %	(8.5) %
分部营业收入总额	61202	63514	67890	(3.6) %	(6.4) %
分部营业费用					
运营支持	41008	42352	44817	(3.2) %	(5.5) %
折旧与摊销	12371	12743	12786	(2.9) %	(0.3) %
分部营业费用总额	53379	55095	57603	(3.1) %	(4.4) %
分部营业利润	7823	8419	10287	(7.1) %	(18.2) %
子公司净利润中所占权益	11	17	19	(35.3) %	(10.5) %
分部利润	7834	8436	10306	(7.1) %	(18.1) %

表 2-1-4　有线业务的其他重要业绩表现　　　　　　　　　　　　单位：千户

年　份	2010 年	2009 年	2008 年	百分比变动状况	
				2010 年相对 2009 年	2009 年相对 2008 年
交换接入线路					
零售消费	22515	26378	30614	(14.6) %	(13.8) %
零售业务	18733	20247	21954	(7.5) %	(7.8) %
零售小计	41248	46625	52568	(11.5) %	(11.3) %
批发小计	2367	2685	2924	(11.8) %	(8.2) %
交换接入线路总额	43678	49392	55610	(11.6) %	(11.2) %
零售消费语音连接总额	24195	27332	30838	(11.5) %	(11.4) %
无线宽带连接总额	16310	15789	15077	3.3%	4.7%
卫星服务	1930	2174	2190	(11.2) %	(0.7) %
V-verse 视频	2987	2065	1045	44.6%	97.6%
视频连接	4917	4239	3235	16.0%	31.0%

3. 广告解决方案

2010 年，广告解决方案业务约占 AT&T 所有分部营业收入总额的 3%，2009 年该比重为 4%。

这部分业务包括目录经营，主要是发布黄页和白页目录、销售目录广告以及基于互联网的广告和本地搜索，其经营业绩如表 2-1-5 所示。

表 2-1-5　广告解决方案经营业绩　　　　　　　　　　　　　　单位：百万美元

年　份	2010 年	2009 年	2008 年	百分比变动状况	
				2010 年相对 2009 年	2009 年相对 2008 年
分部营业收入总额	3935	4724	5416	(16.7) %	(12.8) %
分部营业费用					
运营支持	2583	2743	2900	(5.8) %	(5.4) %
折旧与摊销	497	650	789	(23.5) %	(17.6) %
分部营业费用总额	3080	3393	3689	(9.2) %	(8.0) %
分部利润	855	1331	1727	(35.8) %	(22.9) %

4. 其他

2009 年和 2010 年，其他业务约占 AT&T 所有分部营业收入总额的 1%。在这两年，其他业务的营业成本均超过营业收入，出现亏损。这部分业务包括客户信息服务、国际股权投资的损益和企业其他业务，其经营业绩如表 2-1-6 所示。

表 2-1-6　其他业务经营业绩　　　　　　　　　　　　　　　单位：百万美元

年　份	2010 年	2009 年	2008 年	百分比变动状况	
				2010 年相对 2009 年	2009 年相对 2008 年
分部营业收入总额	643	771	963	(16.6) %	(19.9) %
分部营业费用总额	2484	3136	1136	(20.8) %	—
分部营业利润	(1841)	(2365)	(173)	22.2%	—
子公司净利润中所占权益	742	708	794	4.8%	(10.7) %
分部利润（损失）	(1099)	(1657)	621	33.7%	—

（四）业务概览

1. 细分客户

AT&T 将移动客户划分为个人客户和企业客户。其中，为个人客户主要提供移动通信、数字电视、互联网接入、家庭固话以及各类组合捆绑业务。

（1）移动通信方面。AT&T 主要为客户提供移动通信服务以及基于移动通信的终端销售服务。AT&T 为客户提供了丰富的终端种类和灵活多样的租机政策，并在此基础上提供个人、家庭、预付费、数据业务 4 大类共 27 种套餐，还为个人客户提供多种增值业务，内容涵盖娱乐休闲、生活辅助、教育学习等多个领域。

（2）数字电视方面。在光纤接入已覆盖区域，AT&T 为客户提供高清数字电视服务，客户使用相应套餐即可免费获得数字电视终端，并享受多达 390 个频道的高清数字电视服务；在光纤接入无法覆盖的区域，也提供超过 265 个频道的普通数字电视服务。

（3）互联网接入方面。AT&T 通过设计不同的上下行最大传输速率，推出了不同资费标准的业务，同时还向客户提供邮件、杀毒、上网保护等附加服务。客户可以通过上网保护，确保儿童远离不良网站的侵扰，并可以设置权限，控制儿童可以浏览的网站范围和内容。AT&T 还在全美部署了大量的 WiFi 热点，覆盖了主要的酒店、机场、住宅区、连锁店和餐厅，只要是 AT&T 的客户都可申请使用，有线宽带客户还可利用账户密码直接登录。

2010 年度，AT&T 在全球投资 10 亿美元用于发展企业客户，并侧重于应用和服务的提升。AT&T 的企业服务战略由网络、智能、应用基础架构和应用 4 个层面组成。在应用层面，AT&T 将政企客户分为小型商业用户和大型商业用户两大类，对前者主要提供综合通信解决方案、互联网接入、本地电话、长途电话、增值业务等；对后者又将其细分为企业用户、大宗业务用户和政府用户，在提供前者业务种类的基础上，根据不同用户的需求，组合不同的应用元素，提供定制化的服务。

2. 重点业务发展平台

（1）无线连接。AT&T 在 2010 年增加了 890 万无线连接用户，连接用户数达到企业有史以来最高水平（9550 万户），如图 2-1-2 所示。

用户数（百万）

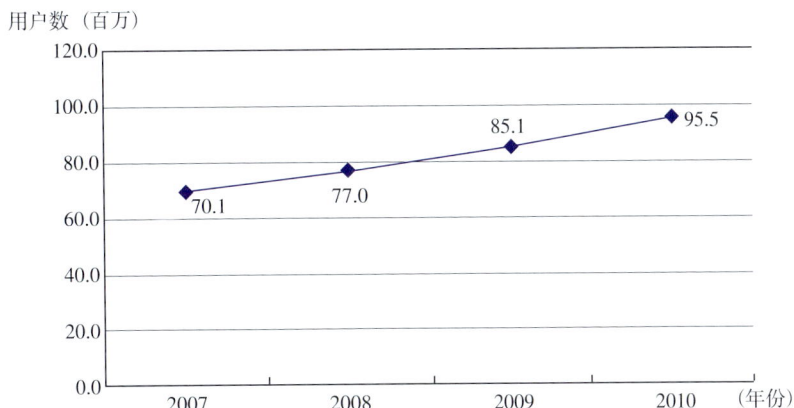

图 2-1-2 AT&T 无线连接用户增长趋势（2007~2010 年）

（2）网络连接设备。AT&T 是连接设备行业中的领先者，如电子阅读器、全球定位系统、安全系统以及其他新兴产品等，其增长状况如图 2-1-3 所示。

单位：千台

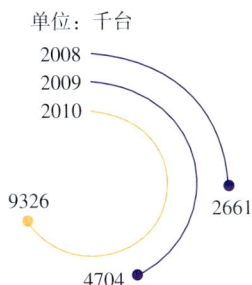

图 2-1-3 AT&T 网络连接设备增长状况
（2008~2010 年）

收入
（十亿美元）

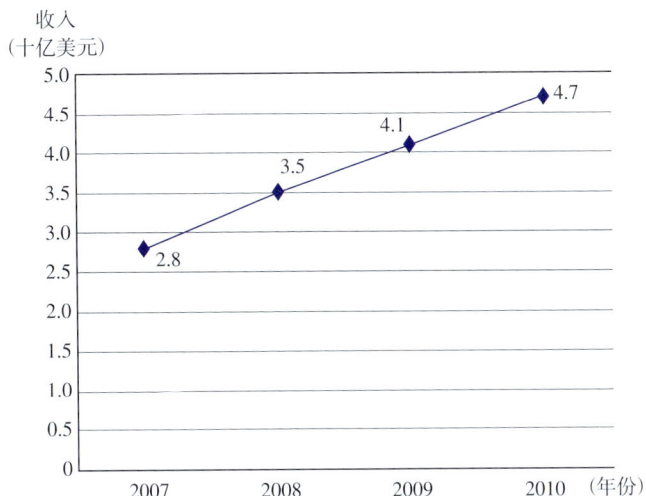

图 2-1-4 AT&T 战略性投资业务服务收入增长趋势
（2007~2010 年）

3G MBS 总额单位：百万

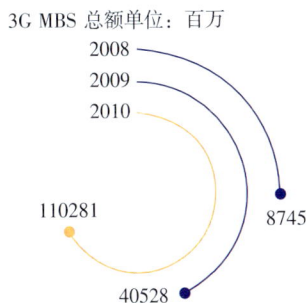

（3）战略性投资业务服务收入。AT&T 最先进的商业解决方案中的战略性投资业务服务收入，在 2010 年达 47 亿美元，增长了 15.8%，并继续保持强劲的增长势头，其增长趋势如图 2-1-4 所示。

（4）移动宽带流量增长。在过去三年里，AT&T 移动宽带流量增长了 2.3 倍，增长趋势如图 2-1-5 所示。

图 2-1-5 AT&T 移动宽带流量增长趋势
（2008~2010 年）

（5）U-verse用户服务。在过去四年里，AT&T 比其他竞争对手增加了更多的付费电视用户，如 图 2-1-6 所示。

用户数（百万）

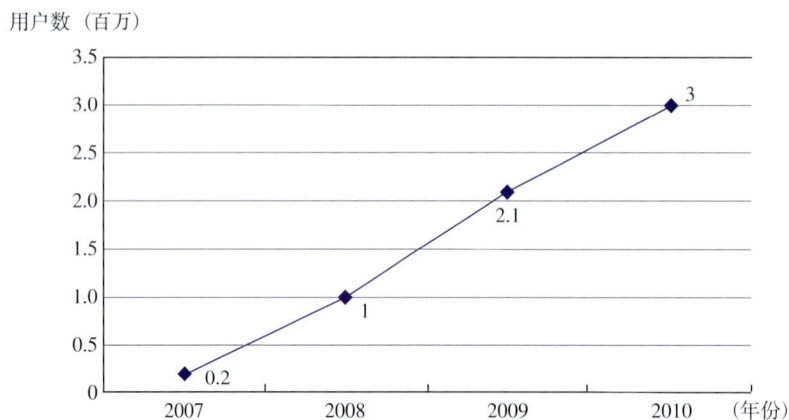

图 2-1-6　AT&T U-verse 用户服务增长状况（2007~2010 年）

（6）无线数据收入。AT&T 无线数据业务收入，即来自信息传递、互联网接入、访问应用程序和相关的服务收入，在 2010 年增长了 28.7%，三年来的增长趋势如图 2-1-7 所示。截至 2010 年底，AT&T 公司 61% 的后付费无线用户包含在一个数据计划中。

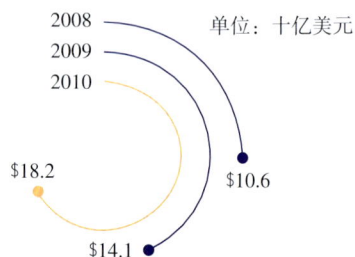

图 2-1-7　AT&T 无线数据收入增长状况（2008~2010 年）

（五）经营和财务绩效

表 2-1-7　AT&T 2008~2010 年度经营与财务业绩比较　　　　单位：百万美元

年　份	AT&T		
	2010	2009	2008
收入	124280	123018	124028
总资产	268488	268752	265245
EBITDA	41383	42092	43176
EBITDA 率（%）	33.30	34.22	34.81
净利润	19864	12535	12867
净利润率（%）	15.98	10.19	10.37
总资产报酬率（ROA）（%）	7.40	4.66	4.85
净资产报酬率（ROE）（%）	17.74	12.25	13.35
资本性支出（CAPEX）	19530	16595	19676
CAPEX 占收比（%）	15.71	13.49	15.86
经营活动净现金流	34993	34405	33656

续表

年　份	AT&T		
	2010	2009	2008
每股经营活动净现金流	5.39	5.30	5.18
自由现金流（FCF）	15463	17810	13980
自由现金流占收比（%）	12.44	14.48	11.27
销售现金比率（%）	28.16	27.97	27.14
资产现金回收率（%）	13.03	12.80	12.69
EVA	−1494.35	−8545.25	−7490.75
EVA率（%）	−0.63	−3.62	−3.27
每股盈利（EPS）（美元每股）	3.36	2.12	2.16
每股股利（DPS）（美元每股）	1.69	1.65	1.61
股利支付率（%）	50.30	77.83	74.5
主营业务收入增长率（%）	1.03	−0.81	4.29
总资产增长率（%）	−0.10	1.32	−3.77
净利润增长率（%）	58.47	−2.58	7.66
经营活动现金流增长率（%）	1.71	2.23	−1.71
每股盈余增长率（%）	58.49	−1.85	10.77
资产负债率（%）	58.30	61.93	63.68
流动比率（%）	58.76	66.30	53.34
利息保障倍数	5.84	5.45	5.78
总资产周转率	0.46	0.46	0.47
固定资产周转率	1.27	1.27	1.30
坏账发生率（%）	6.57	7.45	7.33
折旧与摊销	19379	19714	19883
股息	9985	9733	9506
内部融资额	49228	41982	42256
折旧摊销率（%）	15.59	16.03	16.03
付现成本率（%）	68.66	66.49	84.86
营销、一般及管理费用率（%）	26.61	25.55	39.32

2010年，AT&T无线连接用户增加了10416000户，同比增长了12.24%；区域网络接入服务同比下降了11.57%；宽带连接增长了2.9%。

2010年，AT&T总共投资230亿美元用于有线及无线网络。在2010年第四季度，AT&T的三大增长平台——无线、有线数据及管理服务的收入占总收入的72%（其中无线占47%），并实现了全年9%的增长，如图2-1-8所示。

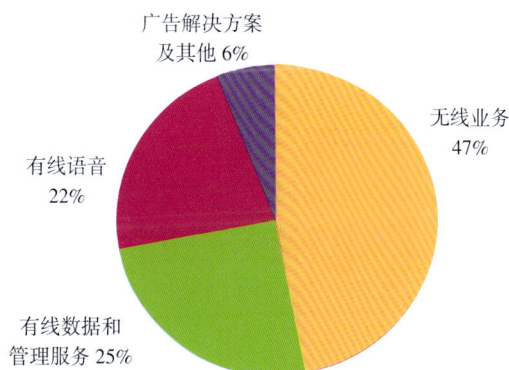

图2-1-8　AT&T公司2010年用户收入构成

2010 年，AT&T 经营活动净现金流增长为350 亿美元，比 2009 年增长了 1.7%。AT&T 的 EPS 为 3.35 美元，较 2009 年增长了 63.4%。AT&T 是美国唯一一家连续 27 个季度股息不断增长的电信企业，2010 年共分配股利 99 亿美元，DPS 为 1.69 美元（2009 年为 1.65 美元），如图 2-1-9 所示。

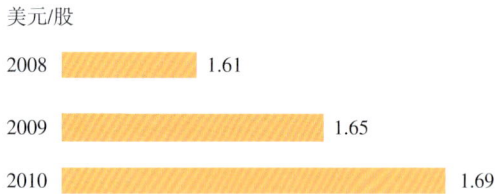

美元/股

2008	1.61
2009	1.65
2010	1.69

图 2-1-9　AT&T 公司股利分配状况（2008~2010 年）

2010 年，AT&T 营业收入增加了 17.67 亿美元，同比增长 1.4%，而营业成本增长了 3.1%，导致营业利润减少 14.27 亿美元，同比下降了 6.8%，EBIT 下降了 1.5%，但最终净利润增长了 63.7%。

2010 年的营业收入和营业利润反映了无线服务收入的持续增长，这主要是由于平均用户数的增加以及无线数据收入的显著增加所导致。这两项收入的增长部分抵消了语音和广告收入的持续下降。

（六）内控和风险管理

1. 市场风险

市场风险主要是利率风险和汇率风险，这些风险以及其他业务风险影响着企业的资本成本。用以管理资本结构和外汇风险的政策，其最终目的是为了管理资本成本。为了管理市场风险，AT&T 利用金融工具，如利率互换、远期利率合同、外汇合约以及综合利率外币合约（交叉货币掉期）等。使用这些金融工具目的并不是为了交易或投机，而是为了套期保值。

管理利率风险的金融工具大多是中长期的固定利率债券。为了控制利息费用，AT&T 通过利率互换来管理固定利率和浮动利率的债务组合，并通过密切观察利率敏感性来设定利率风险的界限。

公司对以外币计价的交易、现金流和债务以及收到的国外投资的分红及其他收支进行外币折算风险的对冲。通过交叉货币掉期以对冲以外币计价的债务的外币折算风险，通过外币远期合约来固定利率以管理外币交易。

2. 风险影响因素

AT&T 公司面临的风险影响因素主要包括：①日益恶化的美国经济加剧了企业客户和供应商面临的财务困境，并对企业的业务拓展造成了重大的不利影响。②医疗费用、美国证券市场以及利率的不利变化有可能会大大增加企业的福利计划成本。③全球金融市场的持续不稳定严重影响了企业以及企业的大客户为获得业务运营所需资金而进入资本市场的能力。④现有技术的变化会加剧行业竞争和增加企业的资本成本。⑤联邦、州以及外国政府法规和监管制度的变化可能对企业产生重大不利影响。⑥无线行业的竞争加剧对企业的经营业绩产生不利影响。⑦有线行业的竞争加剧对有线业务的营运利润产生影响。⑧无线服务业务的持续增长依赖于可持续获得足够的频谱、新技术的部署和向客户提供更有吸引力的服务。⑨设备故障、自然灾害和恐怖袭击可能对企业的业务产生重大不利影响。⑩AT&T 公司 U-serve 服务的持续创新依赖于时间、程度和成本；有吸引力且有利可图的服务的发展；监管、特许费和适用于这一创新的建设要求的程度；还有提供产品所需的各种技术的可用性和可靠性。⑪不利的诉讼或政府调查结果可能使企业付出很大的代价或导致运营程序变得更加复杂。

（七）人力资源管理

截至 2010 年年底，AT&T 公司的员工人数为 26659 人，如表 2-1-8 所示，其中 AT&T 美国员工中 40% 是女性，38% 是有色人种。2010 年，公司超过 99.5% 的员工进行了业务培训，包括人权和反腐败培训。2010 年，公司有 120 万的员工、离退休人员及其家属得到了很好的健康福利。

表 2-1-8　2006~2010 年末 AT&T 员工人数

年份	2010	2009	2008	2007	2006
员工人数	266590	282720	302660	309050	304180

1. AT&T 人力资源团队

AT&T 设有几个向所有员工开放的人力资源团队，反映了 AT&T 员工构成的多样性。AT&T 人力资源团队支持 AT&T 在工作场所、市场和社会努力实现其多样性和包容性的承诺。

2. AT&T 大学

随着企业的快速发展，AT&T 的大学旨在培养一种学习文化，也是为了培养能在企业的各个业务层面发挥其影响力的领导者。AT&T 大学建立的基础是：热情服务、流动性和不断创新，给员工提供更好的职业发展机会。

3. 职业生涯与人才开发

2010 年，AT&T 投资 2.32 亿美元用以员工培训和发展计划，并向员工提供 3400 万美元的学费资助。公司的核心理念是为现有员工提供继续成长的机会和职业生涯的发展。为支持这项理念，AT&T 通过基于工作的培训、学费援助和各种培训和再培训计划以鼓励管理和非管理员工来不断提高自身的能力。

4. 福利和定位

从全世界来看，通信行业是当今发展最快的行业之一，AT&T 已紧跟这一步伐。AT&T 已经认识到有才能的、乐于奉献的员工是公司成功的关键，因此 AT&T 为员工提供了具有竞争力的薪酬福利。

另外，AT&T 还在制定具体的投资计划，例如帮助退役军人进入到私营部门，帮助联盟成员提高自身技能为迎接新的工作做好充分的准备。

（八）企业社会责任

1. 环境

AT&T 致力于从以下三个方面支持环境的可持续发展：

● 最大限度地减小企业对环境的影响。AT&T 正在努力减小企业各项业务对环境所造成的不利影响；

● 个人和商业联系。AT&T 的产品和服务使用户能够提高能源效率和生产力，并减少二氧化碳的排放量；

● 领先的科技创新。AT&T 致力于技术创新，以满足环境的要求。

AT&T 在与业务相关或对所服务社区至关重要的方面，努力降低对环境造成的不利的影响。从减少碳足迹的绿色技术投资开始，AT&T 正努力维护现有环境。

（1）能源效率。2009 年，AT&T 制定了降低能源使用量 15% 的目标，但最终减少了 23.8%。AT&T 通过以下方式，降低能源的使用量：①委任能源主任负责全公司的能源管理工作，并领导由各个业务单位主要领导人组成的能源委员会。②开发使用能源记分卡，为 500 个耗能设备设立基准，这 500 个设备消耗量是整个企业能源消耗量的 50%。③在蜂窝基站、局端交换机和网络设备等领域有针对性地改善其网络能源使用情况。

（2）替代燃料汽车。2009 年，AT&T 宣布将投资 5.65 亿美元，到 2018 年部署超过 15000 个替代燃料汽车。非营利性汽车研究中心估计，在这十年中，新型车辆将节省 4900 加仑的传统汽油并减少碳排放量 21.1 万吨。

（3）风能和太阳能发电。2009 年，AT&T 在其位于新泽西州斯考克斯市的校园建设了第二个大型太阳能发电厂。841-kW 的系统每年将生产 100kWh 的电量。另外，AT&T 在奥斯汀的所有设备耗电的 10% 来源于风力发电，节省了 720kWh 的化石能源发电，这些电量相当于奥斯汀平均 600 个家庭年耗电量。AT&T 在位于加州圣罗曼的工厂安装了 3700 个太阳能电池板，这个太阳能发电系统每年能产生超过 160 万 kWh 的电量，足够 165 个家庭每年的用电量。AT&T 已经形成了国家太阳能计划，并且在 2010 年及以后将安装更多的太阳能手机系统。

（4）废品回收和再利用。2009 年，AT&T 共收集了 420 万部手机进行二次使用和循环再造，并带来了近 180 万磅的电池和配件。

2. 慈善

（1）AT&T 通过企业、员工以及 AT&T 基金会共进行慈善捐赠 1.48 亿美元。

（2）AT&T 有超过 30 万的雇员和退休员工是志愿者，进行了 900 万小时的志愿服务，价值超过 1.92 亿美元。

（九）资本运营

1. 收购

（1）无线属性交易（wireless properties）。2010 年 6 月，AT&T 出资 23.76 亿美元从 Verizon 收购了无线属性，包括 FCC 牌照和网络资产。这项资产原为前 Alltel 无线资产，曾跨越 18 个国家在 79 个服务领域向 160 万用户提供服务。收购的净资产的公允价值为 14.39 亿美元，其中包括 3.68 亿美元的厂房设备、9.37 亿美元的商誉、7.65 亿美元的 FCC 牌照和 2.24 亿美元的客户名单以及其他无形资产。

（2）Centennial。2010 年 12 月，AT&T 完成了对 Centennial 的收购。截至 2010 年 12 月 31 日，收购的 Centennial 的公允价值总计包括 15.18 亿美元的商誉、6.55 亿美元的 FCC 牌照、4.49 亿美元的客户名单和其他无形资产。

（3）其他收购。2010 年，AT&T 从不同的公司收购了价值 2.65 亿美元的无线频谱，主要是为了支持公司正在进行的网络优化、家庭监控平台的开发，并用现金收购了价值 0.86 亿美元的实体企业。2009 年，AT&T 收购了收盘成本为 0.5 亿美元的移动应用解决方案供应商和证券咨询等业务。2008 年，AT&T 出资 6.63 亿美元收购了 Easterbrooke Cellular 公司、Windstream Wireless、Wayport 公司和 Edge Wireless 的 64% 的股份，其中商誉价值 4.49 亿美元。对这些公司的收购主要是为了扩大 AT&T 在无线 Wi-Fi 的覆盖面积。

（4）收购 T-Mobile。2011 年 3 月，AT&T 发起 2011 年以来全球最大的并购交易，宣布以 390 亿美元的价格收购德国电信在美国的移动子公司。此举将使 AT&T 超越 Verizon 无线，成为美国第一大移动运营商，其用户总数将达到 1.29 亿，占据美国移动市场约 43% 的份额，美国全国性移动运营商的数量也从 4 家减少到 3 家。收购 T-Mobile 能够让公司迅速优化网络，可在短期内改善两家公司的网络质量。两家公司的无线业务合并之后，营业收入也将由 585 亿美元增长到 800 亿美元，用户则会从公司移动基站和无线频谱的增加中获益。

（5）待定收购。2010 年 12 月，AT&T 同意出

资约 19.25 亿美元从高通公司（Qualcomm）购买 700MHz 以下频段的频谱牌照。该频谱在全国覆盖超过 3 亿人口，其中 700MHz 以下的 D 和 E 块频谱的 12MHz 在最大的 15 个大都市地区覆盖超过 0.7 亿人口，700MHz 以下的 D 块频谱的 6MHz 在美国其他地区覆盖超过 2.3 亿人口。一旦 AT&T 开发兼容手机和网络设备，则 AT&T 计划使用载波聚合技术，部署该频谱作为下行容量的补充。该交易还有待监管部门的批准和其他成交惯例条件的通过。2011 年 2 月，根据哈特—斯科特—罗迪诺法案（Hart-Scott-Rodino Act）的等待期满，司法部门未提出额外的信息要求。AT&T 和高通公司的交易预计将在 2011 年下半年完成交易。

2. 处置

（1）出售 Sterling（Sterling Operations）。2010 年 8 月，AT&T 以约 14 亿美元的价格将 Sterling Commerce（Sterling）的附属公司出售给 IBM。Sterling 提供业务应用程序和集成解决方案，在全球约有 18000 个客户。另外，AT&T 还剥离了 6.49 亿美元的商誉和其他无形资产。在出售以后，AT&T 与 IBM 签订了一份 Sterling 短期运营支持的过渡服务协议。

（2）Centennial。2009 年 10 月，司法部批准了 AT&T 对 Centennial 的收购，基于司法部的要求，AT&T 在路易斯安那州和密西西比州的 8 个服务领域剥离了对 Centennial 的运营。在 2010 年 8 月，AT&T 以 2.73 亿美元的价格将这 8 个服务领域出售。

（3）其他出售业务。2010 年，AT&T 还将国内日本外包服务公司以 1.09 亿美元的价格出售。在 2009 年，AT&T 以 1.74 亿美元的价格出售了一个专业服务业务，并清除了 1.13 亿美元的商誉。

（十）前景展望

AT&T 将着力塑造未来发展的三大核心平台：
● 移动宽带。
● 先进的商业解决方案，结合了移动宽带、云计算以及能够帮助企业改善其业务的应用。
● AT&T U-verse，一个先进的集新一代 TV、语音以及宽带服务为一体的平台。

1. 移动宽带

移动宽带是 AT&T 投资最积极的业务。现如今，AT&T 拥有全美国最快的移动宽带网络。另外，AT&T 扩展到超过 24000 个 WiFi 访问热点，在美国供应商中居于首位。目前，ATT 正在发展速度更快、功能更加完善的 4G。

AT&T 在提供尖端的移动设备和移动应用方面一直处于领先地位。为了促进这些业务的增长，AT&T 正寻找新的方法来开发网络，包括推出三个创新中心——一个在达拉斯附近，一个在硅谷，还有一个在以色列。

由于 AT&T 成功地将移动宽带功能商业化，并将其与 VPN 功能和云计算投资结合在一起，AT&T 正在为商业客户创造一个新一代的机遇。

2. 先进的商业解决方案

应用 AT&T 先进的网络和商业解决方案，公司可以使得员工无缝连接应用程序和数据，无论员工是在办公室、家里或者是在世界的某一个地方。其结果是更快的决策、更快的响应时间和生产效率的大幅度提高。

在某些情况下，AT&T 先进的商业解决方案可以帮助转变整个商业模式，帮助企业从市场营销到客户服务到库存管理进行重新思考。AT&T 拥有潜在的特定行业机会，例如在卫生保健行业，AT&T 的网络可以通过无线病人监护仪、高品质的视频连接以进行远程诊断等方式来帮助改善提供的服务。AT&T 致力于投资大量的人才和资源以促进 AT&T 在这一领域的快速和可持续发展。

3. AT&T U-verse

AT&T U-verse，作为一个综合性的服务平台，可以提供独特性能的高品质的电视、高速的网络和语音服务。AT&T 已经部署了超过 2700 万个居住单元，现在 AT&T 的用户群已经超过 300 万，而这几乎都是在过去三年中完成的。据报道，AT&T 在美国北部、南部和西部地区的住宅电视服务满意度是最高的。

这三个平台都处于发展的早期，所以在未来的几年，AT&T 的首要任务就是促进它们快速发展。

附件一：美国 AT&T 财务报告（2010 年）

1. 合并资产负债表

单位：百万美元（除每股数额）

	12月31日	
	2010 年	2009 年
资产		
流动资产		经调整
现金及现金等价物	1437	3741
应收账款净额	13610	14845
待摊费用	1458	1562
递延所得税资产	1170	1247
其他流动资产	2276	3792
流动资产合计	19951	25187
物业、厂房及设备净值	103196	99519
商誉	73601	72782
牌照	50372	48741
客户名单及关系净值	4708	7393
其他无形资产净值	5440	5494
子公司股权投资	4515	2921
其他资产	6705	6275
资产合计	268488	268312
负债及所有者权益		
流动负债		
一年内到期负债	7196	7361
应付账款及应计负债	20055	21260
预收账款及客户存款	4086	4170
应交税费	72	1681
应付股利	2542	2479
流动负债合计	33951	36951
长期负债	58971	64720
递延贷项及其他非流动负债		
递延所得税负债	22070	23579
退休福利义务	28803	27847

续表

	12月31日	
	2010 年	2009 年
其他非流动负债	12743	13226
递延贷项及其他非流动负债合计	63616	64652
所有者权益		
普通股（每股 1 元，2010 年 12 月 3 日和 2009 年 12 月 31 日批准 140 亿股，2010 年 12 月 31 日和 2009 年 12 月 31 日已发行 6495231088 股）	6495	6495
资本公积	91731	91707
留存收益	31792	21944
库存股（2010 年 12 月 31 日 584144220，2009 年 12 月 31 日 593300187，以历史成本计价）	(21083)	(21260)
累计其他综合利润	2712	2678
少数股东权益	303	425
所有者权益合计	111950	101989
负债及所有者权益合计	268488	268312

2. 合并损益表

单位：百万美元（除每股数额）

	2010 年	2009 年	2008 年
		经调整	
营业收入			
无线服务	53510	48563	44249
话音	28315	32324	37322
数据	27479	25561	24416
目录	3935	4724	5416
其他	11041	11341	12040
营业收入总计	124280	122513	123443
营业费用			
服务和销售成本（不包括折旧及摊销）	52263	50571	56688
销售、管理费用	33065	31427	48772
折旧及摊销	19379	19515	19673
营业费用合计	104707	101513	125133
营业利润（亏损）	19573	21000	(1690)
其他收入（费用）			
利息费用	(2994)	(3368)	(3369)
子公司净利润中所占权益	762	734	819
其他收入（费用）净额	897	152	(332)
其他收入（费用）总计	(1335)	(2482)	(2882)
持续经营税前利润	18238	18518	(4572)
所得税（收益）费用	(1162)	6091	(2210)
持续经营净利润	19400	12427	(2362)
终止经营业务净利润	779	20	(2)
净利润（亏损）	20179	12447	(2364)
减：少数股东权益应占净利润	(315)	(309)	(261)

续表

	2010 年	2009 年	2008 年
		经调整	
归属于 AT&T 的净利润（亏损）	19864	12138	(2625)
归属于 AT&T 的持续经营业务基本每股收益（亏损）	3.23	2.06	(0.44)
归属于 AT&T 的终止经营业务基本每股收益（亏损）	0.13	—	—
归属于 AT&T 的基本每股收益（亏损）	3.36	2.06	(0.44)
归属于 AT&T 的持续经营业务每股收益（亏损）	3.22	2.05	(0.44)
归属于 AT&T 的终止经营业务稀释每股收益（亏损）	0.13	—	—
归属于 AT&T 的摊薄稀释每股收益（亏损）	3.35	2.05	(0.44)

3. 合并现金流量表

单位：百万美元

	2010 年	2009 年	2008 年
		经调整	
经营活动			
净利润（亏损）	20179	12447	(2364)
将净利润调节为经营活动净现金流量			
折旧及摊销	19379	1951	19673
子公司股权投资未分配盈余	(603)	(419)	(654)
坏账准备	1334	1762	1795
递延所得税费用（收益）及非流动未确认税务收益	(3280)	1885	(4202)
资产减值及出售净损失（收益）	(802)	—	517
养老金及退休福利计划的精算损失	2521	215	25150
终止经营业务损失（收益）	(779)	(20)	2
经营资产和负债变动			
应收账款	(99)	(490)	(1475)
其他流动资产	717	(617)	1854
应付账款及应计负债	(2414)	943	(4456)
少数股东权益应占净利润	(315)	(309)	(261)
其他净额	(845)	(507)	(1969)
调整总额	14814	21958	35974
经营活动产生的现金流量净额	34993	34405	33610
投资活动			
建设及资本支出			
资本性支出	(19530)	(16554)	(19631)
资本化利息	(772)	(740)	(659)
净现金收购净值	(2906)	(983)	(10972)
处置取得的现金流	1830	287	1615
销售（购买）证券净值	(100)	55	68
出售其他投资	—	—	436
其他	29	52	45
投资活动产生的现金流量净额	(21449)	(17883)	(29098)
筹资活动			
三个月内短期借款变动净值	1592	(3910)	2017

续表

	2010 年	2009 年	2008 年
		经调整	
发行长期债务	2235	8161	12416
偿还长期债务	(9294)	(8652)	(4009)
回购股票	—	—	(6077)
发行库存股	50	28	319
分配股利	(9916)	(9670)	(9507)
其他	(515)	(465)	151
筹资活动产生的现金流量净额	(15848)	(14508)	(4690)
现金及现金等价物净增加（减少）额	(2304)	2014	(178)
年初现金及现金等价物	3741	1727	1905
年末现金及现金等价物余额	1437	3741	1727

附件二：AT&T 大事记

AT&T 的前身是由电话发明人贝尔于 1877 年创建的美国贝尔电话公司。

1885 年 3 月 3 日，AT&T（美国电话电报公司）成立，最初是经营、扩展美国贝尔电话公司及其他小公司的长途业务。

1899 年 12 月 30 日，AT&T 收购了美国贝尔的业务和资产，成为贝尔系统（Bell System）的母公司。

1984 年 1 月 1 日，美国联邦法院颁布的《最终修正案》规定 AT&T 剥离资产，公司的本地电话业务被拆分出去，重新组建了 7 个子公司，分别是：大西洋贝尔、西南贝尔、西部贝尔、太平洋贝尔、南方贝尔、亚美达科和纽新公司。

1995 年 9 月 20 日，AT&T 宣布其分为三个公司：一个"新的"AT&T（提供通信业务）、朗讯技术有限公司（提供通信系统和技术）和 NCR 公司（集中商务密集型计算机业务）。此次战略重组于 1996 年 12 月 31 日全部完成。

1998 年，AT&T 收购有线电视巨头 Tele-Communications 公司。

1999 年，AT&T 收购 Media One Group，成为全美最大的有线电视公司。

2000 年 10 月 25 日，AT&T 公布了今后两年内一分为四的改组计划。根据它所经营的业务，成立的 4 家新公司分别是 AT&T 商业服务公司、AT&T 消费者服务公司、AT&T 无线通信服务公司和经营有线电视业务及互联网接入服务的 AT&T 宽带公司。

2001 年 7 月，AT&T 将 1994 年创建的 AT&T 无线公司剥离出去，使它成为一家独立的公司。当时，AT&T 持有 AT&T 无线服务公司 9100 万股股票，约占 AT&T 无线服务公司股票总额的 3.6%。

2002 年 11 月，AT&T 再次卖掉其电缆部门。

2002 年 11 月 18 日，AT&T 卖掉了公司最有希望的 AT&T 宽带。

2004 年 Cingular 以 410 亿美元收购 AT&T 无线，成为美国头号移动运营商。

2005 年西南贝尔（SBC）合并了 AT&T 和原来 4 个小贝尔公司，重新命名为 AT&T；同年 Verizon 收购 MCI，美国重新出现通信业双巨头的局面。

2006 年 3 月 5 日 AT&T 与南方贝尔宣布合并

计划，同年 12 月 30 日，美国联邦通信委员会（FCC）全票通过 AT&T 对南方贝尔的收购。

2007 年 1 月 8 日，AT&T 宣布对南方贝尔的收购正式完成，新 AT&T 成为全球第一大电信公司。

2007 年 5 月，AT&T 以 3 亿美元的价格向 Clearwire 公司出售教育宽带服务频谱和宽带无线服务频谱。出售频谱作为 AT&T 收购南方贝尔的一个批准条件。

2007 年 11 月，AT&T 斥资约 25 亿美元收购了多布森通信公司（Dobson Communications Corporation）。

2008 年，AT&T 合计出资 6.63 亿美元收购了 Easterbrooke Cellular Corporation、Windstream Wireless、Wayport Inc 以及 Edge Wireless 64% 的股份，其中包括 4.49 亿美元的商誉。AT&T 收购这些公司旨在扩大其无线 Wi-Fi 覆盖面积。

2008 年 4 月，AT&T 将 Berry 公司的独立业务线分部出售给了 Local Insight Regatta Holdings 公司，这家公司是 Local Insight Yellow Pages 公司的母公司，售价为 2.3 亿美元。

2010 年 6 月，AT&T 出资 23.76 亿美元从 Verizon 收购了无线属性，包括 FCC 牌照和网络资产。这项资产原为前 Alltel 无线资产，曾跨越 18 个国家在 79 个服务领域向 160 万用户提供服务。

2010 年 8 月，AT&T 以约 14 亿美元的价格将 Sterling Commerce（Sterling）的附属公司出售给 IBM。Sterling 提供业务应用程序和集成解决方案，在全球约有 18000 个客户。

2010 年 12 月，AT&T 完成了对 Centennial 的收购。截至 2010 年 12 月 31 日，收购的 Centennial 的公允价值总计包括 15.18 亿美元的商誉、6.55 亿美元的 FCC 牌照和 4.49 亿美元的客户名单和其他无形资产。

2010 年 12 月，AT&T 同意出资约 19.25 亿美元从高通公司（Qualcomm）购买 700MHz 以下频段的频谱牌照。该频谱在全国覆盖超过 3 亿人口，其中 700MHz 以下的 D 和 E 块频谱的 12MHz 在最大的 15 个大都市地区覆盖超过 0.7 亿人口，700MHz 以下的 D 块频谱的 6MHz 在美国其他地区覆盖超过 2.3 亿人口。一旦 AT&T 开发兼容手机和网络设备，则 AT&T 计划使用载波聚合技术，部署该频谱作为下行容量的补充。该交易还有待监管部门的批准和其他成交惯例条件。在 2011 年 2 月，根据《哈特—斯科特—罗迪诺法案》（Hart-Scott-Rodino Act）的等待期满，司法部门未提出额外的信息要求。AT&T 和高通公司的交易将在 2011 年下半年交易完成。

2011 年 3 月，AT&T 宣布斥资 390 亿美元收购 T-Mobile 美国。

NTT

NIPPON TELEGRAPH AND TELEPHONE
CORPORATION

该标志图形采用曲线构成，表现出数理的精致性，以环状线条表示无限圆满的结果，并强调自己不断的突破，充分展示出朝气和活力，上部带有韵律感的小圆形，象征消费大众的声音，是激发企业动力的源泉，代表了NTT的企业理念，以及对社会大众提供完善的服务。整体造型体现在面临未来的激烈竞争时，人们之间可以相互沟通与协调，让社会更加充满和谐。该标志是采用抽象图形来加以运用，这种理性的抽象图形，具有超越时代的美感，极具现代意味。

和田纪夫（Wada Norio）
日本NTT集团公司董事长

　　和田纪夫出生于1940年8月16日，于1964年4月加入日本电话电报公司，在1992年6月成为NTT集团东北地区通信业务部门副总裁兼总经理。1996年6月，和田纪夫成为NTT集团附属业务发展部的副总裁兼高级行政经理。1996年7月，和田纪夫开始担任NTT集团附属业务发展部的总裁兼高级行政经理。1997年6月，和田纪夫成为NTT集团附属业务发展部的执行副总裁兼高级行政经理。1998年6月，在继续担任其他职务的同时，和田纪夫同时成为NTT控股组织办公室的执行经理。1999年1月开始担任NTT集团临时总部的执行副总裁兼高级行政经理。1999年7月开始担任NTT集团高级行政副总裁，并在2002年6月担任集团董事长。2007年6月，正式成为集团董事长。

三浦惺（Satoshi Miura）
日本NTT集团公司首席执行官

　　三浦惺出生于1944年4月3日，在1967年4月加入日本电话电报公司。1996年6月，开始担任NTT集团人事部总经理兼集团副总裁。1996年7月，开始担任NTT人事劳资关系部执行经理兼集团副总裁。1998年6月开始担任人事劳资部门的执行总经理兼集团执行副总裁。1999年1月，开始担任集团副总裁兼东NTT公司临时总部的副总经理。1999年7月，正式成为东NTT公司的执行副总裁。2005年6月，开始担任集团战略管理业务部总经理兼集团副总裁。2007年6月，正式成为NTT集团的首席执行官。

二　日本电话电报公司可持续发展报告（NTT）

（一）公司简介

日本电话电报公司（简称"NTT"）是日本电话电报株式会社（NTT）的全资子公司，是日本最大的电信网络运营公司。NTT 的前身是"日本电话电报会社"，1985 年完成私有化进程，于当年 4 月 1 日正式成立，总部设在日本东京。NTT 集团旗下包括东日本电信电话株式会社（NTT EAST）、西日本电信电话株式会社（NTT WEST）、日本电话电报通信公司（NTT Communications）、日本电话电报数据公司（NTT DATA）、日本电话电报 DoCoMo 公司以及其他子公司。NTT 集团业务包括：本地电话业务、长途通信业务及国际通信业务、移动通信业务、数据通信业务以及其他少量业务。

NTT 的股票在日本本土的东京、名古屋、福冈、札幌以及海外的纽约和伦敦上市，截至 2011 年 3 月 31 日，公司总员工数为 219350 人，总股本为 9379.5 亿日元，普通股股数为 1448659067 股，其中，日本财政部为第一大股东，持股数量为 530567 股，占比达到 36.62%；2010~2011 这个会计年度总收入为 103050.03 亿日元，净利润为 5096.29 亿日元，基本每股盈余为 385.16 日元，每股发放股利 120 日元，2011 年 3 月 31 日的收盘价格为 3735 日元，市盈率为 9.70，总投资报酬率为 2.59%。

（二）公司战略

公司在 2008 年提出了中期战略：发展成为服务创造型企业集团——多样性宽带及泛在信息化

服务，此战略为期五年，计划在 2013 年 3 月 31 日正式完成。

具体的战略目标为：

（1）2011 年 3 月 31 日完成固定网络和移动通信网络的全 IP 网络的建设，并且基于此网络实现宽带及泛在信息化服务。

（2）调整 NTT 集团的业务结构，从传统业务是收入的主要来源向新型的商业模式转换，在新的商业模式下，主要的收入来自 IP 服务、系统解决方案部门以及其他新型业务，并且预计于 2013 年 3 月 31 日这些收入的占比达到 75%。如图 2-2-1 所示：

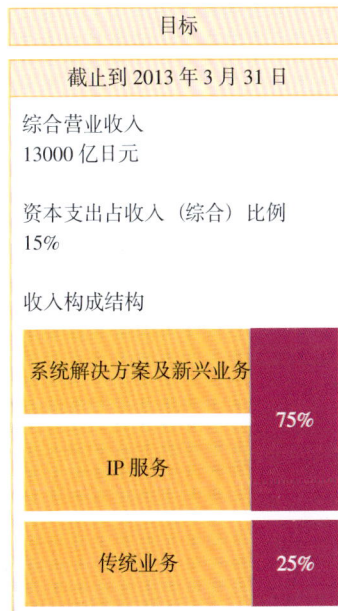

图 2-2-1　日本 NTT 公司目标构成

（3）通过上述的业务结构调整，2013 年 3 月 31 日综合收入达到 1.3 万亿日元，并将 CAPEX 占收比从 2008 年的 20% 下降到 15%。

主要的支撑角度包括（见图 2-2-2）：

图 2-2-2　日本 NTT 公司中期战略主要支撑角度

（1）扩建宽带网络：具体包括四个方面：一是宽带接入，实现更快的速度、更大范围的网络覆盖；二是引入 FLET'S Hikari 设备，针对刚刚开始使用宽带业务以及不经常使用宽带服务的客户，扩大市场份额，提高客户的 ARPU 值；三是引入基于 LTE 技术的高速度、大容量、低延迟的新型业务 XI；四是积极推进固定网络和移动网络的融合。

（2）发展更高级别的业务：具体包括四个方面：一是光纤视频服务，二是信息通信技术的家庭应用，三是远程教学业务，四是提供高效、可靠的云计算服务。

（3）促进全球业务发展：主要包括两个方面：一是亚洲业务的飞速发展，建立了以日本东京、新加坡和中国香港为中心的"亚洲三角"，实现网络的高速发展；二是企业并购，加速全球业务拓展。2010 年 10 月，NTT 实现对 Dimension Data Holdings plc 公司的收购，将业务区覆盖到亚洲、欧洲、北美、非洲、远东以及大洋洲多个地区。另外，子公司 NTT DATA 在 2010 年 12 月实现了对 Keane International Inc 的并购，使得 NTT DATA 可以在北美地区提供综合性的信息技术服务。

重点业务区域包括：

（1）增加对企业用户和政府机构的 ICT 服务和系统解决方案：随着企业用户在质量和价格等方面的需求不断发生变化，NTT 集团不仅需要提高网络容量，更需要在数据服务和应用上提高，提供各种多样化的、高可靠性、价格合理的服务。为了提高政府办公、教育、医疗等方面的便利性，解决由于人口老龄化和出生率不断下降带

来的社会问题，NTT 集团也将不断推广 ICT 服务的广泛使用。

（2）扩大个人用户业务：LTE 技术的高速发展使得 NTT 的移动通信业务迎来巨大的发展机会，此外，固定网络和无线网络也将成为个人用户发展的重点业务。终端市场的飞速发展导致越来越多的终端可以成功地完成网络接入，这将为 NTT 的发展提供新的方向，如内容分享、付费功能等一系列的新型业务。

（3）完善全球业务推广框架，全面提升全球业务和服务：随着全球业务的不断推广，对于企业用户，NTT 集团将对系统整合和网络融合两个业务进行完善，整合包括 2011 年刚刚收购的 Dimension Data 和 Keane International 两个公司在内的各个子公司的优势，利用集团的协同作用，为企业用户提供一站式的完整服务，增加覆盖区域；对于个人移动业务的新兴市场——亚洲，NTT 集团将加强与当地运营商的合作，支持 3G 服务的网络建设，引入并促进增值业务的发展。

（4）关注环境问题：NTT 集团将从三个方面减少对环境造成的损害：一是"信息通信技术本身的绿色化（Green of ICT）"，目的在于减少由信息通信技术造成的对环境的损害，包括数据中心的能源保护，促进自然能源的产生等；二是"利用信息通信技术实现绿色化"，主要利用这些技术的先进性，减少对环境的损害；三是"NTT 团队的绿色化"，主要指调动企业的每位员工，尽最大努力在工作、生活和社交等各个方面减少对环境的损害。

（三）公司治理

为了配合集团的良好发展，树立诚信经营的典范，NTT 不断地完善公司治理系统。

NTT 集团公司治理结构（包括企业内部控制系统框架）如图 2-2-3 所示。

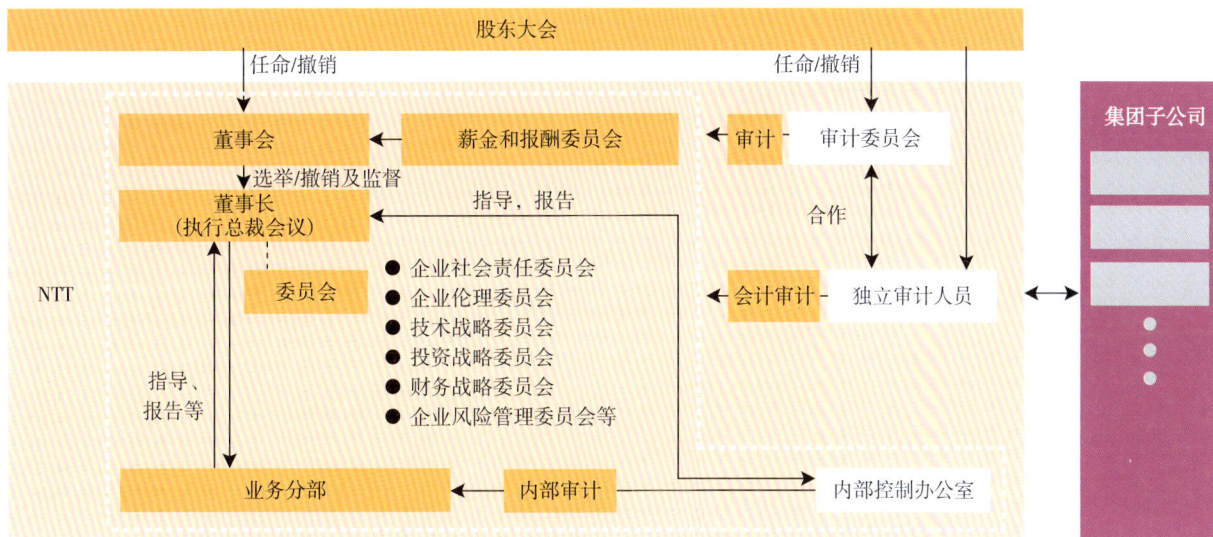

图 2-2-3　日本 NTT 公司治理结构（含企业内部控制系统框架）

1. 不断完善公司的公司治理和内控系统

（1）基本原则：作为 NTT 集团的控股公司，NTT 认为提高公司治理效率是非常重要的管理议题，影响到企业的各个方面，包括达到企业的利益相关者（包括股东和其他投资者、客户、企业伙伴以及员工）的期望以及企业价值最大化。因此，NTT 集团一直在坚持基本原则的基础上不断完善自己的公司治理结构，基本原则包括：确保健全的管理体系，引导企业制定正确的决策并采取正确的行动，责任分明，保证合规性。

（2）董事会和企业审计委员会：董事会由 12 名成员组成，包括两名外部董事。原则上，董事会每月召开一次会议，针对企业的重要管理议题进行讨论并提交报告，做出决策。NTT 同时设有企业审计系统和审计委员会，企业审计委员会共有 5 名成员，其中 3 名为外部董事。

（3）执行总裁会议及执行总裁委员会：企业所有重要事宜在原则上都应该由 NTT 的执行总裁会议决定。执行总裁委员会成员包括：总裁、副总裁、负有管理责任的其他董事成员以及人事部门的负责人，此项会议每周召开一次。执行总裁

委员会下设在执行总裁会议，专门用于讨论与企业管理战略相关的具体问题。委员会原则上是由集团执行总裁或者副总裁负责，相关董事以及人事部门负责人有权列席会议。

（4）企业审计人员的内部审计：NTT 集团的内部审计人员公平透明地评价集团董事的工作绩效。内部审计人员和外部独立的审计人员交换审计计划以及审计结果，以支持整个审计系统，此外，集团的审计人员也和其他集团子公司的内部审计人员建立合作，共同完成集团的审计业务。

（5）集团董事以及审计人员的报酬政策：为了保证高层人员报酬的公平性和透明性，NTT 集团成立了任命和报酬委员会，由包括 2 名外部董事在内的 4 名董事会成员共同组成，此委员会对集团高层人员的报酬等进行审议后提交董事会。

董事会成员（不包括外部董事）的报酬包括基本工资和津贴两个部分，基本工资根据每个成员角色和责任的不同按月发放，津贴部分将 NTT 的现阶段的经营绩效考虑进来。另外，董事会成员每月定期购买 NTT 集团的股票，将企业的中长期经营绩效和董事们的报酬联系起来，这些股票在董事任职期间由董事控制。

为了保证较高的独立性，外部董事的报酬只包括基本工资，而不受企业经营绩效的影响。

审计人员的工资由企业审计委员会决定，与外部董事的工资构成类似，只包括基本工资。

（6）明确责任：NTT 一直致力于保证信息披露的准确性、及时性和公平性，并且认为这样的披露是保证企业在资本市场上取得合理价值的必要条件。因此 NTT 定期举行财务报告的讲解，在网站上及时披露企业信息，主要的活动包括：一是定期向分析人员和机构投资者公布企业信息，每个季度举办企业财务信息和盈利情况的介绍会，由集团总裁或副总裁亲自到场解释企业的业绩以及相关事项；二是定期向海外投资者公布企业信息；三是在网站上专门披露与投资者相关的信息，如年报、财务数据、股票信息等。

2. 保证合规性

为了引导企业的经营活动按照相关的法律规定进行，为了促进企业良好的发展，提高标准化水平，NTT 于 2002 年颁布《NTT 集团商业伦理宪章》。此宪章面向 NTT 集团的所有员工规定了基本的商业伦理规则，为企业日常的商业伦理行为提供具体的指导意见。

3. 伦理教育以及意识调查

为保证《NTT 集团商业伦理宪章》的实施效率，NTT 集团定期组织员工进行商业伦理和社会责任方面的学习，定期对员工进行调查，了解其对相关问题的掌握情况。

4. 股权结构（截止到 2011 年 3 月 31 日）

表 2-2-1　日本 NTT 公司股票基本信息

授权可发行总股数（Total number of shares authorized）	6192920900
实际发行总股数	1448659067
股票种类	普通股
股东数量（不包括持股数量极小的股东）	953846
股票交易所	日本：东京，大阪，名古屋，福冈，札幌；海外：纽约，伦敦

表 2-2-2　日本 NTT 公司主要股东信息及其持股百分比

股东名称	持股数量（单位：千股）	持股百分比（单位：%）
The Minister of Finance 财政部	530567	36.62
Japan Trustee Services Bank，Ltd.（Trust Account）日本信托服务银行株式会社（信托账户）	52196	3.60
The Master Trust Bank of Japan，Ltd.（Trust Account）日本集成信托银行有限公司（信托账户）	36510	2.52
Moxley and Company（Standing proxy：The Bank of Tokyo-Mitsubishi UFJ，Ltd.）莫克斯雷和公司（常设代理：三菱东京 UFJ 银行有限公司）	30673	2.12
Japan Trustee Services Bank，Ltd.（Trust Account 9）日本信托服务银行株式会社（信托账户 9）	16110	1.11
SSBT OD05 Omnibus Account-Treaty Clients（Standing proxy：The Hongkong and Shanghai Banking Corporation Limited）SSBT OD05 综合账户—条约"客户端（常设代理：香港上海汇丰银行有限责任公司）	15103	1.04
The Chase Manhattan Bank，N.A. London SL Omnibus Account（Standing proxy：Mizuho Corporate Bank，Ltd.）大通曼哈顿银行，N.A.伦敦 SL 综合账户（常设代理：瑞穗实业银行有限公司）	12310	0.85
NTT Employee Share-Holding Association NTT 员工股份制协会	12268	0.85

续表

股东名称	持股数量 (单位：千股)	持股百分比 (单位：%)
State Street Bank and Trust Company 505225（Standing proxy：Mizuho Corporate Bank，Ltd.） State Street 银行和信托公司 505225（常设代理：瑞穗实业银行有限公司）	10183	0.70
State Street Bank and Trust Company 505224（Standing proxy：Mizuho Corporate Bank，Ltd.） State Street 银行和信托公司 505224（常设代理：瑞穗实业银行有限公司）	9226	0.64
合计	725146	50.05

按股东的性质分类的公司的股权结构如图 2-2-4 所示：

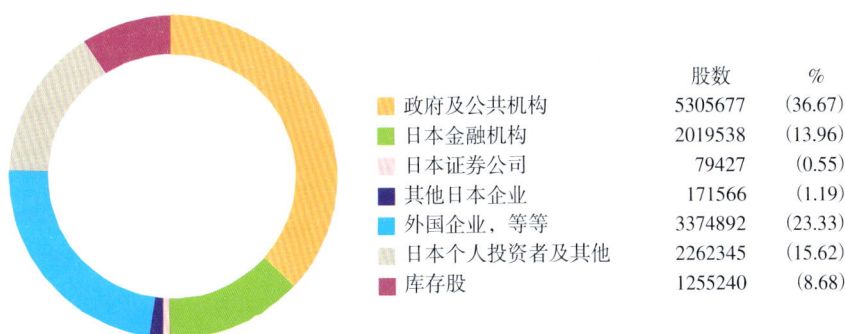

	股数	%
政府及公共机构	5305677	(36.67)
日本金融机构	2019538	(13.96)
日本证券公司	79427	(0.55)
其他日本企业	171566	(1.19)
外国企业，等等	3374892	(23.33)
日本个人投资者及其他	2262345	(15.62)
库存股	1255240	(8.68)

图 2-2-4 日本 NTT 公司股权结构

注：以每 100 股作为单位，代表各种类型的股东所占的股份结构，括号内数字为所占百分比。

（四）市场概览

1. 大地震的影响

2011 年 3 月 11 日发生的大地震给 NTT 集团带来了前所未有的巨大损失，主要影响的业务包括固定网络及移动网络通信业务，对此，NTT 迅速地投入到受灾地区的通信网络重建工作中来，派出 10000 多名员工进行紧急重建工作。NTT 集团也将进一步跟随灾后重建的进展步骤，不断地完善通信网络，提高可靠性。

地震及海啸造成损害的通信网络设备主要包括：固定网络通信设备、用于移动通信的基站设施以及各个通信设备之间的连接线路，并且同时由于电力供应不足，也造成了某些通信设备的无法正常工作，总计包括 385 个交换中心、6720 个基站设备。

此次地震及海啸对 NTT EAST、NTT DOCOMO 以及 NTT 集团的财务表现的影响（包括预计对 2012 年的影响）如表 2-2-3 所示：

表 2-2-3 地震及海啸对 NTT 的影响

	截至 2011 年 3 月 31 日	截至 2012 年 3 月 31 日（预计）	
	利润/损失	利润/损失	资本支出
东部日本	约 200 亿日元	约 200 亿日元	约 200 亿日元
NTT DOCOMO	约 60 亿日元	约 100 亿日元	约 100 亿日元
NTT Consolidated	约 300 亿日元	约 300 亿日元	约 300 亿日元

2. 全球业务概览

作为世界领先的通信运营商之一以及日本最大的通信运营商，NTT 集团的业务范围覆盖全世界，涉及的主要子公司为 NTT 通信公司和 NTT 数据通信公司。

（1）NTT 通信株式会社（NTT Communications 简称"NTT COM"）。

NTT COM 为全世界的用户提供网络服务、管理解决方案、IT 服务等多项业务，以可靠、高质量、集成性的语音、数据以及 IP 的服务闻名于全球，同时 NTT COM 在管理系统网络方面的专业性以及在 IPV6 技术领域的领先性更是尤为突出。

NTT COM 目前主要的业务遍布亚洲、北美洲、欧洲、大洋洲以及日本本土（见图 2-2-5）。NTT COM 为企业用户提供高增值的、一站式的无缝连接的全球业务，确保在各种各样的业务领域满足用户的需求。在全球业务方面，NTT 通信公司不断满足跨国公司的要求，将数据中心和网络整合业务、安全性保证和服务器管理业务分别融合，以提供高质量的信息通信业务；除此之外，为了提高业务容量，NTT COM 在完成了亚洲海底光缆的建设的同时，在新加坡和中国香港设立了新的数据中心，并收购了著名的全球性 IT 外包公司——Emirio Globe Soft Pte Ltd，保证了亚洲通信网络的安全、高效。

2010 年 12 月，NTT COM 完成了对 Dimension Data Holdings plc 公司的收购，Dimension Data Holdings plc 公司的经营范围覆盖全世界 9 个国家，这项收购也将 NTT COM 的业务范围从原来的亚洲、欧洲以及美国扩大到澳大利亚、南美、中东以及非洲地区。

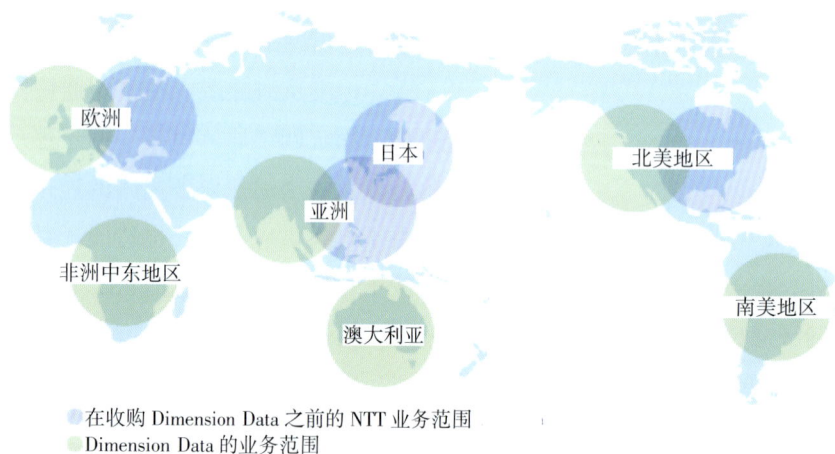

图 2-2-5 日本 NTT 公司的业务范围

（2）NTT 数据株式会社（NTT DATA）。

NTT DATA 的经营范围包括日本和海外地区两个部分，其中，海外业务地区包括欧洲、中东及非洲地区、亚洲以及拉丁美洲地区。2010 年（日历年度，非会计年度），IT 业务市场的总收入为 7850 亿日元，从具体的地理位置来看，北美地区是最大的市场，占总收入的 40%，欧洲位居第二，占比达到 30%，日本以 14% 的占比位居第三位，如图 2-2-6 所示。

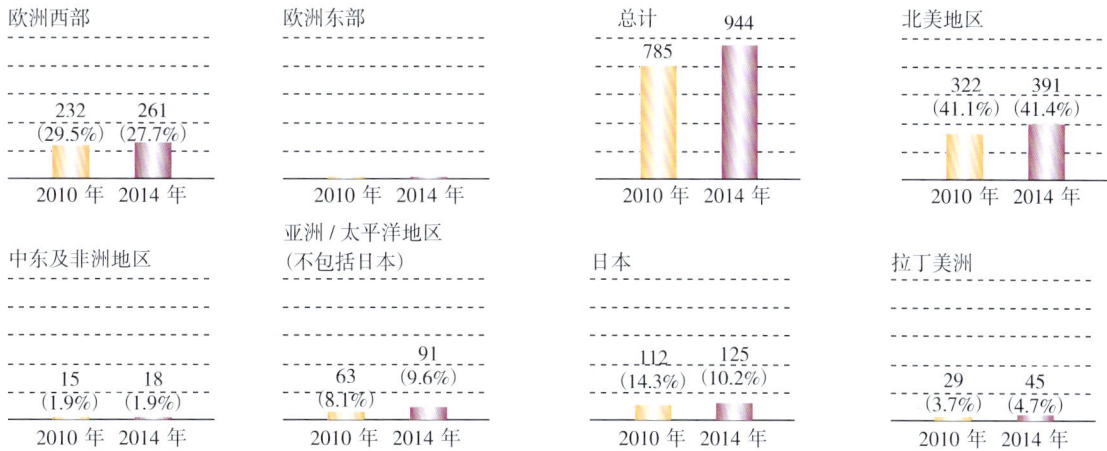

欧洲西部 232 (29.5%) 2010年 261 (27.7%) 2014年

欧洲东部 2010年 2014年

总计 785 2010年 944 2014年

北美地区 322 (41.1%) 2010年 391 (41.4%) 2014年

中东及非洲地区 15 (1.9%) 2010年 18 (1.9%) 2014年

亚洲/太平洋地区（不包括日本） 63 (8.1%) 2010年 91 (9.6%) 2014年

日本 112 (14.3%) 2010年 125 (10.2%) 2014年

拉丁美洲 29 (3.7%) 2010年 45 (4.7%) 2014年

图 2-2-6 日本 NTT DATA 公司 2010 年国际市场收入分解

在日本本土市场，总的 IT 业务市场的收入为 98352 亿日元，NTT DATA 的总收入为 10603 亿日元，占比约为 10.7%，其中，NTT DATA 在政府和健康机构市场的份额为 15.9%，在金融市场的份额为 21.3%，在个人业务的市场份额为 4.4%，在企业用户市场的份额为 21.3%。

如图 2-2-7（左面是 NTT DATA 在日本市场的份额，右面是 NTT DATA 的内部收入结构）：

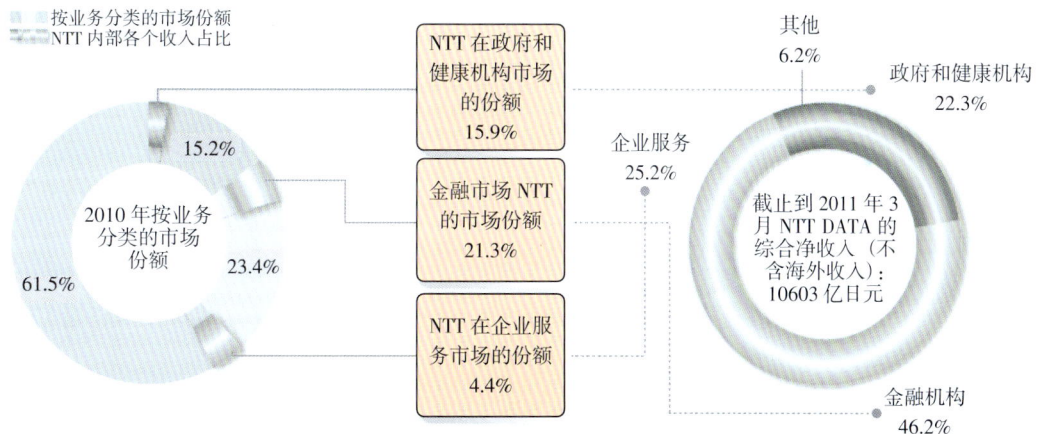

图 2-2-7 日本 NTT DATA 公司 2010 年日本本土市场收入分解

（五）业务概览

1. 业务种类概述

如图 2-2-8 所示，NTT 集团的主要经营业务分为以下五类：

（1）本地通信业务：主要提供日本国内府县之内通信服务、本地宽带服务以及居民之间通信服务，提供此项服务的 NTT 子公司为东、西日本电信电话株式会社（NTT EAST，NTT WEST）以及相关的企业。

（2）长途/国际通信业务：主要提供日本国内县府之间及其居民的通信业务、国际服务，提供此项服务的 NTT 子公司为 NTT 通信株式会社（NTT Communications）以及 2010 年刚完成收购的 Dimension Data plc。

日本电信电话株式会社

本地通信业务
东日本电信电话株式会社
西日本电信电话株式会社

本地通信业务的相关企业
● 本地通信相关业务
株式会社 NTT 东日本—东京
株式会社 NTT-ME
NTT 基础设施网络株式会社
株式会社 NTT 西日本—关西
株式会社 NTT Neomeit
株式会社 NTT Marketing Act

● 其他
NTT 号簿信息株式会社
株式会社 NTT Quaris
TelWel 东日本株式会社
株式会社 NTT Solco
株式会社 NTT Solution
NTT TELECON 株式会社
NTT Solmare 株式会社
株式会社 NTT 西日本 AP
TelWel 西日本株式会社　　其他

长途·国际通信业务
NTT 通信株式会社
Dimension Data Holdings Plc

长途、国际通信业务的相关企业
● 互联网·国际通信相关业务
株式会社 NTT PC 通信
株式会社 NTT Plala
NTT Resonant 株式会社
NTT EUROPE LTD.
NTT COM ASIA LIMITED
NTT AUSTRALIA PTY.LTD.
Verio Inc.
Integralls AG

NTT World Engieering Manine 株式会社
NTT Worldwide Telecommunication 株式会社

● 其他
NTT COM CHEO 株式会社
NTT COM 技术株式会社
NTT Bizlink 株式会社
NTT FANET 系统株式会社　　其他

移动通信业务
株式会社 NTT DOCOMO

移动通信业务相关企业
● 移动通信相关业务
DOCOMO 服务株式会社
DOCOMO 工程技术株式会社
DOCOMO 移动株式会社
DOCOMO 支持株式会社
DOCOMO 技术株式会社
DOCOMO 商务网络株式会社
DOCOMO PACIFIC，INC.
net mobile AG

● 其他
株式会社 OAK LAUN MARKETING
D2 COMMUNICATIONS INC.
株式会社 DOCOMO.com
DOCOMO Inter Touch Pte.Ltd.

其他

数据通信业务
株式会社 NTT 数据公司

数据通信相关企业
● 系统集成相关业务
株式会社 NTT DATA System
NTT DATA System Technologies 株式会社
株式会社 NTT Datai
NTT DATA INTERNATIONAL L.L.C.
株式会社 NTT DATA FINANCIAL CORE
NTT DATA Force 株式会社
株式会社 NTT 数据威步
日本 Card Processing 株式会社
株式会社 NTT DATA Frontier
NTT DATA Getronics 株式会社
NTT DATA EUROPE GmbH&Co.KG
itelligence AG
株式会社 NTT 数据 CCS
Cirquent GmbH

株式会社 NTT DATA MSE
株式会社 JSOL
株式会社 XNET
株式会社 NJK
Intelligroup，Inc.
Keane International，Inc.
Keane，Inc.

● 其他
株式会社 NTT 数据 SMS
NTT 数据客户服务株式会社
株式会社 NTT 数据经营研究所

其他

其他业务
● 房地产业务
NTT 都市开发株式会社
● 金融业务
NTT 金融株式会社
● 建筑和电力业务
株式会社 NTT 设备

● 系统开发业务
NTT COMWARE 株式会社

● 尖端技术开发业务
NTT 尖端技术株式会社
NTT 电子株式会社
NTT 软件株式会社

● 其他
株式会社 NTT 广告
株式会社信息通信综合研究所
NTTHuman Solution 株式会社
NTT 培训株式会社
NTT BUSINESS ASSOCIE 株式会社
株式会社 NTT LOGISCO
NTT Invertment Partners 株式会社　　其他

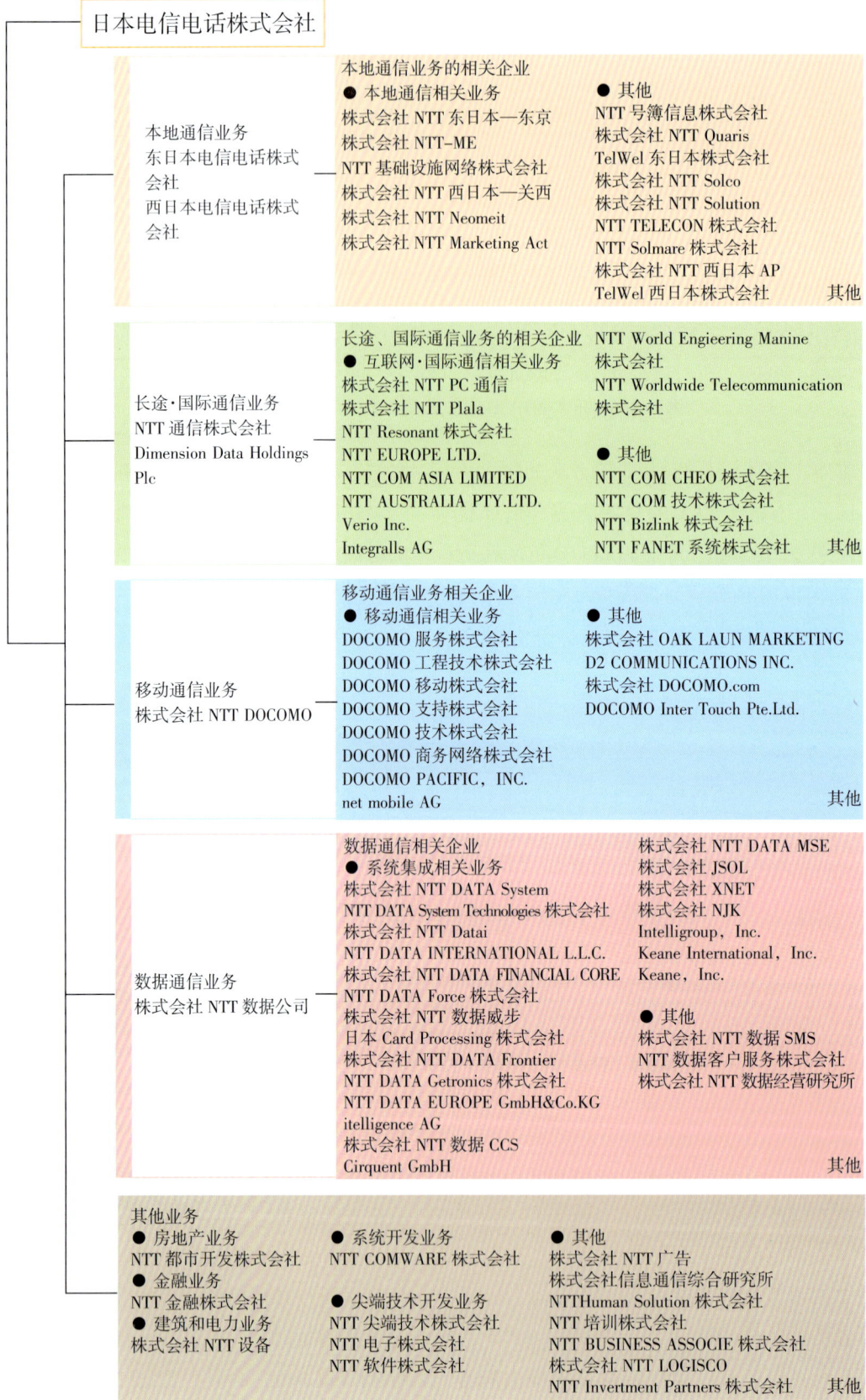

图 2-2-8　日本 NTT 公司业务种类

（3）移动通信业务：主要提供移动电话通信服务以及市民之间的移动通信，提供此项服务的子公司为 NTT DOCOMO 株式会社。

（4）数据通信业务：主要提供系统整合、网络系统服务以及其他业务，提供此项服务的子公司主要为 NTT 数据株式会社（NTT DATA）。

（5）其他业务：主要是指 NTT 集团的一些其他多元化经营的业务，包括房地产业务、金融业务、建筑和电力业务等，提供这些业务的主要子公司为 NTT urban Development、NTT Finance、NTT soft 等等。

2. 各类业务具体发展情况

（1）本地通信业务。

本地通信业务的主要收入来自固定语音通信及其相关业务、IP 通信业务、出售电信设备及相关的其他业务。主要的业务有 FLET'S Hikari，Hikari Denwa 和 FLET'S TV。

作为主要的子公司，NTT EAST 和 NTT

WEST 公司从四个方面促进公司的发展：一是促进 IP 业务和光纤网络的使用，二是提高客户满意度，三是提高客户 ARPU 值，四是提高光纤网络接入业务的收入。

具体数据变化情况：

营业收入：营业收入同比增长 16%，总额达到 40272 亿日元，其中，固定语音通信业务收入由于入网人数的减少而发生较大幅度的下降，IP 业务以及光纤网络接入业务的发展带来了收入的增长。

营业成本：营业成本同比上升 0.5%，总额达到 39000 亿日元，在人力成本、折旧与摊销成本下降的同时，由于营业收入增长带来的营业成本的自然上升造成了营业成本总额的增加。

营业利润：由于营业收入和营业成本的变动，营业利润同比增加 55%，总额达到 1273 亿日元。

资本支出：资本支出同比下降 7.7%，总额降为 8070 亿日元。

如图 2-2-9 所示：

图 2-2-9　日本 NTT 公司 2010 年本地通信业务关键业绩指标变化情况

（2）长途/国际通信业务。

长途、国际通信业务分部的主要收入来自固定语音通信及其相关业务、IP 通信服务、系统整合服务以及其他相关服务。主要的业务为 OCN、Plala 和 Hikari TV。

作为此项业务的主要子公司，NTT 通信公司一直致力于成为全世界客户的首选对象，并一直将"全球性的信息通信服务合作伙伴——创新、可靠、无缝连接（Global ICT Partner-Innovative. Reliable. Seamles）"作为经营口号。随着对

Dimension Data 公司并购的完成，NTT 通信公司将业务范围从亚洲、欧洲、美洲扩展到全世界。

在全球业务方面，NTT 通信一直致力于为全世界的用户提供从咨询、设计、建设到运营、后期维护一站式的综合性 ICT 服务，并将此与"数据中心（DATA center）"、安全以及咨询管理服务结合起来。NTT 通信在过去的一年中，完善了日本和美国之间主干网的建设，并将网速提高到 500Gbps；在亚洲地区，逐渐形成日本东京—中国香港——新加坡的"亚洲三角"的网络建设；与此同时，NTT 还扩大了网络服务及 ICT 服务的信息平台——数据中心（DATA center）的发展建设，除了在东京建立的第 5 号数据中心之外，还在新加坡、中国香港和马来西亚建立了新的"数据中心"。

在个人用户业务方面，NTT 通信取得了较好的成绩。OCN 业务和 Plala 业务的用户人数都呈现上涨趋势，总人数达到了 1134 万，Hikari TV

的用户数也达到了预定的 140 万的目标。

在企业用户业务方面，NTT 也将继续解决用户在管理方面的问题，继续提供从咨询到营运再到后期维护的一站式服务。

具体数据变化情况如下：

营业收入：营业收入同比增长 5.8%，总额达到 13327 亿日元，固定语音通信业务和 IP 通信服务的收入都处于下降状态，收入的主要增长来自于对 Dimension Data Holdings plc 的并购。

营业成本：营业成本同比增长 6.4%，总额为 12346 亿日元，增长的主要原因在于在企业并购方面的大量支出。

营业利润：由于营业收入和营业成本的变动，营业利润总比下降 1.2%，总额降为 971 亿日元。

资本支出：资本支出同比增长 5%，总额达到 1355 亿日元。

如图 2-2-10 所示：

图 2-2-10　日本 NTT 公司 2010 年长途／国际通信业务关键业绩指标变化情况

（3）移动通信业务。

移动通信业务的主要收入来自移动语音及其相关业务、IP 通信业务以及移动通信业务设备的出售。

作为此项业务的主要运营公司，NTT DOCOMO 公司在其中期计划——"变革和挑战"的指导下，采取了一系列旨在提供用户满意度的业务活动，包

括扩大产品供应链、改善收费系统以及提高售后服务质量。在这一年中，NTT DOCOMO 采取了大量的业务方法提高了智能手机的使用人数，并在东京、名古屋以及大阪等地区推出业务 Xi，此项业务是基于 LTE 技术，具有高速度，大容量、低延迟的特点。

具体数据变化情况如下：

营业收入：营业收入同比下降 1.4%，总额降为 42243 亿日元，下降的主要原因是语音通信业务以及网络通信业务收入的减少，这两项业务收入减少主要是由于智能手机的大举进入市场。

营业成本：营业成本同比下降 2.0%，总额降为 33853 亿日元，下降的主要原因是资本投资效率的提高以及成本降低项目的实施。

营业利润：基于营业收入和营业成本的变动，营业利润同比上涨 1.3%，总额达到 8391 亿日元。

资本支出：资本支出同比下降 2.6%，总额降为 6685 亿日元。

如图 2-2-11 所示：

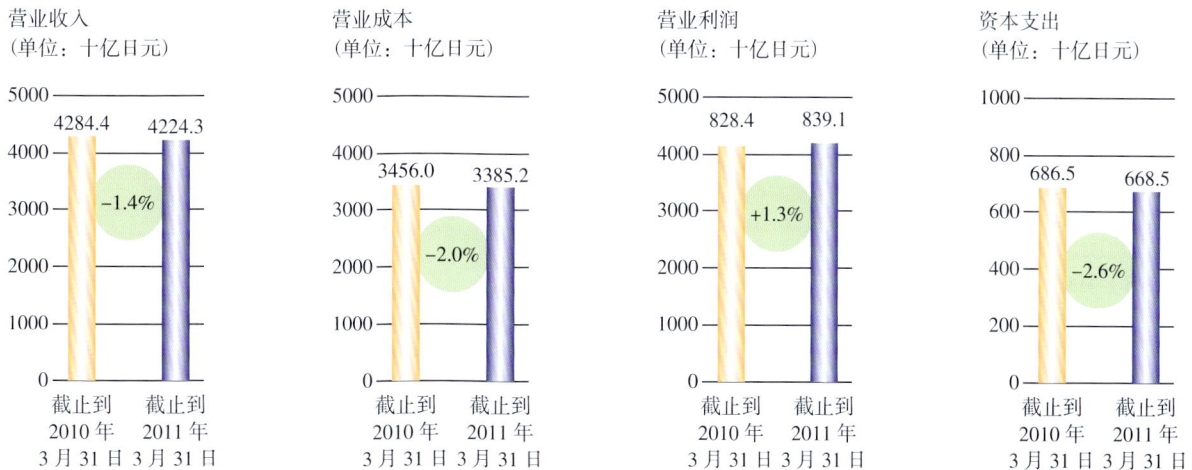

图 2-2-11　日本 NTT 公司 2010 年移动通信业务关键业绩指标变化情况

（4）数据通信业务。

数据通信业务的主要收入来自信息系统整合业务。作为数据通信业务分部的主要子公司，NTT DATA 公司的主要业务包括公共财政组织的 IT 服务（Public & Financial IT Services）、全球的 IT 服务（Global IT Services）以及系统解决方案和技术（Solutions & Technologies），主要目的是在目标客户逐步减少 IT 方面投资的情况下保持业务发展，并提高公司价值。为了实现这一目标，NTT DATA 从三个方面进行改善：一是提高业务供应容量，在过去的一年中，NTT DATA 设立专门的组织用来研究高效的全球性的工程管理方法，这个方法将在未来扩大 NTT DATA 在工程管理领域的优势；二是扩大全球性业务的发展，扩大集团的业务范围，将业务范围从电信扩大到保险、金融等行业；三是完善以环境为导向的管理方式，主要通过 IT 技术实现绿色化，减少二氧化碳的排放量，以此来减少能源消耗。

具体数据变化情况：

营业收入：营业收入同比增加 2.7%，总额达到 11632 亿日元，主要的增长原因在于对 Keane International Inc 的收购。

营业成本：营业成本同比增加 1.7%，总额达到 10862 亿日元，主要原因同样在于对 Keane International Inc 的并购。

营业利润：基于营业收入和营业成本的变动，营业利润同比上升 18.7%，总额达到 770 亿日元。

资本支出：资本支出同比下降 14.5%，总额为 1391 亿日元。

如图 2-2-12 所示：

营业收入
（单位：十亿日元）

1132.5 1163.2
+2.7%

截止到   截止到
2010 年   2011 年
3 月 31 日   3 月 31 日

营业成本
（单位：十亿日元）

1067.6 1086.2
+1.7%

截止到   截止到
2010 年   2011 年
3 月 31 日   3 月 31 日

营业利润
（单位：十亿日元）

64.9 77.0
+18.7%

截止到   截止到
2010 年   2011 年
3 月 31 日   3 月 31 日

资本支出
（单位：十亿日元）

162.6 139.1
-14.5%

截止到   截止到
2010 年   2011 年
3 月 31 日   3 月 31 日

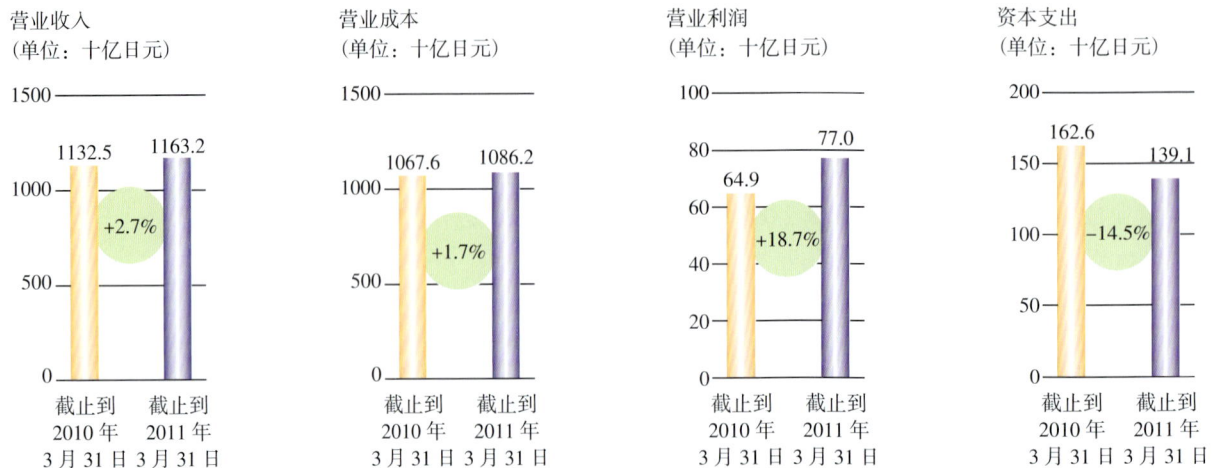

图 2-2-12　日本 NTT 公司 2010 年数据通信业务关键业绩指标变化情况

（5）其他业务。

其他业务收入主要来自房地产业务收入、出租业务以及研究开发收入等等。总体来说，由于系统开发服务收入的下降，以及建筑业务收入的上升，营业收入总体下降 1.1%，总额达到 11203 亿日元；营业成本由于金融业务的信誉损失，总体下降 3.9%，总额降为 10754 亿日元；基于上述变动，营业利润总体上升 236.6%，总额达到 449 亿日元；资本支出同比下降 10.9%，总额降为 1202 亿日元。如图 2-2-13 所示：

营业收入
（单位：十亿日元）

1132.6 1120.3
-1.1%

截止到   截止到
2010 年   2011 年
3 月 31 日   3 月 31 日

营业成本
（单位：十亿日元）

1110.3 1075.4
-3.9%

截止到   截止到
2010 年   2011 年
3 月 31 日   3 月 31 日

营业利润
（单位：十亿日元）

13.3 44.9
-3.9%

截止到   截止到
2010 年   2011 年
3 月 31 日   3 月 31 日

资本支出
（单位：十亿日元）

134.8 120.2
-3.9%

截止到   截止到
2010 年   2011 年
3 月 31 日   3 月 31 日

图 2-2-13　日本 NTT 公司 2010 年其他业务关键业绩指标变化情况

3. 五种业务总体情况对比

五种业务的营业收入、资本支出、营业利润的变化的贡献对比，如图 2-2-14 所示。

- 本地通信业务：营业收入和营业利润的增长主要在于 IP 业务，SI 业务的上涨
- 长途国际通信业务：尽管对 Dimension Data 的并购带来收入的上涨，营业利润仍下降
- 移动通信业务：语音业务收入的下降造成营业收入的下降，采购成本以及其他支出的下降带来营业利润的上升
- 数据通信业务：附属子公司数量的增加带来营业收入和营业利润的上升

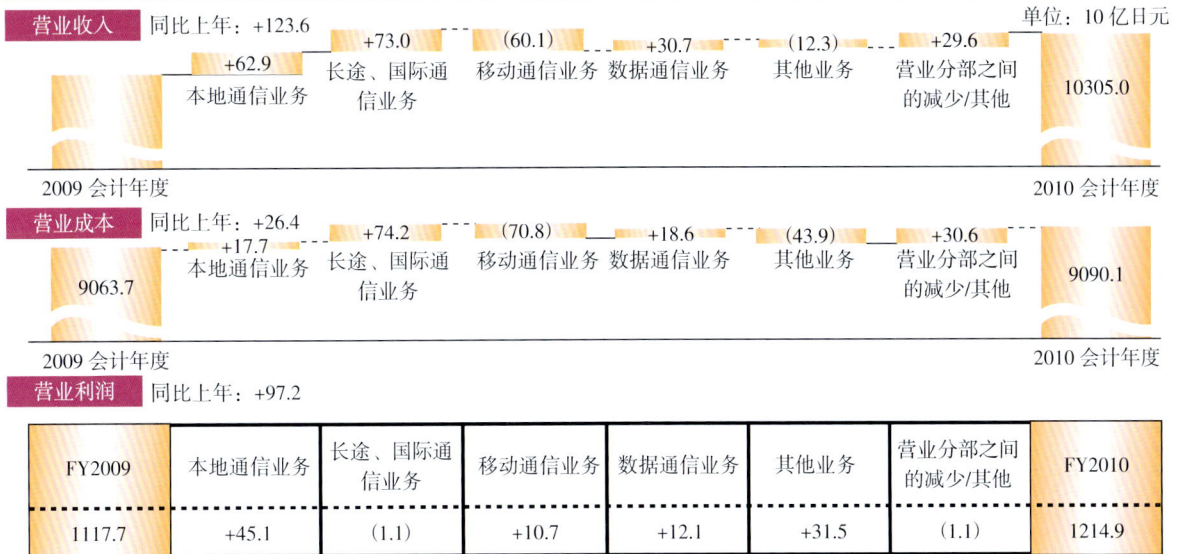

营业收入　同比上年：+123.6　　　　　　　　　　　　　　　　　　　单位：10 亿日元

+62.9　本地通信业务　+73.0 长途、国际通信业务　(60.1) 移动通信业务　+30.7 数据通信业务　(12.3) 其他业务　+29.6 营业分部之间的减少/其他　　10305.0

2009 会计年度　　　　　　　　　　　　　　　　　　　　　　　　　　2010 会计年度

营业成本　同比上年：+26.4

9063.7　+17.7 本地通信业务　+74.2 长途、国际通信业务　(70.8) 移动通信业务　+18.6 数据通信业务　(43.9) 其他业务　+30.6 营业分部之间的减少/其他　　9090.1

2009 会计年度　　　　　　　　　　　　　　　　　　　　　　　　　　2010 会计年度

营业利润　同比上年：+97.2

FY2009	本地通信业务	长途、国际通信业务	移动通信业务	数据通信业务	其他业务	营业分部之间的减少/其他	FY2010
1117.7	+45.1	(1.1)	+10.7	+12.1	+31.5	(1.1)	1214.9

图 2-2-14　2010 年日本 NTT 公司各业务对集团的贡献

五种业务营业收入占比如图 2-2-15 所示。

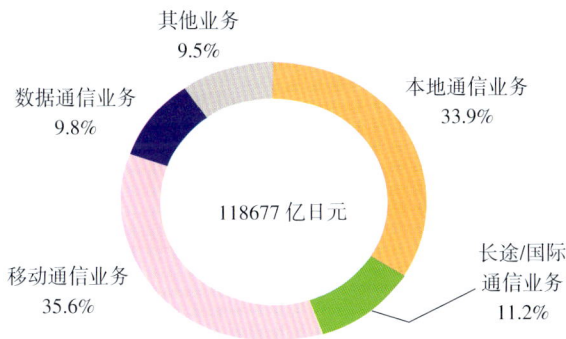

其他业务 9.5%
数据通信业务 9.8%
本地通信业务 33.9%
118677 亿日元
移动通信业务 35.6%
长途/国际通信业务 11.2%

图 2-2-15　日本 NTT 公司五种业务营业收入比例构成

五种业务营业利润占比如图 2-2-16 所示。

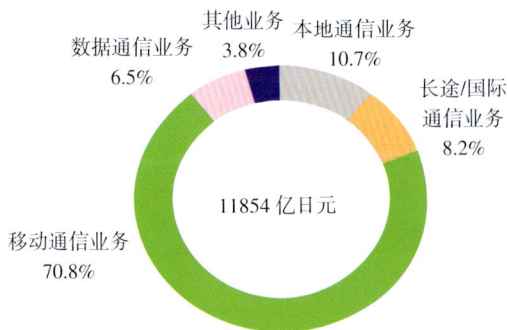

其他业务 3.8%
数据通信业务 6.5%
本地通信业务 10.7%
长途/国际通信业务 8.2%
11854 亿日元
移动通信业务 70.8%

图 2-2-16　日本 NTT 公司五种业务营业利润比例构成

五种业务资本支出占比如图 2-2-17 所示。

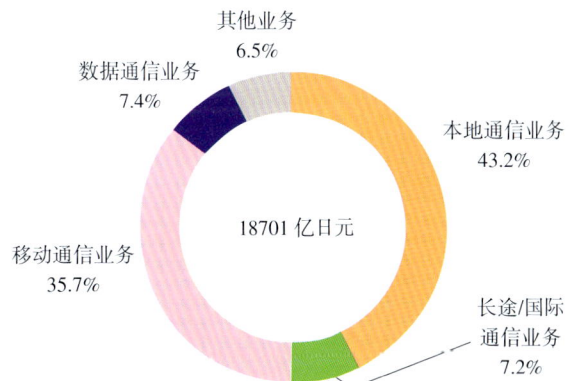

其他业务 6.5%
数据通信业务 7.4%
本地通信业务 43.2%
18701 亿日元
移动通信业务 35.7%
长途/国际通信业务 7.2%

图 2-2-17　日本 NTT 公司五种业务资本支出比例构成

（六）经营和财务绩效

表 2-2-4　日本 NTT 公司 2008~2010 年度经营与财务业绩比较　　　　单位：百万日元

年份	NTT		
	2010	2009	2008
收入	10305003	10181376	10416305
总资产	19665596	18939055	18796388
EBITDA	3282200	3240800	3369800
EBITDA 率	31.85%	31.83%	32.35%
净利润	509629	492266	538679
净利润率	4.95%	4.83%	5.17%
总资产报酬率（ROA）	2.59%	2.60%	2.87%
净资产报酬率（ROE）	5.06%	5.04%	5.89%
资本性支出（CAPEX）	1870100	1987100	2145100
CAPEX 占收比	18.15%	19.52%	20.59%
经营活动净现金流	2830872	2817836	2514100
每股经营活动净现金流（日元）	2139.46	2129.46	1868.80
自由现金流（FCF）	1412100	1253700	1224800
自由现金流占收比	13.70%	12.31%	11.76%
销售现金比率	27.47%	27.68%	24.14%
资产现金回收率	14.40%	14.88%	13.38%
EVA	−1138753	−1099925	−1015127
EVA 率	−6.81%	−6.81%	−6.43%
每股盈利（EPS）（单位：日元）	385.16	372.01	400.41
每股股利（DPS）（单位：日元）	120	120	110
股利支付率	31.2%	32.3%	27.5%
主营业务收入增长率	1.21%	−2.26%	−2.48%
总资产增长率	3.84%	0.76%	1.50%
净利润增长率	3.53%	−8.62%	−15.19%
经营活动现金流增长率	0.46%	12.08%	−18.66%
每股盈余增长率	3.53%	−7.09%	−13.16%
资产负债率	48.74%	48.41%	51.34%
流动比率	129.31%	118.32%	110.12%
利息保障倍数	23.88	22.28	20.90
总资产周转率	0.52	0.54	0.55
固定资产周转率	1.04	1.01	1.02
坏账发生率	2.17%	2.07%	2.27%
折旧与摊销	1962534	2012064	2139175
股息	158783	152177	135338
内部融资额	2630946	2656507	2813192
折旧摊销率	19.04%	19.76%	20.54%
付现成本率	69.17%	69.26%	68.81%
营销、一般及管理费用率	29.01%	29.47%	28.74%

（七）内控与风险管理

1. 内部控制

NTT 集团颁布了"关于保持 NTT 集团内部控制有效性的基本原则"的相关文件，目的在于建立合理的结构来确保集团下属各个子公司能够真正履行其业务和责任，同时，NTT 也不断完善和深化与内部控制相关的规定和措施。

为了保证 NTT 集团的财务报表遵守奥克斯利—萨班斯法案以及日本金融工具和交易法律的规定，内部控制对财务报表的可靠性的保证显得非常重要，NTT 集团致力于将整个业务流程书面化，并且不断实施重复性测试来保证内部控制的有效性。

在监督和评价整个集团的内部控制的有效性方面，NTT 集团设有"NTT 内部控制办公室"，主要负责实施一系列措施：引导整个集团的标准化审计，确保各个集团子公司的内部审计的进程，不断完善集团的内部控制系统。

关于保持 NTT 集团内部控制有效性的基本原则：

（1）NTT 应当设有内部控制系统，防止或最小化损失的发生，确保遵守相关的法律规定，提供适度的风险管理以及有效的企业经营方式。

（2）NTT 成立"NTT 内部控制办公室"监督相关规定和框架的建立及实施，同时负责评价内部控制系统的有效性并根据具体的情况实施修正。

（3）NTT 应当采取措施确保财务内部控制的可靠性。

（4）集团的首席执行官对于内部控制系统的建立、维持和运作负有绝对性的责任。

2. 风险管理

随着经营环境的不断变化，尤其是通信产业竞争的加剧，NTT 集团面临的风险数量和种类不断上升。

NTT 集团的主要风险管理理念是：通过对风险因素的具体化，实现对风险的预测，以此来降低风险带来的损失。主要的措施包括：在整个集团层面，编制标准化风险管理指南并下发至各个子公司，以保证整个集团能够团结一致，共同实施风险管理；在各个子公司层面，各个子公司分别制定风险管理指南，并具体化地反映企业经营活动、经营环境以及其他方面可能存在的风险因素，并以此作为风险控制的依据。

（八）人力资源发展

1. NTT 员工人数发展预测

截至 2011 年 3 月 31 日，NTT 集团总人数为 219350 人，同比去年增加 24350 人，预计到 2012 年 3 月底，集团的员工人数将增加到 224800 人，如图 2-2-18 所示。

2. 12 家运营商对比分析

通过将 12 家运营商的 EBITDA 及员工人数对比可以发现，EBITDA 的大小和企业员工人数的多少并不存在非常明显的线性关系，NTT 的 EBITDA 仅次于 AT&T，但员工人数却少于 AT&T、中国电信、德国电信以及西班牙电信四家，说明 NTT 以较少的员工创造了相对较大的价值。

通过将 12 家运营商的人均 EBITDA 值对比发现，有 6 家运营商的人均 EBITDA 大于 1（百万元人民币），NTT 的人均 EBITDA 为 1.22，排在沃达丰、中国移动以及美洲电信之后，说明 NTT 在利用人力资源发展的方面存在一定的优势，但是与沃达丰的人均 EBITDA（1.79）相比，提升员工生产效率仍存在较大的改进空间。

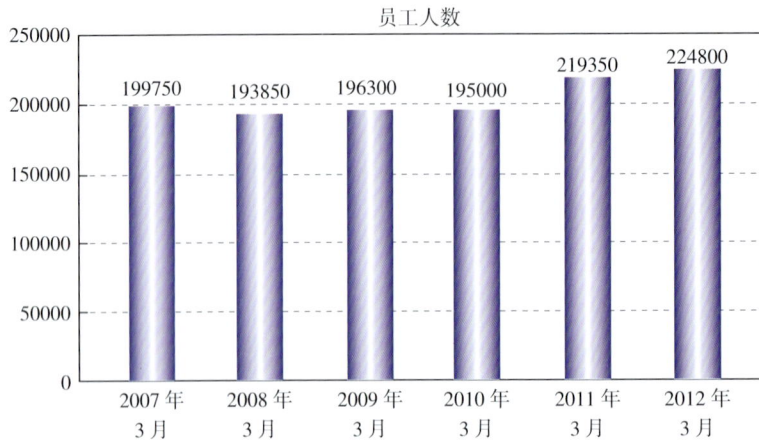

图 2-2-18 日本 NTT 公司 2007~2012 年员工总人数增长示意图

（九）企业社会责任

1. NTT 集团的利益相关者以及企业社会责任

NTT 集团在 2006 年颁布了《NTT 集团企业社会责任宪章》（NTT Group CSR Charter)"，并以此作为企业履行社会责任的基本原则。2008 年，NTT 对此宪章进行了修正，针对具体的各个下属子公司以及集团提出了具体的活动要求。此宪章包括一项承诺、四项目标和八项具体活动。同时，从 2010 年 3 月 31 日起，NTT 集团以及下属的子公司将结合自身的发展情况以及上面提到的宪章，各自履行各自的企业社会责任。

2. NTT 集团企业社会责任宪章（NTT Group CSR Charter)

一项承诺：NTT 集团作为肩负着信息通信产业界重任的中坚力量，将提供最佳的、可靠的服务，并通过"信息交流"实现人与人、人与社会、人与自然之间的沟通，为建设安全、富裕的社会做出贡献。

四个目标：

（1）人与社会之间的沟通：提供方便快捷的通信环境，利用科学技术帮助解决由于人口老龄化和人口数量锐减带来的各种各样的社会问题。

（2）人与自然之间的沟通：减少对环境的负面影响，建设有益于环境的通信形式，提供可以

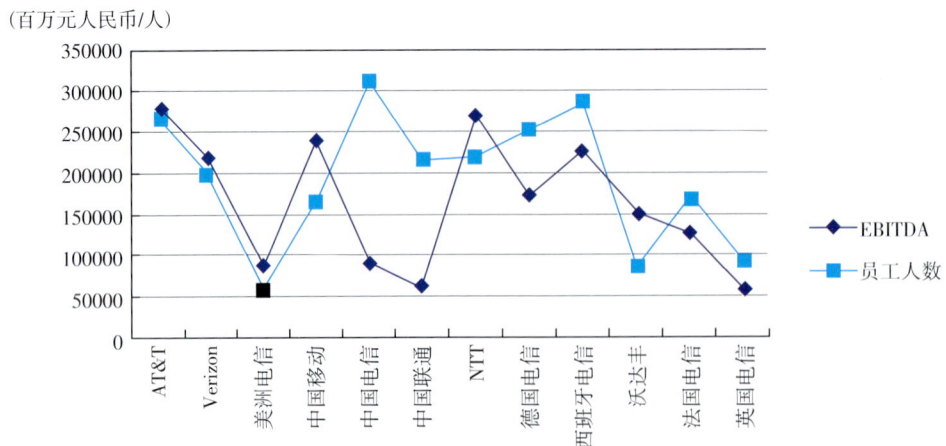

图 2-2-19 12 家运营商 EBITDA 和员工人数对比

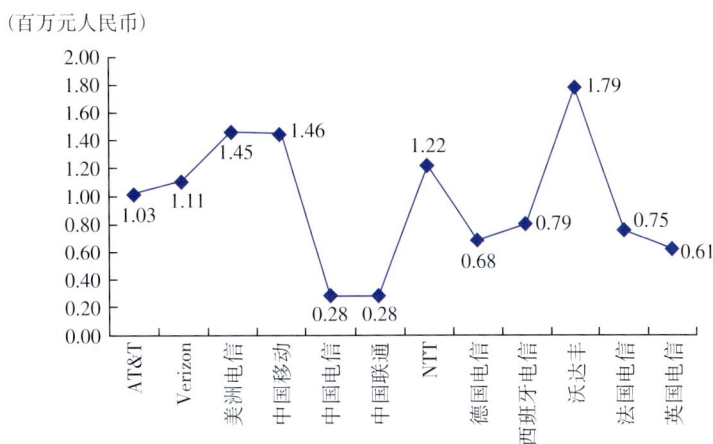

图 2-2-20　12家电信运营商人均 EBITDA 对比示意图

减少社会生活对环境造成的负面影响的信息和通信服务。

（3）安全的通信：确保信息的安全，解决与电信相关的社会问题，尽最大努力提供安全的用户环境；注重电信产业在基础设施建设方面的举足轻重的地位，使用户可以在任何时间、任何地点实现沟通。

（4）团队沟通：为员工提供愉悦的工作环境，关注员工的个人成长。

八项活动：

（1）采取行动促进普遍服务的发展和实现。

（2）建设低碳型社会。

（3）实施循环再利用。

（4）保持生物多样性。

（5）确保信息安全。

（6）确保发挥主要基础设施的作用，提供稳定可靠的服务。

（7）促进对多样性的尊重以及公平机会的实现。

（8）践行企业作为社会公民的责任活动。

3. 企业社会责任履行框架

2005年，企业成立"社会责任委员会"，由集团的副总裁负责，目的在于实施持续不断的、合适的企业社会责任管理。定期召开集团企业社会责任联络会议，各个子公司就各自的实践活动进行讨论和分享，在整个集团范围内履行社会责任。

图 2-2-21　日本 NTT 公司企业社会责任履行框架

4. 2010 年具体企业社会责任活动

总体来说，NTT 集团履行社会责任的目标是不断推动社会的进步和发展。2010 年 11 月，集团正式启动"绿色愿景 2020（Green Vision 2020）"活动，这项新活动的主题为建设低碳型社会、实施循环再利用和保持生物多样性。从四个目标方面的具体实践情况看：

（1）人与人之间的沟通方面。2011 年 2 月 12 日，NTT 数据通信公司和 NTT resonant Inc 共同合作推出"健康指南"业务服务，通过智能手机内置的传感器，测量用户一天内摄入的食物的卡路里等情况，并根据这些为用户提供专业的菜谱建议。目前这项业务免费提供给用户，已实现 100000 多次的下载，在未来，NTT DATA 将在此项业务的实用性和有效性等方面进行评价，预计将在 2013 年 3 月 31 日正式推出。

（2）人与环境之间的沟通。从 2008 年 5 月开始，推出"绿色 NTT（Green NTT）"活动，加大对环保的自然资源的使用，主要体现在对太阳能的利用上。

（3）安全的通信。随着通信技术的普遍发展和广泛应用，通信的安全问题显得尤为重要。NTT 尝试通过与多种组织建立合作，采用多元化的方法确保通信服务的安全性。NTT 的信息共享平台研究实验室正致力于对加密技术的研究来确保数据的安全性。以后，NTT 将进一步和 R&D 实验室进行合作，继续推进信息安全的发展。

（4）团队沟通。实施多元化管理，鼓励多样性和创新。2007 年，NTT 成立"多样性办公室"，为员工提供包括生活与工作的平衡、职业发展、培训和教育等多方面的指导。NTT 集团非常注重员工的多元化，截止到 2011 年 3 月，女性员工占比达到 17.1%，高层管理人员中女性员工的比例也达到 2.9%，并且呈上升趋势。此外，NTT 也不断招募非日本籍的员工，以推动公司的全球化发展。

（十）前景展望

1. 从各个业务市场环境情况的视角

在固定网络通信市场，随着光纤宽带服务的不断发展，视频服务以及其他一些利用光纤宽带网络的业务将得到迅速发展。

在移动通信市场，终端的种类将不断增加，包括智能机和平板终端的出现；另外，随着宽带及泛在信息化服务的不断增强，移动网络和固定网络融合的趋势将不断增强，并将出现大量的信息和通信技术的业务种类。另外，由于日本的移动通信市场不断成熟，将会发生大量的兼并和重组行为。

在宽带市场，光纤网络的接入不断得到推广，随着竞争环境的加剧，市场环境将会发生较大的变化，从传统的固定电话网络向 IP 电话转变。

2. 从 NTT 具体业务和财务数据的视角

（1）综合性收入。NTT 预计在 2012 年 3 月 31 日将实现 2350 亿日元的增长，使得综合性收入达到 105400 亿日元，在这 105400 亿日元的收入中，预计主要来源于与 IP 服务相关的业务，预计 IP 业务、系统解决方案以及其他新兴业务的收入总额占比将达到 70%，如图 2-2-22 所示。

（2）营业利润。预计在下一会计年度，NTT 的营业利润将迎来 251 亿日元的增长，使得总营业利润达到 12400 亿日元，主要的增长来自本地通信业务和移动通信业务。其中，包括由于大地震带来的 300 亿日元的负面增长。

（3）CAPEX。在资本投资方面，预计下一会计年度的资本支出额为 19500 亿日元，CAPEX 占收比达到 18.5%，如图 2-2-23 所示。

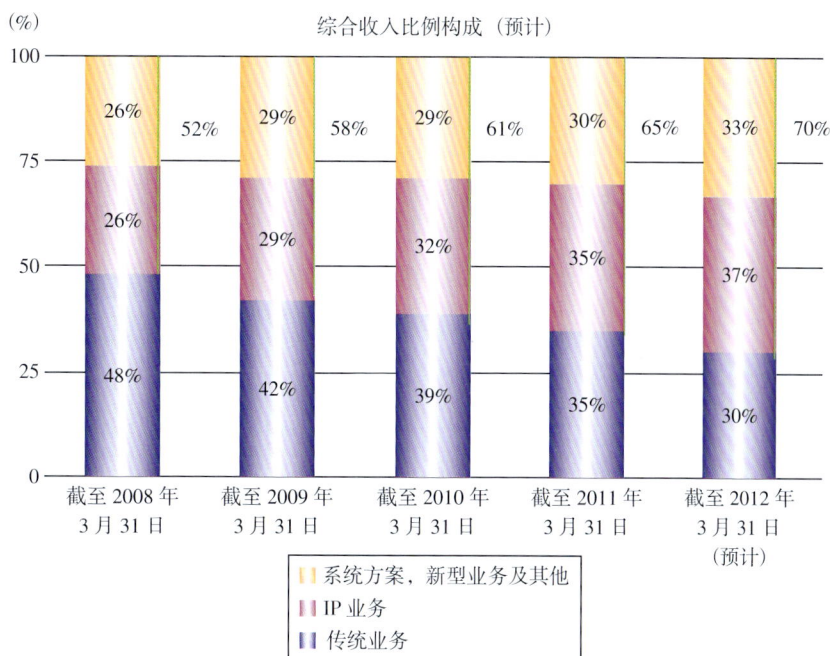

图 2-2-22 日本 NTT 公司 2008~2012 年综合收入构成变化示意图

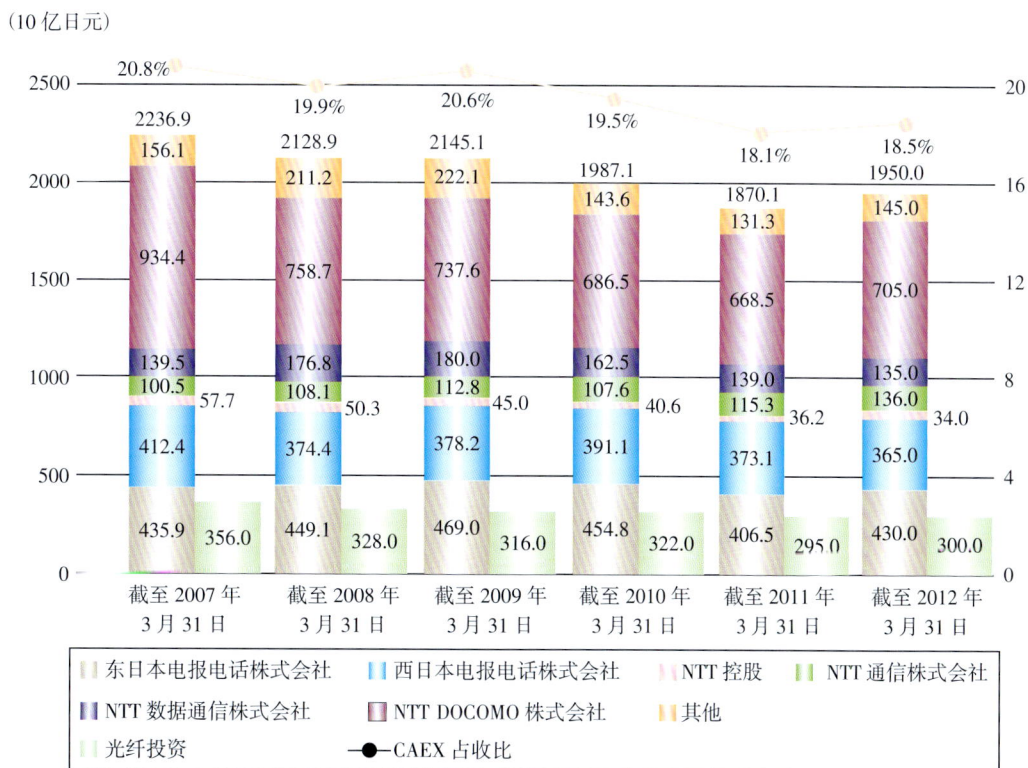

图 2-2-23 日本 NTT 公司 2007~2012 年资本支出（基于综合性）变化示意图

（4）海外发展情况。2010 年实现了对 Dimension Data 和 Keane 两家公司的并购，利用这两家公司的海外发展情况，NTT 将进一步扩大在全球的经营范围，预计在下一会计年度实现 80

亿美元的收入。

（5）股东回报。预计在 2012 年每股发放股利 140 日元，同比 2011 年增长 20 日元，使股利支付率达到 32%。

附件一：日本 NTT 公司财务报告（2010 年）

1. 合并资产负债表

单位：百万日元

	2010 年	2011 年
资产		
流动资产		
现金及现金价物	911062	1435158
短期投资	382227	167175
应收款项	1948467	2072011
坏账准备	(41092)	(45907)
其他应收款	210262	265668
存货	278869	314963
预付费用及其他流动资产	296111	316328
递延所得税	257793	244881
流动资产总额	4245699	4770297
土地、工厂及设备		
电信设备	14708053	14606716
电信网络	14285962	14527349
厂房及装置	5789511	5855262
低值易耗品	1790366	1806355
土地	1122797	133675
在建工程	269149	312460
	37965838	38241859
累计折旧	(27906292)	(28341219)
土地、工厂及设备净值	10057546	9900640
投资及其他资产		
联营企业投资	634950	581073
有价证券及其他投资	301270	276178
商誉	499830	747526
软件	1316021	1330085
其他无形资产	137920	287400
其他资产	916884	885444
递延所得税	828935	886953
投资及其他资产总额	4635810	4994659
资产总额	18939055	19665596

单位：百万日元

	2010 年	2011 年
负债及所有者权益		
流动负债		
短期借款	310597	341567
一年内到期的长期借款	781323	698476
应付款项	1301944	1379279
应付职工薪酬	442295	475226
应付利息	11309	12189
应付所得税	258178	208363
应付消费税	33433	37835
预收款项	152619	206572
预收账款	85377	81997
其他	211235	247568
流动负债总额	3588310	3689072
非流动负债		
长期借款	3376669	3494198
融资租赁下的应付款项	41032	34818
应付职工退休金	1447781	1535964
其他	714384	830612
非流动负债总额	5579866	5895592
所有者权益		
NTT 股东权益		
普通股、无面值		
授权发行—6192920900 股（2010 年及 2011 年）		
实际发行—2010 年 1574120900 股，2011 年 1448859067 股	937950	937950
资本公积	2838927	2834029
未分配利润	5406726	5155596
累计其他综合性利润（损失）	(189606)	(303708)
库存股（成本）		
2010 年 250923665 股；2011 年 125524000 股	(1205844)	(603133)
NTT 股东权益总额	7788153	8020734
少数股东权益（非控制性权益）	1962726	2060198
所有者权益总额	9770679	10080932
承诺及或有负债		
负债及所有者权益总额	18939055	19665596

2. 合并损益表

单位：百万日元

	截止到 2011 年 3 月 31 日		
	2009 年	2010 年	2011 年
营业收入			
固定语音及其相关业务	2581041	2355597	2180776
移动语音及其相关业务	2283890	2150734	2021579
IP/packet 通信业务	2897976	3113411	3341112
出售电信设备	709590	596318	565874
系统整合方案	1211681	1242729	1362195
其他	732127	720587	813465

续表

	截止到 2011 年 3 月 31 日		
	2009 年	2010 年	2011 年
	10416305	10181376	10305003
营业成本			
业务成本（不包括下面单列的业务）	2436234	2426721	2458029
出售的设备的成本	936142	796895	760832
系统整合方案成本	788294	817135	915018
折旧及摊销	2139175	2012064	1962534
资产减值损失	4340	4582	1094
销售、一般及管理费用	2993164	3000370	2989814
商誉及其他无形资产	9204	3916	2773
	9306553	9063683	9090094
营业利润（损失）	1109752	1117693	1214909
其他利润（损失）			
债券折价及发行成本的利息及摊销	(58887)	(55150)	(55267)
利息收入	26629	24004	21600
其他利润净值	27669	33524	(5445)
	(4589)	2378	(39112)
税前以及未考虑联营公司利润（损失）的企业利润（损失）	1105163	1120071	1175797
所得税支出			
当期	472300	494472	448613
递延	(102217)	(47471)	26779
	370083	447001	475592
未考虑联营公司利润（损失）的企业利润	735080	673070	700205
联营公司的利润（损失）	(1916)	8794	1670
净利润（损失）	733164	681864	701675
减：归属于少数股东权益的净利润	194485	189596	192246
归属于 NTT 的净利润（损失）	538679	492266	509629

单位：股数/日元

	截止到 2011 年 3 月 31 日		
	2009 年	2010 年	2011 年
普通股面值			
在外流通的加权平均普通股股数	1345302411	1323262483	1323173369
每股盈余	400.41	372.01	385.16
应付股东现金股利（每股）	110.00	120.00	120.00

3. 合并现金流量表

单位：百万日元

	截止到 2011 年 3 月 31 日		
	2009 年	2010 年	2011 年
经营活动产生的现金流量			
净利润（损失）	733164	681684	701875
将净利润调整为经营活动现金流量			

续表

	截止到 2011 年 3 月 31 日		
	2009 年	2010 年	2011 年
折旧及摊销	2139175	2012064	1962634
资产减值损失	4340	4582	1094
递延所得税	(102217)	(47471)	(26779)
商誉及其他无形资产减值准备	9204	3916	2773
处置土地、工厂及设备的损失	120893	111024	104730
减：处置土地、工厂及设备的收益	(78171)	(14940)	(4716)
取得联营公司的损失（收益）	1916	(8794)	(1670)
应收款项的减少（增加）	(69926)	(16641)	24299
存货的减少（增加）	30330	27818	(11745)
其他流动资产的减少（增加）	(53711)	(11026)	(53605)
应付款项及应付职工薪酬的增加（减少）	(204483)	(49722)	(28533)
应付消费税增加（减少）	(7735)	4898	512
应付利息增加（减少）	701	(1176)	841
预收款项的增加（减少）	16764	37613	26392
应付所得税增加（减少）	55247	(31409)	(56536)
其他流动负债的增加（减少）	(30722)	(21318)	(12355)
应付职工退休金增加（减少）	(27049)	28274	(32312)
其他非流动负债的增加（减少）	63490	117864	68856
其他	(87108)	(9584)	111659
经营活动现金流量净额	2514100	2817838	2830872
投资活动产生的现金流量			
购建土地、工厂及设备支付的现金	(1411979)	(1370923)	(1410827)
购买无形资产支付的现金	(559156)	(545397)	(484159)
出售土地、工厂设备的现金净额	102170	41288	13445
购买长期投资支付的现金	(393454)	(89658)	(425797)
处置非流动投资的现金净额	50693	20611	23921
购买短期投资支付的现金	(37549)	(443195)	(768594)
处置短期投资的现金净额	37467	66306	988780
其他	(57850)	(7942)	11019
投资活动现金流量净额	(2269658)	(2308908)	(2052212)
筹资活动产生的现金流量			
发行长期负债产生的现金净额	907601	450378	801185
偿还长期负债支付的现金	(659634)	(538026)	(762512)
发行短期负债产生的现金净额	4067859	3468397	2554609
偿还短期负债支付的现金净额	(4248234)	(3544696)	(2524709)
分配股利支付的现金	(135338)	(152177)	(158783)
（合并企业支付）出售库存股产生的现金净额	(200503)	(296)	(234)
由子公司购买的库存股	(136846)	(20174)	(30092)
其他	51756	(312703)	(109002)
筹资活动现金流量净额	(353339)	(651297)	(249578)
汇率变动对现金及现金等价物的影响	(7892)	654	(4986)
现金及现金等价物净增加（减少）	(118789)	(141716)	524098
期初现金及现金等价物余额	1169566	1052777	911062
期末现金及现金等价物余额	1052777	911062	1435158

续表

	截止到 2011 年 3 月 31 日		
	2009 年	2010 年	2011 年
本年支付的现金：			
利息	58215	56322	64483
所得税（净值）	403850	511261	619205
非现金的投资及筹资活动			
本年发生的融资租赁的应付款项	31019	26387	21969
股份交换带来的股票并购	—	15023	—
股份交换带来的可转换债券购买	—	20821	—
可转换债券转换带来的股票并购	—	26326	—
注销的库存股	—	—	602892

附件二：日本 NTT 公司大事记

1952 年，日本电报电话公社成立。

1979 年，发表 INS 计划方案。

1985 年，日本电报电话公社私有化完成，日本电报电话株式会社（NTT）设立。

1987 年，NTT 株式会社在东京证券交易所市场第一部（东证第一部）上市。

1988 年，NTT 数据通信株式会社正式成立并开始营业。

1990 年，发表 VI&P 计划方案。

1992 年，NTT 移动通信网株式会社（现在的 NTT DOCOMO）正式成立并开始营业。

1994 年，发表多媒体基本计划方案。

1995 年，NTT 数据通信株式会社（NTT DATA）在东京证券交易所市场第二部（东证第二部）上市。

1996 年，发表 21 世纪 R&D 蓝图（21st Century R&D Vision）；NTT 数据通信株式会社（NTT DATA）在东京证券交易所市场第一部（东证第一部）上市。

1997 年，日本国内通信网完成数字化。

1998 年，发表全球信息流通计划方案；NTT 移动通信网株式会社（NTT DOCOMO）在东京证券交易所市场第一部（东证第一部）上市。

1999 年，着手重组 NTT，成立"NTT 东日本（NTT EAST）"、"NTT 西日本（NTT WEST）""NTT 通信（NTT Communications）"三家子公司，3 家公司开始营业。

2002 年，NTT 东日本、西日本县域子公司开始营业。

2002 年，发表"光"新一代蓝图（Vision for a New Optical Generation）。

2004 年，NTT 都市开发株式会社（NTT URBAN DEVELOPMENT CORPORATION）在东证第一部上市；NTT 发表中期经营战略——以构建高品质且应用灵活的下一代网络（NGN）宽带接入平台，提供可满足客户多样化需求的宽带和泛在信息化业务等为目标。

2008 年，着眼于集团未来的经营结构，发表了以整合固定通信与移动通信全 IP 网络、提供及开发新服务、"发展为服务创造型集团"为目标的新中期经营战略。

2009 年，NTT Communications 收购 Pacific Crossing Limited 公司。

2010 年，分两步收购 Dimension Data 有限公司（Dimension Data Holdings plc）为全资子公司；NTT DATA 收购 Keane International Inc 为全资子公司。

verizon

标志"VZ"以图形的方式描绘了速度的两条线，还呼应了Verizon公司名称的起源：veritas和horizon，verita是一个拉丁词，包含确定性和可靠性的意思，horizon是地平线，标志着富有前瞻性和远见。

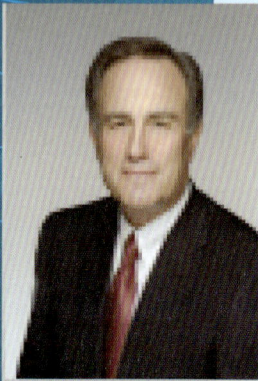

伊凡·塞德伯格（Ivan G. Seidenberg）
Verizon电信公司董事长

塞德伯格从Verizon公司成立以来就一直在领导着Verizon，2000年开始担任联合首席执行官，2002年成为Verizon唯一的首席执行官，2004年担任首席执行官兼董事长。2011年7月，塞德伯格卸去首席执行官的职务，Verizon董事会任命洛尔尔·麦克亚当（Lowell McAdam）为公司总裁兼首席执行官。

作为公司董事长兼首席执行官，塞德伯格通过构建全国性无线网络、部署高速光纤宽带直接到户和扩大其在世界各地的全球互联网骨干网，将Verizon发展成为全球首屈一指的网络公司。在塞德伯格的领导下，Verizon始终保持行业内FIOS光纤网络技术创新的领先地位，Verizon 计划长期演进4G无线技术的部署，并采取各种措施以促进其宽带和无线平台创新产品和应用的发展。Verizon领先的网络创新赢得了许多的嘉奖，包括被《财富》杂志评为2010年"世界最受尊敬的企业"，在电信部门中排名第一。

在担任Verizon的首席执行官之前，塞德伯格是Verizon公司的前身NYNEX和Bell Atlantic公司的董事长兼首席执行官。在大规模产业转型时期，塞德伯格将Bell Atlantic、NYNEX、GTE和MCI公司合并成立了Verizon，并合并Bell Atlantic Mobile、GTE无线和沃达丰的部分AirTouch，创建了Verizon无线。从塞德伯格开始在纽约电话担任助理至今已经在通信行业工作了40多年。

塞德伯格承诺将长期利用通信技术来解决社会问题和提高教育、医疗保健水平和改善环境。Verizon的签名慈善计划包括Thinkfinity.org，曾屡获网上教育资源的奖项，和HopeLine，一个无线回收技术，其收入将投向家庭暴力防治。

2009~2011年，塞德伯格主持Business Roundtable，一个由美国领先企业首席执行官组成的有影响力的协会。2010年6月，奥巴马任命塞德伯格加入总统出口协会（President's Export Council），总统出口协会负责向总统提出有关促进美国出口、就业和经济增长的建议。2007年，布什总统任命塞德伯格加入国家安全电信咨询委员会，对关系到国家安全的通信问题提供咨询。塞德伯格是前美国电信协会主席，并积极投身到其他许多公民和教育机构。

塞德伯格出生于纽约，获得纽约城市大学雷曼学院的数学学士学位和佩斯大学企业管理和市场营销的学位。

洛厄尔·麦克亚当（Lowell McAdam）
Verizon电信公司总裁兼首席执行官

洛厄尔·麦克亚当是Verizon电信公司的总裁兼首席执行官，负责Verizon包括所有业务单元和员工职能的运营。此外，麦克亚当是Verizon无线的董事长代表（chairman of the Verizon Wireless Board of Representatives）。

2011年8月1日，麦克亚当接替塞德伯格首席执行官的职务，完成了从2010年就开始进行的公司首席执行官的重新任命。2010年10月到上任首席执行官期间，麦克亚当担任总裁兼首席营运官，负责以企业为基础的Verizon无线、Verizon电信和商业与Verizon服务业务的网络运营。另外，麦克亚当担任首席信息官，负责技术管理。

在此之前，自Verizon无线2000年成立以来麦克亚当就在Verizon无线担任关键行政职务，凭借全国最大、最可靠的无线语音和3G宽带数据网络，将Verizon无线打造成行业领先的无线提供商。

从2007年到被任命为Verizon的首席运营官期间，麦克亚当一直担任Verizon无线的总裁兼首席执行官，在此之前，还担任过Verizon无线的执行副总裁兼首席运营官。

早先，麦克亚当曾担任过PrimeCo Personal Communications公司的总裁兼首席执行官，PrimeCo是Bell Atlantic和 沃达丰 AirTouch拥有的一家合资企业。麦克亚当还担任过PrimeCo的首席运营官，负责新公司客户服务业务和全数字网络的构建、部署和市场投放。

麦克亚当还曾担任过AirTouch Communications国际业务的副总裁，与西班牙、葡萄牙、瑞典、意大利、韩国和日本的细胞企业成为技术合作伙伴。1993年，麦克亚当加入AirTouch董事会，担任国际申请和操作的执行董事。1983~1993年期间，麦克亚当担任过Pacific Bell的各种行政职务，包括南湾地区市场的区域副总裁和南湾客户服务总经理。

麦克亚当是Verizon的董事会成员，是CITA无线行业协会的前任董事长。此外，麦克亚当是国家科学基金会的董事、商业领袖和教育工作者，协助高校在全国建立和运营技术服务学院，为学生的大学和就业做更好的准备。

麦克亚当获得康奈尔大学的工程学士学位和圣地亚哥大学工商管理硕士学位。麦克亚当还曾在美国海军作为工程兵服役6年，拥有专业工程师执照。

三 美国 Verizon 电信公司可持续发展报告（Verizon）

（一）公司简介

Verizon Communications（简称 Verizon）总部设在纽约，并在特拉华州注册成立，2000 年 6 月 30 日 Bell Atlantic 和 GTE 公司合并成立 Verizon。合并后，Verizon 一举成为美国最大的本地电话公司、最大的无线通信公司，全世界最大的印刷黄页和在线黄页信息提供商。2000 年 7 月 3 日，Verizon 在纽约证券交易所以标识"VZ"上市，2010 年 3 月 10 日，Verizon 以同样的符号在纳斯达克上市。选择"VZ"标志的原因是表示以图形的方式描绘了速度的两条线，还呼应了 Verizon 公司名称的起源：veritas 和 horizon，verita 是一个拉丁词，包含确定性和可靠性的意思，horizon 是地平线，标志着 Verizon 富有前瞻性和远见。2009 年 1 月 9 日，Verizon 无线收购了 Alltel，按客户总数计算，Verizon 无线一跃成为美国最大的无线服务供应商。Verizon 在美国、欧洲、亚洲、太平洋等全球 45 个国家经营电信及无线业务。

2010 年，Verizon 实现销售收入 1065.65 亿美元，获得净利润 102.17 亿美元。股东投资报酬率达 11.76%。2010 年末，Verizon 的股数为 28.30 亿股，实现每股收益 0.90 美元。Verizon 在 2010 年 12 月 31 日股票的收盘价为 35.78 美元，市盈率为 39.76。

（二）公司战略

2010 年，Verizon 紧紧围绕"多媒体网络运营商"的企业愿景和战略目标，主要通过财务和内部流程层面的战略举措创新，充分利用优势资源，从而突出了企业和业务的差异化，适应经济环境的变化，其战略框架如图 2-3-1 所示。财务层面的战略举措是增强财务稳健性；内部流程层面的战略举措是继续改进 FiOS 用户体验、注重政企客户业务创新、完善电子医疗垂直行业解决方案、网络领先、提高客户服务水平和大力发展移动数据业务。

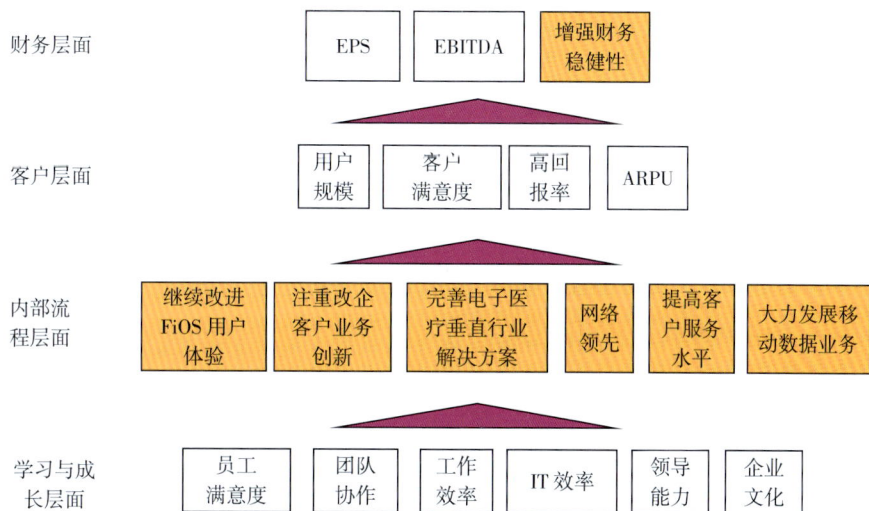

图 2-3-1　2010 年 Verizon 战略框架

1. 增强财务稳健性

为了应对金融危机可能带来的资金链影响，出于稳健经营的考虑，2010 年 Verizon 在收入增长乏力的情况下，削减了固定业务投资和销售管理费用，优化资本支出和成本结构，使自由现金流大幅增加，增强了公司的财务稳健性。

2010 年，Verizon 的业务收入为 1065.7 亿美元，出现了 1.2% 的负增长，且连续 3 年增速下滑，表明 Verizon 的整体业绩增长缺乏动力。虽然移动业务获得了 5.1% 的正增长，但不足以弥补由于固定业务连续 3 年出现下滑给公司带来的总体业务收入负增长。

2010 年，Verizon 总的资本支出是 164.6 亿美元，同比降低了 2.4%。其中，移动业务的资本支出占全部资本支出的比重逐步增加，并在 2010 年第一季度首次超过固定业务的资本支出占比，满足了移动业务快速发展的需要，资本支出结构得到优化。

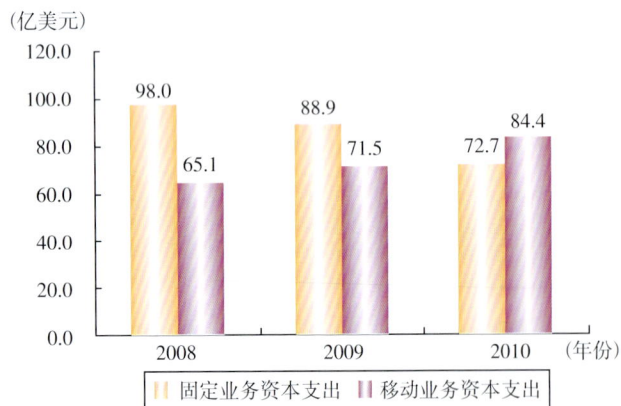

图 2-3-2　2008~2010 年 Verizon 固定业务与
移动业务的资本支出变化

2010 年，Verizon 的销售及管理费用由上年的 329.5 亿美元压缩至 313.7 亿美元，费用结构也发生了变化。其中，固定业务的销售及管理费用占比降低了约 3%，仅占公司全部销售及管理费用的 34%。

由于资本支出和销售及管理费用压缩，移动业务收入占比不断提高，且其利润率大大高于固定业务，使得 Verizon 在 2010 年的自由现金流达到了 167 亿美元，同比增长 16.4%。

2. FiOS 发展重点由扩大覆盖范围转为提高渗透率

为了控制投资规模、加快投资回收，Verizon 在 2010 年继续放缓扩展 FiOS 网络覆盖范围的步伐，而把提高已覆盖地区的用户渗透率和网络利用率作为经营重点，通过不断改进用户体验，提高了 FiOS 业务的黏性和吸引力。截至 2010 年年底，该公司的 FiOS TV 用户数达到 347.2 万，渗透率比上年提高了 3.5%；FiOS 互联网用户数达到 402.8 万，渗透率比上年提高了 3.8%。2010 年，基于 FiOS 的业务收入占该公司固定业务收入的比重提高到了 53%，全部 FiOS 业务的 ARPU 值从 140 美元提高到 146 美元，并推动整个固定业务的 ARPU 值从 77 美元提高到 88.9 美元。

Verizon 主要从内容、功能和服务三个方面深度经营 FiOS 业务。一是与知名内容提供商合作，丰富节目内容。2010 年，Verizon 与 Versus 合作丰富了 3D 电视节目内容，并与 Snag Films、迪斯尼、ESPN、Home Box Office. Inc 等合作，为用户带来了大量新的节目内容。其中，与 Home Box Office. Inc 的合作使 FiOS TV 用户可以免费欣赏超过 700 小时的视频节目。二是不断推出新的功能。比如，推出 Flex View 功能，使用户可以随时随地欣赏电视节目；推出虚拟的 411widget 功能，可将企业名录等信息以文本形式发送到用户的手机上；通过扩展 FiOS TV 的移动应用，用户可以将手机作为电视遥控器，还可以把手机上的照片存储到电视上；为个人及企业客户提供免费的虚拟保安服务。包括投递、来访者管理、同一住宅楼内用户之间的通信以及订餐等服务。三是进一步提高服务水平。通过改造和新开更多的营业厅，满足客户现场体验的需求。

3. 提出云战略，为政企客户提供云服务

虽然 Verizon 的整体固网业务出现了下滑，但其全球政企客户业务基本保持稳定。其中，战略性企业业务（主要是安全及 IT 解决方案、战略性网络等）持续增长，2010 年前三个季度分别同比增长了 4.2%、6.2% 和 6.9%。

适时提出云战略、大力发展云服务是 Verizon 战略性企业业务持续增长的重要因素。2010 年，Verizon 发布了云计算白皮书，作为云服务提供商，其还与微软、CTSCO 等合作，为中小企业提供网络安全、UC&C 等服务，并且为批发商客户提供 IaaS 服务。Verizon 还与 IBM 合作，推出了数据保护解决方案。并提出了备份即服务的新理念。

针对大型企业客户，Verizon 除了继续发展统一通信、网络安全等传统优势业务外，还以云战略为重点，扩展全球数据中心，发展旗舰云计算服务，成为全球首个通过 SAP 认证的云服务提供商。

4. 提出电子医疗行业解决方案

Verizon 的行业解决方案主要集中于教育、金融、能源、政府、医疗、零售六大行业。2010 年，Verizon 在医疗领域取得的进展最值得关注。Verizon 的医疗行业解决方案主要包括接入、信息安全、信息获取、运营可持续性、移动化环境等。继 2009 年 8 月正式推出 Connected Healthcare Solutions 之后，2010 年 Verizon 进一步推出了电子医疗数据交换安全业务，并将向美国 230 万医疗专家发放数字身份证书，具有该证书的医疗专家可以通过 Verizon MedicalData Exchange 获得病人的电子健康信息。

2010 年 7 月，Verizon 推出了云解决方案 Health Information Fxchange，该方案能够整合不同医疗服务提供商的病人数据，并能转换成标准格式进行安全访问，便于医疗服务提供商共享病人信息。此外，Verizon 还将提供医疗行业的数据挖掘、识别、安全分类等咨询业务。

5. 保持网络领先优势

无处不在、超高带宽、高可靠性的网络一直是 Verizon 的核心优势，其 FiOS 被称为美国当前最快、最受欢迎的网络。2010 年，Verizon 通过与 Gateway Business Africa 合作，在部分非洲国家扩展了 IP 网络覆盖；通过与丹麦及北欧运营商 TDC 合作，为北欧跨国公司提供服务和支持。此外，Verizon 改变了国际内容分发模式，允许内容提供商和聚合者在全球的关键站点直接连接其 IP 网络。

与此同时，Verizon 还积极试验和部署更快速的网络。比如，在美国 38 个主要城市区域内部署全球第一大规模的 4G LTE 网络；在欧洲部分国家和地区部署 100G 的长途骨干网；进行 1OG BPS 的 XG-PON 传输试验，以平衡 FiOS 网络流量；完成了 100G 以太网的现场试验等。

6. 加强客户服务

Verizon 一直倡导和推动客户自助服务。2010 年，Verizon 推出了新的自助工具 "My Account"，用户可以浏览账单信息、快过期的促销信息以及其他相关信息。此外，Verizon 还提供便携 "My Verizon" 应用，允许用户在移动状态下访问多个账号。

Verizon 还注重来自客户的反馈。2010 年，Verizon 推出了点子交流空间，鼓励社区用户对公司的产品创新及质量提升提出建议。

7. 大力发展移动数据业务

2010年，移动数据业务成为Verizon移动业务的一大亮点，此项业务收入点移动业务收入的比重稳步提高，截至2010年年底，该比重达到37.1%。零售客户的移动数据业务ARPU逐步提高，2010年年末达到20美元，比上年同期提高了约4美元，表明客户正在使用更多的移动数据业务。

（三）公司治理

Verizon公司治理的原则是建立在核心价值观"正直"和"尊重"之上的。董事会对管理层和雇员进行监督，以确保他们的行为符合股东的长期最佳利益。Verizon拥有一个强有力的、积极的和独立的董事会，董事会成员运用专业的知识和经验来执行监督和应对管理挑战。

Verizon致力于创建优秀的公司治理和董事会。通过对全球雇员采用严格而全面的商业行为守则来支持Verizon商业行为的最高标准。Verizon培训雇员，并要求雇员明白遵守行为守则的责任。Verizon运行一个保密的伦理800代码，员工可以随时提出问题、要求澄清或者报告违反守则的不当行为。Verizon还设立了"供应商行为标准"，以确保供应商能够满足Verizon的期望。

简而言之，Verizon的目标是以最高水平的诚信、责任和问责制经营，并巩固多年来已赢得的信任。

1. 董事会的职责

在董事会的领导下，管理层负责公司的经营和管理。董事会及各个委员会有权介入管理。必要时，董事会及委员会可以获取独立顾问。

（1）发展战略规划和管理。董事会每年至少召开一次战略规划和管理会议。董事会每年都应该审查战略规划和管理的发展。审查过程考虑的因素包括组织的需要、有竞争力的挑战、关键管理人员的潜力、未来发展的规划和紧急情况。

（2）行政会议。独立董事每年应至少召开两次会议。董事会非雇员董事每年应至少召开三次会议。所有董事都有权召开会议或非雇员独立董事行政会议。董事会应至少在一次行政会议上评估董事会的进程和效果（新董事的方向和继续教育机会），并考虑董事会要求的其他事项。在独立董事会议上，董事会会收到人力资源委员会关于首席执行官绩效和报酬的报告。

（3）首席董事。在年度股东大会上或之前，董事会独立成员应选举一名独立董事担任首席董事直到下次的股东年会或其继任者当选。首席董事充当董事长的联络员，并与其他董事进行协商。必要时，所有的董事都有权直接与董事长对话。首席董事主持董事会的所有行政会议和董事长不出席的其他董事会会议。首席董事可以自行考虑召开董事会会议，或应其他董事要求召开会议。首席董事应与董事长协商，以审查和批准董事会会议的时间表、议程和需要递交董事会的材料。董事有权向首席董事和董事长提供有关董事会会议的时间表、议程和递交材料的建议。任何股东或利益相关者可以与首席董事直接沟通。

（4）委员会。董事会下设三个常设委员会：审计委员会、企业治理和政策委员会、人力资源委员会。这三个委员会保持法律法规要求的独立性。每个委员会的职责都经过董事会的批准并在公司网站上公告，然后载入公司章程。委员会主席批准会议议程和材料，并将会议活动和讨论内容及时向董事会报告。每个委员会每年至少召开一次会议，并按照章程评估其进程和效果。

2. 成员资格

公司治理和政策委员会每年审查和推荐委员

会成员和主席，并由董事会批准。委员会定期轮换委员会成员和主席。

董事应该参加董事会及其所服务的委员会的所有会议。在会议召开前，董事会会提供给董事一份建议进行的议程，给董事评论或更改议程的机会。参选董事将参加年度股东大会。

3. 董事会构成及董事资格

董事会定期评估公司的需要来确定董事会的适当规模。董事会的绝大部分成员应该是独立董事，其中现在或曾经在Verizon就职的董事不应超过2名。

（1）董事资格。有道德；有判断能力和胜任能力；具有处理大型复杂组织中复杂问题的专业技术和经验以及董事会相关的背景和经验以满足公司的需要；具有独立行动的能力，能够代表全体股东的利益；愿意并能够投入足够的时间来履行其对Verizon及股东的职责；在考虑董事会的构成的适当性时，公司治理及政策委员会还会考虑公司目前的需要及存在多样性等其他因素。

（2）查明和审议候选人。公司治理及政策委员会负责考察由委员会成员、其他董事、管理层和股东推举的候选人。委员会负责候选人的重新选举，确保候选人同意参加重新选举并且在每年提名前不会辞职。所有的候选人都以同样的方式进行评估。评估结束以后，委员会应提交其建议以供董事会进行审议和批准。在提交建议时，委员会还应报告在考虑范围内但未被选上的候选人的情况。Verizon为董事会新成员举行迎新活动，以使其了解公司业务、财务状况、战略、道德责任、关键问题及其他相关问题。

（3）独立性。如果董事会认为一个董事在纽约证券交易所和纳斯达克股票市场上市标准的公司治理下是独立的，则该董事就是独立董事。Verizon的高级管理人员不能作为公司新董事的提名。

4. 关联交易政策

每年每位董事及管理人需提交Verizon其直系亲属的名字和就职单位以及其他相关人员就职的公司名称。董事及管理人员应及时上报Verizon上述信息的变更。每位董事、管理人员应了解自己及直系亲属、相关人员所在公司正在或将要参与的交易。董事、管理人员应及时持续地将有关其直系亲属和相关人员所在公司的交易变更向委员会上报。管理层还应提交交易和其他补充信息给公司治理及政策委员会以供其审查。

公司治理及政策委员会审查确定是否为关联交易。在必要和适当的情况下，委员会将对关联交易采取措施，如批准与否、取消或给予管理建议。只有公正的委员会成员才会能参与这些决定。在公司治理委员会不能召开会议的情况下，委员会主席有权作出上述决定并以书面报告形式通知委员会其他成员。委员会应将关联交易上报董事会。

5. 任职其他董事会

上市公司的管理人员不得在三个以上的上市公司董事会任职，包括其所在公司的董事会。其他董事不得在六个以上的上市公司董事会任职。为了避免破坏与其他董事会的现有关系，董事将维持目前的职务，即使任职数量超过了限额，除非董事会认为允许维持目前的职务将损害董事向Verizon董事会服务的能力。

（四）市场概览

Verizon共有两个报告分部：国内无线和有线。每个分部即战略业务单位基于各种技术平台提供不同的产品和服务。2010年，公司各个分部营业收入构成，如图2-3-3所示：

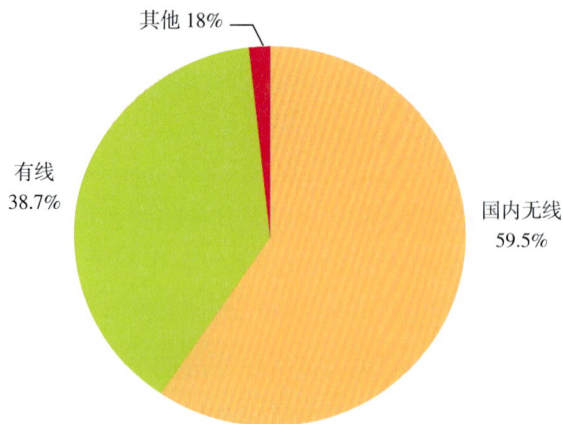

其他 18%

有线 38.7%

国内无线 59.5%

图 2-3-3 Verizon 各分部营业收入构成（2010 年）

数据服务和设备销售。该分部主要是 Verizon 与沃达丰的合资企业运营的 Verizon 无线。Verizon 拥有合资企业 55% 的权益，沃达丰拥有余下的 45% 的权益。

2. 有线业务分部

有线业务分部向客户提供通信产品和服务，包括语音、宽带视频、数据、网络接入、长途和其他服务。这部分客户包括住宅、小型客户、运营商，以及具有全球范围内下一代 IP 网络服务和通信解决方案需求的大中型企业和政府。

1. 国内无线业务分部

Verizon 的国内无线业务提供全美无线语音、

（百万美元，除 ARPU）

表 2-3-1 无线业务分部营业收入及营运统计

增加（减少）

年　份	2010 年	2009 年	2008 年	2010 年相对 2009 年		2009 年相对 2008 年	
服务收入	55629	52046	42602	3583	6.9	944	22.2
设备及其他	7778	8279	6696	(501)	(6.1)	1583	23.6
营业收入合计	63407	60325	49298	3082	5.1	11027	22.4
客户（千户）	94135	89172	72056	4963	5.6	17116	23.8
零售客户数（千户）	87535	85445	70021	2090	2.4	15424	22.0
客户净增加数（不包括收购和资产剥离）（千户）	4839	5656	5779	(817)	(14.4)	(123)	(2.1)
零售客户净增加数（不包括收购和资产剥离）（千户）	1977	4369	5752	(2392)	(54.7)	(1383)	(24.0)
总流失率	1.33	1.41	1.25				
零售后付费用户流失率	1.02	1.07	0.96				
服务 ARPU	50.46	50.53	51.55	(0.07)	(0.1)	(1.02)	(2.0)
零售服务 ARPU	51.56	50.89	51.84	0.67	1.3	(0.95)	(1.8)
数据 ARPU	17.73	15.11	12.85	2.62	17.3	2.26	17.6

（百万美元）

表 2-3-2 无线业务分部营业费用

增加（减少）

年　份	2010 年	2009 年	2008 年	2010 年相对 2009 年		2009 年相对 2008 年	
服务和销售成本	19245	19348	15660	(103)	(0.5)	3688	23.6
销售管理费用	18082	17309	14273	773	4.5	3036	21.3
折旧及摊销	7356	7030	5405	326	4.6	1625	30.1
营业费用合计	44683	43687	35338	996	2.3	8349	23.6

（百万美元）
增加（减少）

表 2-3-3　无线业务分部营业费用营业利润及 EBITDA

年　份	2010 年	2009 年	2008 年	2010 年相对 2009 年		2009 年相对 2008 年	
分部营业利润	18724	16638	13960	2086	12.5	2678	19.2
折旧及摊销	7356	7030	5405	326	4.6	1625	30.1
分部 EBITDA	26080	23668	19365	2412	10.2	4303	22.2
分部营业收入利润率	29.5	27.6	28.3				
分部 EBITDA 占服务收入比	46.9	45.5	45.5				

（百万美元）
增加（减少）

表 2-3-4　有线业务分部营业收入及营运统计

年　份	2010 年	2009 年	2008 年	2010 年相对 2009 年		2009 年相对 2008 年	
大众市场	16256	16115	15831	141	0.9	284	1.8
全球企业	15669	15667	16601	2	—	(934)	(5.6)
全球批发	8393	9155	9832	(762)	(8.3)	(677)	(6.9)
其他	909	1514	2059	(605)	(40.0)	(545)	(26.5)
营业收入合计	41227	42451	44323	(1224)	(2.9)	(1872)	(4.2)
接入线路交换服务 (000)	26001	28323	31370	(2322)	(8.2)	(3047)	(9.7)
宽带连接 (000)	8392	8160	7676	232	2.8	484	6.3
FiOS 互联网用户 (000)	4082	3286	2371	796	24.2	915	38.6
FiOS 电视用户 (000)	3472	2750	1849	722	26.3	901	48.7

（百万美元）
增加（减少）

表 2-3-5　有线业务分部营业费用

年　份	2010 年	2009 年	2008 年	2010 年相对 2009 年		2009 年相对 2008 年	
服务和销售成本	22618	22693	22890	(75)	(0.3)	(197)	(0.9)
销售管理费用	9372	9947	10169	(575)	(5.8)	(222)	(2.2)
折旧及摊销	8469	8238	8174	231	2.8		
营业费用合计	40459	40878	41233	(419)	(1.0)	(355)	(0.9)

（百万美元）
增加（减少）

表 2-3-6　有线业务分部营业利润及 EBITDA

年　份	2010 年	2009 年	2008 年	2010 年相对 2009 年		2009 年相对 2008 年	
分部营业利润	768	1573	3090	(805)	(51.2)	(1517)	(49.1)
折旧及摊销	8469	8238	8174	231	2.8	64	0.8
分部 EBITDA	9237	9811	11264	(574)	(5.9)	(1453)	(12.9)
分部营业收入利润率	1.9	3.7	7.0				
分部 EBITDA 占收比	22.4	23.1	25.4				

（五）业务概览

Verizon 是在通信、信息和娱乐方面进行创新的全球领导者。Verizon 通过智能无线、宽带和全球 IP 网络向客户提供语音、数据和视频服务，以满足客户对开放性、速度、流动性、安全性和可控性需求不断增长。

Verizon 的无线业务提供了富有创新且价格具

有竞争力的语音和数据产品，并致力于提供出色的客户满意度。Verizon 建设了全美国最大最可靠的 3G 网络，使用户能够快速安全地浏览网页、下载应用程序、发送电子邮件、图片和视频信息。此外，Verizon 正在建设美国第一个全国性的 4G 网络，以提供更快的速度、提高带宽密集型无线设备和服务的能力，以满足未来几年客户的需求。

Verizon 还经营先进的宽带骨干网络，并且拥有能够直接向客户家中提供 100 兆容量的光纤技术。Verizon 的光纤服务可以直接向客户家中提供光纤连接，光纤连接提供了快速可靠的宽带连接、

高品质的高清视频以及不断增长的将互联网推进到电视屏幕的互动服务。

对于世界各地的企业和政府客户而言，Verizon 是一家拥有世界上最多 IP 连接网络之一的提供全球 IT、安全和通信解决方案的领先的全球 IT 供应商。Verizon 向全球许多最大的机构提供各种战略解决方案、服务和专业知识，包括 96% 的财富 1000 强的企业和政府。Verizon 拥有并运营的基础设施包括连接 6 大洲 150 多个国家的骨干网络近 50 万英里的光纤。

表 2-3-7　Verizon 公司分部业务描述

报告分部	业务描述
国内无线	国内无线通信产品和服务，包括全美无线语音、数据服务和设备销售
有线	有线通信产品和服务，包括语音，互联网接入、宽带视频和数据、互联网网络服务协议、网络接入、长途电话和其他服务。Verizon 为美国的消费者以及全球其他超过 150 个国家的运营商、企业和政府客户提供这些产品和服务

（六）经营和财务绩效

表 2-3-8　Verizon 2008~2010 年度经营与财务业绩比较　　　　　单位：百万美元

年　份	Verizon		
	2010	2009	2008
收入	106565	107808	97354
总资产	220005	227251	202352
EBITDA	32576	32129	26890
EBITDA 率	30.57%	29.80%	27.62%
净利润	10217	10358	6428
净利润率	9.59%	9.61%	6.60%
总资产报酬率（ROA）	4.64%	4.56%	3.18%
净资产报酬率（ROE）	11.76%	12.28%	15.41%
资本性支出（CAPEX）	16458	16872	17133
CAPEX 占收比	15.44%	15.65%	17.60%
经营活动净现金流	33363	31565	26620
每股经营活动净现金流	11.79	11.11	9.34
自由现金流（FCF）	16905	14518	10319
自由现金流占收比	15.86%	13.47%	10.60%
销售现金比率	31.31%	29.28%	27.34%
资产现金回收率	15.16%	13.89%	13.16%
EVA	-7200.45	-7507	-10039.6
EVA 率	-3.73%	-3.72%	-5.63%

续表

年　份	Verizon		
	2010	2009	2008
每股盈利（EPS）（美元每股）	$0.90	1.29	2.26
每股股利（DPS）（美元每股）	$1.925	1.87	1.78
股利支付率	213.89%	144.96%	78.76%
主营业务收入增长率	−1.15%	10.74%	4.16%
总资产增长率	−3.19%	12.30%	8.23%
净利润增长率	−1.36%	61.14%	16.43%
经营活动现金流增长率	5.70%	18.58%	3.42%
每股盈余增长率	−30.23%	−42.92%	18.32%
资产负债率	60.50%	62.87%	79.39%
流动比率	73.04%	77.59%	100.65%
利息保障倍数	4.64	3.87	4.80
总资产周转率	0.48	0.47	0.48
固定资产周转率	0.78	0.82	0.86
坏账发生率	6.92%	7.20%	7.44%
折旧与摊销	16405	16532	14565
股息	5441	5310	5062
内部融资额	21181	21580	15931
折旧摊销率	15.39%	15.33%	14.96%
付现成本率	70.86%	71.65%	67.70%
营销、一般及管理费用率	29.43%	30.56%	27.63%

（七）　内控和风险管理

1. 市场风险

Verizon 在经营过程中会遇到各种市场风险，包括利率变化，汇率波动，投资、股票及商品价格变化，以及所得税率变化的影响。Verizon 的风险管理策略包括各种衍生工具，包括交叉货币掉期、提前或滞后付款、利率和商品掉期协议及利率锁定。Verizon 持有衍生工具的目的并不是为了进行交易。

Verizon 控制市场风险的目标包括维持固定和浮动利率的混合利率在一个合理的风险参数范围内，以降低借款的资本成本和防止企业盈利和现金的流动性随市场环境的变化而出现波动。Verizon 不能完全对冲掉市场风险敞口，消除利率

和汇率变化对企业盈利的影响。Verizon 预期这些风险管理策略可以保证企业的盈利、流动性和现金流不会受到重大的影响。

（1）利率风险。Verizon 的利率风险主要来源于采用浮动利率的短期负债和部分长期负债。2010 年 12 月 31 日，Verizon 总债务中超过 3/4 的本金是定息负债，包括利率掉期协议的对冲效果。影响浮动利率债务的利率变化 100 个基点将导致每年利息费用的变化，包括将近 1 亿的利率互换协议。Verizon 现有长期负债的利率不受 Verizon 债务评级变化的影响。

Verizon 国内利率掉期是通过固定利率和浮动利率的有效组合，主要是收取固定利率和支付基于伦敦银行同业拆借的浮动利率。这些掉期用来对冲债务组合公允价值的变动。Verizon 将利率掉期的公允价值作为资产或负债记录在合并资产负

债表中。利率掉期公允价值的变动记为利息费用，抵消了由于利率变化导致的债务公允价值的变动。2010 年 12 月 31 日和 2009 年 12 月 31 日，这些合同的公允价值分别为 3 亿美元和 2 亿美元，主要记录在其他资产和长期负债中。2010 年 12 月 31 日，这些利率掉期的名义价值为 60 亿美元。

为应对未来利率的变化，在 2010 年，Verizon 订立了名义价值合计约为 14 亿美元的远期利率掉期协议。这些利率掉期协议指定作为现金流对冲。2010 年 12 月 31 日，这些协议的公允价值为 1 亿美元，记录在其他资产中。在 2011 年 2 月 7 日之前，Verizon 将终止这些远期利率掉期。

（2）外币折算风险。Verizon 海外业务的功能货币主要是当地货币。将国外运营的利润表和资产负债表折算成美元记为累计折算调整额，将记录在合并资产负债表的累计其他全面亏损中。外币交易的损益记录在合并利润表的其他收入（支出）净额里。2010 年 12 月 31 日，Verizon 的主要外币折算风险是英镑、欧元和澳大利亚元。

Verizon 采用交叉货币掉期作为现金流对冲工具，把将近 24 亿美元的以英镑和欧元计价的负债汇兑成美元，固定了未来以美元支付的利息和本金，减小了外币折算损益的影响。其他资产中进行交叉货币掉期的资产在 2010 年 12 月 31 日和 2009 年 12 月 31 日的公允价值将近 1 亿美元和 3 亿美元。2010 发生 2 亿美元的外币折算损失，2009 年发生 3 亿美元的外币折算收益，均被记录在其他综合收益里，部分被重新记录到其他收入（费用），其净额抵消了潜在债务的税前外币折算收益。

2. 风险因素

AT&T 公司面临的风险影响因素主要包括：①美国和国际经济不利条件的影响；②市场竞争的影响；③劳工问题上的重大不利变化，包括劳资谈判及由此产生的对财务和经营的影响；④现有技术的重大变化；⑤关键供应商产品和服务供应的中断；⑥福利计价成本的显著增加和计划资产的投资回报率降低；⑦自然灾害、恐怖袭击、网络或信息技术安全的破坏、现有或未来诉讼，以及其他没有投保产生的财务影响；⑧技术替代；⑨国家认可的评级机构给企业债券利率带来的不利变化，或者信贷市场上影响成本的不利条件，包括利率和融资条件；⑩企业运营的监管环境的变化，包括网络运营限制的增加；⑪宽带技术部署的时间、范围和财务影响；⑫监管机构，包括证券交易委员会，要求的会计假设的变化，或者会计准则和应用程序的变化，可能对盈利结果产生影响；⑬Verizon 进行收购和资产处置的能力；⑭业务战略没有实现。

（八）人力资源管理

1. 人力资源结构

截至 2010 年 12 月 31 日，Verizon 的员工人数约为 194400 名，其中女性员工的比重为 39.1%，男性员工的比重为 60.9%，如表 2-3-9 所示。

2. 薪酬福利

（1）物质奖励，包括有竞争力的薪酬；基于个人和公司业绩的激励措施，包括销售团队的佣金；401（k）储蓄计划的配对捐款；旅游景点和主要供应商的企业折扣（旅游、科技产品和礼物）；医疗保健支出，包括在全国 2000 多家中心享受 10% 的儿童保育的折扣；为员工及其家庭提供生活和 AD&D 保险；通勤支出账户（Commuter spending accounts）；紧急军事离职，提供了长达 36 个月的员工基本工资和现役雇员军事基本工资之间的差异。

表 2-3-9　Verizon 2011 年员工概况

种族群体	总劳动人口，12/31/10	%	总劳动人口，12/31/09	%	美国劳动力总数
美洲印第安人/阿拉斯加原住民	1280	0.7	1.181	0.6	0.7
亚洲人	8596	4.7	9362	4.4	3.6
本地拉瓦尔品人/太平洋岛民	549	0.3	687	0.3	0.1
黑人/非洲裔美国人	36032	19.7	41956	20.0	10.6
西班牙人/拉丁人	19388	10.6	20333	9.6	10.7
两个种族或两个种族以上	2743	1.5	2942	1.4	1.6
白人	114314	62.5	134417	63.7	73.6
美国人总数	182902		210878		
国际的	11498		12049		
全球总数	194400		222927		
按性别（美国）	总劳动人口 12/31/10	%	总劳动人口 12/31/09	%	美国劳动力总数
女性	7334	40.1%	87347	41.4%	46.8%
男性	109558	59.9%	123531	58.6%	53.2%
美国人总数	182902		210878		
按性别（国际）					
女性	2599	22.6	2684	22.3	N/A
男性	8899	77.4	9365	77.7	N/A
国际总数	11498		12049		
按性别（全球）					
女性	75943	39.1	90031	40.4	N/A
男性	118457	60.9	132896	59.6	N/A
全球总数	194400		222927		

（2）健康福利，包括医疗，处方药和视力保健；牙科；伤残；长期护理保险；超过 30 个地区有健身中心，还有体育馆折扣。

（3）短期休假，包括带薪休假；事假；假期。

（4）家庭，包括：员工援助；房屋和汽车保险；全国 2000 多家中心享受 10% 的儿童保育的折扣；每个孩子 1 万美元的费用报销额度。

3. 员工保健

（1）Verizon 每年为约 90 万的员工、退休人员及其家属支出近 40 亿美元的医疗保健费用。

（2）Verizon 大多数的医疗保险计划都能 100% 地覆盖预防和检测筛查，并在许多地点提供现场服务，如流感疫苗、乳房 X 光检测，以提高员工的保健意识，鼓励员工做好早期检测。

（3）为了进一步完善医疗保健计划，Verizon 正在权衡应该如何减少医疗保健的种族和民族差异。

4. 员工培训

2010 年，近 32000 名员工参加了针对员工进行工作相关领域研究的学费支援计划，学费支援支出约 1.14 亿美元，如表 2-3-10 所示。

2010 年，Verizon 在培训方面的总投资额为

表 2-3-10　2008~2010 年学费支援计划

年份	员工参加数	学费援助支出（百万美元）
2008	29100	101
2009	31985	107
2010	31741	114

2.97 亿美元，员工完成了 980 万个小时的培训，每个雇员的平均培训时间为 47.8 个小时，如图 2-3-4 所示。在过去的三年里，员工完成了近 3300 万个小时的培训。培训课程多达 14000 个，员工可以通过在线、课堂或其他方式接受培训。

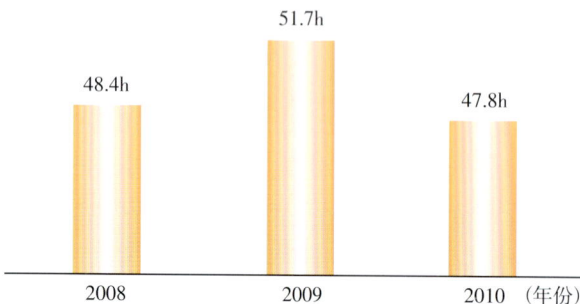

608256h　　702618h　　733806h

2008　　2009　　2010 （年份）

图 2-3-5　Verizon 员工志愿服务小时数 （2008~2010 年）

48.4h　　51.7h　　47.8h

2008　　2009　　2010 （年份）

图 2-3-4　2008~2010 年员工平均培训小时数

（九）企业社会责任

1. 慈善

（1）2010 年，Verizon 通过 Verizon 基金会共做出超过 6680 万美元的慈善捐款，如表 2-3-11 所示。

表 2-3-11　Verizon 基金会 2011 年慈善投资

单位：百万美元

年　份	2010
教育和识字	$33.0
志愿服务（包括配套礼品）	$14.6
公民和社区支持	$8.7
预防家庭暴力	$6.2
医疗保健及辅助功能	$2.6
互联网安全	$1.7
慈善投资总额	$66.8

（2）2010 年，Verizon 的员工向国内外非营利组织和团体志愿服务近 734000 个小时，比 2009 年增长了 4.4%，对解决当地问题起到了积极的作用，如图 2-3-5 所示。为鼓励员工积极提供志愿服务，Verizon 提出了"志愿者激励计划"，员工向正规非营利组织每年提供 50 个小时的志愿服务将得到 750 美元的补助金。

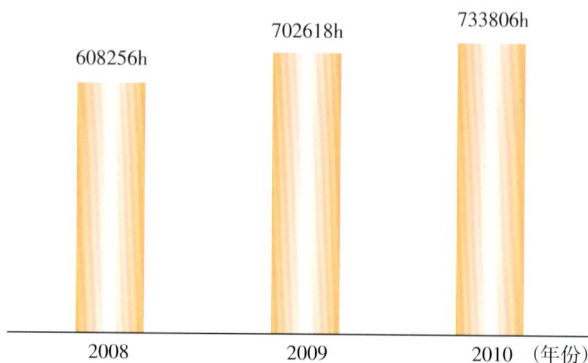

（3）Verizon 连续四年实行"HopeLine 手机回收和再利用计划"，在 2010 年回收了 100 多万个不再使用的无线手机，不再将这些设备填埋而是将其转变为对家庭暴力幸存者的支持。2010 年底，全国有超过 2.5 万个 HopeLine 手机提供服务，比 2009 年增长了 11.8%。手机包括 7610 万分钟的无线服务，足够保持连续 144 年通话不中断。Verizon 还为全国近 450 个家庭暴力预防和宣传方案捐助了超过 210 万美元的现金补助，如表 2-3-12 所示。

2. 环保

（1）Verizon 从 2001 年开始就一直追踪其能耗和效率，并计算和报告每百万美元收入排放的温室气体或二氧化碳的比例。2010 年 Verizon 的碳效率比 2009 年提高了 15.75%，如表 2-3-13 所示。2010 年，Verizon 在 3 个数据中心测试了一项新系统，新系统使用传感器、无线控制器和软件来确保最佳的设备冷却。试验结果表明，这项新的设计能够减少 5% 到 9% 的能耗，2011 年将把新系统的应用到另外的 23 个数据中心，预计将节省约 4200 万瓦小时的电量。2010 年，Verizon 在 16 个 Verizon 所在区域进行了 4 个各不相同的智能建筑系统的试验，结果表明可以节省 2670 万千瓦时的电量，节约 210 万美元。2011 年，Verizon 将把智能建设方案应用到 250 个建筑中。

表 2-3-12　Verizon 手机回收和再利用计划项目

	2008 年	2009 年	2010 年
手机回收	1129000	1100000	1102000
手机翻新	764000	927000	955000
手机再利用	365000	173000	147000
向避难所捐赠手机	21000	23000	25000
向 HopeLine 基金捐赠现金（美元）	1531000	1587000	2179000

表 2-3-13　Verizon 碳强度效率结果

年　份	2009 年	2010 年	变化率
TB 吞吐量	6787 万	7865 万	15.89%
电力（kWh）	102.7 亿	102.4 亿	0.34%
CO_2（吨）	620 万	606 万	2.18%
kWh/TB（月平均）	151.71	130.27	14.13%
CO_2/TB（月平均）	0.09158	0.07716	15.75%

（2）全国各地的 Verizon 办事处更改了打印机的默认设置，鼓励双面黑白打印，减少了 1030 万张打印纸，节约资金超过 78.3 万美元。Verizon 在 5 个地区展开墨盒回收计划，共回收 5300 多个墨盒，相当于 24.5 吨二氧化碳排放量。

（3）在仓库实施托盘回收计划，每年减少 120 吨木质填埋垃圾。

（4）作为公司回收计划的一部分，Verizon 在 2010 年收集了近 2.5 万个个人电脑和其他重量约为 470 万英磅的电子产品。

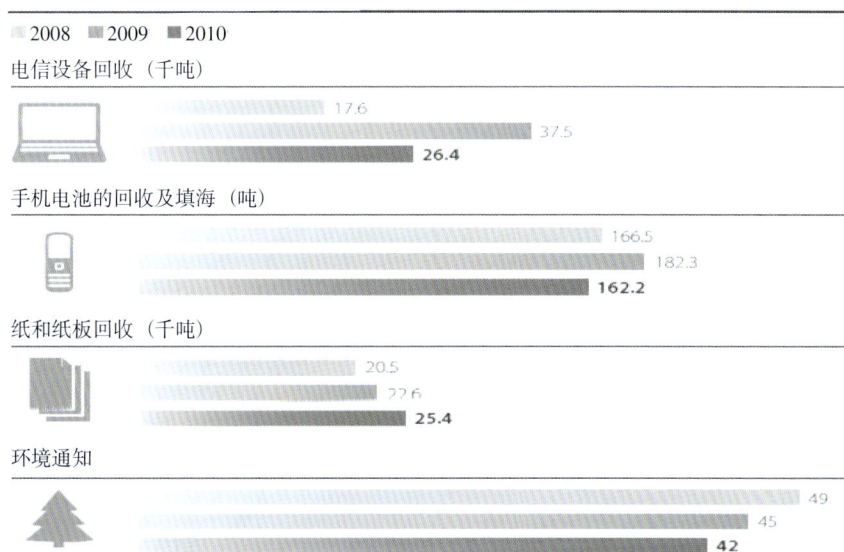

图 2-3-6　Verizon 回收工作（2008~2010 年）

3. 教育

Verizon 对 45000 名教育工作者进行了培训，受过培训（Thinkfinity）的教育工作者的数量增长了 20%。Thinkfinity 课后计划扩展至 12 个新站点。

2010 年，Verizon 重点资助的组织有：

（1）国际阅读协会/全国教师理事会。捐赠 100 万美元为 Read Write Think 提供新的资源，Read Write Think 是 Verizon 的 Thinkfinity 网络中的合作伙伴网站。

（2）阿斯比拉（ASPIRA）。捐赠了 45 万美元来促进在全国各地建立特许学校的全国性方案，其中将集合 Verizon 的 Thinkfinity 学习资源。

（3）纽约城市联盟。捐赠 30 万美元在哈莱姆文艺复兴高中技术教育中心为学生和社区居民提供技术技能教育和工作坊。

（4）Verizon 奖学金。Verizon 基金会在 2010~2011 学年为 675 名儿童和员工家属提供了超过 330 万美元的奖学金。

（十）前景展望

Verizon 对未来的愿景是扩大移动、宽带和视频市场。Verizon 将投资于那些可以在新兴市场上具有竞争优势的网络技术，独立或合作进行创新，向市场提供新的功能，创造更多的增长机会。在整个经济不景气时期，Verizon 仍坚持采用这种投资和创新模式，以在未来的成长性业务中壮大规模和能力。Verizon 专注于那些有规则、高效的并能为客户和股东带来良好的资产回报的业务。因此，充满活力的移动和宽带业务既推动了 Verizon

的增长，也奠定了复兴美国在创新经济中的竞争力的技术基础。

Verizon 通过对其卓越的网络技术的持续投资奠定了目前的战略地位。2010 年 Verizon 继续推行这一政策进入更深层次的高科技领域。Verizon 的全国第三代无线网络被一致评为在全国是质量最好、性能最可靠的。在过去几年，凭着这些竞争优势，Verizon 在快速增长的无线市场上获得了显著的市场份额，并相继推出了一系列的无线数据服务和产品，包括最近的 iPhone4。在 2010 年 12 月，Verizon 在全美国 1/3 地区推出了第四代无线网络，并将在未来三年将其扩展到全国。第四代无线网络的推出使 Verizon 在爆炸性的无线数据市场上处于领先地位，并成为 Verizon 增长的一个新阶段。

Verizon 的全光纤 FIOS 网络可以向 1560 万个家庭提供服务。FIOS 为 Verizon 创造了一个前所未有的平台，可以提供犹如洪水般的高清视频内容。Verizon 通过提高其为六大洲、160 个国家提供服务的高速互联网骨干网进一步实现了全球化。此外，Verizon 增加了广泛的数据中心网络来定位其在新市场的"云"服务，内容、客户数据、安全性、IT 服务将会更多地储存在网络中，使得无论在哪客户的需求都能得到满足。

附件一：美国 Verizon 财务报告（2010 年）

1. 合并资产负债表

（百万美元，除每股数额）

年　份	2010	2011
资产		
流动资产		
现金及现金等价物	6668	2009
短期投资	545	490
应收账款净额	11781	12573

续表

年　份	2010	2011
存货	1131	1426
待摊费用及其他	2223	5247
流动资产合计	22348	21745
物业、厂房及设备	211655	22743
减：累计折旧	87711	91985
非合并企业投资	3497	3118
无线牌照	72996	72067
商誉	21988	22472
其他无形资产净值	5830	6764
其他资产	5635	8756
资产合计	220005	226907
负债及所有者权益		
流动负债		
一年内到期负债	7542	7205
应付账款及应计负债	15702	15223
其他	7353	6708
流动负债合计	30597	29136
长期负债	45252	55051
员工福利义务	28164	32622
递延所得税负债	22818	19190
其他负债	6262	6765
所有者权益		
系列优先股（面值10美元，未发行）	—	—
普通股（面值10美元，两个期间发行在外的股份数均为2967610119）	297	297
实收股本	37922	40108
再投资收益	4368	7260
累计其他综合利润（亏损）	1049	（1372）
库存普通股，以历史成本计价	（5267）	（5000）
递延补偿—员工持股计划及其他	200	89
少数股东权益	48343	42761
所有者权益合计	86912	84143
负债及所有者权益合计	220005	226907

2. 合并损益表

（百万美元，除每股数额）

年　份	2010	2009	2008
营业收入	106565	107808	97354
营业费用			
服务和销售成本（不包括折旧及摊销）	44149	44579	38615
销售管理费用	31366	30717	41517
折旧及摊销	16405	16534	14610
营业费用合计	91920	91830	94724
营业利润	14645	15978	2612
子公司净利润中所占权益	505	553	567

续表

年 份	2010	2009	2008
其他收入（费用）净额	54	91	283
利息费用	(2523)	(3102)	(1819)
税前利润	12684	13520	1643
所得税费用（收益）	(2467)	(1919)	2319
净利润	10217	11601	3962
少数股东权益应占净利润	7668	6707	6155
归属于 Verizon 的净利润（亏损）	2549	4894	(2193)
净利润	10217	11601	3962
基本每股收益			
归属于 Verizon 的净利润（亏损）	0.90	1.72	(0.77)
加权平均流通股（百万）	2830	2841	2849
稀释每股收益			
归属于 Verizon 的净利润（亏损）	0.90	1.72	(0.77)
加权平均流通股（百万）	2833	2841	2849

3. 合并现金流量表

（百万美元）

年 份	2010	2009	2008
经营活动现金流			
净利润	10217	11601	3962
将净利润调整为经营活动净现金流量			
折旧及摊销	16405	16534	14610
员工退休福利	3988	2964	16077
递延所得税	3233	2093	(3468)
坏账准备	1246	1306	1085
非合并企业的股权收益，扣除已收利息	2	389	212
流动资产和流动负债的变动，扣除收购/处置企业的影响			
应收账款	(859)	(1393)	(1085)
存货	299	235	(188)
其他资产	(313)	(102)	(59)
应付账款及应计负债	1075	(1251)	(1701)
其他净额	(1930)	(986)	(1993)
经营活动产生的现金流量净额	33636	31390	27452
投资活动现金流			
资本性支出（包括资本化的软件）	(16458)	(16872)	(17133)
牌照收购、投资企业收购取得的净现金流	(1438)	(5958)	(15904)
处置取得的现金流	2594	—	—
短期投资变动净额	(3)	84	1677
其他净额	251	(410)	(114)
投资活动产生的现金流量净额	(15054)	(23156)	(31474)
筹资活动现金流			
长期借款取得的现金流	—	12040	21598
偿还长期债务及融资租赁债务	(8136)	(19260)	(4146)
增加（减少）短期债务，不包括已到期部分	(1097)	(1652)	2389
分配股利	(5412)	(5271)	(4994)

续表

年 份	2010	2009	2008
接入线路拆分取得的现金流	3083	—	—
发行普通股	—	—	16
回购股票	—	—	(1368)
其他净额	(2088)	(1864)	(844)
筹资活动产生的现金流量净额	(13650)	(16007)	12651
现金及现金等价物增加（减少）额	4659	(7773)	8629
年初现金及现金等价物	2009	9782	1153
年末现金及现金等价物	6668	2009	9782

附件二：美国 Verizon 大事记

2000 年 6 月 30 日 Bell Atlantic 和 GTE 公司合并成立 Verizon。合并后，Verizon 一举成为美国最大的本地电话公司、最大的无线通信公司，全世界最大的印刷黄页和在线黄页信息提供商。

2000 年 7 月 3 日，Verizon 在纽约证券交易所以标识"VZ"上市。

2002 年，Verizon 公司将阿拉巴马州、密苏里州和肯塔基州的有线接入线路出售。

2005 年，Verizon 将夏威夷州的有线接入线路出售。

2006 年 1 月 6 日，Verizon 公司以约 85 亿美元的价格收购了 MCI 公司，此举是为了提高 Verizon 在全国及全球融合通信、信息和娱乐的收益。

2006 年，Verizon 将其在美国的印刷和互联网黄页目录公司剥离。

2006 年 12 月，Verizon 将其在多米尼加的电信运营商的权益出售给 América Móvil。

2007 年初，Verizon 又将其在波多黎各和委内瑞拉的电信运营商的权益出售给 América Móvil。

2008 年 5 月 31 日，Verizon 将缅因州、新罕布什尔州和佛蒙特州的有线业务出售给 FairPoint Communications。

2009 年 1 月 9 日，Verizon 无线以 59 亿美元的价格完成了对 Alltel 的收购，收购后 Verizon 无线的网络几乎覆盖整个美国人口，Verizon 无线也一跃成为美国最大的无线服务供应商。

2009 年 5 月 Verizon 与 AT&T 签订协议出售 79 个无线属性，并于 2010 年 6 月，以 23.76 亿美元的价格完成了交易，包括 FCC 牌照和网络资产。这项资产原为前 Alltel 无线资产，曾跨越 18 个国家在 79 个服务领域向 160 万用户提供服务。

2009 年 6 月，Verizon 与 Atlantic Tele-Network 签订协议出售余下的 26 个无线属性，交易在 2010 年上半年完成。

2010 年 7 月 1 日，Verizon 将爱达荷州、伊利诺伊州、印第安纳州、密歇根州、内华达州、北卡罗来纳州、俄亥俄州、俄勒冈州、南卡罗来纳州、华盛顿、西弗吉尼亚州和威斯康星州，以及与加利福尼亚州接壤的亚利桑那州、内华达州和俄勒冈州的部分有线业务出售给 Frontier Communications。

2010 年 12 月，Verizon 无线推出 4G LTE 移动宽带网络，是美国最快最先进的 4G 网络，覆盖 38 个主要城市、1/3 的美国人口和 60 多个民用机场。

2011 年 1 月，Verizon 宣布以 14 亿美元的价格收购 Terremark 全球公司，Terremark 公司是管理信息技术基础设施和云服务的全球供应商，此项交易预计在 2011 年完成。

··· T Deutsche Telekom

此公司标识主要是代表公司在2009年完成卓越计划之后的三个简化之后的品牌单元——T品牌：T-com，T-system，T-mobile。2010年公司还将继续整合T-mobile和T-home两个部门成为德国电信的子公司，这都体现德国电信希望"通过一切简单的来源提供消费者和企业客户所需要的一切服务"，标识的意义在于为客户提供最好的服务和沟通，了解客户的需求是德国电信的宗旨，德国电信的品牌使命的声明的核心是要了解德国电信业的发展以及客户的需求；德国电信认识到生命是所有人的经验的集合，人们希望彼此分享。

德国电信的品牌口号是"life is sharing"，此口号是针对"T"旗下的所有品牌，是德国电信对客户的一种品牌承诺，是对德国电信未来发展方向的一种希望。

莱尼·奥伯曼（René Obermann）

德国电信集团董事长兼首席执行官

　　1963年3月莱尼·奥伯曼出生于杜塞尔多夫，之后在宝马汽车公司（BMW　AG）参加实习工作，在1986年和其他合作伙伴共同创立ABC电信公司（ABC Telekom），该公司主要关注通信设备和移动通信的市场营销以及关键技术指导。随后，ABC电信公司在1991年被香港和记黄埔有限公司收购，在1994~1998年期间，他继续担任收购后的公司——和讯移动有限公司（Hutchison Mobilfunk GmbH）的合作伙伴及公司CEO；莱尼·奥伯曼于1998年加盟德国电信，担任T-mobile德国分部的销售总监；2000年4月，勒内·奥伯曼被任命为管理层首席执行官，一年之后，被任命为整个欧洲分部以及T-mobile集团协调部（T-Mobile International AG & Co）的管理层成员；2002年11月，莱尼·奥伯曼成为德国电信集团董事会成员，在负责移动通信分部的所有工作之外，同时担任T-Mobile International的首席执行官；2006年11月13日，莱尼·奥伯曼正式成为德国电信集团的首席执行官，主要负责集团美国移动分部的经营发展、集团的发展战略、集团的组织架构以及企业社会责任、品牌管理以及政策规制等。

四 德国电信公司可持续发展报告（Deutsche Telekom）

（一）公司简介

德国电信是世界第三、欧洲最大的全业务电信运营企业，总部设在德国首都波恩，在全球大约 50 个国家有业务，其拥有 1.92 亿移动用户、0.36 亿固定网络用户、超过 1600 万的宽带用户，为客户提供包括固定网络/宽带、移动通信、互联网以及网络电视等产品和服务在内的多项业务，同时也为企业和公司用户提供 ICT 服务。德国电信于 1995 年由国家垄断企业改组成为有限公司，1996 年 11 月在东京、纽约和法兰克福同时上市，截止到 2010 年年底，公司总股本为 110.63 亿欧元，其中流通股 29.39 亿股，占比达到 68%，德国联邦政府持有 6.46 亿股，是公司第二大股东，持股总额占公司总股本的 15%；2010 年，公司总收入为 624.21 亿欧元，净利润达到 16.95 亿欧元，基本每股盈余为 0.39 欧元/股，2010 年 12 月 30 日收盘价格为 9.623 欧元，市盈率为 24.67，总投资报酬率为 1.38%。

（二）公司战略

2010 年 1 月，德国电信公布了公司最新的发展战略，由 2007~2009 年的"聚焦—改进—成长"转变为"改进—转型—创新"，其中："改进"——改进以移动为中心的资产的表现；"转型"——利用整合的固定、移动资产进行网络建设，实现"千兆社会"的愿景；"创新"——让消费者可以通过所有屏幕沟通，让商务能在唯一的 ICT 解决方案下进行。这个新战略强调将效率最大化并保持在低增长率市场领先地位的决心，同时表明基础设施对于服务提供商所具有的重要意义。以移动为核心的资产，保证网络设施和业务的高效运营；进一步实行业务转型，以求适应整合后的企业资产结构。

为了实现上述战略目标，德国电信提出七项基本原则，具体如下：

第一，基础设施将继续作为业务的基础。急剧增长的数据流量对网速提出了前所未有的高要求，并且超出了当前价格所承受的极限。下一步的销售机会主要产生在区别定价方面。

第二，下一代网络以及标准化 IT 将带来高效以及成功。

第三，移动互联网以及在线业务将有高速增长。

第四，用户希望能够通过任意设备随时随地安全访问所有服务。

第五，云计算以及动态计算拥有巨大的增长潜力。

第六，智能网络将支撑多个行业的转型，例如能源、医疗、媒体以及物流。

第七，在激烈的竞争中保持强势地位是取得商业成功的先决条件。

新的战略并不意味着方向上的急剧变化，更多的是德国电信曾想完成或者计划完成的多个目标的汇总。这种持续性是积极的，因为这意味着公司无须在 2010 年忍受任何比较大的突变；这同时也表明，德国电信的战略总体而言是正确的，没有必要做太大的改动。

增长机会依旧是德国电信未来的关注点，但是集团的多数成功有赖于效率的提升。有效利用当前的资产是此次新战略的关键点。例如，德国电信已经在多个地区实现了固移融合，并打算充分利用融合带来的优势以及交叉销售带来的机会。另外，德国电信正在发掘最新转型的 T-Systems 潜在的协同效应，尤其是在 IT/ 电信整合方面。在低增长市场，例如西欧地区，德国电信发现必须做到市场的前两名才能保持优势。而在一些还没有做到如此地位的市场，德国电信会通过并购的方式达到目的，例如在英国，德国电信通过与 Orange 的并购重组摆脱了第 4 名的不利位置。根据战略，未来 2~3 年内，主要的增长机会在如下几个方面：基于内容的固网服务、云计算、移动宽带服务。2009 年，数据服务收入仅为 40 亿欧元，占德国电信总收入 650 亿欧元中的一小部分。德国电信会选择做多个不同服务的接入方，而非作为某项服务的提供商。德国电信允许用户首先选择想要联系的人，然后再决定联系的方式，例如是通过短信、电子邮件还是社交网络的通信功能，这种方式将人而非技术放在了体验的中心，以巩固自己在价值链中的地位。新战略认为，基础设施将依旧扮演重要角色，长远看来是其成功的关键。据估计，未来 5 年，固定数据流量将增长 500%，移动数据流量将增长 6000%。德国电信估算的移动流量要比 Analysys Mason 估算的整个欧洲的移动流量之和还要高，不过指出的问题是一致的：瓶颈将难以避免。因此，网络资源将会变得稀缺，谁控制了网络，谁就控制了

用户体验。

德国电信针对新战略提出了八项运营目标，主要包括：

第一，2010 年年底，T-Mobile 美国公司 HSPA + 的接入点达到 1.85 亿个，在网的 3G 智能手机数翻番，增至 800 万。

第二，2012 年，T-Mobile 美国公司 OIBDA（未计提折旧和摊销前的营业收入）占服务收入的比例将达到 35%（2009 年这一比例为 31%）。

第三，2012 年，自由现金流有所增长。

第四，2012 年，集团的已动用资本回报率至少增长 150 个基点。

第五，2015 年，5 大增长领域的收入翻番，至 300 亿欧元。

第六，2012 年，移动数据收入由如今的 40 亿欧元增至 60 亿欧元，到 2015 年使其达到 100 亿欧元。

第七，2015 年，来自能源、卫生、媒体和汽车领域的"智能网络"收入达到 10 亿欧元。

第八，2012 年，接入光纤网的家庭增至 400 万个，并使 IPTV 服务 Entertain 的用户达到 250 万至 300 万户，到 2015 年进而突破 500 万户。

（三）公司治理

截止到 2010 年 12 月 31 日，德国电信总股本为 110.63 亿欧元，总股数为 4.32 亿股，流通股占绝对比重，其股权结构如图 2-4-1 所示：

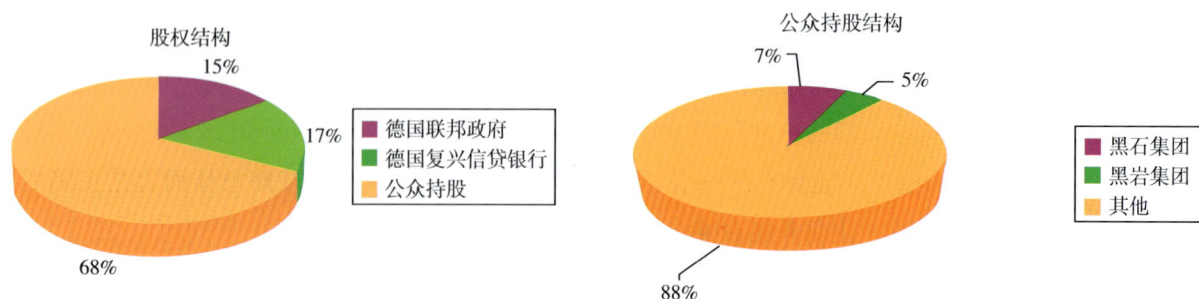

图 2-4-1　德国电信公司股权结构

管理层的组成：总共有八个管理部门，每个管理层成员必须坚守各自的分配的责任。重大事件必须获得管理层所有成员的同意，并且每个成员都需要提交报告给管理层才能做决定，管理层成员的年龄不能超过 62 岁。

监事会的组成：共有 20 个成员、10 名股东代表、10 名员工代表。10 名股东代表都是通过简单投票制在股东大会上选举出来的，员工代表都是员工集合在一起选出来的，监事会相信有恪守第三方地位、保持足够独立的成员来监督管理层的行为，并提供公正的意见。

（四）市场概览

2010 年德国电信净收入为 624 亿欧元，同比 2009 年下降了 22 亿欧元，除去集团内部调整以及汇率变动的影响之外，平均下降 15 亿欧元，下降百分比为 2.4%，总体来讲，除了系统方案分部和美国经营分部的收入呈现为正增长之外，其他经营分部的收入都表现为负增长。其中，德国分部收入下降 1.1%；欧洲分部收入下降 28 亿欧元，下降比例达到 14.1%。另外，美国分部收入上升了 4%，系统方案分部的收入同比上涨了 2.9%。

各个经营分部的市场发展状况如下：

1. 德国

（1）在客户发展方面：总体来讲，尽管不断面临新的挑战，德国电信在过去的一年中始终不断巩固自己在市场中的地位。固定网络用户在 2010 年保持稳定，占比达到 46%，而移动网络用户的市场份额有所上升，主要是由于对高端消费客户的关注。

（2）在总收入方面：2010 年德国分部总收入为 251 亿欧元，同比去年下降了 1.1%，但是与 2009 年的 3.7% 相比，收入下降速度放缓。除了前面提及的规制问题之外，用户流失造成固定网络

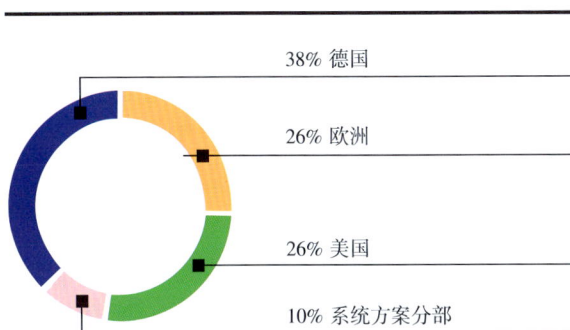

图 2-4-2 2010 年德国电信各营业分部营业收入的分布情况

- 38% 德国
- 26% 欧洲
- 26% 美国
- 10% 系统方案分部

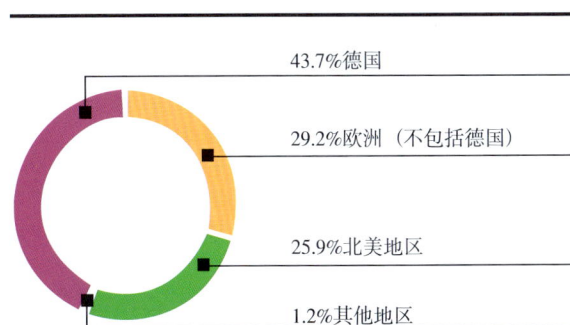

图 2-4-3 2010 年德国电信各地区收入分布情况

- 43.7% 德国
- 29.2% 欧洲（不包括德国）
- 25.9% 北美地区
- 1.2% 其他地区

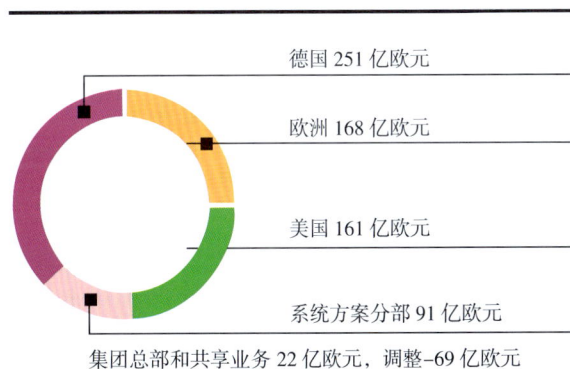

集团总部和共享业务 22 亿欧元，调整-69 亿欧元

图 2-4-4 2010 年德国电信各营业分部对集团净收入的贡献

- 德国 251 亿欧元
- 欧洲 168 亿欧元
- 美国 161 亿欧元
- 系统方案分部 91 亿欧元

方面的收入下降了 3%，而数据业务和智能手机的广泛推广，仍在德国市场中保持着领先者的地位，总收入上升 3%，达到 83 亿欧元。

（3）在现金资本支出方面：2010 年资本投资同比增长 50.9%，总投资达到了 48 亿欧元，主要用于 LTE 的初始投资、移动互联网的基础设施建设以及移动网络的升级。

（4）在员工方面：2010 年，公司平均雇佣了 79364 名员工，但是从履行企业社会责任的角度考虑，为了进一步优化企业人力资本结构，公司的总人数 2010 年下降了 6.2%。

2. 欧洲

（1）在客户发展方面：总体来讲，2010 年，德国电信在欧洲的客户发展严重受制于欧洲严峻的经济环境，固定网络用户流失较为严重，同比下降了 8.1%，目前的在网人数为 1130 万，但 IPTV 和零售宽带用户有所上升，在一定程度上缓解了这种局面；在移动网络方面，同比下降了 2.4%，用户数降为 6010 万人次，高端消费客户以及智能手机的推广仍是移动网络发展的主要助推器。

（2）在总收入方面：总收入为 168 亿元，同比下降了 14.1%，但是如果去除集团内部结构调整以及汇率变动的影响之外，总收入仅下降了 5.6%，收入下降的原因主要是由于大多数国家管制以及激烈的竞争造成价格下降，另外匈牙利的特殊税的征缴也对总收入造成了较大的影响。

（3）在现金资本支出方面：截至 2010 年，资本投资额为 20 亿欧元，同上一年相比下降了 19.2%，艰难的市场环境以及匈牙利的特殊税和克罗地亚对移动通信业务的征税也限制了资本投资。

（4）在员工方面：总人数与上年相比下降了 5.5%，目前有 65435 名在职员工。

3. 美国

（1）在客户发展方面：美国分部主要是移动用户，总客户数为 3370 万。

（2）在总收入方面：2010 年的总收入为 1610 万欧元，同比增长了 4%，但这部分主要是由于货币价值变动所造成，仅以美元计量，总收入比上一年下降了 1%，主要是由于品牌客户数量下降引起话音收入的下降。

（3）在现金资本支出方面：2010 年资金投入为 21 亿欧元，同上一年相比减少了 6 亿欧元，2010 年的资本投入主要用于网络覆盖范围的扩大以及移动网络的升级。

（4）在员工方面：平均员工人数较 2009 年有轻微下降。

4. 系统方案分部

（1）总体业务的发展：2010 年，系统方案分部在 ICT 市场接受了大量的新订单，这些订单除了传统的项目之外，主要涉及能量数据的记录传输和加工；一方面开发了新的增长区域——动态计算，实现大幅度增长，也是由于这些新订单的产生使得德国电信提供管理和服务的服务器数量和工作站数量稳步上升；另一方面系统整合方面在面临严峻的成本压力的情况下，通过提高利用率实现了积极的发展。

（2）总收入方面：实现了 91 亿欧元的收入，和上一年相比增长了 2.9%，主要原因在于前两年签订了大量协议。

（3）现金资本支出：同上一年相比有所增长，达到了 7 亿欧元，主要投资于动态计算平台、新协议以及客户关系的建设。

（4）员工方面：平均员工数增长了 2260 名，增长幅度为 5%，达到 47588 名，其中，在全球范围内增加了 2712 名，但由于德国分部的人力资本结构整合，减少了 452 名。

5. 集团总部和共享服务

总体来说，德国电信总部的收入同比下降了 10.1%，主要原因在于房地产服务部门收入的下降。总资产管理方面，重点关注与投资组合的优化，租赁和人力成本保持在原来的水平之上。

（五）业务概览

2010 年，德国电信完成了"卓越计划"，主要包括三个业务单元：T-Systems、T-Com 和 T-Mobile。

1. T-Systems

主要包括 T-系统国际、商业客户（服务部门）和解决方案业务单元。为德国软件和 IT 服务业的领先者，提供了负责 IT 服务全过程的解决方案，包括从基础网络服务到系统构建即上层系统服务等的 IT 服务。德国电信将 T-Systems 的电信和信息技术与整个系统解决方案捆绑在一起，成为真正的全套解决方案提供商，以期提供"一站式"的综合信息服务。

2. T-Com/T-Online

主要包括固定网和宽带业务单元，提供各地的固定网、互联网和电视。困难在于固定用户的流失及替代产品造成的业务量流失，互联网内容不断丰富造成网络负荷的加重也是 T-Com 面临的又一个问题；机会在于 IPTV 的推出给固定网络提供了一个用于捆绑用户的非常好的应用手段。

3. T-Mobile

主要负责德国电信集团移动业务。该业务单元除了德国本土外还在美国、东欧及南欧部分国家开展业务。

德国电信是欧洲的老牌电信运营商，也是欧洲最大的全业务运营商。近年来，德国电信市场出现饱和，移动用户增长缓慢，固定用户大幅减少，移动对固定的替代加剧。为此，德国电信积极制定 FMC 发展策略：在战略层面，推出了"卓越计划"，进行了三大战略部署；在管理层面，调整组织结构，实现管理层面的融合；在终端和网络层面，推出了基于终端融合的 FMC 业务，并在核心网采用软交换技术、在接入网采用 ADSL 和 VDSL 技术，以支持创新型和融合型业务的发展。

包括德国电信在内的全球主要电信运营企业创新项目和创新业务如表 2-4-1 所示：

表 2-4-1　全球主要电信运营企业创新项目和创新业务

运营商	创新项目	创新动作
Vodafone	One Vodafone；ENE；Moblie Plus	全球外延式扩张 基于 IP 化的固定/移动融合 降低成本，刺激收入增长，关注业务创新 打造价值链，进入移动互联网
BT	21 CN；BT Fusion	推进 FMC、ICT 宽带提速，并加大在 WiMAX 领域的投入
法国电信	NEXT 战略；NGF 战略	海外并购，集中采购，关注全流程 TCO 通过 NGN/IMS 架构实现 ICT 和 FMC 融合 宽带迅猛发展，重点发展 Multiplay 业务 坚持业务创新：企业 Livebox、无线 ABC
西班牙电信	Alejandra	海外大规模拓展（主要是欧洲和拉美） 移动/固网共享 ALL IP 承载网资源，2G、3G 共享 计划利用综合 AP 提供 FMC 打包业务 采用 HG 提供 Multiplay 业务
德国电信	2010 LightSpeed；卓越计划	大规模采用 R4 软交换网事例保护投资 在德国推出 T-Mobile@Home 融合业务 提供移动互联网业务，包括 Web2.0 和移动电视 提升 IP 语音的质量
意大利电信	NGN2	通过 FTTx+VDSL2 提供超级宽带接入

（六）经营和财务绩效

表 2-4-2　德国电信 2008~2010 年度经营与财务业绩比较　　　　单位：百万欧元

年份	德国电信（Deutsche Telekom）		
	2010	2009	2008
收入	62421	64602	61666
总资产	127812	127774	123140
EBITDA	19473	20668	19459
EBITDA 率	31.20%	31.99%	31.56%
净利润	1760	873	2024
净利润率	2.82%	1.35%	3.28%
总资产报酬率（ROA）	1.38%	0.68%	1.64%
净资产报酬率（ROE）	4.09%	2.08%	4.69%
资本性支出（CAPEX）	9851	9202	8707
CAPEX 占收比	15.78%	14.24%	14.12%
经营活动净现金流	14731	15795	15368
每股经营活动净现金流	3.40	3.64	3.54
自由现金流（FCF）	6543	6969	7003
自由现金流占收比	10.48%	10.79%	11.36%
销售现金比率	23.60%	24.45%	24.92%
资产现金回收率	11.53%	12.36%	12.48%
EVA	−7379	−8149	−6656
EVA 率	−6.70%	−7.45%	−6.31%
每股盈利（EPS）	0.39	0.08	0.34
每股股利（DPS）	0.7000	0.7800	0.7800
股利支付率	179%	975%	229%
主营业务收入增长率	−3.38%	4.76%	−1.36%
总资产增长率	0.03%	3.76%	2.04%
净利润增长率	101.60%	−56.87%	87.41%
经营活动现金流增长率	−6.74%	2.78%	12.06%
每股盈余增长率	387.50%	−76.47%	161.54%
资产负债率	66.33%	67.18%	64.99%
流动比率	57.63%	92.81%	63.65%
利息保障倍数	2.94	3.16	3.05
总资产周转率	0.49	0.51	0.50
固定资产周转率	1.41	1.42	1.48
坏账发生率	2.00%	4.69%	5.54%
折旧与摊销	11109	11510	10639
股息	3000	3400	3400
内部融资额	15869	15783	16063
折旧摊销率	17.80%	17.82%	17.25%
付现成本率	39.44%	38.31%	38.84%
营销、一般及管理费用率	31.84%	31.76%	33.69%

（七）内控与风险管理

1. 内部控制

德国电信的内部控制系统基于 COSO 内部控制—整合框架，审计委员会监督内控的绩效，管理层有责任根据自己的判断力定义内部控制的范围和结构。内部审计主要负责单独评价集团和总部内控系统的有效性。内部控制系统是不断修正的，包括基本原则、方法和具体措施，目的在于保证集团的财务报表的编制遵从国际财务报告准则（IFRS）和《德国商法》。另外一个目的是保证总部的财务报表的编制符合德国的一般会计准则。内部控制系统根据风险程度的不同，存在于整个会计过程当中，同时包括预防和检测两种控制，具体包括自动化和人工的匹配、职责的分离、双重检测原则、变革管理以及对这些系统的监督。

2. 风险管理

德国电信在风险管理方面使用"整体风险早期预警系统"，集团的风险管理系统覆盖所有的战略组织控制以及所有的监督措施，关注风险和机会的评估以及确定，并在早期制定防止和应对风险的措施。

公司同时关注各个经营分部和中心集团单元两个方面的风险和机会的分析。早期预警系统基于整个集团，但具体实施上受制于具体的要求，例如，风险根据具体的情景进行确定，基于发生的概率及影响程度进行评估，潜在影响范围的参考变量就是我们的目标值，如 EBITDA 等等。德国电信的风险管理系统如图 2-4-5 所示：

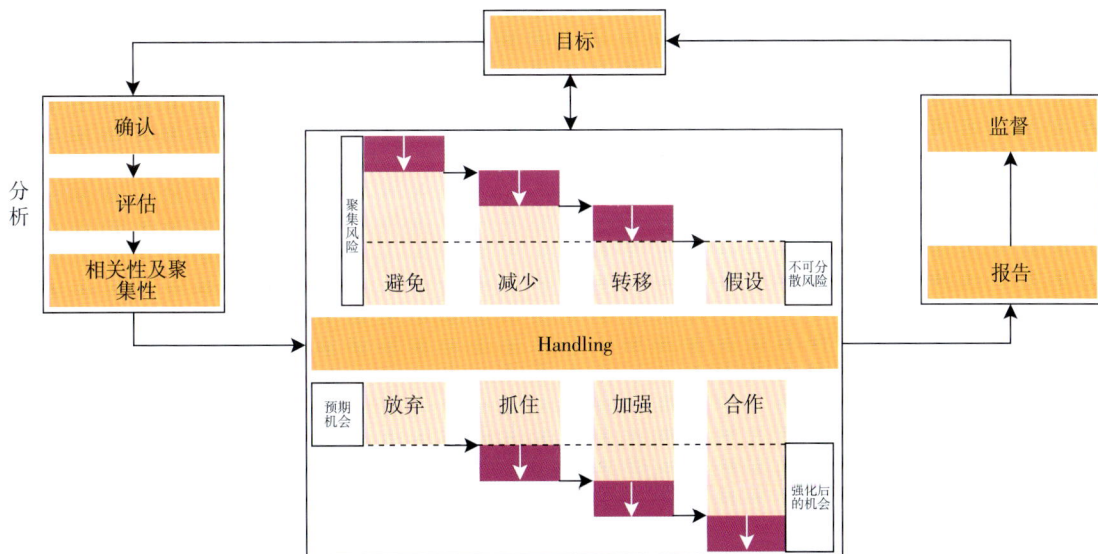

图 2-4-5　德国电信风险管理系统

风险管理系统将发生的可能性和关联性考虑在内，集合了基本的 EBITDA 评估个人风险，利用集成和模拟分析过程。风险管理单元定期向管理层报告风险及其发展，管理层向监事会报告，监事会下的审计委员会在会议上按季度定期检查风险。

主要风险是指对集团的财务状况、经营成果造成巨大影响的区域或具体的风险，具体包括：

（1）经济环境：包括不稳定的金融及外币市场、高失业率带来的个人消费压力、国家高负债水平带来的危机。欧洲经营分部面临充满挑战的宏观经济环境、日益激烈的竞争环境以及逐渐增加的税负负担和汇率的较大波动。

（2）行业及竞争：相互替代从而引起价格和收入的下降，网络建设的作用可能不会发挥得如此之快，移动数据业务应用发展可能不如预期。

（3）规制：政府规制不断提高，规制加剧。

（4）人力：人力资源结构优化整合，如果不能按照预期完成，则可能对财务目标和盈利性产生负面影响。

（5）信息技术和网络技术基础设施建设：包括网络建设、信息服务以及用于信息加工的软、硬件，这是"千兆社会"的核心基础，也是研发新的电信产品和服务的基础。公司于2010年启动了很多综合性的项目来使此基础设施符合客户的需求以及整个公司的组织架构，这些项目在2011年将得到进一步的深化，任何计划方面的纰漏都可能带来收入上的损失或是成本上的增加。

（6）数据隐私及数据安全：优化、预防和阻止相结合的措施来降低风险。

（7）采购：和大量的各种各样的供应商保持联系。供应链风险是不可避免的，传输瓶颈、价格上涨、供应商战略的改变都可能影响企业的经营过程和经营结果。

（8）法律风险：主要包括诉讼风险和反垄断行动。

（9）财务风险：主要是指流动性风险、信用风险、货币风险以及利率风险。

（10）资产减值风险：定期对资产进行检查，在经济、政治或者商业环境发生重大变化时，除日常的检测之外，对商誉、无形资产或者固定资产采用特殊减值测试，而这些测试的结果可能最终并不会发生，但是却对经营结果等产生影响。

（11）联邦政府和德国复兴信贷银行持有的股份：只有接近32%的股份，可能会加大私有化进

程，出售更多的权益。

（12）总体累积风险定位：尽管面临激烈的竞争、严峻的价格压力、人力资源结构和服务质量的大幅度调整，2010年德国电信总体集聚风险和2009年相比并没有太大的改变，也没有对公司持续经营产生风险。

（八）人力资源发展

德国电信在人力资源方面主要是为公司的新战略"改进—转型—创新"（fix –transform – innovate）提供有效、整合性的人力资源，可以将人力资源部门定位为企业的"业务合作伙伴"，主要从四个维度提供战略和业务支持：

1. 有竞争力的人力资源（competitive workforce）

引入全面员工管理，优化全球人力资源的发展，整个集团范围内的人力成本管理项目开始实施，预计在2012年年底建立起可以计划、管理监督人力资源成本的组织和技术平台；对内部的员工进行大量的培训和选拔，大量招聘外部人才；优化员工结构，提供员工提前退休和自愿离职的机会；关注员工的健康和安全，在大量的子公司和附属公司实行国际标准化的健康和安全管理系统，2011年和2012年将在更多的部门完善此系统。

2. 服务文化（service culture）

以顾客为导向，推行共享的文化理念，关注企业价值，实施"指导原则"项目（guiding principles），保证领导层和员工在相同的原则下完成日常工作，并将这种理念推向整个集团。此外，还为员工提供大量的服务训练，有重点地收集员工的想法。

3. 人才计划（talent agenda）

提升德国电信作为雇主的形象，为员工尤其是年轻的员工提供专业性和终身性的训练机会，开发员工的潜在能力，提供多样化且自由的工作条件，重点关注女性在职工中所占的比例，尤其在中高端管理机构中所占的比例。

4. 2012 计划（HR@2012）

确定人力资源部门的定位，使人力资源部门更加有效，更能适应公司的组织变革，建立GHSA 项目，提高人力资源部门提供的服务质量。

总体来说，德国电信的人力资源管理在 2010 年取得了不错的成绩，总人数为 246777 人，在战略支持方面，建立了一系列的项目和内部优化工作，全面支持 2010 年新战略的实施。从员工自身发展的角度，设有各个阶段的培训项目，包括年轻员工的培训、内部员工的升职和选拔、成熟员工的自愿离职等。

（九）企业社会责任

1. 企业责任治理

德国电信致力于在 2015 年之前在"企业社会责任"履行方面成为世界的领先者。公司在社会责任方面的工作以 Group-wide CR 战略为框架，三个核心内容为"连接生活和工作"、"连接未连接的一切"、"低碳社会"。德国电信启动了一个全新的内部项目来作为企业社会责任项目的里程碑式的事件：采用外部标杆管理、内部 SWOT 分析。公司在 2010 年将这些付诸实践，并且将监督和控制这些措施直到 2015 年，公司同样也会基于内部项目发现评估现并存的关键绩效指标。

2. 保护气候活动以及新环保目标

保护气候的活动和行为：保护气候是公司 2010 年社会责任活动的一个特殊的关注点，不仅仅包括减少由公司的业务产生的有害气体，而且还让公司的客户通过使用公司的产品和解决方案来减少气体的排放。在公司的业务中，将会专注于可持续的移动性。

公司新环保目标：到 2020 年，德国地区德国电信的碳排放量减少 30%。公司制定的另一个目标是使气候保护战略更加国际化，并且为不同的国家和地区制定不同的具体目标。

3. 整个价值链上的持续性

公司的社会责任横跨整个价值链。德国电信是全球 50 多个国家的 ICT 服务提供商，在新兴国家和发展中国家以及各种不同的经济环境中购买产品和服务，应该让上下游厂商都加入到此行列中来。另外，公司也将在产业创新活动中采取措施，以保证供应链关系的可持续性。

4. 与相关利益者沟通的新渠道

在顾客方面：将顾客列入社会责任的行列中，启动"改变从小事着手"项目，如在 2010 年启动回收废旧手机活动。

在员工方面：建立重要的网上沟通平台，开通博客和微博沟通平台，讨论相关内容。

（十）前景展望

放眼 2015 年，德国电信的远期目标是从传统的电信公司向"telo plus"转型，将基于互联网的产品加入到企业的核心业务当中。德国电信的未来发展计划主要集中于以下五个方面：

1. 千兆社会

提供更有效率、更大容量的带宽网络，重点发展光纤到户、LTE 技术、全 IP 概念等新的技术。

2. 高速网络

在固定网络领域，2010 年在一些地区尝试了"光纤到户"项目的测试，并取得了成功，未来将会扩大这方面的投资，2012 年，公司计划仅仅在德国宽带市场投资大约 100 亿欧元；在移动通信领域，公司正在快速进行 LTE 网络（第四代移动通信标准技术）的铺设，以尽早提供高速的通信网络。

3. 互联生活

随时随地享受信息、沟通与娱乐。公司为手机、电视、个人电脑能连接生活方方面面的产品开发了一系列的应用以及解决方案。这些应用和解决方案塑造了互联生活，没有限制，随时随地相互连接。

4. 更好的融合

固网以及移动网络相互融合为一体。作为德国电信整体战略的一部分，公司已在德国以及部分欧洲子公司里合并了固网以及移动网络部门，使公司能够面向市场提供集成的产品及服务。公司将致力于提高效率、创新能力以及服务质量的同时，实现营销、服务、采购等方面的协同效应。

5. 卓越的业绩

德国电信正在开发北美移动数据业务。该策略致力于增加市场份额，并且到 2014 年实现利润增加 30 亿美元的目标。

综上所述，从关键绩效指标和具体经营成果来看，德国电信计划通过更加多元化的收入的增加来实现收入的持续增长，预计的收入增长区域主要包括移动互联网、互连生活、网络服务、ICT 服务等几个方面。为了实现上述目标，公司将进一步投资于下一代通信技术，预计 2011 年资本投资总额达到 90 亿欧元，期待在 2012 年实现更高水平的 EBITDA，并获得更多的自由现金流。与此同时，公司将向股东提供更多的回报，由 0.7 欧元 / 股增加到 3.4 欧元/股。

附件一：德国电信财务报告（2010 年）

1. 合并资产负债表

	2010 年 12 月 31 日 （百万欧元）	2009 年 12 月 31 日 （百万欧元）
资产		
流动资产	15243	23012
现金及现金等价物	2808	5022
应收款项及其他应收款	6889	6757
可收回的所得税	224	144
其他金融资产	2372	2001
存货	1310	1174
非流动资产以及集团持有待处理资产	51	6527
其他资产	1589	1387

续表

	2010 年 12 月 31 日 （百万欧元）	2009 年 12 月 31 日 （百万欧元）
非流动资产	112569	104762
无形资产	53807	51705
土地、工厂以及设备	44298	45468
（使用权益法计量的）长期投资	7242	147
其他金融资产	1605	1730
递延所得税资产	5129	5162
其他长期资产	398	541
总资产	127812	127774
负债及所有者权益		
流动负债	26452	24794
短期借款	11689	9391
应付款项及其他应付款	6750	6304
所得税负债	545	511
其他准备金	3193	3369
和其他非流动资产以及集团持有待处理资产相关的负债	—	1423
其他负债	4275	3796
非流动负债	58332	61043
长期借款	38857	41800
退休金及其他员工福利的准备金	6373	6179
其他准备金	1628	2161
递延所得税负债	7635	7153
其他负债	3839	3750
负债	84784	85837
所有者权益	43028	41937
股本	11063	11165
库存股	（5）	（5）
	11058	11160
资本公积	51635	51530
期初未分配利润（上期结转未分配利润）	（24355）	（20951）
其他综合收益	（2017）	（3576）
和其他非流动资产以及集团持有待处理资产相关的其他综合收益	—	（2162）
净利润（损失）	1695	353
归属母公司股东的股本及资本公积	38016	36354
少数股东权益	5012	5583
负债及所有者权益总额	127812	127774

2. 合并损益表

	2010 年 （百万欧元）	2009 年 （百万欧元）	2008 年 （百万欧元）
净收入	62421	64602	61666
营业成本	（35725）	（36259）	（34592）
毛利润	26696	28343	27074
销售费用	（14620）	（15863）	（15952）
一般、行政费用	（5252）	（4653）	（4821）

	2010 年 （百万欧元）	2009 年 （百万欧元）	2008 年 （百万欧元）
其他营业收入	1498	1504	1971
其他营业支出	(2817)	(3319)	(1232)
营业利润	5505	6012	7040
财务费用	(2500)	(2555)	(2487)
利息收入	349	341	408
利息支出	(2849)	(2896)	(2895)
（以权益法计量）的联合企业及合资企业的股份相应的利润	(57)	24	(388)
其他财务收入（支出）	(253)	(826)	(713)
财务活动净利润（支出）	(2810)	(3357)	(3588)
税前利润	2695	2655	3452
所得税	(935)	(1782)	(1428)
净利润（损失）	1760	873	2024
归属于：	1760	873	2024
母公司股东净利润（损失）	1695	353	1483
少数股东权益	65	520	541
每股盈余			
基本每股盈余	0.39	0.08	0.34
稀释的每股盈余	0.39	0.08	0.34

3. 合并现金流量表

	2010 （百万欧元）	2009 （百万欧元）	2008 （百万欧元）
利润（亏损）	1760	873	2024
折旧、摊销以及减值准备	11808	13894	10975
所得税支出（收入）	935	1782	1428
利息收入及利息支出	2500	2555	2487
其他财务支出（收入）	253	826	713
（以权益法计量的）联合企业及合资企业的投资相应的利润（亏损）	57	(24)	388
处置子公司等的亏损（利润）	349	(26)	(455)
其他非现金交易	(21)	(230)	(147)
处置土地、工厂以及设备等损失（收益）	90	51	70
营运资本（资产）增加/减少	(243)	1936	286
准备金增加或减少	(68)	(891)	493
营运资本（负债）增加/减少	(209)	(1818)	(130)
收到（或支出）的所得税	(819)	(928)	(520)
收到的股利现金	412	29	13
投资或处置远期利率的净支出	265	242	–
营业活动现金流入	17069	18271	17625
支付利息支付的现金	(3223)	(3456)	(3431)
收到利息收到的现金	885	980	1174

续表

	2010（百万欧元）	2009（百万欧元）	2008（百万欧元）
营业活动现金流量净额	14731	15795	15368
投资无形资产的现金流出	(2978)	(1598)	(1799)
土地、工厂及设备	(6873)	(7604)	(6908)
非流动金融资产	(997)	(176)	(3261)
投资子公司及其他营业单位的现金支出	(448)	(1007)	(1030)
处置无形资产的现金净额	26	7	34
土地、工厂及设备	318	369	338
非流动金融资产	162	99	102
投资子公司及其他营业单位现金	4	116	778
短期投资、交易性金融资产和应收账款的增加或减少	491	(320)	611
由于金融联机交易环境的适应对现金及现金等价物的影响	—	1558	—
其他	(416)	(93)	(249)
投资活动现金流量净额	(10711)	(8649)	(11384)
发行流动负债的现金净额	30046	3318	39281
偿还流动负债支付的现金	(34762)	(9314)	(44657)
发行非流动负债的现金净额	(3219)	5379	6477
偿还长期负债的现金支出	(149)	(93)	(96)
分配股利支付的现金	(4003)	(4287)	(3963)
股票期权行权的现金净额	—	2	3
回购股票	(400)	—	—
支付租金支付的现金	(139)	(128)	(142)
其他	(181)	—	—
筹资活动现金流量净额	(6369)	(5123)	(3097)
汇率变动对现金及现金等价物的影响	50	58	(61)
和非流动资产以及集团持有待处理资产相关的现金及现金等价物变动	85	(85)	—
现金及现金等价物净增加（减少）	(2214)	1996	826
现金及现金等价物期初余额	5022	3026	2200
现金及现金等价物期末余额	2808	5022	3026

附件二：德国电信大事记

1950年"德国邮政服务"在西德成立，德国电信作为国有机构的一部分隶属其中。

1989年7月1日起，德国邮电部门——联邦德国邮政系统开始实施改革，德国电信从一个国家行政机构变为政企分开、独立经营、以市场为导向、贴近顾客的国有企业。

1995年，德国电信开始从国有企业到股份企业的改革进程。

1996年11月18日，德国电信公司在纽约、东京、法兰克福三地同时上市，出售26%的股份，集资额达207亿马克（约137亿美元），德国电信正式从国有企业转型为股份制企业。

1998年，德国电信制定了"未来电信"规划，出售转让亏损单位，大力发展新兴业务，通过创新形成全新的电信运营集团，同时确立了四大战略支柱产业：移动通信、互联网网络、电子商务和面向企业客户的、具有高回报的信息技术产业，并分项制订了业务发展策略。

1999 年 6 月，德国电信第二次发行新股，筹资额为 106 亿欧元。

2000 年，T-Online 公司上市，并在当年脱离德国电信成为一家独立核算的公司。

2001 年，德国电信引入一个全新理念：未来是一个 T.I.M.E.S 时代（T 代表电信；I 代表信息技术和因特网；M 代表多媒体和移动商务；E 代表娱乐和电子商务；S 代表系统解决方案和安全业务），未来的发展是将这五项融合在一起。这个新理念将公司运作分为四个核心支柱部门和一个非核心业务部门。

2001 年，德国电信旗下 T - Mobile 公司收购 VoiceStream 和 Powertel，成为第一个跨大西洋的 GSM 供应商。

2002 年 7 月，佐默辞去德国电信首席执行官的职务。

2002 年 11 月，里克被任命为德国电信首席执行官，开始接手上任遗留的难题，其中包括 820 亿美元的巨额债务、过剩的员工队伍以及严重缩水的股票价格。

2004 年 10 月，德国电信宣布收回互联网部门的 T-Online 公司。

2005 年 9 月，德国电信将持有的俄罗斯 MTS 通信公司的股票售出。

2005 年 11 月，德国电信宣布在德国市场裁员 32000 人的计划。

2006 年 4 月，美国私人投资公司——黑石集团（Blackstone）以 26.8 亿欧元收购德国电信 4.5% 的股份。

2006 年 11 月，里克被迫辞去德国电信首席执行官一职。

2006 年 11 月，勒内·奥伯曼任职集团新任 CEO。

2009 年 2 月，德国电信公司对外宣布了一项重大的部门重组计划。该公司计划将旗下的移动通信子公司 T-Mobile 国际公司并入母公司之中，并将本土移动业务部门和固定业务部门合并。

2009 年 9 月，德国电信与法国电信宣布，双方将合并各自在英国的手机运营业务——T-Mobile 英国及 Orange。此项合并将催生英国最大的移动服务运营商。两家母公司将各持合并后新公司 50% 的股份，并由此节约超过 40 亿欧元的成本费用。新公司将拥有 2840 万用户，占英国市场 37% 的份额。

2010 年，德国电信公司宣布其新战略为"改进—转型—创新"。

2010 年 8 月，作为向国际电信市场拓展的一个重要步骤，德国电信以 111 亿美元现金收购了英国第四大移动电话公司——121 公司，在英国移动电信市场上站稳了脚跟。并通过股权交换的方式，以 T-ONLINE 6.5% 的股权购入拉加代尔集团持有的互联网俱乐部 99.9% 的股权，进军发展迅速的法国互联网市场，向网络业务国际化迈出重要一步。

2011 年 3 月，宣布将出售旗下的 T-Mobile USA 给美国 AT&T。

Telefonica

Telefonica为西班牙电话公司（Telefónica of Spain）的西班牙文缩写。

CéSAR Alierta Izuel先生是Telefonica，S.A的董事长兼首席执行官。

1945年5月5日出生于西班牙萨拉戈萨（Zaragoza）市，获得萨拉戈萨大学法学学士学位，并获得哥伦比亚大学（纽约）MBA硕士学位。

2000年7月，Alierta先生成为Telefonica，S.A的执行主席，同时担任Telecom Italia，S.p.A.、中国联通（香港）有限公司以及国际统一航空集团（IAG）的董事会成员。他还是哥伦比亚商学院校监委员会成员，UnED（国立西班牙远程教育大学）的社会理事会主席。

Alierta先生于1970~1985年在马德里Banco Urquijo担任资本市场部总经理。1985~1996年创建Beta Capital，并担任董事长。1996年6月至2000年7月，担任Tabacalera公司首席执行官，Tabacalera S.A.在与法国烟草公司Seita合并后成立Altadis，S.A.。2000年至今担任Telefonica董事长兼首席执行官。

2005年9月，西班牙–美国商会在纽约授予Alierta西班牙全球企业家奖，该奖项用于奖励他领导Telefonica进入道琼斯全球泰坦50指数。2009年，马德里–意大利商会为奖励Alierta带领Telefonica成为西班牙跨国公司的领头羊，授予其Tiepolo奖项。

五　西班牙电信公司可持续发展报告（Telefónica）

（一）公司简介

Telefónica 为西班牙电信公司（Telefónica of Spain）的西班牙文缩写。1924 年 4 月 19 日西班牙电信集团（Telefonica）前身——西班牙国家电话公司成立。1999 年 3 月正式启用 Telefonica 作为企业品牌。其民营化始于 1997 年年初，根据欧盟的指令，西班牙政府决定出售其持有的全部 20.9% 的股份，西班牙电信因此成为 100% 的私有化公司。1998 年 1 月，西班牙固话市场引入竞争，第二家运营商开始提供固网业务；12 月，西班牙电信市场全面实现自由化。作为一家国际电信公司，Telefonica 向海内外顾客提供综合性服务，包括固定通信线路、移动电话、互联网、数据业务、有线电视等。Telefonica 是在西班牙语国家和葡萄牙语国家影响重大的电信公司，潜在市场大约有 5.5 亿顾客，目前公司客户已达到 6000 万。

Telefonica 为 40 多个国家的顾客提供服务，开设的分公司遍布拉丁美洲、欧洲、美国、非洲和亚洲。西班牙电信公司的直接股东大约有 142 万多个。为了在国际电信市场激烈的竞争中立于不败之地，西班牙电信公司组织了一系列的国际业务线路，由独立的公司负责经营。这种灵活的管理方式有利于根据自己的特色采取措施，还可以通过联合经营增强财务力量。

Telefonica 于 1994 年 1 月 4 日在马德里证券交易所上市交易。截至 2011 年 3 月底，公司权益资本全部为上市流通股，流通在外普通股股数为 4563996485。数据显示，没有任何个人或公司实体能够直接或间接地对西班牙电信公司实施控制。截至 2010 年 12 月 31 日，比较重要的股东有：Caja de Ahorrosy Pensiones de Barcelona（La Caixa）、Banco Bilbao Vizcaya Argentaria，S. A.（BBVA）和 Blackrock，三个股东对 Telefonica 的持股比例分别为：5.050%、6.279% 和 3.884%。另外，Telefonica 在许多证券交易所上市交易，包括：伦敦、巴黎、法兰克福、东京、纽约、圣保罗、利马的股市和伦敦的 SEAQ 国际股票交易系统。

2010 年，Telefonica 实现净利润 101.67 亿欧元，基本每股收益为 2.25 欧元。2010 年 12 月 31 日收盘价格为 17.2 欧元，市盈率为 7.64。

（二）公司战略

Telefonica 的愿景为："Telefonica 要成为一个服务于客户和社会以使其能够享受新的数据世界所带来的好处的公司。Telefonica 将利用这些新技术来确保客户实现更好更多的连接，并且使客户拥有更高品质、更简单以及更具娱乐性的生活。对于公司，Telefonica 会提供更多改善了的工具以帮助其提高生产力。对公共部门，Telefonica 为公众需求提供更有效的帮助。"

为了达到公司的这一愿景，2010 年 3 月，Telefonica 开展了一个项目"bravo! programme"。该项目从改革的四个支柱着手，力图实现公司愿景。这四个支柱一起提供了 10 个共同行动，而这些行动是在集团的全球、地区和本地三个组织层级上实施的，如图 2-5-1 所示。

1. 支柱：客户

行动1：建立情感投入；指标：CSI差距（客户满意指数差距）。

2010年Telefonica的客户满意度第一次在全球范围内超越其所有竞争对手。这一结果源于Telefonica对接入点服务质量的改善，以及对与客户预期相关联的文化的提升。Telefonica在所有地理区域内都进行了旨在持续改善客户体验的项目，目的就是为了增强公司与客户的情感联系。

2010年，公司对不满意的客户进行调查，识别出了影响客户满意度的因素，并在分部的层级上设计和实施了一系列行动计划。最终，公司在整体上降低了2.7%的客户不满意度。在公司的三个地理区域内都实现了这一比率的降低，包括：西班牙、欧洲以及拉丁美洲。

2. 支柱：服务

行动2：传统业务增长及防御；指标：传统业务收入，即接入、固定和移动语音（包括SMS）、固定和移动设备、窄带网络以及M2M收入。

行动3：宽带领导力；指标：宽带收入，即BAF连接、个人用户及集团用户、设备和数据服务、BAM连接收入。

行动4：应用和新业务发展；指标：应用和新业务收入，即TV、ICT解决方案、在线广告、移动宽带的增值服务收入，以及来自新的收入增长点和其他数字内容服务的收入。

2010年，Telefonica继续向成为服务提供商的目标迈进，在跨国公司的全球范围内，开展了七个垂直业务的新组织（安全、电子医疗、M2M、视频、云计算、应用、财务服务）。

Telefonica始终在调整自身以适应技术变革，为超过140万的股东创造价值。公司计划在2013年总投资达到270亿欧元，用于调整新的固定和移动网络以满足新需求。

3. 支柱：平台

行动5：在线公司；指标：在线交易所占比重［在线交易所占比重 = （在线新客户 + 在线客户服务交易）/（新客户总计 + 客户服务交易总计]。

行动6：作为驱动力的IT系统；指标：进入市场时间。

行动7：同类最佳的网络；指标：网络CSI。

2010年，Telefonica在新兴接入网络（光纤、VDSL2、3G）的配置和扩张上走在前列，充分利用规模经济以改善效率（创造了全球购买和漫游单元）；定义了包括全球IT单元（TGT）在内的全球IT运营模式；并且继续融合成为一个在线公司。

公司在巴西、墨西哥和德国的竞标中以很好的价格获得了频谱容量，并且在西班牙、德国和英国与其他运营商签订了频谱共用协议。

4. 支柱：文化

行动8：一个有责任感的团队；指标：员工满意度和员工承诺。

行动9：情感和整体品牌；指标：品牌认知度。

行动10：对社会的承诺；指标：RepTrack。

文化维度旨在所有国家实现一种共同的文化，这样才能与所有的利益群体建立可持续的长期关系。在这一支柱上，公司定义了三个远大的工作线：

第一，建立与专业人员的联系；

第二，品牌组合；

第三，将社会作为一个整体进行服务。

针对每一个工作线，公司在2010年都建立了相关指标并实现了部分预期：员工满意度和员工承诺指数达到75%（专业人员）；在每个国家中，公司的商业品牌的认知度位于第一或第二位（品牌）；在每个国家中，公司的 RepTrack 排名位于第一或第三位。

支柱	行动	指标
客户	1 建立情感投入	CSI 差距
服务	2 传统业务增长及防御 3 宽带领导力 4 应用和新业务发展	传统业务收入 宽带收入 应用和新业务收入
平台	5 在线公司 6 作为驱动力的 IT 系统 7 同类最佳的网络	在线交易所占比重 进入市场时间（2008~2012 年逐年减少） 网络 CSI
文化	8 一个有责任感的团队 9 情感和整体品牌 10 对社会的承诺	员工满意度和员工承诺 品牌认知度 RepTrack

1. 传统业务收入：即接入、固话和移动语音收入（包括 SMS），固定和移动设备收入、窄带网络以及 M2M 收入。
2. 宽带收入：即 BAF 连接、零售个人用户及集团用户、设备和数据服务、BAM 连接收入。
3. 应用和新业务收入：即 TV、ICT 解决方案、在线广告、移动宽带的增值服务收入，以及来自新的收入增长点和其他数字内容服务的收入。
4.（在线新客户＋在线客户服务交易）/（新客户总计＋客户服务交易总计）。

图 2–5–1 2010~2012 年西班牙电信公司总体行动

（三）公司治理

1. 董事会

董事会在董事会成员的支持下，遵循公司治理规章制度进行活动。这些公司治理规章来自于公司章程、股东大会章程和董事会法规。Telefonica 董事会是监督和控制公司活动的机构，对公司政策和总体战略有至高无上的权力。其所作决策包括：与公司治理相关的决策、公司社会责任决策、董事会成员和高层管理者薪金以及对股东的回报决策。遵循公司规章制度，董事会委派 Telefonica 的执行机构及其管理团队执行日常业务管理工作。董事会成员及其分管领域见图 2–5–2：

2. 管理团队

Telefonica 的主要管理机构是执行委员会，其组成成员有：执行主席；首席运营官；三个主要区域组织（西班牙、欧洲和拉丁美洲）的主席；主管战略、财务和发展的总经理；法律和董事会秘书以及主席办公室技术秘书。

关于公司的日常管理，Telefonica 还成立了运营委员会，由首席运营官担任主席，其他成员为三个主要区域组织（西班牙、欧洲和拉丁美洲）的主席、创新经理以及改革和运营经理。

3. 公司股权结构

Telefonica 的所有者权益总额如会计科目所示，公司未保留任何已注册的股份，因此公司不可能精确地计算出公司股权结构。根据公司已掌

	董事类型	委员会主任	审计和内控	任命、报酬及优秀员工管理	人力资源、声誉和公司责任	管制	服务质量和商业计划	国际事务	创新	战略
César Alierta Izuel (Executive Chairman)	●	●								
Isidro Fainé Casas (Vice-chairman)	●	●								
Vitalino Manuel Nafría Aznar (Vice-chairman)	●		●		●	●		●		
Julio Linares López (Chief Operation Officer)	●	●							●	
José María Abril Pérez	●									
José Femando de Almansa Moreno-Barreda	●							●		●
José María Álvarez-Pallete López	●									
David Arculus	●					●				
María Eva Castillo Sanz	●						●			●
Carlos Colomer Casellas	●	●		●			●		●	
Peter Erskine	●	●		●					●	
Alfonso Ferrari Herrero	●		●	●		●				
Luiz Femando Furlán								●		
Gonzalo Hinojosa Fernández de Angulo	●	●	●	●	●		●	●		
Pablo Isla Álvarez de Tejera	●			●		●			●	
Antonio Massanell Lavilla	●		●			●			●	
Francisco Javier de Paz Mancho	●	●			●	●		●		
Non-Board Memeber Secretary Ramiro Sánchez de Lerín Garcia-Ovies										
Non-Board Member Vice-Secretary María Luz Medrano Aranguren										

● 执行董事　　● 提名董事　　● 独立董事　　● 其他外部董事

图 2-5-2　西班牙电信公司董事会及其委员会组成

握并知晓的信息，目前没有任何个人或机构能够直接或间接地对公司实施控制、共同控制或对公司施加及可能施加重大影响。但是，目前仍有一些股东，其所掌握的股权应被公司视为重要股权，根据 10 月 19 日的《皇家法令》，这些股东如表 2-5-1 所示：

表 2-5-1　西班牙电信公司股权结构

	总计		直接持有		间接持有	
	%	股数	%	股数	%	股数
BBVA	6.279%	286574224	6.273%	286317371	0.006%	256853
La Caixa	5.050%	230469182	0.024%	1117990	5.025%	229351192
Blackrock, Inc	3.884%	177257649	0%	0	3.884%	177257649

（四）市场概览

Telefonica 在全球范围内开展业务，2010 年公司在不同地理区域内实现高度多元化和高收入：31% 的收入来自西班牙；43% 的收入来自拉丁美洲；25% 的收入来自欧洲。Telefonica 在全球 25 个国家开展业务，2010 年总收入达到 607.37 亿欧元，其中 68% 的收入来自于西班牙国外，48.14 亿欧元用于研发和投资支出，服务于全球大约 2.88 亿客户，超过 2.2 亿移动电话接入，超过 4100 万固定电话接入，超过 1800 万数据和互联网接入，拥有 280 万付费电视接入，全球员工数超过 285000 人。其业务分布地理区域见图 2-5-2：

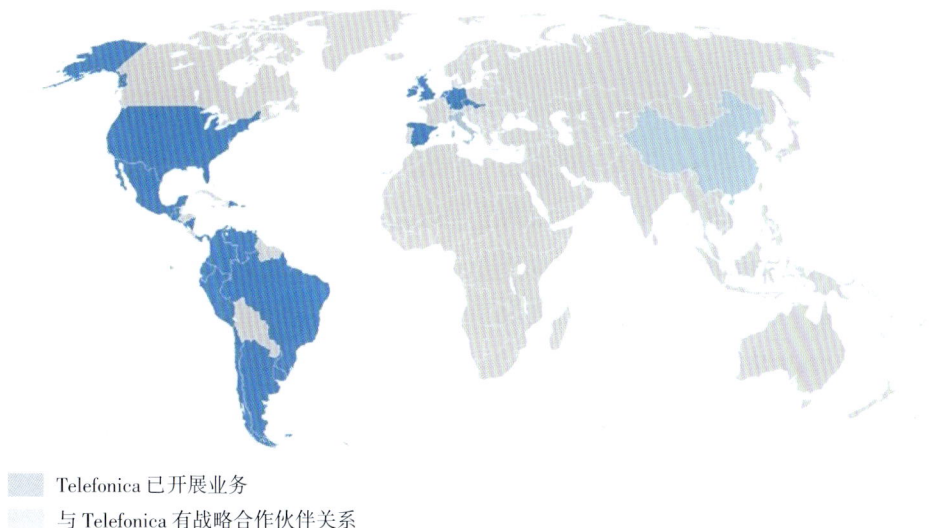

　Telefonica 已开展业务

　与 Telefonica 有战略合作伙伴关系

图 2-5-3 西班牙电信公司业务分布地理区域

注：图片来自维基百科

1. 业务开展

表 2-5-2 西班牙电信公司业务开展状况

		固定电话	数据和互联网	移动业务	付费电视	固定无线业务
拉丁美洲 人口：5.26 亿；ICT 市场价值：2270 亿美元；总接入：1.84 亿	阿根廷	4622	1505	16149		
	巴西	11293	3848	60293	486	
	中美洲	466	3	6404		
	智利	1939	836	8794	341	
	哥伦比亚	1587	554	10005	205	
	厄瓜多尔			4220		95
	墨西哥			19662		566
	秘鲁	2871	885	12507	691	
	乌拉圭			1709		
	委内瑞拉			9515	69	966
欧洲 人口：1.64 亿；ICT 市场价值：3070 亿美元；总接入：5600 万	德国	1916	2915	17049	77	
	斯洛伐克			880		
	爱尔兰			1696		
	英国		672	22212		
	捷克	1669	899	4839	788	
西班牙 人口：4600 万；ICT 市场价值：640 亿美元；总接入：4800 万	西班牙	13280	5880	24310	788	

2. 战略联盟

Telefonica 及其战略联盟：中国联通和意大利电信总共拥有超过 730 百万的客户基础，战略联盟的发展也增强了 Telefonica 的领导地位。

（1）协议一旦完成，将持有中国联通 9.37%

的股份。早在 2005 年，Telefonica 就入股当时的中国固定网络服务提供商——中国网通公司，持股 5%。在 2008 年 5 月，中国政府宣布在电信领域展开大范围的重组。2008 年 10 月中国网通公司合并入当时的移动服务提供商中国联通，成为世界上拥有客户数排名第四的企业集团。在合并之日，Telefonica 的执行主席 Cesar Alierta 当选为中国联通董事会成员。2009 年 1 月，在中国国家总理温家宝访问西班牙之际，Telefonica 执行主席和中国联通的董事长常小兵签订了第一个合作框架协议。在两公司亲密联系的基础上，2009 年 9 月 6 日，Telefonica 和中国联通宣布成立一个广泛的战略联盟，并且发布了一个价值 10 亿美元的股权互换协议。这次战略联盟引来了国际媒体的广泛关注，这是中国电信企业第一次接受外国公司参股。在该协议签订后不久，2009 年 9 月 25 日，中国联通与韩国运营商 SKT 联合发布声明，解除后者持有的中国联通股份，与此同时结束两者之间的战略合作伙伴关系。在 Telefonica 和中国联通的共同努力下，Telefonica 持有中国联通 8.37% 股权，中国联通持有 Telefonica 0.9% 股权。除了公司之间的换股，双方还在技术、联合购买、联合提供跨国服务、漫游业务以及联合培训公司管理者等领域进行合作。为了增强现有的战略联盟，2011 年 1 月 23 日，Telefonica 和中国联通商定加深双方在采购、移动服务平台、MNCs 服务等领域的合作。Telefonica 从中国联通的其他持股人手中收购价值 5 亿万美元的股权，至此，Telefonica 将其对中国联通的持股比例增加至 9.7%，中国联通对 Telefonica 的持股比例增加至 1.37%。不仅如此，Telefonica 的董事会将提名一名来自中国网通的新成员。

（2）间接持有意大利电信 10.49% 股份。2007 年 10 月，Telefonica 为了获得意大利电信的普通股股权，加入了一个意大利团体（Generali，Mediobanca，Intesa Sanpaolo，Benetton），这一团体组成了意大利的电信联盟。这一投资使集团成为该电信联盟的主要股东。2010 年 10 月，Telefonica 和其伙伴 Generali，Mediobanca 以及 Itensa San Paolo 协定同意更新之前商定的预计到 2013 年为期三年的股权协定。按照 Sintonia 自身要求进行拆分后，电信联盟将持有意大利电信 22.45% 的股份，Telefonica 对电信联盟持股比例为 46.2%。因此 Telefonica 就间接拥有了意大利电信 10.49% 的股份。根据意大利电信的产业联盟框架，已发布的 2008~2010 年计划已于 2010 年年底完成，实现了 13 亿欧元的运营协同效应。意大利电信是 Telefonica 在欧洲的最大联盟伙伴，其拥有 6220 万客户，并且在欧洲的 8 个国家经营业务。

（五）业务概览

1. 固定电话：4140 万次接入

固定电话是一个成熟市场，2010 年 Telefonica 实现 4140 万次接入。在西班牙，公司零售固定接入数截至 2010 年年底为 1330 万（2009 年年底为 1420 万），比 2009 年下降了 6.5%。公司估计 2010 年的市场占有率为 69%。94% 的零售固定电话接入的减少是由团体接入的新增长带来的。

在拉丁美洲，固定接入数截至 2010 年年底为 2440 万，与 2009 年相比较为稳定（-0.7%）。

在捷克共和国，固定接入数截至 2010 年为 170 万，较 2009 年相比下降了 5.7%，而 2009 年与 2008 年相比则下降了 6.5%。

数据单位：千次接入

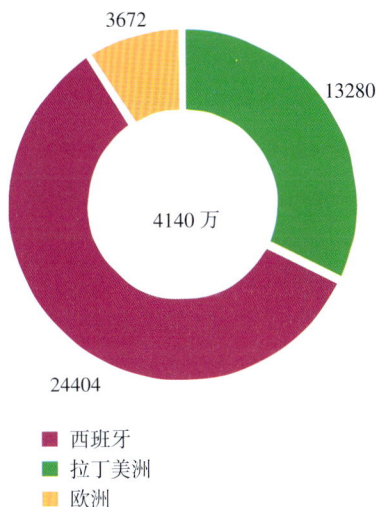

图 2-5-4　2010 年固定电话接入次数

数据单位：千次接入

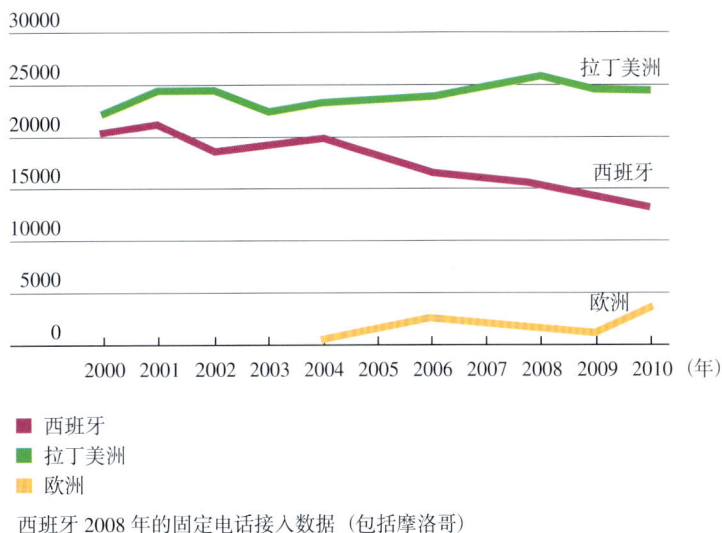

西班牙 2008 年的固定电话接入数据（包括摩洛哥）

图 2-5-5　2000~2010 年固定电话接入次数变化

2. 数据和互联网：1860 万接入（年增长率23.4%）

散户宽带互联网接入达到了 1710 万，年增长率为 27.0%，巴西区域仍为该项业务的驱动因素。

在公司战略中，打包语音、ADSL 和付费电视服务仍是关键组成部分。在西班牙，数据和互联网接入达到 580 万，年增长率 4.5%。在拉丁美洲，820 万接入，较上年增长 5.8%。在欧洲，全球数据和互联网接入达到 450 万。

数据单位：千次接入

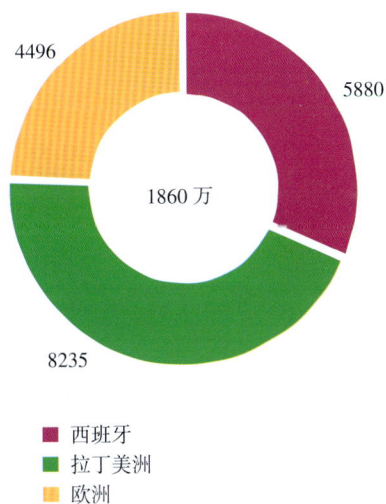

图 2-5-6　2010 年移动数据和互联网接入次数

数据单位：千次接入

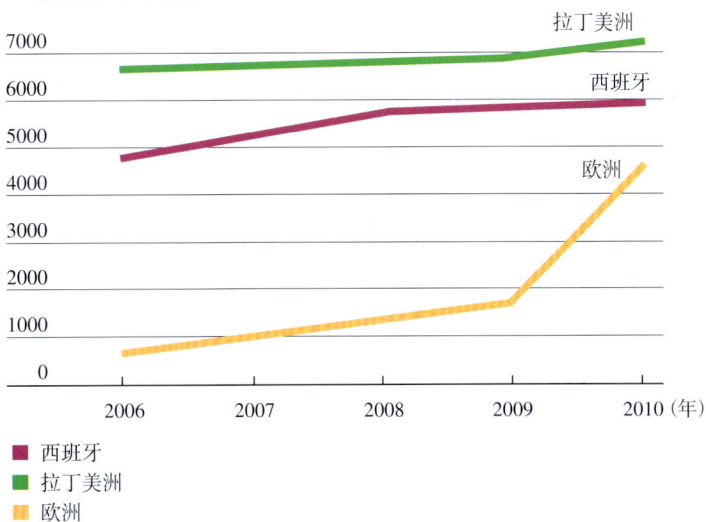

图 2-5-7　2006~2010 年付费电视的数据和互联网接入次数变化

3. 移动电话：22020 万次接入（年增长8.9%）

截至 2010 年年底，Telefonica 实现移动电话接入 22000 万次，净增长约 1800 万次。这一数据的显著增长很大程度上依赖于移动宽带接入，后者在 2010 年的接入次数达到了 2200 万次（2009 年为 1500 万次），增加了 48%。

Telefonica Espana 的移动电话用户达到 2430 万（与上年相比增长了 3.3%）。这一客户的增长是由移动宽带用户的增长拉动的，特别值得一提的是，移动宽带用户数是 2009 年的 1.7 倍。

在拉丁美洲，移动接入次数增长至 14930 万次，年增长率 10.8%，净增长次数为 1460 万次。

在欧洲，移动接入次数为 4670 万次（年增长率为 6.0%），2010 年移动电话客户净增长 280 万。

数据单位：千次接入

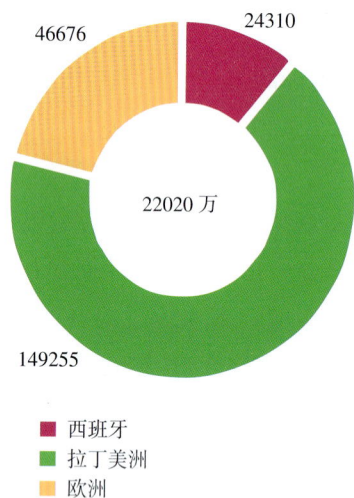

图 2-5-8　2010 年移动电话接入次数

数据单位：千次接入

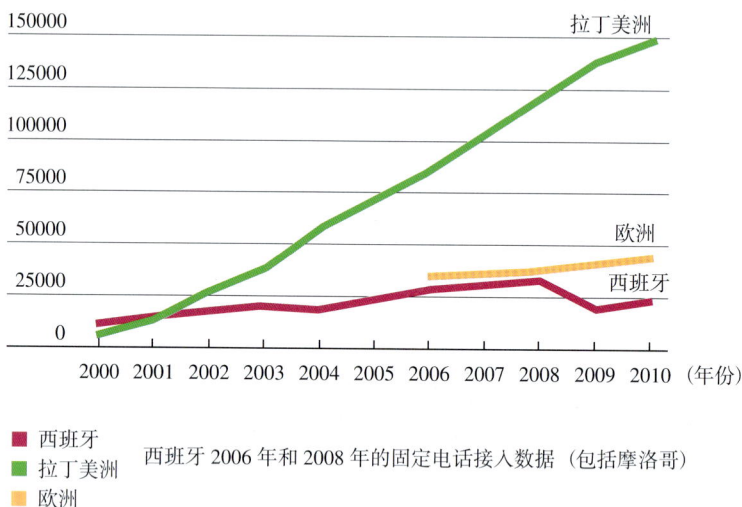

西班牙 2006 年和 2008 年的固定电话接入数据（包括摩洛哥）

图 2-5-9　2000~2010 年付费电视电话接入次数的变化

4. 付费电视：280 万接入（年增长率12%）

Telefonica Espana 的付费电视用户数增长了 85000，达到了 788000 户（年增长率 12.1%），截至 2010 年年底，市场占有率显著提高，达到了 19%。

在拉丁美洲，付费电视用户数为 180 万（年增长率 8.7%），净增加了 144000 户。

在捷克共和国，Telefonica O2 在 2010 年底的付费电视用户数达到 129000（年增长率-6.1%）。

数据单位：千次接入

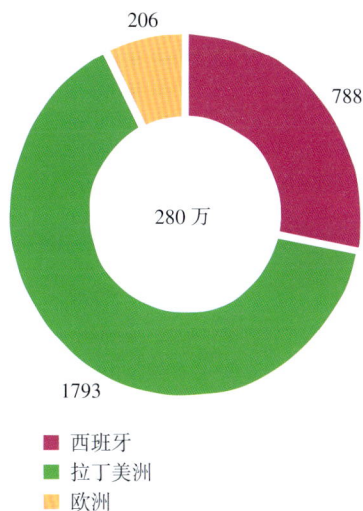

图 2-5-10　2010 年移动接入次数

数据单位：千次接入

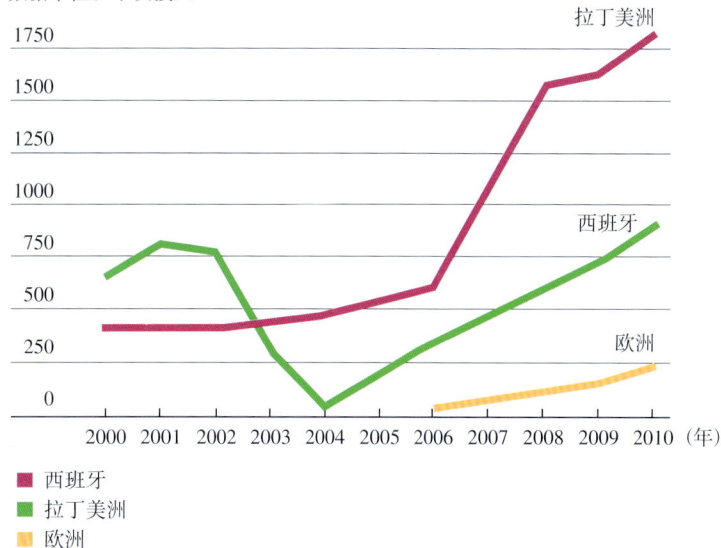

图 2-5-11　2000~2010 年固定电话接入次数变化

表 2-5-3　Telefónica 集团财务数据摘要

	1~12 月		变化百分比	
	2010	2009	报告数据	指导标准
未审计数据（百万欧元）			已报告	
收入	60737	56731	7.1	2.4	3.8
Telefónica 西班牙	18711	19703	(5.0)	(4.8)	
Telefónica 拉丁美洲	26041	22983	13.3	6.7	
Telefónica 欧洲	15255	13533	12.7	4.4	
OIBDA	25777	22603	14.0	0.8	1.4
Telefónica 西班牙	8520	9757	(12.7)	(8.5)	
Telefónica 拉丁美洲	13782	9143	50.7	9.1	
Telefónica 欧洲	4014	3910	2.6	3.8	
OIBDA 率	42.4%	39.8%	(2.6 p.p.)	(0.6 p.p.)	
Telefónica 西班牙	45.5%	49.5%	(4.0 p.p.)	(1.9 p.p.)	
Telefónica 拉丁美洲	52.9%	39.8%	13.1 p.p.	0.9 p.p.	
Telefónica 欧洲	26.3%	28.9%	(2.6 p.p.)	(0.2 p.p.)	
经营利润	16474	13647	20.7	4.5	
Telefónica 西班牙	6511	7617	(14.5)	(9.2)	
Telefónica 拉丁美洲	9721	5350	81.7	21.2	
Telefónica 欧洲	923	1015	(9.1)	15.1	
净利率	10167	7776	30.8		
基本每股收益（欧元）	2.25	1.71	31.6		
OpCF（OIBDA-CapEx）	14933	15346	(2.7)	(1.7)	
Telefónica 西班牙	6499	7893	(17.7)	(12.6)	
Telefónica 拉丁美洲	8247	5693	44.9	6.9	
Telefónica 欧洲	942	2183	(56.8)	14.6	

（六）经营和财务绩效

表 2-5-4　Telefónica 2008~2010 年度经营与财务业绩比较

单位：百万欧元	Telefonica		
年份	2008	2009	2010
收入	57946	56731	60737
总资产	99896	108141	129775
EBITDA	23294	22379	25718
EBITDA 率	40.20%	39.45%	42.34%
净利润	7592	7776	10167
净利润率	13.10%	13.71%	20.01%
总资产报酬率（ROA）	7.60%	7.19%	7.83%
净资产报酬率（ROE）	38.81%	32.03%	32.09%
资本性支出（CAPEX）	8401	7257	10844
CAPEX 占收比	14.50%	12.80%	17.85%
经营活动净现金流	16366	16148	16672
每股经营活动净现金流	3.52	3.55	3.65
自由现金流（FCF）	9145	9097	8466
自由现金流占收比	15.78%	16.04%	13.94%
销售现金比率	28.24%	28.46%	27.45%
资产现金回收率	16.38%	14.93%	12.85%
EVA	2038.45	289.24	1087.19
EVA 率	2.46%	0.32%	1.79%
每股盈利（EPS）（单位：欧元）	1.63	1.71	2.25
每股股利（DPS）（单位：欧元）	1	1.15	1.4
股利支付率	61.35%	67.25%	62.22%
主营业务收入增长率	2.67%	−2.10%	7.06%
总资产增长率	−5.65%	8.25%	20.01%
净利润增长率	−14.75%	2.42%	30.75%
经营活动现金流增长率	5.13%	−1.33%	3.24%
每股盈余增长率	−13.76%	4.91%	31.58%
资产负债率	80.42%	77.55%	75.59%
流动比率	71.51%	88.47%	62.86%
利息保障倍数	4.2748	4.4213	6.5294
总资产周转率	0.5800	0.5246	0.4680
固定资产周转率	0.5801	0.6729	0.5587
坏账发生率	1.29%	1.54%	1.40%
折旧与摊销	9046	8956	9303
股息	4165	4557	5872
内部融资额	3427	3219	4295
折旧摊销率	15.61%	15.79%	15.32%
付现成本率	59.80%	60.55%	51.16%
营销、一般及管理费用率	32.92%	33.59%	38.24%

(七) 内控与风险管理

Telefónica 集团是在具有前瞻性的风险管理政策下进行运作的。集团面对着多种财务市场风险，主要是由于：①集团日常业务活动；②为业务筹集资金所带来的负债；③集团对公司的投资；④与上述活动相关的财务工具。

影响集团公司的主要市场风险包括：汇率风险，主要来自于：①Telefónica 在全球范围内进行投资，有些集团进行投资和业务经营的国家和地区使用的货币不是欧元（拉丁美洲、英国、捷克共和国）；②负债所使用的货币并非业务经营所在国家所用的货币，或者也不是发生负债的国家所使用的货币。利率风险，主要产生于利率的变动，这些利率影响到：①由于利率变动而引起的浮动利率负债（或者可能被重复举借的短期负债）的融资费用变动；②固定利率长期负债的价值。

股价风险，主要来源于可能会买入、卖出及其他相关交易的权益投资的价值变化，来源于衍生工具投资的价值变化以及来源于库存股及权益衍生工具的价值变化。Telefonica 集团还面临着流动性风险、国家风险（与市场风险和流动性风险有重合之处）。

1. 汇率风险

汇率风险管理政策的基本目标就是，在外国货币对欧元发生贬值时，由此引起的任何现金流的潜在损失都用于抵消（一定程度上）欧元负债价值的减少。这一汇率对冲交易的操作程度取决于投资类型。2010 年，经过汇率管理，汇率变动所带来的消极影响总额为 1.12 亿欧元，2009 年消极影响为 5.4 亿欧元。表 2-5-5 列示了营业收入和权益对汇率变动的敏感度：

表 2-5-5　营业收入和权益对汇率变动的敏感度

货币	变化	对合并利润表的影响	对合并所有者权益的影响
百万欧元			
所有货币对欧元的汇率	10%	105	67
美元	10%	1	206
欧洲货币对欧元汇率	10%	—	(417)
拉丁美洲货币对美元汇率	10%	104	278
所有货币对欧元的汇率	(10)%	(105)	(67)
美元	(10)%	(1)	(206)
欧洲货币对欧元汇率	(10)%	—	417
拉丁美洲货币对美元汇率	(10)%	(104)	(278)

2. 利率风险

Telefónica 集团财务费用受利率变动的影响。为了展示财务费用对短期利率变化的敏感性，公司假设在 2010 年 12 月 31 日，公司所拥有经营业务的所有国家的货币利率都提高 100 个基点，并且除了美元和英镑的所有货币利率都降低 100 个

基点，以消除负利率。还假设这一财务状况同样适用于 2010 年年底。为了展示权益对利率变动的敏感性，公司假设在 2010 年 12 月 31 日，公司所拥有经营业务的所有国家的货币利率都提高 100 个基点，并且所有货币所有期限的利率都降低 100 个基点。同时，还假设只考虑拥有现金流套期的公司，这些公司由利率变化多引起的市场价

值变动都计入了所有者权益。在这两种情况下，只考虑了与外部部门的交易。所得分析如表 2-5-6 所示：

表 6　营业收入和权益对利率变动的敏感度

百万欧元变化的基点	对合并利润表的影响	对合并所有者权益的影响
百万欧元		
+100 基点	(222)	575
−100 基点	209	(626)

注：所有货币的利率都变化 100 个基点所产生的影响，不包括英镑和美元。

3. 股价风险

根据 Telefonica, S.A.的期权计划和业绩分享计划（PSP），分配给员工的股份可以是母公司的库存股也可以是集团公司内的任何股份，或者也可以是新发行的股份。公司根据相关的全体股东回报可能需要在未来授予员工股份，这就使公司面临在每个阶段末都需要交付大量股份的风险，因此公司未来可能会有大量的现金流出。为降低这一计划所带来的股价变动风险，公司购买了衍生工具来复制将要交付的股份的风险组合。

4. 流动性风险

Telefonica 集团力图使将要到期偿付的负债期限与自身现金流产生期限相匹配，并且还应有一定的灵活性。在实践中，集团主要奉行两个关键原则：Telefonica 集团金融负债的平均到期时间为 6 年；集团必须能够偿付未来 12 个月将要到期的负债，并且不依靠举借新债或从资本市场筹资。

5. 国家风险

Telefonica 集团管理和降低国家风险的措施有两种（在普通业务实践之外）：在一定程度上实现资产和负债（没有被母公司担保的负债）的匹配，

集团的拉丁美洲公司中，潜在的资产摊销必须伴随着负债的减少；对于在拉丁美洲区域形成的并非用于追求新的可盈利业务发展机遇的基金，都应该解散。

6. 衍生金融工具政策

2010 年，集团继续使用衍生金融工具来降低利率和汇率变动所带来的风险，其对衍生工具的政策主要强调：衍生金融工具应该有明确定义的标的资产；将标的资产与衍生金融工具的一方面相匹配；订立金融衍生工具的公司要与拥有标的资产的公司相匹配；利用集团可获得的评价系统衡量衍生金融工具的市场价值；只有接触过标的资产后才出售期权；对冲会计。

（八）人力资源发展

Telefonica 集团不包括 Atento 在内，在全球 25 个国家拥有超过 133000 名员工，员工数比 2009 年上升了 6.4%。工作环境指数达到了 74%，比 2009 年提高了 1%。

1. 员工：285106 名员工（年增长 10.8%）（包括 Atento）

在 2010 财年底，Telefonica 集团（包括 Atento）拥有员工数达到 285106 人，比上年度增长了 10.8%。从区域的角度考虑，不包括 Atento 在内，拉丁美洲的员工数依旧最多（51%），西班牙以及欧洲分别为 30% 和 19%。从合约的角度考虑，96% 的员工与公司签有不定期合约，如果将 Atento 包括在内，该比率将下降至 81%。从性别的角度考虑，2010 年，集团 36% 的员工为女性，如果包括 Atento 在内，这一比例提升至 52%。女性管理者所占比例为 16.8%，而 2009 年为 15.6%，这一变化得益于集团的机遇平等和多元化政策。

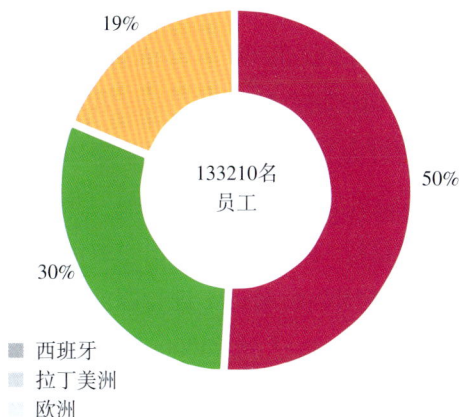

图 2-5-12 每个地区的员工占比（不包括 Atento）

表 2-5-7 每个地区的员工数

	2010 年	2009 年	变化率（%）
西班牙	54879	52060	5.4
Atento	15175	11952	27.0
Telefónica 集团（不包括 Atento）	39704	40108	-1.0
拉丁美洲	201074	175350	14.7
Atento	133545	117319	13.8
Telefónica 集团（不包括 Atento）	67529	58031	16.4
欧洲	27171	27964	-2.8
Atento	1194	933	28.0
Telefónica 集团（不包括 Atento）	25977	27031	-3.9
其他	1982	2052	-3.4
Telefónica 集团总计（包括 Atento）	285106	257426	10.8
Telefónica 集团总计（不包括 Atento）	133210	125170	6.4

2. 社会对话和劳资谈判，超过 213000 名员工签署了劳资谈判（75%）

集团给予员工社会对话、加盟、参与和协商的权利，这是建立在集团的企业准则、国际协议的社会协议，国际联合网络（UNI）和公司间的行为规范之上的。2010 年，在受劳资谈判规范的工作条件下工作的员工占总员工数的 75%，比上年增加两个百分点，达到了 213000 人。

3. 工作环境：内部工作环境改善，工作环境提升 1.3%

2010 年，工作环境和员工承诺指数（ICC）（不包括 Atento），实现持续提升，达到了 74.3%，比 2009 年提高了 1.3%。一方面，从不同区域上看，西班牙达到了 63%（比上年增长 3%）；拉丁美洲为 84%（比上年增长 1%）；欧洲为 75%（比上年下降 1%）。大约 95000 名员工参与了每年的工作环境调查，占总员工数的 75%。另一方面，集团中有 29 家公司被评为最适宜工作的公司，而去年则有 27 家公司上榜。

4. 全球员工股权购买计划

经 2009 年 6 月 23 日 Telefonica S.A.股东大会批准，集团在 2010 年开展了全球员工股权购买计划，总额达 5000 万欧元。通过这一计划，员工只要能够完一定业绩指标就可以免费获得 Telefonica S.A.的股份。全球员工股权购买计划获得 2010 年最佳国际股权计划奖，并且被墨西哥知识管理机构评为"2010 年最佳人力资源实践"。

5. 发展和培训：1300 万小时和 5900 万欧元

2010 年，Telefonica 的员工培训时长达到 1300 万小时，比 2009 年增加了 200 万小时。培训总投资达到 5940 万欧元，与 2009 年的 6330 万欧元相比下降了 6.1%。集团内部有力地推动了在线培训，这一倡导极大提高了投入培训中的资源使用效率。Universitas Telefonica 是一个关键因素，该大学有三个主要工作线：贡献于 Telefonica 的全球领导力；成为合作者辩论和工作的论坛以为集团的业务问题提供解决方案；成为 Telefonica 员工的集合点。

（九）企业社会责任

Telefonica 在集团经营的各区域及当地运营过

程中继续遵循联合国的全球契约十项原则。集团认为良好地履行企业社会责任是实现企业可持续增长必不可少的条件。

1. 原则一：企业应当支持和尊重人权国际保护的宣告

Telefonica 全力支持联合国人权委员会 2008 年提出的框架，更好地管理由业务和人权事业所带来的挑战。这一框架由三个支柱"保护、尊重和补救"组成。集团在其价值链和具有影响力的领域前瞻性地设定了一些人权最佳实践案例。集团对国际人权事业给予充分支持，2006 年由董事会通过并发布了企业准则，企业准则指出 Telefonica 禁止一切与联合国人权委员会和国际劳动组织相违背的行为。这一准则应用于集团的所有利益相关者（员工、客户、供应商等）。集团还鼓励合作伙伴及供应商采取与集团相一致的企业准则，2010 年，集团继续对员工进行职业道德培训，参与培训的总人数达到 74000 人（不包括 Atento）。另外，集团对员工还给予了健康与安全、子女保护、私人信息保护等方面的服务。

表 2-5-8 全球报告倡议指标-1

S03 接受组织反贪腐政策和措施培训的员工所占比重
PR8 为尊重客户隐私和保护个人数据所作的承诺数目

采用的衡量指标	评价单位	2009 年	2010 年
接受企业准则培训的员工占比	%	57.0	59.7
因违反数据保护规定而缴纳的罚金 [1]	欧元	3832652	2132321

注：更多信息，详见 www.rcysostenibilidad.telefonica.com/rcysost2010。
1. 西班牙、德国、哥伦比亚和捷克等地区与用户数据保护相关的总罚金支出。

2. 原则二：企业应该确认自身没有助长践踏人权的行为

表 2-5-9 全球报告倡议指标-2

HR2 屏蔽人权保护的重要供应商所占比重
PR5 与客户满意度有关的实践，包括对客户满意度的调查结果

采用的衡量指标	2009 年	2010 年
对有风险的供应商进行的审计总次数	840	1163
全球客户满意度指数	6.98	7.13

注：更多信息，详见 www.rcysostenibilidad.telefonica.com/rcysost2010。

集团致力于在价值链中阻止任何破坏人权的行为，仅 2010 年集团就对供应商进行了 1100 次审计。

3. 原则三：企业应该坚持结社自由和进行有效的劳资谈判

2010 年，集团有 75% 的员工在劳资谈判所规定的工作条件下进行工作。

表 2-5-10　全球报告倡议指标-3

LA4 劳资谈判协议所涵盖的员工占比

采用的衡量指标	评价单位	2009	2010
进行劳资谈判的员工占比[1]	百分比	72.6%	74.9%

注：更多信息，详见 www.rcysostenibilidad.telefonica.com/rcysost2010。
1. 劳资谈判是通过工会进行的（比如员工代表等）。

4. 原则四：企业应当坚持消除一切形式的强制性劳动

2010 年，Telefonica 员工满意度指数达到了 74%。

表 2-5-11　全球报告倡议指标-4

LA10 每名员工每年接受培训的平均小时数

采用的衡量指标	评价单位	2009 年	2010 年
全年总培训小时	1000 小时	11218	12289
总培训支出	1000 小时	63300	56457

注：更多信息，详见 www.rcysostenibilidad.telefonica.com/rcysost2010。

5. 原则五：企业应该坚持有效废除童工制

2010 年，总计有 211349 名儿童和青少年从 Pronino 项目中获益。Pronino 是由 Telefonica 在 12 年前创建的一个项目，2005 年以后由 13 家拉丁美洲当地运营商管理。迄今为止，该项目仍是私营企业中的一个领先创举，它致力于彻底消除童工现象，以阻止儿童和青少年的权利受到侵害。

6. 原则六：企业应该坚持消除雇佣和职业中的歧视

指导员工行为的企业准则中明确提出：机会面前人人平等，要公平正义地对待每一个人，不因个人的种族、肤色、国籍、种族血缘、宗教、性别、性取向、社会地位、年龄、残疾与否或者家庭责任而对其给予歧视。

表 2-5-12　全球报告倡议指标-5

LA13 公司治理和劳动力团体的组成，以性别和年龄进行划分

采用的衡量指标	评价单位	2009 年	2010 年
女性占比	百分比	50.1	51.5
管理层中女性占比	百分比	15.6[1]	16.8
残障人士总数	人	1420	1610

1. 为了与 2010 年的数据进行比较，对 2009 年的数据进行了调整。

HR4 歧视投诉总数

采用的衡量指标	评价单位	2009 年	2010 年
企业准则办公室所进行的有关歧视投诉的调查数	次	0	0

注：更多信息，详见 www.rcysostenibilidad.telefonica.com/rcysost2010。

7. 原则七：企业应当对环境挑战做出预防措施

Telefonica 的环境战略专注于进行环境风险管理并且充分利用机遇。继 2009 年成立 Telefonica 环境管理系统之后，2010 年集团继续识别运营过程中的环境风险。集团认为目前全球面临的最大威胁就是气候变化，任何一个 ICT 部门，包括 Telefonica 在内都不能袖手旁观。因此集团成立了气候变化和资源效率机构，这一机构主要负责管理、控制和改善 Telefonica 所有项目的能源、气候变化和绿色服务。

8. 原则八：企业应当进行活动以承担更大的环境责任

Telefonica 经营活动所带来的潜在环境风险集中于集团的网络配置活动中。在运营中，集团必须管理网络废弃物、减少纸张和水资源耗费、管理能源消耗并且降低碳排量。

9. 原则九：企业应当鼓励发展和传播的环保技术

2010 年，Telefonica 向各公司及当地用户提供了许多提高能源使用效率的绿色产品及服务。其中最重要的就是集团提出的 360 度绿色移动服务。

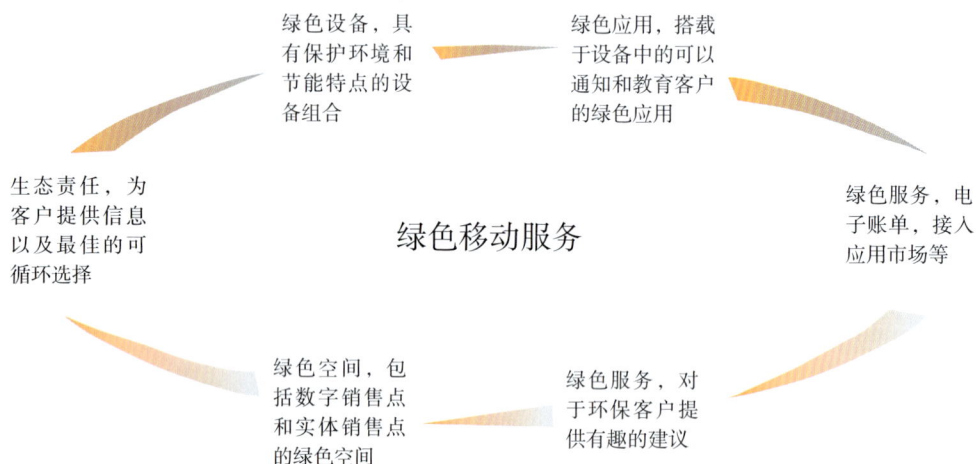

图 2-5-13　绿色客户体验

10. 原则十：企业要竭力反对各种形式的贪污，包括勒索和行贿受贿

集团在组织层面上成立了两个独立向董事会报告的机构：审计和监管委员会，人力资源、公司责任和声誉委员会。在制度方面，Telefonica 的员工和经营职业道德准则中强调了禁止为个人利益进行贪污等问题，指出拒绝收受礼物并应该保持政治中立。此外，2010 年集团进行了 1115 次内部审计项目，并且设立有规范的公司采购流程。

（十）前景展望

世界的数字化进程正在向更深远的方向发展，不仅限于人们彼此通信和链接的需求。电信业市场规模急速增加，主要来源于电信产业所面临的最重要并且最珍贵的机遇：实体经济的数字化。诸如财务、医疗、政府、教育和娱乐等许多部门都需要新的数字应用和服务以实现在任何时间、任何地点都能够提供更高质量的服务、更快更便捷的应用。所有的专家都认同一个观点，即在这个新型数字世界中企业拥有非常好的机遇。

Telefonica 非常清醒地认识到这一机遇，集团将这一机遇划分为四个主要支柱：客户数的增长、对拥有先进功能的设备的大量需求、能够使人们生活更加便捷的应用和服务的快速增多、新通信网络中极有可能发生的流量爆炸。

Telefonica 的愿景就是要使这一新数字世界所提供的机遇变为现实，并且成为该领域的领导者。2010 年，Telefonica 采取的超越竞争者的行动就包括建立七个全球产品和服务发展单元，涵盖了：云计算、电子医疗、金融服务、M2M（机器对机器的连接）、视频和数字家庭、应用和安全。这些单元成为集团全球创新模型的支柱，并且要抓住电信部门的增长。

Telefonica 为抓住新数字世界所带来的机遇提出了一个清晰的战略。这一战略有两个基本方面，即公司的成长和改革。公司的成长要基于宽带和新型服务的发展。公司的改革可以帮助集团实现盈利性增长以及效率最大化。这两个方面作为一个圆环，位于圆环中心的则是客户，集团将充分利用自身规模经济和多元化优势。

Telefonica 已经开始驾驭电信部门的增长机

遇，并且这将使 Telefonica 改善自身收入结构。预计到 2013 年，宽带收入在总营业收入中的比重将从目前的 18% 增长至 25%，并且连接收入之外的其他服务收入占总收入的比重将从目前的 5% 增长至 9%。

集团不仅关注运营结果，而且还关心实现运营结果的过程。因此，实现可持续增长以及承担公司责任也是集团战略的重要组成部分。2010 年，Telefonica 已经连续两年在道琼斯可持续发展指数中位于全球电信企业的领导地位。

Telefonica 的未来与集团经营所在地的经济和社会稳定发展情况密切相关。因此集团对社会和文化活动以及促进创新等领域进行了大量投资。集团正在进行的 Pronino 项目的宗旨就是为了彻底消除拉丁美洲的童工现象，并且为当地的儿童提供接受高质量的教育的机会。截至 2010 年，Telefonica 已经帮助 211000 名儿童重返校园，预计到 2013 年接受帮助的儿童数目将达到 357000 名。

集团已经做好准备并且找到了正确的路径，把 Telefonica 发展成为数字世界中全球最好的通信企业。

附件一：西班牙电信财务报告（2010 年）

1. 合并资产负债表

单位：百万欧元

	2010 年	2009 年
资产		
A）非流动资产	108721	84311
无形资产	25026	15846
商誉	29582	19566
固定资产	35797	31999
投资性房地产	5	5
联营合营投资	5212	4936
非流动金融资产	7426	5988
递延所得税资产	5693	5971
B）流动资产	21054	23830

续表

	2010 年	2009 年
存货	1028	934
交易及其他应收款	12426	10622
流动金融资产	1574	1906
所得税应收款	1331	1246
现金及现金等价物	4220	9113
持有待售非流动资产	475	9
资产总计（A+B）	129775	108141
所有者权益和负债		
A）所有者权益	31684	24274
归属于母公司所有者权益	24452	21734
少数股东权益	7232	2540
B）非流动负债	64599	56931
债务非流动付息负债	52356	47607
非流动交易及其他应付款	2304	1249
递延所得税负债	6074	3082
非流动准备金	4865	4993
C）流动负债	33492	26936
流动付息债务	9744	9184
流动交易及其他应付款	19251	14023
流动应付税费	2822	2766
准备金	1675	963
所有者权益和负债总计（A+B+C）	129775	108141

2. 合并损益表

单位：百万欧元

	2010 年	2009 年	2008 年
营业收入	60737	56731	57946
其他收入	5869	1645	1865
网络支撑	(17606)	(16717)	(17818)
员工费用	(8409)	(6775)	(6762)
其他费用	(14814)	(12281)	(12312)
折旧摊销前营业利润（OIBDA）	25777	22603	22919
折旧和摊销	(9303)	(8956)	(9046)
营业利润	16474	13647	13873
来自关联公司的利润（亏损）	76	47	(161)
财务收入	792	814	827
汇兑收益	3508	3085	6189
财务成本	(3329)	(3581)	(3648)
汇兑损失	(3620)	(3625)	(6165)
净财务费用	(2649)	(3307)	(2797)
税前持续经营利润	13901	10387	10915
公司所得税	(3829)	(2450)	(3089)
持续经营利润	10072	7937	7826
税后非持续经营利润	—	—	—
本年利润	10072	7937	7826

续表

	2010 年	2009 年	2008 年
非控股损益	95	(161)	(234)
归属于母公司股东的利润	10167	7776	7592
归属于母公司股东的持续经营基本每股收益及稀释每股收益	2.25	1.71	1.63
归属于母公司股东的基本每股收益及稀释每股收益	2.25	1.71	1.63

3. 合并现金流量表

单位：百万欧元

	2010 年	2009 年	2008 年
经营活动现金流量			
来自客户的现金	72867	67358	69060
支付给供应商及员工的资金	(51561)	(46198)	(48500)
收到的股利	136	100	113
利息及其他财务费用净支出	(2154)	(2170)	(2894)
税费支出	(2616)	(2942)	(1413)
经营活动现金净流量	16672	16148	16366
投资活动现金流量			
财产、厂房、设备和无形资产处理收益	315	242	276
财产、厂房、设备和无形资产投资支出	(8944)	(7593)	(7889)
公司处理、现金及现金等价物处理净收益	552	34	686
公司投资、现金及现金等价物获取净投资	(5744)	(48)	(2178)
金融投资（不包括现金等价物）收益	173	6	31
金融投资（不包括现金等价物）支出	(1599)	(1411)	(114)
现金盈余（不包括现金等价物）利息（支出）	(621)	(548)	76
获得的政府补助	7	18	11
投资活动现金净流量	(15861)	(9300)	(9101)
融资活动现金流量			
支付的股利	(6249)	(4838)	(4440)
与其他股份持有者的交易支出	(883)	(947)	(2241)
发行债券收到的现金	6131	8617	1317
借款、期票收到的现金	9189	2330	3693
偿还债券支付的现金	(5482)	(1949)	(1167)
偿还借款、期票支付的现金	(7954)	(5494)	(4927)
融资活动现金净流量	(5248)	(2281)	(7765)
托收和承付的外币汇率变动影响	(463)	269	(302)
合并财务报表编制方法变动影响及其他非货币影响	7	—	14
报告期现金及现金等价物净增加（减少）	(4893)	4836	(788)
1 月 1 日现金及现金等价物	9113	4277	5065
12 月 31 日现金及现金等价物	4220	9113	4277
根据资产负债表对现金及现金等价物的调节			
1 月 1 日余额	9113	4277	5065
库存现金及银行存款	3830	3236	2820
其他现金等价物	5283	1041	2245
12 月 31 日余额	4220	9113	4277
库存现金及银行存款	3226	3830	3236
其他现金等价物	994	5283	

附件二：西班牙电信公司大事记

1924年4月19日，Telefonica的前身CTNE（Conpania Telefonica Nacional de Espana，西班牙国家电话公司）在马德里成立。ITT是CTNE最初成立时的股东之一。

1945年，西班牙政府取得CTNE 79.6%的股份。

1960年，CTNE成为西班牙最大的公司，拥有10万名股东，32000名员工。

1967年，首创卫星通信。

1971年，在欧洲率先开始运营欧洲数据传输特殊网络。

1978年，电话安装数达到1000万。

1987年，在纽约证交所上市交易。

1989年，参与西班牙卫星（Hispasat）的建造。

1989年，进入智利市场，参股智利CTC公司。

1990年，发起了Moviline，这是一种模拟移动服务，三年内地理区域覆盖率达到了98%。

1990年，进入智利和阿根廷市场，参股阿根廷TASA公司。

1994年，进入秘鲁市场，入股TdP。

1994年，推出数字移动电话Movistar。

1995年，商业互联网诞生，Telefonica推出了Infovia。

1995年，西班牙政府第一次出售其持有的本公司部分股权。

1998年，竞标胜出，承建巴西的Telesp。

1999年，Telefonica再次实现由公众持有全部股份。

1999年，推出固定宽带接入服务ADSL。

2000年，Veronica投标承建Telefonica在阿根廷和秘鲁的分公司，以及巴西的Telesp和Tele Sudeste。

2002年，提出了专注于优质增长的新战略。

2003年，Telefonica和葡萄牙电信在巴西成立合资企业：Vivo。

2003年，Telefonica推出Imagenio。

2004年，收购南方贝尔公司在拉丁美洲的资产。

2005年，入股中国网通，持有5%股份。

2005年，收购捷克电信。

2006年，收购英国O2公司在英国、德国和爱尔兰的资产。

2006年，控股哥伦比亚电信，持有51%股份。

2006年，获得斯洛伐克移动电信服务牌照。

2007年，与意大利电信结成产业联盟，间接持有10.49%的有表决权股份。

2008年，收购巴西Telemig公司53.9%的有表决权股份以及4.27%的优先股。

2008年，在中国网通合并入中国联通之后，持有中国联通5.38%的股份。

2009年，与中国联通结成战略联盟，达成了双方投资协议，Telefonica对中国联通的持股比例增至8.37%，中国联通持有Telefonica 0.88%的股份。

2009年，持有智利Telefonica CTC公司的股份增至97.89%。

2010年，收购德国Hansenet公司。

2010年，Telefonica通过收购葡萄牙电信持有Brasilcel的50%股份，获得对巴西Vivo公司的控股权。

2011年，获得哥斯达黎加移动电信服务牌照。

2011年，增强了2009年与中国联通建立的战略联盟，增加了股权互换，Telefonica持有的中国联通的股权达到了9.7%，中国联通持有Telefonica的股权达到了1.37%。

中国移动通信
CHINA MOBILE

移 动 通 信 专 家

　　一组回旋错落的线条组成了一个平面造型为六面体的网络结构，象征着移动通信的蜂窝网络。两组线条犹如握在一起的两只手，象征着中国移动通信通过自己的服务，拉近了人与人之间的距离；线条组成的图案适合在圆形（地球）之中，取其意为"全球通"。图形中央是一个贯穿东西、连结南北的字母G，同时也是一个变形的字母T，合体字母GT以流畅的线条表现了英文GOTONE的缩写，也表达了汉语的沟通；GT仿佛一个向上的箭头，预示着"全球通"的不断进取与突破，传达出全球通价值、创新、品位、自信的品牌信息。

　　合体字母GT将图形分为两部分，左边的C代表CM-CC的缩写，它环抱着GT，隐喻着全球通出自于中国移动，反映出中国移动致力于创无限通信世界，做信息社会栋梁的企业使命。右边的O，中心被GT所连接，一方面表达着沟通全球，另一方面隐喻着中国移动沟通从心开始的服务理念；被GT所勾画后的O，宛如一个逗号，表达着意犹未尽的沟通与情感，传达着中国移动追求客户满意服务的企业宗旨。

　　全图以沟通为诉求点，流畅的线条上下贯通、左右结合，休现出全球涌作为信息传递与情感交流的沟通纽带所值得信赖的品牌价值。

王建宙先生，62岁，移动公司执行董事兼董事长，于2004年11月加入公司董事会，主持公司全面工作。王先生同时任中国移动通信集团公司（移动公司之控股股东）和中国移动通信有限公司董事长。历任杭州市电信局副局长和局长、浙江省邮电管理局副局长、邮电部计划建设司司长、信息产业部综合规划司司长、中国联通股份有限公司董事长兼总裁，以及中国移动通信集团公司总裁，在2004年11月至2010年8月期间，曾任移动公司首席执行官。王先生于1985年毕业于浙江大学管理工程系，拥有工学硕士学位及香港理工大学工商管理博士学位。王先生是一位教授级高级工程师，通晓电信业务，拥有33年的电信行业丰富经验。

李跃先生，52岁，移动公司执行董事兼首席执行官，于2003年3月加入移动公司董事会，主持生产经营管理工作。李先生同时任中国移动通信集团公司总裁、董事和中国移动通信有限公司董事。李先生于1976年参加工作，曾先后担任天津长途通信局副局长兼总工程师、天津市邮电管理局副局长、天津移动通信公司总经理、中国移动通信集团公司筹备组副组长、中国移动通信集团公司副总裁、卓望控股有限公司董事长、凤凰卫视控股有限公司非执行董事，以及北京联动优势科技有限公司董事长。李先生先后取得北京邮电大学函授学院电话交换专业本科学历、天津大学工商管理硕士学位及香港理工大学工商管理博士学位，具备教授级高级工程师资格，多次荣获国家级、省部级科学技术进步奖。李先生长期从事电信网络运行维护、规划建设、运营管理和企业发展战略等工作，拥有多年的电信行业丰富经验。

六 中国移动公司可持续发展报告（China Mobile）

（一）公司简介

中国移动通信集团公司是根据国家关于电信体制改革的部署和要求，在原中国电信移动通信资产总体剥离的基础上组建的国有重要骨干企业，于 2000 年 4 月 20 日成立。中国移动通信集团公司全资拥有中国移动（香港）集团有限公司，由其控股的中国移动有限公司在国内 31 个省（自治区、直辖市）设立全资子公司，并在香港和纽约上市。中国移动集团是中国内地最大的移动通信服务供应商，拥有全球最多的移动用户和全球最大规模的移动通信网络。中国移动集团的债务评级目前为穆迪公司评级 Aa3/前景正面和标准普尔评级 AA-/前景稳定，分别等同于目前的中国国家主权评级。

中国移动在《福布斯》杂志"全球 2000 领先企业榜"的排名由去年的第 55 位提升至第 38 位，再次被《金融时报》选入其"全球 500 强"，排名第 10 位，被美国《商业周刊》评为 2010 年"全球最具创新力企业 50 强"。移动公司在《亚洲金融》杂志 2010 年"亚洲最佳公司"评选中，获"最佳派息承诺"中国组第一和"最佳企业管治"及"最佳企业社会责任"中国组第二。"中国移动"品牌连续第五年被列入"BRANDZTM100 全球最强势品牌"排行榜，排名全球第 8 位。该排行榜由明略行与《金融时报》自 2006 年起发布。在汤森路透联合 IR 杂志举办的汤森路透 Extel 亚太区 2010 年调查投票中，移动公司获得包括"亚太区最佳投资者关系综合大奖"、"最佳投资者关系综合大奖—大市值组（大中华区）"、"香港上市公司最佳投资者关系奖"及"技术媒体和通信行业最佳投资者关系奖（大中华区）"四项大奖。

于 2010 年 12 月 31 日，移动集团的员工总数达 164336 人，客户总数达 5.84 亿户，市场占有率约 69.3%，GSM 国际漫游通达 237 个国家和地区，GPRS 国际漫游通达 186 个国家和地区。

2010 年，移动集团营运收入实现平稳增长，达到人民币 4852 亿元，比上年增长 7.3%；盈利能力继续保持同业领先水平，股东应占利润达人民币 1196 亿元，净利润为 1198 亿元；股东投资报酬率达到 20.76%；基本每股盈余达到人民币 5.96 元，比上年增长 3.9%。于 2010 年 12 月 31 日，移动集团共有普通股 200.6 亿股，收盘价为 77.2 港元，折合人民币 65.69 元，市盈率为 11.02。

（二）公司战略

1. 核心价值观

中国移动的核心价值观是"正德厚生，臻于至善"。

"正德厚生"是中国移动的行为责任规范。中国移动的员工要以"责任"为安身立命的根本。中国移动在全集团倡导承担责任的自觉意识，鼓励承担责任的自觉行为。中国移动将本着负责任的态度处理好自身与用户、政府、合作伙伴、竞争对手、供应商和员工等各利益相关者的关系。这是中国移动作为一个企业通过承担责任对自身价值的彰显。

中国移动"臻于至善"的进程，是一个不断进取、上下求索、开拓创新、自我超越的持续提升过程。它宣示了中国移动在未来通信行业乃至全球产业界的自我定位，那就是要力争在全球企业中站位领先。通过不懈的努力，成为同业乃至所有企业所公认的典范。

"正德厚生，臻于至善"既体现了中国移动独有的特质，又阐释了中国移动历来的信仰。"正德厚生，臻于至善"就是要求中国移动以人为本打造以"正身之德"承担责任的团队，就是要求中国移动成为以"厚民之生"兼济天下、承担社会责任的优秀企业公民，就是要求我们培养精益求精、不断进取的气质，锻造勇于挑战自我，敢于超越自我的精神。

2. 使命

中国移动的企业使命是"创无限通信世界 做信息社会栋梁"。

"创无限通信世界"体现了中国移动通过追求卓越，争做行业先锋的强烈使命感；"做信息社会栋梁"则体现了中国移动在未来的产业发展中将承担发挥行业优势、勇为社会发展中流砥柱的任务。

及时、充分而有效的沟通是人类实现资源共享、社会实现集约快速发展的必要条件。通信业的发展，帮助人类逐渐打破沟通的时空障碍，使人与人之间的沟通更为快捷有效。"无限通信"的世界是我们每个人的梦想乐园，在没有任何沟通限制和障碍的世界，在能够"随时"、"随地"、"随意"、"沟通无极限"的世界，人类能够自由共享所有知识，自由传达所有情感。中国移动凭借卓越的技术和才能，把创造和实现人类共同的梦想"创无限通信世界"作为自己无上的企业使命。

作为信息社会的栋梁，中国移动将不断提高网络技术水平和网络的综合能力，为社会提供更完善的基础设施和更有效的解决方案，成为信息化的重要基础和桥梁。中国移动将以高效的运营保证信息沟通与交流的及时通畅，通过运营的不断完善和创新，将消费层面的需求发展传递给技术层面，将技术层面的进步传递到消费层面，从而形成一个良性的循环，通过自身的进步和发展，带动和推进整个社会的进步与发展，不断推动社会向信息社会的迈进。

3. 愿景

中国移动的愿景是"成为卓越品质的创造者"。

"成为卓越品质的创造者"是中国移动对多年来倾力打造的"移动通信专家"形象的传承和升华。经过多年的辛勤努力，中国移动拥有了全球规模最大、质量最好的无线通信网络，拥有了全球第一的客户群体，拥有了一支高素质的年轻而富有活力的员工队伍，成就了"移动通信专家"的能力和形象，奠定了中国移动创造卓越品质的基石。中国移动已铸就的一切成果，以及正在进行的努力让中国移动坚信，中国移动完全有能力成为全球最佳通信服务和业务的提供者，成为全球品质最佳的企业。

"成为卓越品质的创造者"，是中国移动在新环境下，适应市场需求、保持价值增长，实现新跨越的着力点。随着信息社会的发展，未来的通信消费需求将逐步由单纯的产品需求向复杂的品质需求转变，运营商只有在产品的功能性、服务的系统性、体验的崇尚性、内容的时尚性等诸多方面不断创新才能形成长期的差异化竞争优势，将2G优势延续到3G时代，最终实现新的发展跨越。

"成为卓越品质的创造者"，其核心就在于，以客户需求的洞察、挖掘和满足为目标，以企业价值链各环节的持续改善为策略，以人、组织、运营体系的系统结合为基点，从领先的网络质量、精准的计费系统、深入的客户理解、满意的客户服务、创新的业务产品、值得信赖的品牌等多个方面塑造中国移动服务的卓越品质。

4. 公司战略

（1）四网融合发展战略。在基础网络建设方面，中国移动将坚持四网融合发展战略，充分发挥 GSM、TD、WLAN、LTE 网络各自的覆盖能力和业务承载能力，实现四网长期共存、互为补充、融合发展。其中，对 GSM 网络要持续高价值投入，满足业务需要，保持网络质量绝对领先；对 TD 网络加强连续覆盖和深度覆盖，加快业务分流，稳步提高网络利用率，目前已经实现县级以上覆盖，TD 用户规模已经突破 3500 万；对 WLAN 网络将加大覆盖力度，逐步覆盖绝大部分数据业务热点地区，发挥数据分流作用，力争三年内达到 100 万个 WLAN 热点覆盖；在 LTE 方面坚持 TDD 和 FDD 融合发展，在政府的领导下，中国移动正在加快推进 TD-LTE 商用和全球化进程。

（2）手机多用途化战略。中国移动进军移动支付和移动电子商务的蓝图和使命就是实现手机多用途化的战略。对此，中国移动提出两大发展战略：

- 用户体验业已成为电子商务的核心竞争力。从服务民生的角度，中国移动将继续践行移动改变生活，与产业链各方采取开放的合作，共同搭建商户、用户之间的桥梁，为用户提供更多、更丰富的体验与应用，包括线上线下的消费购物。

- 移动电子商务产业链复杂，是金融、软硬件、零售和服务等多个行业相结合的复合型服务业。作为用户与商户之间的桥梁，中国移动凭借无线领域的优势，将与金融机构、银联、各大商业银行、广大商户等产业链各方共享智能管道等资源，共同探索更丰富的应用产品体系，为用户提供更多的移动电子商务的应用。

（三）公司治理

1. 股权结构

中国移动的主要股东是中国移动（香港）集团有限公司。于 2010 年 12 月 31 日，移动集团公司通过其全资拥有的子公司中国移动香港（BVI）有限公司，间接持有移动公司约 74.21% 的股本权益，余下 25.79% 的股本权益则由公众人士持有，如图 2-6-1 所示。

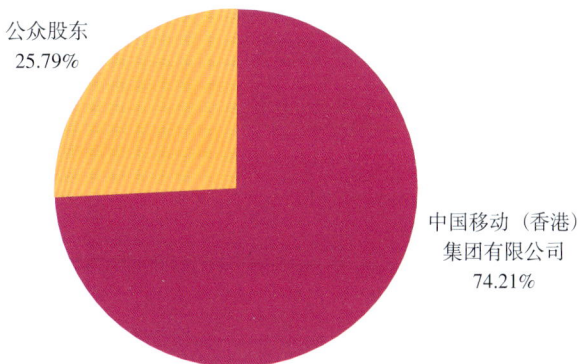

公众股东 25.79%

中国移动（香港）集团有限公司 74.21%

图 2-6-1　中国移动股权结构

2. 董事会及董事会委员会

移动公司的董事会的主要职责包括制订移动集团整体战略目标、设定管理目标，监督公司的内部控制和财务管理，以及监管管理层的表现，而公司的日常运作则由董事会授权公司的管理层进行管理。董事会按照制订的董事会常规（包括有关汇报及监管程序）运作，并直接负责制定移动公司企业管治指引。

目前，董事会共由 12 名董事组成，包括王建宙先生（董事长）、李跃先生、鲁向东先生、薛涛海先生、黄文林女士、沙跃家先生、刘爱力先生、辛凡非女士及徐龙先生担任执行董事，由罗嘉瑞先生、黄钢城先生及郑慕智博士担任独立非执行董事。

董事会目前下设三个主要委员会，包括审核委员会、薪酬委员会和提名委员会，三个委员会全部由独立非执行董事组成。

3. 董事会薪酬与任免

移动公司目前对高级管理层的现金薪酬采用固定的每月工资及与绩效挂钩的年度奖金结构，与绩效挂钩的年度奖金的发放办法是按照设定评核指标完成情况作为评核标准。在长期奖励计划方面，公司采用了认股期权奖励，不同级别的管理层会获分配不同比重的认股期权奖励。非执行董事的酬金则部分根据市场水平，并考虑其担任移动公司非执行董事及董事会委员会成员的工作繁重程度。

移动公司对执行董事的提名主要是在移动集团内挑选和物色深谙电信业务并拥有丰富的电信行业管理经验的人士，对非执行董事的提名则以其独立性及其在金融和商业管理方面的经验和专业资格为标准，并考虑上市地法律法规的要求以及董事会的架构及组成的合理性等广泛审慎物色具备合适资格可担任董事的人士。公司提名委员会首先商议新董事的提名和任命，然后再提交董事会过后任命。

所有新委任的董事均获得全民就任的须知，以确保他们对公司的运作及业务均有适当的理解，以及完全了解其本身的责任。公司上市地的上市规则、适用的法律及移动公司业务及管治政策下的职责。新任董事须于获任后首年的股东周年大会上告退并获重选。每名董事应至少每三年一次轮流退任。

4. 管理层及员工

在惩治和预防腐败方面，移动公司深入开展惩治和预防腐败体系建设，制定了各项规范高管人员用权行为的制度和办法，以及巡视、效能监察、廉洁文化、廉洁从业承诺、招标和非招标采购项目监督等多项基础工作制度，并一直努力于持续的管理制度优化、业务流程改进及执行情况的监督。

截止到 2010 年 12 月 31 日，移动集团的客户总数达到 5.84 亿户，市场占有率约 69.3%，GSM 国际漫游通达 237 个国家和地区，GPRS 国际漫游通达 186 个国家和地区。

（四）市场概览

1. 电话用户市场

2010 年，中国移动的电话用户（包括固定电话和移动电话）市场占有率从 2009 年的 52.3% 上升到 53.4%，而中国电信、中国联通的电话用户市场份额分别下降 0.4% 和 0.7%，分别达到 23.7% 和 22.9%，电话用户市场份额如图 2-6-2 所示。

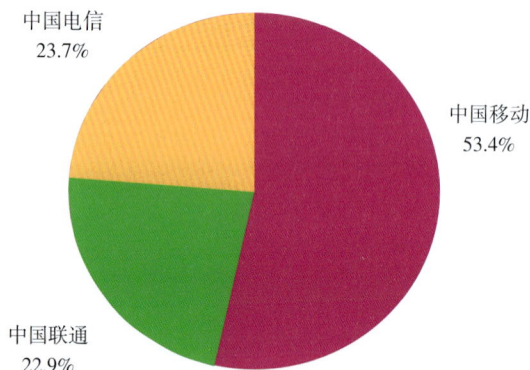

中国电信 23.7%
中国移动 53.4%
中国联通 22.9%

图 2-6-2　2010 年国内电话用户市场份额

从增量市场来看，2010 年中国电信和中国联通的电话用户增速分别为 6.7% 和 5.5%，虽然仍低于中国移动的 11.1%，但用户增速的差距比 2009 年明显缩小。2010 年中国电信的净增电话用户从 2009 年的 708.0 万户上升到 1715.9 万户，中国联通从 783.5 万户上升到 1373.4 万户，而中国移动则从 6442.6 万户下降到 6150.6 万户，中国移动的增量优势明显减小。

从移动电话用户市场来看，2010 年中国移动的用户增速为 11.4%，低于中国电信的 49.0% 和中国联通的 13.4%。中国移动的移动电话用户市场份额比 2009 年下降 2.2%，但仍然高达 69.7%，而中国电信、中国联通的市场份额分别为 10.8% 和 19.5%，移动电话用户市场份额如图 2-6-3 所示。

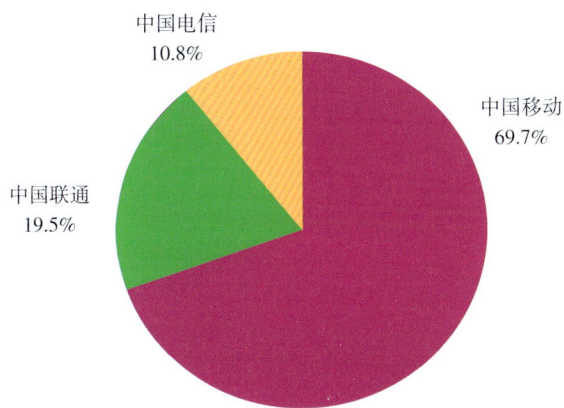

图 2-6-3　2010 年国内移动电话用户市场份额

2. 固定电话与宽带接入市场

中国电信和中国联通在固定电话和宽带市场的优势依旧明显，中国移动虽然在这两大市场处于弱势，但是市场占有率略有上升，固定电话和宽带市场份额分别为 5.9% 和 7.8%，比 2009 年分别增加了 0.4% 和 0.1%；固定电话与宽带接入市场份额如图 2-6-4 所示。

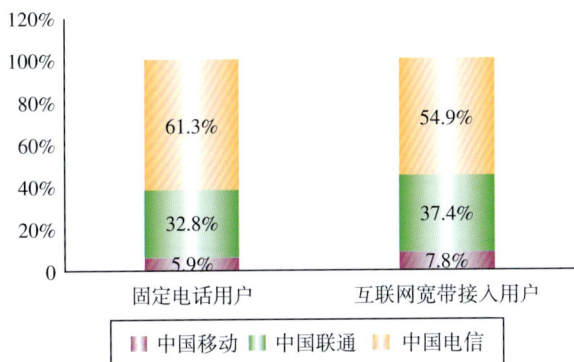

图 2-6-4　2010 年国内电信运营商固定电话与
宽带接入市场份额

2010 年，TD 用户新增 1519.2 万户，达到 2070.2 万户，占 3G 用户市场份额的 44.0%，中国联通和中国电信分别占 3G 用户市场份额的 29.9% 和 26.1%，3G 用户市场份额如图 2-6-5 所示。相互之间的差距不是很大，3 家电信运营商初步形成相对均衡的竞争格局。2010 年，中国移动 TD 网络已覆盖 238 个地级城市，地区覆盖率达到 70% 以上，预计 2011 年上半年完成四期网络建设，届时 TD 网络将覆盖县级以上所有城市。手机电视、可视电话、多媒体彩铃、视频会议、彩像、TD 无线城市等特色业务有序试点及推广。截止到 2010 年底，累计入网 TD 终端 524 款，超过其他两种制式。同时，中国移动的宽带接入用户尽管规模小，但增速却在三家基础电信企业中排名第一。

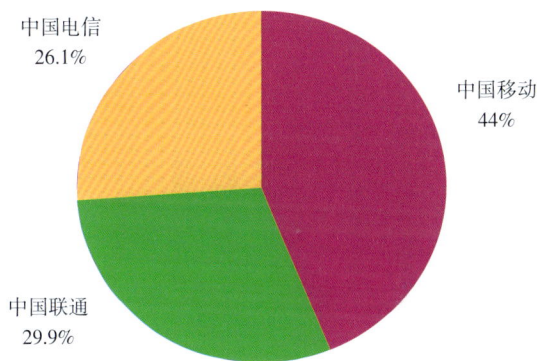

图 2-6-5　2010 年国内 3G 移动电话用户市场份额

3. 收入市场份额

2010 年，中国移动的电信业务收入市场份额为 56.2%，仍超过中国电信、中国联通收入之和，但比 2009 年略微下降了 0.1%，收入市场份额如图 2-6-6 所示。收入市场集中度从 2009 年的 4151 下降到 4094，市场格局有所改善。

4. ARPU 值

固定电话用户的话音 ARPU 值方面，中国电信和中国联通相差不大，并且均比 2009 年有所下

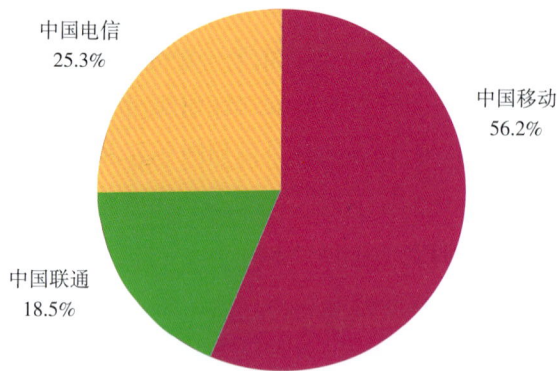

图 2-6-6　2010 年国内电信运营商收入市场份额

降。2009 年和 2010 年电信运营企业的固定话音 ARPU 值对比分析如图 2-6-7 所示。

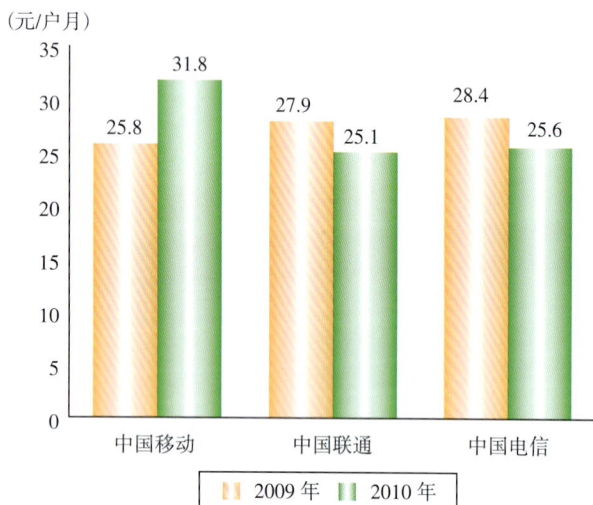

图 2-6-8　2009 年、2010 年国内电信运营商移动话音 ARPU 值对比分析

降幅最大。2009 年和 2010 年电信运营企业宽带接入 ARPU 值对比分析如图 2-6-9 所示。

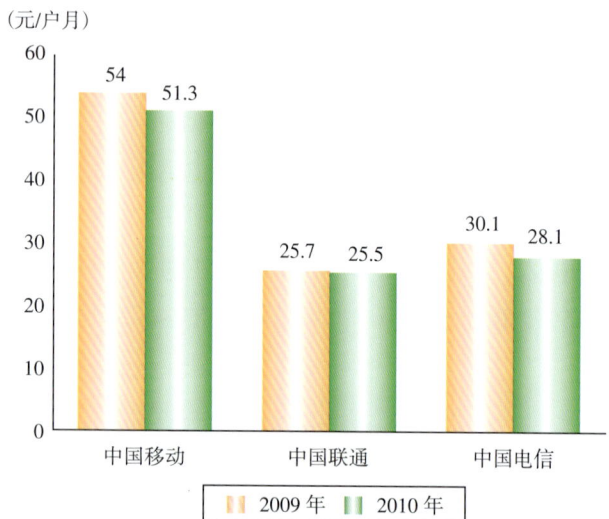

图 2-6-7　2009 年、2010 年国内电信运营商固定话音 ARPU 值对比分析

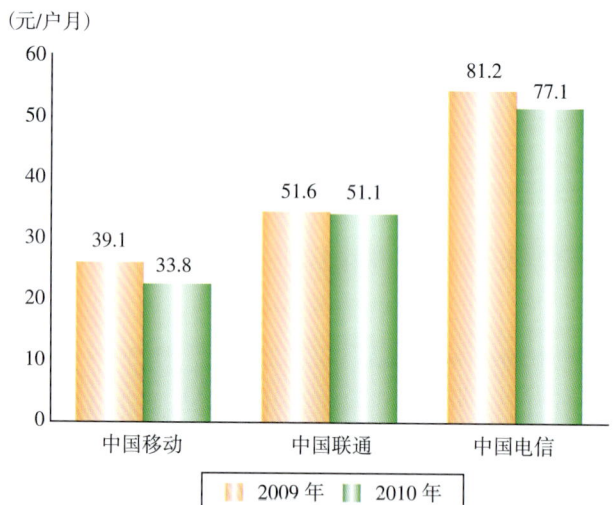

图 2-6-9　2009 年、2010 年国内电信运营商宽带接入 ARPU 值对比分析

移动电话用户的话音 ARPU 值放慢，中国联通和中国电信相差不大，中国移动则明显较高，占有显著优势。虽然中国联通的移动话音 ARPU 值最低，但相比 2009 年下降幅度最小。2009 年和 2010 年电信运营企业的移动话音 ARPU 值对比分析如图 2-6-8 所示。

互联网宽带接入用户的 ARPU 值方面，中国电信明显高于中国移动和中国联通，占有显著优势。中国移动的宽带 ARPU 值最低，与中国联通相比也有一定差距，并且与 2009 年相比

（五）业务概览

1. 业务种类

（1）语音业务。具体可分为本地呼叫、国内长途、国际长途、省内漫游、省际漫游和国际漫游。

（2）新业务。包括语音增值业务和数据业务。话音增值业务主要包括主叫显示、主叫隐藏、呼叫等待、呼叫转移、呼叫保持、语音信箱和会议电话等。数据业务主要包括短信、WAP、彩铃、彩信等。移动还开发了很多其他数据业务产品，如：百宝箱、语音杂志、号簿管家等。

2. 业务运营

截至 2010 年底，移动集团客户总数达到 5.84

亿户，年增长率为 11.8%；总通话分钟数达到 34616 亿分钟，年增长率为 18.6%；使用增值业务客户达到 5.23 亿户，年增长率为 12.9%；短信使用量近 71110 亿条，年增长率为 4.4%；增值业务收入达到人民币 1514 亿元，年增长率为 15.2%；增值业务收入占营运收入的比例达到 31.2%，较去年提高 2.1%。中国移动主要营运数据如表 2-6-1 所示。

表 2-6-1　中国移动主要营运数据

	2010 年	2009 年
客户总数（百万户）	584.0	522.3
净增客户数（百万户）	61.7	65.0
总通话分钟数（10 亿分钟）	3461.6	2918.7
平均每月每户通话分钟数（MOU）（分钟/户/月）	521	494
平均每月每户收入（ARPU）（元/户/月）	73	77
短信使用量（10 亿条）	711.0	681.2
彩铃订购次数（百万次）	1598	1684
彩信使用量（10 亿条）	53.1	45.4
数据流量（10 亿 MB）	103.1	48.6

（1）拓展蓝海，保持增长。2010 年，移动集团加强新客户的拓展和存量客户的经营，成效显著。截至 2010 年 12 月 31 日，移动集团客户总数达到 6.84 亿户，全年净增客户数达到 6173 万户，净增客户市场份额继续保持行业领先地位。农村、流动人口等市场继续成为重要的增长点。中高端客户基础稳定。集团客户规模继续扩大，截至 2010 年底，集团客户数达到 293 万家，覆盖了政府以及金融、能源、制造等各行业，纳入集团管理的个人客户数占客户总数的比例达到 36.1%。移动集团深挖行业价值，大力推广行业信息化应用，校讯通客户数超过 4400 万户，银信通客户数超过 1500 万户。

2010 年，移动集团积极开展话务营销，进一步把握客户需求，挖掘长途、漫游等话务潜力，

语音业务继续增长。总通话分钟数达到 34616 亿分钟，年增长率为 18.6%；平均每月每户通话分钟数（MOU）为 521 分钟，比 2009 年的 494 分钟上升 5.4%；语音业务收入达到 3338 亿元，比 2009 年增长 4.1%。

移动集团增值业务快速发展。2010 年增长业务收入达到 1514 亿元，比 2009 年增长 15.2%，增值业务收入占营运收入的比例进一步提高，达到 31.2%。短信、彩铃、彩信等业务继续在增值业务收入中发挥重要作用。2010 年，短信使用量近 7110 亿条，收入达到 526 亿元，无线音乐（含彩铃）收入超过 203 亿元，彩信收入（含手机报）超过 35 亿元。手机报、飞信等业务已形成一定规模。手机报注册客户达 7279 万户（其中中央平台付费客户达到 4153 万户），收入近 20 亿元。飞信

活跃客户数达 7842 万户，收入达到 6.42 亿元。手机阅读、手机支付业务于 2010 年实现商用后，快速发展。数据流量业务迅猛增长，达到 1031 亿 MB，比 2009 年增长 112.3%，收入达到 305 亿元，比 2009 年增长 49.4%，实现了量收健康发展，成为驱动增值业务增长的重要来源。

移动集团努力增强在移动互联网领域的竞争力，从改善客户体验、创造客户价值出发，加快业务整合，加强协同效应。移动应用商场（Mobile Market）快速规模发展，累计注册客户 3500 万户，累计应用下载量达到 1.1 亿次，经过"百万青年创业计划"的推广和发展，累计开发者达到 110 万，提供各项应用 5 万件。积极推进 139 社区实现从市场培育到规模发展的跨越。针对 WLAN，以客户体验为中心，不断提升产品质量，重点从简化认证、统一门户等方面进行突破，业务呈现迅猛增长，有效吸收数据流量。努力推进仓储式、低成本 IDC 的建设，重视优质网站资源的引入和维系，贡献数据流量比不断上升。

移动集团不断充实完善家庭、集团产品，努力探索和创新物联网应用，突出宜居通、车务通、电梯卫士等物联网应用，大力推广远程电力抄表、远程视频监控、金融无线 POS 等物联网应用，推进物联网的规模化发展，M2M 终端数超过 690 万台。移动集团积极研究开发机器卡、物联通、千里眼等物联网标准产品及多个行业的应用模板。推动与地方政府建设无线城市，城市管理、智能交通、工业控制等物联网应用快速发展。

移动集团努力探索新的运营模式，南方基地、国际信息港、新产品基地的建立，规范了集中化运营，发挥了规模效应。同时，移动集团坚持开放、合作、共赢，积极探索新的业务模式、继续开展品牌创新合作。通过移动梦网创新模式，绑定优质资源，开创与内容和渠道的直接合作，与移动应用商场协同发展，形成资源互补，共同发展的合作模式。

（2）提升质量，增强能力。移动集团坚持"网络质量是通信企业生命线"的理念，继续保持网络能力和质量的整体领先。2G 基站总数（55.4 万个）、基站自有光缆接入比例（96.2%）及 WLAN 投入运行的无线接入点（54.5 万个）等方面显示移动集团领先的网络规模和能力。无线接通率（99.26%）、掉话率（0.54%）和短信接通率（99.69%）等网络质量指标在高数据流量的情况下仍保持领先的水平。

移动集团初步建立了面向客户感知的网络质量评价体系，从客户体验出发，改善网络质量，确保客户满意。组织开展网络质量竞赛，查找影响质量的关键问题。开展"确保计费无差错"活动，异常话单管理的闭环工作机制初步形成。实施集中化，业务支撑能力不断提升。组织开展增值业务产品质量提升举措，端到端的产品质量得到进一步改善。增值业务质量管理体系和自动测试系统初步建立。网络和业务质量的提升，为移动集团在复杂竞争环境下保持业务发展打下了坚实的基础。

（3）改善服务，增强满意度。移动集团坚持"客户为根，服务为本"，努力建立服务方面的新优势。大力发展电子渠道，业务办理量占比稳步提升。基本实现"统一门户、统一导航"。开展服务质量提升活动，营业应排队、10086 呼叫热线接通率、垃圾短信清理等重点问题得到进一步改善。优化资费套餐设计，推出"业务扣费主动提醒、增值业务统一查询和退订"服务举措，确保客户明白消费、放心消费。2010 年客户满意度、百万客户申诉率为内地全行业最好水平。

（4）推进 3G 建设运营，实现融合发展。移动集团继续采取租用母公司 3G 无线网络容量的方式进行 TD-SCDMA 标准的 3G 网络运营。发挥与母公司的协同效应，实现 2G 和 3G 的融合发展。

网络覆盖范围不断扩大，投入使用的 3G 基站总数达到 13.5 万个，基本实现全部县级以上城市（656 个）的覆盖。继续加大技术创新，开展网络优化，有效解决一些技术难题，网络质量达到良好水平。发挥规模效应，实施集中终端采购，降低了供货价格，提高了产品质量，保证了业务发展。推广手机电视及其他业务，取得良好成效。2010 年 12 月，移动集团 3G 客户数为 2070 万户，取得了领先的 3G 市场份额。移动集团配合母公司积极推动 TD-LTE 标准和产业的发展，上海世博会和广州亚运会成功开通 TD-LTE 演示网，广受关注和好评。TD-LTE 6 个城市的规模试验和北京演示网的准备工作顺利展开。

（5）推动集中化、标准化和信息化，实施低成本高效运营。移动集团进一步完善管理体系和制度流程，加强集中化管理。继续深化财务集中管理，探索实践多维度成本管理。继续推进网络运维集中化，在实现以省为单位的网络集中优化模式。集中采购范围进一步扩大，大幅降低了采购成本。国际信息港、仓储物流五个大区中心等启动，南方基地支撑系统集中化建设取得成效。

移动集团继续大力推行标准化，继续将标准化应用在业务模型、设备配置、建设规范、产品服务、业务流程、企业管理等各个方面，提高效率和质量，最终降低成本。与此同时，移动集团的信息化工作也取得了很好的成效，运营和管理信息化的支撑服务能力得到系统提升。经营分析、渠道管理等业务支撑系统帮助实现了精确营销、精准服务，管理信息系统提高了运营管理的效率。

集中化、标准化、信息化的实施，构成了低成本高效运营的基础，是移动集团能够更快地适应复杂环境的变化，更好地满足客户的需求，更有效的提升企业的核心竞争力。

（6）稳健合理投资，满足发展需求。为了满足新客户、新话务和新业务的增长，抓住移动互联网、物联网迅猛发展的机遇，积极发展有价值的数据流量业务，确定网络质量和运营支撑能力的整体领先，进而保证收入和利润的稳定增长，移动集团将继续进行稳健合理的投资，并努力保证投资回报和长期效益。

移动集团 2010 年资本开支约为 1243 亿元，主要用于基础网络（44%）、支撑系统（7%）、传输（23%）等方面的建设和新技术新业务的发展（13%）。移动集团新确定的 2011 年至 2013 年资本开支计划分别为 1324 亿元、1304 亿元和 1255 亿元。2011 年的资本开支主要用于基础网络（53%）、支撑系统（7%）、传输（11%）等方面的建设和新技术新业务的发展（14%），2010~2013 年资本开支如图 2-6-10 所示。

图 2-6-10　资本开支（人民币十亿元）

（7）推动"移动改变生活"，实现可持续发展。面向未来，移动集团将继续拓展蓝海市场，充分挖掘增长潜力。扩大对个人客户的"生活服务份额"，抓住移动通信网络宽带化和个人终端智能化的契机，大力发展移动互联网，推动手机媒体化、多用化，使手机更好地融入人们的工作、学习、娱乐和生活；同时，扩大对社会各行各业的"信息服务份额"，搭建无线城市平台，大力发展物联网应用，推动社会信息化，使移动通信服务和信息化产品更广泛深入地融入各行各业。努力推动"移动改变生活"的战略愿景，实现可持续发展。

（六）经营和财务绩效（见表 2-6-2）

表 2-6-2　中国移动 2008~2010 年度经营与财务业绩比较

单位：百万元	中国移动		
年份	2010	2009	2008
收入	485231	452103	412343
总资产	861935	751368	657697
EBITDA	239382	229023	216487
EBITDA 率	49.33%	50.66%	52.50%
净利润	119889	115465	112954
净利润率	24.71%	25.54%	27.39%
总资产报酬率（ROA）	13.91%	15.37%	17.17%
净资产报酬率（ROE）	20.76%	22.75%	25.50%
资本性支出（CAPEX）	124300	129400	136300
CAPEX 占收比	25.62%	28.62%	33.06%
经营活动净现金流	231379	207123	193647
每股经营活动净现金流（元）	11.53	10.33	9.66
自由现金流（FCF）	107032	77756	57355
自由现金流占收比	22.06%	17.20%	13.91%
销售现金比率	47.68%	45.81%	46.96%
资产现金回收率	26.84%	27.57%	29.44%
EVA	63985	66319.75	68178.2
EVA 率	11.31%	13.24%	14.84%
每股盈利（EPS）（单位：元）	5.96	5.74	5.63
每股股利（DPS）（单位：港元）	3.014	2.804	2.743
股利支付率	43%	43%	43%
主营业务收入增长率	7.33%	9.64%	15.52%
总资产增长率	14.72%	14.24%	16.72%
净利润增长率	3.83%	2.22%	29.57%
经营活动现金流增长率	11.71%	6.96%	14.85%
每股盈余增长率	3.83%	1.95%	29.43%
资产负债率	33.01%	32.44%	32.66%
流动比率	125.92%	136.96%	133.00%
利息保障倍数	177.35	124.76	97.61
总资产周转率	0.56	0.60	0.63
固定资产周转率	1.26	1.26	1.26
坏账发生率	38.86%	48.76%	39.68%
折旧与摊销	86292	80235	71713
股息	51818	49544	48364
内部融资额	154363	146156	136303
折旧摊销率	17.78%	17.75%	17.39%
付现成本率	51.15%	49.74%	48.02%
营销、一般及管理费用率	18.67%	17.70%	16.22%

1. 营运收入

2010 年，移动集团客户规模继续稳步扩大，话务量持续较快增长，增值业务拉动作用明显，移动集团营运收入达到 4852 亿元，比上年增长 7.3%。2010 年净增客户 6173 万户；移动集团稳步推进资费结构和漫游、长途资费调整，有效实施话务量的精确营销，带动话务量实现较快增长，总通话分钟数达到 34616 亿分钟，比上年增长了 18.6%。客户基础的继续巩固和话务量的稳定增长保证了收入的持续增长。中国移动 2009 年、2010 年营运收入构成如图 2-6-11 所示。

移动集团积极进行增值业务产品创新与业务推广，增值业务呈现良好的发展势头，对收入增长的贡献日益明显，2010 年增值业务收入达 1514 亿元，比上年增长了 15.2%，占总营运收入比重提升至 31.2%。短信业务在经历多年高速增长后有所回落，但仍维持可观的规模，并且未来随着物联网相关业务发展，短信业务还将具有发展空间；2010 年短信数据业务收入达 526 亿元，占增值业务收入比重为 34.7%。移动互联网业务发展迅速，2010 年移动数据流量增幅达 112.3%，数据流量业务收入实现 305 亿元，比上年增长 49.4%，占增值业务收入比重为 20.2%。无线音乐、彩信等数据增值业务对收入的贡献日益显著；飞信、手机邮箱、12580 综合信息服务等业务也保持高速增长；2010 年其他数据业务收入近 381 亿元，占增值业务收入比重为 25.1%。增值业务收入的结构得到进一步优化。中国移动增值业务收入构成如图 2-6-12 所示。

图 2-6-11 中国移动营运收入构成

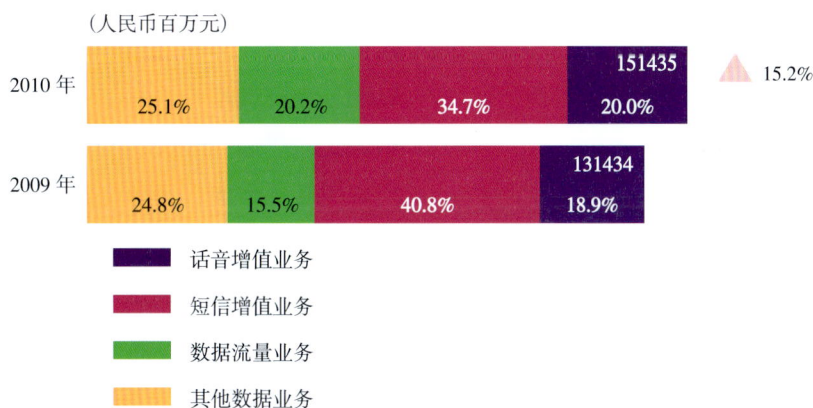

图 2-6-12 中国移动增值业务收入构成

2. 营运支出

2010年营运支出近3345亿元，比上年增长9.6%，占营运收入的比重为68.9%；规模优势不断彰显，平均每月每户营运支出为50元，比上年下降2.6%；平均每分钟营运支出为0.097元，比上年下降7.6%。中国移动营运支出结构如图2-6-13所示。

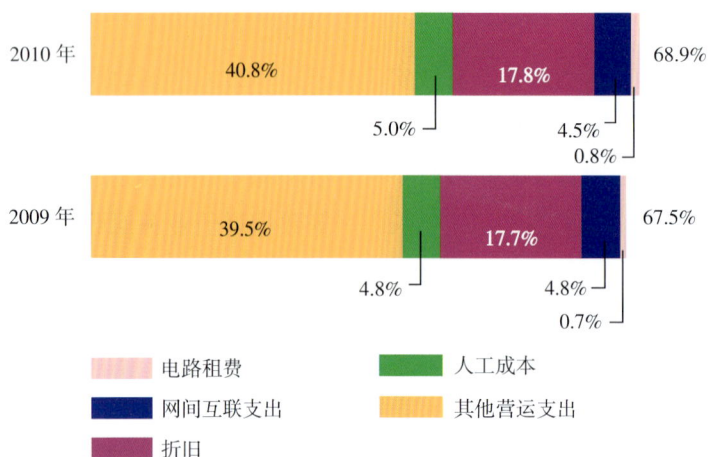

注：以上各比重数据为占营运收入之百分比。

图2-6-13 营运支出结构

（1）电路租费。移动集团持续优化网络结构，及时投入使用新建电路，自建及合建电路已经达到一定规模，电路租费规模已经较小。随着租用母公司的TD无线网络开展3G业务运营，移动集团2010年支付给母公司的TD网络容量租赁费达到5.78亿元，并且互联网业务发展相关的互联网端口租赁费也有所增长，2010年电路租费占营运收入的比重较上年有所上升，如图2-6-14所示。

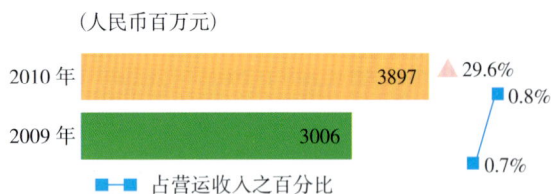

（人民币百万元）

图2-6-14 电路租费

（2）网间互联支出。2010年移动集团网间互联支出比上年略增0.39亿元，如图2-6-15所示。移动集团继续加大网络路由组织力度，通过营销策略精心安排话务的流量流向，网内话务量比重持续提高。

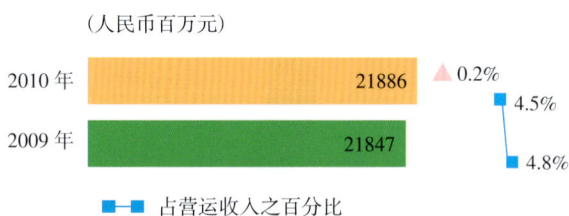

（人民币百万元）

图2-6-15 网间互联支出

（3）折旧。为继续保持网络领先优势，有效支撑客户和话务量增长，以及更好满足各项新型数据及信息业务的发展，特别是支撑移动数据流量业务爆发式增长，移动集团继续投入必要的资本开支，以进行相关的网络建设优化，相应的折旧费用有所增加，2010年折旧费用比上年增加约61亿元，但优质的网络提高了客户的忠诚度、支撑了新业务的持续发展和良好的财务业绩，同时得益于理性的资本开支、不断优化的投资结构以及规模效益的呈现，每分钟折旧比上年下降9.3%，反映出良好的投资效益。

（4）人工成本。移动集团持续强化高效的人才管理和激励机制，不断提升人才资源管理水平，在继续保持企业人才竞争力的前提下，充分发挥全面预算管理和绩效考核制度的积极作用，合理控制人工成本支出。2010年，为支撑业务良好发展，移动集团进一步充实各方面人才力量，员工数有所增长，截止到2010年12月31日止，移动集团共雇佣员工164336名；2010年人工成本约245亿元，占营运收入比重较上年略有上升，如图2-6-16所示。

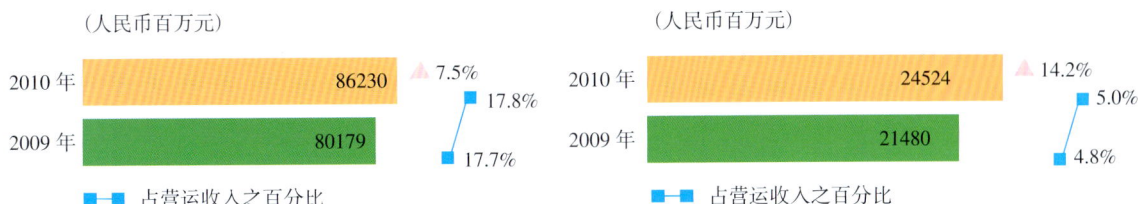

（人民币百万元）

2010年 86230　7.5%　17.8%
2009年 80179　17.7%
■■■ 占营运收入之百分比

（人民币百万元）

2010年 24524　14.2%　5.0%
2009年 21480　4.8%
■■■ 占营运收入之百分比

图2-6-16　折旧及人工成本

（5）其他营运支出。2010年其他营运支出（主要包括销售及推广费用、网络维护费、经营租赁费、劳务派遣制用工费用、坏账。资产注销处理、行政管理及其他）比上年增加近194亿元，如图2-6-17所示。为有效应对市场竞争并着眼于

年坏账率为0.83%，继续管控在较好水平。在营运收入平稳增长的背景下，移动集团进一步提升成本使用效率和效益，严格控制行政管理费增长，大力倡导全员理财观念，着力打造低成本高效运营体系。

（人民币百万元）

2010年 197940　10.8%　40.8%
2009年 178583　39.5%
■■■ 占营运收入之百分比

图2-6-17　其他营运支出

提升未来的竞争力，移动集团加大了对营销渠道、客户服务、网络优化、支撑系统和研发等方面的投入，以全力支撑持续稳定的业务增长，相应的销售推广支出、客户服务费、网络维护费、经营租赁费等有所增长；移动集团2010年底劳务派遣制用工人数达到313143名，所支付劳务派遣制用工费用约156亿元；同时，由于移动集团持续关注客户信用的管理，严格管控客户欠费，坏账支出继续得到良好控制，2010

3. EBITDA、营运利润及股东应占利润

移动集团盈利能力继续保持同业较高水平，2010年股东应占利润率和EBITDA利润率分别为24.7%和49.3%；营运利润近1508亿元；EBITDA、股东应占利润和每股基本盈余分别为2394亿元、1196亿元和5.96亿元，如图2-6-18所示。移动集团在营运收入稳定增长的基础上，不断加强对营运支出的优化配置及有效管理，充分发挥规模

（人民币百万元）

2010年 EBITDA 239382　4.5%　营运利润 150754　2.5%　股东应占利润 119640　3.9%
2009年 EBITDA 229023　营运利润 147008　股东应占利润 115166

■ EBITDA
■ 营运利润
■ 股东应占利润

图2-6-18　EBITDA、营运利润及股东应占利润

优势，集团整体营运效率和效益不断提升。移动集团始终致力于保持良好的盈利能力以不断为股东创造价值。

4. 资金管理和现金流

2010年，移动集团继续保持了强劲的现金流，经营活动净现金流近2314亿元，自由现金流达到1070亿元，如图2-6-19所示。截至2010年末移动集团现金及银行存款约为2923亿元，其中人民币资金占98.7%，美元资金占0.2%，港币资金占1.1%。稳健的资金管理和充裕的现金流为移动集团的长远发展奠定了良好的基础。

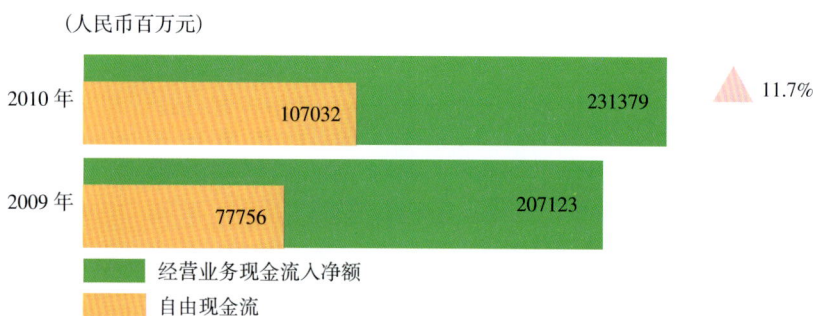

（人民币百万元）

图 2-6-19 中国移动经营业务现金流入净额和自由现金流

5. 资本结构

2010年末，移动集团长短期借款合计约为

342亿元，总借款占总资本的比重为5.6%，反映出移动集团财务状况继续处于十分稳健的水平。

总借款中，人民币借款（主要为人民币债券）占30.8%，美元借款（主要为收购8省、10省的递延对价的结余）占69.2%。移动集团所有借款中83.9%为浮动利率借款。移动集团于2010年实际的平均借款利息率约为2.68%，实际的利息保障倍数约为171倍，反映出移动集团一贯审慎的财务风险管理政策、强劲的现金流及雄厚的偿债能力。

6. 债信评级

2010年，穆迪公司和标准普尔公司分别将移动公司的企业债信评级随同中国国家主权评级调升而同步予以调升，目前公司拥有穆迪 Aa3/前景正面和标普 AA-/前景稳定的评级，如图 2-6-20 所示，分别保持与中国国家主权评级相同，印证了移动集团雄厚的财务实力、良好的业务潜力和稳健的财务管理已得到市场更深层次的认可。

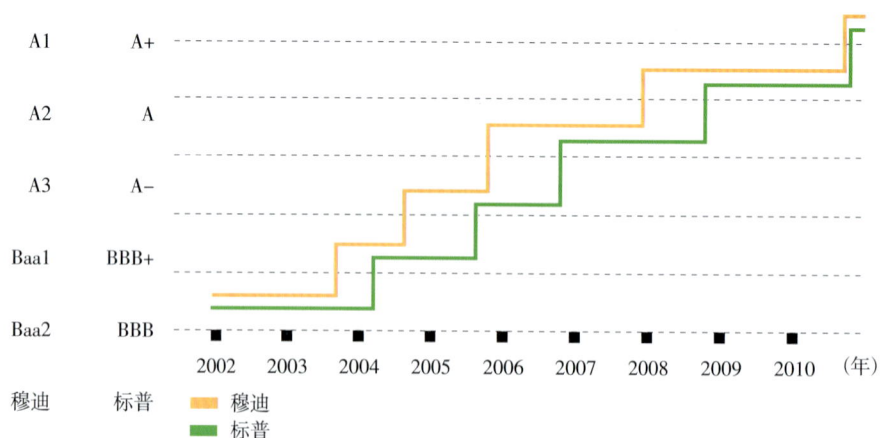

图 2-6-20 中国移动债信评级

7. 公司股息

基于 2010 年全年良好的经营业绩以及考虑到公司未来的长期发展，按照 2010 年全年 43% 的利润派息计划，董事会建议就截至 2010 年 12 月 31 日的财务年度派发末期股息每股 1.597 港元，连同已派发的中期股息每股 1.417 港元，全年股息每股共 3.014 港元，如图 2-6-21 所示。2010 年，考虑到各项相关因素，包括公司整体财务状况、现金流产生能力和未来持续发展的需要，移动公司计划 2011 全年的利润派息率为 43%。

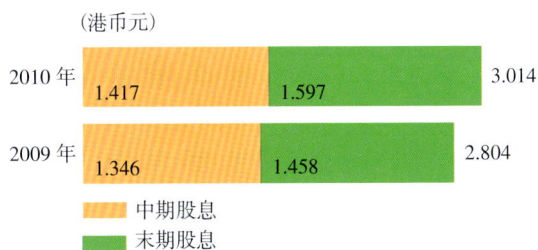

图 2-6-21 中国移动股息

（七）内控与风险管理

1. 内部控制

移动公司董事会定期检讨移动集团内部监控的成效以合理保障公司的合法经营、资产安全，以及业务上使用或向外公布的财务资料正确可靠。

移动公司采用美国 COSO《企业内部控制——综合框架》的标准框架，建立了一套严格的与财务报告相关的内部控制体系，完善了常态化的内部控制机制，有效防范了财务报告的错报、漏报和舞弊风险。同时，移动公司根据外部监管政策的要求以及公司的内部各项业务、管理流程的发展和变化，系统化地检讨涵盖范围包括公司战略、财务、运营、市场、法律等方面的内控体系设计的合理性和有效性，并聚焦业务运营的高风险和关键性控制，研究搭建融合内部控制和风险管理

等要求的全民风险管理体系框架。此外，移动公司积极推动内控管理信息系统的应用工作，及时监控相关业务单元的内控遵循情况，提升管理工作效率，保障内控责任的有效落实。

依据移动公司做出的评估，公司管理层认为，移动公司于 2010 年 12 月 31 日与财务报告现骨干的内部控制确属有效，并可对财务汇报工作的可靠性，以及就汇报目的并按照公认会计原则所编制财务报表的工作，做出合理保证。

移动公司信息披露工作由董事会统一领导和管理，公司管理层履行相关职责。移动公司已对信息披露控制制度的有效性进行了评估，并认为，于 2010 年 12 月 31 日，移动公司可合理保证该信息披露制度能够有效执行。

2. 内部审计

移动公司及运营子公司设有内审部，对公司及子公司各业务单位开展独立的内部审计工作。内审部主管直接向审核委员会汇报，并由审核委员会定期向董事会作出报告。内审部在执行职务时，可不受限制地查阅各业务单位所有业务、资产记录及接触相关人员。

2010 年，公司内部审计工作实力显著加强，工作价值进一步提升，有效发挥了监督、评价和服务职能：

（1）修订下发《中国移动内部审计章程》，进一步明确公司内部审计的使命、智能、权限，完善了内部审计核心理念体系，为公司内部审计工作的整体提升提供了制度保障。

（2）以风险为导向，结合公司管理重点，全面评估业务管理流程和关键控制点，重点加强对子公司集团客户管理、客户服务管理等领域的审计与评估，促进流程优化和客户服务水平的进一步提升。

（3）优化《索克斯法案》遵循工作内部测试的

组织管理，进一步优化测试技术和方法，增强测试的专业性，严格实施全过程质量监控，确保了测试工作质量，提升了测试的效率和效果。

（4）加强对公司基础管理效率性、效益性的监督和评价，排查管理薄弱或低效环节，促进各子公司加强成本控制和精细化管理，为公司进一步实现低成本高效运营提供有力支撑。

（5）全面应用内部审计信息系统加强对审计作业和组织管理的信息化支撑，实现审计信息更加准确、及时的统计分析和共享，全面提升内审工作质量和管理水平。

（八）人力资源发展

2010 年，移动集团前瞻规划人力资源工作，强化变革引领和业务支撑能力，适应内外环境，促进员工成长。发布了《中国移动 2010~2012 年人力资源战略规划蓝皮书》，研究制定了《人力资源管理分规划报告》。全面优化管理机制，调整优化组织结构，夯实职位管理基础工作。加大干部交流和竞争性选拔力度，加强领导班子建设。优化人才结构，提升员工队伍素质推进人才队伍建设，打造核心人才竞争优势。全面提升公司人力资源素质，扎实推进培训体系优化。建立公平环境，规范劳动用工管理，提升劳动用工效率。完善优化内部分配机制，建立全面薪酬管理体系。2010 年，全球知名的雇主品牌管理机构 Universum Communications 的企业顾主品牌调查中，移动公司荣获了中国工科大学生理想雇主排名第一名及中国商科大学生理想排名第二名。

1. 人力资源结构

2010 年底，中国移动共有员工 164336 人，其中女性员工占比为 40.36%，少数民族员工占比为 6.01%，如图 2-6-22 所示。

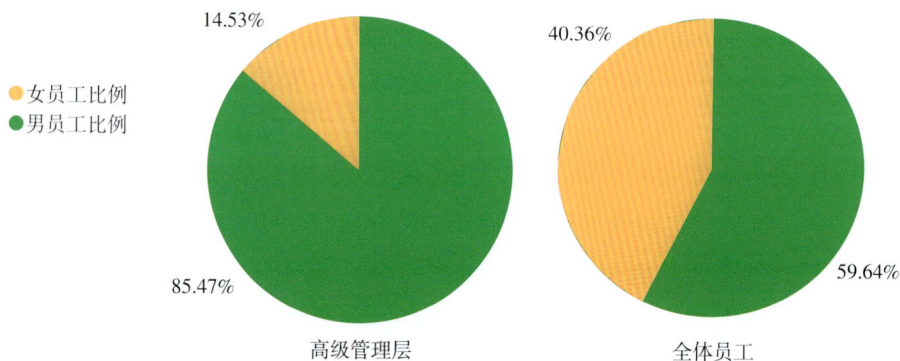

图 2-6-22　中国移动员工性别构成

注：高级管理层指省公司副总经理（含副总经理）以上及总部部门总经理（含部门总经理）以上职位管理人员。

2. 员工态度调查

为构建与员工双向沟通的良好氛围，掌握员工对公司管理重点问题和人力资源管理议题的态度，移动集团组织了 2010 年员工态度调查。调查问卷围绕全业务、客户导向、员工压力、团队合作、绩效管理、职业发展等管理维度展开，有关结果达到了检验管理成效的预期目的，有效地促进了"调查—改进—再调查"管理闭环的形成。本次调查中呈现的各项指标和维度的结果都领先于外部市场水平。

3. 人力资源培训

优化培训体系，加强培训工作整理规划，着

手研究培训工作的评估体系，强化对培训工作的规划和指导，促进全集团培训工作的均衡发展和整体提升。2010 年全集团培训员工 89.8 万人次，其中中高层管理人员达到 8434 人次参加培训，人均培训时间达 59 小时，如表 2-6-3 所示。建立了 60 人规模的集团级内部培训师队伍，为形成一支素质优良、规模适当、结构合理的内部培训师队伍奠定了基础。继续推动网上学习的应用工作，明确了网上大学的管理职责和运作模式，为网上大学的有效开展提供了保障，使之更好地发挥为员工提供随时随地学习的平台作用。移动集团网上学习人数已达 30 万人次，人均学习时间超过 30 小时。

表 2-6-3　中国移动员工培训相关统计

指标名称	2010 年
培训人数（万人次）	89.8
高层接受培训的人数（人次）	239
中层接受培训的人数（人次）	8195
普通员工接受培训的人数（万人次）	88.9
员工参与学历学位学习的比例（%）	5.16
人均培训费用（元）	2842
人均培训时间（小时）	59

4. 人力资源转型

2011 年，移动集团将持续面临严峻形势，战略调整和业务转型对内部管理提出新的要求，人力资源工作模式要努力实现转变，不断提升集中化水平，实现高效率、低成本人力资源管理。紧密围绕全运营环境变化，以公司战略和业务发展为导向，以改革、创新、多远、精细为策略，内外兼修，统筹兼顾，谋划前瞻性征整体战略，塑造高绩效组织能力，努力打造全业务运营背景下的人力资源竞争新优势。

（九）企业社会责任

1. 保障责任通信

（1）全方位提升网络质量。2010 年移动公司开展了全网"网络质量竞赛活动"，重点围绕质量对比、话音品质、客户投诉等 7 个方面，全面深入地查找问题，确保良好的网络运行质量。同时，研究建立了系统、多维度、面向客户感知的质量评估体系，逐步优化和解决了影响网络质量的关键问题。2008 年至 2010 年中国移动网络质量与可靠性指标如表 2-6-4 所示。

表 2-6-4　中国移动网络质量与可靠性指标（年平均值）

指标名称	2008 年	2009 年	2010 年
无线接通率	99.20%	99.22%	99.26%
掉话率	0.62%	0.56%	0.54%
短信接通率	99.35%	99.47%	99.69%

（2）系统强化电磁辐射管理。2010 年，移动公司制定了《中国移动电磁辐射管理办法》，全面规定了电磁辐射工作原则、工作要求和工作评估标准等内容；开展了基站电磁辐射信息系统，完善基站电磁辐射监控手段，制定了电磁辐射监测方法和流程。同时，继续积极参与 IEC、ITU 和 IEEE 等与电磁辐射相关的标准组织活动，深入参与防护标准制定工作。

2010 年 10 月，移动公司组织开展了基站电磁辐射测试工作，对全国 31 个省公司已投入运营的室外宏蜂窝基站进行抽样测试，测试结果均低于中国国家 GB8702-88 电磁辐射标准。

（3）有力实施应急通信保障。2010 年，移动公司以构建科学高效的应急保障体系为目标，从应急预案、物资装备、技能培训、应急演练四个方面进行了改善与提升，见表 2-6-5：

表 2-6-5　中国移动应急保障体系

落实应急管理机构和职责	在各省公司均设置了应急通信办公室和专职管理人员的基础上，逐步向基层延伸落实应急管理机构和职责
完善应急预案体系	形成了"面向业务的红橙黄蓝应急预案"、"面向事件的专项应急预案"和"面向设计的应急方案库"相结合的应急预案体系
开展应急演练工作	组织各省针对不同类别应急预案积极开展应急演练
加强应急技能培训	组织各省开展应急技能培训，强化了相关人员在紧急状况下的操作流程、方法和自我防护技能

移动公司创新提出"天地一体"应急通信体系，采用地面抗灾超级基站，机动应急通信车以及高空基站等多种手段，提供立体化的应急通信解决方案。

2010 年，中国移动凭借稳定可靠的高质量移动通信服务，为有效应对青海玉树地震、甘肃舟曲泥石流等重大自然灾害以及成功举办 2010 年上海世博会、广州亚运会等重大公共事件提供了有力的通信保障。此外，中国移动通过不断创新信息化解决方案，为科学防灾、灾害预警、灾害救助等提供技术支持。2010 年中国移动应急通信保障相关统计如表 2-6-6 所示。

表 2-6-6　中国移动应急通信保障相关统计

指标名称	2010 年
应急通信保障总次数（次）	5413
重要政治经济事件保障	4744
重大自然灾害类保障	437
重大事故灾难类保障	75
公共卫生事件类保障	91
社会安全事件类保障	66
出动应急通信车（车次）	21324
投入应急通信设计（套次）	124268
动用人员（人次）	354822

2. 减小数字鸿沟

（1）加快农村信息化进程。中国移动自 2004 年起就积极参与旨在解决农村地区通信覆盖难题的中国"村村通电话工程"（简称"村村通工程"），承担了 51% 的建设任务。截至 2010 年底，移动公司已累计为 8.9 万个偏远村庄新开通移动电话，使中国的行政村和自然村通电话比例提高

了约 8% 和 2%，达到了 100% 和 94% 以上。

2010 年，中国移动继续采取多项措施，有效提升农村基站的供电可靠性和应急发电工作效率，保障农村网络安全、稳定、高效运行。

农村信息网是中国移动服务"三农"的统一门户与平台。2010 年，中国移动完成了农村信息网的三期建设，大大加强了对全国涉农信息化产品的平台支撑服务，完善了全国统一的农村信息共享数据库，不断丰富业务种类和信息资源，基本实现了农民务工、农产品销售、农业技术咨询、生产生活与政策法规的信息化。

截至 2010 年底，中国移动农村信息网客户数已超过 1900 万户，日均短信发送量达 1950 万条，12582 语音热线日均呼入量为 2.6 万次。

表 2-6-7　中国移动农村信息服务应用情况

指标名称	2008 年	2009 年	2010 年
农信通客户数（百万户）	38.68	46.14	56.87
农村信息网网站发布涉及信息数（百万条）	3.92	5.59	7.24

（2）让信息惠及更广大人群。中国有约 8300 万残疾人，直接影响 2.6 亿家庭人口。中国移动一方面利用各种信息服务渠道的不同特性来满足残疾客户群体的特殊需求，帮助他们与外界沟通；另一方面为残疾人提供信息支持平台，帮助他们获得互助、教育、就业等实用信息，拉近与社会的距离。移动公司还注意在服务场所设立服务专席、安装无障碍化设施，为前来要求服务的残疾人提供方便。

中国社会正在进入老龄化社会，统计显示，截至 2009 年，中国城镇老年空巢家庭超过 50%，60 岁以上老年人口达 1.67 亿。中国移动全面分析老年人在日常生活及紧急求助等方面的服务需要，开发老人手机终端及定制服务，创新打造社区养老、助老信息平台。

中国移动从少数民族地区特点出发，积极开发、推出少数民族语言和特色服务，在促进移动通信在当地普及的同时，为保留和传播民族特色文化做出贡献。

3. 应对气候变化

（1）建设绿色网络。中国移动在空调系统、动力系统、网络技术等领域全面开发、试点节能新技术，推广节能成功经验。同时持续推进新能源基站建设，并积极试点与市电互补应用技术。在协助母公司开展的"村村通工程"建设中，也积极用分布式基站新技术、新设备，努力降低网络设备与空调能耗。2010 年，根据完善后的计算口径，中国移动单位业务量耗电量较 2009 年下降 14.8%，较 2005 年下降 50%，超额完成 40% 的预定目标，如图 2-6-23 所示，此外，中国移动应用新能源及年度能源消耗情况如表 2-6-8、表 2-6-9 所示。

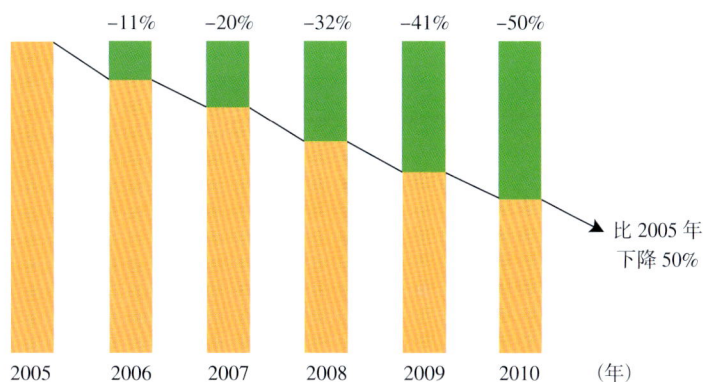

图 2-6-23　中国移动单位业务量耗电量较 2005 年下降情况

注：2010 年公司进一步完善了单位业务量耗电量计算口径，目前所指业务量包含 GSM 和 TD-SCDMA 网络的话音及数据业务流量，业务量计算单位为兆比特（MB）。基于新的计算口径，对历史数据有相关调整。

表 2-6-8　中国移动基站应用新能源情况

指标名称	2008 年	2009 年	2010 年
新能源基站数（个）	2135	6372	7795
光能	1615	5581	6279
风能	—	72	308
风光互补	515	689	1069
其他	5	30	139

表 2-6-9　中国移动能源消耗情况

指标名称	2008 年	2009 年	2010 年
耗电总量（百万度）	9350	10620	11940
天然气用量（百万立方米）	4.3	6.0	5.5
液化石油气用量（百吨）	3.0	8.6	6.7
煤气用量（百万立方米）	—	0.8	1.0
煤炭用量（万吨）	7.0	4.4	4.5
汽油总消耗量（百万升）	118.8	131.7	133.8
管理用油（汽油）（百万升）	—	61.9	67.1
发电机油耗（汽油）（百万升）	—	69.8	66.7
柴油总消耗量（百万升）	29.1	19.6	23.0
管理用油（柴油）（百万升）	—	7.5	6.8
发电机油耗（柴油）（百万升）	—	12.2	16.2
二氧化碳排放总量（百万吨）	7.94	9.02	10.63

（2）提倡绿色办公。中国移动在企业内部积极倡导绿色环保理念，发动员工共同推动"绿色办公"：大力普及电话会议、视频会议等信息化办公手段，减少传统办公方式对资源的消耗；同时，不断挖掘办公场所空调、照明系统的节能潜力，大力开展水、办公用纸的集约及回收利用，全面履行"两型企业"的承诺。

2010 年，移动公司依托内部办公网络化，大力推广电子办公和网上教育等绿色办公手段，为员工提供 IP 电话、协同办公、视频会议、通信助理等绿色沟通方式。2010 年，移动集团手机办公活动用户达 2.36 万人，累计使用次数达 52.1 万次，召开各类视频会议超过 71.8 万次，进行网上培训 596 万人次。

（3）倡导研发创新。中国移动目前已与 53 家供应商签订了《绿色行动计划》战略合作备忘录，在设备节能分级标准、产品研发创新和设计革命、环保和回收再利用等领域积极合作、共同开发和应用具有环保效益的产品。通信设备采用可拆卸、可组合的周转架替代原有木制包装箱，强调适度包装、适度防护和重复利用。减轻包装质量 22%，节省装运时间、增加包装循环使用次数 5~7 倍，综合成本下降 8%。中国移动还采用环保 SIM 卡卡基，可节约能耗 70%，并将 SIM 小型化和循环再利用，如表 2-6-10 所示。

表 2-6-10　中国移动 SIM 卡环保利用情况

指标名称	2008 年	2009 年	2010 年
小型化 SIM 卡数量（百万件）	11	33	520
SIM 卡再利用数量（百万件）	0.31	0.44	0.67

4. 投身社会公益

（1）完善慈善基金管理。2010 年，中国移动慈善基金会统计实现对外捐赠 2020 万元，其中"中国移动教育捐助提升计划"捐赠 1200 万元，西南旱灾捐赠 300 万元，青海玉树地震捐赠 200 万元，甘肃舟曲等地洪水泥石流灾害捐赠 300 万元，新疆雪灾捐赠 20 万元等，有力地支持了社会公益事业的发展。

（2）支持教育事业。支持教育是中国移动长期以来的公益慈善工作重点。2009 年，移动公司将自身的教育类公益慈善活动统一命名为"中国移动蓝色梦想教育慈善计划"，以教育建设、师资力量培训与贫困生帮扶为重点，整合项目，合理规划，集中师资力量，积极支持中国教育事业的发展。

2006~2008 年，中国移动协助母公司开展"爱心图书馆"项目共在中西部 23 个省区捐建爱心图书馆 1000 所，捐赠图书 231.7 万册。中国移动慈善基金会成立以后，在基金会的统一规划下，公司计划在 2009 年至 2011 年共捐资 2000 万元，在中西部地区建设 500 所爱心图书馆和 500 间多媒体教室。2010 年，中国移动在中西部农村贫困地区中小学建成了 175 所"中国移动爱心图书馆"和 175 间"中国移动多媒体教室"。

2006~2008 年，中国移动协助母公司开展的"西部校长培训"项目共为西部 12 个省的 3600 名农村中小学校长提供了培训。中国移动慈善基金会成立以后，计划在 2009~2011 年共捐资 1500 万元，为西部地区再培训 33000 名校长。2010 年，移动公司完成了通过"影子培训"方式培训西部中小学校长 1000 名，通过远程培训方式培训中西部农村中小学校长 10000 名的年度目标（见表 2-6-11）。

表 2-6-11　关键指标概览

指标名称	2008 年	2009 年	2010 年
企业情况			
客户数（百万户）	457	522	584
营运收入（十亿元）	411.8	452.1	485.2
纳税额（十亿元）	36.7	38.4	39.0
立足持续发展			
累计申请专利数（件）	1806	2733	3580
员工人数（人）	138368	145954	164336
人均培训时间（小时）	59.6	56.7	59
保障责任通信			
百万客户申诉率（件）	11.4*	11.75	8.53
应急通信保障动用人员数（人次）	1379260	204754	354822
无线接通率（%）	99.20	99.22	99.26
累计处理客户不良信息举报数量（百万件）	7.63	15.00	21.84
减小数字鸿沟			
"村村通工程"累计覆盖行政村数（个）	41843	43714	45514
"村村通工程"累计覆盖自然村数（个）	19904	34122	43570
农信通用户数（百万户）	38.68	46.14	56.87
农村信息网网站发布涉及信息数量（百万条）	3.92	5.59	7.24
应对气候变化			
单位业务量耗电量比上年下降幅度（%）	15	13	14.8
CO_2 排放总量（百万吨）	7.94	9.02	10.63
应用新能源的基站数量（个）	2135	6372	7795
累计回收手机与配件数（百万件）	3.95	5.31	6.74
电子渠道业务办理占比（%）	43	48	44**
促进信息惠民			
"校讯通"客户数（百万户）	—	32.16	44.41
机器到机器（M2M）终端数（百万台）	—	3.5	6.9
投身社会公益			
资助艾滋致孤及特困儿童数（个）	6011	9791	12229
累计建设爱心图书馆数（所）	1000	1175	1350
累计培训农村中小学校长数（个）	3600	14600	25600
员工志愿服务时长（百万小时）	0.63	0.79	1.22

注：* 指数值为 2008 年 2~4 季度平均值。

　　** 2010 年起，口径由占自有渠道（电子渠道和自营业）的比例调整为占全渠道（电子渠道、自营业和社会渠道）的比例。

（十）前景展望

当前，终端制造、业务应用开发、互联网服务等多角色融合的创新型技术公司不断涌现，各种互联网商业模式不断出现，使传统的电信行业生态系统面临挑战。移动电话普及率的持续升高，使电信企业市场竞争加剧。同时，国家加快推进经济发展方式转入科技引领、创新驱动轨道，重视发展新一代信息技术等新兴产业，积极扩大内需，将极大激发社会对通信和信息服务的需求。随着智能终端日益普及和移动网络宽带化，移动互联网爆发出巨大的生机和活力；传感技术的发展和通信网络覆盖的不断扩大，物联网也呈现蓬勃发展势头。这些都为公司的可持续发展带来广阔的空间。

面对机遇与挑战，移动公司将全面实施可持续发展战略，坚持创新拓展，再造核心能力，铸就国际领先，积极向"移动改变生活"的战略愿景迈进。移动公司将深化落实"一个中国移动"卓越工程。移动公司将拓展新领域，推动移动互联网和物联网的规模发展；探索新模式，打造综合业务平台，创建未来竞争优势；强化以客户为导向进行业务与服务创新，巩固市场领先地位；保持网络领先，构建面向未来，融合开放的通信网络；同时推进自主创新，配合母公司大力推进3G的建设、经营和演进，发挥国际影响力，推动和加快 TD-LTE 技术产业的发展。

移动公司将遵循积极谨慎的原则寻找合适的投资机会，拓展更广泛的通信市场。

附件一：中国移动财务报告（2010年）

1. 合并资产负债表（以人民币列示）

	于 2010 年 12 月 31 日（人民币百万元）	于 2009 年 12 月 31 日（人民币百万元）
非流动资产		
物业、厂房及设备	385296	360075
在建工程	54868	46094
预付土地租赁费	12040	11201
商誉	36894	36894
其他无形资产	813	727
联营公司权益	40175	—
合营公司权益	8	6
递延税项资产	9720	8939
已抵押银行存款	162	—
其他金融资产	77	77
	540053	464013
流动资产		
存货	4249	3847
应收账款	7632	6405
其他应收款	7076	3490
预付款及其他流动资产	10151	9064
应收最终控股公司款项	293	25
预付税款	135	17
银行存款	204803	185613
现金及现金等价物	87543	78894
	321882	287355
流动负债		
应付账款	111646	95985
应付票据	502	642
递延收入	43489	35573
应计费用及其他应付款	85716	69335
应付最终控股公司款项	15	4

续表

	于 2010 年 12 月 31 日（人民币百万元）	于 2009 年 12 月 31 日（人民币百万元）
应付直接控股公司款项	35	119
带息借款	4981	—
融资租赁承担	68	68
税项	9178	8079
	255630	209805
净流动资产	66252	77550
资产总值减流动负债结转	606305	541563
非流动负债		
带息借款	(28615)	(33551)
递延收入（不包括即期部分）	(248)	(317)
递延税项负债	(39)	(61)
	(28902)	(33929)
资产净值	577403	507634
资本及储备		
股本	2139	2139
储备	574018	504609
本公司股东应占总权益	576157	506748
非控制性权益	1246	886
总权益	577403	507634
非流动资产		
物业、厂房及设备	3	4
附属公司权益	476782	476782
合营公司权益	34	14
	476819	476800
流动资产		
应收附属公司款项	47074	41620
其他应收款	7	7
现金及现金等价物	2259	6662
	49340	48289
流动负债		
应计费用及其他应付款	2477	1269
应付附属公司款项	4981	—
应付直接控股公司款项	35	119
	7493	1388
流动资产净额	41847	46901
资产总值减流动负债	518666	523701
非流动负债		
应付附属公司款项	(4982)	
带息借款	(23633)	
	(28615)	
资产净值	490051	
资本及储备		
股本	2139	2139
储备	487912	488011
总权益	490051	490150

2. 合并损益表（以人民币列示）

	2010 年（人民币百万元）	2009 年（人民币百万元）
营运收入（营业额）		
通话费及月租费	312349	300632
增值业务收入	151435	131434
其他营运收入	21447	20037
	485231	452103
营运支出		
电路租费	3897	3006
网间互联支出	21886	21847
折旧	86230	80179
人工成本	24524	21480
其他营运支出	197940	178583
	334477	305095
营运利润	150754	147008
其他收入净额	2336	1780
营业外收入净额	685	359
利息收入	5658	5940
融资成本	(902)	(1243)
应占联营公司利润	558	
应占合营公司亏损	(18)	(8)
除税前利润	159071	153836
税项	(39047)	(38413)
本年度利润	120024	115423
本年度其他收益：		
境外企业的财务报表汇兑差额	(135)	42
本年度总收益	119889	115465
股东应占利润：		
本公司股东	119640	115166
非控制性权益	384	257
本年度利润	120024	115423
股东应占总收益：		
本公司股东	119505	115208
非控制性权益	384	257
本年度总收益	119889	115465
每股盈利——基本	人民币 5.96 元	人民币 5.74 元
每股盈利——摊薄	人民币 5.89 元	人民币 5.67 元

3. 合并现金流量表（以人民币列示）

	2010 年（人民币百万元）	2009 年（人民币百万元）
经营业务		
除税前利润	159071	153836
调整：		
——物业、厂房及设备折旧	86230	80179

续表

	2010 年（人民币百万元）	2009 年（人民币百万元）
——其他无形资产摊销	62	56
——预付土地租赁费摊销	298	261
——出售物业、厂房及设备亏损		−11
——物业、厂房及设备注销	2763	4493
——呆账减值亏损	4019	4503
——存货减值亏损	55	16
——利息收入	(5658)	(5940)
——融资成本	902	1243
——非上市证券之股息收入	(17)	(18)
——应占联营公司利润	(558)	—
——应占合营公司亏损	18	8
——未实现汇兑亏损/（收益）净额	6	(3)
营运资金变动前的经营业务现金流	247191	238645
存货增加	(457)	(569)
应收账款增加	(5232)	(3945)
其他应收款减少	170	127
预付款及其他流动资产增加	(1087)	(1423)
应收最终控股公司款项（增加）/减少	(268)	84
应付账款增加	5704	2598
应付票据（减少）/增加	(1)	25
递延收入增加	7847	2376
应计费用及其他应付款增加	16369	11946
应付最终控股公司款项增加/（减少）	11	(2)
经营业务现金流入	270247	250062
税项		
——已付香港利得税	(99)	(80)
——已付中国企业所得税	(38769)	(42859)
经营业务现金流入净额结转	231379	207123
投资业务		
资本开支	(113203)	(115314)
预付土地租赁费	(1135)	(1361)
购置其他无形资产所付款项	(162)	(484)
出售物业、厂房及设备所得款项	12	13
银行存款增加	(19190)	(54780)
已抵押银行存款的增加	(162)	—
应收委托贷款的增加	(2700)	—
已收利息	4588	5988
支付联营公司的投资款项	(39617)	—
支付合营公司的投资款项	(20)	(7)
已收非上市证券之股息	17	18
投资业务现金流出净额	(171572)	(165927)
融资业务		
行使认股权计划发行股份所得款项	93	132

续表

	2010 年（人民币百万元）	2009 年（人民币百万元）
已付利息	(919)	(1292)
已付本公司股东股息	(50201)	(48614)
已付非控股股东股息	(24)	—
融资业务现金流出净额	(51051)	(49774)
现金及现金等价物净增加/(减少)	8756	(8578)
年初现金及现金等价物	78894	87426
外币汇率变动的影响	(107)	46
年末现金及现金等价物	87543	78894

附件二：中国移动大事记

2000 年 4 月 20 日，中国移动通信集团公司根据国家关于电信体制改革的部署和要求，在原中国电信移动通信资产总体剥离的基础上组建成立。中国移动通信集团公司全资拥有中国移动（香港）集团有限公司。

2000 年 10 月 4 日，中国移动（香港）有限公司与 Vodafone Group Plc 达成了一项策略投资者配售协定，Vodafone Group Plc 购入 25 亿美元中国移动（香港）有限公司的新股。

2000 年 11 月 3 日，中国移动（香港）有限公司完成约 68.85 亿美元的股票发行和 6.9 亿美元的于 2005 年到期的美元可转换票据的发行。中国移动（香港）有限公司亦通过银团贷款，融资 125 亿元人民币。

2000 年 11 月 13 日，中国移动（香港）有限公司正式完成收购北京移动、上海移动、天津移动、河北移动、辽宁移动、山东移动和广西移动的权益。

2001 年 6 月 18 日，中国移动（香港）有限公司通过其全资子公司广东移动在中国内地发行了总额 50 亿元人民币债券，并在 2001 年 10 月 23 日于上海证券交易所成功挂牌上市。

2002 年 7 月 1 日，中国移动（香港）有限公司正式完成收购安徽移动、江西移动、重庆移动、四川移动、湖北移动、湖南移动、陕西移动和山西移动的权益。

2002 年 10 月 28 日，中国移动（香港）有限公司通过其全资子公司广东移动，在国内再次发行了总额 80 亿元人民币债券。

2003 年 1 月 22 日，中国移动（香港）有限公司通过其全资子公司在中国内地发行的 80 亿元人民币债券在上海证券交易所成功挂牌上市，市场反应热烈。

2004 年 7 月 1 日，中国移动（香港）有限公司正式完成收购内蒙古移动、吉林移动、黑龙江移动、贵州移动、云南移动、西藏移动、甘肃移动、青海移动、宁夏移动、新疆移动、中国移动通信有限公司和京移通信设计院有限公司的权益，成为第一家在中国国内所有 31 个省（自治区、直辖市）经营电信业务的海外上市中国电信企业。

2004 年 11 月 5 日，王晓初先生辞去移动公司的执行董事、董事长兼首席执行官职务。经移动公司董事会及提名委员会会议批准，王建宙先生被委任为移动公司的执行董事、董事长兼首席执行官，主持移动公司全面管理工作。

2005 年 11 月 10 日，中国移动（香港）有限公司提出以自愿有条件现金收购要约方式，通过全资附属公司 Fit Best Limited 收购华润万众电话有限公司全部已发行股份。

2006 年 3 月 28 日，中国移动（香港）有限公司正式完成对前华润万众电话有限公司的收购和私有化，该公司后改名为中国移动万众电话有限公司。中国移动万众电话有限公司成为中国移动（香港）有限公司全资拥有的子公司。中国移动万众电话有限公司其后改名为中国移动香港有限公司。

2006 年 5 月 29 日，中国移动（香港）有限公司改名为中国移动有限公司。

2006 年 6 月 8 日，中国移动有限公司与新闻集团及星空传媒签订战略合作备忘录，在无线多媒体领域建立长期战略合作伙伴关系。

2007 年 10 月 22 日和 23 日，中国移动有限公司分别于纽约交易所和香港交易所成功挂牌上市 10 周年纪念。

2008 年 5 月 23 日，中国铁通集团有限公司有限公司并入中国移动通信集团公司，成为其全资子公司，保持相对独立运营。

2009 年 4 月 29 日，中国移动有限公司与台湾远传电信股份有限公司（"远传电信"）签订股份认购协议，其将通过全资子公司认购远传电信 444341020 股股份，占远传电信扩大后已发行股本的 12%。

2010 年 3 月 10 日，中国移动通信集团公司全资子公司广东移动与上海浦东发展银行股份有限公司（"浦发银行"）签订了股份认购协议，以 395 亿元人民币认购浦发银行 20% 股权。股份认购于 10 月完成交割。

沃达丰的名称结合了Voice（语音）–Data（数据）–Fone（电话）三个方面的含义，这三个方面涵盖了沃达丰整体的业务经营范围，比较直观地反映了沃达丰集团大型移动通信运营商的市场定位。

庞约翰爵士（Sir John Bond）
沃达丰集团董事长

　　庞约翰爵士：69岁，于2006年7月成为沃达丰集团董事长，之前曾担任过公司的非执行董事，提名委员会主席以及公司治理委员会主席。

　　就任沃达丰集团董事局主席前，庞约翰爵士是汇丰集团董事局主席，他在汇丰集团服务了45年。于2006年5月退休。他于1961年加入香港上海汇丰银行。从1993年起，庞约翰爵士担任汇丰集团的首席执行官，并于1998年5月29日出任汇丰集团董事局主席。庞约翰爵士还曾担任伦敦证券交易所的非执行董事、英国钢铁公司的非执行董事，并曾经出任法国Orange公司的非执行董事。庞约翰爵士在1998~2003年出任国际金融学会的主席，在2001~2004年担任英格兰银行董事会董事，并于2002年6月当选为国际货币会议组织主席。

　　因庞约翰爵士长期从事金融业而做出的贡献，在1999年的英女皇生日之际他被授予爵位。在2003年，庞约翰爵士被上海市政府和美国外交政策协会分别授予了"白玉兰金奖"和"纽约市金牌奖"。

维托里奥·科劳（Vittorio Colao）
沃达丰集团首席执行官

　　维托里奥·科劳：49岁，于2008年7月被任命为沃达丰集团首席执行官。2006年10月，作为沃达丰欧洲区首席执行官，维托里奥·科劳加入董事会。早期，他曾在米兰的麦肯锡咨询公司从事媒体、通信等方面的工作。1996年加入Omnitel Pronto–意大利，之后，Omnitel Pronto–意大利被沃达丰集团收购，变成Vodafone–意大利。1999年，他被任命为Vodafone–意大利首席执行官，2001年，他被任命为沃达丰集团南欧区首席执行官，2003年被沃达丰集团任命为负责南欧、中东和非洲的地区首席执行官。2004年维托里奥·科劳离开沃达丰，加入意大利出版业巨头RCS Media Group公司，成为该公司首席执行官，直至他回到沃达丰集团，担任沃达丰欧洲区首席执行官。

七 英国沃达丰公司可持续发展报告（Vodafone）

（一）公司简介

沃达丰是跨国性的移动通信运营商。总部设在英国波克夏郡的纽布利（Newbury）及德国的杜塞尔多夫。

沃达丰创建于 1984 年，成立时使用的名称是 Racal Telecom Limited（瑞卡尔电信有限公司），为英国瑞卡尔电子有限责任公司的附属公司。1988 年 10 月，公司把 20% 的股权出售给公众。1991 年 9 月脱离其母公司瑞卡尔电子，成为一个独立公司，并正式改名为沃达丰集团有限责任公司。沃达丰的名称结合了 Voice（语音）- Data（数据）- Fone（电话）三个方面的含义。1999 年 6 月 29 日，在与 AirTouch 通信公司合并后，曾改名为沃达丰 AirTouch。但后来经股东同意，于 2000 年 7 月 28 日恢复原来的名称，即沃达丰集团有限责任公司。

沃达丰是全球最大的移动通信运营商之一，其网络直接覆盖 26 个国家，并在另外 31 个国家与其合作伙伴一起提供网络服务，截至 2011 年 3 月，全球用户超过 3.7 亿户。沃达丰拥有世界上最完备的企业信息管理系统和客户服务系统，在增加客户、提供服务、创造价值等方面拥有较强的优势。沃达丰的全球策略是涵盖语音、数据、互联网接入服务，并且为客户提供满意的服务。目前，沃达丰集团公司在全球的员工数量超过 10 万人。截至 2011 年 3 月，公司股东权益为 875.61 亿英镑，总资产为 1512.2 亿英镑。2010 年，公司创造利润 78.7 亿英镑，基本每股收益为 15.2 便士，总资产报酬率为 5.2%。

沃达丰公司品牌在世界品牌实验室（World Brand Lab）编制的 2010 年度《世界品牌 500 强》排行榜中名列第 175 位，在《巴伦周刊》公布的 2006 年度全球 100 家大公司受尊重度排行榜中名列第 86 位，在 2011 年度《财富》全球 500 强公司中名列第 92 位。

（二）公司战略

2010 年 11 月，沃达丰公布了公司最新的发展战略，由原来"一个强大的沃达丰"转变为"一个更具价值创造力的沃达丰"，这个新战略主要包括四个方面：

1. 目标聚焦战略

沃达丰致力于在 2014 年 3 月 31 日之前，把公司每年的营业收入增长率保持在 1%~4%，为了实现这一目标，沃达丰将目标聚焦在具有发展潜力的五个关键领域，这些领域包括移动数据业务、新兴市场、企业顾客、全业务经营和新型服务。移动数据是全球通信市场最具增长潜力的业务，沃达丰将从技术、客户体验、定价以及关联设备等方面着手，为移动数据业务的发展创造机遇。在过去 10 年里，像印度、非洲这样的新兴市场发展迅猛，移动用户数量增长了 17 倍，相比之下，像欧洲这样的成熟市场只增长了 1.3 倍。2010 年，印度市场上的移动用户增加了 2.25 亿人，将近英国人口总数的 4 倍。对通信服务的基本需求推动着新兴市场的发展，而与之相矛盾的是新兴市场低质量的通信基础设施。沃达丰的企业顾客包括在家上班族、中小企业、国内大型公司以及跨国集团。沃达丰拥有 3400 万企业顾客，占顾客总数的 9%，并为公司贡献了 23% 的营业收入。为了全面满足顾客的通信需求，沃达丰将继续发展固话和宽带业务。企业顾客也日渐要求从一个公司获得全方位的通信服务。沃达丰还将战略性地选取一些新兴服务作为传统语音以及数据业务的补充，这些新兴服务包括第三方支付、近距离移动通信技术、移动广告、金融服务以及联机服务。

2. 规模优势战略

由于竞争与管制产生的价格压力持续增加，沃达丰决定进一步挖掘其规模优势，利用规模优势降低成本，凭借规模优势创造价值与提高效率。例如，通过沃达丰采购公司，集中进行大规模、规范化的采购，以在保证采购质量的情况下降低成本。通过共享基站，以降低基站租赁和维护成本。匈牙利、印度和埃及的共享服务中心不仅为顾客提供了高质量的服务，而且为公司节约了部分成本。

3. 出售少数股权

少数股权是指在企业中享有股东权益，但对企业经营管理无法实施控制的股权。为了增强资金流动性，增大自由现金流，沃达丰将出售公司所持有的部分少数股权。分析师及投资人均认为，这些少数股权投资近几年来对沃达丰的整体价值构成压力，通过出售少数股权，可以增加对股东的投资回报以及为公司的投资活动提供资金。2010 年 9 月，沃达丰以 43 亿英镑出售其所持有的中国移动 3.2% 的股权。2010 年 10 月，沃达丰以 31 亿英镑出售其所持有的日本软银股权，股权

出售所得将分两次获得：第一笔 16 亿英镑将于 12 月到账，用于减少沃达丰的负债净额；另一笔 15 亿英镑将于 2012 年 4 月到账。公司将于 2011 年 4 月宣布，以 68 亿英镑出售其所持有的法国第二大移动运营商 SFR 44% 的股权。沃达丰首席执行官 Vittorio Colao 曾表示，少数持股并非必不可少，公司将把重点转向欧洲、非洲和印度等核心市场。

4. 投资战略

沃达丰一直很关注股东的投资回报，因此，公司会用好股东投入的每一分钱。沃达丰结合业务绩效和所面临的竞争环境，定期评估全球范围内各运营机构的现金需求。公司所有的投资，无论是对现有业务的投资还是并购等战略性投资，都将严格遵循资本纪律并通过严格的收益分析，以保证实现让股东满意的投资回报。

公司的投资主要集中在以下三个方面：①机构投资，这部分投资主要是用于购买新设备和新频谱，以提升现有业务的经营绩效，促进运营机构的发展。②作为投资回报返还给股东，沃达丰制定了一个目标，即到 2013 年 3 月 31 日为止，公司的每股收益年增长率至少为 7%，如果资金充裕，公司还会考虑通过特殊分红以及股票回购计划给予股东额外的回报。③选择性并购，在进行资金管理的时候，沃达丰也会考虑是否通过并购其他企业来壮大集团的实力，所有的并购都要运用严格的财务与商业标准进行可行性分析，特别是并购的成本以及并购是否能带来规模效益、是否能增加集团的自由现金流。例如，2011 年 3 月，公司宣布并购荷兰最大的独立电信零售商 BV，此举使公司在荷兰的营业厅由 86 家扩大到 296 家。

（三）公司治理

沃达丰一直致力于高标准的公司治理，认为这对于公司的商业信誉以及保持投资者对公司的信任至关重要。公司希望所有的董事、雇员及供应商能恪守诚实、正直和公正的道德观念，并以此来约束自己的行为。

1. 经营原则

公司制定了自己的经营原则，以确保公司能够合法经营，尊重各个国家的文化差异，并在与各个国家合作的过程中与之融合。

2. 道德规范

公司采用的道德规范与《2002 年萨班斯—奥克斯利法案》第 406 条一致，并适用于高级财务负责人和主要执行官。

3. 董事会的组织架构

依据英格兰和威尔士有关法律和公司章程，

董事会负责集团业务的整体运营，并具有向本公司投资的权利和义务。具体而言，董事会对公司业务的管理、指导和执行负有最终责任，并要求独立于公司的经营管理，针对公司存在的问题做出客观的评价。代表所有股东，监督公司的行为是否适当，确保公司治理的有效性并向股东作公司治理系统的报告。

4. 披露委员会

披露委员会的职责是向首席执行官和首席财务官汇报披露信息，并负责审核和通过财务以及相关信息的披露程序，对披露过程实施控制。

5. 美国上市

2009 年 10 月 29 日沃达丰将美国存托股票从纽约证券交易所转移到纳斯达克股票市场，公司不仅要服从于美国证券法和美国证监会，而且还会受到美国纳斯达克的约束。作为海外证券发行者，公司可以免除纳斯达克的部分公司治理规则。

6. 股权结构

表 2-7-1　股权结构——截止到 2011 年 3 月 31 日

普通股持股股数	股东人数	占股票总发行量的百分比
1~1000	430021	0.21%
10001~5000	79461	0.32%
5001~50000	27629	0.61%
50001~100000	1126	0.14%
100001~500000	1094	0.44%
大于 500000	1636	98.28%
	540967	100.00%

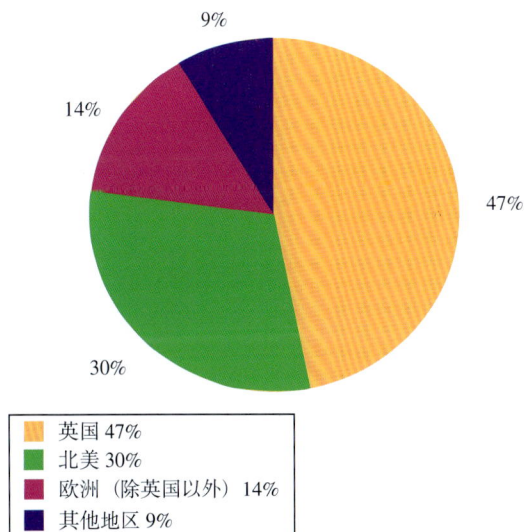

- 英国 47%
- 北美 30%
- 欧洲（除英国以外）14%
- 其他地区 9%

图 2-7-1　不同地区的股权占比

（四）市场概览

表 2-7-2　关键市场业务绩效一览表

国家	主要成就	服务收入增长趋势
德国 服务收入增长　0.8% 边际 EBITDA　37.4% 经营自由现金流　2297（£m）	排除管制终止率降低的影响，营业收入增长率为 2.1% 在争取重要顾客方面取得的胜利使企业部门增长势头强劲 这是沃达丰最先启动的 4G 业务市场	0.8 (2.5)　(3.5) 2009 年　2010 年　2011 年
意大利 服务收入增长　−2.1% 边际 EBITDA　46.2% 经营自由现金流　2067（£m）	在具有挑战的经济背景和竞争环境下，市场份额进一步增长 智能手机的市场渗透使数据业务收入增长了 21.5% 固定宽带用户数量增加了 29%，达到 170 万	1.2　1.9 (2.1) 2009 年　2010 年　2011 年
西班牙 服务收入增长　−6.9% 边际 EBITDA　30.4% 经营自由现金流　885（£m）	在极具挑战的经济环境和与日俱增的竞争压力下，新整合的语音数据计划支撑着智能手机的发展应用 从 2011 年 4 月起，将实施新的管理制度	(4.9)　(7.0)　(6.9) 2009 年　2010 年　2011 年
英国 服务收入增长　4.7% 边际 EBITDA　23.4% 经营自由现金流　950（£m）	收入逐年显著增长 智能手机的市场渗透使数据业务收入增长了 28.5% 进一步的商业聚集使合同顾客大幅增长	4.7 (1.1)　(4.7) 2009 年　2010 年　2011 年
印度 服务收入增长　16.2% 边际 EBITDA　25.6% 经营自由现金流　433（£m）	由于顾客基数增加、价格下降趋势减缓，收入增长逐年提高 收益市场占有率连续四年增加 2011 年 2 月开始提供 3G 服务，3 月 31 日 3G 用户数量达到 150 万	33 14.7　16.2 2009 年　2010 年　2011 年
南非 服务收入增长　5.8% 边际 EBITDA　33.7% 经营自由现金流　1339（£m）	移动宽带服务需求的增加带来收入的大幅增长 为互联网接入提供网络咨询服务 持续的网络投资使 3200 个基站为启动 4G 业务做好了准备	13.8 4.6　5.8 2009 年　2010 年　2011 年

注：£m 表示百万英镑。

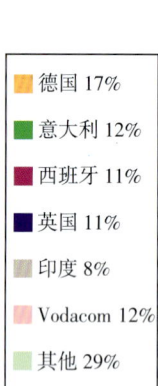

德国 17%
意大利 12%
西班牙 11%
英国 11%
印度 8%
Vodacom 12%
其他 29%

图 2-7-2　基于关键市场的收入分布情况

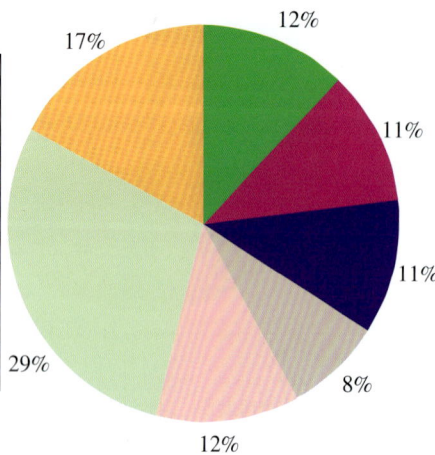

印度 36%
Vodacom 12%
德国 10%
埃及 9%
意大利 6%
英国 5%
西班牙 5%
其他 17%

图 2-7-3　用户市场结构分布情况

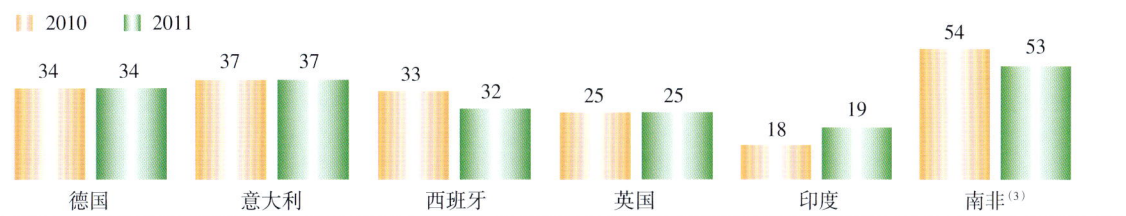

图 2-7-4　2010~2011 年移动服务收入的市场份额（%）

（五）业务概览

1. 语音业务

沃达丰是世界上最大的移动语音通信运营商之一，公司向全球 3.7 亿多名客户提供包括国内、国际以及漫游语音服务。

2. 信息业务

2010 年，沃达丰网络接收并传送了超过 2920 亿份文字、图片、音乐和视频信息。沃达丰还将与各类互联网企业展开合作，在内容和应用方面进行扩充和创新。如与 Sky TV 公司就电视内容进行合作，与 Google、Yahoo 等就移动搜索、移动广告等进行合作。同时还设立开放平台及社区交流手段，并将各类创新应用直接引入运营，提供高额奖金激励，以进一步深化信息业务的市场渗透。

3. 数据业务

超过 7500 万名顾客购买了沃达丰的移动数据服务，移动数据服务可以帮助顾客实现互联网、电子邮件、手机应用、笔记本以及上网本之间的互联互通。为迎合如印度和非洲等消费水平低的市场，以及欧洲一些消费能力较低的客户群，继此前推出 100 英镑的智能手机之后，沃达丰还计划推出 50 英镑的更低成本智能手机，希望借此加快数据业务的渗透速度。

4. 固定宽带业务

超过 600 万名顾客使用了沃达丰的固定宽带服务来满足自身全面的通信需求。另外，通过网关，公司向 40 多个非洲国家提供了批发载体服务。

5. 其他业务收入

包括商业管理服务，如安全的远程网络访问以及移动虚拟网络运营商以批发价格出售网络接入所产生的收入。

沃达丰目前正处在走出低迷的电信业市场环境，向移动数据产业纵深发展，力图站得更高、发展更迅速。为鼓励低用量用户更多地使用数据业务，从而提升用户 ARPU 值，沃达丰推出了数据分级套餐计划。用户可通过较低的价格获得相对较少的数据流量，如 250MB 的封顶流量只需用户每月支付 15 英镑。套餐价格随着用户使用量的增加而提高，用户 ARPU 值也随之提高。该计划首先在英国、荷兰、葡萄牙和爱尔兰启动，欧洲其他地区在 2010/2011 财年年底完成。

此外，为提升客户体验，沃达丰在欧洲地区建立了 5000 个零售店，立足服务和支持中心，更加注重客户关怀和相关支持功能，并为数据业务用户提供专门的服务支持，加强客户在线服务体验。在计费方面采用多 SIM 卡、多账户等计费方式灵活管理家庭和企业客户，同时加大相关业务系统的投资力度，加强 CRM 系统的处理能力以适应各种计费模式。

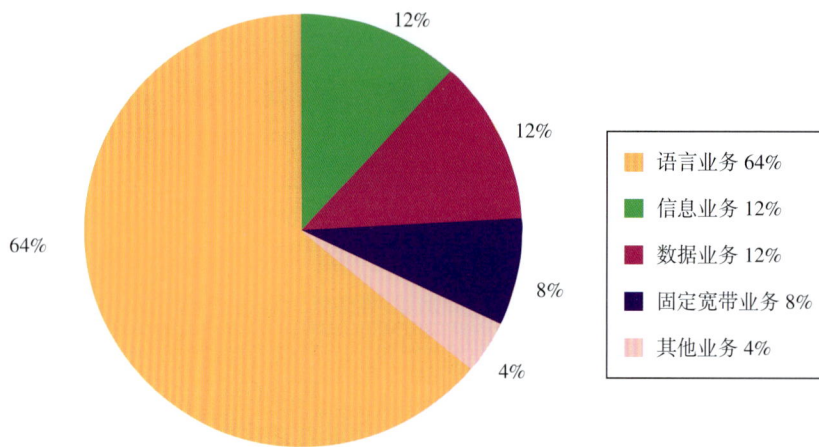

图 2-7-5　基于业务类型的收入分布情况

（六）经营与财务绩效

表 2-7-3　沃达丰 2008~2010 年度经营与财务业绩比较

单位：百万英镑	沃达丰		
年份	2008	2009	2010
收入	41017	44472	45884
总资产	152699	156985	151220
EBITDA	14490	14735	14670
EBITDA 率	35.33%	33.13%	31.97%
净利润	3080	8618	7870
净利润率	7.51%	19.38%	17.15%
总资产报酬率（ROA）	2.02%	5.49%	5.20%
净资产报酬率（ROE）	3.63%	9.49%	8.99%
资本性支出（CAPEX）	5909	5986	5658
CAPEX 占收比	14.41%	13.46%	12.33%
经营活动净现金流	12213	13064	11995
每股经营活动净现金流	0.23	0.25	0.23
自由现金流（FCF）	5722	7241	7049
自由现金流占收比	13.95%	16.28%	15.36%
销售现金比率	29.78%	29.38%	26.14%
资产现金回收率	8.00%	8.32%	7.93%
EVA	−7921	−3909	−5016
EVA 率	−6.18%	−2.86%	−3.80%
每股盈利（EPS）（便士）	5.84	16.44	15.2
每股股利（DPS）（便士）	2.57	2.66	2.85
股利支付率	44%	16%	19%
主营业务收入增长率	15.61%	8.42%	3.18%
总资产增长率	19.98%	2.81%	−3.67%
净利润增长率	−54.41%	179.81%	−8.68%

续表

单位：百万英镑	沃达丰		
年份	2008	2009	2010
经营活动现金流增长率	16.60%	6.97%	−8.18%
每股盈余增长率	−53.50%	181.51%	−7.54%
资产负债率	44.48%	42.15%	42.10%
流动比率	46.62%	49.69%	62.80%
利息保障倍数	3.17	4.51	15.84
总资产周转率	0.27	0.28	0.30
固定资产周转率	2.13	2.15	2.27
坏账发生率	8.37%	9.56%	8.43%
折旧与摊销	6814	7910	7876
股息	1350	1400	1492
内部融资额	11244	17928	17238
折旧摊销率	16.61%	17.79%	17.17%
付现成本率	46.39%	48.41%	49.99%
营销、一般及管理费用率	18.31%	18.68%	18.24%

（七）内控与风险管理

审计委员对集团评估内控环境、评估风险的过程以及管理重大风险的方式进行审核。委员会还会考虑有关内控效果以及员工和经营者欺诈行为的报告，这些员工和经营者都在内控中扮演着重要的角色。审计委员会还负责监督集团行为是否与《2002年萨班斯—奥克斯利法案》中第404条所规定的一致。

1. 内部控制

董事会全面负责企业的内控制度，设计健全的内控制度是为了进行有效的管理，而非消除实现商业目标过程中遭遇失败的风险，为资产的误报与流失提供合理保证而不是绝对保证。

董事会已经建立了一套基于企业联合准则的内控实施程序，这套程序将在2010年度年报审核期间为公司的内部控制提供指导。这些程序还要接受定期审核，以便为识别、评估、管理公司所面临的重大风险提供持续帮助。

2. 风险管理

公司成立了风险理事会来管理风险的识别、评估、监控和减轻过程。风险理事会主席由财务总监担任，集团审计主任和各职能部门的代表都给予大力支持。每年召开2次会议，主要讨论和审核各业务单元以及职能部门的高层经理所识别的风险。理事会将运用"风险矩阵"来评估风险发生的可能性以及可能产生的影响，如果风险被确定会发生，理事会就会考虑采取措施来管理和消除这些风险。风险评估的结果将会提交给执行委员会和审计委员会，然后汇报给董事会作最终的审核和确认。风险理事会负责保证公司存在的风险得到持续的监控，为减轻风险采取适当的措施并确定所应采取的进一步行动。

（八）人力资源发展

1. 组织效率与人员变化

"效率、简捷和信任"（speed，simplicity and trust）是公司一贯秉承的"沃达丰方式"，公司员工团结一致，共同为公司的成功不懈努力。

2010 年，公司在全球范围内拥有大约 83900 名员工，在中层领导中女性所占比例由原来的 14.5% 上升到 16.5%。根据公司的总体战略，不同地区的人员数量也发生了变化。例如，南非的员工数量增加以支撑不断增长的企业顾客业务和数据业务；在印度，公司削减了人员数量以促进业务发展；在英国，公司减少了在办公室工作的人员数量，增加了面向顾客的服务人员数量。

2. 招聘政策与员工关系

公司的招聘政策充分反映了当地法律、文化以及应聘者的要求。公司的目标是成为求职者心仪的雇主，因此，公司一直致力于在开展经营的地方保持高标准和良好的员工关系。公司反对不公平地对待员工，不论种族、国籍、性别、年龄、婚姻状况、性取向、宗教信仰和政治信仰，尽量从各个方面为员工提供平等的机会。在公司最近的一项调查中，87% 的雇员认为沃达丰能抛开性别、背景、年龄和信仰歧视，平等地对待员工。

3. 员工的健康、安全与福利

沃达丰一直把员工的健康、安全与福利放在优先考虑的位置。公司实施的死亡防止计划取得了显著的成效，印度、加纳和土耳其地区的员工死亡率降低了 33%，2010 年，这些地区共有 21 名员工去世，2011 年只有 14 名。不幸的是，整个集团有 21 名员工去世，包括 4 名在南非集团公司的员工。南非的下属公司已经实施了死亡防止计划，在 2011 年会计年度的最后六个月里，死亡事故的发生次数已降低至一次。

4. 文化、沟通与员工参与度

2010 年 10 月，公司开展了第六次年度全球职工参与度调查，同时也一并调查了员工的自尊心、忠诚度和积极性，90% 的问卷得到了回复。职工参与度的整体得分为 75 分，这意味着公司连续三年在职工参与度上保持了高分。

通常，持续与公开的沟通是高水平员工参与度形成的基石。职工可以从网站上获取公司全部的经营信息。公司执行官通过常规的团体会议、电子邮件、视频直接与员工沟通，同时，公司发生的变化以及一些有关业绩的问题也会在团体会议中提出来，与员工或者被选举出来的员工代表一起讨论解决。

公司的文化源于"沃达丰方式"。公司所有的高层领导团队现在都要参观"沃达丰方式"工场，这个工场展示了"沃达丰方式"是如何在工作中不断发展演变的。地区市场也会针对它们的经理推出类似的计划。公司还建立了领导交流社区，高层领导定期聚在一起商讨进一步发展"沃达丰方式"的方法和途径。

5. 人才与资源整合

2011 年，员工绩效继续保持在一个较高的水平，领导团队也进一步加强。一方面，这是因为公司引进了人才识别工具；另一方面，是因为增加了对具有高发展潜力职工的投入，以帮助他们完善生涯规划和职业发展。

公司还启动了一项在全球范围内雇佣 250~300 名顶尖毕业生的招聘计划。截止到 2011 年 3 月 31 日，我们共招聘了 306 名。另外，公司还与欧洲、美国、非洲和印度的顶尖 MBA 学院合作，为公司的重要管理职位招聘了 15~20 名 MBA 毕业生。

6. 学习与能力发展

公司致力于通过不断的学习与锻炼，帮助员工充分发挥其自身的潜力。作为业绩沟通的流程之一，部门经理每年要帮助他的职员识别和制定发展目标。通过课堂教学、在线学习、工作经验交流等方式，公司根据不同的地区与职能，施行了各种形式的学习计划，以满足员工发展的需求。2011年，公司投资了5500万英镑用于开展员工培训项目。公司最新的调查发现，72%的员工认

为通过学习提高了自己所需的工作技能。

7. 绩效、报酬与提升

公司根据员工的绩效、潜力以及对公司成功所作出的贡献给予员工相应的报酬。公司的目标是在开展经营的国家里，为员工提供公平、有竞争力的工资待遇和福利。公司已经在全球范围内对大部分员工实施了短期刺激计划，对高层领导实施了长期刺激计划。两项计划均是根据个人和公司的绩效来提供相应的报酬。

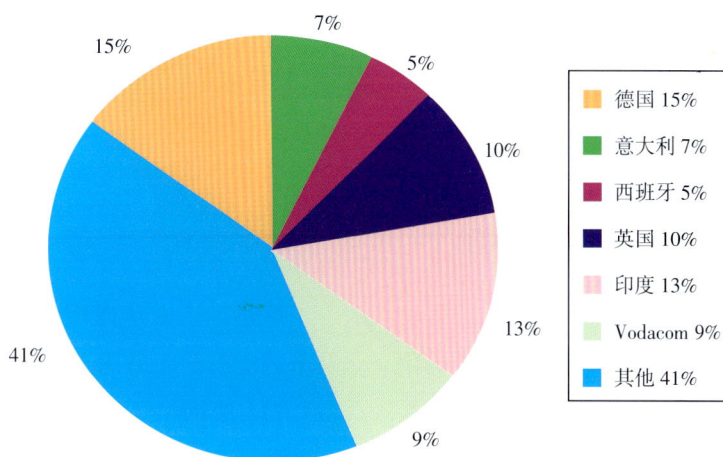

图 2-7-6 各地区的人员分布情况（%）

表 2-7-4 人力资源关键绩效指标

关键绩效指标	2011 年	2010 年	2009 年
新招员工数	83862	84990	79097
高层管理者的国籍总数	29	26	23
女性在高层管理者中的比例（%）	16.5	14.5	13.1
员工流失率（%）	15	13	13

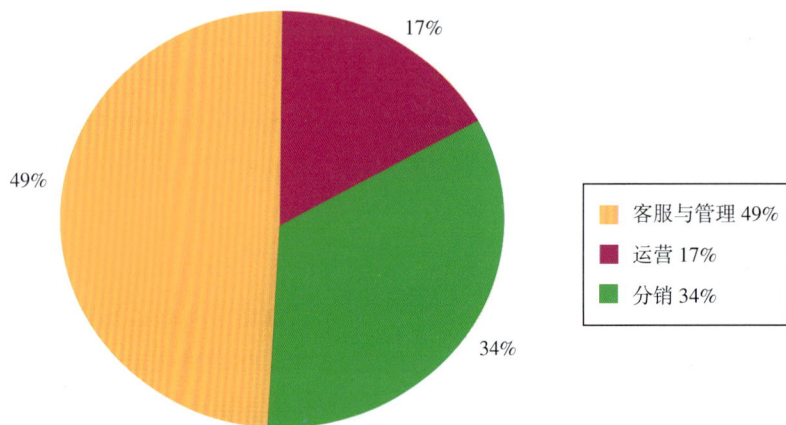

图 2-7-7　基于职能划分的员工占比

（九）企业社会责任

沃达丰履行企业社会责任实践，主要包括以下几个方面：

1. 建设可持续发展社会

沃达丰的网络、产品和服务为世界人民的生活带来了改变，并为实现联合国制定的千年发展目标做出了贡献。沃达丰实施了健康计划，通过使用移动通信，提升医疗服务效率。在一些发达国家，沃达丰十分关注远程医疗服务，包括提高病人的生活质量，降低病人的生活成本，运用移动技术，提高临床试验的效率。公司还在新兴市场，通过移动网络帮助诊所管理疟疾治疗药物的供应链，制定药品供应链的解决方案。沃达丰还推出联机服务，为智能能源网的发展提供便利，以实现向低碳社会的转型。公司已经与英国电气公司、意大利电气公司合作，为 100 多万户家庭提供联机服务，使消费者能够监控电气的使用，以达到节约能源的目的。沃达丰还有一类服务，虽然用户并不多，也不可能成为公司的主要收入来源，但它最能体现公司对用户的体贴与尊重，这就是针对老人、儿童、聋哑人、盲人等特殊群体的特殊服务。例如，为有遭受家庭暴力风险的女性制定具有导航功能的特色手机，为紧急通信提供能实现快速网络覆盖的即时网络等。

2. 环境保护

沃达丰主要从废旧电子产品回收与再利用以及节约能源两个方面落实环境保护工作。

（1）废旧电子产品的回收与再利用。一是鼓励回收废旧电子产品。沃达丰在其下属的电子用品商店和特许店内，通过印发彩页海报、设立明显的回收点标志等方式，提醒消费者回收废旧手机、电池等废旧电子产品。

二是引入回收废旧电子产品激励机制。沃达丰在全球各地的分公司采取了各种不同的回收废旧电子产品激励措施，有的向用户提供一定时间的免费通话时长，有的则承诺每收到一部废旧手机向慈善机构进行一定数目的捐款，以各种方式奖励用户的废旧电子产品回收行为。

三是鼓励员工积极参与废旧电子产品回收活动。沃达丰鼓励公司员工积极参与废旧手机、电池以及其他废旧电子产品的回收活动。

四是鼓励企业客户参与废旧电子产品回收活动。沃达丰鼓励企业客户积极参与废旧电子产品回收活动。一方面向企业客户提供免费的废旧电子产品回收储存设备，以及废旧电子产品邮寄费用；另一方面，敦促企业客户鼓励本企业员工积极参与废旧电子产品回收活动，提高本企业员工的环保意识。

五是发起消费者废旧电子产品回收活动。沃达丰采取多种手段旗帜鲜明地倡导废旧电子产品回收，通过媒体、海报、广告等多种方式进行宣传，唤起消费者主动回收废旧电子产品的意识。

六是鼓励消费者延长手机的使用期限。除了鼓励回收废旧手机，沃达丰还鼓励消费者延长手机等电子产品的使用期限，这同样也能起到减少废旧电子产品的作用。那些长期使用老手机的用户，则可以享受到一定额度的话费优惠。

七是关注发展中国家废旧电子产品的处理过程。沃达丰除了关注发达国家废旧电子产品的回收以外，还在研究新兴电信市场的废旧电子产品回收问题。2006~2007年，沃达丰委托一家名为"未来可持续发展论坛"的国际机构，在肯尼亚、尼日利亚、坦桑尼亚和南非进行了一项关于废旧电子产品的调查。调查结果显示，在非洲，人们对于废旧电子产品的危害和影响知之甚少，特别是肯尼亚存在一个巨大的非正规手机维修市场，这些非正规的手机维修点成为最大的废旧电子产品产生源。调查结论是，在发展中国家废旧电子产品回收体系设计中，仅仅考虑从消费者手中直接回收废旧电子产品是不够的，回收体系必须覆盖非正规手机维修点这一重要的废旧电子产品产生渠道。随后，沃达丰在印度展开研究，目的在于探索手机终身管理机制。

（2）高能源利用效率。沃达丰意识到应对全球气候问题是企业义不容辞的社会责任，提出到2020年减少50%的碳排放（以2006年的碳排放量为基准），并通过提供产品和服务帮助客户减少碳排放。沃达丰主要从以下三个方面提高能源利用效率，减少能源消耗。

首先，减少自身的碳排放，一是降低网络运行能源消耗。由于网络运行能源消耗产生的碳排放量占沃达丰碳排放总量的80%以上，因此，减少能源消耗的关键是降低网络运行能源消耗。主要手段是加强与设备供应商的合作，开发更高效的通信设备。比如，与中国华为公司合作，开发低成本、高能效基站，使运营商能够在同一个基站中集成管理2G、3G和LTE设备；与朗讯、爱立信、诺基亚、西门子合作，开发相关技术，在基站负载非常低时，适时关闭基站，达到节约能源的目的。二是控制空调能源消耗。这是减少碳排放的另一项重要手段。沃达丰强调适时采取"零空调"策略，在新建基站时采用自然风冷却方式，以降低能耗；高温地区的基站在不得不使用空调降温时，则采用对发热设备有针对性地降温的方式，而不是对整个基站进行降温以节省能源。三是节省柴油消耗。作为备用电源，基站中的柴油发电机会消耗大量的能源，为此，沃达丰用充电电池代替柴油发电机，以在电力中断时保障通信畅通；在一些地处偏远地区，无法通过电网直接供电的基站，则利用太阳能、风能等现场再生能源代替柴油发电机供电，并尽可能多地购买和使用可再生能源。

其次，帮助客户减少碳排放。主要通过提供通信产品与服务，帮助客户减少在生产过程中产生的不必要的交通费用，达到减少碳排放的目的，并帮助客户建立高效的能源管理系统。

最后，加强与供应商及其他企业的合作。主要通过加强与供应商国际组织以及其他企业之间的合作，共同应对全球气候问题。

3. 商业伦理

公司的商业原则和行为准则一直强调，在做任何事情的过程中，负责、诚信、道德的企业行为至关重要。这包括作为一名负责任的雇主，要保障员工的健康和安全，提供良好的工作环境和较高的工作报酬。中东以及南非地区的持续冲突也使公司对人权问题十分关心。

4. 社会投入

沃达丰在 27 个国家和地区设立了"沃达丰基金"，专门用于社会公益和慈善事业。这些基金会参与的事业很多，包括救灾捐赠、公益设施建设，以及为残疾人、无家可归者组织社会活动等。2011 年社会投入的总额为 4960 万英镑，其中，520 万英镑用于基金的运营开支。

5. 社会责任治理

沃达丰社会责任的履行情况最终由执行委员会负责，此外，公司在每个地区市场都建立了社会责任管理架构和系统，以监督社会责任的履行并向集团报告。沃达丰还对合资企业、外包伙伴以及其他合作机构的社会责任履行情况进行控制和监督。

表 2-7-5　社会责任关键绩效指标

	2011 年	2010 年	2009 年
沃达丰集团			
能源使用量（千兆瓦时）（直接与间接）	4117	3278	3044
二氧化碳排放量（百万吨）	1.96	1.21	1.22
可再生能源的使用率	19.42	23	19
废旧电话的回收与再利用数量（百万）	1.23	1.33	1.53
产生的废旧网络设备数量（吨）	7473	5870	4944
废旧网络设备的回收再利用率	99	98	97

（十）前景展望

公司以良好的态势步入了新的会计年度，在维持原有市场份额的基础上，进一步扩大了主要市场的市场份额，迫使竞争对手向智能手机和数据包业务转移。公司将继续关注数据业务、企业顾客、新兴市场这些关键的增长领域，同时保持对网络质量和新业务发展的投资。

南欧地区动荡的宏观经济环境是沃达丰将持续面临的挑战，沃达丰希望进一步降低移动终端费率，以减少对营业收入产生的负面影响。

集团的边际 EBITDA 还会继续下降，虽然下降的幅度相比 2011 年会有所减缓。导致这一现象的主要原因是公司在南欧地区的营业收入持续降低。

通过执行新的公司战略，在未来三年里，公司每年的营业收入将增长 1%~4%，自由现金流将维持在 60 亿到 65 亿英镑之间。明年，调整后的营业利润有望保持在 110 亿到 118 亿英镑之间，按照恒定的货币基准估计，资本性支出水平将与去年持平。2013 年，公司发放的每股股息将不低于 10.18 便士。

公司已经做好一切准备，通过完成有关收入、自由现金流和股息增长的中期目标，为股东创造更多的价值。

附件一：英国沃达丰财务报告（2010年）

1. 合并资产负债表

截至3月31日	2011年 （百万英镑）	2010年 （百万英镑）
非流动资产	45236	51838
商誉	23322	22420
其他无形资产	20181	20642
物业、厂房及设备	38105	36377
对联营公司的投资	1381	7591
其他投资	2018	1033
递延税项资产	97	34
退职福利	3877	2831
应收账款	134217	142766
流动资产		
存货	537	433
税款减免	281	191
应收账款	9259	8784
其他投资	674	388
现金及现金等价物	6252	4423
	17003	14219
总资产	151220	156985
权益		
股本	4082	4153
资本公积	153760	153509
库存股	(8171)	(7810)
留存收益	(77661)	(79655)
其他累计综合收益	15545	20184
本公司股东应占权益	87555	90381
非控制性权益	2880	3379
非控制性权益看跌期权	(2874)	(2950)
非控制性权益合计	6	429
权益合计	87561	90810
非流动负债		
长期借款	28375	28632
应交税金	350	—
递延税项负债	6486	7377
退职福利	87	237
预计负债	482	497
应付账款	804	816
流动负债	36584	37559
短期借款	9906	11163

续表

截至 3 月 31 日	2011 年 （百万英镑）	2010 年 （百万英镑）
应交税金	1912	2874
预计负债	559	497
应付账款	14698	14082
	27075	28616
权益与负债合计	151220	156985

2. 合并损益表

截至 2011 年 3 月 31 日	2011 年 （百万英镑）	2010 年 （百万英镑）	2009 年 （百万英镑）
主营业务收入	45884	44472	41017
主营业务成本	(30814)	(29439)	(25842)
主营业务利润	15070	15033	15175
销售费用	(3067)	(2981)	(2738)
管理费用	(5300)	(5328)	(4771)
应占联营公司业绩	5059	4742	4091
资产减值损失	(6150)	(2100)	(5900)
其他收入和支出	(16)	114	—
营业利润	5596	9480	5857
营业外收入和支出	3022	(10)	(44)
投资收益	1309	716	795
财务费用	(429)	(1512)	(2419)
税前利润	9498	8674	4189
所得税费用	(1628)	(56)	(1109)
本年净利润	7870	8618	3080
分配到：			
——本公司股东应占利润	7968	8645	3078
——非控制性权益股东应占利润	(98)	(27)	2
	7870	8618	3080
基本每股盈余（便士）	15.20	16.44	5.84
稀释每股盈余（便士）	15.11	16.36	5.81

3. 合并现金流量表

截至 2011 年 3 月 31 日	2011 年 （百万英镑）	2010 年 （百万英镑）	2009 年 （百万英镑）
经营活动产生的现金净额	11995	13064	12213
投资活动产生/（所用）的现金流量			
购买子公司、合营公司权益所支付的现金	(402)	(1777)	(1389)
购买无形资产所支付的现金	(4290)	(2134)	(1764)
购置物业、厂房及设备所支付的现金	(4350)	(4841)	(5204)

续表

截至 2011 年 3 月 31 日	2011 年（百万英镑）	2010 年（百万英镑）	2009 年（百万英镑）
增加投资所支付的现金	(318)	(522)	(133)
出售占有的子公司权益所收到的现金	—	—	4
出售占有的联营公司权益所收到的现金	—	—	25
处置物业、厂房及设备所收到的现金	51	48	317
减少投资所收到的现金	4467	17	253
收到联营公司的股息	1424	1436	647
收到投资收入的现金	85	141	108
收到利息收入的现金	1659	195	302
投资活动的税项支出所付出的现金	(208)	—	—
投资活动所用的现金净额	(1882)	(7437)	(6834)
融资活动产生/(所用) 的现金流量			
发行普通股以及补发库存股所收到的现金	107	70	22
短期借款流动净额	(573)	227	(25)
取得长期借款收到的现金	4861	4217	6181
偿还借款所支付的现金	(4064)	(5184)	(2729)
回购库存股所支付的现金	(2087)	—	(963)
回购 B 股股本所支付的现金	—	—	(15)
分配股利所支付的现金	(4468)	(4139)	(4013)
分配子公司中非控制性股东股利所支付的现金	(320)	(56)	(162)
取得子公司中非控制性权益所收到的现金	—	613	—
其他在子公司中与非控制性股东的交易事项	(137)	—	618
支付利息所付出的现金	(1578)	(1601)	(1470)
融资活动所用现金净额	(8259)	(5853)	(2556)
净现金流	1854	(226)	2823
年初现金及现金等价物	4363	4846	1652
汇率变更的影响	(12)	(257)	371
年末现金及现金等价物	6205	4363	4846

附件二：公司大事记

公司始创于 1984 年，成立当时使用名称 Racal Telecom Limited（瑞卡尔电信有限公司），为英国 Racal Electronics Plc.（瑞卡尔电子有限责任公司）的附属公司。

1985 年 1 月，建立的第一个模拟信号网络，在这之后，模拟网络的演示活动继续进行着，网络的架设也在规定的时间内得以完成，使得 Vodafone 的网络迅速覆盖全国。

1987 年，Vodafone 已经被认为是世界上最大的移动通信公司。GeraldWhent 先生将 Vodafone 的早期战略定为大力发展国际远距离移动科技，虽然 Vodafone 已经拥有了世界最大规模的移动网络，但是公司的发展仍然遵循着最初的商业计划。

1990 年商务数据传输业务开通。广播网络公司 PAKNET 推出了基于改进后的移动应用商务服务以满足商业发展快速、准确、可靠的传输数据需要。

1991 年 9 月脱离其母公司瑞卡尔电子，成为一间独立公司，并正式改名为沃达丰集团有限责任公司。

1992 年公司从 CABLE & WIRELESS 手中购得了其 50%的股份。

1995 年 Vodafone 开始开发高速公路网络。近 500 位专家通过辛勤劳动终于将 7 条主要高速公路覆盖到了 Vodafone 移动网络中。Vodafone 网络同时也成为世界上首个引入 TACS 对比技术的网络，以杜绝网络中的盗拨现象。

1999 年年初，该公司出资 560 亿美元成功地并购了美国空中通信公司，VodafoneAirTouch 正式成立。

1999 年 11 月，公司的市值约为 900 亿英镑，而且成为 FTSE100 榜中排名第二，同时也是欧洲第三。公司还是世界最大的 25 个公司之一，在 1999 年 9 月底，英国 Vodafone 和美国 AirTouch 通信公司在全世界 24 个国家 5 个大洲共有超过 3100000 个客户。

1999 年 9 月 21 日，贝尔实验室与 Vodafone AirTouch 达成协议共同开发新的无线网络商务。

2000 年 2 月 3 日，德国曼内斯曼公司与英国沃达丰公司终于正式宣布合并。英国沃达丰总裁根特和德国曼内斯曼公司总裁埃瑟尔联合宣布，他们已经达成两个公司合并的协议，涉及金额近 4000 亿德国马克，相当于 2000 亿美元，完成了迄今为止涉及金额最大的公司合并。

2000 年 7 月 28 日 Vodafone AirTouch 恢复原来的名称，即沃达丰集团有限责任公司。

2001 年，沃达丰集团投资 3000 亿美元将自己的实力范围扩张到了全球 28 个国家，其中包括以 115 亿美元的价格收购了 JapanTelecom HoldingsInc.。

2004 年，通过一系列的并购交易，获得了沃达丰日本公司 97.7%的股权。

2006 年 4 月 27 日，沃达丰集团出售了沃达丰日本公司的所有股权。

2007 年 5 月，沃达丰集团以 55 亿英镑收购了印度的 Essar 公司。

2008 年 5 月 19 日，沃达丰集团斥资 3.66 亿英镑增持其在 Arcor 公司的股权，至此，沃达丰拥有了 Arcor 公司 100%的控股权。

2008 年 8 月 17 日，沃达丰集团以 4.86 亿英镑收购了（Ghana Telecommunications）加纳电信 70%的股份。

2009 年 4 月 20 日，沃达丰集团斥资 16 亿英镑，使其在非洲跨国移动运营商 Vodacom 公司中的持股比例增加了 15%。5 月 18 日，Vodacom 成为沃达丰集团的子公司。

2009 年 6 月 9 日，沃达丰和 Hutchison 3G 联合创建了（Vodafone Hutchison Australia）沃达丰—和记澳大利亚公司。

2010 年 9 月 10 日，沃达丰以 43 亿英镑的价格出售其持有的中国移动 3.2%的股权。

2010 年 10 月，沃达丰以 31 亿英镑的价格出售其所持有的日本软银股权。

france telecom

公司标识是一个鲜艳的橙色 "&" 符号，在英语里代表着 "and（和、与）" 的含义。法国电信想要表达的意义是 "连接、沟通、综合"，象征着世界上的人与人之间、企业与企业之间、人与企业之间都能够通过通信手段紧密相连，亲密交流。法国电信希望借此树立一个全新的形象，那就是在一个被互联网和移动新技术推动的竞争时代里，成为一个不断革新的、为用户提供优质服务的综合性国际运营商。

斯蒂芬·理查德（Stéphane Richard）

法国电信集团董事长兼首席执行官

　　斯蒂芬·理查德：49岁，2011年2月23日被任命为法国电信集团董事长兼首席执行官，为期4年。

　　斯蒂芬·理查德毕业于巴黎高等商学院（Ecole des Hautes Etudes Commerciales）和巴黎国家行政学院（Ecole Nationale d'Administration），是法国总统萨科奇的好友，曾担任法国财政部长拉加德（Christine Lagarde）的首席助理，法国经济、工业和社会保障部总参谋长。1992~2003年间，曾任法国跨国公司Générale desEaux的执行CFO，Immobiliere Phénix公司的首席执行官，CGIS公司（即现在的 Nexity公司）的董事长。2003年，斯蒂芬·理查德成为威立雅环境集团（Veolia Environnement）的执行CEO。

　　斯蒂芬·理查德于2009年9月加入法国电信集团，2009年10月5日被集团任命为执行CEO，负责法国国内的集团运营。2010年1月1日成为集团CEO候选人，2010年6月9日，在年度股东大会上，斯蒂芬·理查德加入董事会，成为集团董事。在2011年2月23日召开的集团会议上，董事会正式接受法国电信集团前任董事长兼首席执行官迪迪埃·隆巴德（Didier Lombard）的辞职申请，并根据公司治理与社会责任委员会的提名，任命斯蒂芬·理查德为法国电信集团董事长兼首席执行官，该任命于2011年3月1日生效。

八 **法国电信公司可持续发展报告（France Telecom）**

（一）公司简介

法国电信公司（France Telecom）成立于1988年，总部位于巴黎。在此之前，它是法国邮政和通信局的一个分支机构。法国电信集团是全球领先的电信运营商之一，其业务涵盖移动通信服务、互联网、电视、企业和跨国公司通信服务等领域。以前，法国电信底下拥有许多事业部，例如瓦努阿图（Wanadoo，法国第一大，亦为全欧洲第二大的网络服务供应商）、Orange SA（法国第一大手机服务公司）及负责数位通信网络商业服务的易宽特公司（Equant）。2006年6月，法国电信正式宣布实施统一品牌策略，停止使用"易宽特"及"瓦努阿图"这两个品牌，将集团在全球的移动、宽带、融合服务和企业用户业务品牌统一为"Orange"，而"法国电信"作为公司名称保持不变，以借由品牌重塑达到公司形象的整合与单一化。法国电信是提供全方位业务的跨国综合电信运营商。目前其互联网与移动业务分别在欧洲位列第二和第三。法国电信集团旗下的Orange Business Service品牌业务遍布全世界220个国家和地区，为众多跨国公司提供服务，在企业和跨国公司的通信服务领域处于世界领先地位。

法国电信公司十分注重技术创新，在世界三大洲建立了17个研发分支机构，其中包括8个海外研发分支，分布在伦敦、旧金山、波士顿、东京、华沙、北京、汉城、新德里和西班牙，拥有4200多名研发人员，至今已创造了8000多项专利。凭借其先进技术，被公认为世界三大电信研发中心之一。

2010年公司用户规模达到2.09亿，同比增长6%。其中移动用户1.5亿，同比增长9.1%；互联网用户1370万，同比增长3.4%。截至2010年年底，法国电信公司收入为455亿欧元（2011年上半年营业额为225.69亿欧元），实现净利润48.8亿欧元，同比增长61.7%。每股盈余为1.84欧元，净资产报酬率达到15.46%。

法国电信公司品牌在世界品牌实验室（World Brand Lab）编制的2010年度"世界品牌500强"排行榜中名列第220位，在2011年度《财富》全球500强公司中名列第121位。

（二）公司战略

2010年7月1日，法国电信公司启动了被称为"征服2015"的新公司战略。通过执行该战略，法国电信公司将努力把自己打造成为顾客、员工、股东以及整个社会心目中首选的电信运营商，在不危害公司利益的情况下，为公司创造新的发展空间。

这个新战略包括四个方面的内容：

1. 征服公司员工

无论是公司历史、公司文化还是公司价值，都要求公司把员工放在第一位，把履行社会责任作为发展战略的核心。法国电信不断努力，致力于把自己变成电信行业中积极履行公司社会责任的楷模，将"成为关注员工福利与整个社会福祉的雇主"作为自己未来5年的目标。

为确保发展，做好应对未来的准备，法国电信将实行责任制和弹性制员工雇佣政策，在与工作有关的培训项目中招聘 4500 个年轻人，在完成各自的项目后，至少有 1200 个人会成为公司的永久员工。在关注员工整体合作性的同时，公司也会尊重员工的个性和平等性。另外，法国电信集团已参照社会标准来决定 1000 位高层经理的薪酬分配。最近，集团准备增加女性在管理委员会成员中的比重，计划到 2015 年，这一比例达到 35%。

为了让员工成为经营的主角，增强员工归属感，法国电信将升级工作环境，运用现代化的 IT 工具促进员工之间的交流与合作。定期调整战略指导方针，让每个员工对自己的角色、任务和责任有一个清晰的认识，感受到自己的工作对集团发展做出的贡献。结合不同的国家、文化和商业背景制定有针对性的培训计划，促进业务发展的同时提高员工的专业技能。通过个性化的指导，帮助员工提高技能认知，并制定职业生涯规划，以实现更好的人生发展。

法国电信 CEO 理查德表示，这些措施都旨在激励法国电信员工的工作热情，并且使他们以在法国电信工作而自豪，"在我们的新计划中，员工是最为核心的因素"。

2. 征服网络

随着法国政府监管机构监管政策的明朗，法国电信制定了网络优先的策略，法国电信表示将投入巨资进一步致力于提升网络覆盖范围和带宽提供能力。首先，法国电信计划用三年时间，耗资 8170 万美元，将 ADSL 家庭用户覆盖率从 98.6% 提高到 99% 以上。其次，法国电信计划从 2010 年起到 2015 年，投资 20 亿欧元在法国人口密集的主要地区开始 FTTH 建设，以实现到 2015 年光纤覆盖法国 40% 人口的目标。

法国电信升级网络，目的是给客户提供高质量的服务。在"征服 2015"计划中，法国电信将

物联网、云计算、视频会议列为重点的战略方向。

在法国电信看来，物联网是一项战略级的业务，法国电信致力于成为物联网的领导者，从而通过发掘自身潜力从一名被集成的运营商演变为物联网通信中的领导者。为实现这一目标，法国电信通过搭建完整的物联网系统，渗入到产业链的各个环节，通过多种方式建立与产业链中各个厂商的紧密合作关系。例如，法国电信建立了 M2M 应用平台，以整合第三方的技术、设备和服务；法国电信还成立了物联网全网支撑中心，负责物联网的业务规划、产业链合作、产品开发推广。

此外，法国电信还是云计算的积极推动者。法国电信旗下的 Orange 于 2010 年 3 月推出了端到端的云计算服务，并计划在未来两年内推出一组新的云计算服务，涵盖实时应用、协作、安全、基础设施、"云就绪"网络和针对特定行业的解决方案六个方面的业务。

3. 征服顾客

法国电信的目标是成为全世界人民心目中首选的电信运营商，激发顾客对公司的信心，让顾客充分享受数字生活带来的快乐。在任何一个开展经营的国家，法国电信都致力于提供全新的服务，以满足顾客的需要、迎合顾客的期望。

法国电信承诺将为顾客的数字生活提供有力支撑，为此，法国电信将提供更加简洁、更适应顾客需求的服务，并通过保护客户数据，加强对数据使用的监管和控制，维护顾客隐私。不断追求创新使公司能够对新需求和新应用快速作出反应，为顾客提供完全健康的数字媒体服务。维护与顾客的良好关系，保持与顾客的沟通并给予公司的忠诚顾客以一定的奖励。

为了满足用户对服务中的内容需求，法国电信突破行业界限，设立了内容部门，专门负责制作电影，开始涉足小规模内容制作，有一些自己

的独家内容产品。另外，法国电信还与著名的媒体公司合作，如与华纳兄弟和迪斯尼签约，提供一些电视节目，并围绕内容提供各式各样的服务，为客户提供丰富的节目内容。

依托于分布广泛的 Orange 实验室网络，法国电信具有强大的研发和创新能力，公司将进一步迎合顾客期望，开发新服务，丰富顾客的数字生活。

4. 征服国际市场

法国电信的目标是到 2015 年，在国际市场上的客户数达到 3 亿，这意味着法国电信将在现有基础上增加 1 亿新客户。

法国电信集团将在国际新兴市场上进行大规模扩张，特别是非洲和中东。在这些地区，集团计划在 3 至 5 年内使营业收入翻一倍，到达 10 亿欧元。为此，法国电信将通过组织增长、获取新牌照、现有运营商股权收购、增持在现有证券组合中占有的股份四种方式来实现这一目标。

（三）公司治理

一般地讲，公司治理可以分为两个部分：一个是治理结构（Governance Structure），另一个是治理机制（Governance Mechanism）。治理结构包括股权结构、董事会、监事会、经营班子等。治理机制包括用人机制、监督机制和激励机制，比如用人机制又可细分为董事长人选、独立董事人选、CEO 人选等。这两者共同决定了治理效率的高低。

一个公司治理机构可分为主流型和非主流型两种。主流型指设有股东大会、董事会、经营班子，而且股东大会领导董事会，董事会领导经营班子。非主流型指设有股东大会、董事会、监事会、经营班子，而且股东大会领导董事会、监事会，董事会领导经营班子，董事会、监事会之间并不存在领导与被领导的关系。

法国电信治理机构设置属于主流型。但作为一个国有控股企业，还存在广泛的国家监督，包括审计法院、国会财经监督委员会、政府特派员（Government Commissioner）等。审计法院负责查账，国会财经监督委员会负责检查国企实施经济目标的情况，政府特派员负责检查国企实现社会目标的情况。法国的政府特派员与我国曾实行的国务院稽察特派员是不同的。我国的稽察特派员，不仅要负责检查国企实现社会目标的情况，还要查账、检查国企实现经济目标的情况。法国国企存在多头监督，但效果并不理想，这种现象在许多国家的国企都存在，比如，意大利国企也设有国家检查员。对国企监督的多样性，即所谓"多管齐下"，并不必然带来监督的有效性。

表 2-8-1　法国电信的股权结构（2008~2010 年）

持股人	2010 年 12 月 31 日			2009 年 12 月 31 日			2008 年 12 月 31 日		
	股数	股权占比	投票权占比	股数	股权占比	投票权占比	股数	股权占比	投票权占比
法国政府	356757953	13.47%	13.47%	350418080	13.23%	13.24%	605668775	23.16%	23.25%
ERAP	—	—	—	6339873	0.24%	0.24%	91204364	3.49%	3.50%
FSI	357526133	13.50%	13.50%	357526133	13.50%	13.51%	—	—	—
公众	714284086	26.97%	26.97%	714284086	26.97%	26.99%	696873139	26.65%	26.75%
集团员工	122243149	4.61%	4.61%	116765615	4.41%	4.41%	96112598	3.68%	3.69%
库存股	4609	—	—	2042836	0.08%	—	10113380	0.39%	—
流通股	1812326762	68.42%	68.42%	1815617237	68.55%	68.60%	1811892119	69.29%	69.56%
总数	2648858606	100%	100%	2648709774	100%	100%	2614991236	100%	100%

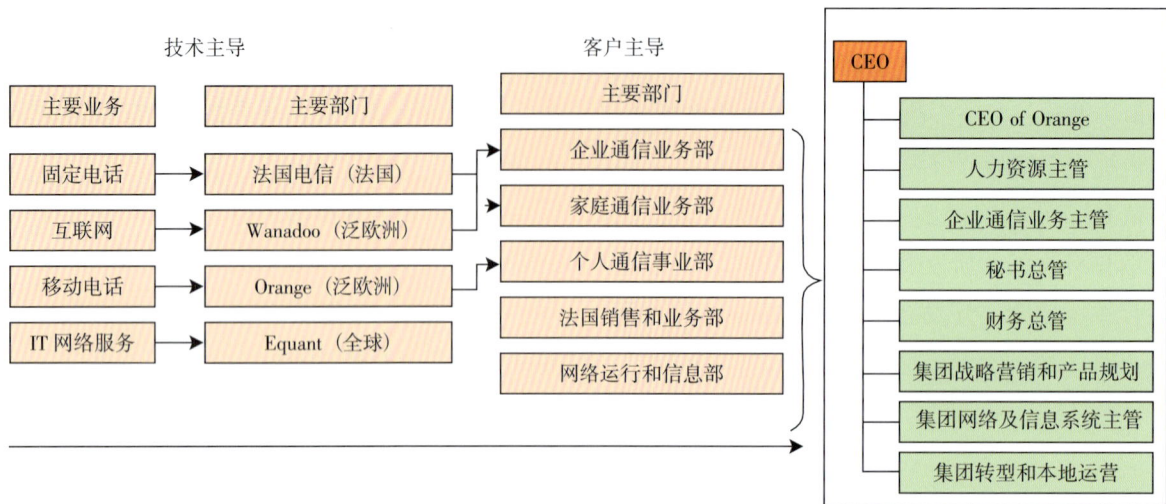

图 2-8-1　法国电信的组织结构

企业通信业务部：包括向全球大客户提供的企业解决方案、固网业务、全球的大客户服务和营销等，Equant 的业务也被纳入企业通信服务部。

家庭通信业务部：重新整合固网业务，即将固网业务分解为企业通信和家庭通信，分别归入不同部门管理，并将家庭通信的重点放在宽带上，负责互联网业务的子公司 Wanadoo 被纳入家庭通信业务部；家庭通信服务部还负责在欧洲范围内的固定电话线路上的宽带服务。

个人通信事业部：加强对 Orange 的管理，由 CEO 直接领导，重视移动业务与其他业务的均衡协调发展；负责为个人用户提供移动话音、移动媒体等服务。

法国销售和业务部：将法国境内个人和中小企业用户所有业务的营销职能集于一体，顺应移动和固定业务融合的趋势；负责为中小企业客户提供集团化产品，并代表整个集团与当地机构打交道。

网络运行和信息部：负责技术发展、网络和信息系统，重点负责拓展和管理法国电信的网络，向其他运营商提供网络支持、维护集团的信息系统。

（四）市场概览

1. 国际市场

2010 年年底，法国电信公司在全球拥有 2.09 亿用户，比 2009 年增长 6%，其中，1.5 亿为移动用户（比 2009 年增长 9.1%），1370 万为宽带互联网用户（比 2009 年增长 3.4%）。集团在欧洲的移动虚拟网络运营商用户扩大了 28.5%，达到 460 万。在集团开展运营的国家中，66% 以上的互联网用户、移动用户以及电视用户都归属于集团的旗舰品牌——Orange。

诸如数字电视等宽带互联网用户的持续增长成为 2010 年的亮点，截止到年底，共有 410 万用户订购了数字电视，比 2009 年增长了 28%。VoIP（Voice over IP IP 语音服务）用户继 2009 年增长 10.5% 之后，2010 年底达到了 830 万。在欧洲，Livebox 的订购量增长了 7.9%，达到 920 万。

在 Orange 商业服务品牌下，法国电信集团是欧洲第三大移动运营商，也是欧洲第二大宽带互联网接入服务提供商，同时还是国际商业通信服务的全球领先者。2010 年，集团在全球共创造了 455 亿欧元的营业收入（除英国外）。

收入

2.4%
国际运营商
和共享服务

14.8%
商务通信服务

€ 45.5
billion

48.7%
法国

17.2%
世界上
其他
国家

8.6%
波兰

8.3%
西班牙

移动用户

9.0%
英国

17.9%
法国

150.4
million

55.6%
世界上
其他
国家

7.9%
西班牙

9.5%
波兰

互联网用户

5.4%
世界上
其他国家

2.8%
英国

16.7%
波兰

13.7
million

8.1%
西班牙

67.0%
法国

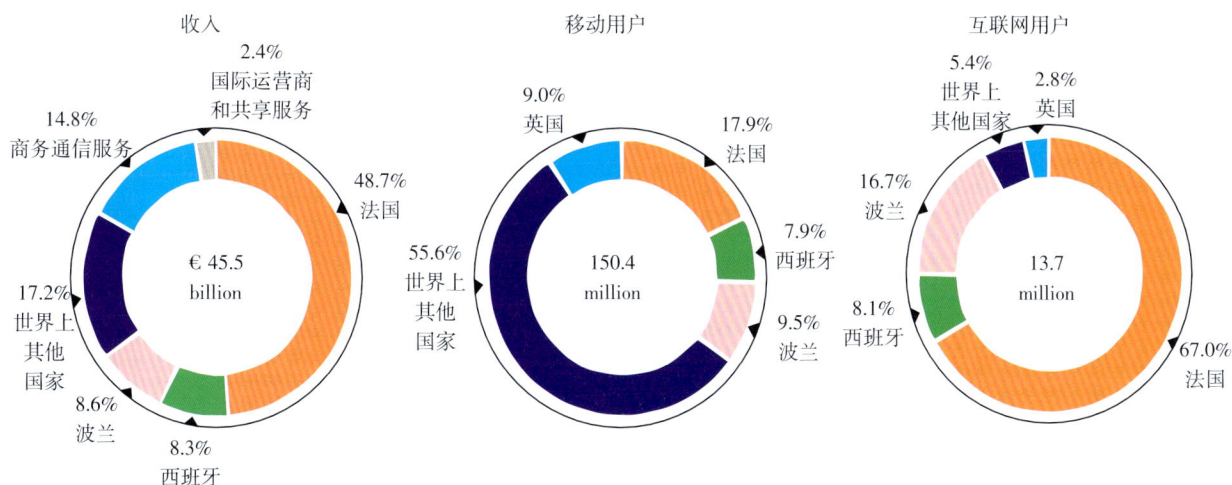

图 2-8-2　国际市场概览

2. 国内市场

表 2-8-2　关键宏观经济指标

	2010 年	2009 年	2008 年
人口（百万）	64.9	64.5	64.1
家庭（百万）	27.7	27.7	27.5
GDP 增长率（%）	+1.5%	−2.5%	+0.1%
人均 GDP（按购买力平价计算）	34092	33434	34178
家庭消费变化率（%）	1.6%	0.6%	0.5%

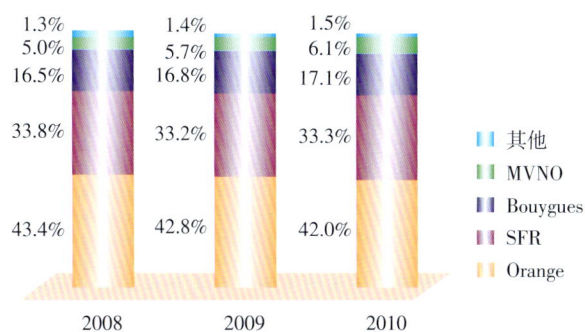

1.3%	1.4%	1.5%	其他
5.0%	5.7%	6.1%	MVNO
16.5%	16.8%	17.1%	Bouygues
33.8%	33.2%	33.3%	SFR
43.4%	42.8%	42.0%	Orange

2008　2009　2010

图 2-8-3　宽带市场份额

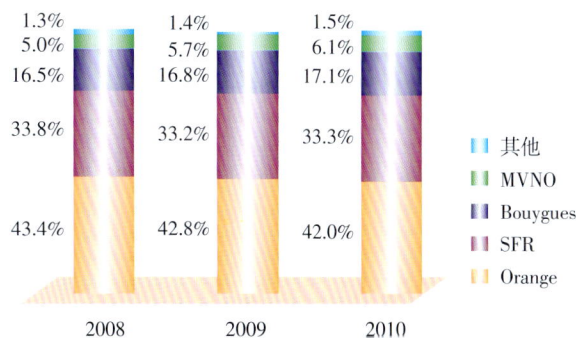

1.3%	1.4%	1.5%	其他
5.0%	5.7%	6.1%	MVNO
16.5%	16.8%	17.1%	Bouygues
33.8%	33.2%	33.3%	SFR
43.4%	42.8%	42.0%	Orange

2008　2009　2010

图 2-8-4　移动市场份额

　　法国的 GDP 在 2009 年下降 2.5 个百分点后，又重新回升，2010 年上涨了 1.5%。这也带动了整个电信市场的增长，与 2009 年的 0.5% 相比，2010 年电信服务市场增长了 0.8%。

　　2010 年 11 月，Credoc 公布的一项研究表明，伴随着互联网应用的强化和转型，固定和移动语音业务的市场发展开始放缓。截止到 2010 年 12 月 31 日，移动语音业务的市场渗透率增长了 3.7 个百分点，达到 99.7%。在拥有电脑的法国人中，有 75% 的人在家里安装了互联网接入。而在一些经济合作与发展组织成员国中，这一比例达到 90%，表明在互联网接入方面，法国拥有巨大的发展潜力。通过连接电脑和移动设备，互联网具有广泛的应用，已经成为当今世界的主导媒体。

由于移动用户数量增长缓慢，2010年移动语音所产生的收入增长也开始放缓，与2009年的2.6%相比，2010年只有2.4%。2009年移动语音收入几乎占了电信服务总收入的一半，移动市场上收入增长的减缓也与2010年7月在国际漫游、短信资费方面的降价策略有关。固话服务（包括固定语音和互联网）的收入略微上涨，互联网业务的增长抵消了固定语音业务下降所带来的负面影响。

2010年，法国电信在固定电话市场上的主要竞争对手是SFR、Free、Bouygues和Numericable。Bouygues电信推出的Ideo和法国电信新推出的Open业务实现了移动语音、互联网、电视网以及固定电话的四合一服务，取得了四网融合的新突破。SFR也推出了融合无限手机包月和Neufbox业务的套餐包，但价格定在100欧元以上，显然是针对那些比较富有的客户。互联网服务价格提升的部分原因是集团投资了大量资金用于高速宽带网络建设。近年来，Numericable是唯一一家拥有高速宽带网络的电信运营商，SFR和Bouygues一直租用Numericable的基础设施来提供自己的宽带以及高速宽带服务，SFR和Bouygues已经宣布，将对高速宽带网络建设进行大量投资。法国

电信已经确定到2015年，向高速宽带网络建设注入20亿欧元的资金。Free也表示计划投资10亿欧元用于光纤改造。

尽管移动用户的数量有所增加，但移动业务的收入却增长缓慢，这反映了市场的竞争十分激烈。不仅如此，移动运营商还面临着ARPU（Average Revenues Per User，每用户平均收入）值降低以及由于推出短信包月业务，平均短信资费下降的问题。除此以外，随着移动宽带（即Edge或3G/3G+）成为移动业务新的增长点，市场上所有的运营商都争相向提供数据语音融合业务转型。

2010年，Orange在法国移动语音市场上最重要的竞争对手依然是SFR和Bouygues，这两家运营商都拥有自己的移动互联网和3G牌照。SFR正在实施一项极具侵略性的市场战略，主要是加大投资，着力于吸引顾客以及激发顾客忠诚度，并极力推进价值增值计划，建立与设备供应商的合作伙伴关系。Bouygues电信是法国第三大移动运营商，将发展语音数据通信作为战略基础，并声称自己是市场中提供移动语音、互联网、电视网以及固定电话四合一服务的领先者。

（五）业务概览

1. 主要市场的业务状况

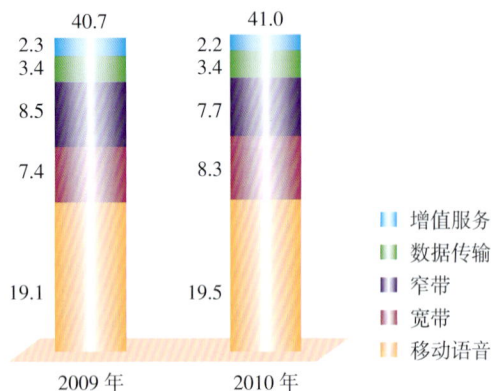

图 2-8-5　法国：电信服务零售市场收入（十亿欧元）

图例：
- 增值服务
- 数据传输
- 窄带
- 宽带
- 移动语音

2009年：40.7（增值服务2.3，数据传输3.4，窄带8.5，宽带7.4，移动语音19.1）
2010年：41.0（增值服务2.2，数据传输3.4，窄带7.7，宽带8.3，移动语音19.5）

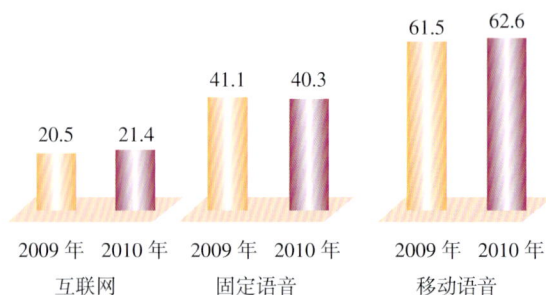

图 2-8-6　法国：用户数（百万）

互联网：2009年20.5，2010年21.4
固定语音：2009年41.1，2010年40.3
移动语音：2009年61.5，2010年62.6

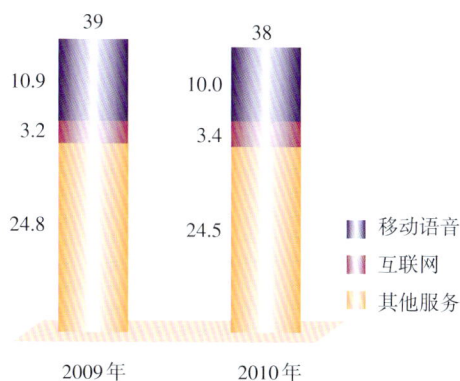

图 2-8-7　波兰：电信服务收入（百万兹罗提）

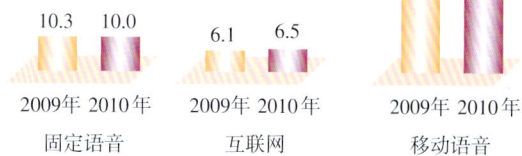

图 2-8-8　波兰：用户数（百万）

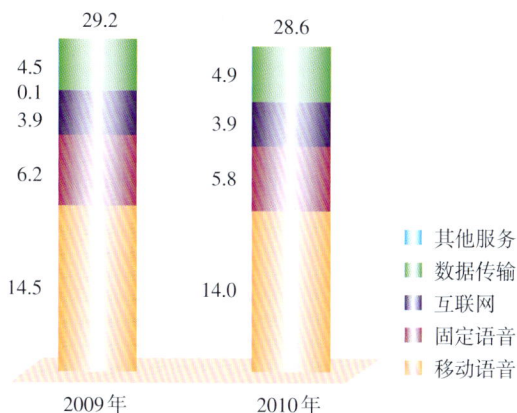

图 2-8-9　西班牙：电信服务收入（十亿欧元）

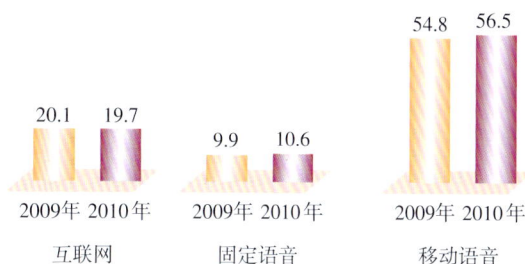

图 2-8-10　西班牙：用户数（百万）

从法国电信在法国、波兰、西班牙三大主要市场的收入以及用户结构来看，法国电信主要经营移动语音、固定语音、互联网、数据传输、增值服务以及其他服务。其中，移动语音客户数占总客户数量的比重较大，移动语音依然是法国电信的主要收入来源，但增长趋势已经开始放缓。预计未来 5 年内，随着固定移动融合业务不断发展，数据及新业务收入、互联网接入收入所占的比重将继续增长，而移动语音业务和固定语音业务的收入比重都将下降。

2. 法国电信的全业务经营

在面临固网客户不断流失，传统通信收入不断下滑的被动局面下，法国电信在 2002 年提出了"FTAmbition 2005"复兴计划，设立了阶段性运营

目标，该计划的成功执行使法国电信到 2010 年收入趋向稳定，避免了用户的流失。在此基础上，法国电信 2005 年 6 月推出了 NExT 战略（New-Experience in Telecommunications，电信业务新体验）。NExT 战略的推出可以看作是法国电信实施战略转型、提供融合服务的标志。

Livebox 是法国电信的成功战略部署。它的推广稳住了家庭用户，同时为用户提供了更多可选择的业务，使得家庭用户收入在法国电信总业务收入中占据了相当大的比例，构成了法国电信重要的业务收入来源。

Livebox 家庭网关是 2004 年由子公司 Wanadoo 推出的，它将 ADSLModem、蓝牙、无线 Wi-Fi 功能集成到了一起，家庭用户可以通过 Livebox 实现宽带接入、无线互联、VoIP、视频电话、邮件收

发等多种业务，享受业务融合带来的便利。

以 Livebox 为核心，法国电信推出了一系列的业务，主要包括以下几种。LivePhone 是一种便宜的电话服务，提供增值应用和新的终端，通过 Wi-Fi 连接到 Livebox。FamilyTalk 通过包月实现家庭成员之间固定到移动、移动到固定、移动与移动电话之间的无限制通话。Unik（Homezone）采用 Wi-Fi/GSM 多模终端，在家时通过 Wi-Fi 连接 LiveBox，实现固定宽带接入，在外时作为移动终端连接到 Orange 移动网络。Mobile & Connected 面向排除了固定电话仅使用移动电话的客户，实现移动业务与固定宽带的捆绑。Livecom 综合语音、视频、文字、即时通信等面向个人的通信服务，支持基于 PC 的 Windows Live Messenger 与 Orange Mobile Messenger 互通，可以在多种个人终端上实现。Photo Transfer 通过蓝牙接入 Livebox，可以将手机里的图片传送到个人电脑或个人空间。LiveMusic 通过 Livebox 无线连接，在电脑和高保真音响之间无线传递音乐。Livezoom 通过 Wi-Fi 摄像机连接到 Livebox，用户可以在不打开电脑的情况下监测家里的情况。Homecare 为老年人、残疾人及其他需要帮助的人提供一系列服务。

法国电信利用 Livebox 把运营商网络边缘延伸到用户家中，并把其作为未来开展多种创新业务的平台，通过业务捆绑增强用户黏性，提高了 ARPU 值，通过业务融合抵御了单一网络业务的流失。

法国电信将分阶段实现业务平台整合、有线无线无缝接入、核心网 NGN/IMS 架构下的融合。可以看出，法国电信是全球全业务运营、融合业务的开拓者，将通过明晰的发展路线实现战略转型。

3. 法国电信的业务创新

随着法国电信战略转型的不断深入，其在产品设计上也推陈出新，力争在电信业务融合的基础上，将电信服务与个人娱乐、工作生活结合起来。Orange Open、Orange 三屏融合与 Business Everywhere 三大业务就是其代表作。

（1）Orange Open。法国电信于 2010 年 8 月推出了"Orange Open"融合业务，其核心是提供基于互联网、电视、网络电话和移动电话四网融合的服务，这一服务的价格每月从 54.9 欧元到 109.9 欧元不等。在宽带业务方面，可提供最高速率达 20Mbps 的宽带服务；在电视方面，可提供 100 个数字频道、9000 个电视点播节目供用户选择，节目涵盖了体育赛事、电影等内容；在网络电话方面，提供在法国境内与 4 个手机号码的无限制语音通话，法国本土 100 个地点以内、500 个不同号码之内的无限制通话，每月 1 小时与法国国内任何网络的移动用户的免费通话；在移动电话方面，可以与设定的亲情号码进行免费通话，和任意普通号码进行单次最长 3 个小时的免费通话。除此之外，法国电信还推出了精简版的 Open mini 服务，用户每月仅需支付 39.9 欧元即可。这一套餐包括宽带、Orange TV、法国境内无限制通话和 1 小时流量包的无限制短信服务。

（2）Orange 三屏融合业务。Orange spon 和 Orange cinéma séries 是法国电信最主要的三屏融合业务，用户可以在 PC、TV 和移动终端上全方位地享受该项业务。这两项业务可以提供高清电视、VOD、电视回看等服务，因此十分具有市场竞争力。Orange cinéma séries 于 2008 年 11 月在法国正式上线，通过对付费电视的升级改造，用户可以在电视、电脑及移动终端上收看各类电视节目。Orange cinéma séries 也是第一个能为用户在其所选的 5 个主题频道上按需提供所有广播节目的业务。Orange cinéma séries 能够提供丰富的电影节目及评论服务，用户可自主在媒体库中选择内容收看，Orange cinéma séries 的媒体库拥有来自时代华纳、HBO 等多家电影公司授权的作品。Orange cinéma séries 的五个主题频道包括：提供高清视频节目的 Orange cinémax 频道，提供娱乐节目的 Orange cinéhappy 频道，提供刺激类动作节目的 Orange cinéchoc 频道，提供文艺电影的 Orange cinénovo 频道，提供经典电影回放的 Orange cinégéants 频道。2008 年 8 月 Orange spon 专业体育频道开通，每周播放超过 80 个小时的节目，节目内容涵盖了世界各地最新的体育赛事，包括手球、NBA、足球、拳击等。Orange spon 不是单纯的体育频道，而是一个开放的互动平台，用户可自主点播喜欢的节目，并了解实时比赛分数、统计信息和比赛信息，所有 Orange TV、

ADSL 用户均可订购这一服务。2008~2009 年，Orange spon 分别在波兰和西班牙开通。目前 Orange spon 已成为非洲足球的官方合作伙伴，可以在非洲 55 个国家提供移动赛事转播。

（3）Business Everywhere 业务。法国电信于 2004 年推出了 Business Everywhere 业务，该业务是根据企业用户的特点而特别推出的，用户可根据自身的工作特点，选择在不同时间自由上网与收发邮件。同时企业员工可以使用笔记本电脑、PDA 等终端，通过多种方式接入网络，实现随时随地登录网络进行办公，并可获得群发邮件、统一信息、即时通信、VoIP、视频电话等服务。截止到 2010 年 12 月，在法国国内使用 Business Everywhere 移动业务的用户已达到 79.5 万。Business Everywhere 还曾经获得 World Communication Awards 评选的"最佳新服务奖"。

（六）经营和财务绩效

表 2-8-3　法国电信 2008~2010 年度经营与财务业绩比较

单位：百万欧元	法国电信		
年份	2008	2009	2010
收入	46712	44845	45503
总资产	93652	90910	94276
EBITDA	16831	14264	14337
EBITDA 率	36.03%	31.81%	31.51%
净利润	4418	3402	4877
净利润率	9.46%	7.59%	10.72%
总资产报酬率（ROA）	4.72%	3.74%	5.17%
净资产报酬率（ROE）	14.46%	11.50%	15.46%
资本性支出（CAPEX）	6132	5041	5522
CAPEX 占收比	13.13%	11.24%	12.14%
经营活动净现金流	14743	14003	12588
每股经营活动净现金流（欧元）	5.64	5.29	4.75
自由现金流（FCF）	8611	8962	7066
自由现金流占收比	18.43%	19.98%	15.53%
销售现金比率	31.56%	31.23%	27.66%
资产现金回收率	15.74%	15.40%	13.35%
EVA	−954	−2372	−1094

续表

单位：百万欧元	法国电信		
年份	2008	2009	2010
EVA 率	−1.27%	−3.19%	−1.46%
每股盈利（EPS）（欧元）	1.56	1.14	1.84
每股股利（DPS）（欧元）	1.40	1.40	1.40
股利支付率	90%	123%	76%
主营业务收入增长率	0.31%	−4.00%	1.47%
总资产增长率	−6.91%	−2.93%	3.70%
净利润增长率	−35.21%	−23.00%	43.36%
经营活动现金流增长率	0.68%	−5.02%	−10.10%
每股盈余增长率	−35.54%	−26.92%	61.40%
资产负债率	67.39%	67.47%	66.54%
流动比率	58.57%	60.89%	64.13%
利息保障倍数	3.36	3.60	3.72
总资产周转率	0.50	0.49	0.48
固定资产周转率	1.81	1.90	1.84
坏账发生率	27.10%	21.48%	19.42%
折旧与摊销	6704	6234	6461
股息	5549	4250	4316
内部融资额	16671	13886	15654
折旧摊销率	14.35%	13.90%	14.20%
付现成本率	64.77%	69.04%	69.18%
营销、一般及管理费用率	—	—	—

（七）内控与风险管理

法国电信一直致力于构建完善的内控与风险管理制度，以便为经营目标的实现、财务信息的可靠以及公司现行规则制度的贯彻执行提供合理的保障。

法国电信为此成立了内部控制及风险管理部门（DACR），为开展大量的内部审计及风险管理工作，DACR 根据地理位置及业务能力来进行组织划分。内部控制小组要负责审计方法与工具的运用，确保其行为符合国际内部审计师协会标准，还要负责集团及其附属公司中运作和商业部门内控体系自我评估工作的执行。风险管理小组负责管理及制定集团的风险管理政策制度，为集团识别、评估风险，并与公司主要管理者和风险负责人保持密切联系，协助他们评估风险并制定行动计划。在公司层面，一个由 60 名专业审计人员组成的审计组专门负责公司职能和环球小组项目的审计，例如人力资源、法律、财务、会计和信息系统。在这个审计组中，有 20 名内部审计人员专门从事信息技术审计，主要关注与技术相关的风险。最后，还有五个审计小组分别驻扎在集团的主要分布区：法国、波兰、欧洲、非洲及美国，这五个审计组的审计工作根据这五个区域的业务量身定做，一个审计项目既有对不同业务单位的常规审计，也有针对附属公司的专项审计，还包括全面的审计及内控审核。

DACR 与其他公司同等规模的审计团队的差别在于，他们具备各种能力。DACR 的审计师能够在各种与风险有关的领域中担当重要角色，例如内部审计、内部控制、风险管理及信息技术风险。DACR 拥有五大核心优势：第一，在标准、方法、培训及工具等方面确立了一个中心职能，该职能负责审计工作的一致性；第二，拥有多项能力的团队能够应对主要的职能及运作方面的流程；第三，DACR 负责公司内部控制自我评估程序，为每个业务部门建立自我评估指引，并监控整个流程；第四，DACR 在实施风险管理计划时直接参与对风险的识别及评估，因此能够为关键的经理及风险负责人提供技术及知识支持，同时对有关风险管理网络的回馈信息进行综合整理，以识别并监控突发性风险；第五，为遵守《萨班斯—奥克斯利法案》，公司管制已成为 DACR 一项重要的新项目，如今，公司 12 名高级行政人员及他们的团队每年都会对公司管制进行两次审阅。在审阅的过程中，有关人员会就每个高级人员针对 COSO 要素所采取的主要措施进行访谈。COSO 要素包括内控环境、风险评估、内控活动、信息与沟通以及监督。有关审阅有助于起草报告及每六个月对行动计划予以更新。

DACR 主管直接向内部风险及审计委员会汇报工作。该委员会由法国电信集团副首席执行官亲自领导。此外，DACR 每年要与审计委员会会面三次，以提交审计结果、报告风险评估的最新进展，并提交载有有关结果及下一年度主要趋势分析的年度审计计划。DACR 的目标是帮助管理层更好地理解及管理风险和相关的内控机制，同时与领导层和整个集团分享风险管理及内控的最佳实践经验。

（八）人力资源发展

1. 人员发展趋势

2010 年，集团员工总人数比 2009 年增加了4043 人。值得注意的是，在国外子公司中，埃及的子公司 ECMS 到 2010 年 7 月已雇用的正式员工人数为 3428 人，国内子公司中，Neocles 到 2010 年 1 月已雇用的正式员工人数为 192 人，Alsy 到 2010 年 9 月已雇用的正式员工人数为 130 人。

表 2-8-4　员工数（期末在职）

区域	2010 年	2009 年	2009 年（形式上）	2008 年
法国电信有限公司	94259	92570	92570	94359
法国的子公司	7828	7484	7806	7778
法国的总数	102087	100054	100376	102137
海外子公司	66607	64597	68240	67555
集团总数	168694	164651	168616	169692

表 2-8-5　员工数（期末在职）

合同类型	2010 年	2009 年	2009 年（形式上）	2008 年
永久性合同	164693	160904	164868	164944
临时性合同	4001	3747	3748	4748
集团总数	168694	164651	168616	169692

表 2-8-6　基于业务类型分类的员工占比（2010 年 12 月末）

销售与客户服务	46.9%
创新与预测	3.1%
管理与支撑	13.0%
内容与多媒体产品	0.6%
IT 与信息系统	8.7%
技术与网络	27.5%
其他	0.2%

2010 年，法国的员工比 2009 年增加了 1689 人，与这一变化直接关联的是外部招聘的扩大，这与集团作出的承诺是一致的。2010 年，外部招聘的人员总数接近 3900 人，大约是 2009 年的 3 倍。另外，公司的离职人员数量也有所下降，其中，2009 年由于退休离职的人数为 956 人，而 2010 年下降为 734 人，2009 年由于转向公共服务离职的人数为 327 人，而 2010 年下降为 166 人，

总的来说，2009 年集团的离职人数高于 3100 人，而 2010 年低于 2300 人。

从 2009 年 12 月 31 日到 2010 年 12 月 31 日，整个法国电信集团的临时工合同数量由 3747 人增加到 4001 人。其中法国增加了 14 人，由 2009 年的 1786 人增加到 2010 年的 1800 人，法国以外增加了 240 人，由 2009 年的 1961 人增加到 2010 年的 2201 人。

2. 人员招聘

表 2-8-7　外部招聘的正式员工数

区域	2010 年	2009 年	2008 年
法国电信有限公司	3197	949	1009
法国的子公司	659	368	769
法国的总数	3856	1317	1778
海外子公司	6297	5661	8685
集团总数	10153	6978	10463

2010 年法国电信的外部招聘人数为 3856 人，2009 年为 1317 人。扩大外部招聘是集团"征服 2015"战略的一部分，以支持网络建设、销售与客户服务、商业服务、创新以及多媒体和 IT 系统的发展。

2010 年，在国内的外部招聘中包括了 207 名从事客户服务工作的兼职人员，因为这一类型的员工离职率比较高。国外子公司的外部招聘人数总体上有所增加，以满足处于增长期的业务对人才的需求。在波兰，公司共招聘了 1429 人，大致保持了 2009 年的水平（2009 年为 1537 人）。在 AMEA 地区（Africa、Middle East、Asia，即非洲、中东和亚洲），公司共招聘了 1380 人，与 2009 年相比有所增长，特别是在埃及、尼日尔和肯尼亚，这些地区的营业额上升增加了对人员的需求。在欧洲地区，公司共招聘了 1278 人，2009 年为 1377 人。在罗马尼亚，由于经济不景气引起的宏观环境变化使在这一地区的招聘人数骤减。

3. 激励机制

法国电信的激励机制大致分为两种，一种是奖金计划，另一种是员工利润分享计划。

从 1992 年起，法国电信就开始实施奖金计划。根据 2009 年制定的新规定，只有当公司运营业绩指标（OPI）和客户服务质量指标（IQSC）达到要求时，才进行奖金分配，而分配的奖金也与 OPI 和 IQSC 相一致。2008 年，法国电信分配的奖金数额达到 2.11 亿欧元，2009 年达到 2.35 亿欧元，占工资的 4.7%，2010 年分配的奖金为 1.66 亿欧元，平均每个员工为 1725 欧元。

法国电信从 1997 年开始实施员工利润分享计划，与奖金计划不同的是员工利润分享计划只针对公司员工，作为公司高管的董事长和首席执行官并不享有此计划。2008 年公司的利润分享金额为 3.08 亿欧元，2009 年为 2.71 亿欧元，2010 年为 3.04 亿欧元。

鼓励员工持股也是法国电信采用的一种激励

手段。例如研发部设有一种五年期的存款计划，加入计划的员工，这部分收入可以免税。事实上，大多数法国电信研发部的员工都购买了集团的股票。同时，为对创新团队和个人进行表彰，法国电信集团每年举行一次 Innovation Prize 颁奖，奖

项共分为 6 项，6 项大奖包括："Scientific Advise"奖、"Growth"奖、"Performance"奖、"Integrated Operator"奖、"Patent and Valuation"奖与"Special R&D"奖。

4. 人员培训

表 2-8-8　培训——法国电信有限公司

指标	2010 年	2009 年	2008 年
培训经费占工资支出的比例	6.50%	6.50%	6.30%
后续培训支出	260.5	262.0	269.6
接受培训的人数	80308	77031	81668
培训时间（小时）	3154850	3192778	3299492

2010 年，参与培训的员工人数比例由 2009 年的 80% 上升到 81%。针对三年内没有接受任何培训以及身有残疾的员工，公司制定了专门的培训计划。集团将继续对公司的员工和经理进行职业鉴定，2010 年颁发了大约 1800 份证书，这将有助于提高集团内员工的专业意识。最近，专业培训师和辅导员的增加也为集团内知识的传播和分享带来了很大帮助。

（九）企业社会责任

法国电信是以欧洲为中心，但以全球作为舞台提供电信业务的综合运营商。就其行业特点，法国电信北京代表处副首席代表黄伟业先生重点讨论的人和社会和生态环境循环的问题，即法国电信追求的是一种负责任的增长，是与环保相结合的。"我们可以自信地说法国电信是清洁的。例如我们的优先行动计划，这是一直在履行的，对电缆、电池等设备回收使用，另外降低能耗，消除其他具有环境敏感性的设施等，还有其他专项计划保护，从业务上游介入，将整个业务的操作实施融入整个生态开发中。还有欧洲绿盾计划，回收手机和电池等等。"同时法国电信在对员工关怀、捐助慈善事业方面也有很好的实践。

企业履行社会责任可以说是人—社会—生态环境的一个良性循环，同时也是投入—产出的循环，从商业利益讲也不是无利可图。十几年前西方提出"企业公民"。现在已经发展到"企业社会责任"，要求负责任地增长，满足需求又不危及未来。这和中国的可持续发展，建造和谐社会是一致的。欧洲的电信网络运营商协会，制定了一系列的章程、规定及原则。负责任的增长与环保是相结合的，法国电信的"优先行动计划"是将整个业务的操作实施融入整个生态环境和文化保护中，还有"欧洲绿盾计划"，回收手机和电池等，还有其他专项保护计划，可以说法国电信是清洁的。

法国电信在对自己员工的关怀中，有一点是鼓励员工创业、建立新公司，主要是针对前几年法国社会失业率高的情况制定的，为社会减轻负担，增加就业机会。2000 年法国电信的员工创立了 115 个公司。另外一点是进行交替、互补性的培训，尽量避免开除员工。

在公益事业上，从 20 世纪 90 年代初，法国电信开展资助孤独症患者，员工中有 250 多位志愿者参加了陪伴孤独症志愿者协会。从 1987 年以来，法国电信在全球范围内赞助音乐和体育活动。

此外，法国电信还成立 Orange 基金会，Orange 基金会拥有 20 年的专业经验，旨在加强各地人民之间的沟通联系。基金会致力于儿童教育、健康和文化三个领域，以提高生活质量，通过鼓励演唱组的形式加强与文化界的联系。20 多年来，基金会不断发展倡导社团参与的项目，每年签署 300~400 项协议，预算 500 万欧元。2008 年 5 月，汶川地震发生后，法国电信集团主动履行企业社会责任，积极响应中国青少年基金会发起的"希望工程紧急救灾募捐行动"倡议，并与中国青基会签署一项协议，为四川省地震灾区捐建一所希望小学。法国电信集团和中国以及此次灾难的所有受难者休戚与共，希望为灾区重建贡献力量，Orange 基金会也参与了这个项目。

（十）前景展望

2011 年，法国电信集团将继续执行"征服2015"战略，在集团员工的共同努力下，使法国电信不断发展壮大。

排除政府管制的影响，预计 2011 年法国电信的营业收入与 2010 年相比将有所增加。尽管市场的竞争压力将持续增大，尤其是在法国，集团还是会继续执行维持市场份额、巩固客户价值的方针，以防止 EBITDA 率的进一步恶化。除牌照以外，法国电信在有形和无形资产上的资本性支出大约将占 2011 年营业收入的 13%。这些支出主要用于法国的移动宽带和光纤投资，非洲和中东地区的 2G/3G 移动网络发展以及海底光缆项目和与计算业务。在这一背景下，集团有望在 2011 未购买用于移动业务的频谱和光谱之前，创造 80 亿欧元的自由现金流。

集团根据"征服 2015"的五年规划，制定了具体的行动计划，对其员工、客户、股东以及企业所赖以存在的社会做出承诺。通过实施新的人力资源管理理念，通过发展部署集团未来增长所依靠的基础网络，通过以提高服务质量从而提供更优良的客户体验，通过加速海外发展的措施实现企业的全面发展，实现集团的全球远景目标：2015 年把集团的用户从目前的 2 亿增加到 3 亿的，并成为客户、员工和市场心目中的"最佳公司"。

附件一：法国电信财务报告（2010 年）

1. 合并资产负债表

（百万欧元）	2010 年 12 月 31 日	2009 年 12 月 31 日	2008 年 12 月 31 日
资产			
商誉	29033	27797	29914
其他无形资产	11302	9953	14009
物业、厂房及设备	24756	23547	25826
所拥有联营公司的权益	8176	937	754
可供出售资产	119	220	202
非流动贷款和应收款项	891	2554	1553
非流动金融资产公允价值	96	199	106
非流动套期保值衍生资产	328	180	625
其他非流动资产	21	32	32

续表

（百万欧元）	2010 年 12 月 31 日	2009 年 12 月 31 日	2008 年 12 月 31 日
递延税项资产	4424	3775	5175
非流动资产合计	79146	69194	78196
存货	708	617	958
应收账款	5596	5451	6117
流动货款和其他应收款	775	1093	67
交易性金融资产公允价值			
额外现金等价物	758	91	720
流动套期保值衍生资产	72	18	75
其他流动资产	2346	1828	2117
流动税项资产	124	142	144
待摊费用	323	407	564
现金等价物	3201	2911	3766
现金	1227	894	928
流动资产合计	15130	13452	15456
待出售资产	—	8264	—
资产合计	94276	90910	93652
权益及负债			
股本	10595	10595	10460
资本公积	15731	15730	15325
留存收益	2775	539	1247
本公司股东应占权益	29101	26864	27032
非控制性权益	2448	2713	3511
权益合计	31549	29577	30543
非流动应付账款	466	411	428
非流动金融负债摊余成本（除应付账款外）	31617	30502	31326
非流动金融负债公允价值	2175	614	495
非流动套期保值衍生负债	250	693	650
非流动员工福利	1826	1223	652
非流动预计负债	1009	1009	1261
其他非流动负债	528	565	703
递延税项负债	1265	1043	1256
非流动负债合计	39136	36060	36771
流动应付账款	8274	7531	9279
流动金融负债摊余成本（除应付账款外）	4525	6230	8152
流动金融负债公允价值	366	73	913
流动套期保值衍生负债	18	1	2
流动员工福利	1816	1687	1692
流动预计负债	1546	1217	1427
其他流动负债	2105	2629	1894
应交税金	2353	282	258
递延收入	2588	2443	2721
流动负债合计	23591	22093	26338
待出售资产的关联负债	—	3180	—
权益与负债合计	94276	90910	93652

2. 合并损益表

百万欧元（除每股数据以外）	2010 年 12 月 31 日	2009 年 12 月 31 日	2008 年 12 月 31 日
收入	45503	44845	46712
外部余购	(19375)	(18748)	(19511)
其他运营收入	573	568	612
其他运营支出	(2532)	(2211)	(2045)
工资支出	(9214)	(9010)	(8468)
资产处置损益	62	(3)	(27)
重组成本和类似的项目	(680)	(213)	(442)
与 2009 年 11 月 30 日欧盟法院裁决相关的法律费用	—	(964)	—
折旧与摊销	(6461)	(6234)	(6704)
业务整合重评估	336	—	—
商誉减值	(509)	(449)	(270)
固定资产减值	(127)	(69)	(9)
应占联营公司损益	(14)	138	(94)
营业利润	7562	7650	9754
财务负债总额	(2117)	(2232)	(3018)
净资产损益	120	129	263
汇兑损益	56	(42)	(51)
其他财务收入和支出	(59)	(61)	(78)
财务费用，净值	(2000)	(2206)	(2884)
所得税	(1755)	(2242)	(2856)
连续性经营税后利润	3807	3202	4014
非连续性经营税后利润	1070	200	404
税后净利润	4877	3402	4418
本公司股东应占利润	4880	3018	4073
非控制性权益股东应占利润	(3)	384	345
年股盈余（欧元）			
本公司股东应占连续性经营净利润			
•基本	1.44	1.06	1.41
•稀释	1.43	1.06	1.39
本公司股东应占非连续性经营净利润			
•基本	0.40	0.08	0.15
•稀释	0.39	0.08	0.15
本公司股东应占利润			
•基本	1.84	1.14	1.56
•稀释	1.82	1.14	1.54

3. 合并现金流量表

（百万欧元）	2010 年 12 月 31 日	2009 年 12 月 31 日	2008 年 12 月 31 日
经营活动			
合并净利润	4877	3402	4418
对净收益的调整			
对经营活动产生的资金的调整			
折旧与摊销	6461	6921	7622
业务整合重评估	(336)	—	—
非流动资产减值	129	69	9
商誉减值	509	450	271
在英国处置实体收益	(960)	—	—
处置资产损益	(62)	5	(13)
其他交易变更	764	(41)	(598)
应占联营公司损益	14	(138)	94
所得税	1779	2285	2749
财务费用净值	2001	2203	2914
经营净外汇及衍生工具	1	102	(28)
股份补偿	14	41	73
存货、应收账款、应付账款变动			
存货增加或减少	(13)	232	43
应收账款增加或减少	228	242	223
应付账款增加或减少	(3)		365
其他营运资本变动			
其他应收款增加或减少	(319)	131	(224)
其他应付款增加或减少	425	(173)	(238)
与 2009 年 11 月 30 日欧盟法院裁决相关的法律费用	(964)	964	—
其他净现金流出			
收到的分红和利息收入	629	201	387
衍生工具的利息支出与利率影响，净值	(2051)	(1692)	(2519)
所得税支出	(535)	(576)	(805)
经营活动产生的净现金流	12588	14003	14743
非持续性经营应占部分	87	941	1140
投资活动			
购买（处置）物业、厂房和设备以及无形资产			
购买物业、厂房和设备以及无形资产	(6102)	(5454)	(6657)
由于固定资产供应商的数量增加（减少）	150	(423)	(228)
处置物业、厂房和设备以及无形资产收到的现金	64	92	232
取得投资证券所支付的现金净额			
Medi 电信	(744)	—	—
ECMS	(152)	—	—
LINK dot NET and Link Egypt	(41)	—	—
Orange Tunisie		(95)	—
Compagnie Europeenne de Telephonie	—	(20)	(32)
Orange Uganda Limited	—	—	(40)

续表

（百万欧元）	2010 年 12 月 31 日	2009 年 12 月 31 日	2008 年 12 月 31 日
其他投资证券	(128)	(28)	(120)
出售投资证券所收到的现金净额	(19)	11	56
证券和其他金融资产的减少（增加）			
可协商的债务证券	(600)	608	(120)
与欧盟法院裁决关联的托管存款	964	—	(207)
部分贷款赎因	706	—	—
其他	(49)	(88)	(51)
投资活动产生的净现金流	(5951)	(5397)	(7167)
非持续性经营应占部分	(107)	(406)	(463)
筹资活动			
发行			
债券	3948	4638	4047
其他长期负债	405	421	1311
赎回与偿还			
债券	(6413)	(4963)	(6328)
其他长期负债	(575)	(2248)	(708)
混合债务的权益部分	—	(97)	(64)
其他变更			
银行透支与短期借款的增加（减少）	238	(1253)	966
存款与其他关联债务金融资产的减少（增加）			
（包括现金担保品）	778	(590)	672
衍生工具的汇率影响，净值	(149)	(360)	(377)
购买库存股	11	(8)	(33)
非控制性所有者权益变化			
Orange Botswana	(38)	—	—
FT Espanna	—	(1387)	(169)
TP S.A.	—	—	(200)
Mobistar	—	—	(175)
其他	(8)	1	(25)
资本溢价（折价）——本公司股东应占部分	1	2	11
资本溢价（折价）——非控制性权益应占部分	3	2	(100)
支付给非控制性权益股东的股利	(612)	(571)	(585)
支付给本公司股东的股利	(3706)	(3141)	(4949)
筹资活动产生的净现金流	(6117)	(9554)	(6706)
非持续性经营应占部分	66	(554)	(663)
现金与现金等价物变化净值	520	(948)	870
非持续性经营应占部分	46	(19)	14
汇率变更对现金及现金等价物的影响			
其他非货币因素的影响	103	59	(128)

续表

（百万欧元）	2010 年 12 月 31 日	2009 年 12 月 31 日	2008 年 12 月 31 日
非持续性经营应占部分	6	（11）	（8）
期初现金及现金等价物	3805	4694	3952
现金	894	928	1230
现金等价物	2911	3766	2722
非持续性经营应占部分	—	30	24
期末现金及现金等价物	4428	3805	4694
现金	1227	894	928
现金等价物	3201	2911	3766
非持续性经营应占部分	52		30

附件二：公司大事记

1988 年，法国电信（France Telecom）正式成立，总部位于巴黎。在此之前，它是法国邮政和通信局的一个分支机构。

1993 年，法国电信提出"单站服务"即一点接触的经营概念，与德国电信一起为大用户提供 VSAT 优质服务。

1996 年 1 月，法国电信与德国电信及斯普林特合资的国际公司 Global One 正式启动，在其高科技支持下，为用户提供全面、灵活、价格优惠的电信服务。

1997 年 10 月 20 日，法国电信的股票首次在按月结算的巴黎交易所和纽约交易所上市。通过向外界提供 25% 的资本，法国电信吸引了 390 万位预定者，虽然所提供的股票只有 220 亿法郎，各个机构却争相购头，需求超过了 4200 亿法郎。其中，有 2/3 来自国外。

1998 年 2 月，法国电信与中国联通公司合作的 GSM 网络在广州开通，3 月在佛山开通。

2000 年 5 月，法国电信向 Vodafone AirTouch 支付 251 亿英镑（377 亿美元）的现金和股票，收购英国移动运营商 Orange，顺利进入英国移动市场，成为继 Vodafone 之后的欧洲第二大移动电话公司。

2000 年 11 月，法国电信以大约 35 亿美元的资金从国际航空信息通信机构（SITA）手中购得美国 Equant 公司 54% 的股票，Equant 公司位于美国亚特兰大州，是一家向航空公司提供全世界各地机场最新信息的数据通信公司。

2002 年，法国电信提出了"FTAmbition2005"复兴计划，设立了阶段性运营目标，该计划的成功执行使法国电信到 2005 年实现了收入增长，避免了用户的流失。

2004 年 2 月，法国电信以 38 亿欧元的价格，收购其在 Wanadoo 公司尚未拥有的 29.4% 股权，至此，Wanadoo 成为法国电信的全资子公司。

2004 年 3 月，法国电信宣布进行以客户为导向的组织结构重组，即把原来以技术为导向的业务部门重组为以客户为导向、提供融合服务的部门。重组后的法国电信主要包括企业通信业务部、家庭通信业务部、个人通信事业部、法国销售与业务部、网络运行与信息部等部门。所有部门都从客户需求出发，提供融合业务，而不是原来各自独立的业务。

2004 年 6 月 17 日，法国电信与中国电信双方出资 2000 万欧元在中国建立合资研发中心，这一研发中心将进行新技术、新设备的测试评估，新业务的研发和应用集成；在设备采购方面合作以降低资本开支和运营成本；同时进行高级管理人员和专家的交流。

2004年8月，法国电信的子公司Wanadoo推出Livebox家庭网关，它将ADSLModem、蓝牙、无线Wi-Fi功能集成到了一起，家庭用户可以通过Livebox实现宽带接入、无线互联、VoIP、视频电话、邮件收发等多种业务，享受业务融合带来的便利。

2005年6月，法国电信推出了NExT战略（New Experience in Telecommunications，电信业务新体验）。NExT战略的推出可以看作是法国电信实施战略转型、提供融合服务的标志。

2006年6月，法国电信正式宣布实施统一品牌策略。将集团在全球的移动、宽带、融合服务和企业用户业务品牌统一为"Orange"。而"法国电信"作为公司名称保持不变。

2006年10月，法国电信正式推出了面向家庭客户的固定与移动融合业务Unik服务。

2007年3月发展Livebox用户480万用户，2007年中期年报数字显示为520万户，Livebox满足了家庭客户接入融合的需求，解决了名目繁多的接入终端的困扰。对于运营商而言，则通过终端的融合，抵御单一的网络业务流失风险，将网络延伸到用户家中。

2010年12月3日，法国电信公司与摩洛哥第二大运营商地中海电信签署了收购协议。根据协议，法国电信将收购地中海电信40%的股权，收购总额为6.4亿欧元。

2011年10月21日，法国电信收购刚果第四大电信运营商刚中电信51%的股份。

américa móvil

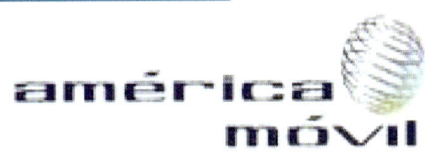

墨西哥美洲电信公司的LOGO的主要图像要素是 América Móvil，右上方有一个椭圆形的环形球，表示这家公司是从事电子通讯业务的公司。

墨西哥美洲电信公司的全称为 América Móvil。

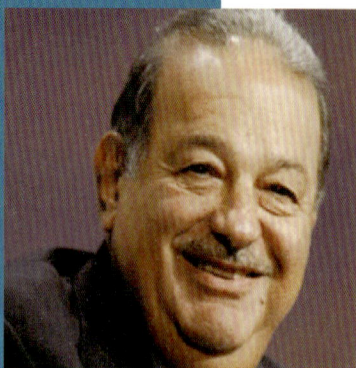

卡洛斯·斯利姆·埃卢（Carlos Slim Helu）
墨西哥美洲电信公司董事长

卡洛斯·斯利姆·埃卢：71岁。当埃卢还只有12岁的时候，他的父亲就给他一笔20美元左右的资金，而埃卢很快就让这笔钱升值了数倍，可谓是很有经商头脑。17岁的时候，埃卢已经学会了炒股。1962年，埃卢毕业于墨西哥国立自治大学土木工程系。毕业后，埃卢在商界广泛投资，他所涉及的行业从采矿、制造业、造纸业到烟草业，几乎是什么赚钱就投资什么。凭借自己的商业头脑，埃卢的产业帝国迅速膨胀。到20世纪80年代初，埃卢旗下的公司就已经雇用有30000多名员工，规模已经非常壮观。这为他后来在商场上更上一层楼奠定了基础。20世纪90年代，在墨西哥国有企业私有化浪潮中，埃卢组织一个财团从墨西哥政府手中买下墨西哥电话公司，而他本人则拥有电话公司的控股权，并在后来的5年中投资100亿美元用来更新设备，就这样埃卢成功地把这个负债国企打造成了"摇钱树"。之后，埃卢越做越大，所涉足的领域也越来越多，从以前的制造业到开发房地产以及金融业。

2010年3月10日，卡洛斯·斯利姆·埃卢以590亿美元资产，被美国《福布斯》杂志评为世界首富。他名下企业的总市值占到目前墨西哥股市总市值3660亿美元的近一半，而其个人所拥有的财富总额相当于墨西哥国内生产总值的8%。

丹尼尔斯·黑吉·阿布姆拉德（Daniel Hajj Aboumrad）
墨西哥美洲电信公司首席执行官

丹尼尔斯·黑吉·阿布姆拉德：45岁，于2000年担任墨西哥美洲电信公司首席执行官。

九 墨西哥美洲电信公司可持续发展报告（América Móvil）

（一）公司简介

墨西哥美洲电信公司（América Móvil）于2000年成立于墨西哥市，是拉丁美洲领先运营商，同时也是全球最大的无线运营商之一，还是全球五大权益募集和市场资本化的电信运营商之一。

墨西哥美洲电信公司是一家主营无线通信的上市公司，其业务遍布全球18个国家，惠及全球8亿人，产品和服务涉及无线、固话、宽带和电视。在美洲拥有超过130万无线用户，而且主要集中在拉丁美洲和加勒比地区。截止到2009年12月31日，墨西哥美洲电信在中美洲和加勒比地区的固定电话用户数高达380万，成为了这一地区最大的固话运营商。截止到2009年年末，公司总股本365.24亿墨西哥比索，32283917456股（11712316330股"AA"系列，450920648股"A"系列，20120680478股"L"系列）。"AA"系列和"A"系列的股东拥有完整的投票权，而"L"系列的股东只能投票选出两名董事会成员。

截止到2010年6月，墨西哥美洲电信公司股东权益为26732816.9万墨西哥比索，总资产为65536182万墨西哥比索。2010年前半年，公司创造利润2920459.8万墨西哥比索，基本每股收益为1.08墨西哥比索，总资产报酬率为4.46%。

墨西哥美洲电信公司是2005年商业周刊排名第一的信息技术公司。2007年2月25日，成为拉丁美洲最大的企业，按市值计算，超过巴西石油公司等巨头，在2010年度《财富》全球500强公司中名列第17位。

（二）公司战略

1. 电信综合服务运营商

墨西哥美洲电信公司致力于做电信综合服务运营商，墨西哥美洲电信公司正在以全新的姿态提供服务、运营。目前可以通过无线设备或固话设备为其语音及数据业务的客户提供其需要的捆绑式服务。其还可以为全球各地的客户提供娱乐、录像服务。总之，其希望可以顾及到所有的通信需求。为了达到此目标，其不仅需要继续管理并扩大在拉丁美洲和加勒比地区已有的无线网络，还需要在这些地区的光纤和电缆的运营和发展上做出努力，并确保与其无线平台的高效整合。只有这样，其电信基础设施才可以在日新月异的环境中满足客户的需求与期望。

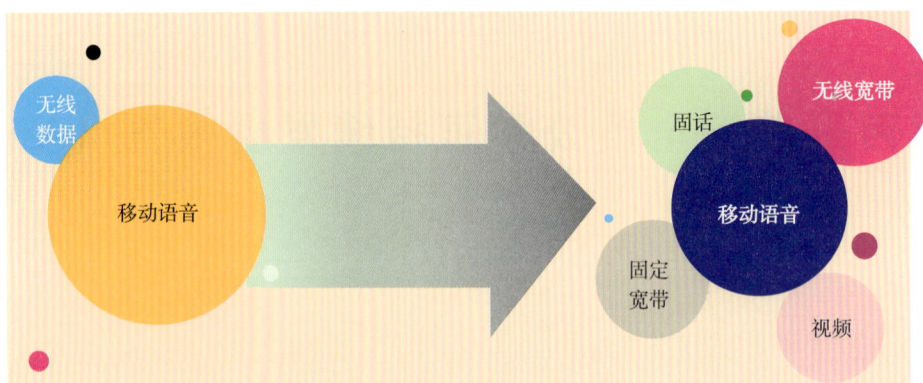

图 2-9-1 墨西哥美洲电信公司致力于做电信综合服务运营商

2. 加大投资，运用高科技，产品创新，创造需求，扩大市场

由 3G 所带来的移动宽带应用以及用户对语音通信业务的持续性需求将促进墨西哥电信业大幅增长。如果来自中国等国的需求能够继续保持现有增长率，那么拉丁美洲的电信业很可能将带动整个地区经济开始复苏。虽然墨西哥是美洲电信公司在拉丁美洲的最大市场，但由于受美国经济持续不景气的影响，以及国内需求的萎缩，墨西哥经济虽然有可能开始复苏，但很难出现强劲增长。从 2007 年到 2008 年，墨西哥美洲电信公司总计进行了 76 亿美元的投资，而其中的绝大多数资金用于发展 3G 网络，这项投入带动了美洲电信公司在金融危机背景下收入逆势上扬：第一季度，该公司移动数据业务的销量增长了 47%，并直接带动了整体收入的增长，通话和语音业务的收入也增长了 18.5%。

3. 根据国情，相机抉择，采用技术和销售模式

在世界经济不振导致全球电信业普遍滑坡的形势下，作为一家发展中国家的电信企业，墨西哥电信却脱颖而出，不仅盈利大增，股价也飙升了 23% 左右。这一切都源于该公司在发展过程中并没有照搬发达国家电信公司的模式，而是根据墨西哥的实际国情采用适当的技术和销售手段，使公司业绩实现了稳步增长。主要表现在以下几个方面：

首先，采用"提前支付"的方式，为中低收入市民减轻了电信服务费用负担。墨西哥电信公司首先在移动电话业务中使用"提前支付"方式，成为全球第一个在此领域采取这项服务的公司。所谓"提前支付"，就是手机用户不需要像现在一样先得去电话公司登记，也不用每月缴纳座机费，只需购买不同金额的"提前支付"卡就可用电话打电话了。这在实行手机单向收费、市民接电话多于打电话的墨西哥比较适用，手续简单，还很划算，因而受到极大欢迎。目前墨西哥 90% 的手机用户都选择这项服务，使率先推出这一服务的墨西哥电信公司轻松占据了该国移动电话业务龙头老大的位置。在移动电话业务取得成功后，墨西哥电信又开始尝试将这种服务推广到固定电话中去。市场分析人士对这项业务的发展颇为乐观。

其次，墨西哥电信公司对因特网市场也非常看重，并收购了国内几家大型网络服务供应商。该公司主管认为，因特网将在未来社会中占据主导地位。墨西哥迟早将进入网络时代。墨西哥中低收入阶层购买电脑的能力有限，限制了他们上网的热情。墨西哥电信抓住时机，从 2000 年开始推出了"个人电脑 + 上网"的销售服务，以优惠价格向家庭销售个人电脑，同时提供上网服务。

考虑到中低收入家庭的支付能力，墨西哥电信为他们提供长期贷款，购买电脑的费用分几年从其电话账单中按月支付，使很多中低收入家庭实现了上网的梦想。墨西哥电信凭此业务一举占据了该国网络服务业的半壁江山。目前该公司的因特网用户已接近 100 万家，成为墨西哥最大的因特网服务供应商。

此外，该公司还在很多学校设立了社区网络中心，配备上网电脑，白天供学校的学生上网，晚上供附近的居民使用。这一计划得到了墨西哥政府的大力支持。目前仅首都墨西哥城就有数百个这样的社区网络中心，预计今后将在墨西哥全国推广。

正因为采用了适合墨西哥国情的技术和销售手段，墨西哥电信公司的业绩实现了稳步增长，并且在面对外资大举进入的情况下仍能保持电信业龙头老大的地位，成为拉丁美洲最大、发展前景最好的电信公司。

（三）公司治理

1. 董事的独立性

根据《墨西哥证券市场法》，墨西哥美洲电信的股东在董事会中的人数不超过 21 名，其中 25% 的董事必须是独立董事。内部人员、控制人员主要的供应商以及与上述成员有任何关联的所有人员都被认为不具有独立性。按照《墨西哥证券市场法》的要求，股东大会还必须独立于董事会。

2. 提名委员会与审计委员会

墨西哥美洲电信目前没有设提名委员会或公司治理委员会，而是由其审计与企业实践委员会执行其公司治理的功能。墨西哥美洲电信审计与企业实践委员会共有 4 名成员，每名成员都符合《墨西哥证券市场法》和经过修订的《1934 年美国证券交易法案》10A-3 法则规定的独立性要求。其审计与企业实践委员会主要遵循董事会根据 10A-3 法则的规定制定的章程、公司规章制度和《墨西哥法》。

3.《商业行为与伦理法则》

墨西哥美洲电信制定了《商业行为与伦理法则》，这一法则被董事、管理层及其他人员所接受。这一法则对员工个人信息、客户信息、保密等诸多事项都作出规定，详细内容见公司网站 www.amerilamovil.com。

4. 同行审查

根据墨西哥法律的规定，公司必须接受独立公众会计师的审计，墨西哥美洲电信聘请安永会计师事务所为其进行审计服务。

5. 排名前3位的股东

表 2-9-1　墨西哥美洲电信公司排名前 3 位的股东

股东	AA 股		A 股		L 股		A 股与 AA 股合计
	股数（百万）	百分比	股数（百万）	百分比	股数（百万）	百分比	
Control Trust（1）	5447	46.5%	—	—	—	—	44.8%
美国电话电报公司（2）	2892	24.5%	—	—	—	—	23.6%
Inmobiliaria Carso（3）	696	5.9%	—	—	—	—	5.7%

截止到 2009 年年末，墨西哥美洲电信公司总股本为 365.24 亿墨西哥比索，总股数为 32283917456 股（11712316330 股"AA"系列，450920648 股"A"系列，20120680478 股"L"系列），其股权结构如图 2-9-2、图 2-9-3 所示：

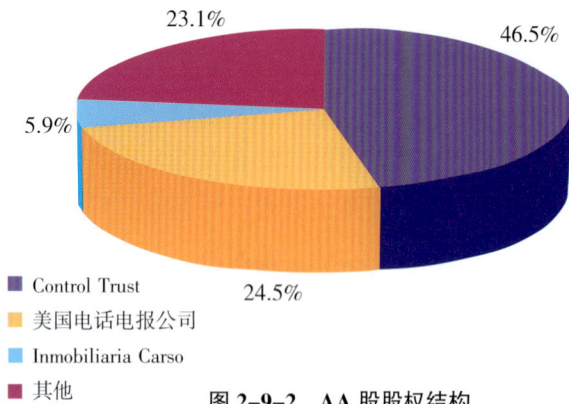

图 2-9-2 AA 股股权结构

图例：
- Control Trust
- 美国电话电报公司
- Inmobiliaria Carso
- 其他

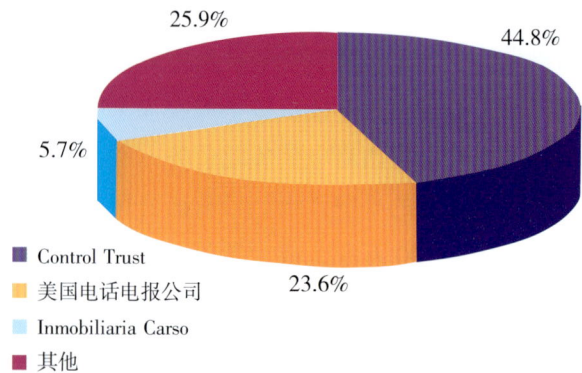

图 2-9-3 A 股与 AA 股合计股权结构

图例：
- Control Trust
- 美国电话电报公司
- Inmobiliaria Carso
- 其他

（四）市场概览

1. 全球运营商用户数比较

用户数（百万）

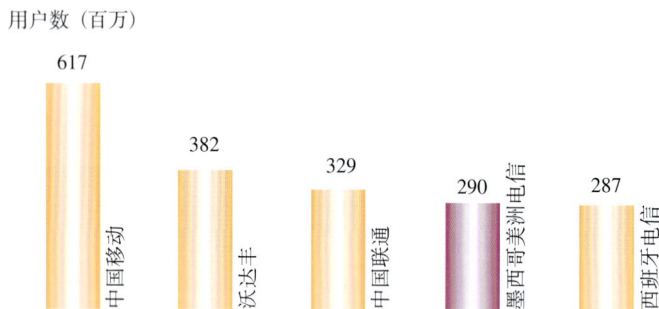

图 2-9-4 全球运营商用户数

墨西哥美洲电信公司的用户数名列全球第四位。

2. 在拉丁美洲的市场占有率

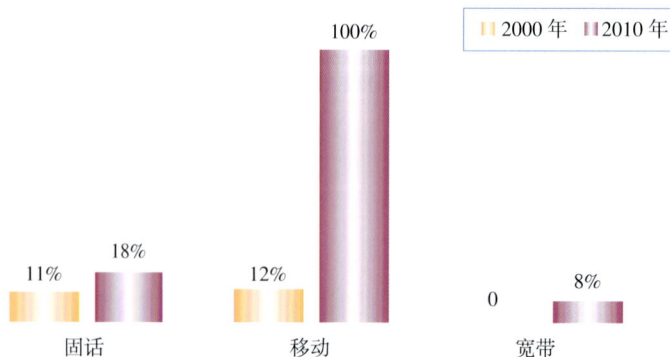

图 2-9-5 墨西哥美洲电信在拉丁美洲的市场占有率

截止到 2010 年年末，墨西哥美洲电信公司已　　完全垄断了拉丁美洲市场的移动业务。

3. 增长概况

增长乘数
2000 相对 2010

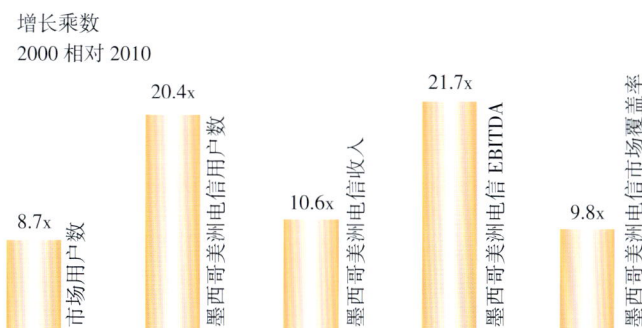

图 2-9-6　墨西哥美洲电信 2000~2010 年的增长乘数

2000~2010 年这 10 年间，墨西哥美洲电信在用户数、收入、EBITDA 等方面都获得了飞速的增长。

4. 用户的区域分布

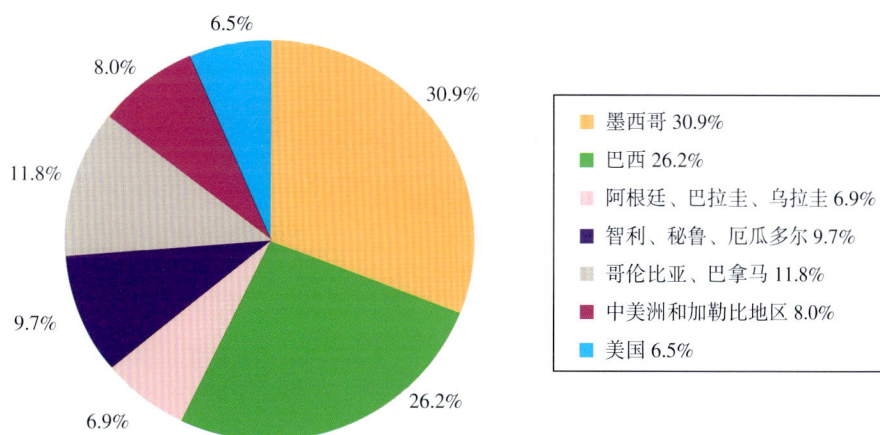

- 墨西哥 30.9%
- 巴西 26.2%
- 阿根廷、巴拉圭、乌拉圭 6.9%
- 智利、秘鲁、厄瓜多尔 9.7%
- 哥伦比亚、巴拿马 11.8%
- 中美洲和加勒比地区 8.0%
- 美国 6.5%

图 2-9-7　墨西哥美洲电信的用户区域分布

墨西哥美洲电信的用户主要分布在墨西哥、巴西、哥伦比亚、阿根廷和秘鲁这五大市场。

5. 收入

收入：

2010年上半年	1H10 ▓▓▓▓▓▓▓ 208
2009年	▓▓ ▓▓▓▓▓▓▓▓▓▓▓▓▓▓▓▓▓▓ 395
2008年	▓▓ ▓▓▓▓▓▓▓▓▓▓▓▓▓▓▓▓ 346
2007年	▓▓ ▓▓▓▓▓▓▓▓▓▓▓▓▓▓ 312
2006年	▓▓ ▓▓▓▓▓▓▓▓▓▓ 243
2005年	▓▓ ▓▓▓▓▓▓▓▓ 197

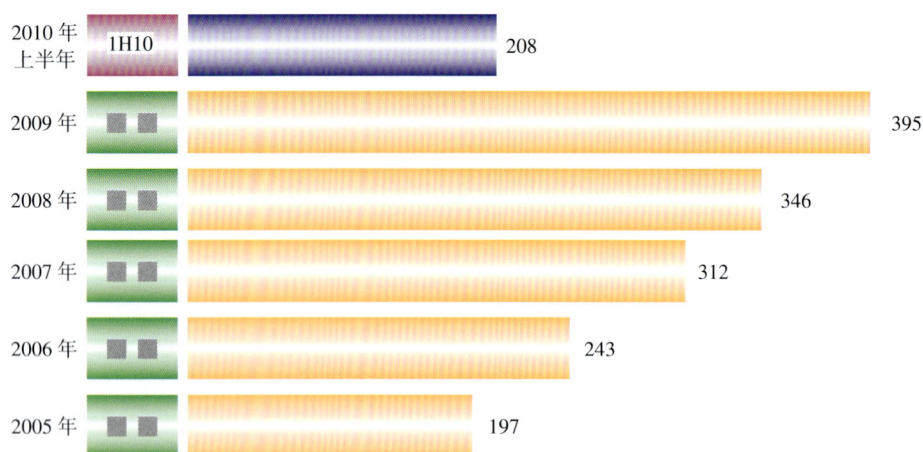

图 2-9-8　墨西哥美洲电信的收入概况（10 亿墨西哥比索）

收入的区域分布：

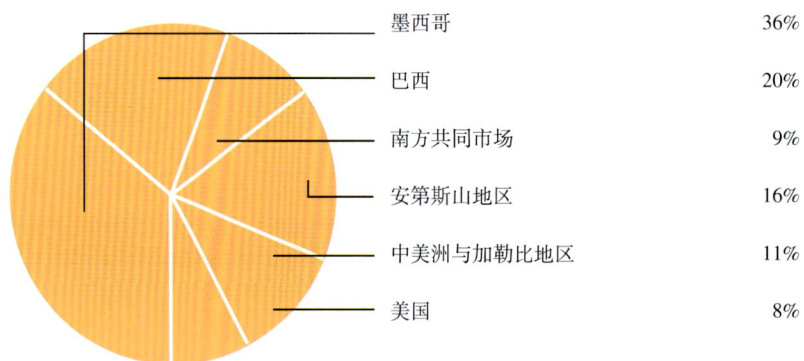

墨西哥	36%
巴西	20%
南方共同市场	9%
安第斯山地区	16%
中美洲与加勒比地区	11%
美国	8%

图 2-9-9　墨西哥美洲电信收入的区域分布

6. EBITDA

2010年上半年	1H10 ▓▓▓▓▓ 86
2009年	▓▓ ▓▓▓▓▓▓▓▓▓▓▓▓ 157
2008年	▓▓ ▓▓▓▓▓▓▓▓▓▓ 137
2007年	▓▓ ▓▓▓▓▓▓▓▓▓ 126
2006年	▓▓ ▓▓▓▓▓ 89
2005年	▓▓ ▓▓▓ 60

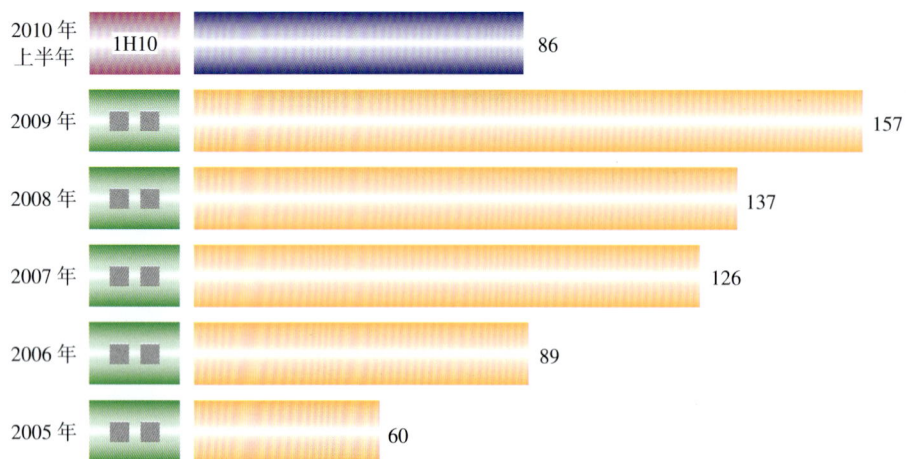

图 2-9-10　墨西哥美洲电信的 EBITDA（10 亿墨西哥比索）

墨西哥美洲电信公司的收入与 EBITDA 在全球的电信运营商中排名第八位，也是全球最大的市场资本化的电信运营商之一。

7. EBITDA 占收比

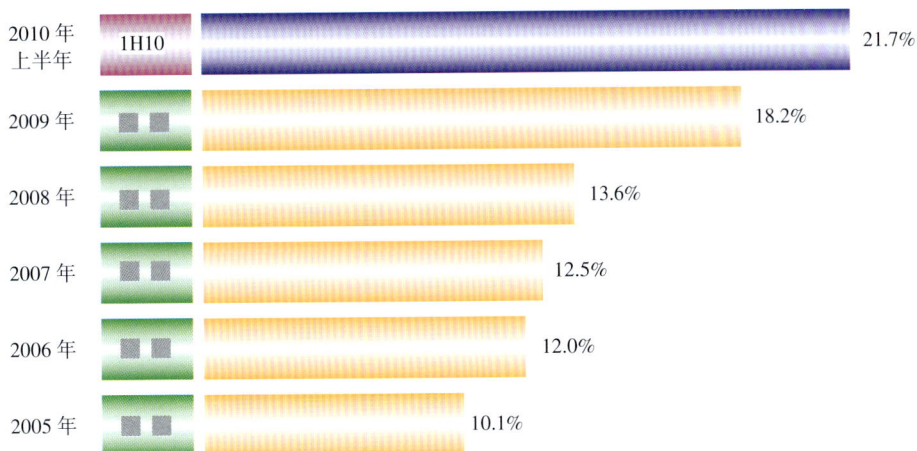

图 2-9-11　墨西哥美洲电信的 EBITDA 占收比

（五）业务概览

墨西哥美洲电信公司及其子公司在拉丁美洲及加勒比地区提供无线及固定通信服务，其收入主要来自电信业务，包括出售电视或电影节目的时间所得、月租费、长途费、漫游费、增值业务等其他业务所得以及销售手机及其配件所得。墨西哥美洲电信公司拥有在其分公司所在国家（美国除外）建设、安装、运营及使用公私电信网络并提供电信服务（大多为手机和固话）的授权、许可、批准及特许权。这些牌照将于 2012 年到 2046 年间期满。要求将从这些牌照允许的业务中所获得收入的一定比例分给特定政府。这一比例可能是一个固定的比例，也可能依运营设施的规模而定（危地马拉和萨尔瓦多除外）。

1. 276000 千米的光缆

图 2-9-12　墨西哥美洲电信的业务发展

2. 各项业务用户数

截止到 2010 年 6 月，各业务用户数如下：

表 2-9-2　墨西哥美洲电信各业务的用户数　　　　　　　　　单位：家

无线	211296669
固话	27382727
宽带	11985589
电视	8604555
总计	259269540

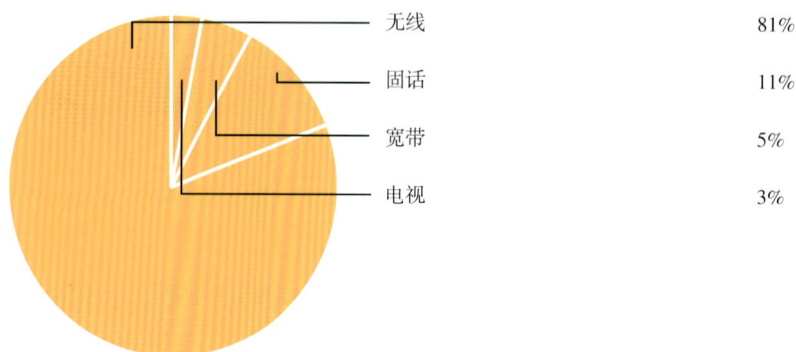

无线	81%
固话	11%
宽带	5%
电视	3%

图 2-9-13　墨西哥美洲电信各项业务的用户比例

3. 无线业务

无线业务从语音中独立出来的时间并不长。随着诸如 GPRS 这样的数据传输技术在短信业务中的应用，无线业务慢慢进入了数据领域。考虑到缓慢的传输速度，数据容量仍然是很基本的。随着新技术的引进，这一速度将快速增长，从而为目前可以直接通过手机和其他无线设备接收电子邮件、浏览网页和运行各种应用的客户开拓更广阔的天地。

移动计算在全球的快速发展将对生产力和人们互动的方式产生深远的影响，随着语音让位给数据，其客户和提供服务的国家迎来了一个新时代。正如之前的语音服务一样，在被取代之前，无线数据无疑是为成千上万的人提供数据业务的有力、高效方式。

4. 每分钟通话的平均价格

对容量和新技术的投资使得墨西哥美洲电信的每分钟话费在 2000~2010 年的 10 年间下降了85%。

5. 无线流量

2000~2010 年的 10 年间，墨西哥美洲电信的无线流量同样得到了飞速的增长。

6. 基础设施

墨西哥美洲电信的无线基础设施包括 6 万个基站和一个普遍的覆盖 17 个国家的 GSM/UMTS平台。

年份	无线用户数
2010年上半年 1H10	211
2009年	200
2008年	183
2007年	153
2006年	125
2005年	93
2004年	61
2003年	44
2002年	32
2001年	26
2000年	14

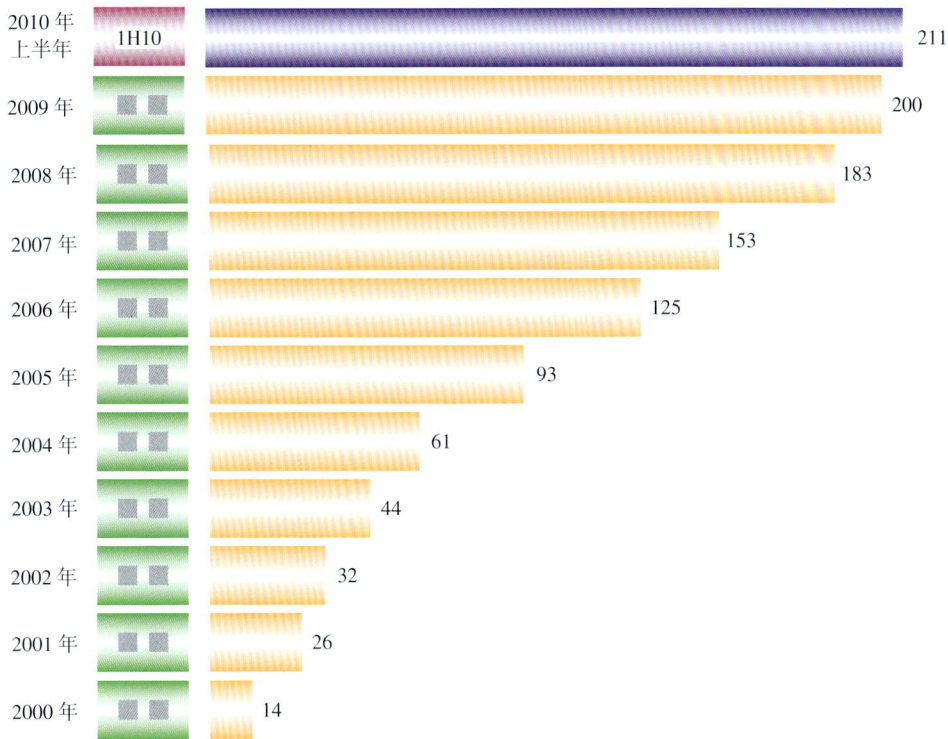

图 2-9-14　墨西哥美洲电信的无线用户数（百万）

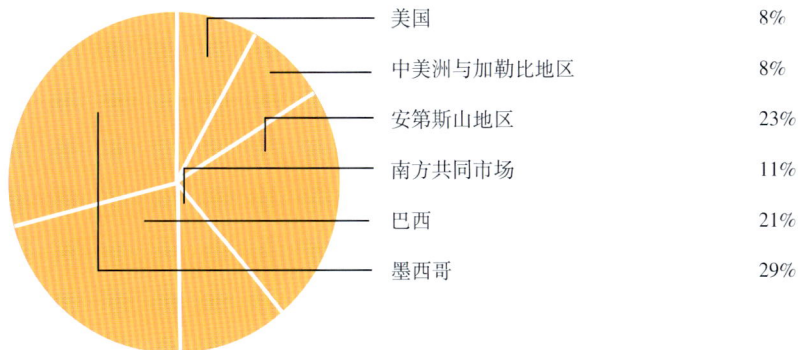

区域	比例
美国	8%
中美洲与加勒比地区	8%
安第斯山地区	23%
南方共同市场	11%
巴西	21%
墨西哥	29%

图 2-9-15　墨西哥美洲电信无线用户的区域分布

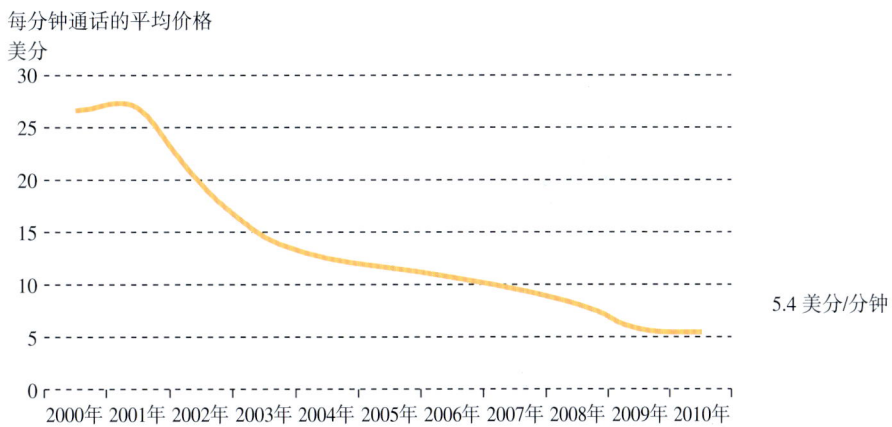

每分钟通话的平均价格 美分

5.4 美分/分钟

图 2-9-16　墨西哥美洲电信每分钟通话的平均价格变化

无线流量（十亿分钟）

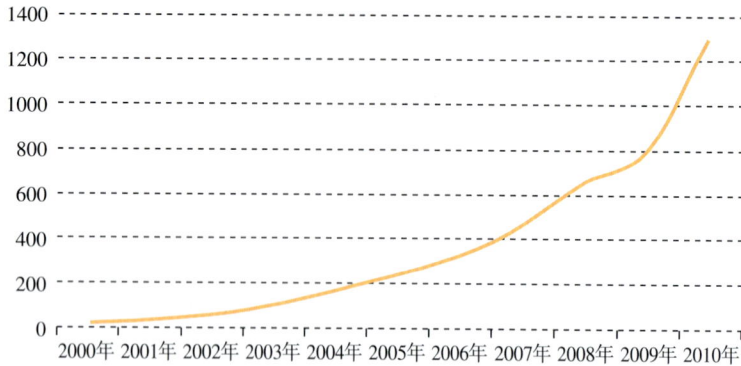

图 2-9-17　墨西哥美洲电信的无线流量变化

表 2-9-3　墨西哥美洲电信的基础设施概况

基础设施	2010 年
移动基站	60K
光纤网络	29 万千米
卫星	5
有线电视用户	2000 万
海底光缆（建设中）	90 兆兆字节的容量

7. 各项业务的收入情况

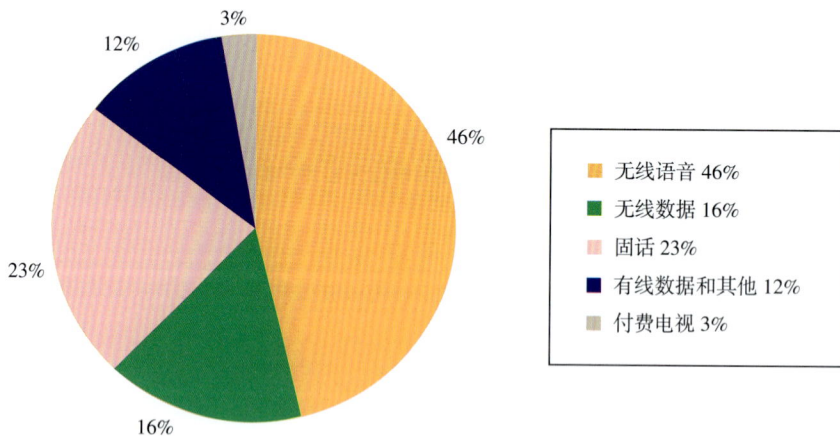

- 无线语音 46%
- 无线数据 16%
- 固话 23%
- 有线数据和其他 12%
- 付费电视 3%

图 2-9-18　墨西哥美洲电信各项业务的收入概况

从图 2-9-18 中可以看出，墨西哥美洲电信将近一半的收入来自无线业务，28% 来自正在逐步取代固话语音业务的数据业务。

业务收入的区域分布：

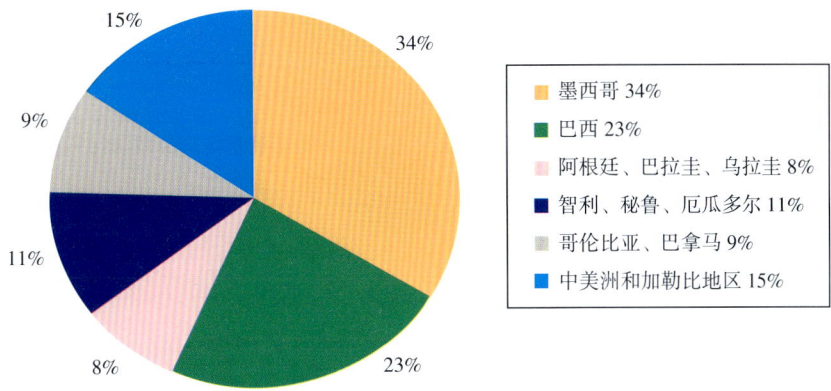

图 2-9-19 墨西哥美洲电信业务收入的区域分布

墨西哥和巴西占到了总业务收入的近 60%，剩下的则分布比较分散。

各项业务的收入增长概况：

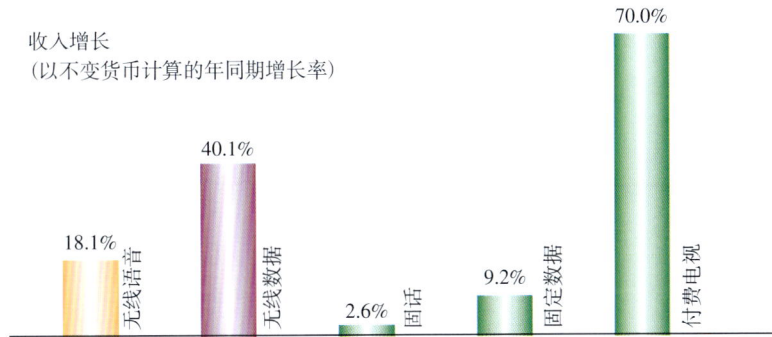

图 2-9-20 墨西哥美洲电信各项业务的收入增长概况

付费电视是目前收入增长最快的业务，其次是每年都增长 40% 以上的无线数据业务。

GSM/UMTS 的用户情况：

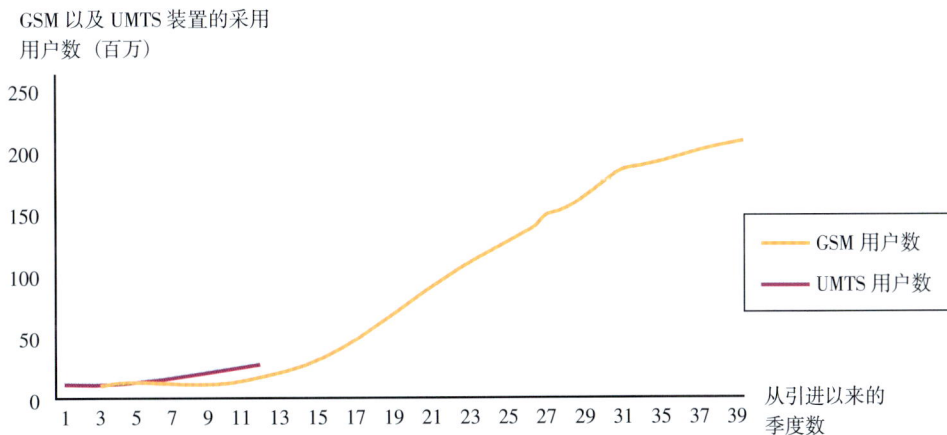

图 2-9-21 墨西哥美洲电信的 GSM/UMTS 的用户数增长情况

尽管 3G 用户数目前只占到总用户数的很少一部分，但其增长速度比 GSM 刚引进时的增长速度要快得多。

（六）经营和财务绩效

表2-9-4　墨西哥美洲电信公司2007~2009年度经营与财务业绩比较

单位：千（比索）	墨西哥美洲电信公司		
年　份	2007	2008	2009
收入	311579762	345654908	394711031
总资产	349121315	435455470	453007961
EBITDA	125600000	137313000	157291000
EBITDA率	40.31%	39.73%	39.85%
净利润	58697333	59575394	76997853
净利润率	18.84%	17.24%	19.51%
总资产报酬率（ROA）	16.81%	13.68%	17.00%
净资产报酬率（ROE）	46.27%	41.11%	43.28%
资本性支出（CAPEX）	41792000	79666000	44404000
CAPEX占收比	13.41%	23.05%	11.25%
经营活动净现金流	100579685	87464008	152808954
每股经营活动净现金流	2.86	2.56	4.67
自由现金流（FCF）	58787685	7798008	108404954
自由现金流占收比	18.87%	2.26%	27.46%
销售现金比率	32.28%	25.30%	38.71%
资产现金回收率	28.81%	20.09%	33.73%
EVA	31289063	25477476	53574882
EVA率	9.43%	6.24%	18.49%
每股盈利（EPS）	1.67	1.74	2.35
每股股利（DPS）	1.2000	0.2600	0.7800
股利支付率	72%	15%	33%
主营业务收入增长率	28.22%	10.94%	14.19%
总资产增长率	6.33%	24.73%	4.03%
净利润增长率	32.14%	1.50%	29.24%
经营活动现金流增长率	32.80%	−13.04%	74.71%
每股盈余增长率	33.60%	4.19%	35.06%
资产负债率	63.66%	66.72%	60.73%
流动比率	69.52%	76.79%	77.07%
利息保障倍数	11.07	10.67	14.06
总资产周转率	0.89	0.79	0.87
固定资产周转率	1.86	1.65	1.74
坏账发生率	11.90%	9.32%	11.81%
折旧与摊销	40406018	41767309	53082307
股息	42127537	8815570	25462328
内部融资额	141230888	110158273	155542488
折旧摊销率	12.97%	12.08%	13.45%
付现成本率	59.69%	60.27%	60.15%
营销、一般及管理费用率	17.20%	18.03%	18.34%

（七）内控与风险管理

1. 内部控制

公司设有审计与企业治理委员会，其责任包括汇报公司内控体系的情况，如存在的不足、偏差及需要改进的方面，并获取外部审计师或独立专家的意见、报告和交流、指示。

公司管理层负责根据墨西哥财务报告准则及时编制公司的财务报表及需要在证券市场上披露的公司财务及其他信息，并负责公司内控体系的执行。

在 2009 年 9 月 10 日举办的会议上，董事会决定让公司的审计委员会不仅为与审计相关的事务提供支持，还要为公司的企业治理实践提供支持，包括相关的法律事宜，审查、支持并执行与公司审计、代偿及企业治理实践相关的所有活动。

2. 风险管理

公司的主要金融工具有银行贷款、衍生金融工具、金融租赁和应付账款。公司还有其他金融资产，诸如应收账款、预付费用以及与其业务直接相关的短期存款。这些金融工具的主要风险是现金流风险、流动性风险、市场风险和信用风险。公司进行敏感性分析以衡量利率每增长 100 个基点、汇率每变动 10%，理论上会给公司带来多人的潜在损失。董事会赞成公司管理层提出的风险管理政策。信用风险是指对方违反合同约定时带来的潜在损失。公司还面临着利率和汇率波动导致的市场风险。公司利用衍生金融工具来降低汇率波动带来的风险。导致公司信用风险的金融工具有现金及现金等价物、应收账款、债务及衍生金融工具。严格说来，公司的政策没有专门针对任何一种金融工具；因此，公司的金融工具因地而异。应收账款导致的信用风险各不相同，因为公司的客户遍布全球。公司持续评估其客户的信用条件但不要求担保。一旦公司回收应收账款情况恶化，公司的运营就会受到不利影响。部分多余的现金投资于信用等级很高的金融机构。公司在全球运营，因此面临着汇率波动导致的市场风险。公司依赖于几家主要的供应商。如一家供应商于 2007 年 12 月 31 日、2008 年 12 月 31 日、2009 年 12 月 31 日分别占到公司总互联支出的 21%、32% 和 31%。任何一家供应商不及时或不按既定的价格为公司提供服务或设备，都会使公司的业务和运营受到不利影响。

墨西哥美洲电信公司还面临以下主要风险：

（1）经营风险。①无线行业激烈的竞争对其创收和盈利均带来不利的影响；②政府监管的变动可能会损害其经营；③反垄断监管通过限制其竞争和逐利战略的实施而对其业务产生不利影响；④未来其不得不争取额外的无线电频谱以增加用户、保证服务质量；⑤其固话业务的许可经营在续订时可能会被附加一些条件；⑥其一直在寻找投资机会，未来的并购或相关融资可能会对其业务运营和财务状况都有实质的影响；⑦其在应对墨西哥之外的投资带来的风险与挑战时可能会失利；⑧其部分子公司受到重大的诉讼；⑨系统故障可能会导致服务的中断或滞后，从而引发用户和收入的流失；⑩其支付股息或偿还债务的能力依赖了了公司创收和分红的能力。

（2）与无线行业相关的风险。①无线行业的变动影响其未来的财务绩效；②其或其供应商使用的知识产权有可能侵犯了其他公司的知识产权；③无线欺诈可能会给其带来重大损失；④人们对使用无线和基站带来健康隐患的顾忌可能会对其经营产生不利影响；⑤电信行业的发展已经或将带来其某些资产的大幅贬值。

（3）与控股股东、资本结构及关联方交易有关的风险。①其可能会被某一家族控制；②其与子公司存在重大交易；③其规章制度一定程度上限制股份的转换；④墨西哥对少数股东的保护不同于美国；⑤L股和ADSs股的股东拥有有限的投票权，ADSs的股东可能只通过受托人投票。

（4）与墨西哥和其他国家的发展相关的风险。①拉丁美洲和加勒比地区的经济、政治和社会状况可能对其经营不利；②其业务所在地对美元汇率的浮动或贬值可能对其财务状况和经营结果造成不利影响。

（八）人力资源发展

1. 员工数量

表 2-9-5　墨西哥美洲电信员工数量一览表

	2008 年 12 月 31 日	2009 年 12 月 31 日	2010 年 12 月 31 日
员工总数	52879	53661	148058
分业务：			
无线	41365	42968	46117
固定	11514	10693	101941
分地区：			
墨西哥	16526	17347	70917
南美洲	20360	21133	60688
中美洲	7869	7384	8102
加勒比地区	7530	7163	7676
美国	594	634	675

2. 工会

截止到 2010 年 12 月 31 日，工会覆盖了 Telcel 87% 的员工。Telcel 的所有管理职位都由工会推选。薪水及相关收益每年谈判一次。根据《墨西哥劳动法》及墨西哥美洲电信的劳动协议，墨西哥美洲电信有义务给其即将退休员工额外一笔资历费，并支付其退休员工退休金和抚恤金。并且退休员工的退休金会随着在职员工薪水的上涨而相应上涨。

包括巴西分公司、Telgua、Enitel、CTE、Claro Chile、AMX、Argentina、Telmex Colombia、Telpri 在内的其他子公司也都有有效的工会组织。

墨西哥美洲电信相信其与员工有良好的劳资关系。

3. 养老金固定收益计划

墨西哥美洲电信公司在各地的很多子公司都制定了"养老金固定收益计划"。这一计划需要对即将退休或已退休的劳动者义务的累计影响进行评估与确认。这一累计影响基于运用预计单位信托成本法的精算研究进行确定。

4. 员工利润分享计划

从 2008 年 1 月起，墨西哥美洲电信公司采纳了墨西哥财务报告准则 D-3，开始实施"员工利润分享计划"。

（九）企业社会责任

墨西哥城中心原本道路狭窄，歪歪扭扭，到处是西班牙殖民时代的老建筑，时有强盗小偷出没。在墨西哥美洲电信公司董事长埃卢出资帮助下，这里现在已经成为旅游景点和艺术家的天堂。另外，埃卢还向贫困儿童免费捐赠 9.5 万辆自行车，7 万副眼镜，并为 15 万名大学生提供奖学金。未来几年内，埃卢将公布他的又一重大慈善举措。他将投入数十亿美元的资金，建立三家慈善机构，资助墨西哥贫困人口接受教育、享受医疗保障和日常娱乐，为低收入家庭提供价格低廉的计算机等。

（十）前景展望

在 2009 年美洲经济遭遇重创的情况下，墨西哥美洲电信公司的收入仍然呈现出显著的增长。墨西哥美洲电信公司强大的顾客群及其对客户所在地的贡献以及其利用所面临机会的能力将使其收入和利润继续保持高增长。在智能机以及其他无线设备、移动应用日益流行的背后是全球移动计算的快速增长趋势。在这种情况下，墨西哥美洲电信公司认为是时候做出一定的改变，以使其更好地适应、满足其客户今后的需求。所以，2010 年年初，其收购了 Telmex 及 Telmex 国际，向世人昭示其已成为一个综合电信服务运营商。其新架构使其拥有了强大的光纤和电缆网络，帮助其应对未来几年日益增长的无线数据业务需求，使其可以为其客户提供固话、无线、宽带与电视的综合服务。从其 2000 年年末成立初期标榜的"主营无线"到 2010 年 6 月，墨西哥美洲电信公司已成功转型为一个综合电信服务运营商。因此，其结束了其"主营无线"的第一个阶段，产品提供、运营范围及在全球电信领域中的定位都进入了一个新纪元。

附件一：2009 年墨西哥美洲电信公司财务报告

1. 合并资产负债表

单位：千墨西哥比索

	2008 年 12 月 31 日	2009 年 12 月 31 日
资产		
流动资产：		
现金及现金等价物	22092139	27445880
应收账款（净）	52770676	55918984
衍生金融资产	3125214	8361
与关联方有关的资产	1052796	468096
存货（净）	31805142	21536018
其他流动资产（净）	2639912	2720983
流动资产总额	113485879	108098322
固定资产（净）	209896820	227049009
牌照（净）	43098985	42582531
商标（净）	5010539	3974527
商誉（净）	44696281	45805279
对子公司及其他公司的投资	789612	974693
递延所得税资产	9296367	15908795
其他非流动资产（净）	9180987	8614805
总资产	435455470	453007961
负债及股东权益		
流动负债：		
短期借款及即将到期的非流动负债	26731355	9167941
应付账款及应计负债	90867401	97086585
应付税费	14612465	16716549
与关联方有关的负债	922254	1045155
递延收入	14662631	16240451
流动负债总额	147796106	140256681

续表

	2008 年 12 月 31 日	2009 年 12 月 31 日
长期负债：		
长期借款	116755093	101741199
递延所得税负债	14621075	22282245
应付职工薪酬	11358647	10822273
总负债	290530921	275102398
股东权益：		
股本	36532481	36524423
留存收益：		
以前年度留存收益总计	29261187	38952974
本年度留存收益	59485502	76913454
	88746689	115866428
其他综合收入累计	18988897	24782273
主要股东权益	144268067	177173124
少数股东权益	656482	732439
股东权益合计	144924549	177905563
负债及股东权益合计	435455470	453007961

2. 合并损益表

单位：千墨西哥比索（每股收益及加权平均股数除外）

	2007 年	2008 年	2009 年
营业收入			
业务：			
电视	87522245	99258566	118949020
互联	58554255	60371865	60557856
月租费	59551717	66805611	75585846
长途费	20348067	20624128	23301403
增值业务及其他业务	40359659	51089479	70743490
手机及其附件的销售收入	45243819	47505259	45573416
	311579762	345654908	394711031
营业成本、费用：			
主营业务成本	132373998	146025037	165039738
其他营业成本	29389162	30047363	38187412
销售、管理及其他费用	53605408	62316415	72380031
折旧与摊销	11016856	11719946	14894895
	226385424	250108761	290502076
营业利润	85194338	95546147	104208955
其他损益（净）	(3712874)	(2326959)	(2165584)
融资的综合结果：			
利息收入	2960265	2414390	1691929
利息费用	7696967	8950562	7410314
汇兑损益（净）	2463442	(13686423)	4556571
金融收益（净）	5038406	—	—
其他融资损益（净）	(3152631)	6357722	(1820110)

续表

	2007 年	2008 年	2009 年
	(387485)	(13864873)	(2981924)
从子公司获得的投资收益	57621	109416	195714
税前利润	81151600	79463731	99257161
所得税	22454267	19888337	22259308
净利润	58697333	59575394	76997853
净利润的分配:			
主要股东收益	58587511	59485502	76913454
少数股东收益	109822	89892	84399
净利润	58697333	59575394	76997853
普通股的加权平均股数	35149	34220	32738
每股收益	1.67	1.74	2.35

3. 合并现金流量表

单位: 千墨西哥比索

	2008 年	2009 年
经营活动		
税前利润	79463731	99257161
不涉及现金流动的项目:		
折旧	32677429	42953356
无形资产摊销	7471679	8160235
坏账摊销	1618201	1968716
长期资产减值	739853	—
从子公司获得的投资收益	(109416)	(195714)
固定资产出售损益	141278	(403031)
员工权益成本净值	734636	779705
汇兑损益 (净)	11979839	(840300)
应计应收利息	(2241926)	(1963537)
应计应付利息	8950562	7410314
其他融资费用 (净)	(2605594)	(1838672)
金融工具销售费用	(46014)	—
营业资产与负债的变动:		
金融工具	65800	—
应收账款	(5299903)	(7599026)
利息	2241926	1963537
预付费用	(888241)	(197274)
关联方交易	(14719)	707600
存货	(9361512)	8479369
其他资产	(143908)	(124900)
应收账款与应计负债	(13888254)	8403243
已付税费	(21702646)	(16839757)
已付员工的利润分享	(672457)	(1132677)
金融工具	(2156946)	2869210

续表

	2008 年	2009 年
递延收入	1001969	1568963
支付给职工以及为职工支付的现金	(491359)	(577567)
经营活动产生的现金流量净额	87464008	152808954
投资活动		
购买固定资产	(26943957)	(53213700)
购买牌照	(13736502)	(485)
固定资产出售收入	75538	556704
收购企业获得的净现金	(479090)	—
投资活动产生的现金流量净额	(41084011)	(52657481)
融资活动前的净现金流	46379997	100151473
融资活动		
获得的贷款	61810010	26776298
偿还贷款	(41487985)	(62720695)
已付利息	(8105142)	(8551023)
股份回购	(41632608)	(24657808)
支付股息	(8815570)	(25462328)
融资活动产生的现金流量净额	(38231295)	(94615556)
现金及现金等价物净增加额	8148702	5535917
汇率变动对现金及现金等价物的影响	1971318	(182176)
期初现金及现金等价物余额	11972119	22092139
期末现金及现金等价物余额	22092139	27445880

附件二：墨西哥电信公司大事记

墨西哥美洲电信公司于 2000 年成立于墨西哥市。

墨西哥美洲电信公司从 2000 年开始推出了"个人电脑+上网"的销售服务，以优惠价格向家庭销售个人电脑，同时提供上网服务。考虑到中低收入家庭的支付能力，墨西哥电信为他们提供长期贷款，购买电脑的费用分几年从其电话账单中按月支付，使很多中低收入家庭实现了上网的梦想。墨西哥电信凭此业务一举占据了该国网络服务业的半壁江山。目前该公司的因特网用户已接近 100 万家，成为墨西哥最大的因特网服务供应商。

2001 年 1 月 28 日，墨西哥美洲电信将其在波多黎各移动通信（CCPR）50% 的股份出售给 SBCI。

2002 年第一季度，墨西哥美洲电信发行了 20 亿比索的商业票据和 27.5 亿比索的中期票据。

2003 年 5 月 8 日，墨西哥美洲电信获得了运营在巴西东北部的巴西无线公司（BSE）95% 的股份。

2004 年 6 月，墨西哥美洲电信收购了拥有 9.8 万用户的洪都拉斯无线运营商——Megatel。

2005 年，墨西哥美洲电信被《商业周刊》评为第一信息技术公司。

2005 年 11 月 15 日，墨西哥美洲电信公司签署了沃达丰集团的国际协议，共同提供各种国际服务。

2006 年，墨西哥美洲电信再次被《商业周刊》评为第一信息技术公司。

2006 年 7 月，墨西哥美洲电信的智利子公司开始提供 GSM 无线服务，并启用了新品牌——Claro。

2007 年 2 月 25 日，公司成为拉丁美洲最大的企业，按市值计算，超过巴西石油公司等巨头。

2007 年 3 月，公司造就了卡洛斯·斯利姆·埃卢——墨西哥首富。

2007 年 8 月，墨西哥美洲电信收购了无线和增值业务提供商——Oceanic Digital Jamaica。

从 2007 年到 2008 年，墨西哥美洲电信公司总计进行了 76 亿美元的投资，而其中的绝大多数资金用于发展 3G 网络，这项投入带动了美洲电信公司在金融危机背景下收入逆势上扬：第一季度，该公司移动数据业务的销量增长了 47%，并直接带动了整体收入的增长，通话和语音业务的收入也增长了 18.5%。

2008 年 3 月，其在阿根廷、巴拉圭、乌拉圭（先前用 CTI Móvil 品牌）也统一使用了 Claro 品牌。至此，中美洲和加勒比地区的 12 家子公司全部统一使用这一品牌。

2009 年，墨西哥美洲电信的 3G 服务覆盖了拉丁美洲地区 70% 的人口。

2009 年 12 月，墨西哥美洲电信的无线用户数突破了 2 亿家。

2010 年 1 月 1 日起，墨西哥美洲电信的财务报表在合并报表和子公司报表两个层面都遵守《国际财务报告准则》。

2010 年 3 月，墨西哥美洲电信公司利用良好的市场条件，在美国市场上发行了 5 年期、10 年期、15 年期共计 40 亿美元的证券。

2011 年 1 月，墨西哥美洲电信获得了在哥斯达黎加的运营牌照。

中国电信

CHINA TELECOM

中国电信的标识是以中国的"中"字及中国传统图案"回纹"作为基础，经发展变化而形成的三维立体空间图案，寓意为四通八达的通信网络，象征"中国电信"时时畅通，无处不达。形象地表达了中国电信的特点：科技、现代、传递、速度、发展。该图案装饰效果强烈，并具有中国特色和现代感。

王晓初

中国电信集团公司董事长兼首席执行官

　　王晓初：53岁，中国电信集团公司董事长兼首席执行官。王先生于1989年毕业于北京邮电学院，于2005年获得香港理工大学颁发的工商管理博士学位。王先生曾先后担任浙江省杭州市电信局副局长、局长、天津市邮电管理局局长、中国移动（香港）有限公司董事长兼首席执行官、中国移动通信集团公司副总经理、中国通信服务股份有限公司董事长兼非执行董事等职务，现兼任中国电信集团公司总经理及中国通信服务股份有限公司名誉董事长。他曾主持开发中国电信电话网络管理系统等信息科技项目，并因此获得国家科学技术进步三等奖及原邮电部科学技术进步一等奖等。王先生拥有超过30年的丰富的电信行业管理经验，于2004年12月出任中国电信集团公司董事长兼首席执行官。

中国电信公司可持续发展报告（China Telecom）

（一）公司简介

中国电信集团公司成立于 2002 年，是我国特大型国有通信企业，上海世博会、广州亚运会全球合作伙伴，连续多年入选"世界 500 强企业"。注册资本 1580 亿元人民币。主要经营国内、国际各类固定电信网络设施，包括本地无线环路；基于电信网络的语音、数据、图像及多媒体通信与信息服务；进行国际电信业务对外结算，开拓海外通信市场；经营与通信及信息业务相关的系统集成、技术开发、技术服务、信息咨询、广告、出版、设备生产销售和进出口、设计施工等业务；并根据市场发展需要，经营国家批准或允许的其他业务。

中国电信集团公司在全国 31 个省（区、市）和美洲、欧洲、中国香港、中国澳门等地设有分支机构，拥有覆盖全国城乡、通达世界各地的通信与信息服务网络，建成了全球规模最大、国内商用最早、覆盖最广的 CDMA 3G 网络，旗下拥有"天翼"、"我的 e 家"、"商务领航"、"号码百事通"等知名品牌，具备电信全业务、多产品融合的服务能力和渠道体系。公司下属"中国电信股份有限公司"和"中国通信服务股份有限公司"两大控股上市公司，形成了主业和辅业双股份的运营架构，中国电信股份有限公司于 2002 年在香港及纽约上市、中国通信服务股份有限公司于 2006 年在香港上市。截止到 2010 年年底，拥有固定电话用户 1.75 亿户，移动电话用户 9052 万户，3G 用户 1229 万户，宽带用户 6348 万户，公司股东权益为 2319.64 亿元，总资产 4073.55 亿元。公司全年创造利润 158.88 亿元，基本每股收益为 0.19 元，总资产报酬率 3.9%。

公司在 *Euromoney* "2011 年度亚洲最佳管理公司"评选中获所有行业中亚洲最佳管理公司第一名、中国最佳管理公司第一名。公司在《金融亚洲》举办的 2010 年度亚洲最佳公司评选中，荣获中国区最佳管理公司第一名、亚洲区电信业最佳管理公司第一名、中国区最佳投资者关系第一名。

（二）公司战略

中国电信集团公司将继续坚持"聚焦客户的信息化创新"战略，具体分为以下几个方面：

1. 融合创新，以差异化推动规模发展

（1）全力推进移动业务特别是 3G 业务的规模化拓展。公司将加大品牌宣传力度，继续保持"天翼" 3G 品牌的行业领先地位；引导产业链加大投入，推出多款明星 3G 智能手机，并实施向 3G 终端倾斜的差异化终端补贴策略；聚焦白领、青年学生等重点用户市场，加大差异化应用开发和推广，以丰富的移动互联网应用产品改善用户体验，激发数据流量。2010 年公司移动业务实现规模化发展，净增移动用户 3443 万户，用户总量达到 9052 万户，用户市场份额超过 10%，较 2008 年年底提升 6 个百分点，其中净增 3G 用户 822 万户，用户总量达 1229 万户，新增 3G 用户数量呈持续增长趋势；移动服务收入实现人民币 477.22 亿元，同比增长 59.1%。

（2）以宽带为核心加强融合拓展。为应对三网融合的新形势，中国电信全面启动了"宽带中

国·光网城市"工程，加大了城镇地区光纤入户的建设改造力度，积极实施宽带提速工程，为用户提供高价值的差异化宽带体验，进一步巩固有线宽带业务的市场主导地位。在此基础上，中国电信在宽带产品中叠加互联网视频、游戏娱乐等流量型业务，以丰富应用产品保护宽带价值。2010年有线宽带用户净增1002万户，用户总量达到6348万户，用户市场份额基本保持稳定；有线宽带接入收入达人民币541.27亿元，同比增长15.0%。

（3）推动综合信息服务业务持续增长。中国电信发挥产品基地的集约研发优势，不断推出内容丰富的移动互联网应用产品，竞争优势逐步显现：保密通信、"天翼黑莓"和"天翼对讲"等新产品正式推出，"爱音乐"、"天翼视讯"和"天翼空间"的业务量均成倍增长。中国电信规模化复制与推广政务监管、交通物流、数字医院、综合办公翼机通等政企行业类应用，大力推进物联网、云计算等新兴技术的拓展，并积极布局移动支付和移动定位等特色应用服务领域，持续提升在综合信息服务市场的竞争能力，同时有效带动了移动和宽带业务的规模化发展。

（4）以融合差异化保护存量价值。面对互联网新技术和移动业务替代等因素的严峻挑战，中国电信积极开展固网语音业务的存量保有工作，加大资源投入，有针对性地开展在网客户关怀，并以融合差异化为手段，提高客户黏性，努力缓解固网语音业务的下滑。2010年公司固定电话用户减少1351万户，用户总数为1.75亿户，扣除初装费后的固网业务收入同比下降4.2%。随着近年来小灵通用户迁转的持续推进，小灵通业务的经营风险已基本得到释放。

2. 强基固本，构建全方位竞争实力

（1）不断增强网络优势。中国电信不断提升

网络承载能力和管道价值：进一步扩大3G网络覆盖范围，不断优化移动网络质量，移动网络质量达到业内标杆水平；在热点区域强化WiFi覆盖，采取"CDMA + WiFi"协同策略，为用户提供高速便捷的无线接入体验；加大资本开支投入，加快推进接入网光纤化改造和光纤到户建设，在南方城市地区已全面实现了4M带宽接入能力，20M带宽接入能力的比例达到58%，较年初提升了22个百分点，有力地支撑了全业务规模化发展。

（2）有效缓解终端瓶颈。中国电信积极推动CDMA终端产业链加速壮大，主推3G智能手机，并强化业务适配和预装，满足3G业务发展需求。截止到2010年年底，3G手机已超过300款，较年初增加200余款，其中有竞争力的明星机型和千元智能手机不断涌现，品种不断丰富，性价比进一步提升。

（3）迅速提升渠道能力。中国电信强化渠道建设，与国内知名的电器连锁销售商的上千家门店开展合作，进行终端和业务的代理销售，社会渠道短板得到有效改善，终端销售的社会化占比超过60%；中国电信积极提升电子渠道的使用比例，优化网上营业厅的界面与功能，有效节约了公司的运营成本，提升了营销效率。

（4）不断完善服务体系。中国电信全面推进全业务客户服务标准的落实，积极实施10000号客服专线的省级集中运营，不断强化IT系统的客服支撑能力，着力提升移动业务的服务能力，业务受理时长、服务响应时长、用户投诉率等服务指针均明显改善，客户感知明显提升，用户离网率得到有效控制。

3. 创新模式，着手布局信息流量经营

（1）扩大合作开放。中国电信进一步扩大与优秀互联网内容提供商合作，借助产品基地的平台，会聚音乐、游戏、视讯等高价值的流量资源，

吸引用户使用。同时中国电信进一步向合作伙伴开放综合平台资源，为其提供认证、计费、定位等服务，鼓励其利用综合平台开发新的应用业务，率先在全浏览、搜索、实时通信、电子商务等热门领域引入有竞争力的应用产品，并嵌入其基础通信能力，为用户提供差异化服务。

（2）强化集约运营。中国电信加强对移动互联网产品的引导开发和部署推广的集约管理，突破传统地域分割经营的界限，实现"一点接入、快速加载、全网服务"，大力提升产品上线速度和开通效率，有效支撑移动互联网产品在全网的快速推广。

（3）创新机制体制。中国电信对移动支付、天翼视讯新兴业务实施公司化运作试点，作为利润中心，实行市场化运作，努力建立与移动互联网业务发展相适应的组织体制和激励机制，激励创业精神，增强发展活力，有力促进新兴业务的更好发展。

4. 优化管理，着力提升企业和员工价值

（1）强化财务运作管理与资源配置。公司进一步优化成本及投资的资源配置，科学、统筹安排各项支出，有效支撑新兴业务、战略性业务和重点业务的规模发展；深化财务转型，积极实施省级财务集中核算，有效防范内控风险，提升管理效率；加强资金集中管理，有效节约财务费用；积极实施精细化运营，努力提升投资回报水平，

不断促进企业价值的提升。

（2）促进员工价值与企业价值共同成长。中国电信创新人力资源管理机制，加大管理人员的竞争选拔力度；以价值提升为导向，完善全员业绩考核体系；加快人力资源结构优化，重点打造职业化的经营管理队伍、高层次的技术专家队伍和高技能的销售维护队伍，满足综合信息服务和移动互联网运营需要。

（三）公司治理

中国电信集团公司始终致力于保持高水平的公司治理水平，持续提高公司透明度，确保公司健康发展，努力提升企业价值。2010年，中国电信在公司治理方面的持续努力得到资本市场的广泛认可，并获得多项嘉许，其中包括：连续两年被 *Euromoney* 杂志评选为"亚洲最佳管理公司"；被 *Finance Asia* 杂志评选为"中国区最佳管理公司"和"亚洲区电信业最佳管理公司"，被 *Corporate Governance Asia* 杂志评选为"亚洲区最佳公司治理企业"等奖项。

中国电信的企业管制整体架构采取双层结构制：股东大会下设董事会和监事会，董事会下设审核委员会、薪酬委员会和提名委员会，如图2-10-1所示。董事会根据公司章程授权负责企业重大经营决策，并监督高级管理人员的日常经营管理；监事会主要负责监督董事会以及高级管理人员的职务行为，二者各自独立地向股东大会负责。

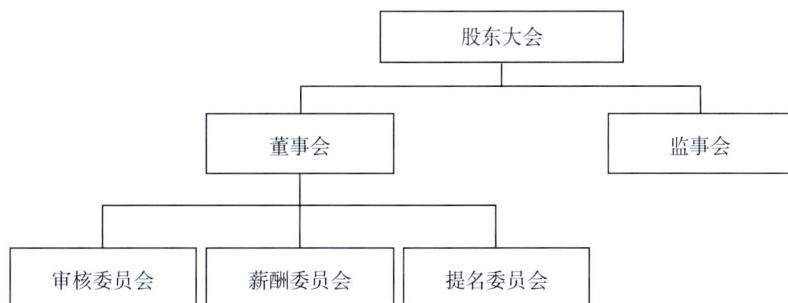

图 2-10-1　公司治理架构图

股东大会：自 2002 年上市以来，中国电信在股东大会上就每项独立的事项分别提出独立的股东议案，股东通函中也会详细列明有关议案的内容，所有股东大会上的决定均采用投票表决方式进行，表决结果登载于公司及香港联交所网站。中国电信十分重视股东大会，重视董事和股东之间的沟通，董事在股东大会上就股东提出的问题做出详尽、充分的回答。

董事会：目前第三届董事会由 14 名董事组成，包括 8 名执行董事、1 名非执行董事、5 名独立非执行董事。董事会由电信、财务、经济和法律等不同领域专家组成，具备各领域的专才使得董事会的架构和决策观点更全面平衡。第三届任期自 2008 年 9 月 9 日开始，任期三年。

审核委员会：中国电信审核委员会由 4 名独立非执行董事组成。审核委员会章程清晰界定了审核委员会的地位、任职资格、运作程序、职责义务、工作经费及薪酬等。审核委员会主要职责包括监督公司财务报告的真实完整性、公司内部控制制度及风险管理制度的有效性和完整性、内部审计部门的工作，以及负责监督和审议外部独立审计师的资质、选聘、独立性及服务，并确保管理层已履行职责建立及维持有效的内部控制系统，包括考虑本公司在会计及财务汇报职能方面的资源、员工资历及经验是否足够，以及员工所接受的培训课程及有关预算又是否充足等。审核委员会亦有权建立举报制度以受理和处理关于公司会计事务、内部会计控制和审计事项的投诉或匿名举报。审核委员会对董事会负责并定期报告工作。

薪酬委员会：公司薪酬委员会由 4 名独立非执行董事组成。薪酬委员会章程清晰界定了薪酬委员会的地位、任职资格、运作程序、职责义务、工作经费及薪酬等。薪酬委员会协助公司董事会制定公司董事及高级管理人员的全体薪酬政策及架构，并设立有关规范且具透明度的程序。薪酬委员会的主要职责包括：监督公司薪酬制度是否符合有关法律要求，向董事会提交公司薪酬制度评估报告，就公司董事及高级管理人员的全体薪酬政策及架构等向董事会提出建议等，其职责设置符合《企业管治常规守则》的有关要求。薪酬委员会对董事会负责并定期报告工作。

提名委员会：公司提名委员会由 4 名独立非执行董事组成。提名委员会章程清晰界定了提名委员会的地位、任职资格、运作程序、职责义务、工作经费及薪酬等，其中特别规定提名委员会委员应当与公司无重大关联关系，且符合有关"独立性"的监管要求。提名委员会协助董事会制定规范、审慎且具透明度的董事委任程序和继任计划，进一步优化董事会人员组成结构。提名委员会的主要职责包括：定期检查董事会的架构、人数及组成；物色具备合适资格的董事候选人士并就此向董事会提供意见；评核独立非执行董事的独立性；就董事委任或重新委任以及董事继任计划的有关事宜向董事会提出建议等。提名委员会对董事会负责并定期报告工作。由于没有增补董事等重大事项，公司于 2010 年没有召开提名委员会会议。

监事会：中国电信按照中国《公司法》的要求设立监事会，目前公司第三届监事会由 5 名监事组成，其中包括外部独立监事 1 名，职工代表监事 1 名。监事会主要职责在于依法对公司财务以及公司董事、经理及其他高级管理人员的职责履行情况进行监督，防止其滥用职权。监事会作为公司常设的监督性机构，向全体股东负责并报告工作。监事会通常每年至少召开一至两次例会。第三届任期自 2008 年 9 月 9 日开始，任期三年。

2010 年 12 月 31 日，中国电信股本总额为人民币 80932368321 元，分为 80932368321 股每股面值人民币 1.00 元的股份。2010 年 12 月 31 日的股本由以下组成：

表 2-10-1 股本及股权分布

	股份数目	占发行股份总数的百分比
内资股总数：	67054958321	82.85%
由以下公司持有的内资股：		
中国电信集团公司	57377053317	70.89%
广东省广晟资产经营有限公司	5614082653	6.94%
浙江省财务开发公司	2137473626	2.64%
福建省国有资产投资控股有限责任公司	969317182	1.20%
江苏省国信资产管理集团有限公司	957031543	1.18%
H 股总数（包括美国存托股份）：	13877410000	17.15%
合计	80932368321	100.00%

表 2-10-2 列出了 2010 年 12 月 31 日已行使 或可控制行使 5% 或以上 H 股的主要股东：

表 2-10-2 H 股主要股东

	股份数目	占发行股份总数的百分比
Commonwealth Bank of Australia	1538666000	11.09%
Capital Research and Management Company	1254424000	9.04%
Blackrock Inc.	1130723080	8.15%
JPMorgan Chase & Co.	971952626	7.00%
RFS Holdings B.V.	907191530	6.54%
Templeton Investment Counsel，LLC	693347861	5.00%

（四）海外市场概览

近年来，中国电信响应国家号召，在"务实、创新、积极、稳妥"的海外拓展方针指引下，扎扎实实地实施"走出去"发展战略，各项海外拓展工作已初见成效，并正向纵深推进。

以 2000 年 11 月中国电信美国办事处成立为标志，中国电信迈出了海外拓展的第一步，随后在 2002~2007 年相继成立了美国公司（现已更名为美洲公司）、欧洲代表处、欧洲公司、中亚代表处（哈萨克斯坦）、新加坡公司、德国代表处、莫斯科代表处等海外机构。2008 年，成立了中东代表处（阿联酋），收购了中国联通澳门公司。目前，中国电信的海外拓展格局已基本成型，即以三个海外公司（美洲公司、亚洲公司、欧洲公司）为主体，分别负责美洲、亚洲、大洋洲、欧洲、中东、非洲的海外市场拓展工作。截至 2009 年上半年，中国电信已在境外 13 个国家或地区设立了 14 个网络节点，20 个营销服务网点。

在"三个延伸"（客户延伸、业务延伸、网络延伸）海外拓展战略的指引下，中国电信紧紧围绕服务"走出去"中资企业和来华投资外资企业，充分发挥中国电信网络规模和客户规模优势，走出了一条符合中国电信实际情况的海外拓展道路，各项业务迅猛发展，取得了良好的投资效益。2008 年，中国电信海外公司共完成收入人民币 9.09 亿元，比 2007 年增长 41%。

随着海外公司的不断壮大，中国电信在全球

的品牌影响力逐步提高，得到了中外跨国企业客户的普遍认可。中国电信已成为 Microsoft、Google、DELL、AIG、Morgan Stanley、UBS、AP、Wrigley、Holiday Inn、Intercontinental、国泰航空等一大批有影响的境外跨国企业的首选服务提供商之一。由于中国电信积极部署海外网络和影响渠道，大力提升海外客户接应和服务能力，中国石油、中国石化、中央电视台、新华社、中兴、华为等"走出去"中资企业都选择中国电信建设和维护其境外通信网络和 IT 设施。

(五) 业务概览

2010 年，中国电信公司深入推进战略转型，加大创新力度，坚持融合差异化发展，移动业务规模迅速扩大，产业链日趋成熟，宽带和综合信息服务业务快速增长，公司的业务收入结构持续优化，基本形成了移动、宽带、增值及综合信息服务和固网语音等四大业务协调发展的新格局，盈利能力明显反弹，成功开创全业务规模化发展的良好局面。

表 2-10-3 列出了 2008~2010 年主要经营数据：

表 2-10-3 2008~2010 年经营绩效一览表

	单位	2008 年	2009 年	2010 年	2010 年较 2009 年的变化率
移动用户数	百万户	27.91	56.09	90.52	61.4%
其中：3G 用户数	百万户	—	4.07	12.29	202.0%
有线宽带用户数	百万户	44.27	53.46	63.48	18.7%
固定电话用户数	百万户	208.35	188.56	175.05	(7.2%)
移动语音通话总分钟数	百万分钟	26375	155410	295885	90.4%
移动短信条数	百万条	2028	15136	33116	118.8%
移动彩铃用户数	百万户	8.64	32.63	54.15	66.0%
本地语音通话总次数	百万次	372477	320585	251425	(21.6%)
固定电话来显用户数	百万户	146.74	128.45	118.99	(7.4%)
"我的 e 家"套餐数	百万套	23.93	36.36	48.45	33.3%
"商务领航"客户数	百万户	2.53	4.36	4.99	14.4%

注：由于公司自 2008 年第四季度开始经营移动业务，因此，2008 年移动业务相关数据只包含 2008 年第四季度。

2010 年，面对复杂多变的宏观经济形势和更加激烈的市场竞争环境，中国电信抓住机遇，依托全业务经营优势，加快移动业务发展，强化固网、移动与互联网业务的融合，移动业务持续高速增长，固网风险得到有效释放。同时中国电信加大 3G 业务发展力度，移动互联网经营快速展开，市场竞争能力不断提高。

1. 主要业务表现

2010 年，公司实现经营收入人民币 2198.64 亿元，扣除初装费后，全年经营收入为人民币 2193.67 亿元，同比增长 5.4%。公司整体业务结构得到进一步优化，移动、宽带等战略成长性业务占比近 50%。

移动业务保持高速增长态势。2010 年中国电信加强针对目标客户群的营销能力，通过推广行业应用、发展 3G 业务和强化重点目标市场营销积极拓展移动用户规模。移动用户达到 9052 万户，较年初增长 61.4%。移动服务收入达到人民币 477.22 亿元，同比增长 59.1%，MOU 基本保持稳定。

宽带业务稳健增长。2010 年中国电信持续加大宽带业务的发展力度，结合接入网的光纤化改造及三网融合试点，以提速提高竞争优势、以融合促进价值稳定，确保宽带业务领域的优势竞争地位。2010 年有线宽带用户净增 1002 万户，达到 6348 万户，同比增长 18.7%，有线宽带接入实现收入人民币 541.27 亿元，同比增长 15.0%。

2010 年固网增值及综合信息服务业务继续保持增长态势。通过深化集约运营，着力打造差异化服务，号码百事通业务保持快速增长，通过融合多业务渠道，商旅应用实现了新的突破。固网增值及综合信息服务业务实现收入人民币 283.12 亿元，同比增长 1.2%，在不含初装费的经营收入中占比达到 12.9%。

2010 年固网语音业务实现收入人民币 624.98 亿元，占不含初装费经营收入的比例为 28.5%。通过深化融合，推广固话包月为基础的话务量经营，因势引导小灵通用户迁转等举措，固话用户流失趋缓，小灵通用户占比逐步减小，固话业务的经营风险已逐步得到释放。

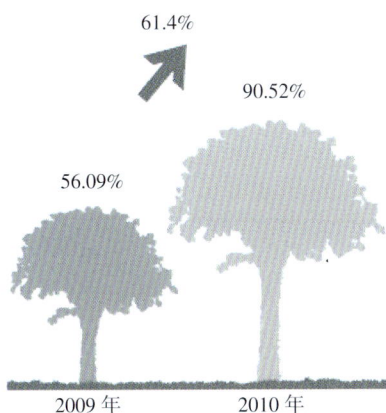

图 2-10-2　移动用户数（百万户）

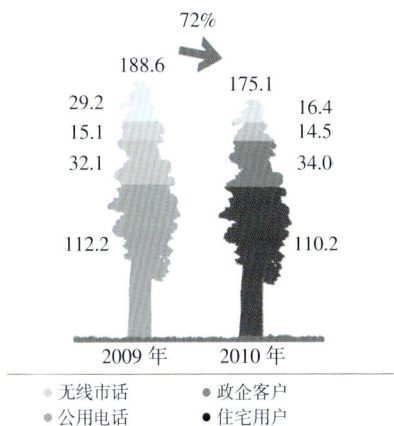

图 2-10-3　固定电话用户数（百万户）

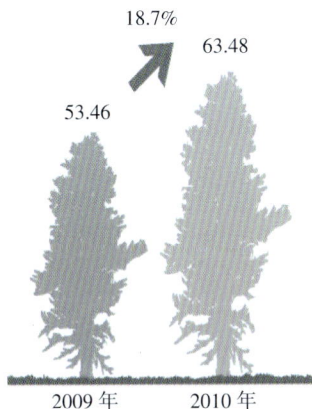

图 2-10-4　有线宽带用户数（百万户）

2. 经营收入

表 2-10-4 列出了 2009 年和 2010 年中国电信各项经营收入的金额和它们的变化率：

表 2-10-4　基于业务类型的经营收入及变化率一览表　　分别截止到各年度 12 月 31 日

（除百分比数字外，单位皆为人民币百万元）	2010 年	2009 年	变化率
固网语音	62498	78432	20.3%
移动语音	28906	20027	44.3%
互联网	63985	51567	24.1%
增值服务	22571	21533	4.8%
综合信息应用服务	15519	12659	22.6%
基础数据及网元出租	12389	11499	7.7%
其他	13499	12502	8.0%
一次性初装费收入	497	1151	(56.8%)
经营收入合计	19864	209370	5.0%

固网语音：虽然电信集团采用融合经营模式努力减少固网传统业务的下滑趋势，但由于移动业务及 VoIP 等通信方式对固网语音的分流持续加剧以及小灵通业务的下滑，固网语音业务收入持续下降。2010 年，固网语音业务收入为人民币 624.98 亿元，较 2009 年的人民币 784.32 亿元下降 20.3%，占经营收入的比重为 28.4%。

移动语音：2010 年，移动语音收入为人民币 289.06 亿元，较 2009 年的人民币 200.27 亿元增长 44.3%，占经营收入的比重为 13.1%。经过两年多的全业务运营，电信集团成功进入移动市场，移动业务实现快速发展，2010 年年底移动用户达到 9052 万户，较年初增长 61.4%。

互联网：2010 年，互联网接入业务收入为人民币 639.85 亿元，较 2009 年的人民币 515.67 亿元增长 24.1%，占经营收入的比重为 29.1%。本集团通过网络提速、融合发展等方式，不断扩大宽带用户的市场规模，带动了互联网接入业务收入的持续快速增长。截止到 2010 年年底，电信集团有线宽带用户达到 6348 万户，较 2009 年年底增加 1002 万户，增长 18.7%。移动互联网接入收入为人民币 90.20 亿元，较 2009 年增长 139.9%。

增值服务：2010 年，增值服务收入为人民币 225.71 亿元，较 2009 年的人民币 215.33 亿元增长 4.8%，占经营收入的比重为 10.3%。增长主要得益于移动增值服务业务高速发展，移动增值服

务收入为人民币 78.58 亿元，较 2009 年增长 40.3%。但由于小灵通业务的下滑，固网增值业务总体出现了负增长。

综合信息应用服务：2010 年，综合信息应用服务收入为人民币 155.19 亿元，较 2009 年的人民币 126.59 亿元增长 22.6%，占经营收入的比重为 7.1%。增长主要得益于 IT 服务及应用、号百信息服务等业务的快速发展。移动综合信息应用服务收入为人民币 19.20 亿元，较 2009 年增长 216.3%。

基础数据及网元出租：2010 年，基础数据及网元出租业务收入为人民币 123.89 亿元，较 2009 年的人民币 114.99 亿元增长 7.7%，占经营收入的比重为 5.6%。增长原因是客户对网络资源及信息化的需求不断增加，使得出租电路收入、IP-VPN 业务收入、系统集成和全球眼出租设备收入增长较快。移动基础数据及网元出租业务收入为 1800 万元人民币。

其他：2010 年，其他业务收入为人民币 134.99 亿元，较 2009 年的人民币 125.02 亿元增长 8.0%，占经营收入的比重为 6.1%。增长主要来自于移动终端设备、系统集成设备的销售收入。移动其他业务收入为人民币 62.31 亿元，较 2009 年增长 10.9%。

一次性初装费收入：一次性初装费收入是用户初次使用中国电信固定电话服务时缴纳的初始

连接费的摊销额。电信集团对向用户收取的初装费按预计的十年服务期限摊销。自2001年7月起，电信集团对新客户不再收取初装费。2010年摊销的初装费收入为人民币4.97亿元，比2009年的人民币11.51亿元下降56.8%。一次性初装费收入摊销截止期为2011年7月。2011年度应摊销的初装费收入为人民币0.98亿元。

3. 业务经营策略

2010年，中国电信坚持贯彻"差异化融合创新，有效益规模发展"的经营思路，持续提升融合经营、行业应用拓展、3G与移动互联网经营、渠道社会化、产业链辐射等方面的能力，重点实施了五大经营策略：

第一，深化融合经营，差异化发展取得阶段性成效。深化推进移动业务与宽带、固话、综合信息应用等业务的深度融合，以统一账号、时长共享、应用整合等手段扩大销售，以融合套餐营销为主，辅以向中高端倾斜的补贴政策和终端策略，引导低端用户向高端迁移，稳定并提升用户价值，增强客户黏性，有效促进用户数量和业务收入的增长。截止到2010年年底，公司移动业务融合用户占比达到53.0%，较2009年年底提升3个百分点；"我的e家"套餐数在住宅电话用户中的占比达到44.0%，较2009年年底提升11.6个百分点；"商务领航"客户数达到499万户，较2009年年底增长14.4%。

第二，聚焦重点行业应用拓展，带动中高端移动用户规模发展。2010年，中国电信采取集中策略，集全公司之力，集中推广政务监管、交通物流、数字医院、翼机通四项行业应用，满足了客户移动办公、物流查询、数字挂号、远程医疗等方面的需求，推动了相关领域的信息化建设。行业应用发展力度逐月快速提升，有效带动中高端移动用户的规模发展。

第三，加快3G发展，布局移动互联网流量经营。通过3G套餐优化突出手机上网和3G增值业务填充的3G特色，补贴成本向3G发展倾斜，聚焦商务精英、时尚白领和校园市场发展3G用户，全年3G用户净增822万户。构建3G重点产品体系，实施基地化运营，基地产品不断优化完善；与强势互联网公司深入合作，引入优势移动互联网应用，3G重点产品所会聚的流量显著增长，应用活跃度持续改善，流量价值稳步提升，3G客户的价值和稳定性远高于2G用户，流量经营效果初步显现。

第四，优化渠道体系，社会渠道贡献逐步提高。2010年，中国电信全力推动社会渠道建设，采取卖场突破，引商入店，终端直供等举措，社会渠道短板得到有效改善。终端社会渠道销售实现大连锁破冰，在国美、苏宁、乐语、迪信通上千家门店实现终端和业务销售，地方前十大社会渠道进驻两家的目标全面完成。社会渠道的终端销售占比超过60%，发展移动用户占比达到50%，社会渠道对移动规模发展体现出越来越重要的作用。

第五，规模带动与策略引导相结合，终端产业链热情高涨。2010年，公司通过移动用户规模增长来拉动终端产业链的发展，采取补贴激励、终端直供等举措推动终端供销的进一步规范。终端款型进一步丰富，性价比持续提升。全年共销售CDMA终端约4500万台，其中，EV-DO手机销量近千万台。3G终端超过300款，主推的千元智能机（中兴N600、华为C8500）、摩托罗拉XT800、三星（W799和i909）等3G明星机取得了良好的市场反应，终端结构进一步优化，性价比持续提升，终端可选择性大幅改善。

4. 网络及运营支撑

2010年根据深化转型的总体要求，中国电信坚持投资向高成长业务和高回报地区倾斜，进一步突出投资效益与风险控制，优化资源配置。公司在提升网络能力、强化平台支撑、推进网络演进及深化精确管理等方面都取得了很好的成效。

2010 年全年，中国电信资本性支出实际完成人民币 430.37 亿元，较上年增长 13.1%；资本支出占不含初装费的经营收入比为 19.6%，较 2009 年增加了 1.3 个百分点。为有效支撑公司转型，中国电信适时调整投资结构，进一步加大宽带及增值业务投资比重，有力支撑了转型业务规模发展。在移动网方面，中国电信积极与母公司协商规划，持续推进网络优化和质量的提升，推进 WiFi 与 EV-DO 有效协同，不断提升网络资源利用率和流量价值；承载网方面，中国电信加快推进 IP、传输骨干网和城域网的扩容优化，积极

开展下一代互联网试点，做好网络与技术演进的储备。

在宽带网方面，中国电信系统实施接入网的光纤化改造，规模部署光纤到户（FTTH），大幅提升了用户接入带宽。2010 年，中国电信用于宽带互联网的投资为人民币 276.30 亿元，投资比重达到 64.2%，较 2009 年提升 10.1 个百分点。2010 年底，中国电信累计新增宽带接入能力 1790 万端口；城市地区（含县城）宽带线路 20M、4M 带宽覆盖率分别为 58% 和 98%，比 2009 年年底分别提升 22 个百分点和 3 个百分点。同时，为充分发挥 WiFi 网络作为固定宽带的延伸和 3G 网络的补充作用，结合 WiFi 分流 EV-DO 策略，继续加大 WiFi 网络投入，截止到 2010 年年底，全网 WiFi 热点数量达到 10 万个。

（六）经营和财务绩效

表 2-10-5　中国电信 2008~2010 年度经营与财务业绩比较

单位：百万元	中国电信		
年份	2008	2009	2010
收入	186529	209370	219864
总资产	440337	426520	407355
EBITDA	85899	83284	88495
EBITDA 率	46.05%	39.78%	40.25%
净利润	979	14626	15888
净利润率	0.52%	6.99%	7.23%
总资产报酬率（ROA）	0.22%	3.43%	3.90%
净资产报酬率（ROE）	0.46%	6.57%	6.85%
资本性支出（CAPEX）	48410	38042	43037
CAPEX 占收比	25.95%	18.17%	19.57%
经营活动净现金流	76756	74988	75571
每股经营活动净现金流	0.95	0.93	0.93
自由现金流（FCF）	36768	31159	27107
自由现金流占收比	19.71%	14.88%	12.33%
销售现金比率	41.15%	35.82%	34.37%
资产现金回收率	17.43%	17.58%	18.55%
EVA	−28608	−12240	−13468
EVA 率	−8.57%	−4.06%	−4.20%
每股盈利（EPS）（元）	0.01	0.18	0.19

续表

单位：百万元	中国电信		
年份	2008	2009	2010
每股股利（DPS）（元）	0.0850	0.0850	0.0850
股利支付率	850%	47%	45%
主营业务收入增长率	3.12%	12.25%	5.01%
总资产增长率	6.53%	−3.14%	−4.49%
净利润增长率	−95.97%	1393.97%	8.63%
经营活动现金流增长率	1.28%	−2.30%	0.78%
每股盈余增长率	−96.67%	1700.00%	5.56%
资产负债率	51.28%	47.81%	43.06%
流动比率	31.39%	42.47%	43.53%
利息保障倍数	6.00	6.57	9.71
总资产周转率	0.42	0.49	0.54
固定资产周转率	0.62	0.73	0.80
坏账发生率	10.91%	10.62%	10.46%
折旧与摊销	53880	52243	51656
股息	6063	6076	5778
内部融资额	60922	72945	73322
折旧摊销率	28.89%	24.95%	23.49%
付现成本率	68.36%	64.23%	65.58%
营销、一般及管理费用率	14.74%	19.35%	19.16%

（七）内控与风险管理

1. 内部控制系统

中国电信董事会高度重视内部控制系统的建设和完善，采取有效措施监督相关控制的贯彻执行，并通过提高运营效率和效益、完善企业管制、风险评估、风险管理和内部控制，保障股东的投资及公司的资产安全，协助企业达成长远发展目标。公司管理层是内部控制系统建设、完善和实施的主要责任人。中国电信的内部控制系统主要包括清晰的组织架构和管理职责、有效的授权审批和问责制度、明确的目标、政策和程序、全面的风险评估和管理、健全的财务会计系统、持续的运营表现分析和监察等，并涵盖了公司所有业务和交易。中国电信制定的高级管理人员及员工职业操守守则，确保了各级员工道德价值及胜任能力；中国电信制定的内部申告机制，鼓励对本公司员工特别是董事及高级管理人员的违规情况予以匿名举报。

中国电信自2003年开始，以美国证券机构相关监管要求和COSO内部控制框架为基础，在毕马威企业咨询有限公司（北京分公司）等咨询机构的协助下，制定了内部控制手册、实施细则及配套的规章制度，并制定了"内控管理"及"内控责任管理"政策，以确保上述制度得以有效的贯彻执行。七年多以来，中国电信坚持根据内、外部经营环境的变化和业务发展的需要，对内部控制手册和实施细则进行了持续的修订和完善，特别是全业务运营以来，针对移动业务的特点，进一步强化了对重点业务环节的控制。在持续完善内控相关政策的同时，公司不断加强IT内控建设，提高了内部控制的效率和效果、信息系统的安全性，并确保了数据信息的完整、及时和可靠。

2010 年，中国电信在总结全业务经营实践、经营管理制度更新及组织机构调整、体现财务支撑前端、解决近年管理发现问题的基础上，对内控手册进行了补充、更新和完善。主要包括：调整内控手册中原有业务流程不适用的部分；根据业务发展需要，增加了产品开发和业务外包流程；将财务支撑前端内容融入相关业务流程中，在相关流程中增加了前、后评估内容。通过完善内控流程，进一步提高了内控手册适用性。此外，中国电信进一步加强对内控制度执行的监督检查，提高内控制度执行的有效性，防范和化解财务风险。

2. 全面风险管理

中国电信将全面风险管理视为企业日常运营中的一项重要工作，兼顾美国和香港资本市场的要求，以风险管理理论为基础，结合实际，形成有特色的风险管理五步法，包括风险梳理、风险评估、关键风险分析、风险应对和风险管理评估。中国电信还设计了风险管理模板，对标准化的风险管理流程进行了固化，建立完善了全公司统一的风险目录和案例库，公司上下统一风险管理语言，提高了风险管理效率。经过四年多的建设，中国电信的全面风险管理工作体系基本建立，全面风险监督防范机制逐步完善。

2010 年，中国电信结合香港联交所《企业管治常规守则》C2 条款的要求，在 2009 年工作的基础上，进一步把全面风险管理融入企业日常经营，强化了风险的分层、分类和集中管理，集中资源重点防范了三个可能的重大风险，即资产风险、经营风险和人员稳定风险，取得了良好的效果。2010 年，中国电信未发生重大风险事件。经过严格的风险梳理和评估分析，公司对 2011 年面临的可能的重大风险进行了初步评估，如资产风险、行业竞争风险、三网融合风险等，并提出了详细的应对方案。中国电信将通过严格而适度的

风险管理程序，确保将上述可能的重大风险对可能对公司造成的影响控制在预期范围之内。

3. 年度内控评估

中国电信一直不断健全完善内部控制系统。为满足美国、中国香港等公司上市地相关监管要求，加强公司内部控制管理，防范企业经营风险，内部审计部门负责组织内控的监督评估工作。中国电信采用 COSO 内部控制框架作为内部控制评估的标准，以 PCAOB 发布的管理层内控测试指引和 5 号审计准则为指导，内控评估由内控责任人实施的自我评估和内部审计机构实施的独立评估共同组成。通过评估流程的四个主要步骤：①分析确定需要评估的领域；②评估内控设计的有效性；③评估内控执行的有效性；④分析内控缺陷造成的影响，判断内控缺陷的性质及得出内控系统有效性结论。同时，针对评估发现的缺陷加以整改。公司通过制定《内控评估暂行办法》、《内部控制自我评估操作指南》和《内部控制独立评估操作手册》等文件规定，保证了评估程序的规范性。

2010 年，中国电信内部审计部门牵头组织了全公司范围内的内部控制评估工作，并在第四季度向审核委员会及时汇报了有关情况，对审核委员会有关进一步完善 IT 系统支撑能力以适应全业务发展的需要等意见和建议予以落实执行。

内控自我评估采用"自上而下"的方式，加强了对中国电信层面控制点和与重大会计报表科目对应控制点的评估力度；内控自我评估坚持风险导向原则，在全面评估的基础上，重点评估通过风险分析而确定的关键控制领域和控制点。2010 年，中国电信积极推动各单位不断优化和改进自评工作方式、方法，使自我评估工作效率和效果得到进一步提升。通过自我评估工作，公司及时发现了问题，并进行了整改，公司内控体系进一步得到完善。

在独立评估方面，自 2009 年以来，中国电信提出"独立评估要围绕企业经营和管理的主要风险，从完整的内控体系出发，确保评估工作抓住风险和问题的实质，不断提高整个审计工作成效"的指导思路，帮助各单位提高独立评估的质量和效率。2010 年，各省分电信集团按照电信集团的评估思路和安排，积极开展了本省分公司的独立评估工作，对评估中发现的内控问题提出了整改意见和建议，并持续跟进整改落实情况，取得了较好的效果。公司总部也在指导各省分公司开展独立评估工作的同时，综合考虑特殊内控风险、资产及收入比重、接受外部审计师评估的频次等因素，对部分省级分公司开展了独立评估。通过独立评估，中国电信既掌握了总体内控情况，又对高风险流程开展了重点测试，并对有关单位内控缺陷的整改情况进行了检查，点面结合，突出重点，保证了评估工作的深度和质量。

（八）人力资源发展

1. 重点概述

2010 年，人力资源工作坚持支撑发展、服务员工的宗旨，进一步加强人才队伍建设和机制创新，系统推进人力资源转型；坚持以人为本，激发员工工作热情，保持企业和谐稳定，为企业全业务经营提供人才支持和机制保障。

一是加强各级管理人员队伍建设。进一步完善管理人员管理制度，加大高层次管理人员的竞争性选拔力度，一批知识层次高、有激情、有闯劲的优秀人才被提拔到重要的管理岗位，各级管理人员队伍的年龄结构和知识结构得到了进一步优化。

二是加强专业技术人才队伍建设。结合企业发展对人才的需求，制定了加强中国电信人才建设工作的有关措施。根据企业发展需要，积极推进 IT、IP 等专业技术人才队伍建设。按照市场认可、行业认可、企业认可的原则，采取"专家选专家"的方式，激活了相关专业的人才选拔评审工作。

三是坚持以人为本，充分调动全体员工的积极性和创造性。关心员工职业发展，构建企业与员工共创价值的发展平台；关心一线基层员工生活，帮助解决实际困难；加强安全生产责任制落实，营造企业安全、和谐、稳定的环境。

2. 员工数据

截止到 2010 年年底，电信集团共有 312322 名员工。在不同部门工作的员工人数及比例如表 2-10-6 所示：

表 2-10-6　不同职能部门的员工占比情况

	员工人数	百分比
管理、财务及行政	49124	15.7%
销售及营销	161569	51.8%
运营及维护	99704	31.9%
科研研发	1925	0.6%
总计	312322	100%

3. 公司与员工关系

（1）管理层与员工的沟通。中国电信建立并不断优化沟通机制，公司管理层坚持多形式、多渠道与员工加强沟通与交流，深入基层一线进行走访和调查研究，掌握第一手材料、倾听员工呼声；通过举办培训班及用网上大学平台等方式与员工沟通，收集和听取员工意见，并及时给予回复；公司多次举办高管人员与员工的"面对面主题交流活动"，围绕"迎接移动互联网，加快差异化发展"等内容展开讨论，充分实现零距离沟通；各省级分公司也建立了沟通对话制度，通过定期开展"员工满意度"调查等形式加强与员工沟通。2010年，公司开展"学习弗雷德"活动，要求各级管理人员更加关爱员工，努力在企业中营造充满激情、崇尚学习、积极发挥员工才干的文化氛围，让员工们工作、生活得更有意义、更美好，推动"弗雷德"式的员工在中国电信不断涌现。公司进一步推进和完善员工诉求表达机制建设，坚持以人为本，完善制度，畅通渠道。通过建立"总经理信箱"、"工会主席信箱"、"网上信访室"等直接或间接方式，强化基层员工与管理层对话等信道，便于员工反映诉求。公司认真组织开展员工思想动态调查，分析员工关心的热点问题，切实摸清和掌握员工的主流思想，保证员工的诉求能够得到及时合理解决或给予反馈，促进劳动关系的和谐与稳定。

（2）工会的角色和工作。在公司内，工会组织始终坚持"促进企业发展，服务员工成长"的工作原则，依照"融入中心、服务大局、突出维权、强化参与"的指导思想，在企业战略转型和全业务经营发展中发挥了不可替代的重要作用。在促进企业全业务发展方面，各级工会组织与企业联合组织开展劳动竞赛、技术革新和合理化建议活动，动员和组织广大员工积极努力完成生产经营任务；同时，积极奖励作出突出贡献的员工，体现员工价值。在服务员工成长方面，工会组织开展了岗位练兵、技能竞赛和创建学习型团队等活动，搭建知识共享平台，帮助员工提高业务技能，适应企业全业务发展的需要，特别是针对新业务、新产品，组织员工进行业务体验，推广销售、维护及客户服务等方面先进操作法，不断提升员工技能。工会通过职工代表大会等民主管理

平台，组织员工参与企业涉及员工切身利益重大事项的决策和制定规章制度，参与率达到80%。工会组织积极关心关爱员工，全力推进改善员工工作和生活条件的有关工作，负责困难员工帮扶工作，推动公司建立并管理帮扶资金，为员工办实事、解难事。

（3）公司与工会的协调沟通。2010年，公司与工会加大了沟通协调力度。为完成全业务经营战略目标，通过劳动竞赛委员会的组织，就开展竞赛活动等进行沟通协调，共同开展了"天翼腾飞"系列劳动竞赛，参与员工达数十万人次。公司与工会协商确定本年度职工代表大会的议题和职工代表视察内容等，加强基层民主，提升员工民主参与、民主监督的水平，维护员工合法权益。工会组织协助公司认真贯彻落实《劳动合同法》、《劳动争议调解仲裁法》等法律法规。按照《平等协商签订集体合同管理办法》的要求，工会与企业进行集体协商，规范劳动合同、提高集体合同实效性和完善职代会制度，加大参与公司用工管理和协调劳动关系的力度。工会与公司共同组建劳动争议调解委员会，加强对劳动纠纷处理的沟通和协调，扎实推进企业维权机制建设。

（4）员工关怀。中国电信把"以人为本"的要求落到关心关爱员工的实处，努力改善基层员工工作生活条件，大力推进"小食堂、小浴室、小活动室、小卫生间""四小"建设，全力提供资金保障，2010年共投资人民币4亿多元，解决了一线员工特别在农村区域工作的员工最关心、最直接、最现实问题。截止到2010年年底，电信集团累计建设小食堂7291个，小浴室6454个，小活动室6957个，小卫生间9783个，电子教室等其他项目480个，较好改善了基层员工工作生活条件，将关心关爱员工工作落到实处，提升了基层员工的凝聚力和向心力，促进了公司业务经营的发展，保持了企业的和谐稳定。2010年公司增

加了人工成本投入，增量部分主要向移动信息技术高科技人才和基层一线员工倾斜，有效激发了他们的工作热情，提升了员工战斗力。

切实关心关爱灾区员工。2010 年中国自然灾害频发，给员工的生产生活带来较大影响和损失。各级公司和工会深入灾区，调查了解员工受灾情况，慰问受灾员工，拨出专款解决员工生活问题，并及时组织全公司员工开展了向灾区员工捐款活动；公司建立了"自然灾害员工救助专项资金"，用于遭遇特大自然灾害电信员工的生活救助，还组织受灾员工到异地疗养。在汶川大地震 2 周年之际，公司和工会回访慰问了四川地震灾区员工。

公司各级企业和工会组织积极开展元旦春节期间、生产经营的关键阶段、自然灾害期间送温暖慰问活动和暑期炎热季节的送"清凉"慰问活动，走访慰问生活困难员工、生产一线员工、劳动模范、离退休员工。另外，90% 的省分公司建立了帮扶救助困难员工的专项资金，及时帮助员工。

公司组织丰富多彩的群众性文体活动，对群众性文体活动进行安排部署，开展了"天翼景象"摄影比赛和"天翼活力"健美操等多种多样的文体活动，满足了员工文化需求，提高了素质，陶冶了情操，同时也服务了企业经营发展的需要。

4. 强化人才资本

公司积极加强人才队伍建设，十分重视在领导力建设、专业人才培养和员工技能提升等方面的投入，积极推进移动、信息化、市场营销等六支重点专业人才队伍建设，有效支撑公司全业务发展，公司的人才结构持续优化。

（1）领导力建设。2010 年，公司成立了领导力发展研究中心，建立了领导人员素质模型，开发了领导力测评平台，从多个维度对领导人员的素质能力进行评价，为领导人员选拔培养提供重

要参考。公司紧紧围绕转型战略和移动互联网时代对经营管理人员领导力的新要求，加大中高层经营管理人员培训力度，2010 年相继组织举办了各省分公司高级管理人员和地市分公司高级管理人员研修班共计 6 期，累计培训相关人员 491 人。同时，公司继续组织完善领导力课程体系和师资体系，举办针对基层领导人员的领导力课程师资培训班和绩效管理课程推广示范班，推进基层经营管理人员领导力建设。

（2）专业人才培养。2010 年，公司针对不同专业技术人才的需求及特点，有针对性地举办各类培训班及专业技术认证工作，有效提升了各类专业人才的专业技术水平和岗位技能。在培训资源开发方面，公司制订了中国电信相关专业的课程规划，2010 年重点完成了《移动业务发展经验与规律》、《创新营销》等课程的开发和相关师资培训工作。同时，公司充分发挥中国电信网上大学的作用开展远程培训、交流研讨和知识经验共享，为公司整体专业能力提升搭建良好平台。

（3）员工技能提升。2010 年，公司切实提升一线员工的销售服务和维护技能，围绕 3G 移动互联网业务体验式营销和光接入设备安装维护等重点领域展开培训，先后开展了话务员、营业员、无线网优人员、政企客户经理、号百客户代表、网络运维人员的岗位技能培训和认证，一线员工的技能得到了全面的提升。2010 年，公司共有 76000 多人参加了认证考试和相关的学习培训。截止到 2010 年年底，公司有高级技师近 500 人，技师 4000 多人，高级技工近 30000 人，高技能人才占比超过 20%；先后有 11 人获得"全国技术能手"称号，57 人获得"中央企业技术能手"称号，62 人获得"中国电信技术能手"称号。

2010 年，中国电信学院开展了"添翼振翅"学习项目，通过网络视频直播方式开展员工培训，共有超过 30 万人次的员工参与了培训，公司员工

的业务能力得到有效提升，该项目获美国培训与发展协会颁发的2010年度最佳实践奖。

（4）薪酬与绩效管理。中国电信根据"支撑发展、服务员工"的原则，对分公司建立了人工成本/工资总额增长和经济效益增长相联系的机制，并在实践过程中不断加以完善。中国电信实行严格的绩效管理体系，对员工实行以KPI为主的考核机制，考核指针层层分解，逐级落实，每个员工都有明确的绩效指针；绩效考核的结果充分运用到员工岗位工资调整、绩效工资确定、职务晋升、培训、转岗交流等多个方面；另外，绩效考核与业绩改进计划和能力素质提升举措相结合，促进了员工的能力提升和业绩改进。公司按照客观公正、民主公开、注重实绩的原则，对于空缺岗位实行公开招聘、竞争上岗，建立以岗位管理为核心、岗位能上能下、人员能进能出的用人机制，科学、合理地配置人力资源。

5. 员工权益的保护

公司严格按照《中华人民共和国劳动法》、《中华人民共和国劳动合同法》等法律、法规的要求，规范用工，坚持男女员工同工同酬，履行女员工权益保护规定，没有任何歧视性的政策和规定，更不存在雇用童工和强制劳动的现象。围绕公司企业全业务运营的中心工作，各省级公司的女工组织积极开展女员工"巾帼建功"活动和"素质提升工程"，为广大女员工发挥作用、施展才华搭建平台。

（九）企业社会责任

中国电信作为担当着国家信息化基础设施建设和现代信息服务重任的主体电信运营商，始终秉承"全面创新、求真务实、以人为本、共创价值"的理念，顺应环境变化，坚持科学发展，在保持企业稳健经营、发展壮大的同时，回报社会，

服务客户，关爱员工，回馈股东。中国电信将企业社会责任内生于企业提供产品和服务的运营过程之中，努力把企业发展与经济、社会、环境发展融为一体，推动整个社会的和谐与进步。

1. 关注社会与客户

（1）依法诚信经营。中国电信以国家有关法律法规作为公司守法合规的基本指引，始终模范遵守法律法规、社会公德、商业道德及行业规则，围绕遵守行业监管法规、内审内控、全面风险管理、防治腐败和普法教育五大内容，构建全集团横向到边、纵向到底的守法合规体系，建立长效规范的沟通机制，通过多种渠道了解及响应社会舆论。

（2）"村村通电话"工程。缩小数字鸿沟，保证公民的基本通信权利是通信企业的共有责任。目前，在我国的西部地区和偏远农村还有部分人群不能使用电话和互联网，不能接触现代信息文明。为此，中国电信一直努力服务三农，缩小城乡数字鸿沟，积极实施村村通电话工程，截止到2010年年底，中国电信完成2.2万个行政村和3.5万个自然村的通信建设任务，为我国农村信息化建设奠定了坚实的基础。

（3）参与公益事业。中国电信在加快自身发展、促进信息化应用的同时，以高度负责的态度积极倡导并践行着一个优秀企业公民的职责，大力支持社会公益事业、积极做好扶贫济困工作，积极参与科教文卫等诸多领域的公益事业。中国电信加大了无障碍设施建设的力度，在全国主要营业场所设立了残障人士专用台席、无障碍信道等；此外中国电信发挥综合信息服务提供商的优势，积极为残疾人开发通信与信息新产品、定制通信与信息服务，满足了残障人士的通信信息需求。

中国电信积极参加贫困地区的对口援助。公司制定扶贫援藏工作管理办法并编制2008~2010

年扶贫滚动规划，逐步将扶贫工作管理制度化、体系化，提高扶贫工作的效率和效果。中国电信向西藏自治区昌都边坝县开展了对口援助工作，对口扶贫四川凉山彝族自治州盐源县、木里藏族自治县，为当地建设了电子政务网、教育网和文化活动中心，改善当地的通信基础设施和公共基础设施，为贫困地区和贫困群众生活水平的改善贡献力量。

（4）支撑社会盛事。上海世博会期间，中国电信与中国移动联合承建"信息通信馆"，参展主题为"信息通信，尽情城市梦想"，开馆期间信息通信馆共接待 300 余万参观者。并于近期获得了由国际会展界权威杂志《展览者》颁发的本届世博会"最佳主题演绎奖"、"最佳技术应用奖"以及由游客投票选出的"最受欢迎场馆奖"。

作为广州 2010 年亚运会的综合信息服务高级合作伙伴，中国电信以完备的通信网络保障、先进的综合信息应用以及优质的通信与信息服务，全业务、全天候、全方位地助力"数字亚运"。中国电信将自身的网络优势与服务亚运相结合，将自身的业务创新与惠及民生相协调，将自身的战略转型、发展与社会责任的履行相一致，在确保亚运通信安全畅通，以综合信息服务引爆亚运精彩的同时，使企业的持续发展与国家发展、民生改善更加紧密地联系在一起。

2. 倡导健康信息

作为新兴媒体，网络和手机已成为传播先进文化的重要载体，中国电信一直倡导绿色健康的网络和手机文化，积极防范利用网络传播不健康内容，大力传播适合社会健康有序发展的内容。中国电信以手机报为载体，弘扬健康通信文化，坚持宣传健康、积极向上的主流价值观。携手新华社、中新网等权威媒体，推出了《两会特刊》、《舟曲泥石流救灾专刊》、《世博周刊》、《亚运盛典》

等。此外，中国电信力求对传统文化的弘扬、对公益主题的倡导，注重在清明节、端午节、中秋节、春节等传统节日加大宣传力度，并积极宣传地球 1 小时、世界无烟日等各类公益日活动。

3. 保障应急通信

中国电信多年来担负着保障国家通信安全畅通的任务，一直把应急通信保障视为公司的头等大事。在冰雪、地震、洪涝、泥石流等各种自然灾害面前，中国电信充分发挥应急通信指挥和保障体系实力，积极开展抢修、抢险、通信保障等各项应对工作，将灾害损失降低到最小，为国家、公众第一时间提供各类通信保障和支撑。

2010 年 4 月 14 日玉树发生 7.1 级强烈地震，震后 10 分钟，中国电信立刻激活全网应急预案，迅速派出第一支抢修队伍赶赴灾区，随后又派出多支抢险小组奔赴一线，在余震频繁、天气恶劣的情况下，员工冒着生命危险，克服种种困难，取得了一个又一个的"第一"，完成了作为国家主体信息运营企业的重托和使命。

4. 关注员工

中国电信注重推进建立健全科学有效的维权机制，积极开展创建劳动关系和谐企业活动，促进建立规范有序、公正合理、互利共赢、和谐稳定的社会主义新型劳动关系。把协调劳动关系作为一项重点工作，推动各级工会建立维权机制。

中国电信坚决贯彻执行《安全生产法》、《劳动法》、《消防法》等法律法规和政府的有关部署及要求，深入开展安全生产宣传教育培训，不断提高员工安全生产意识和自觉性，全面落实安全生产责任制，建立健全安全生产管理机构和安全管理制度，推行安全生产标准化建设，创造企业良好的安全环境。

中国电信注重员工工作生活平衡，倡导开展

融思想性、知识性、趣味性于一体，员工喜闻乐见、参与面广的业余文体活动，引导员工健康的精神文化消费，缓解工作压力，培养健康的生活休闲方式，进一步增强企业的向心力和凝聚力。

5. 关注环境

中国电信注重维护人类健康的生活环境，始终将环境保护的理念和措施贯穿于通信工程建设过程中。按照工信部《关于推进电信基础设施共建共享的紧急通知》和《关于2010年推进电信基础设施共建共享的实施意见》政策要求，积极落实和推进共建共享政策。在电信设备选型时，精心筛选无噪声、无电磁辐射、无污染物产生的光纤光缆和传输系统设备。进行野外通信路由勘察时，有意避开矿藏、森林、草原、野生生物保护区、自然遗迹、人文遗迹、自然保护区、风景名胜区等区域，敷设光缆一般均采用定向钻技术，光缆直接从障碍下方通过，无须改变周围环境。

为系统地推进节能减排工作，努力成为一个绿色通信运营商，中国电信从绿色运营、绿色采购、绿色产品三大方面展开工作。在绿色运营方面，中国电信制定节能减排专项规划，对节能体系进行完善，编制系列的能耗标准，对节能改造技术进行全面推广。在绿色采购方面，中国电信认为节能减排需要产业链上下游通力合作才能完成。中国电信细化节能设备标准，建立测试实验室，并在招标采购的评分办法中把节能减排作为重要的指针进行。在绿色产品方面，作为一家通信企业，中国电信一方面通过自身产品电子化在减排方面做出贡献，引领消费者进入低碳生活；另一方面针对行业客户为社会提供ICT解决方案，为客户进行减排，也为其他行业的节能减排带来推动效果。

中国电信创建节约型企业，努力实现节能减排。2010年设立专项资金用于节能减排技术改造，重点对机房、电源、空调等方面有针对性地实施节能技术改造项目。为降低企业成本，提高资金使用效率，开展降本增效工作，从办公成本、营销成本、维修成本、人工成本、投资成本等方面分专业进行规范。在生产办公环境中大力使用节能灯具，适当调整电信机房和办公场地的环境温度，号召全体员工节约用纸、用水，开展"绿色运营，低碳生活"的宣传教育活动，在全集团形成了创建"节约型企业"的浓厚氛围。

未来，随着国家经济结构战略性调整的逐步深入和国民经济信息化进程的不断加速，中国电信将继续发挥作为一家经营着综合信息服务、在国民经济和社会发展中承担着重要责任的特大型通信企业的作用，通过战略转型助力经济社会可持续发展的需要，带动广泛的共赢性合作，缔结、延伸产业价值链，不断拓展合作领域，提高全行业的运营效益，创造并自觉维护健康、和谐的产业生态环境，促进行业持续、健康发展，在为股东寻求更大回报的同时，更好地实现为国民经济和社会发展服务的目标，以诚挚的爱心回报社会，为构建和谐社会做出应有的贡献！

（十）前景展望

面对移动互联网将进入快速成长期的发展机遇以及存量市场和新兴业务竞争迅速加剧的严峻挑战，中国电信将继续坚持"聚焦客户的信息化创新"战略，按照"智能管道的主导者、综合平台的提供者、内容和应用的参与者"的发展定位，全力推动用户规模提升，深入推进融合发展，持续优化业务结构，稳步促进公司向移动互联网经营模式转变。具体而言，中国电信将进一步聚焦3G业务发展，突出打造差异化优势；不断提升行业应用的规模化发展能力，带动政企客户中高端移动用户群体拓展；全力推动宽带提速，保持宽带业务优势竞争地位；进一步管控好固网语音业务的流失风险，推进全业务协调发展。同时，中国电信也将继续强化网络优化和运行维护工作，进一步提升全业务服务能力，全面实现创新型、差异化的服务竞争优势。

自 2004 年以来，中国电信率先提出战略转型，转变经营理念和发展方式，走出了一条以转型促发展的新路；特别是在完成移动业务收购以后，中国电信迅速建立了全业务运营体系，成功进入移动市场，赢得全业务经营良好开局，初步实现了有效益规模化发展。

未来两到三年将是中国电信发展的重要战略机遇期：产业融合将成为通信信息行业的发展趋势，物联网、云计算等新一代信息技术将催生新的应用，移动互联网将进入快速成长期，有线宽带业务仍具有较大发展空间，这些都将为中国电信带来更加广阔的发展前景。但同时中国电信也将面临着新兴业务市场竞争日趋激烈、存量市场竞争迅速加剧的严峻挑战。

面对未来，中国电信充满信心。中国电信将继续坚持"聚焦客户的信息化创新"战略，大力拓展移动、宽带和行业应用的业务规模，努力做好存量业务保有，持续优化收入结构；积极推动公司步入深化转型阶段，定位于"智能管道的主导者、综合平台的提供者、内容和应用的参与者"，坚持高价值信息流量经营策略，促进公司向移动互联网经营模式转变，为客户和股东创造更多的价值。

附件一：中国电信财务报告（2010 年）

1. 合并资产负债表

（以百万元列示）

	2010 年（人民币）	2009 年（人民币）
资产		
非流动资产		
物业、厂房及设备净额	275248	286328
在建工程	14445	11567
预付土地租赁费	5377	5517
商誉	29920	29922
无形资产	9968	12311
所拥有联营公司的权益	1123	997
投资	854	722
递延税项资产	10779	12898
其他资产	4396	5322
非流动资产合计	352110	365584
流动资产		
存货	3170	2628
应收所得税	1882	1714
应收账款净额	17328	17438
预付款及其他流动资产	5073	3910
原限期为三个月以上的定期存款	1968	442
现金及现金等价物	25824	34804
流动资产合计	55245	60936
资产合计	407355	426520

续表

	2010 年（人民币）	2009 年（人民币）
负债及权益		
流动负债		
短期贷款	20675	51650
一年内到期的长期贷款	10352	1487
应付账款	40039	34321
预提费用及其他应付款	52885	52193
应付所得税	327	395
一年内到期的融资租赁应付款	–	18
一年内摊销的递延收入	2645	3417
流动负债合计	26923	143481
净流动负债	(71678)	(82545)
资产合计扣除流动负债	280432	283039
非流动负债		
长期贷款	42549	52768
递延收入	3558	5045
递延税项负债	2361	2613
非流动负债合计	48468	60426
负债合计	175391	203907
权益		
股本	80932	80932
储备	150536	140800
本公司股东应占权益	231468	221732
非控制性权益	496	881
权益合计	231964	222613
负债及权益合计	407355	426520

2. 合并损益表

（除每股数字外，以百万元列示）

	2010 年（人民币）	2009 年（人民币）
经营收入	219864	209370
经营费用		
折旧及摊销	(51656)	(52243)
网络运营及支撑成本	(47288)	(42903)
销售、一般及管理费用	(42130)	(40507)
人工成本	(35529)	(32857)
其他经营费用	(19106)	(17449)
物业、厂房及设备的减值损失	(139)	(753)
经营费用合计	(195848)	(186712)
经营收益	24016	22658
财务成本净额	(3600)	(4375)
投资收益	361	791
应占联营公司的收益	131	101

续表

	2010 年（人民币）	2009 年（人民币）
税后的本年其他综合收益	11	416
本年综合收益合计	15888	15042
股东应占利润		
本公司股东应占利润	15759	14422
非控制性权益股东应占利润	118	204
本年利润	15877	14626
股东应占综合收益		
本公司股东应占综合收益	15770	14763
非控制性权益股东应占综合收益	118	279
本年综合收益合计	15888	15042
每股基本净利润	0.19	0.18
加权平均股数（百万股）	80932	80932

3. 合并现金流量表

（以百万元列示）

	2010 年（人民币）	2009 年（人民币）
经营活动产生的现金净额	75571	74988
投资活动产生/（所用）的现金流量		
资本支出	(41597)	(40311)
购买投资支付的现金	(41)	(23)
预付土地租赁费所支付的现金	(111)	(94)
报废物业、厂房及设备所收到的现金	2738	393
转让预付土地租赁费所收到的现金	176	380
出售投资所收到的现金	1	735
到期日在三个月以上的定期存款投资额	(1968)	(442)
到期日在三个月以上的定期存款到期额	442	397
收购 CDMA 业务支付的现金，扣除收购取得的现金	(5374)	(4290)
投资活动所用的现金净额	(45734)	(43255)
融资活动产生/（所用）的现金流量		
融资租赁所支付的本金	(18)	(22)
取得银行及其他贷款所收到的现金	53518	88958
发行中期票据所收到的现金	—	29906
偿还银行及其他贷款所支付的现金	(86001)	(111084)
偿还短期融资券所支付的现金	—	(10000)
偿还由于第二次收购应付中国电信集团的款项	—	(15150)
支付股息	(5608)	(6493)
由于第四次收购而分配予中国电信集团的款项	(535)	—
取得非控制性权益支付的款项	(27)	—
分配予非控制性权益的净现金	(100)	(908)
融资活动所用现金净额	(38771)	(24793)
现金及现金等价物（减少）/增加净额	(8934)	6940
于1月1日的现金及现金等价物	34804	27866
汇率变更的影响	(46)	(2)
于12月31日的现金及现金等价物	25824	34804

附件二：中国电信大事记

1995 年，进行企业法人登记，从此逐步实行政企分开。

1998 年，邮政、电信分营，开始专注于电信运营。

1999 年，中国电信的寻呼、卫星和移动业务被剥离出去。后来寻呼和卫星并到三大运营商，电信、移动、联通。

2000 年，中国电信集团公司正式挂牌。

2001 年，中国电信被再次重组，进行了南北分拆。产生了北网通，南电信。

2002 年 5 月，新的中国电信集团公司重新正式挂牌成立。

2002 年 11 月，集团公司下属的两大控股公司之一——中国电信股份有限公司在香港及纽约上市。

2003 年 12 月，中国电信股份有限公司以人民币 460 亿元的对价从中国电信集团公司收购安徽、福建、江西、广西、重庆、四川 6 省电信有限公司，公司服务区扩大为 10 省。

2004 年 5 月，中国电信股份有限公司以人民币 278 亿元的对价从中国电信集团公司收购湖北、湖南、海南、云南、贵州、甘肃、陕西、新疆、青海、宁夏十省电信有限公司，公司服务区扩大为 20 省。

2004 年 12 月，原中国电信集团公司董事长兼首席执行官周德强先生退休，王晓初先生出任董事长兼首席执行官。

2005 年 10 月，中国电信股份有限公司首次发行面值为人民币 100 亿元，期限为 6 个月的短期融资券，发行年利率为 2.54%。

2006 年，集团公司下属的另一大控股公司——中国通信服务股份有限公司在香港上市。

2007 年 6 月，中国电信股份有限公司以人民币 14 亿元的对价从中国电信集团公司收购香港、美洲和系统集成等公司。

2008 年 6 月，中国电信与中国联通达成收购框架协议，以人民币 438 亿元收购 CDMA 业务。

2008 年 10 月，中国电信开始 CDMA 业务收购交割及运营，成为全业务综合信息服务运营商。

2008 年 12 月，中国电信正式推出 189 号段服务，为用户提供全新的移动服务体验。

2009 年 1 月 7 日，工业和信息化部为中国移动、中国电信和中国联通发放 3 张第三代移动通信（3G）牌照，此举标志着我国正式进入 3G 时代，其中中国电信获 CDMA2000 牌照。

2009 年 4 月，中国电信在全国首批 120 个城市推出 3G 服务。

2009 年 6 月，非话音业务收入占整体收入的比重超过 50%，反映公司持续深化转型的良好效果。

2009 年 7 月，中国电信被国家评为"2009 年全国国有企业典型"，并名列第一。率先在全国 342 个地级市及 2000 多个县铺设 EVDO 网络，是规模商用最早、覆盖面最广的 3G 网络。

2010 年 4 月，中国电信积极探索与研究下一代互联网技术，全球首家获得"IPv6 论坛"颁发的"IPv6 Enabled ISP 证书"。

2010 年 5 月，中国电信为 2010 年上海世博会提供坚实的通信保障，并向世界展现信息通信城市梦想。

2010 年 8 月，甘肃舟曲县暴发泥石流，中国电信发挥全业务优势，全力恢复灾区应急通信保障。

2010 年 10 月，中国电信作为探月工程地面应用通信合作方，为"嫦娥二号"任务的圆满完成做出重要贡献。

2010 年 12 月，移动用户规模超过 9000 万，较年初增长超过 60%，初步实现规模化发展。

此标识是英国电信公司在2004年4月启用的新标识，原是英国电信集团旗下互联网公司BT Openworld的标识。如上图，标识由六种颜色组成，极具空间感的六段半球形图案构成了一个酷似地球的造型，象征开放的地球，寓意"连接世界（Connected World）"。

此标识反映了公司朝着更广泛的世界级通信服务提供商的方向努力。英国电信即将拓展到新的服务领域中，比如高速互联网接入和移动通信，而六色新标志正巧和届时的六项主营业务相吻合。英国电信推行以用户为中心的全新企业价值观，以此带动公司形象的全面更新，代表英国电信将与多媒体时代保持同步，并充分展示了英国电信的国际化进程。

利万基（迈克尔）爵士（Sir Michael Rake）
英国电信集团董事长

利万基（迈克尔）爵士：现年63岁，在惠灵顿学院完成学业，具有英国公认会计师资格。在2007年9月26日被任命为英国电信集团董事长，并且担任公司提名与治理委员会以及企业可持续发展和社会责任委员会的主席，同时也是企业养老金计划绩效评估小组的成员。

从1972年起，利万基爵士开始毕马威事务工作，在2002~2007年期间，担任毕马威会计事务所的国际主席。利万基爵士曾担任易捷航空的主席、巴克莱银行的非执行董事，负责公司的审计委员会、麦格劳·希尔咨询公司以及财务报告理事会。利万基爵士还曾是英国皇家国立盲人学院的副总裁，跨大西洋商业对话以及CBI国际咨询的董事会成员以及国家安全论坛的成员。作为一名具有英国公认会计师资格的从业人员，在2007年因其对所从事服务的贡献而被授予爵位。

伊恩·利文斯顿（Ian Livingston）
英国电信集团首席执行官

伊恩·利文斯顿：现年46岁，具有英国公认会计师资格，Celtic独立董事，审计委员会主席。利文斯顿于2008年6月1日被任命为英国电信集团首席执行官，担任集团经营委员会的主席，同时也是企业养老金计划绩效评估小组的成员。

在1991之前，曾在3i集团以及美国国际银行工作过。1991年加入Dixons零售集团，并从1997年开始担任集团的财务总监，在为Dixons零售集团工作期间，曾在英国本土和海外地区从事过多种经营性和财务性的工作。

从2002年4月开始，利文斯顿一直担任集团的财务总监；2005年2月7日，正式开始担任BT零售业务部（BT Retail）的首席执行官。

十一　英国电信公司可持续发展报告（BT）

（一）公司简介

英国电信集团公司（BT）是世界领先的通信运营企业之一，总部设在伦敦，股票分别在伦敦和纽约上市；英国电信公司是欧洲主要的电信运营商之一，其主要的业务包括本地、本国和国际电信业务、高质量的宽带与互联网产品和服务及IT解决方案，经营范围涉足全球170多个国家。

英国电信集团公司分为6个部门，分别为4个对外服务的业务部门：BT全球服务（BT Global Services）、BT零售（BT Retail）、BT网络提供（BT Wholesale）、Openreach以及2个内部支撑部门：BT研发和设计部、BT运营部。

截止到2011年3月31日，公司的总股数为8151227029股，总股本为4.08亿英镑，2010~2011会计年度的总收入为200.77亿英镑，同比上一年度下降了4%，净利润为15.04亿英镑，每股收益为19.4便士（0.194英镑），2011年每股股利为7.4便士（0.074英镑），2011年3月31日收盘价为185.60便士（1.856英镑），市盈率为9.57。

（二）公司战略

2010年公司总战略为：使BT公司成为更优秀、前景更加美好的企业，为股东创造更大的价值。公司战略主要从以下三个方面实现：

- 顾客至上
- 成本优化
- 投资未来

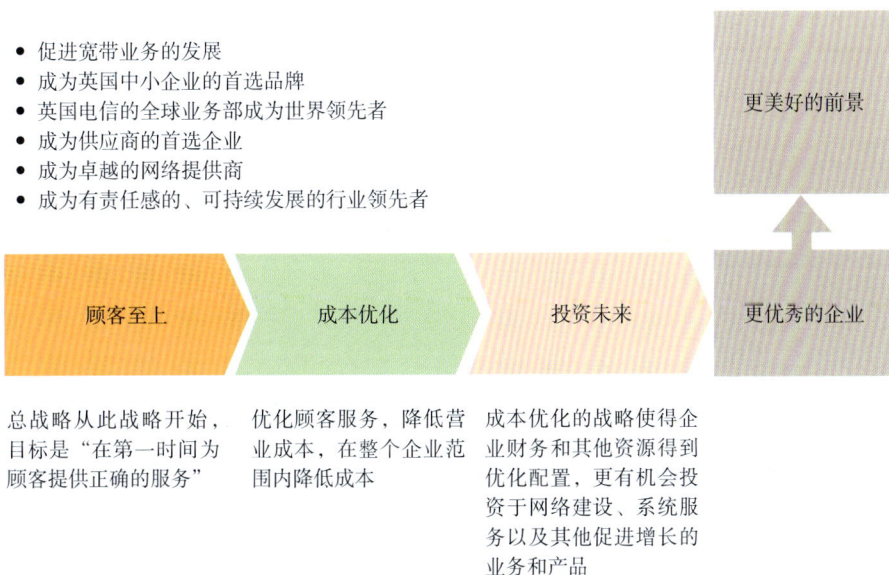

- 促进宽带业务的发展
- 成为英国中小企业的首选品牌
- 英国电信的全球业务部成为世界领先者
- 成为供应商的首选企业
- 成为卓越的网络提供商
- 成为有责任感的、可持续发展的行业领先者

顾客至上　成本优化　投资未来　更优秀的企业　更美好的前景

总战略从此战略开始，目标是"在第一时间为顾客提供正确的服务"

优化顾客服务，降低营业成本，在整个企业范围内降低成本

成本优化的战略使得企业财务和其他资源得到优化配置，更有机会投资于网络建设、系统服务以及其他促进增长的业务和产品

图2-11-1　英国电信2010年总战略

1. 顾客至上战略

此战略为总战略的开始，宗旨为"在第一时间为顾客提供正确的服务（right first time）"。具体表现为：诚信经营，在和顾客接触方面争取更加开放，更加容易相处，在给顾客造成困扰的第一时间提供解决办法；招聘更具竞争力的工程师员工，引进修理工程，加强和信息内容提供商的合作，及时了解顾客需要，在网络容量和峰值需求量方面提高预测的准确性。

2. 成本优化战略

这一方面和上一方面是息息相关的：更加有效地使用信息技术系统，选择成本更加低廉的供应商，优化内部运作流程和工作方式，以此实现整个企业经营效率的提高。

成本降低的项目主要包括：

（1）在整个企业范围内降低失败成本；

（2）成立制造费用分析项目，提供结构化的方式来降低成本；

（3）实施流程再造，在整个集团范围内减少非增值作业。

3. 投资未来战略

以上两个方面的实施为公司提供了更具竞争力的基础以及较为充足的现金流，为公司提供了投资于战略层面以及减少负债、建立退休基金和向股东分派股利的机会；英国电信在亚洲地区以及全球服务主要有四个投资领域：第一，在市场中心的建立以及销售队伍的扩大方面进行投资；第二，在统一通信、数据中心以及安全服务等15个产品上进行进一步的投资；第三，在未来的两年，在亚洲地区增加约600人的新员工；第四，提高产品交付的质量，减少产品交付的时间，提高英国电信的服务能力。

具体来讲，战略分为六个战略优先层面：

1. 促进宽带业务的发展

随着市场竞争越来越激烈，在宽带业务领域，BT集团提供各种各样的特色服务和组合业务。英国电信在2011年取得了不错的成绩，并将进一步致力于提高用户数，逐步成为市场领先者。具体措施包括：为顾客提供各种各样的集语音、宽带及电视服务于一体的综合性业务；增加在娱乐方面业务的提供数量；寻找新的机会来提高业务的多样性。

2. 成为英国中小企业的首选品牌

作为英国中小企业的信息服务提供的领头羊，在未来，英国电信旨在为更多的企业提供一站式的信息服务。具体措施包括：提高用户数量，为在网用户提供更多、更好的IT服务，提供固定网络和移动网络结合的信息服务。

3. 英国电信的全球业务部成为世界领先者

英国电信目前已经成为成熟网络服务的领先者，在未来，扩大市场份额和市场范围，提供更多的业务和服务，具体包括：巩固市场位置，扩大业务范围，和目标客户建立合作关系并提高客户体验，在关键区域提高更具行业背景的服务，使英国电信的经营更有效率，在2012年创造2亿英镑的经营现金流。

4. 成为供应商的首选企业

英国电信在为英国的大多数信息内容提供商（CP）提供服务的同时，也为全球170多个国家的内容提供商提供服务，具体内容包括：

（1）通过签订大量的和中小型企业的合约，提高此项业务占收比；

（2）投资第二代宽带服务——Wholesale

Broadband Connect，在 2011 年 12 月之前在英国本土实现 80% 的覆盖率；

（3）开发并提供 IP 服务，使 CP 用户能够不断地开辟新兴市场；

（4）提高 IP 服务平台的容量，满足日益增长的客户需求；

（5）不断开发供应商市场上新的业务网组合。

5. 成为卓越的网络提供商

作为英国最大的固定电话网络提供商，英国电信同时提供接入服务，不断致力于提高网络的可信度和稳定性，降低成本，使得顾客更加喜欢英国电信的网络。具体内容包括：进一步实施"超快网络"计划，提供新的网络接入产品，提高网络的恢复性和可靠性，将光纤网络的速度提高到 80Mbps。

6. 成为有责任感的、可持续发展的行业领先者

通过企业自身经营以及员工的共同努力，利用企业的产品和业务为整个社会的经济环境、生态环境的改善做出贡献；具体包括：建设更具竞争力的社会，减少碳排放量及其对环境的负面影响，同时对顾客、员工和供应商负责，继续在慈善团体和慈善基金方面做出努力。

(三) 公司治理

1. 股权结构

表 2-11-1　2011 年 3 月 31 日德国电信股权结构　　普通股每股面值 5 便士

持股数量范围	持股数量	百分比	持股金额	百分比
1~399	427887	38.88	90	1.1
400~799	300012	27.27	168	2.06
800~1599	215895	19.62	241	2.96
1600~9999	150133	13.64	448	5.49
10000~99999	5253	0.48	95	1.17
100000~999999	615	0.06	229	2.81
1000000~4999999	309	0.03	728	8.93
5000000 及以上	172	0.02	6152	75.48
总数	1100276	100.00	8151	100.00

英国电信的总股数为 8151227029 股，股本为 4.08 亿英镑。公司从成立之日起，没有被任何单独一家公司、任何一个自然人或是法律法人以及英国及各外国政府所控制，也没有任何的迹象表明公司的经营将要导致公司所有权和控制权上的变化；公司的主要股东和其他股东拥有同样的权力。截止到 2011 年 3 月 31 日，公司共有 3686 名拥有美国地址的股东，所持公司股份占公司所有

普通股的 0.03%。

2. 董事会与公司治理相关的活动

集团董事会承诺在追求企业的整合性和盈利性的同时会保证提供高标准的财务报告和公司治理报告。良好的公司治理并不是官僚式的负担，而应该是简明清晰的，并且在决策和风险管理方面为企业提供指导性意见。英国电信的公司治理

遵守英国公司治理法典的规定。

主要活动包括：

（1）由于公司的全球性经营，集团的公司治理框架必须反映多样化的文化环境和规制环境，2011年，英国电信对公司治理框架进行了修正和改善；

（2）提高审计委员会的地位，强化对风险的关注；

（3）扩大执行和治理委员会的工作范围，赋予其监督公司治理的权利和义务；

（4）确定公司治理的五个重点关注区域，包括公司治理和合规性、伦理、企业理念以及数据保留和数据保护；

（5）为政府制定的关于公司治理的各种法案提供评价和意见。

（四）市场概览

英国电信在英国主要为个人用户和企业用户提供服务，而在全世界范围内，英国电信还提供网络接入、网站基础设施通道以及信息技术服务等多种业务。总体来说，英国的电信市场日渐成熟，已经成为世界竞争较为激烈的市场之一。

1. 英国个人用户

英国电信一直是固定网络语音业务和宽带业务的主要力量，提供的业务主要包括固定网络语音服务、宽带业务和电视产品三大类，同时，也向用户提供销售手机和电脑等零售业务；在过去三年内，BT在固定网络市场份额从69%下降到51%，主要原因在于竞争的不断加剧；在宽带业务市场，英国电信的市场份额为28%，是最大的市场份额持有者；付费电视服务始终受到顾客的欢迎，并且呈增长趋势，整个英国付费电视市场在过去的三年中增长了30%，英国电信计划于2012年全面进入这个市场。

2. 英国中小企业用户

总体市场目前大约有480万用户，每年的消费额大约为290亿英镑，分别在信息技术服务、宽带业务以及网络服务上面。

英国电信是固定网络通信服务的主要提供者，市场份额约为52%，有大约100万的中小企业客户，包括从刚创业企业、员工少于10人的微型企业到员工超过1000人的中型企业。经济下滑对这一市场造成了严重的影响，2011年，经济情况有所缓和，固定网络语音业务和数据业务市场开始复苏，新的增长趋势开始出现，大量的中小型企业倾向于购买集固定网络、移动网络和宽带业务于一体的组合业务。

3. 全球网络信息技术服务

英国电信在经济环境日益复苏的情况下，主要满足于客户降低成本、提高效率的需求。在此市场，包括大型企业和公共机构在内，英国电信的客户数量为7000家左右。

4. 供应商业务

在此市场，英国电信的主要客户为固定和移动网络运营商、网络服务提供商、广播商以及其他的内容提供商。这个市场的发展趋势是采用下一代通信服务如IP服务、基于铜和光纤的高速数据传输宽带业务，预计未来的网络容量需求量将超过前五年的总和，供应商业务将得到较大的发展。

5. 网络接入服务

在英国，英国电信完成了"最后一公里"的网络接入工程，向内容提供商（CP）提供大量的网络接入服务，以保证他们可以向终端用户提供相关服务。在传统的固定网路接入市场，英国电信实现了连续三年每年增长 5% 的稳定增长。

（五）业务概览

英国电信在英国以及全世界 170 多个国家进行生产和经营，提供的主要业务包括：固定网络电话服务、宽带业务、移动网络服务、电视业务及信息基础服务（IT）；主要客户对象包括：个人用户、中小企业用户、公共组织、信息内容提供商、跨国企业以及国内外的政府机构；根据提供

业务的不同，主要分为 4 个对外服务的业务部门：BT 全球服务（BT Global Services）、BT 零售（BT Retail）、BT 网络提供（BT Wholesale）、Openreach；2 个内部支撑部门：BT 研发和设计部、BT 运营部。

2010 年，公司基于企业业务的外部收入和调整后的 EBITDA 分解情况如图 2-11-2 和表 2-11-2 所示：

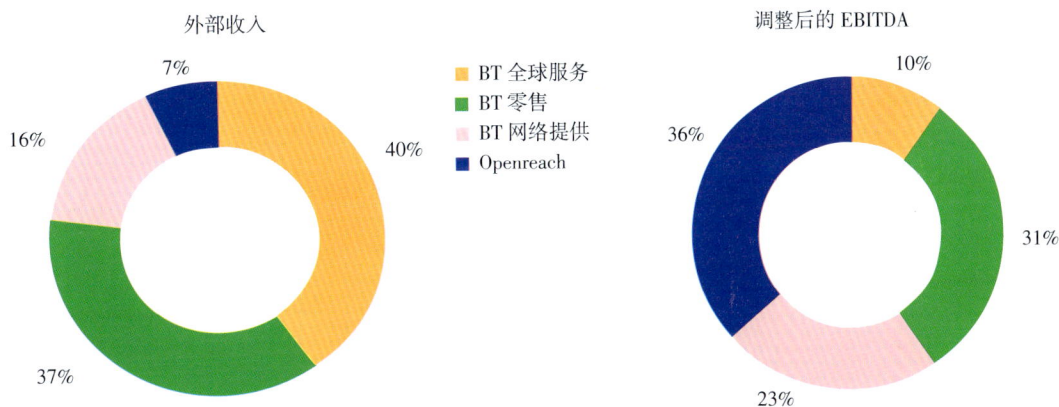

图 2-11-2 英国电信 2010 年各经营分部的收入及调整后的 EBITDA

表 2-11-2 英国电信 2010 年各经营分部的收入和利润

截止到 2011 年 3 月 31 日	英国电信全球业务部（百万英镑）	英国电信零售（百万英镑）	英国电信网络提供（百万英镑）	Openreach（百万英镑）	其他（百万英镑）	总计（百万英镑）
分部收入	8047	7748	4210	4930	38	24973
内部收入	—	(446)	(980)	(3471)	—	(4897)
外部客户的收入	8047	7302	3230	1459	38	20076
EBITDA	593	1784	1316	2132	61	5886
折旧与摊销	(734)	(443)	(619)	(877)	(306)	(2979)
营业利润（损失）	(141)	1341	697	1255	(245)	2907
特殊项目（附注 8）						(329)
营业利润（损失）						2578
财务费用净值						(924)
子公司及合资企业的税后利润份额						21
处置合资企业的净利润						42
税后利润						1717

（六）经营和财务绩效

表 2-11-3　英国电信 2008~2010 年度经营与财务业绩比较

单位：百万元英镑	2010 年	2009 年	2008 年
收入	20076	20859	21390
总资产	23540	28680	29274
EBITDA	5557	5162	3191
EBITDA 率	27.68%	24.75%	14.92%
净利润	1504	1029	−191
净利润率	7.49%	4.93%	−0.89%
总资产报酬率（ROA）	6.39%	3.59%	−0.65%
净资产报酬率（ROE）	77.09%	−39.19%	−113.02%
资本性支出（CAPEX）	2590	2533	3088
CAPEX 占收比	12.90%	12.14%	14.44%
经营活动净现金流	4566	4825	4706
每股经营活动净现金流	0.59	0.62	0.61
自由现金流（FCF）	2011	1933	737
自由现金流占收比	10.02%	9.27%	3.45%
销售现金比率	22.74%	23.13%	22.00%
资产现金回收率	19.40%	16.82%	16.08%
EVA	581	−168	−1765
EVA 率	3.59%	−0.81%	−8.66%
每股盈利（EP）（单位：便士）	19.4	13.3	−2.5
每股股利（DPS）（单位：便士）	2.4000	2.3000	5.4000
股利支付率	12%	17%	−216%
主营业务收入增长率	−3.75%	−2.48%	3.31%
总资产增长率	−17.92%	−2.03%	−0.27%
净利润增长率	46.16%	−638.74%	−110.99%
经营活动现金流增长率	−5.37%	2.53%	−14.22%
每股盈余增长率	45.86%	−632.00%	−111.63%
资产负债率	91.71%	109.16%	99.42%
流动比率	55.91%	60.32%	64.30%
利息保障倍数	2.91	2.35	0.31
总资产周转率	0.85	0.73	0.73
固定资产周转率	1.37	1.40	1.39
坏账发生率	9.83%	6.29%	1.50%
折旧与摊销	2979	3039	2890
股息	186	178	418
内部融资额	4669	4246	3117
折旧摊销率	14.84%	14.57%	13.51%
付现成本率	74.18%	77.07%	86.67%
营销、一般及管理费用率	6.89%	6.83%	6.91%

（七）内控和风险管理

英国电信在内控和风险管理方面设有"审计和风险管理委员会（The Audit & Risk Committee）"，全面负责公司的内控和风险管理工作，委员会主要成员为公司的独立董事。委员会主要负责评价集团的公开财务报表以及首席执行官和首席财务官给出的其他披露信息，此外，委员会还同时负责评价集团内部审计以及其和外部审计的关系，管理监督并报告风险管理系统的运作，同时关注企业的所有内部审计人员的书面材料，评价公司在会计政策、内部控制方面的行为及对问题的处理过程。在 2011 年，委员会重点关注了企业的合约管理和风险管理。

董事会每年评价企业的内部控制和风险管理工作，将重要的社会、经济以及种族等和 BT 集团经营相关的所有因素考虑在内，评价这些系统的工作效率。

企业内部控制和风险管理的过程如下：

（1）高级管理人员定期集中评价集团的主要风险，并对风险进行登记和管理；

（2）企业的作业链及内部的各个服务单元可以单独进行风险评价，进行登记和管理，确保所有主要风险登记在册；

（3）相关高级管理人员负责将这些风险上报给集团经营者，并提出自己管理范围内的内部控制的评价意见；

（4）集团的审计人员继续评估风险管理和控制的效果，确定有待提高和改善的具体区域，向管理层和审计和风险管理委员会报告，同时在企业的作业链和内部各个服务单元内实施；

（5）审计和风险管理委员会代表董事会对本年度企业内部控制的有效性进行考查，并结合内外部审计人员的报告，向集团提交最后的结论。

公司风险管理的具体情况如图 2-11-3 所示：

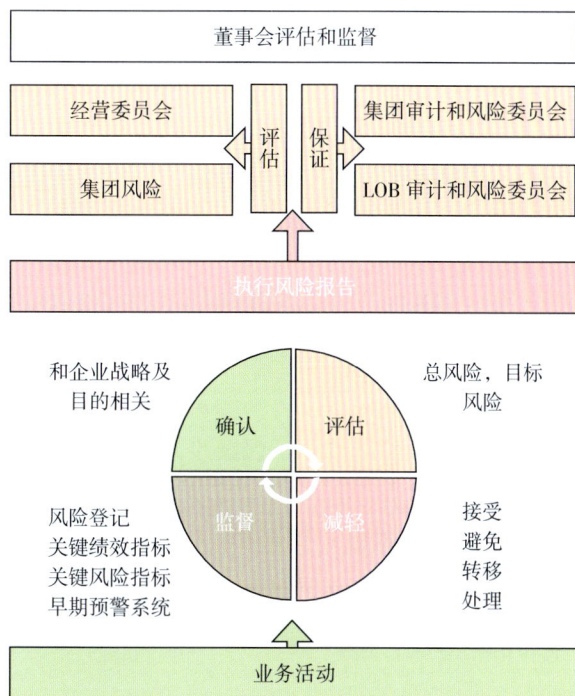

图 2-11-3　英国电信风险管理系统

从整体上看，英国电信集团范围内的风险管理系统，包括确认、评估、处理以及后续监督和集团经营息息相关的风险；在整个集团的作业链及内部各个经营范围内实施；风险管理就是确认、评估、减少和监督风险的过程。

具体而言，主要的风险和不确定性来自以下七个方面：

1. 安全性和恢复性

英国电信的经营和运作依赖于信息系统、网络和数据的安全性及恢复性，数据传输都代表用户的利益，因此要防止这些数据可能出现的暴露、丢失或是损坏，这都要求英国电信能够提供高水平的管理措施。数据传输的失败或是中断都可能造成非常严重的影响，将会造成用户信心下降、合约丢失甚至收入和现金流的减少。

2. 主要的合约

企业和某些客户签有复杂且极具价值的重要合约，这些合约的盈利性受多个因素的影响，而任何一个因素的变化都可能对合约造成毁灭性的影响。风险的程度取决于合约的寿命和范围，在合约的早期形成阶段尤其严重。无法完成合约或是无法满足客户在某个方面的要求都可能导致预期收入、利润及现金流的减少。

3. 福利保障

福利基金的设立是企业的责任和义务，但投资回报率的可能下降，人类寿命的不断延长以及规制方面的变化都可能造成基金成本的上升，从而成为企业财务的严重负担；基金赤字的不断上涨将对企业未来的现金流造成直接性的影响，并可能间接地影响企业股票价格和信用等级，进一步对企业的融资成本造成影响。

4. 在激烈的市场竞争中成长

电信市场处于越来越激烈的竞争之中，不断推动竞争的管制措施的出台、价格的下降、技术替代性的提高以及市场增长率下降等一系列因素造成竞争不断加剧。如果不能取得盈利性的增长可能会造成下降趋势的蔓延，造成企业未来利润和现金流的减少，最终造成股东权益的损失。

5. 电信产业规制增强

大多数业务都受到价格管制以及其他各类管制的影响和限制，这将影响企业的市场份额，并造成未来竞争力的下降、未来盈利能力的减弱以及未来现金流的减少。

6. 受制于全球环境

作为跨国企业，必然受制于各个国家的法律等因素的约束。如果不能遵守当地的法律，可能会带来公司声誉和品牌上的影响，甚至可能给企业带来诉讼问题和大量的罚金。

7. 供应链风险

英国电信在很大程度上依赖于供应链对公司的产品和服务进行运输和投递，而供应链的完善受包括经济环境等一系列因素在内的影响。英国电信的供应链是全球性的，许多供应商目前正受到经济下滑的影响，可能会带来一系列的风险，如缺少对灾后的恢复能力，企业社会责任的履行以及数据安全方面的风险。在供应链上的失败，可能会造成企业声誉的严重损坏，甚至使企业备受责难、引发法律和财务上的危机。

（八）人力资源发展

截止到 2011 年 3 月 31 日，英国电信的员工人数约为 92600 人，其中在英国本土的员工为 75660 人，在国外的员工为 16940 人。英国电信将人力资源看成企业最为关键的资源之一，不断提高员工的工作热情和工作效率，并注重对员工在领导力等方面的培养和培训。对于每一个员工，企业都保留清晰的职业培训记录，为其提供学习新技能以及在 BT 集团最具增长力的地方进行工作的机会。英国电信一直致力于为员工提供宽松的工作环境，使得员工可以发展自己的职业规划，对所有员工一视同仁，并安排特殊的招聘机构录用适当数量的残疾员工。

1. 员工承诺和沟通

为确保员工了解公司正在进行的工作和发生的各种事情，英国电信开设多种多样的员工沟通渠道。为了解员工感受，每个季度举行调查活动，询问员工对于工作团队、工作内容、领导以及整个集团的印象和感受，并以这些反馈作为基础进行改善。

2. 奖励和认可

英国电信员工的薪酬体系的基本原则是保证公平的报酬，确保员工的工资报酬和工作量相匹配。对于高级员工，英国电信设立将公司业绩和个人贡献相挂钩的津贴制度，并在 25 个国家实施

股票期权制度，约有 50% 的英国电信员工参与了这一项制度。

3. 福利保障

员工保障的关键内容是退休金福利，除了满足政府的日常要求之外，英国集团还为 50 多个国家的员工提供退休金计划，其中最大型的计划是 BT 退休金计划（BTPS）。除此之外，设有集团退休节约计划（BTRSS），提供给优秀的英国员工，参与人员大约有 17500 人。这些参与者在退休时会得到与其贡献大小相匹配的福利、投资绩效以及企业年金的回报。

4. 职工健康与安全

对于公司而言，员工的健康和安全是至高无上的，公司不断提高在这方面的关注程度，同时也关注行为方式和生活方式的改变对员工所造成的影响。

（九）企业社会责任

英国电信集团多年来一直关注企业在社会责任方面的投入和社会形象，并且十分关注社会责任的履行情况，尤其在 2011 年，将企业的社会责任作为战略层面优先考虑的重要方面加入到新的战略中来，这将在未来进一步帮助公司在可持续发展方面进行良好的统筹规划。

英国电信履行社会责任的主要方式如图 2-11-4 所示：

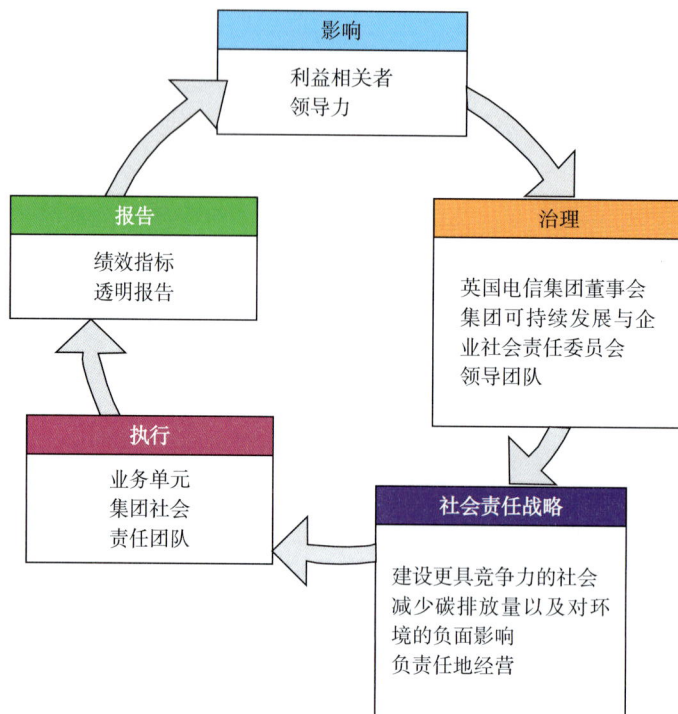

图 2-11-4　英国电信履行企业社会责任的方式

具体分为三个方面：

1. 建设更具竞争力的社会

通过科学技术和人力资源的努力为社会带来积极的影响，具体而言包括：

一是数字化网络覆盖，网络的使用为英国带来了巨大的经济效益，英国电信旨在通过技术的手段让整个社会享受网络带来的福利，以实现不断提高数字覆盖的承诺；二是为新老客户提供更方便快捷的服务方式，特别是针对需要通信服务的特殊人群；三是在 2011 年，建立了名为"能力网"的慈善机构，专门服务无法享受通信和网络服务的人群；四是鼓励员工加入各种志愿服务和慈善活动，为英国相关机构募集资金。

2. 减少碳排放量以及对环境所造成的负面影响

英国电信的环境政策制定和执行的最终负责人为公司首席执行官，监督部门为企业社会责任

与可持续发展委员会，公司建立了非财务的 KPI 指标体系来考核企业每年在提高可持续发展能力方面所做的工作。该指标体系包括消费者、供应商社区、环境、企业道德等一系列非财务指标，而环境因素是其中的重要指标之一。

BT 的环境保护举措主要包括以下四个方面：

（1）减少企业运营对环境的影响。BT 的电力消耗占全国电力消耗总量的 0.7%。因此，降低电力消耗成为公司节能减排的重要目标，早在 1991 年 BT 就启动了环境管理系统，第二年便设立了第一个减少碳排放量的指标。风力发电将满足公司在英国业务 25% 的电力需求，甚至为此自建风力发电厂。英国电信的绿色发展战略要求其产业链上下游各个环节都要贯彻绿色理念。目前 BT 已经与英国以及比利时、德国、意大利等国家的多个供应商签订了低碳能源供应合同。

英国电信的业务范围覆盖了约 170 个国家和地区，公司有整套涉及环保、采购、差旅管理、

电视电话会议、虚拟化数据中心等方面的绿色发展方案，为企业节省了大量成本。BT 召开内部员工会议及公司客户会议时，多数情况下采用视频会议方式，因为视频会议在减少差旅费用的同时，也大大减少了碳排放对环境的影响。BT 在车队管理方面也考虑到环保因素，通过重新审视车队所行走的路线，对路线进行优化与调整，从而减少碳排放量。2009 年，公司车队的碳排放量较上年减少了 225%。

BT 还对数据中心不断进行整合与虚拟化，从而减少电能消耗。此外，公司还在研究一些低电能消耗设备。BT 认为，将环保因素渗透到所有业务流程中，不仅是企业公民的社会责任，也意味着能够大大降低企业成本。

（2）通过提供创新产品与服务，减少客户对环境的影响。一是帮助大型企业和公共部门客户更好地利用 ICT 技术并进行碳排放影响评估对如何减少碳排放提出建议；二是向客户提供高质量的视频会议系统，减少客户为了参加会议乘坐交通工具导致的碳排放；三是提倡并采用灵活多样的办公形式，如家庭办公、公司办公等；四是向客户提供电子账单，减少纸质账单；五是推出节能型电话，BT 于 2008 年 1 月推出了系列可减少近半电能消耗的节能型电话产品，目标是使客户在未来三年中减少约 195000 吨的碳排放。

（3）号召供应商提供更多的节能产品与服务。供应商在环境保护方面的表现是 3T 考核供应商的关键指标，主要举措包括：对供应商体系中的企业资质及创新能力进行评估，鼓励对环境影响小的解决方案；在招投标过程中将能源消耗和产品的终身对环境影响作为强制性标准；确保老产品及服务的替换品能耗低、对环境影响小。

（4）鼓动员工减少在工作和生活中的碳排放。

目标是到 2012 年，20% 的公司员工在工作和生活中能积极参与到减少碳排放的活动中来，主要举措包括：允许员工采用灵活的办公形式；鼓励员工购买低排放量汽车；建立碳排放俱乐部，交流环境保护、节能减排问题；发起全公司的节能减排运动等等。

3. 负责任地经营

企业致力于向企业的用户、供应商、员工及邻居同时负责。选择和 BT 具有同样价值观的企业进行合作，出台了反贪污和贿赂的项目来完善公司的治理结构。关注用户个人隐私及数据的保护。在网路建设方面，提高网络对灾难的应对性和灾后的恢复性。

（十）前景展望

1. 优化收入结构，使收入的下降比例在 2012 年从 4% 下降到 2%，并在 2013 年实现 2% 的收入增长

关注的重点在于长期的、以利润增长为目标的收入增长，在不考虑汇兑损益、合并及剥离等一系列的资本运作带来的效果前提下，优化收入结构，实现收入增长。

2. 调整后的 EBITDA 持续增长，并在 2013 年超过 60 亿英镑

3. 调整后的自由现金流在今后的两年会超过 2011 年的水平，并且英国电信全球服务部（BT Global Services）产生约 2 亿英镑的经营活动现金流

英国电信 2011~2013 年财务目标如图 2-11-5 所示：

企业财务目标：

2011 年 ➡ 2013 年

| 提高收入 |
| EBITDA 增长 |
| 自由现金流增长 |

| 投资业务 | 减少净负债 | 支持退休金福利 | 增长性股利 |

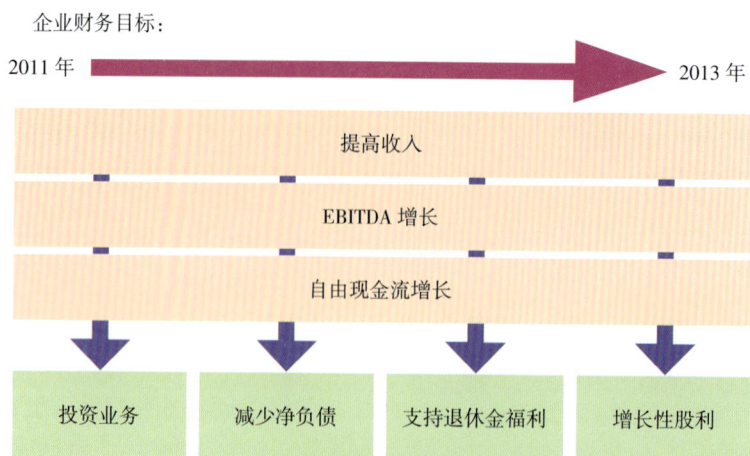

图 2-11-5　英国电信 2011~2013 年财务目标

附件一：英国电信财务报告（2010 年）

1. 集团资产负债表

2011 年 3 月 31 日	2011 年（百万英镑）	2010 年（百万英镑）
非流动资产		
无形资产	3389	3672
土地、工厂以及设备	14623	14856
衍生金融工具	625	1076
长期投资	61	64
联合企业以及合资企业	164	195
应收款项及其他应收款	286	336
递延所得税资产	451	2196
	19609	22395
流动资产		
存货	121	107
应收款项及其他应收款	3332	3696
衍生金融工具	108	624
短期投资	19	406
现金及现金等价物	351	1452
	3931	6285
流动负债		
短期借款	485	3269
衍生金融工具	62	166
应付款项及其他应付款	6114	6531
应交税费	221	320
减值准备	149	134
	7031	10420
总资产减去流动负债	16509	18260

续表

2011 年 3 月 31 日	2011 年（百万英镑）	2010 年（百万英镑）
非流动资产		
长期借款	9371	9522
衍生金融工具	507	533
退休金义务	1830	7864
其他应付款	831	804
递延所得税负债	1212	1456
减值准备（准备金）	807	707
	14558	20886
所有者权益		
普通股	408	405
资本公积—股本溢价	62	62
已归还投资准备	27	27
其他准备金	658	757
未分配利润（损失）	770	(3904)
母公司权益（赤字）总额	1925	(2650)
少数股东权益	26	24
总权益（赤字）	1951	(2626)
	16509	18260

2. 集团损益表

2011 年 3 月 31 日	特殊项目调整之前	特殊项目	总额
收入	20076	—	20076
其他营业收入	373	—	373
营业成本	(17542)	(329)	(17871)
营业利润	2907	(329)	2578
财务费用	(880)	(2323)	(3203)
财务收入	35	2244	279
财务费用净额	(845)	(79)	(924)
对联合企业及合资企业的持股的税后利润	21	—	21
处置联合企业等的利润	—	42	42
税前利润	2083	(366)	1717
所得税	(452)	239	(213)
净利润	1631	(127)	1504
归属于：			
母公司所有者权益	1629	(127)	1502
少数股东权益	2	—	2
每股盈余			
基本每股盈余			19.4P
稀释的每股盈余			18.5P

3. 集团现金流量表

2011 年 3 月 31 日	2011 年（百万英镑）	2010 年（百万英镑）	2009 年（百万英镑）
经营活动现金流量			
税前利润（损失）	1717	1007	(244)
折旧与摊销	2979	3039	2890
处置联合企业以及业务等损失（利润）	(42)	10	13
净财务支出	924	1158	620
其他非现金支出	78	77	596
持有的联合企业以及合资企业的股份收入	(21)	(54)	(75)
存货减少（增加）	(17)	14	11
应收款项及其他应收款的减少	408	524	1063
应付账款及其他应付款的减少	(378)	(708)	(379)
减值准备及其他负债的增加（减少）	(873)	(591)	439
经营活动现金流入	4775	4476	4934
支付所得税	(209)	(76)	(232)
之前的所得税的偿还（偿还所得税）	—	425	4
经营活动现金流量净额	4566	4825	4706
投资活动现金流量			
收到的利息	29	16	19
取得股利收到的现金	7	3	6
取得投资收益收到的现金	72	—	—
处置固定资产、无形资产等收到的现金净额	—	2	—
处置子公司及其他营业单位收到的现金净额	(8)	(70)	(227)
处置金融资产收到的现金净额	9267	8739	6316
购建流动金融资产的支出	(8902)	(8985)	(6030)
购建非流动金融资产的支出	(18)	—	—
处置土地、工厂以及设备等收到的现金净额	15	29	44
购建土地、工厂以及设备软件等支出	(2645)	(2509)	(3082)
投资活动现金流量净额	(2183)	(2775)	(2954)
筹资活动金流量			
支付股利支出的现金	(543)	(265)	(1221)
少数股东权益支付的股利	—	—	(1)
偿还利息支付的现金	(973)	(956)	(956)
偿还借款支付的现金	(2509)	(307)	(863)
融资租赁支付的现金	(11)	(24)	(16)
融资租赁现金净额	—	9	—
商业票据的净现金流入（支出）	69	(697)	606
银行借款现金净额	340	522	795
和净负债相关的衍生金融工具带来的现金流	120	—	—
购买普通股的现金支出	—	—	(334)
库藏股发行的现金净额	8	4	125
筹资活动现金流量净额	(3499)	(1714)	(1865)
汇率变动对现金及现金等价物的影响	(3)	(7)	54
现金及现金等价物的净增加（减少）	(1119)	329	(59)
现金及现金等价物期初余额	1444	1115	1174
现金及现金等价物期末余额	325	1444	1115

附件二：英国电信大事记

英国电信是世界上历史最悠久的电信公司之一。它的起源可以追溯到 1846 年英国的商业电报业务和电报公司的成立。由于这些公司后来不断地被合并、接管，幸存者最终由国家邮政局控制。这些公司后来合并成为一个私有化公司——英国电信公共有限公司，也就是现在德尔英国电信集团的前身。

英国国家邮政署

从 1878 年开始，英国早期电话服务是由私人机构公司提供的，如 the National Telephone Company（NTC），后来出现了竞争者——英国国家邮政总局（GPO）。1896 年，邮政总局接管 NTC 的全部干线电话服务。1912 年，英国国家邮政总局成为电话服务提供的垄断供应商，除了在少量地区没有提供服务之外，几乎控制了整个英国地区。

1932 年出版的一本书中首次提出了"将邮政署转变成一个国有企业"的想法，同时，the Bridgeman Committee 正式提出：邮政署任何形式或是地位上的转变都必须考虑到公众的利益。该委员会的报告被否决，直到 1961 年才开始重视这个问题，但仍像以前一样，此项提议被忽略。邮政署仍然作为中央政府的核心部门运营着。

1965 年 3 月，当时的邮政总署的负责人 Anthony Wedgewood-Benn 写信给总理，提出就"将邮政署转变成一个国有企业"的建议。专门针对此项议题的工作小组正式成立，并对此项改革的优势以及可能出现的问题进行调查和研究。最后，政府决定将邮政署分拆成五个部门：邮政、电信、储蓄、转账和国家数据处理服务，最后决定将邮政和电信作为一个公司的两个部门分别

治理。

1969 年出台《邮政署法案》，法案规定，邮政署不再是一个政府机构。1969 年 10 月 1 日，邮政署正式成为公共企业，并且法案规定，邮政署拥有经营电信系统的权力，但是必须授权给他人进行经营，实际上，新的邮政署仍然保持其电信领域的垄断地位。

英国电信公司（British Telecom）创建

1977 年，卡特委员会提出建议，进一步分离邮政和电信两项服务，使之在不同的公司下接受管理，这项建议最终在 1980 年被采纳，将电信业务部门更名为"英国电信"，但从实质上看，其仍然是邮政署的一部分。

1981 年，英国电信法正式改革，将邮政局分拆成两个部门：邮政和电信。这是英国电信市场引入竞争的第一步。

1982 年，由于英国电信法案的出台及相关规定，英国电信逐渐进入竞争阶段，Cable & Wireless 公司通过其全资子公司 Mercury Communications 正式获得公共电信网络的运营权。

英国电信公司私有化

1982 年 7 月 19 日，政府正式宣布，将英国电信公司的 51% 的股份出售给私人投资者，实现英国电信的私有化。此项私有化进程在 1984 年 8 月 6 日正式开始，英国电信从过去的企业成为公共有限公司。在 1984 年 11 月，英国电信的 50% 以上的股份出售给公众投资者。英国电信并趁此机会逐渐开始向全球推广业务。

1991 年 12 月，英国电信进一步完成私有化进程，英国政府出售其手中股份的一半给私人投资者，持股比例下降到 21.8%。

1993 年 7 月，英国政府开始第三轮出售股份的活动，为公司筹集 50 亿英镑以及引入 75 万新

进投资者。

一个更加开放的电信市场

1991 年 3 月 5 日出台的政府白皮书正式结束了英国电信公司的垄断地位，使得英国电信市场形成英国电信和水星电信（Mercury Communications）双寡头垄断的局面。1984 年的法案废除了英国电信公司对电信系统运行的独有特权，这意味着英国电信永远失去了其垄断地位，和其他的运营商一样需要获得政府的许可才能经营。该法案还严格控制英国电信在设备制造及供应方面的业务活动。英国电信能够为各种各样的客户提供多种多样的服务。

BT：一个新的名字和英国电信公司的身份

1991 年 4 月 2 日，英国电信启用新的名字——BT，企业形象以及新的组织结构。英国电信的这种结构重点关注具体的市场细分，反映不同的客户需求：个人用户，中小企业用户或跨国公司。这次组织结构优化被命名为 "Project Sovereign"，代表了英国电信对满足客户需求的承诺——客户就是上帝。和世界其他电信企业的战略合作，也给英国电信提供了向海外扩张的机会。

1994 年 6 月，BT 和美国第二大长途电信服务提供商 MCI 通信公司，共同推出了 Concert Communications Services——总价值为 10 亿美元的合资公司。这次合作机会为 BT 公司和 MCI 公司提供了全球性的网络基础，能够提供更高级的终端到终端的业务。

1996 年 11 月 3 日，英国电信（BT）和 MCI 公司宣布已达成合并协议，合资成立 Concert 公共有限公司，在英国注册成立，总部设在伦敦和华盛顿。与此同时，英国电信获得 MCI 公司 20% 的持股股份。

1997 年 10 月 1 日，英国电信公司最终以 70 亿美元将这部分持股权出售给美国世通公司。此次出售股权的行为给英国电信带来了 20 多亿美元的利润以及 4.65 亿美元作为其与 MCI 公司合并协议解除的赔偿。

1998 年 7 月，英国电信宣布将与全球性的企业 AT&T 合作投资，成立各自占比 50% 的新公司——concert，新公司将于 1999 年 11 月正式开始对外服务，为跨国公司以及企业和个人用户提供国际电话等业务。

2001 年 12 月，由于全球性电信市场形势下滑，英国电信和 AT&T 同时宣布解除合作，将原 concert 公司的业务，客户以及网络进行分拆，各自独立经营，此举在 2002 年 4 月正式完成。

2000 年 12 月，随着英国电信在 2000 年 4 月的许可证发生变化，英国电信开始向其他电信运营商提供本地环路开放服务（LUU），保证这些运营商可以和自己的客户直接进行沟通。2005 年 8 月底，105055 条线路正式分解完成。

2001 年 5 月，作为英国电信企业重组和债务削减计划的一部分，英国电信宣布"三股换十股"的股票增发行为，此次增发行为是英国规模最大的股票增发行为，英国电信凭此获得 59 亿英镑的资金；另外，英国电信将其"国际通讯录以及电子商务业务（The International Directories and Associatede-Commerce Business）"出售获得 21.4 亿英镑的资金，此两项交易在 2001 年 6 月正式完成。

2001 年 11 月，BT 无线—英国电信的移动业务部门，重新命名为 mm02 公司，从英国电信独立出去，正式作为独立核算的企业进行核算。2001 年 11 月 16 日是英国电信作为一个整体的股票进行交易的最后一天，从 11 月 19 日起，mm02 公司 PLC 和新的 BT 集团的股票将作为不同公司股票在股票市场上进行交易。

英国电信集团企业形象和价值观的重新塑造

2003 年 4 月，英国电信正式公布其最新的企业形象和企业价值。其最新的"连接世界"的标识反映了企业追求技术革新的未来愿景，代表了英国电信的五项企业价值观念。诚信和互助是英国电信一直坚持的企业服务宗旨。

2003 年出台的"通信法"在 2003 年 6 月 25 日正式生效，由此诞生了新的行业监管机构——通信委员会（the Office of Communications），取代了原来的电信委员会（the Office of Telecommunications），与此同时也引入了新的行业监管机制。尽管原来的发牌许可制度（The Licensing Regime）被最新的监管制度所替代，但英国电信仍然具有向除了赫尔地区之外的全英国提供普遍服务的义务。

2004 年夏天，英国电信正式启动"Consult 21"项目，这个项目重点为英国电信的 21 世纪网络（21CN）提供行业为咨询服务。21 世纪网络是最具开拓性和延展性的下一代网路变革，将会在 2010 年年底改变整个通信业的基础设施建设。采用互联网协议框架，21 世纪网络将取代原来的通信网，为客户提供多媒体的电信服务，此项多媒体服务将实现任何两种终端设备之间的通信。

BT：一个全球性的公司

2005 年的几项非常重要的合并使得英国电信的世界领先通信运营商的地位得到巩固。这些重要的合并包括：

（1）英国电信以 520 万英镑成功收购 Infonet 公司，并更名为"BT Infonet"，Infonet 公司是当时世界领先的为企业用户提供全球性的语音服务和数据通信网络服务的电信运营商。

（2）英国电信收购了当时意大利电信市场的排名第二的电信运营商——Albacom，对 Albacom 和 Infonet 的收购充分提高了英国电信向世界各地提供跨国业务的能力。

（3）英国电信从路透社手中收购了财务网络提供商 Radianz，计划利用此部门向财务市场提供增值服务。

"Openreach"部门创建

2005 年 9 月，根据电信战略评估（the Telecommunications Strategic Review）的相关规定，英国电信和通信委员会（Ofcom）签署了具有法律约束力的承诺，以为英国电信以及整个电信行业建立良好的规制框架。Openreach 部门于 2006 年 1 月正式开始服务，并直接向英国电信集团的首席执行官报告，主要基于电信行业的整体利益监管英国电信的网络接入业务。

Openreach 部门负责管理英国的电信基础设施，将英国电信和其他电信运营商置于同等地位对待，是英国电信集团四个主要业务部门之一，另外三个部门分别是 BT Retail，BT Wholesale 和 BT Global Services。

目前，英国电信公共有限公司是英国电信集团的全资子公司，共有四个独立经营的业务部门英国电信集团在伦敦和纽约证券交易所上市。

英国电信正在从传统的电信公司向综合型电信服务提供商转型，公司宗旨是通过向用户提供方便快捷的解决方案使顾客最大程度地享受电信服务。

China unicom 中国联通

　　中国联通的公司标识是由中国古代吉祥图形"盘长"纹样演变而来。回环贯通的线条，象征着中国联通作为现代电信企业的井然有序、迅达畅通以及联通事业的无以穷尽，日久天长。

　　标志造型有两个明显的上下相连的"心"，它形象地展示了中国联通的通信、通心的服务宗旨，将永远为用户着想，与用户心连心。

　　中国红：国旗色，代表热情、奔放、有活力，是中国情结最具代表性的颜色。象征快乐与好运的红色增加了企业形象的亲和力并给人以强烈的视觉冲击感，与活力、创新、时尚的企业定位相吻合。

　　水墨黑：最具包容与凝聚力的颜色，是高贵与稳重的象征。红色和黑色搭配具有稳定、和谐与张力的视觉美感。

　　红色双"i"是点睛之笔，既像两个人在随时随地沟通，突出了"让一切自由连通"的品牌精神，又在竖式组合中巧妙地构成了吉祥穗造型，强化了联通在客户心中吉祥、幸福的形象。

　　i：发音同"爱"，延伸"心心相连，息息相通"的品牌理念；英文释义"我 – i"、"信息 – information"迎合"以客户为中心"的营销模式以及"向客户提供一体化的通信与信息服务"的品牌营销总体思路。

常小兵

中国联合网络通信集团有限公司董事长、党组书记

常小兵：男，53岁，教授级高级工程师，1982年毕业于南京邮电学院电信工程系，获得工学学士学位；2001年获得清华大学工商管理硕士学位；2005 年获得香港理工大学工商管理博士学位。曾先后任江苏省南京市电信局副局长、中国邮电电信总局副局长、信息产业部电信管理局副局长与局长、中国电信集团公司副总经理，2002年9月~2004年10月期间亦担任中国电信股份有限公司执行董事、总裁。自2004年11 月加入中国联合通信有限公司担任董事长，中国联合通信有限公司于2008年 12 月更名为中国联合网络通信集团有限公司（"联通集团"）。常先生目前担任联通集团公司董事长，中国联合网络通信（香港）股份有限公司（"联通红筹公司"）执行董事、董事长兼首席执行官，中国联合网络通信有限公司（"联通运营公司"）董事长，并自2004年12月起任中国联通董事长。常小兵先生有丰富的电信行业管理和从业经验。

十二 中国联通公司可持续发展报告（China Unicom）

（一）公司简介

中国联合网络通信股份有限公司（简称"中国联通"）于 2008 年在原中国网通和原中国联通的基础上合并组建而成，总部设在北京，在国内 31 个省（自治区、直辖市）和境外多个国家和地区设有分支机构，是中国唯一一家同时在纽约、中国香港、上海三地上市的电信运营企业，连续多年入选"世界 500 强企业"。截止到 2010 年年底，公司总股本为 21196596395 元人民币，总股数为 211.97 亿股，中国联合网络通信集团有限公司是第一大股东，持股比例达到 61.05%，联通集团为本公司的控股股东，本公司的实际控制人为国务院国有资产监督管理委员会。2010 年，公司运营收入为人民币 1761.7 亿元，实现净利润人民币 36.7 亿元，基本每股盈余为 0.058 元/股，2010 年 12 月 31 日的收盘价格为 5.32 元，市盈率为 91.72，总投资报酬率为 0.83%。

中国联通主要经营固定通信业务，移动通信业务，国内、国际通信设施服务业务，卫星国际专线业务、数据通信业务、网络接入业务和各类电信增值业务，与通信信息业务相关的系统集成业务等。中国联通于 2009 年 4 月 28 日，推出全新的"沃"全业务品牌，承载了联通始终如一、坚持创新的服务理念，"沃"品牌认知度与美誉度不断提升。截止到 2010 年年底，中国联通用户总数突破 3 亿户，其中移动电话用户 1.67 亿户，宽带用户 4722.4 万户。

中国联通拥有覆盖全国、通达世界的现代通信网络，积极推进固定网络和移动网络的宽带化，扩大国际网络覆盖，进一步完善营销网点布局，为广大用户提供全方位、高品质信息通信服务。截止到 2010 年年底，3G 基站数达到 18.3 万个，2G 基站数达到 32.9 万个，宽带接入端口达到 6583 万个，开通 239 个国家和地区 488 个运营商的 GSM 语音及短信国际漫游业务，开通 99 个国家和地区 199 个运营商的 3G（WCDMA）高速数据国际漫游业务。

2009 年 3 月 29 日，CECA 国家信息化测评中心评选的"2008 年度中国企业信息化 500 强"名单公布，中国联通入围"中国企业信息化 500 强"前十名，并荣获"最佳管理创新奖"和"最佳人力资源管理应用奖"。

（二）公司战略

2010 年，中国联通发布了以"信息生活的创新服务领导者"为愿景的公司新战略。未来五年，中国联通将着力实施"3G 领先与一体化创新战略"，以"聚焦增长，提升效率，实现三分天下有其一"为总体目标，逐步实现"行业地位提升、核心业务领先、运营效率提高、客户体验卓越、创新能力突破"，全面落实 5 大重点业务发展和 7 大关键能力建设举措。

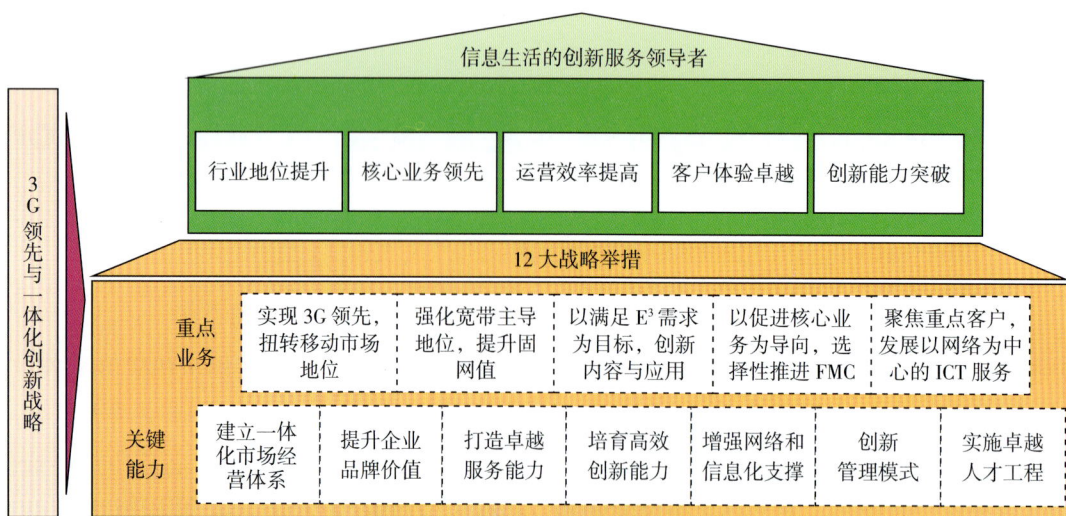

图 2-12-1　中国联通 2010 年新战略

具体来讲，在 2010 年，公司着力实施"3G 领先与一体化创新战略"，积极优化资源配置，全力加快创新发展，业务收入实现较快增长，结构调整取得明显成效，网络能力与服务水平持续提升，综合竞争实力进一步增强。

1. 实现"3G 领先"

实现"3G 领先"是公司改变市场竞争格局，提升行业地位的唯一出路和必然选择；是公司加快经营模式转型、改善用户结构，实现增长方式转变的战略突破口。中国联通将集中资源加快 3G 发展，建设领先的无线宽带网络，以高速数据体验和内容应用创新带动公司移动非话业务收入快速增长，将 3G 打造成为公司收入增长的第一驱动力。

2. "一体化运营管理"

"一体化运营管理"，是国际全业务运营商面

向融合发展的大趋势，更是公司全面整合全业务资源，形成经营合力，实现快速增长，提升运营效率的基础保障。中国联通将通过持续的管理体制和机制创新，全面整合公司的全业务资源。在企业内部运营管理层面，实现跨业务、跨平台、跨网络、跨职能的高效协同与配合，提升运营管理效率，强化客户导向经营，打造面向融合服务的经营合力；在客户层面，打造客户导向的一站式营销与服务能力；在员工和组织层面，打造"真正融合"的文化氛围和卓越的运营团队。

（三）公司治理

2010 年，中国联通严格遵循中国内地、中国香港、美国三地监管法规及公司内部管理要求，学习和借鉴国际公司治理先进经验，不断完善公司治理结构和各项内部管理制度，提升公司治理水平。

1. 公司股权结构

中国联通股权结构

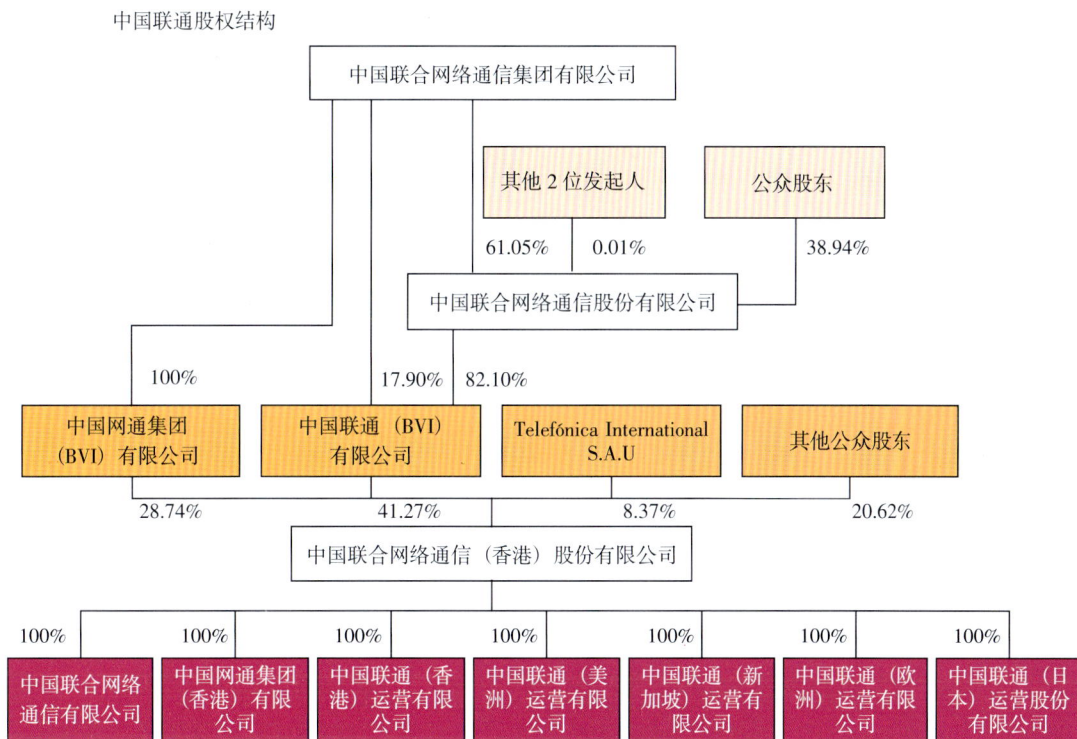

图 2-12-2　中国联通股权结构

2. 加强公司治理制度建设

重组后，中国联通对各层级的公司治理状况进行了全面梳理，在本集团、中国联合网络通信股份有限公司（于上海证券交易所上市）和中国联合网络通信（香港）股份有限公司（于香港联交所和纽约股票交易所上市）分别建立了股东会、董事会、管理层职责明确、相互制约的治理结构，持续优化了董事会及信息披露相关管理制度，完善了董事会决策的流程和制度体系。

股东大会的召集、召开、表决等相关程序严格遵循有关法律法规及公司内部规定，确保全体股东，特别是中小股东享有平等地位，确保所有股东能够按其持有的股份享有并充分行使自己的权利。

董事会以公司及股东的最佳利益为原则。上市公司通过组成具有广泛性的董事会并在董事会设审计委员会等下属委员会，有效监管公司内部与财务报告相关的控制系统，并充分发挥董事的专业特长，加强董事会的履职能力。

监事会从股东利益出发，对公司重大事项、财务以及公司董事高级管理人员履职的合规合法性进行监督。

3. 持续提高与投资者沟通的质量

中国联通严格履行上市公司监管地有关信息披露的法律法规要求，真实、准确、完整、及时地履行信息披露义务，并确保所有股东平等地获取信息。同时，中国联通尊重和维护利益相关者的合法权益，设有投资者关系部门，向投资者提供所需的资料及服务，并积极与投资者和基金经理保持沟通，包括回复投资者的咨询以及接待投资者的来访与会见，并不时安排公司管理层与投资者直接进行会面和沟通，为他们提供更准确了解公司业务、管理等方面最新进展的机会。

（四）市场概览

1. 业务表现

2010年，公司整体业务实现了快速增长。其中，移动业务在3G业务带动下加速增长，通信服务收入规模首次超过固网业务，占整体通信服务收入的比例达到50.8%；固网业务基本保持平稳，通信服务收入占整体通信服务收入的比例从上年的53.1%下降到48.7%。在收入快速增长的同时，用户结构逐步改善，业务结构和收入结构更趋合理。

（1）移动业务。2010年，公司移动业务实现通信服务收入845.1亿元，同比增长18.1%。收入结构持续改善，移动非语音业务收入占移动通信服务收入的比例达到32.0%，同比提高4.4个百分点。移动用户总数达到16742.6万户，同比增长13.4%；移动用户综合每用户平均收入ARPU为人民币43.7元，同比提高5.0%。

3G业务加速增长：2010年，公司坚持"品牌、业务、包装、资费、终端政策、服务标准"统一的3G经营策略，充分发挥WCDMA产业链优势，创新业务发展模式，在3G业务领域形成了差异化的竞争优势。

2010年，公司积极适应市场和客户需求变化，丰富3G套餐体系，逐步扩大目标用户群。同时，积极营造开放的合作环境，推出百余款3G定制终端，成功引入iPhone4，满足了不同消费能力的用户对终端产品的需求，拉动用户快速增长；在渠道体系建设方面积极突破，建立了同苏宁、国美等主流社会渠道的战略合作关系，全年3G业务社会渠道销售占比超过40%；推出了电子阅读、沃商店等内容应用产品，手机报、手机音乐、手机电视等内容不断丰富，用户渗透率大幅提升，全年用户月均数据流量达到178M，用户数据业务消费习惯正逐步形成。

2010年，公司3G业务实现通信服务收入人民币119.3亿元，季度平均环比增长40.2%。3G用户累计净增1131.8万户，达到1406.0万户，其中，手机用户占比达到90.4%。用户ARPU为人民币124元。

GSM业务保持稳定：2010年，公司积极转变GSM业务发展模式，发挥全业务资源优势，积极推广融合业务，增强发展有效性。GSM业务全年实现通信服务收入人民币725.8亿元，同比增长2.6%。GSM用户累计净增852.1万户，用户总数达到15336.6万户，同比增长5.9%。用户ARPU为人民币39.5元，同比下降4.1%。

（2）固网业务。2010年，剔除初装费递延收入后，公司固网业务实现通信服务收入人民币810.5亿元，同比下降0.5%。固网业务结构持续改善，固网非语音业务收入规模首次超过语音业务收入，占固网通信服务收入的比例达到55.2%，同比提高7.1个百分点。

固网宽带业务持续快速增长：2010年，公司继续实施宽带升级提速，积极拓展增量市场，加大内容应用营销，固网宽带业务保持快速增长，全年实现收入人民币307.3亿元，同比增长24.7%。截至2010年年底，固网宽带用户总数达到4722.4万户，同比增长22.5%。用户ARPU为人民币57.1元，同比基本持平。

固话业务下滑趋缓：2010年，公司积极推广融合业务，开展话务量营销，努力减缓固话业务下滑，固话业务（包含本地语音、长途、固网增值和网间结算业务）全年实现收入人民币413.1亿元，同比下降13.3%。本地电话用户全年累计流失618.7万户，用户总数达到9663.5万户。其中无线市话用户流失 531.9 万户，用户总数为 1342.3 万户。本地电话用户 ARPU 为人民币 28.9 元，同比下降 8.0%。

（3）融合业务及行业应用。2010 年，公司加大行业应用产品的培育和推广力度，优化集团客户组织机构，提升前台销售能力和行业应用解决方案的提供能力，年内，推出了视频监控、智能公交等 22 个行业应用产品，在移动办公、手机证券等行业应用推广方面取得突破性进展，带动集团客户业务快速增长。

面向家庭客户，公司重点推广共享时长、合单缴费等融合产品，融合业务套餐用户快速增长。年底，公司推出了"沃·家庭"，向用户提供基于 3G 和宽带一体化的业务体验，将有助于拉动固网宽带和移动用户增长，增强固话用户黏性，提升固网价值。

2. 生产经营情况

2010 年，公司持续创新经营模式，加大市场拓展力度。3G 和固网宽带业务快速发展，GSM 和固话业务保持平稳，总体业务发展呈现积极向好趋势。

（1）移动业务。

3G 业务：

2010 年，公司坚持"品牌、业务、资费、包装、终端政策、服务标准"统一策略，适应市场和客户需求变化，科学调整和优化营销政策，丰富 3G 套餐，完善补贴模式，优化终端产品体系，创新发展体现 3G 速率优势的移动互联网和内容应用业务，促进上网业务发展；推出沃商店，提升用户 3G 应用体验；规模发展手机音乐、手机电视等资源聚类型业务，发展手机阅读、即时通信等社区交互类业务，加快培育用户数据消费习惯。3G 业务快速发展。截止到 2010 年年底，全国 3G 用户净增 1131.8 万户，达到 1406.0 万户，

其中，无线上网卡用户达到 135.3 万户。3G 用户通信使用量达到 554.7 亿分钟，平均每用户每月数据流量达到 178M，平均每用户每月收入（ARPU）为人民币 124.0 元。手机电视用户达到 240.7 万户，手机阅读业务注册用户超过 700 万户。

GSM 业务：

2010 年，公司积极转变 GSM 业务发展模式，持续推进固网移动产品融合，加强精细化营销管理，GSM 业务整体保持稳定增长。全年 GSM 用户净增 852.1 万户，达到 15336.6 万户，比上年增长 5.9%。GSM 用户通信使用量达到 4710.0 亿分钟，比上年增长 11.3%，平均每月每用户通话分钟数（MOU）为 262.9 分钟，比上年增长 4.3%；平均每用户每月收入（ARPU）为人民币 39.5 元，比上年下降 4.1%。

2010 年，公司继续大力发展增值业务，积极推广移动数据及信息业务，炫铃、手机上网等增值业务持续快速增长。炫铃业务用户净增 1804.1 万户，达到 6726.1 万户，比上年增长 36.7%，用户渗透率从上年的 34.0% 上升到 43.9%。手机上网用户净增 1102.3 万户，达到 5581.2 万户，比上年增长 24.6%，用户渗透率从上年的 30.9% 上升到 36.4%。

（2）固网业务。

固网宽带及数据通信业务：

2010 年，公司加快实施宽带"提速增收"行动，推进常态化社区营销，积极发展家庭网关，提升高速率带宽用户占比，固网宽带业务保持快速发展。全年固网宽带用户净增 867.4 万户，达到 4722.4 万户，比上年增长 22.5%。2M 及以上固网宽带用户占比达到 86.8%，比上年提高 3.6 个百分点。4M 及以上固网宽带用户占比达到 29.6%。固网宽带内容和应用业务用户达到 1860.6 万户，占固网宽带用户比例达到 39.4%。固网宽带平均每用户每月收入（ARPU）为人民币 57.1

元，与上年基本持平。

固话业务：

2010年，公司坚持发展与维系并重，发挥全业务经营优势，加强驻地网、农村等聚类市场拓展，强化融合业务营销，减缓固话业务下滑。全年本地电话用户比上年减少618.7万户，达到9663.5万户，比上年下降6.0%。其中，无线市话用户比上年减少531.9万户，达到1342.3万户。平均每月每用户本地电话通话次数（MOU）（不含拨号上网）为128.8次，比上年下降10.2%；平均每用户每月收入（ARPU）为人民币28.9元，比上年下降8.0%。

（五）业务概览

中国联通的业务种类可以分为七种：

1. 综合信息服务业务

综合信息服务业务主要分为宽带商务、电话导航和传媒信息业务，其中，宽带商务主要提供电话会议，网络传真等基础通信类产品以及客户关系管理、存货管理等企业信息化类产品；电话导航是一项面向客户的综合信息查询和发布服务；传媒信息业务主要针对客户的个性化需求，为客户量身打造的信息查询渠道。

2. 移动电话业务

移动电话业务主要包括基础移动通信即所谓的语音服务和移动增值业务，其中基础移动通信业务包括本地市话、国内长途、港澳台长途、国际长途通话以及国内漫游、港澳台及国际漫游服务；移动增值业务主要是指短信、彩信及来电显示、语音信箱等多种增值业务。

3. 固定电话业务

固定电话业务包括基础通信和增值业务，其中，基础通信提供包括本地电话、国内长途、国际以及港澳台长途、IP电话等多种通话服务；增值业务包括基于公共电话网络（PSTN）的多种增值业务。

4. 互联网接入与应用

互联网接入与应用提供的业务包括宽带接入、家庭网关、无线局域网、数据互联中心、宽带我世界网站群、宽带我世界客户端及E盾。业务范围从固定网络接入到移动互联网的接入，用户不仅可以在家中上网，也可以在中国联通布网的商务酒店、休闲中心等地随时实现Internet接入；另外，宽带我世界网站群和宽带我世界客户端主要是中国联通提供的上网服务，E盾主要是针对交易者身份和信息等数据安全的保护。

5. 数据通信及多媒体通信

数据通信及多媒体通信业务包括：数据通信、网视机、可视电话、通信助理、宽视界、IPTV。利用中国联通的广泛的数据通信网，中国联通提供视频、数据等大量信号传输的多种应用，为用户提供全方位的服务。

6. 国际业务

中国联通的国际业务涵盖固定和移动两个领域，并在中国香港、北美、欧洲、日本和新加坡设有境外运营公司，与国际上主导运营商和服务机构建立了良好的合作关系。分为固定国际业务和移动业务，固定国际业务主要包括语音、线路租用、互联网和创新数据服务，目前已与全球各主要运营商建立了广泛的业务合作关系，与全世界60多个国家和地区近100家运营商建立了直达合作关系，为用户提供通达240多个国家和地区的优质国际语音和专线服务。通过多种业务模式与全球几十家主流电信运营商开展IPLC、IEPL、

MPLS VPN、FR/ATM 等数据业务合作，为跨国企业客户提供优质服务。移动通信服务发展迅速，截止到 2011 年 9 月 1 日，中国联通与 245 个国家的 536 个运营商开通了语音/短信漫游业务；与186 个国家的 431 个运营商开通了数据漫游业务；同时，中国联通还为 3G 用户提供了 100 个国家的 3G 高速数据漫游业务。针对 3G 国际漫游业务，中国联通完成了统一的产品和服务规划，已与 240 多家境外 WCDMA 运营商签署了国际漫游协议。此外，中国联通开通了一卡多号业务、预付费漫游业务等多项移动国际增值业务。

7. ICT 及其他

中国联通依托丰富的客户关系和网络资源优势，提供集客户端系统及软件开发集成、维护及咨询服务和租赁等业务为一体的综合服务，是面向客户的"一揽子"解决方案。主要包括系统集成服务、专业服务、外包服务、知识服务、软件服务及其他；其他业务主要包括网元出租业务和应急通信业务，利用丰富的网络资源，提供各种应急通信服务。

（六）经营和财务绩效

表 2-12-1　中国联通 2008~2010 年度经营与财务业绩比较

单位：人民币（元）	2010 年	2009 年	2008 年
收入	176168361570	158368819533	152764263901
总资产	443466253707	419232296909	347037473964
EBITDA	59630000000	60090000000	57750000000
EBITDA 率	33.85%	37.94%	37.80%
净利润	3671276307	9373893786	33727790635
净利润率	2.08%	5.92%	22.08%
总资产报酬率（ROA）	0.83%	2.24%	9.72%
净资产报酬率（ROE）	1.76%	4.49%	16.14%
资本性支出（CAPEX）	70190000000	112470000000	70490000000
CAPEX 占收比	39.84%	71.02%	46.14%
经营活动净现金流	68209960601	59308819463	60075103191
每股经营活动净现金流	3.217967608	2.798035041	2.834186304
自由现金流（FCF）	1980000000	−53160000000	−10410000000
自由现金流占收比	−1.12%	−33.57%	−6.81%
销售现金比率	38.72%	37.45%	39.33%
资产现金回收率	15.38%	14.15%	17.31%
EVA	−17673360895.15	−13601009661.90	14604141075.30
EVA 率	−7.83%	−5.74%	7.04%
每股盈利（EPS）	0.0579	0.148	0.161
每股股利（DPS）	0.026	0.0536	0.0672
股利支付率	44.91%	36.22%	41.74%
主营业务收入增长率	11.24%	3.67%	−0.83%
总资产增长率	5.78%	20.80%	3.37%
净利润增长率	−60.84%	−72.21%	63.64%
经营活动现金流增长率	15.01%	−1.28%	−13.98%
每股盈余增长率	−60.88%	−8.07%	−61.30%

续表

单位：人民币（元）	2010 年	2009 年	2008 年
资产负债率	53%	50%	36%
流动比率	21%	15%	29%
利息保障倍数	2.712433365	8.475854195	3.735352816
总资产周转率	0.39725314	0.37775911	0.440195297
固定资产周转率	58%	56%	63%
坏账发生率	28%	30%	26%
折旧与摊销	54786129035	47897523467	48097129450
股息	555000000	1136137567	1424411278
内部融资额	57902405342	56135279686	80400508807
折旧摊销率	31.10%	30.24%	31.48%
付现成本率	64.52%	61.41%	53.61%
营销、一般及管理费用率	22.62%	22.10%	19.40%

（七）内控与风险管理

中国联通设立由董事会、内控与风险管理委员会、内控与风险综合管理部门和各相关专业职能管理部门构成的涵盖全集团范围的内控与风险管理组织架构，基于内部环境、风险评估、控制活动、信息与沟通、内部监督五个基本要素，搭建了包括公司层面控制及流程层面控制的内控体系。

（1）开展集团总部及各分、子公司的内控规范更新优化工作，为公司持续健康发展提供了有力支撑。

（2）定期对影响公司生产经营的重点风险进行评估，通过风险报告等方式对重大风险进行提示。

（3）开展风险案例集中梳理工作，提示各专业重点风险及管控建议，并针对不同层级人员开展风险案例培训，增强了风险防范意识和风险识别能力。

（八）人力资源发展

截止到报告期末，公司在职员工为 215815 人。中国联通坚持以人为本，机制创新，追求公司与员工的和谐发展。公司通过持续的企业文化建设，为员工营造良好的工作氛围；通过多渠道晋升的职位体系，努力做到人尽其才，为员工职业发展提供广阔的空间；通过以市场和业绩为导向的绩效管理体系和薪酬福利体系，形成公司与员工双赢的价值理念；通过精心设计的培训课程，不断提高员工的职业素质；通过竞争择优，动态优化的用人制度，打造一支素质优良、结构合理、勇于创新、充满活力的核心员工队伍。在公司发展战略指引下，员工与公司同舟共济，同步成长，共同创造美好的未来。

1. 促进员工与公司和谐发展

广大员工是企业的核心资源，中国联通坚持以人为本，紧紧依靠广大员工，切实维护广大员工的合法权益，全面加强员工队伍建设和教育培训工作，激发创造活力，不断拓宽员工的成长空间。

2. 维护员工权益，推进员工民主管理

2010 年，中国联通不断完善"地市—省—集团"三级职代会体系建设工作，认真落实职工代表提案，保障职工代表合法履行职责。鼓励广大

员工针对集团公司生产经营管理中的热点、难点问题献计献策，各省级分公司围绕节能减排、3G发展等主题向员工征集合理化建议，畅通沟通渠道。中国联通进一步完善厂务公开、民主管理制度，保障、落实员工的知情权、参与权、表达权、监督权。集团公司在 2010 年荣获全国厂务公开民主管理先进单位。

3. 保障员工职业安全

中国联通结合行业特点和企业实际，不断推进职业健康管理体系建设，加强安全宣传教育，完善员工劳动保护管理，开展防毒、防辐射、防噪声、防寒、防冻和防暑降温工作，向从业人员配发劳动防护用品，重点加强对特种作业、恶劣环境作业等易发事故场所的防护设施、工具及用品的配备和管理，确保了员工职业健康。

4. 完善员工激励机制

中国联通加强劳动合同管理，不断完善以市场和业绩为导向的绩效管理体系和薪酬福利体系，出台激励本地网加快发展的政策，重点向高贡献、高价值员工倾斜，向生产经营一线员工倾斜，鼓励广大员工为公司改革发展和业绩增长多作贡献。帮助员工成长。

5. 拓展职业发展空间

中国联通努力为员工营造良好的工作氛围，建立动态优化的用人制度，明确了以价值贡献为核心的员工职位动态管理和职业发展方式，制定了差异化的多通道发展激励政策。2010 年，竞争性选聘总部部门和省级分公司新一届管理团队，公开选拔部分生产经验丰富、素质优良的年轻管理人员担任省级分公司总经理；加大总部和省公司、子公司的人才交流力度；坚持用人原则公开化、透明化，增强外界尤其是大学毕业生对企业的信心和认可，开展专业人才和校园招聘活动。

6. 加强员工教育培训

中国联通健全公司培训体系，根据不同专业、不同层面的培训需求，精心设计培训课程，全面开展多层次、多形式、高效能的培训工作，持续优化员工知识和能力结构，为公司核心竞争力的增强提供智力支撑和人才保障。

7. 开展体验式营销培训

由集团统一部署，培养内训师，各分公司分别组织实施，全面展开体验式销售技能培训系列推广落地工作。完善网上学院系统，丰富在线学习资源。开发制作市场营销、客服 3G 专属服务、体验式销售以及 IT 新技术等系列网络课件，在线培训 15 万余人次。组织实施各类在线考试 37 批次，共约 3.3 万人次参加网上考试。

8. 关爱员工生活

中国联通尊重员工，了解员工诉求，着力解决员工关心的问题，增强员工归属感。真情关心退休职工、贫困员工和灾区员工，了解他们的工作和生活情况，为他们解决实际困难。丰富员工的业余生活，积极开展羽毛球比赛、乒乓球比赛、篮球赛、职工运动会、摄影、唱红歌等文体活动，增强沟通交流，缓解工作压力。关注员工心理健康，通过举办健康知识讲座、知心邮箱等活动，为员工搭建一个心理关爱的平台。

（九）企业社会责任

中国联通把履行社会责任融入到发展战略，从着眼自身发展转变为聚焦用户需求，从为消费者提供简单的通信沟通向生活、学习、工作等全方位信息服务转变，从而为消费者和全社会信息生活提供全面服务，不仅体现了公司发展模式和经营领域的转变，更意味着公司在社会发展进程中将扮演更加重要的角色，要为推动各行各业发展、拉动内需、服务民生、提升国民经济发展质量和水平作出积极的贡献。

1. 提升全社会信息生活品质

中国联通以向社会提供高品质的信息服务为己任，通过为社会提供便捷优质的网络接入服务、安全高效的应用创新服务和内容整合服务，为人们的生活、学习和工作助力添彩，努力成为客户信赖和满意的信息生活伙伴。

（1）让信息通信成果惠及公众。中国联通3G业务正式商用以来，得到了社会各界的高度关注和大力支持。广大用户通过中国联通的3G网络享受到了高品质、高速率、高可靠性的手机报、手机上网、手机音乐、手机电视、手机邮箱等多种业务。中国联通还不断加大业务创新，推出沃商店、手机阅读、手机微博等更加丰富的应用内容，满足用户的多样性需求。

（2）丰富集团客户信息化应用。中国联通通过不断丰富的信息通信产品及行业应用，推进政府、行业和企业社会信息化建设，加快应用渗透。中国联通继续巩固和扩大与各省、自治区、直辖市政府的战略合作，推进政务与城市信息化，建立"无线城市"和"智慧城市"全力支撑当地的经济社会发展推进。各种应用如移动警务、环保监测、平安校园、煤矿检测、智能公交等。

2. 助力农村经济社会发展

（1）探索和推动现代信息技术在农业领域的应用。信息通信技术作为当前最活跃的科技因素，对现代农业进程正在发挥着深刻的影响。11月20日，中国联通与农业部在北京签署"共同推进农业农村信息化战略合作框架协议"，建立全面战略合作伙伴关系，在农业生产、经营、管理三大领域开展深层次合作，深入开展3G、物联网、云计算等现代信息技术的试点示范，共同推动农业生产经营信息化水平。

（2）推进"村村通电话工程"。中国联通始终以高度的政治责任感和历史使命感，坚持正确处理企业效益与社会效益的关系，统筹考虑"村村通电话工程"实施与公司农村地区网络建设，筹措资金、协调资源，精心组织、全力以赴，千方百计推进"村村通电话工程"建设。历年来中国联通共完成23393个村通任务，累计投资超过50亿元。2010年中国联通继续响应政府号召，克服自然环境恶劣、交通不便、电力引入困难、施工难度大等多重困难，推进河北、内蒙古、山西、黑龙江、吉林、新疆、安徽七省（区）"村村通电话工程"建设，解决了2495个偏远自然村的通电话问题。

（3）丰富农村信息化应用。继续深入推广12316农科在线。12316农科在线已逐渐发展成为农民与政府之间的"心线"、农民与市场之间的"致富线"、农民与专家之间的"解忧线"。"12316农科在线"直接服务近1000万的农村用户，长期注册用户达到100万户。在河南，推出"新型农村合作医疗"信息化项目；在湖北，推出"农业新时空"等。

3. 为客户提供满意优质服务

中国联通秉承"以客户为中心，用服务促发展"的服务理念，完善优质服务机制，不断提升服务能力，倾力做到"服务让社会满意"。

（1）关注客户感知，为客户提供方便、快捷的服务。中国联通开展窗口服务问题"零容忍"行动计划，加强窗口单位的基础管理；创新营业厅服务模式，增加柜台外服务人员数量；大力推进电子渠道发展，为客户提供更加便捷低成本的"一站式"服务；提供便捷渠道方便群众就近办理业务；针对老人和中小学生提供个性化的服务，促进信息无障碍交流。

（2）关注客户体验，提供3G专属服务。构建有区隔的3G专属服务模式，提供全方位服务，强调服务与客户的互动，在售前、售中、售后全过程的客户接触，全面收集、梳理和深度挖掘有效信息，使客户的真实想法成为公司产品设计、市场经营、业务发展的落脚点、导航仪，带动公司整体经营工作的客户化导向，更真诚、更便捷、更专业地为客户提供服务。

（3）开展积分兑换和俱乐部活动，回馈用户。

4. 推动和服务低碳经济发展

中国联通全面落实国家保护环境和节约资源的要求，以持续创建"资源节约型企业"和"环境友好型企业"为目标，不断推进企业高效、低成本、绿色发展，通过将先进的信息通信技术广泛应用到经济社会各个领域，推动产业链上、下游和全社会节能减排工作持续深入进行。

（1）全面推进节能减排工作。搭建节能减排管理体系，促进体系化建设，成立节能减排管理委员会和节能减排管理办公室，制定减排考核办法；积极推进新技术的应用和节能新技术的推广，积极研究、跟进通信网络的发展与演进，加强对云计算、虚拟化等新技术的研究，逐步推动信息系统基础设施资源整合与共享，提高设备利用率，从节能减排专项规划入手，中国联通编制了2011~2013年节能减排专项规划，明确了规划期内的节能目标，制定节能措施和实施方案，充分发挥规划导向作用，指导公司上下通过管理手段和技术手段共同促进节能减排工作的开展。细化能耗管理，落实日常生产节能工作，在日常管理过程中，加强节能减排精细化管理，制定节能管理制度，落实节能管理责任，改善节能管理措施，完善计量手段，夯实节能精细化管理基础；节能

减排取得显著成效，2010年，能源消耗总量完成174.04万吨标准煤，相比2008年130.22万吨标准煤增长33.65%；单位信息流量综合能耗完成75.58千克标准煤/TB，相比2008年164.48千克标准煤/TB下降54%。

（2）加大基础设施共建共享。为节约资源、保护环境，减少电信重复建设，中国联通积极响应国家电信基础设施共建共享政策，与其他电信运营企业开展合作，推动移动铁塔、传输干路等基础设施的共建共享。

5. 积极参加社会公益事业

中国联通积极投身社会公益事业，回馈社会，帮扶贫困地区，捐资助学，积极引导和开展员工志愿者活动，进一步培养和强化员工社会责任意识，促进和谐社会建设。

（1）扶贫助学　奉献爱心。做好对口帮扶工作，在多个地区实现帮扶工作；向友成企业家扶贫基金会捐款；继续做好人才、资金援藏工作；支持大学生社会实践，中国联通通过建立勤工助学、就业见习基地为大学生提供社会实践机会，促进大学生就业。

（2）员工志愿者在行动。中国联通鼓励员工积极开展志愿者行动，丰富活动内容，开展关爱农民工子女行动和支持世博志愿活动，展示了中国联通的品牌形象，活动得到了社会各界的广泛认可和一致好评。

（十）前景展望

信息通信技术产业正经历着重大创新和变革，产业的跨界融合以及移动互联网的飞速发展催生众多拥有巨大发展潜力的新商机。公司将牢牢抓住宝贵的战略机遇，深化实施"3G领先与一体化创新战略"，努力实现发展规模的新突破和综合实力的全面提升，加快成为"信息生活的创新服务

领导者"。2011年，中国联通公司的主要经营措施和目标包括：

一是确保3G、宽带等重点业务发展取得规模性突破，整体收入实现更快增长，盈利得到逐步改善。

二是公司将进一步优化产品结构、强化终端拉动、发挥融合优势，实现3G业务收入和用户的突破性发展；做好GSM业务的精细化营销，确保GSM业务平稳发展；保持固网宽带业务快速增长，固网业务结构持续改善。积极推进移动、固网的融合发展，面向行业、家庭和个人提供更加丰富多元的信息服务，满足客户全方位的一站式信息服务需求，实现融合业务和重点行业应用的规模发展和新突破。

三是紧紧抓住信息网络新技术新业务发展的重大机遇，加快发展新兴信息服务业，加大移动电子商务、视频、阅读、社交等重点内容应用产品开发推广，加强新一代移动通信、下一代互联网、物联网、云计算等关键技术的成果转换和应用推广，以差异化的服务和丰富的内容应用，激发用户数据业务消费，实现非语音业务收入占比的进一步提升，推动公司发展实现转型。以构建下一代信息通信基础设施为契机，继续打造3G精品网络，加快WLAN建设，保持3G网络业内领先；持续完善GSM网络；加速实施宽带升级提速，推进全光网络建设。

四是在2011年，公司将在重点城市开通HSPA+，网络下行速率将由目前的14.4M提升至21M。公司还将积极推动服务创新，进一步提升服务能力；加快信息支撑系统建设，为业务、销售服务和管理的持续变革提供坚实保障；深化实施本地网成本评价管理，不断优化资源配置；积极探索创新的体制和机制，为公司发展注入新的活力。

附件一：中国联通财务报告（2010年）

1. 合并资产负债表

资产	2010年12月31日合并	2009年12月31日合并	2010年12月31日公司	2009年12月31日公司
流动资产				
货币资金	22790656271	8828101716	22094474	11533374
应收票据	61453402	24522070	—	—
应收账款	10407880852	9870653801	—	—
预付款项	3066549854	1853329628	—	—
应收利息	1654138	6874902	—	—
应收股利	—	—	423498119	307361297
其他应收款	1616611493	6667416291	1840968	2002560
存货	3728424300	2412408382	—	—
其他流动资产	619616472	1059443471	—	—
流动资产合计	42292846782	30722750261	447433561	320897231
非流动资产				
可供出售金融资产	6213538603	7976911996	—	—
长期股权投资	47713824	15000000	38538133791	38538133791
固定资产	304422521027	285035422340	6352817	5898094

续表

资产	2010年12月31日 合并	2009年12月31日 合并	2010年12月31日 公司	2009年12月31日 公司
在建工程	55861735600	57843899232	—	—
工程物资	3366788885	6291784814	—	—
无形资产	19869756964	19645275246	10999555	11247662
长期待摊费用	7723855943	7620496398	—	—
递延所得税资产	3667496079	4080756622	—	—
非流动资产合计	401173406925	388509546648	38555486163	38555279547
资产总计	443466253707	419232296909	39002919724	38876176778

负债和股东权益	2010年12月31日 合并	2009年12月31日 合并	2010年12月31日 公司	2009年12月31日 公司
流动负债				
短期借款	36726520000	63908500000	—	—
应付短期债券	23000000000	—	—	—
应付票据	585181600	1380861045	—	—
应付账款	93695041747	100567494864	—	—
预收款项	29971070505	21135828170	—	—
应付职工薪酬	3402371265	3598220139	—	—
应交税费	1483998972	911986749	28281	96292
应付利息	743909825	216387694	—	—
应付股利	24118117	24133609	61049	76541
其他应付款	8077305416	7780884818	5823876	7409145
一年内到期的非流动负债	184035033	88098747	—	—
流动负债合计	197893552480	199612395835	5913206	7581978
非流动负债				
长期借款	1462239790	759455307	—	—
应付债券	33557754642	7000000000	—	—
长期应付款	161603695	190913424	—	—
其他非流动负债（递延收益）	2170526901	2557781469	—	—
递延所得税负债	40130185	266278342	—	—
非流动负债合计	37392255213	10774428542	—	—
负债合计	235285807693	210386824377	5913206	7581978
股东权益				
股本	21196596395	21196596395	21196596395	21196596395
资本公积	27818940772	28060074201	17111103108	17111103108
盈余公积	684955035	558500106	684955035	558500106
未分配利润	21153277236	21188259723	4351980	2395191
外币报表折算差额	(17733819)	(19544587)	—	—
归属母公司股东权益合计	70836035619	70983885838	38997006518	38868594800
少数股东权益	137344410395	137861586694	—	—
股东权益合计	208180446014	208845472532	38997006518	38868594800
负债和股东权益总计	443466253707	419232296909	39002919724	38876176778

2. 合并损益表

项 目	2010 年度合并	2009 年度合并	2010 年度公司	2009 年度公司
一、营业收入	176168361570	158368819533	—	—
减：营业成本	(123734874682)	(105653764889)	—	—
营业税金及附加	(4870685998)	(4487042060)	—	—
销售费用	(23732607298)	(20956737441)	—	—
管理费用	(16112717598)	(14047876509)	(10442402)	(13410954)
财务费用（加：收入）	(1624542243)	(943518133)	(2422076)	534500
资产减值损失	(2663931281)	(2375636936)	—	—
加：公允价值变动收益	—	1239125224		
投资收益	484626759	212157048	1277413763	1596772574
二、营业利润	3913629229	11355525837	1264549285	1583896120
加：营业外收入	1060149128	1100637091	—	—
减：营业外支出	(327274954)	(275186614)	—	—
三、利润总额	4646503403	12180976314	1264549285	1583896120
减：所得税费用	(975227096)	(2807082528)	—	—
四、净利润	3671276307	9373893786	1264549285	1583896120
归属于母公司普通股股东净利润	1227610009	3137024492	1264549285	1583896120
少数股东损益	2443666298	6236869294	不适用	不适用
五、同一控制下企业合并中被合并方在合并前实现的净利润	—	117276255	不适用	不适用
六、每股收益（归属于母公司普通股股东）				
基本每股收益	0.0579	0.1480	不适用	不适用
稀释每股收益	0.0576	0.1472	不适用	不适用
七、其他综合收益	(1334815631)	(37472362)	—	—
八、综合收益总额	2336460676	9336421424	1264549285	1583896120
归属于母公司普通股股东综合收益总额	775317974	3124117937	1264549285	1583896120
归属于少数股东的综合收益总额	1561142702	6212303487	不适用	不适用

3. 合并现金流量表

项 目	2010 年度合并	2009 年度合并	2010 年度公司	2009 年度公司
一、经营活动产生的现金流量——持续经营业务				
销售商品、提供劳务收到的现金	170173835063	146940734972	—	—
收到的税款返还	97762455	5459142	—	—
收到其他与经营活动有关的现金	1882406374	419096390	—	—
经营活动现金流入小计	172154003892	147365290504		
购买商品、接受劳务支付的现金	(73707882256)	(56170245012)	(8549309)	(8789379)
支付给职工以及为职工支付的现金	(23478996907)	(22111777965)	(2898004)	(3227353)
支付的各项税费	(6757164128)	(9774448064)	—	—
经营活动现金流出小计	(103944043291)	(88056471041)	(11447313)	(12016732)
经营活动产生的现金流量净额（减：支付）	68209960601	59308819463	(11447313)	(12016732)
二、投资活动产生的现金流量				
处置固定资产、无形资产和其他长期资产所收回的现金净额	374591782	611015242	—	—
收回投资所收到的现金	—	1370989	—	—

续表

项　目	2010 年度合并	2009 年度合并	2010 年度公司	2009 年度公司
取得投资收益所收到的现金	561683784	271580498	1158858348	1438948918
收到其他与投资活动有关的现金	1200945107	238259536	—	—
持续经营业务投资活动现金流入小计	2137220673	1122226265	1158858348	1438948918
购建固定资产、无形资产和其他长期资产所支付的现金	(78082801607)	(81540256970)	(696878)	(59784)
投资所支付的现金	(46275271)	—	—	—
企业合并所支付的现金	—	(3895085620)	—	—
支付的其他与投资活动有关的现金	(477672520)	(897650802)	—	—
持续经营业务投资活动现金流出小计	(78606749398)	(86332993392)	(696878)	(59784)
持续经营业务投资活动产生的现金流量净额（减：支付）	(76469528725)	(85210767127)	1158161470	1438889134
终止经营业务投资活动产生的现金流量净额（减：支付）	5121123007	(5039198272)	—	—
投资活动产生的现金流量净额（减：支付）	(71348405718)	(90249965399)	1158161470	1438889134
三、筹资活动产生的现金流量——持续经营业务				
子公司吸收少数股东投资所收到的现金	405515	—	—	—
发行可转换债券所收到的现金	12143781219	—	—	—
发行债券收到的现金	37881800000	—	—	—
取得借款所收到的现金	114981978200	98317901438	—	—
筹资活动现金流入小计	165007964934	98317901438	—	—
偿还债务所支付的现金	(141451449465)	(54485351743)	—	—
分配股利、利润或偿付利息所支付的现金	(5732243210)	(6504947640)	(1136153057)	(1426113884)
向 SKT 回购联通红筹公司股份所支付的现金	—	(8801661273)	—	—
筹资活动现金流出小计	(147183692675)	(69791960656)	(1136153057)	(1426113884)
筹资活动产生的现金流量净额（减：支付）	17824272259	28525940782	(1136153057)	(1426113884)
四、汇率变动对现金的影响				
五、现金及现金等价物净增加（减少）额	14685827142	(2415205154)	10561100	758518
持续经营业务期末现金及现金等价物净增加额	9564704135	2623993118	10561100	758518
终止经营业务期末现金及现金等价物净增加（减少）额	5121123007	(5039198272)	—	—
加：年初现金及现金等价物余额	7832048194	10247253348	11533374	10774856
六、年末现金及现金等价物余额	22517875336	7832048194	22094474	11533374

附件二：中国联通大事记

1994 年 7 月 19 日，中国联合通信有限公司正式成立。

1999 年 2 月，中国联通根据国务院决定进行公司重组。

1999 年 3 月，国信寻呼有限责任公司和上海国脉通信股份有限公司划入中国联合通信有限公司。

2000 年 1 月，中国联通提出"两新两高一综合"发展战略。

2000 年 6 月 21 日，中国联通在纽约、中国香港证券交易所成功上市。

2001 年 1 月，中国联通提出"实现跨越式发展，把中国联通建设成为国际一流综合电信企业"的奋斗目标。

2002 年 10 月 9 日，中国联通 A 股在上海证券交易所成功上市，中国联通成为国内首家在中国香港、美国、内地三地上市的电信运营企业。

2002 年 12 月，GSM 用户数突破 6000 万，CDMA 用户数突破 700 万。

2003 年 5 月，中国联通为抗击 SARS 疫情，向全国卫生部门、防"非典"机构捐赠宝视通视频会议系统等物资，合计人民币 4100 万元。

2003 年 7 月，王建宙董事长提出"移动为主、综合发展；两网协调、差异经营；效益领先、做大做强"24 字经营方针。

2003 年 7 月，《福布斯》公布全球企业 500 强的评选结果，中国联通居第 390 位。

2004 年 5 月 10 日，公司在京召开新闻发布会，宣布截止到 5 月 5 日中国联通移动用户总数突破一亿，成为全球第三大 GSM 运营商和全球第二大 CDMA 运营商。

2004 年 10 月 30 日，国务院决定：任命常小兵同志为中国联合通信有限公司董事长，尚冰为中国联合通信有限公司总经理。11 月，召开集团公司、联通 A 股公司、联通红筹公司股东会、董事会，任命常小兵为公司董事长、尚冰为公司总经理。

2005 年 1 月 10 日，中国联通移动通信网与中国电信、中国网通"小灵通"网间实现短信业务全网互联互通。

2005 年 1 月 13 日，公司正式推出增值业务"uni"品牌。

2005 年 2 月 6 日，公司青少年业务品牌"up 新势力"正式推向市场。

2005 年 2 月 25 日，商务部印发《商务部关于同意中国联通有限公司与联通新世界通信有限公司合并的批复》（商资批〔2005〕258 号）文件。

2005 年 3 月 11 日，公司成功中标澳门 CDMA 牌照，这是国内电信运营商首次在大陆以外地区获得移动运营牌照。

2005 年 3 月 21 日，公司印发《关于调整总部计划财务管理机构设置的通知》（中国联通企字〔2005〕141 号），公司总部撤销计划财务部，分别成立计划部和财务部。

2005 年 4 月 12 日，公司正式宣布推出世界风"双模卡"业务。

2005 年 7 月 1 日，联通华盛通信技术有限公司正式注册成立。

2005 年 10 月 18 日，公司成功开通澳门 CDMA 网络，这是国内电信运营商首次在大陆以外地区开通移动通信网络。

2006 年 1~2 月根据"以市场为导向、客户为中心"的思路，公司按照"前台面向市场、后台支撑前台"和"前台按照客户群组织，后台强调专业化支撑"的总体原则，对总部部门设置进行了调整。调整后，公司总部设置 24 个部门，116 个处室。

2006 年 3 月 21 日，公司印发《中国联通品牌策略纲要（试行）》，公司分品牌经营工作正式启动。

2006 年 3 月 21 日，中国联通上市公司发行一年期短期融资券 10 亿元；7 月 11 日发行半年期、九个月和一年期共三期 60 亿元短期融资券。

2006 年 3 月 28 日，公司正式启用新标识。

2006 年 4 月，公司在广泛开展风险分析的基础上，揭示了影响财务信息真实性的 10 大风险，提出了内控整改的 26 个重点问题，并进一步明确为 82 个内控重点整改目标。围绕重点问题的整改，公司先后组织开展了 5 次内控建设现场督导、自我测评、内控测评和评审，推动了重点风险问题的整改落实。

2006 年 4 月 29 日，公司与中讯邮电咨询设计院拟进行重组获国资委批复同意（国资改革〔2006〕491 号）。6 月 30 日，两公司的重组方案获国资委批复同意（国资改革〔2006〕736 号）。重组后，中讯邮电咨询设计院成为中国联合通信有限公司的全资子公司，对外名称不变，对内称"中国联通研究设计院"。

2006 年 5 月 11 日，联通 A 股公司股改方案获 A 股股东大会通过。

2006 年 6 月 20 日，中国联通股份公司与韩国 SK 电讯公司在北京签署了定向发行 10 亿美元可转换债券及建立战略联盟框架协议。

2006 年 6 月 26 日，公司印发《中国联通客户品牌服务标准》，明确了各服务渠道的定位和功能，制定了世界风、新势力、如意通和新时空四大客户品牌的服务标准。

2006 年 8 月 25 日，公司与中国电信集团公司签署合作意向书，同意成为其实业上市公司中国通信服务股份公司的战略投资者。

2006 年 12 月 4~8 日，公司以全新形象参加香港"2006 世界电信展"。本次参展以世界风、新势力、如意通、新时空四大客品牌及旗下丰富而各具特色的增值业务服务为重点，全力展示公司"让一切自由连通"的理念。

2008 年 7 月 27 日，联通红筹公司、联通运营公司与电信 H 股公司签署《关于转让 CDMA 业务的协议》。联通运营公司将其拥有和经营的目标业务转让给电信 H 股公司、联通运营公司将其持有的联通华盛通信技术有限公司 99.5% 的股权转让给电信 H 股公司以及联通红筹公司及其附属公司向电信 H 股公司及其附属公司转让中国联通（澳门）有限公司 100% 的股权，CDMA 业务出售交易的对价为人民币 438 亿元。与 CDMA 业务出售交易同步，联通集团、联通新时空与电信集团于同日签署了《关于转让 CDMA 资产的协议》，约定联通集团、联通新时空分别向电信集团转让相关 CDMA 资产，CDMA 资产出售交易的对价为人民币 662 亿元。

2008 年 10 月 1 日，CDMA 网络正式移交中国电信运营。

2008 年 10 月 15 日，中国网通红筹公司、中国联通红筹公司正式合并为中国联合网络通信有限公司，中国联通香港上市公司亦由"China Unicom Limited 中国联通股份有限公司"更改为"China Unicom（Hong Kong）Limited 中国联合网络通信（香港）股份有限公司"。

2009 年 1 月 6 日，国务院国资委《关于中国网络通信集团公司与中国联合通信有限公司合并有关问题的批复》（国资改革〔2009〕1 号），同意中国联合通信有限公司吸收合并中国网络通信集团公司。合并后，新的集团公司使用"中国联合网络通信集团有限公司"（简称"中国联通"）的名称，中国联通将继承中国联合通信有限公司、中国网络通信集团公司的全部资产、债权债务和业务，中国网络通信集团公司将依法注销。

2009 年 1 月 7 日，中国联通获经营 WCDMA 第三代移动通信业务经营牌照。

2009 年 1 月，中共中央决定，成立中国联合网络通信集团有限公司党组，常小兵同志任党组书记。中共中央决定，常小兵同志任中国联合网络通信集团有限公司董事长，陆益民同志任中国联合网络通信集团有限公司总经理。

2009 年 4 月 28 日，中国联通在京举行发布会，推出全业务品牌"沃"（英文发音"WOW"）。作为中国联通的核心品牌，"沃"品牌将覆盖中国联通的所有产品、业务、服务、套餐，为个人客户、家庭客户、集团客户提供 3G 时代的全业务服务。该品牌的推出，是中国联通实现由多品牌战略逐步过渡到企业品牌下的全业务品牌战略的重要一步。4 月，经工业和信息化部批准，中国联通换发了《基础电信业务经营许可证》和《增值电信业务经营许可证》并被授权从事相关业务。新颁发的电信业务许可证包括了原中国联合通信有限公司和原中国网络通信集团公司的全部电信业务经营许可事项。

2009 年 8 月 5 日，中国联通（新加坡）运营有限公司注册成立。

2009 年 10 月 30 日，中国联通与苹果公司联合在北京"世贸天阶"举行 iPhone 手机的上市首销仪式。

2009 年 12 月，贵州、云南、宁夏、新疆、江西、甘肃、青海 7 省（区）50 个城市正式开通 3G 业务，至此，中国联通已在 335 个大中城市开通 3G 网络。除西藏 5 个偏远地市以外，中国联通 3G 网络基本覆盖了全国地市级以上城市、主要交通干线和 4A 级以上旅游景点。中国联通 WCDMA 网络规模跃居全球之首。

2010 年 5 月 11 日，中国联通与联想集团"精彩在沃，乐自由我"战略合作暨"乐 Phone"上市启动仪式在京举行。

2010 年 6 月 21 日，中国联通、中国电信、中国移动与台湾中华电信签署厦（门）金（门）海缆备忘录。计划联合建设厦门和大金门岛之间的两条 24 芯海底光缆，设计传输能力最少可达 19.2Tbit/s，是两岸已开通的传输带宽的上百倍，可满足未来两岸之间宽带通信业务需求。该海缆的建成将改变目前大陆和台湾之间通信经多边合作海缆绕转通达的现状。

2010 年 7 月，中国联通大幅下调国际及台港澳出访漫游资费。其中，漫游时拨打中国大陆的资费：来自日本、韩国、南非方向的降幅达 43%，来自英国、德国、法国等国的最高降幅达 33%；漫游地的接听资费：在美国、日本、韩国的降幅近 70%，在英国、法国、德国等欧美主要国家的降幅超过 50%；在国外的手机上网流量费最低降至 0.01 元/KB，与在国内手机上网的标准资费基本相当。中国联通已与 220 个国家或地区的 398 家运营商开通了话音漫游业务，并与其中的 143 个国家和地区的 269 家运营商开通了 GPRS/WCDMA 数据漫游业务。

2010 年 11 月，中国联通"沃商店"在上海发布并在全国投入使用。该平台是基于 3G（WCDMA）成熟产业链，面向主流手机操作系统（Android、Symbian、Windows Mobile、Kjava 等）构建的全透明、跨平台、高度开放的手机应用开发和推广平台，采用与应用软件开发者三七分成的模式，对开发者实行无门槛准入、接入无数量和容量限制、开发者自主定价和结算透明的策略。截至 11 月 10 日，中国联通累计招募并签约开发商 146 家，上架应用软件 2377 款。"沃商店"设立了互联网门户、手机门户和手机客户端等三大门户，用户以手机号码作为用户名，可使用联通一卡充、银行卡等方式进行充值。

2010 年 12 月，中国联通成为全球首家也是国内唯一一家可提供缅甸国际漫游服务的电信运营商。中国联通与缅甸邮政电信公司（MPT）签署国际漫游业务协议，开通 GSM 网络语音和短信国际漫游服务。截止到 2010 年年底，中国联通已与 170 个国家和地区的 333 个运营商开通 GPRS 国际漫游来访业务，并与 155 个国家和地区的 294 个运营商开通 GPRS 国际漫游出访业务。

第三部分　指标篇

——全球电信运营企业关键绩效指标及分析

一　电信运营企业投资经营效果绩效指标概览

二　电信运营企业融资管理效率绩效指标概览

三　电信运营企业成本费用管理绩效指标概览

四　电信运营企业现金与质量管理绩效指标概览

五　电信运营企业可持续成长管理绩效指标概览

六　电信运营企业价值创造与分配绩效指标概览

七　电信运营企业财务竞争力与可持续发展的深度解析

一　电信运营企业投资经营效果绩效指标概览

1. 主营业务收入
2. 总资产
3. EBITDA
4. EBITDA 率
5. 员工人数
6. 人均 EBITDA
7. 净利润
8. 净利润率
9. 总资产报酬率（ROA）
10. 净资产报酬率（ROE）
11. 资本性支出（CAPEX）
12. CAPEX 占收比

1. 主营业务收入

单位：百万元人民币　　　　　　　　　主营业务收入

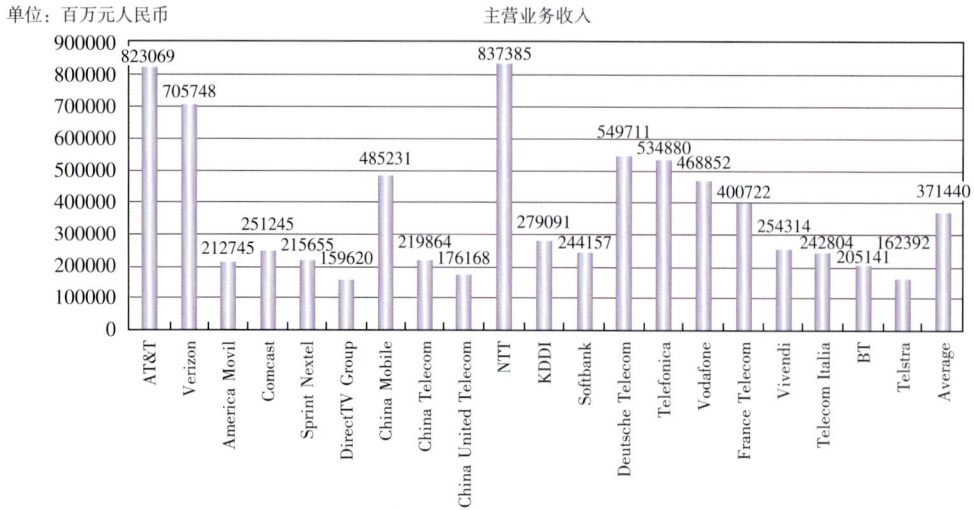

单位：百万元人民币　　主营业务收入（美洲）

	2008 年	2009 年	2010 年
AT&T	821400	814711	823069
Verizon	644746	713980	705748
America Movil	167938	186305	212745
Comcast	226867	236801	251245
Sprint Nextel	236000	213648	215655
DirectTV Group	130421	142819	159620

单位：百万元人民币　　　主营业务收入（亚洲）

	2008 年	2009 年	2010 年
China Mobile	412343	452103	485231
ChinaTelecom	186529	209370	219864
China United Telecom	152764	158369	176168
NTT	846429	827339	837385
KDDI	284208	279709	279091
Softbank	217211	224554	244157

单位：百万元人民币　　主营业务收入（欧洲）

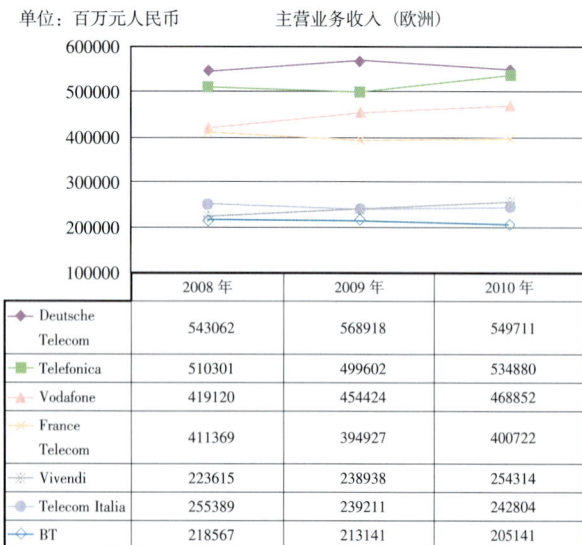

	2008 年	2009 年	2010 年
Deutsche Telecom	543062	568918	549711
Telefonica	510301	499602	534880
Vodafone	419120	454424	468852
France Telecom	411369	394927	400722
Vivendi	223615	238938	254314
Telecom Italia	255389	239211	242804
BT	218567	213141	205141

单位：百万元人民币　　主营业务收入（大洋洲）

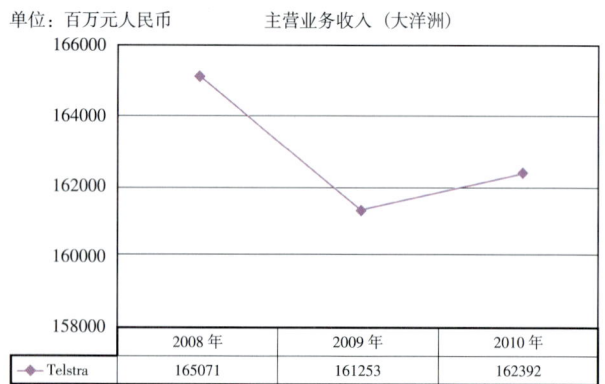

	2008 年	2009 年	2010 年
Telstra	165071	161253	162392

2. 总资产

单位：百万元人民币　　　　　　　　　　　总资产

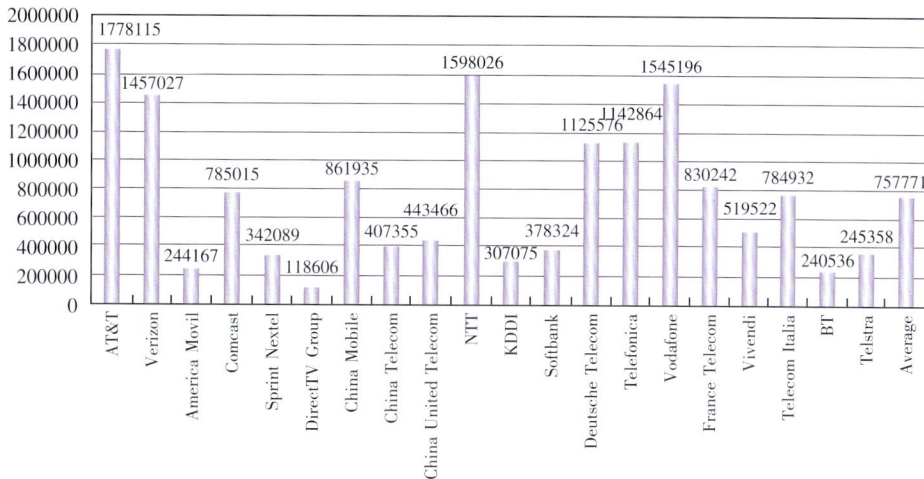

单位：百万元人民币　　　总资产（美洲）

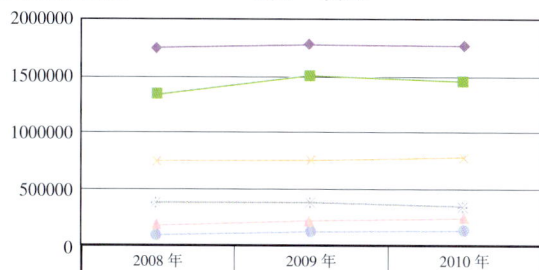

	2008 年	2009 年	2010 年
AT&T	1756638	1779864	1778115
Verizon	1340117	1505015	1457027
America Movil	188173	234706	244167
Comcast	748478	746597	785015
Sprint Nextel	387759	367057	342089
DirectTV Group	109533	120931	118606

单位：百万元人民币　　　总资产（亚洲）

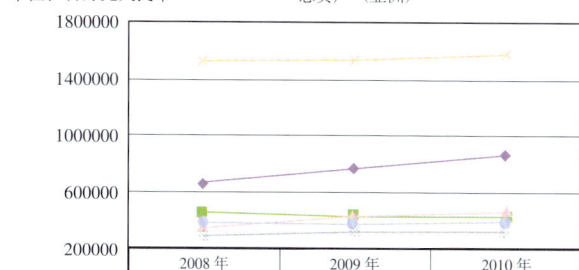

	2008 年	2009 年	2010 年
China Mobile	657697	751368	861935
China Telecom	440337	426520	407355
China United Telecom	347037	419232	443466
NTT	1527394	1538988	1598026
KDDI	278651	310376	307075
Softbank	356461	362653	378324

单位：百万元人民币　　　总资产（欧洲）

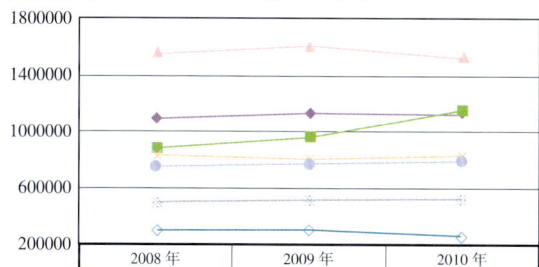

	2008 年	2009 年	2010 年
Deutsche Telecom	1084432	1125242	1125576
Telefonica	879734	952344	1142864
Vodafone	1560309	1604104	1545196
France Telecom	824746	800599	830242
Vivendi	497541	511878	519522
Telecom Italia	754277	758953	784932
BT	299128	293058	240536

单位：百万元人民币　　　总资产（大洋洲）

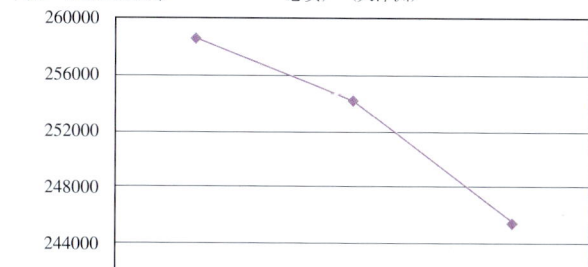

	2008 年	2009 年	2010 年
Telstra	258618	254217	245358

3. EBITDA

单位：百万元人民币　　　　　　　　　EBITDA

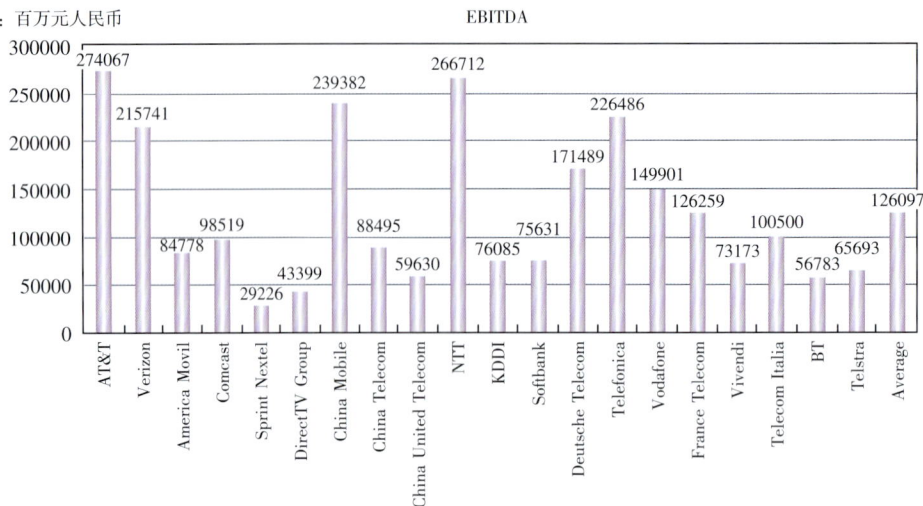

单位：百万元人民币　　EBITDA（美洲）

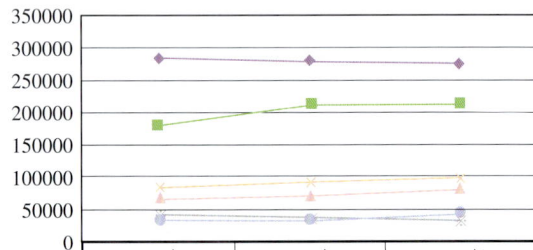

	2008 年	2009 年	2010 年
AT&T	285942	278763	274067
Verizon	178084	212781	215741
America Movil	67697	74010	84778
Comcast	85413	92413	98519
Sprint Nextel	37809	35577	29226
DirectTV Group	34114	32431	43399

单位：百万元人民币　　EBITDA（亚洲）

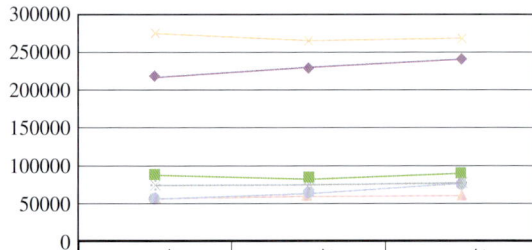

	2008 年	2009 年	2010 年
China Mobile	216487	229023	239382
China Telecom	85899	83284	88495
China United Telecom	57750	60090	59630
NTT	273830	263347	266712
KDDI	73461	75349	76085
Softbank	55146	64003	75631

单位：百万元人民币　　EBITDA（欧洲）

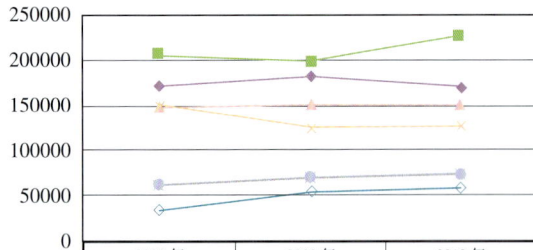

	2008 年	2009 年	2010 年
Deutsche Telecom	171366	182013	171489
Telefonica	205139	197081	226486
Vodafone	148062	150565	149901
France Telecom	148222	125616	126259
Vivendi	62597	67660	73173
Telecom Italia	62597	67660	73173
BT	32606	52746	56783

单位：百万元人民币　　EBITDA（大洋洲）

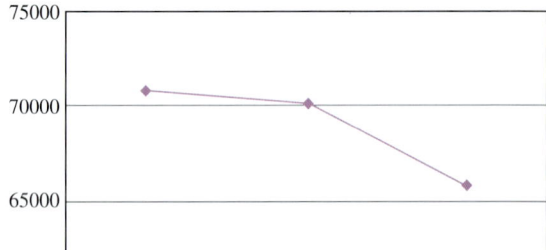

	2008 年	2009 年	2010 年
Telstra	70851	70197	65693

4. EBITDA 率

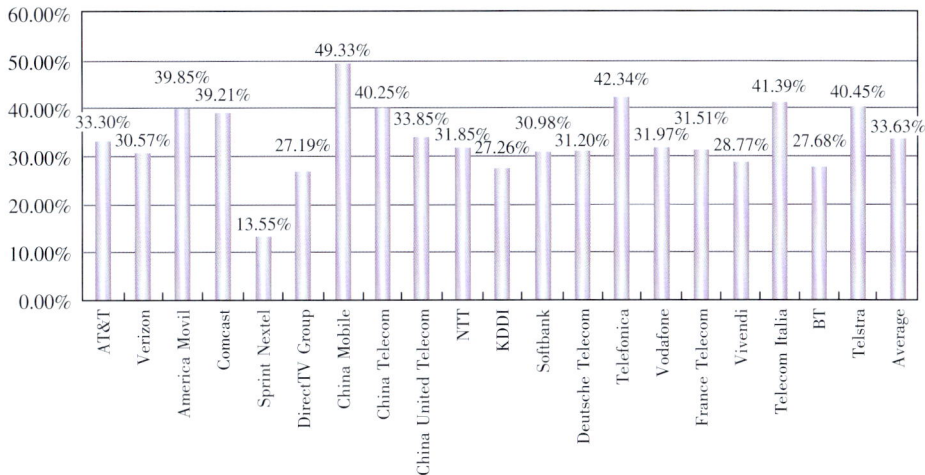

EBITDA 率

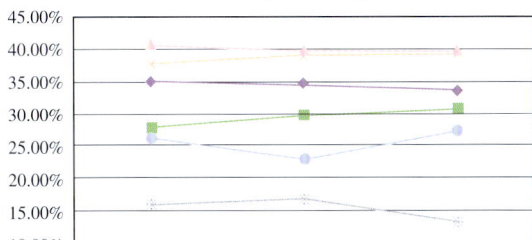

EBITDA 率（美洲）

	2008 年	2009 年	2010 年
AT&T	34.81%	34.22%	33.30%
Verizon	27.62%	29.80%	30.57%
America Movil	40.31%	39.73%	39.85%
Comcast	37.65%	39.03%	39.21%
Sprint Nextel	16.02%	16.65%	13.55%
DirectTV Group	26.16%	22.71%	27.19%

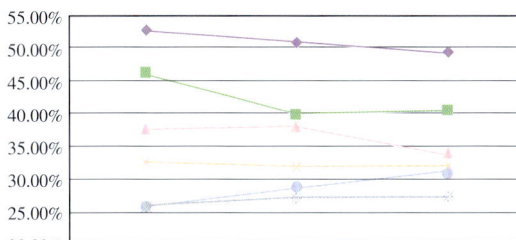

EBITDA 率（亚洲）

	2008 年	2009 年	2010 年
China Mobile	52.50%	50.66%	49.33%
China Telecom	46.05%	39.78%	40.25%
China United Telecom	37.80%	37.94%	33.85%
NTT	32.35%	31.83%	31.85%
KDDI	25.85%	26.94%	27.26%
Softbank	25.39%	28.50%	30.98%

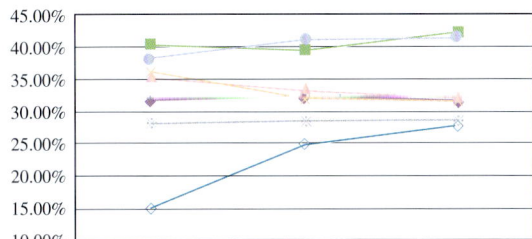

EBITDA 率（欧洲）

	2008 年	2009 年	2010 年
Deutsche Telecom	31.56%	31.99%	31.20%
Telefonica	40.20%	39.45%	42.34%
Vodafone	35.33%	33.13%	31.97%
France Telecom	36.03%	31.81%	31.51%
Vivendi	27.99%	28.32%	28.77%
Telecom Italia	38.24%	40.92%	41.39%
BT	14.92%	24.75%	27.68%

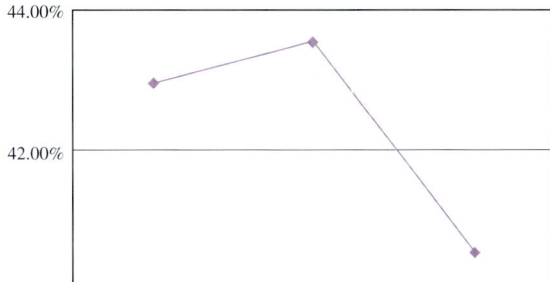

EBITDA 率（大洋洲）

	2008 年	2009 年	2010 年
Telstra	42.92%	43.53%	40.45%

5. 员工人数

员工人数

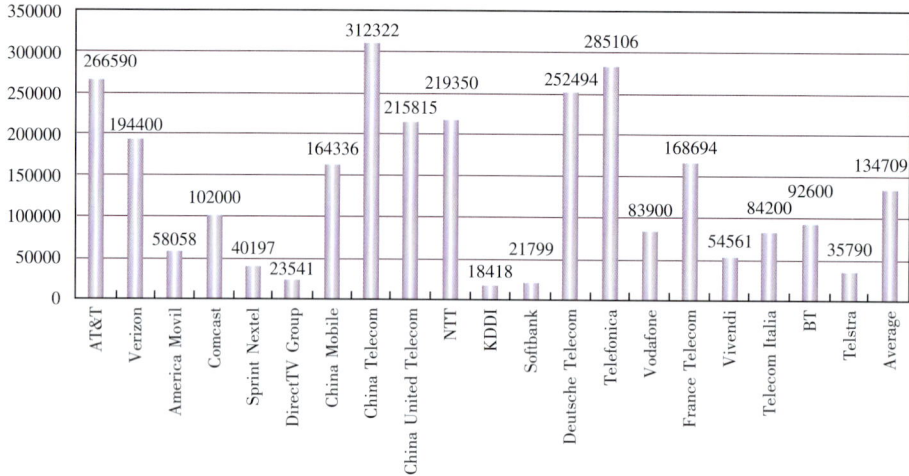

员工人数（美洲）

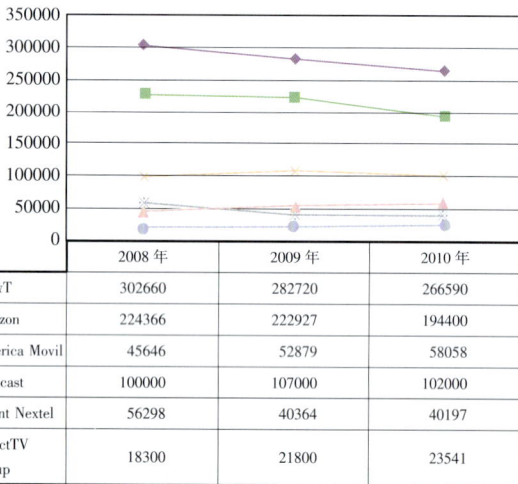

	2008 年	2009 年	2010 年
AT&T	302660	282720	266590
Verizon	224366	222927	194400
America Movil	45646	52879	58058
Comcast	100000	107000	102000
Sprint Nextel	56298	40364	40197
DirectTV Group	18300	21800	23541

员工人数（亚洲）

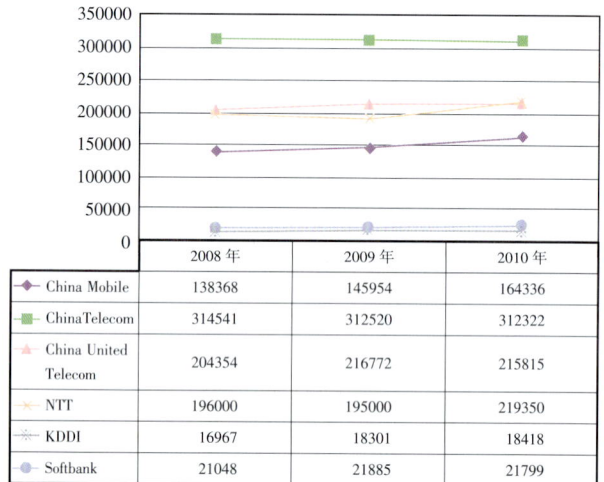

	2008 年	2009 年	2010 年
China Mobile	138368	145954	164336
ChinaTelecom	314541	312520	312322
China United Telecom	204354	216772	215815
NTT	196000	195000	219350
KDDI	16967	18301	18418
Softbank	21048	21885	21799

员工人数（欧洲）

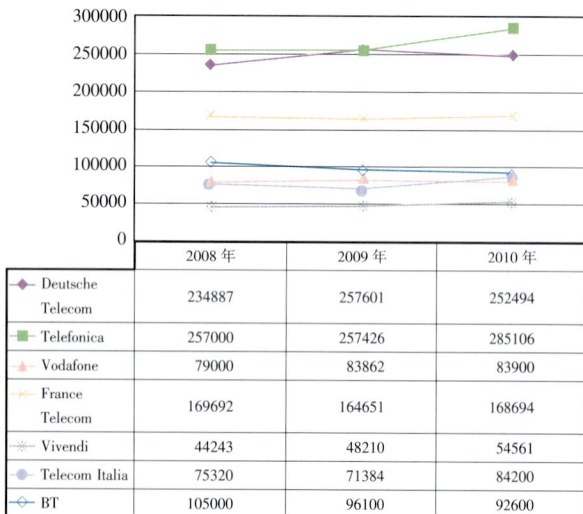

	2008 年	2009 年	2010 年
Deutsche Telecom	234887	257601	252494
Telefonica	257000	257426	285106
Vodafone	79000	83862	83900
France Telecom	169692	164651	168694
Vivendi	44243	48210	54561
Telecom Italia	75320	71384	84200
BT	105000	96100	92600

员工人数（大洋洲）

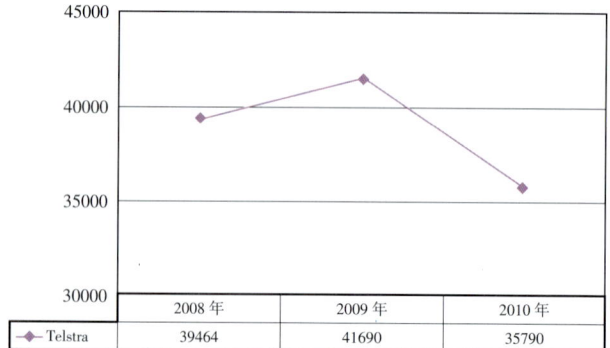

	2008 年	2009 年	2010 年
Telstra	39464	41690	35790

6. 人均 EBITDA

单位：百万元人民币 人均 EBITDA

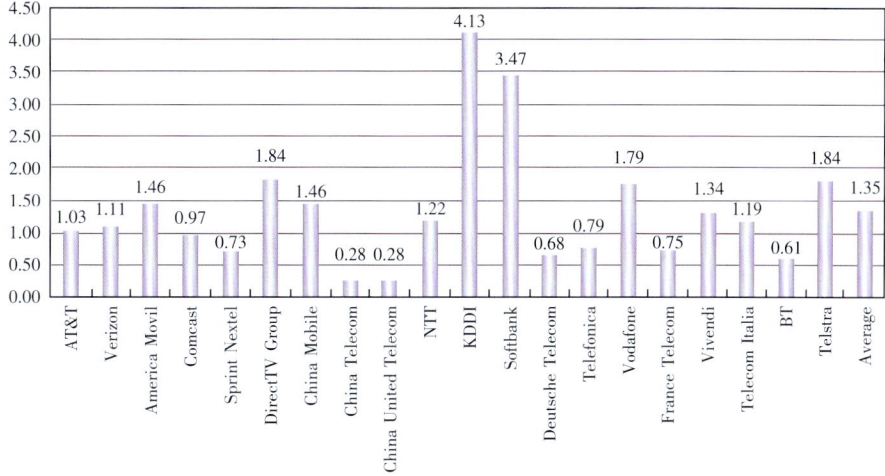

单位：百万元人民币 人均 EBITDA（美洲）

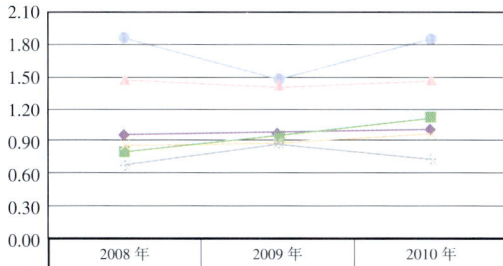

	2008 年	2009 年	2010 年
AT&T	0.94	0.99	1.03
Verizon	0.79	0.95	1.11
America Movil	1.48	1.40	1.46
Comcast	0.85	0.86	0.97
Sprint Nextel	0.67	0.88	0.73
DirectTV Group	1.86	1.49	1.84

单位：百万元人民币 人均 EBITDA（亚洲）

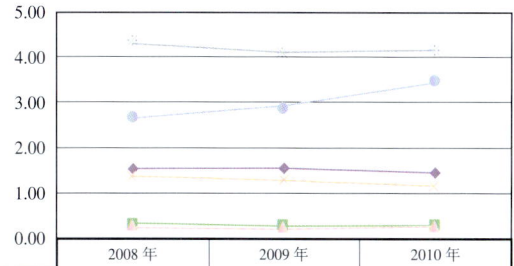

	2008 年	2009 年	2010 年
China Mobile	1.56	1.57	1.46
China Telecom	0.27	0.27	0.28
China United Telecom	0.28	0.28	0.28
NTT	1.40	1.35	1.22
KDDI	4.33	4.12	4.13
Softbank	2.62	2.92	3.47

单位：百万元人民币 人均 EBITDA（欧洲）

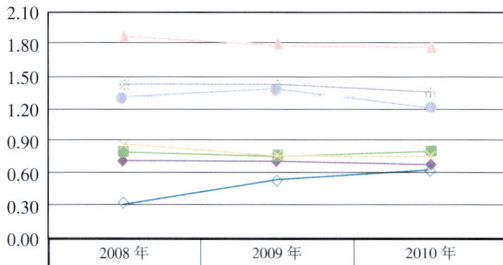

	2008 年	2009 年	2010 年
Deutsche Telecom	0.73	0.71	0.68
Telefonica	0.80	0.77	0.79
Vodafone	1.87	1.80	1.79
France Telecom	0.87	0.76	0.75
Vivendi	1.41	1.40	1.34
Telecom Italia	1.30	1.37	1.19
BT	0.31	0.55	0.61

单位：百万元人民币 人均 EBITDA（大洋洲）

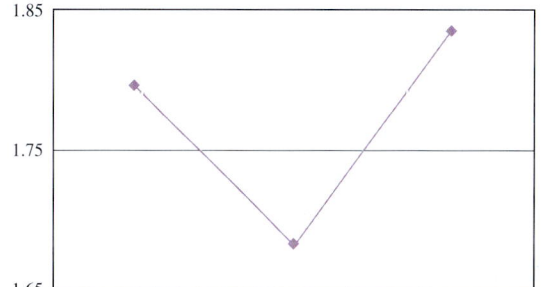

	2008 年	2009 年	2010 年
Telstra	1.80	1.68	1.84

7. 净利润

单位：百万元人民币　　　　　　　　　　　　净利润

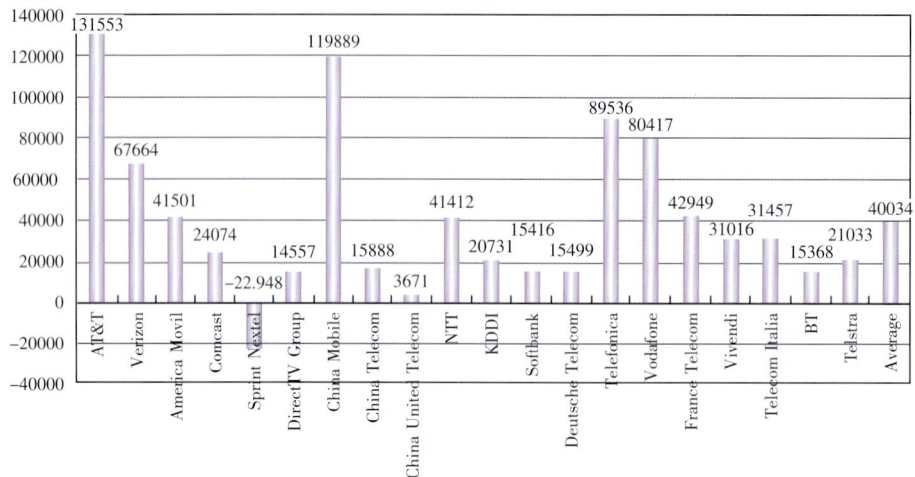

单位：百万元人民币　　　　净利润（美洲）

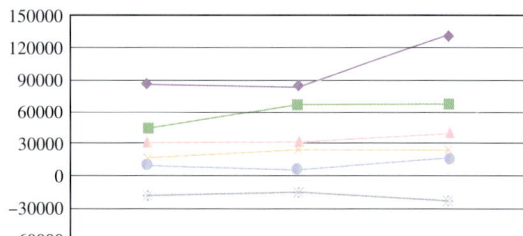

	2008 年	2009 年	2010 年
AT&T	85214	83016	131553
Verizon	42571	68598	67664
America Movil	31637	32111	41501
Comcast	16868	24093	24074
Sprint Nextel	−18517	−16133	−22948
DirectTV Group	10073	6239	14557

单位：百万元人民币　　　　净利润（亚洲）

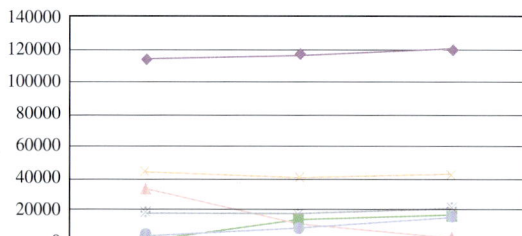

	2008 年	2009 年	2010 年
China Mobile	112954	115465	119889
China Telecom	979	14626	15888
China United Telecom	33728	9374	3671
NTT	43773	40002	41412
KDDI	18100	17289	20731
Softbank	3508	7859	15416

单位：百万元人民币　　　　净利润（欧洲）

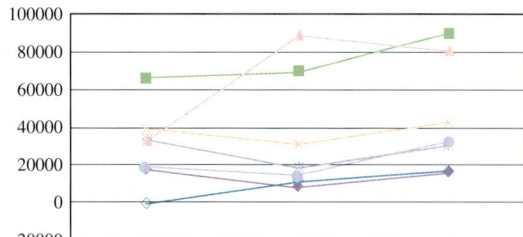

	2008 年	2009 年	2010 年
Deutsche Telecom	17824	7688	15499
Telefonica	66859	68479	89536
Vodafone	31472	88060	80417
France Telecom	38907	29960	42949
Vivendi	32575	18370	31016
Telecom Italia	19181	14055	31457
BT	−1952	10515	15368

单位：百万元人民币　　　　净利润（大洋洲）

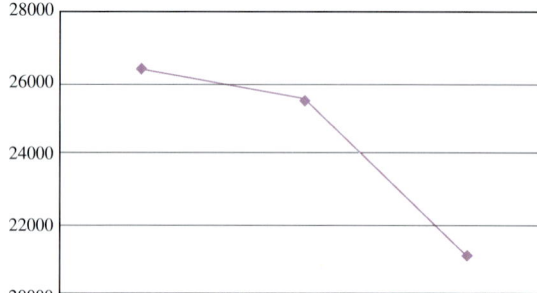

	2008 年	2009 年	2010 年
Telstra	26378	25498	21033

8. 净利润率

净利润率

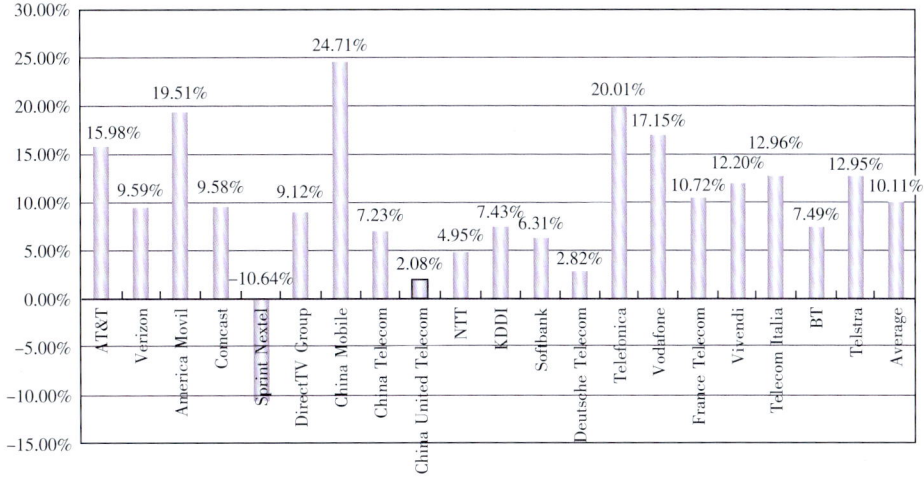

净利润率（美洲）

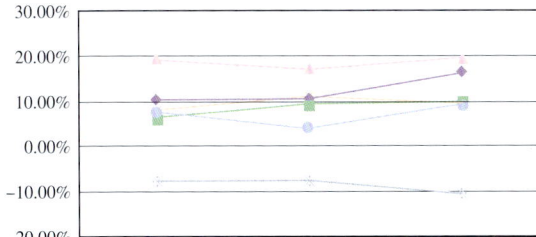

	2008 年	2009 年	2010 年
AT&T	10.37%	10.19%	15.98%
Verizon	6.60%	9.61%	9.59%
America Movil	18.84%	17.24%	19.51%
Comcast	7.44%	10.17%	9.58%
Sprint Nextel	−7.85%	−7.55%	−10.64%
DirectTV Group	7.72%	4.37%	9.12%

净利润率（亚洲）

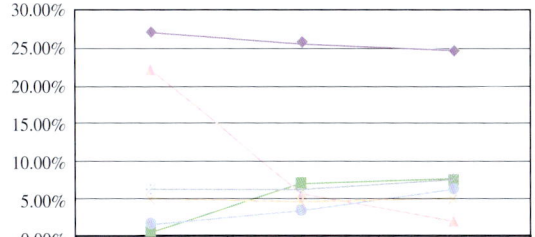

	2008 年	2009 年	2010 年
China Mobile	27.39%	25.54%	24.71%
ChinaTelecom	0.52%	6.99%	7.23%
China United Telecom	22.08%	5.92%	2.08%
NTT	5.17%	4.83%	4.95%
KDDI	6.37%	6.18%	7.43%
Softbank	1.62%	3.50%	6.31%

净利润率（欧洲）

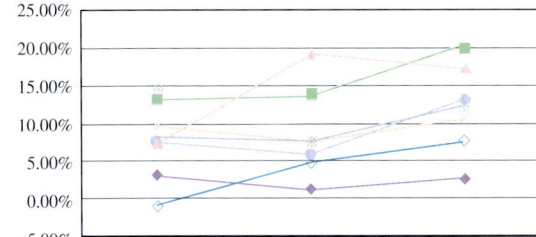

	2008 年	2009 年	2010 年
Deutsche Telecom	3.28%	1.35%	2.82%
Telefonica	13.10%	13.71%	20.01%
Vodafone	7.51%	19.38%	17.15%
France Telecom	9.46%	7.59%	10.72%
Vivendi	14.57%	7.69%	12.20%
Telecom Italia	7.51%	5.88%	12.96%
BT	−0.89%	4.93%	7.49%

净利润率（大洋洲）

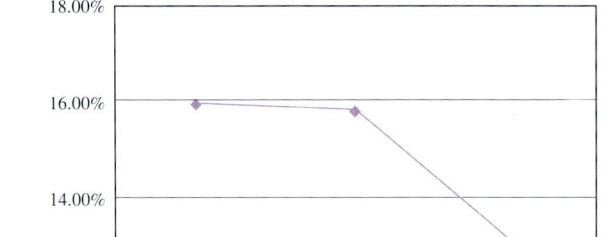

	2008 年	2009 年	2010 年
Telstra	15.98%	15.81%	12.95%

9. 总资产报酬率（ROA）

总资产报酬率（ROA）

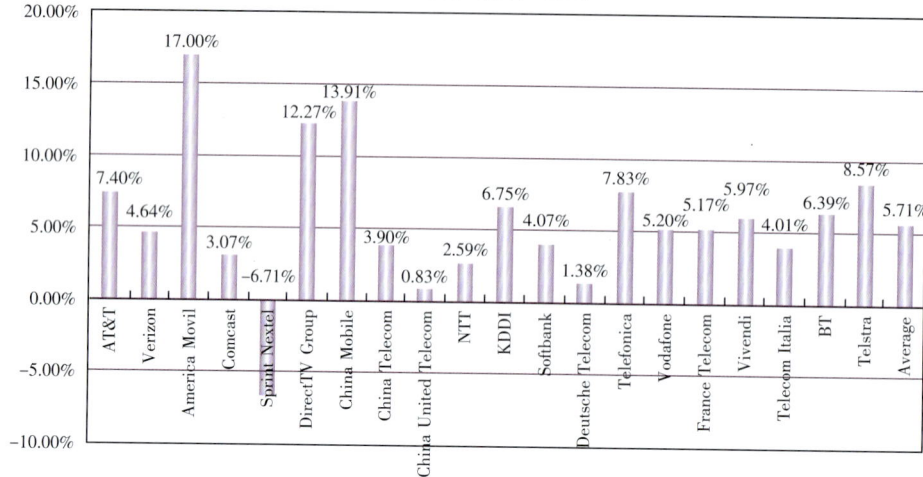

总资产报酬率（美洲）

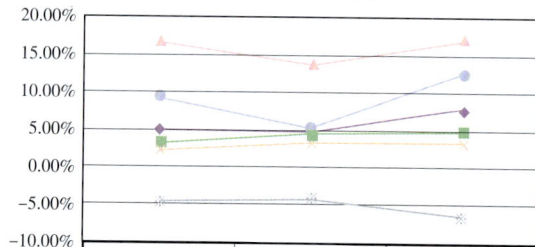

	2008 年	2009 年	2010 年
AT&T	4.85%	4.66%	7.40%
Verizon	3.18%	4.56%	4.64%
America Movil	16.81%	13.68%	17.00%
Comcast	2.25%	3.23%	3.07%
Sprint Nextel	−4.78%	−4.40%	−6.71%
DirectTV Group	9.20%	5.16%	12.27%

总资产报酬率（亚洲）

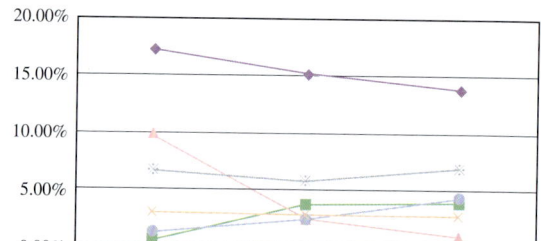

	2008 年	2009 年	2010 年
China Mobile	17.17%	15.37%	13.91%
China Telecom	0.22%	3.43%	3.90%
China United Telecom	9.72%	2.24%	0.83%
NTT	2.87%	2.60%	2.59%
KDDI	6.50%	5.57%	6.75%
Softbank	0.98%	2.17%	4.07%

总资产报酬率（欧洲）

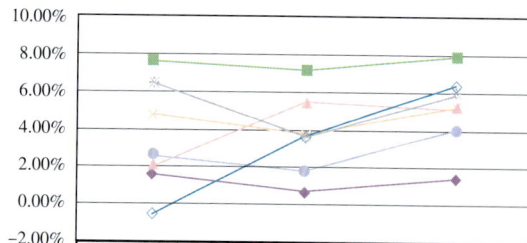

	2008 年	2009 年	2010 年
Deutsche Telecom	1.64%	0.68%	1.38%
Telefonica	7.60%	7.19%	7.83%
Vodafone	2.02%	5.49%	5.20%
France Telecom	4.72%	3.74%	5.17%
Vivendi	6.55%	3.59%	5.97%
Telecom Italia	2.54%	1.85%	4.01%
BT	−0.65%	3.59%	6.39%

总资产报酬率（大洋洲）

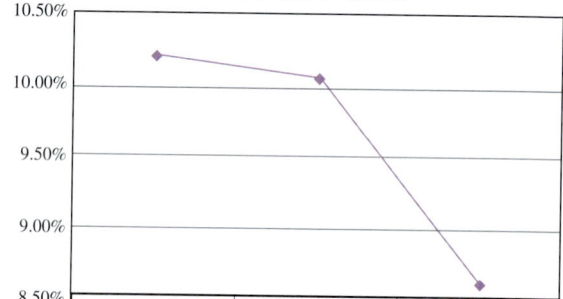

	2008 年	2009 年	2010 年
Telstra	10.20%	10.03%	8.57%

10. 净资产报酬率（ROE）

净资产报酬率（ROE）

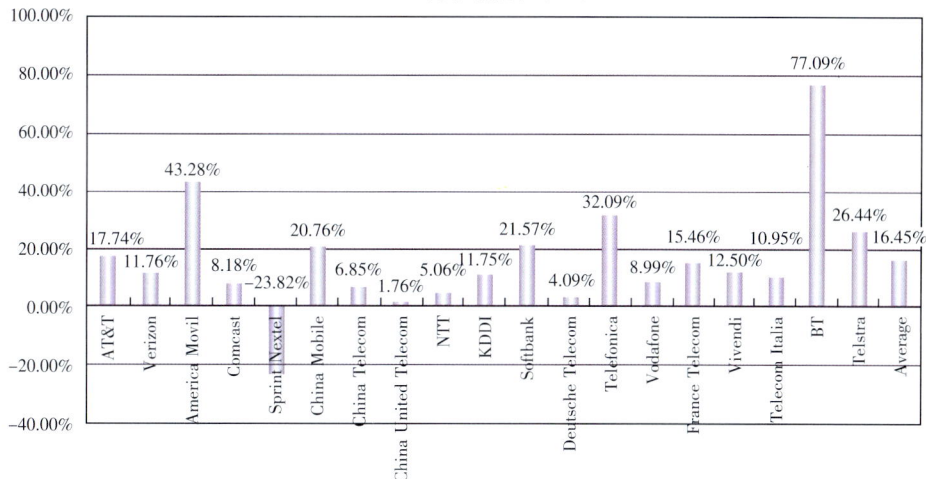

净资产报酬率（美洲）

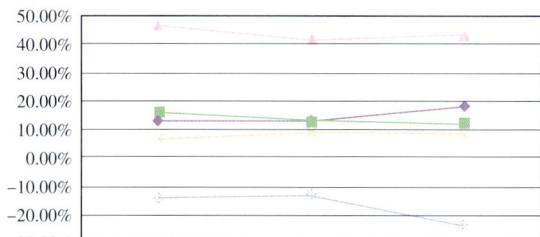

	2008 年	2009 年	2010 年
AT&T	13.35%	12.25%	17.74%
Verizon	15.41%	12.28%	11.76%
America Movil	46.27%	41.11%	43.28%
Comcast	6.30%	8.50%	8.18%
Sprint Nextel	−14.04%	−13.46%	−23.82%

净资产报酬率（亚洲）

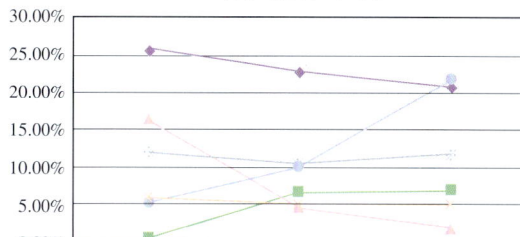

	2008 年	2009 年	2010 年
China Mobile	25.50%	22.75%	20.76%
China Telecom	0.46%	6.57%	6.85%
China United Telecom	16.14%	4.49%	1.76%
NTT	5.89%	5.04%	5.06%
KDDI	11.84%	10.24%	11.75%
Softbank	5.23%	10.03%	21.57%

净资产报酬率（欧洲）

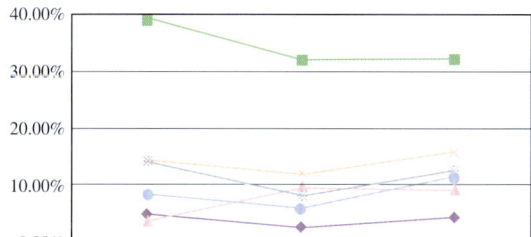

	2008 年	2009 年	2010 年
Deutsche Telecom	4.69%	2.08%	4.09%
Telefonica	38.81%	32.03%	32.09%
Vodafone	3.63%	9.49%	8.99%
France Telecom	14.46%	11.50%	15.46%
Vivendi	13.89%	8.03%	12.50%
Telecom Italia	8.27%	5.88%	10.95%

净资产报酬率（大洋洲）

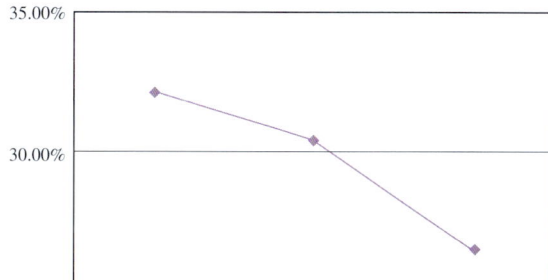

	2008 年	2009 年	2010 年
Telstra	32.14%	30.29%	26.44%

11. 资本性支出（CAPEX）

单位：百万元人民币　　　　资本性支出（CAPEX）

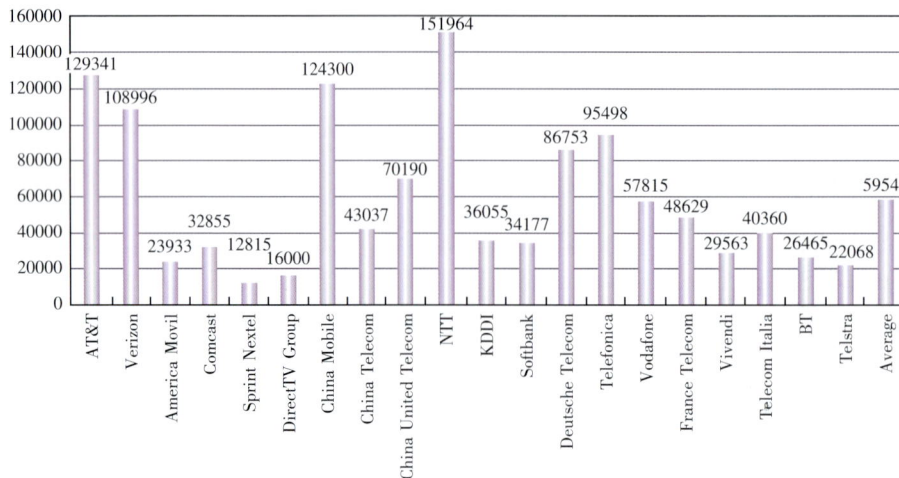

单位：百万元人民币　　资本性支出（美洲）

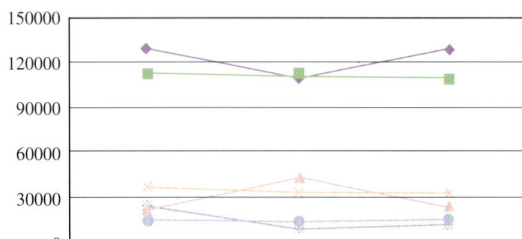

	2008 年	2009 年	2010 年
AT&T	130308	109904	129341
Verizon	113467	111738	108996
America Movil	22525	42939	23933
Comcast	38081	33888	32855
Sprint Nextel	25709	10616	12815
DirectTV Group	14762	13716	16000

单位：百万元人民币　　资本性支出（亚洲）

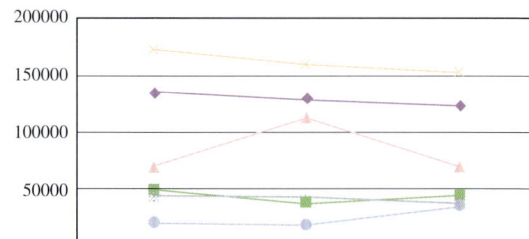

	2008 年	2009 年	2010 年
China Mobile	136300	129400	124300
China Telecom	48410	38042	43037
China United Telecom	70490	112470	70190
NTT	174311	161472	151964
KDDI	46733	42093	36055
Softbank	21054	18114	34177

单位：百万元人民币　　资本性支出（欧洲）

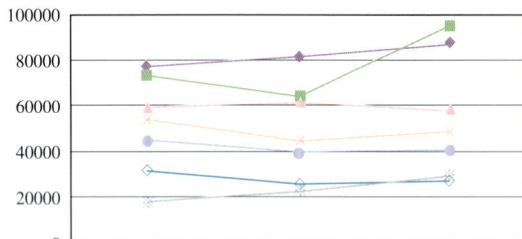

	2008 年	2009 年	2010 年
Deutsche Telecom	76678	81037	86753
Telefonica	73983	63909	95498
Vodafone	60379	61166	57815
France Telecom	54001	44394	48629
Vivendi	17622	22562	29563
Telecom Italia	44385	40008	40360
BT	31554	25883	26465

单位：百万元人民币　　资本性支出（大洋洲）

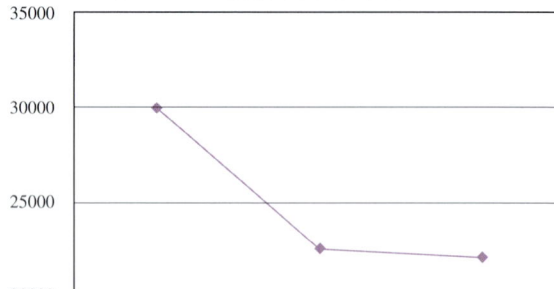

	2008 年	2009 年	2010 年
Telstra	29756	22463	22068

12. CAPEX 占收比

CAPEX 占收比

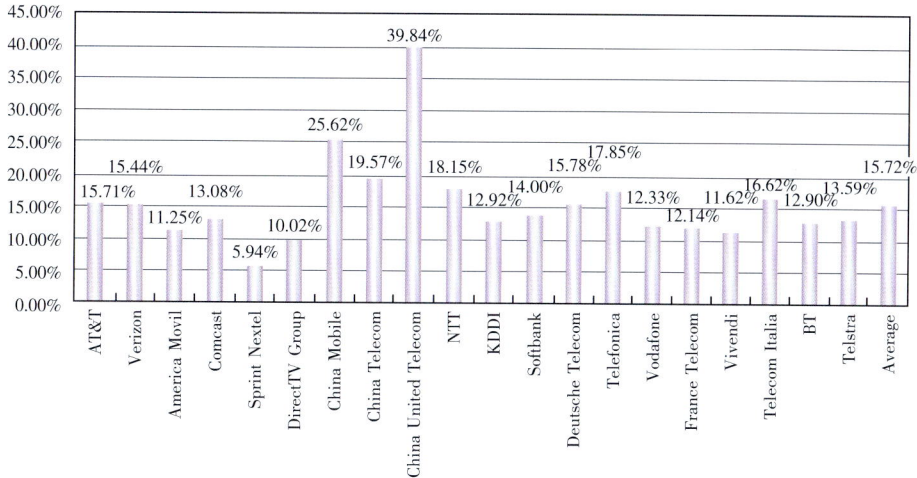

CAPEX 占收比（美洲）

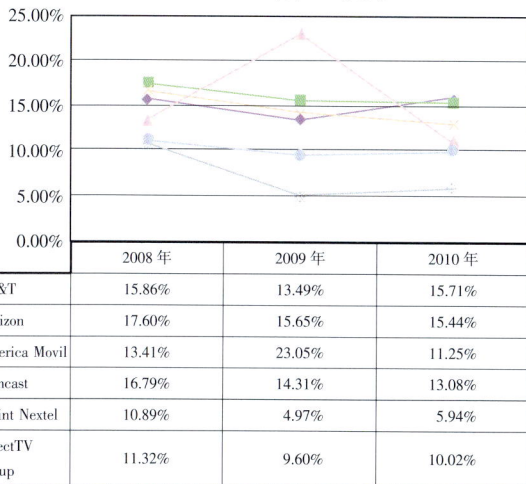

	2008 年	2009 年	2010 年
AT&T	15.86%	13.49%	15.71%
Verizon	17.60%	15.65%	15.44%
America Movil	13.41%	23.05%	11.25%
Comcast	16.79%	14.31%	13.08%
Sprint Nextel	10.89%	4.97%	5.94%
DirectTV Group	11.32%	9.60%	10.02%

CAPEX 占收比（亚洲）

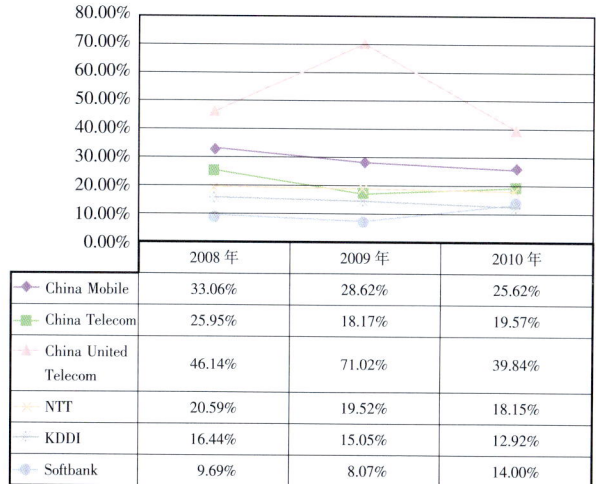

	2008 年	2009 年	2010 年
China Mobile	33.06%	28.62%	25.62%
China Telecom	25.95%	18.17%	19.57%
China United Telecom	46.14%	71.02%	39.84%
NTT	20.59%	19.52%	18.15%
KDDI	16.44%	15.05%	12.92%
Softbank	9.69%	8.07%	14.00%

CAPEX 占收比（欧洲）

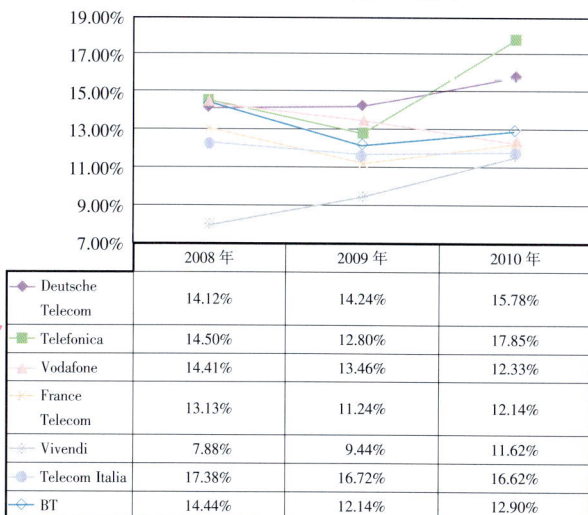

	2008 年	2009 年	2010 年
Deutsche Telecom	14.12%	14.24%	15.78%
Telefonica	14.50%	12.80%	17.85%
Vodafone	14.41%	13.46%	12.33%
France Telecom	13.13%	11.24%	12.14%
Vivendi	7.88%	9.44%	11.62%
Telecom Italia	17.38%	16.72%	16.62%
BT	14.44%	12.14%	12.90%

CAPEX 占收比（大洋洲）

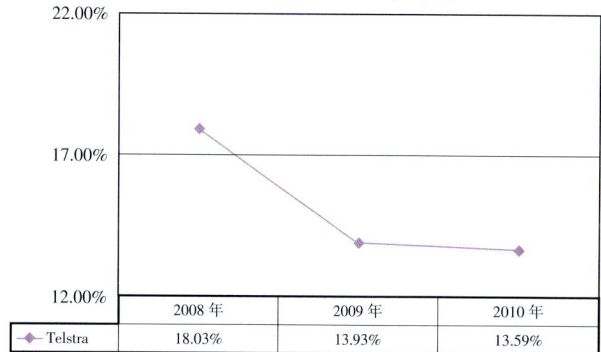

	2008 年	2009 年	2010 年
Telstra	18.03%	13.93%	13.59%

二　电信运营企业融资管理效率绩效指标概览

1. 资产负债率
2. 流动比率
3. 利息保障倍数
4. 折旧与摊销
5. 股息
6. 内部融资额

1. 资产负债率

资产负债率

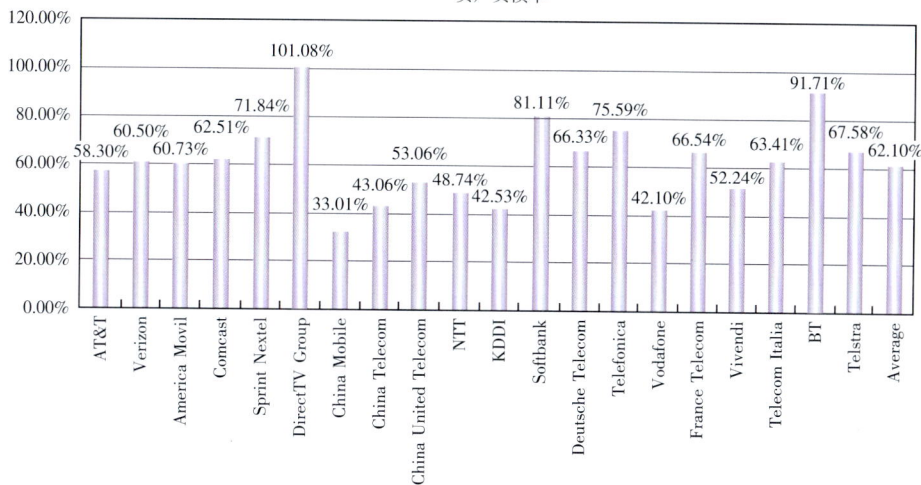

资产负债率（美洲）

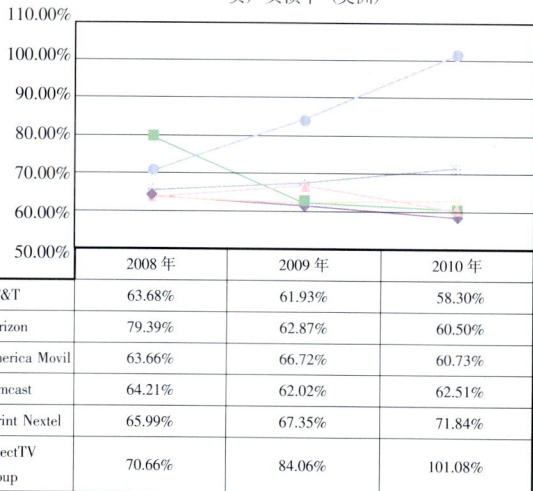

	2008 年	2009 年	2010 年
AT&T	63.68%	61.93%	58.30%
Verizon	79.39%	62.87%	60.50%
America Movil	63.66%	66.72%	60.73%
Comcast	64.21%	62.02%	62.51%
Sprint Nextel	65.99%	67.35%	71.84%
DirectTV Group	70.66%	84.06%	101.08%

资产负债率（亚洲）

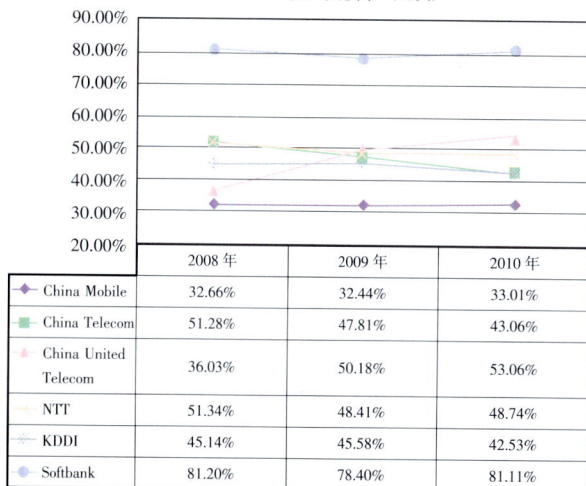

	2008 年	2009 年	2010 年
China Mobile	32.66%	32.44%	33.01%
China Telecom	51.28%	47.81%	43.06%
China United Telecom	36.03%	50.18%	53.06%
NTT	51.34%	48.41%	48.74%
KDDI	45.14%	45.58%	42.53%
Softbank	81.20%	78.40%	81.11%

资产负债率（欧洲）

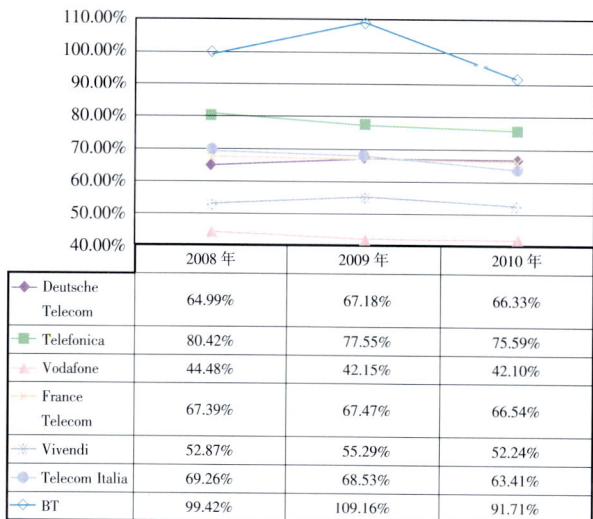

	2008 年	2009 年	2010 年
Deutsche Telecom	64.99%	67.18%	66.33%
Telefonica	80.42%	77.55%	75.59%
Vodafone	44.48%	42.15%	42.10%
France Telecom	67.39%	67.47%	66.54%
Vivendi	52.87%	55.29%	52.24%
Telecom Italia	69.26%	68.53%	63.41%
BT	99.42%	109.16%	91.71%

资产负债率（大洋洲）

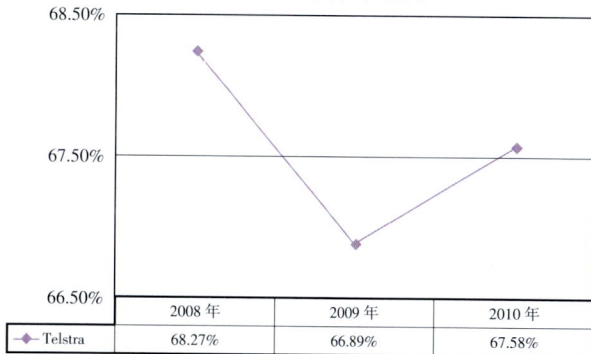

	2008 年	2009 年	2010 年
Telstra	68.27%	66.89%	67.58%

2. 流动比率

流动比率

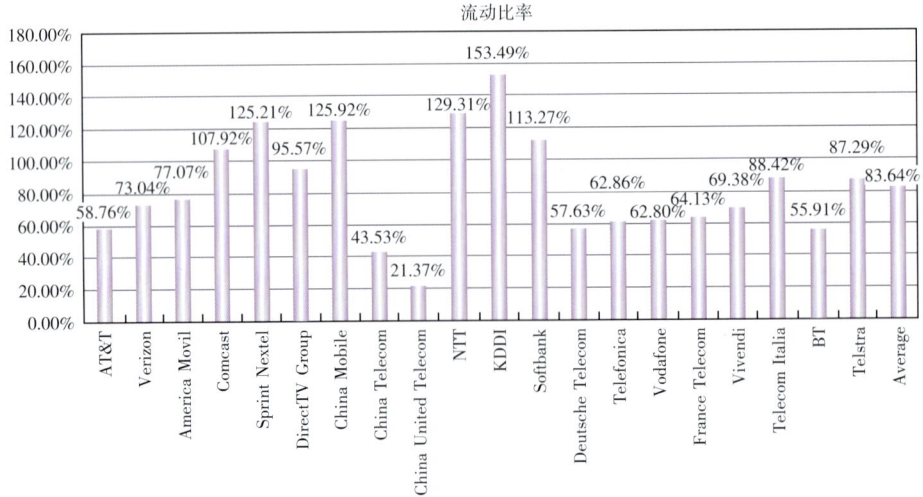

流动比率（美洲）

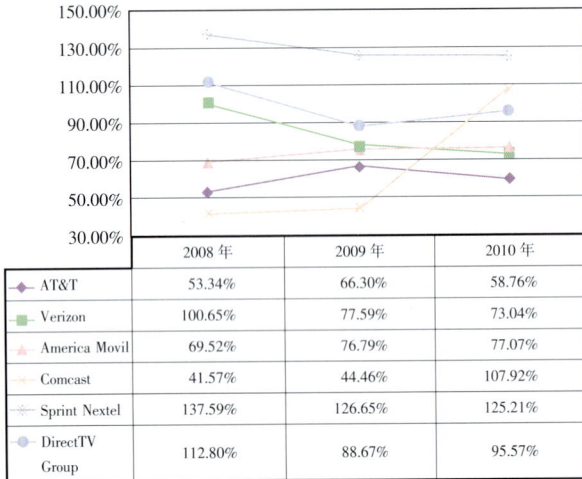

	2008 年	2009 年	2010 年
AT&T	53.34%	66.30%	58.76%
Verizon	100.65%	77.59%	73.04%
America Movil	69.52%	76.79%	77.07%
Comcast	41.57%	44.46%	107.92%
Sprint Nextel	137.59%	126.65%	125.21%
DirectTV Group	112.80%	88.67%	95.57%

流动比率（亚洲）

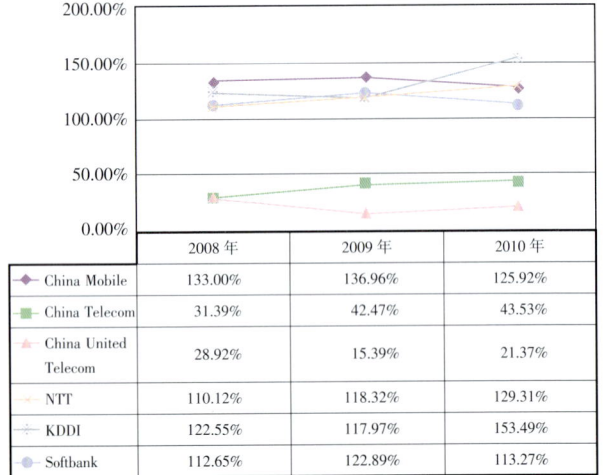

	2008 年	2009 年	2010 年
China Mobile	133.00%	136.96%	125.92%
China Telecom	31.39%	42.47%	43.53%
China United Telecom	28.92%	15.39%	21.37%
NTT	110.12%	118.32%	129.31%
KDDI	122.55%	117.97%	153.49%
Softbank	112.65%	122.89%	113.27%

流动比率（欧洲）

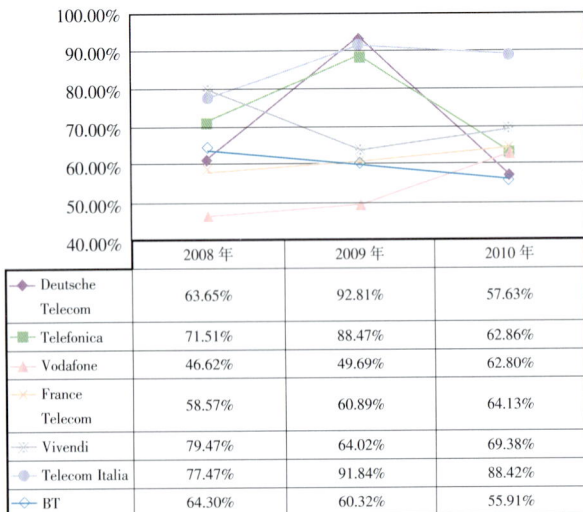

	2008 年	2009 年	2010 年
Deutsche Telecom	63.65%	92.81%	57.63%
Telefonica	71.51%	88.47%	62.86%
Vodafone	46.62%	49.69%	62.80%
France Telecom	58.57%	60.89%	64.13%
Vivendi	79.47%	64.02%	69.38%
Telecom Italia	77.47%	91.84%	88.42%
BT	64.30%	60.32%	55.91%

流动比率（大洋洲）

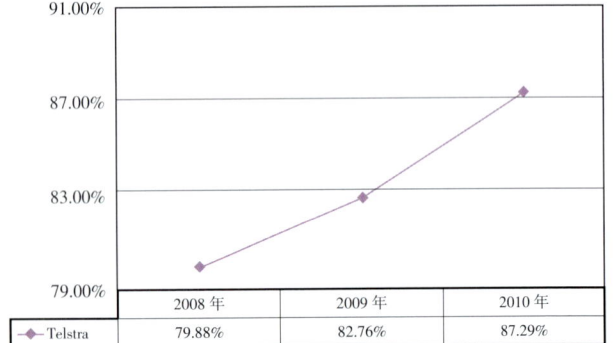

	2008 年	2009 年	2010 年
Telstra	79.88%	82.76%	87.29%

3. 利息保障倍数

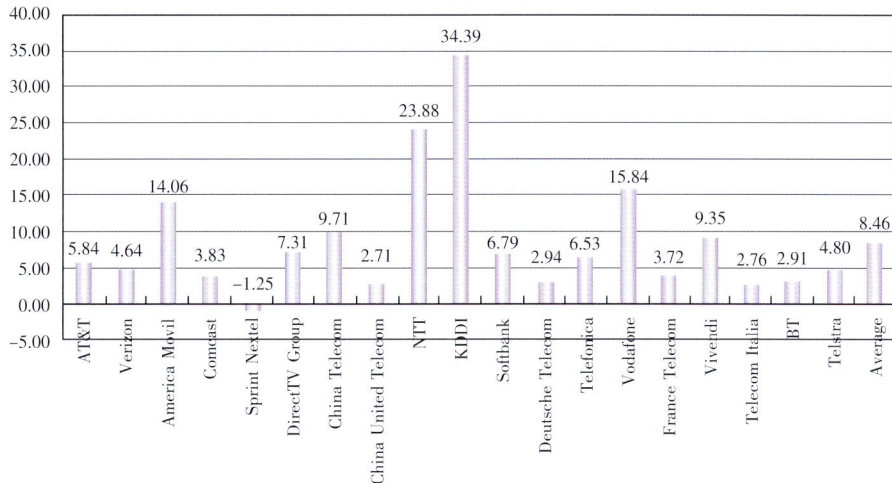

利息保障倍数

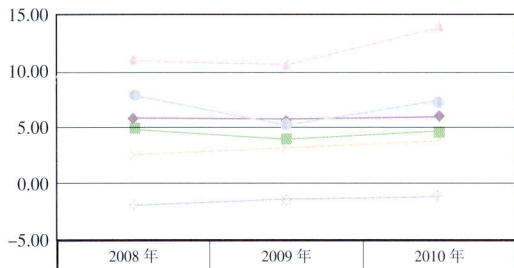

利息保障倍数（美洲）

	2008 年	2009 年	2010 年
AT&T	5.78	5.45	5.84
Verizon	4.80	3.87	4.64
America Movil	11.07	10.67	14.06
Comcast	2.66	3.17	3.83
Sprint Nextel	-1.98	-1.41	-1.25
DirectTV Group	7.86	5.34	7.31

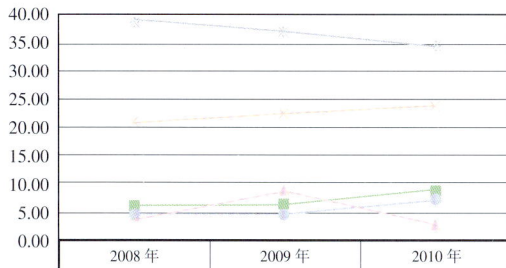

利息保障倍数（亚洲）

	2008 年	2009 年	2010 年
China Telecom	6.00	6.57	9.71
China United Telecom	3.74	8.48	2.71
NTT	20.90	22.28	23.88
KDDI	39.25	36.75	34.39
Softbank	3.94	4.89	6.79

注：中国移动的利息保障倍数（177.35）显著高于其他运营商，作图时剔除。

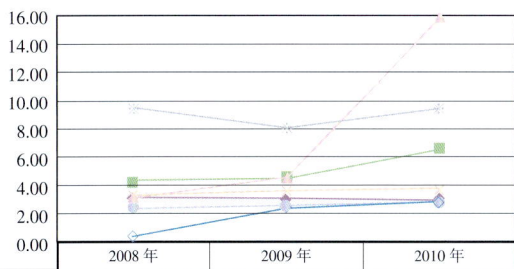

利息保障倍数（欧洲）

	2008 年	2009 年	2010 年
Deutsche Telecom	3.05	3.16	2.94
Telefonica	4.27	4.42	6.53
Vodafone	3.17	4.51	15.84
France Telecom	3.36	3.60	3.72
Vivendi	9.47	7.89	9.35
Telecom Italia	2.33	2.58	2.76
BT	0.31	2.35	2.91

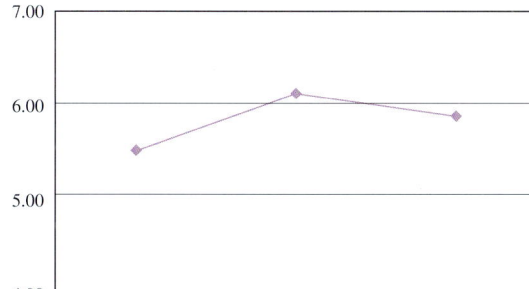

利息保障倍数（大洋洲）

	2008 年	2009 年	2010 年
Telstra	5.47	6.14	4.80

4. 折旧与摊销

单位：百万元人民币　折旧与摊销

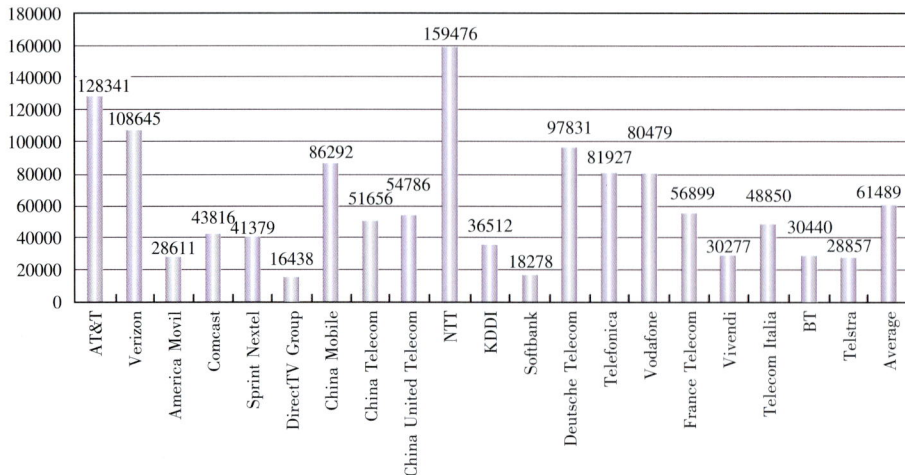

单位：百万元人民币　折旧与摊销（美洲）

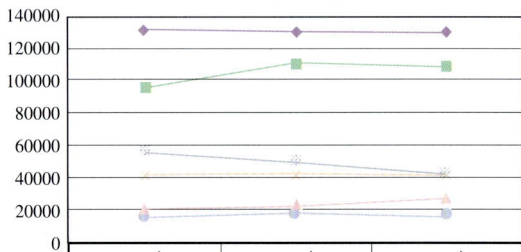

	2008 年	2009 年	2010 年
AT&T	131679	130560	128341
Verizon	96460	109486	108645
America Movil	21778	22512	28611
Comcast	42385	43048	43816
Sprint Nextel	55677	49114	41379
DirectTV Group	15365	17484	16438

单位：百万元人民币　折旧与摊销（亚洲）

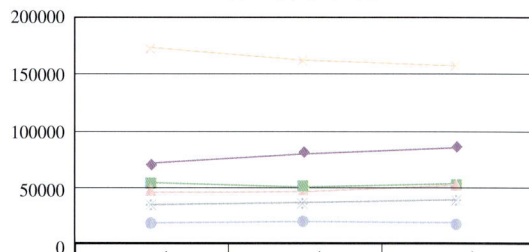

	2008 年	2009 年	2010 年
China Mobile	71713	80235	86292
China Telecom	53880	52243	51656
China United Telecom	48097	47898	54786
NTT	173829	163500	159476
KDDI	35317	37456	36512
Softbank	19178	19823	18278

单位：百万元人民币　折旧与摊销（欧洲）

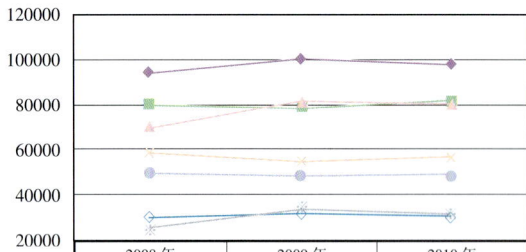

	2008 年	2009 年	2010 年
Deutsche Telecom	93692	101363	97831
Telefonica	79664	78871	81927
Vodafone	69627	80826	80479
France Telecom	59039	54900	56899
Vivendi	25081	33879	30277
Telecom Italia	49986	48885	48850
BT	29531	31053	30440

单位：百万元人民币　折旧与摊销（大洋洲）

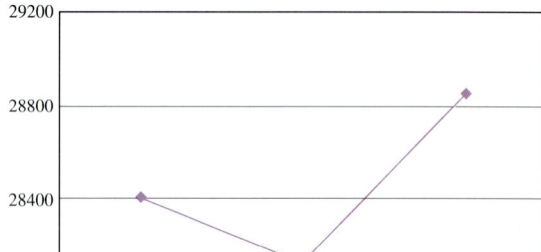

	2008 年	2009 年	2010 年
Telstra	28410	28126	28857

5. 股息

单位：百万元人民币　　　　　　　　　　　　　　　　　　股息

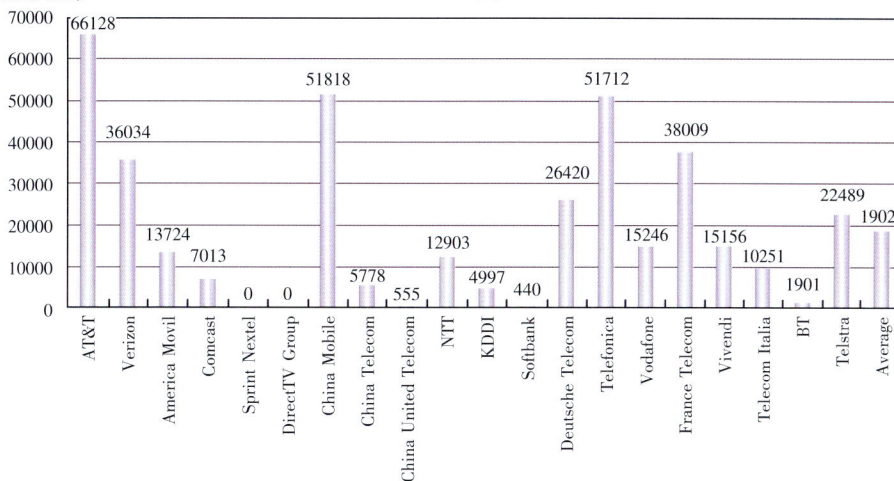

单位：百万元人民币　　　股息（美洲）

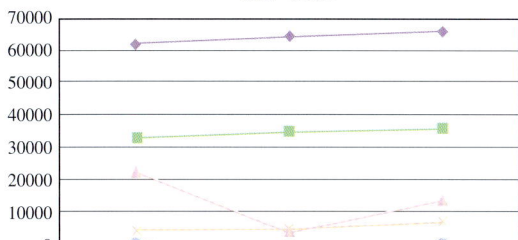

	2008 年	2009 年	2010 年
AT&T	62955	64459	66128
Verizon	33524	35167	36034
America Movil	22706	4752	13724
Comcast	4815	5629	7013
Sprint Nextel	0	0	0
DirectTV Group	0	0	0

单位：百万元人民币　　　股息（亚洲）

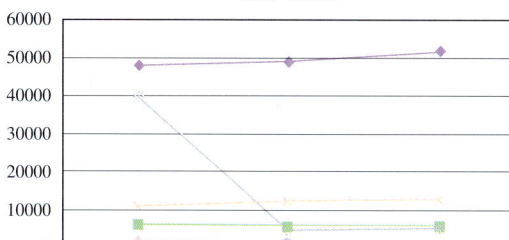

	2008 年	2009 年	2010 年
China Mobile	48364	49544	51818
China Telecom	6063	6076	5778
China United Telecom	1424	1136	555
NTT	10998	12366	12903
KDDI	39818	4703	4997
Softbank	220	440	440

单位：百万元人民币　　　股息（欧洲）

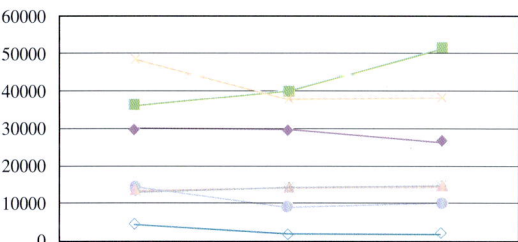

	2008 年	2009 年	2010 年
Deutsche Telecom	29942	29942	26420
Telefonica	36679	40131	51712
Vodafone	13795	14305	15246
France Telecom	48867	37428	38009
Vivendi	13342	14434	15156
Telecom Italia	14689	9273	10251

单位：百万元人民币　　　股息（大洋洲）

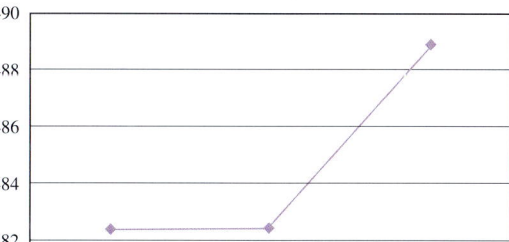

	2008 年	2009 年	2010 年
Telstra	22482	22482	22489

6. 内部融资额

单位：百万元人民币　　　　　　　内部融资额

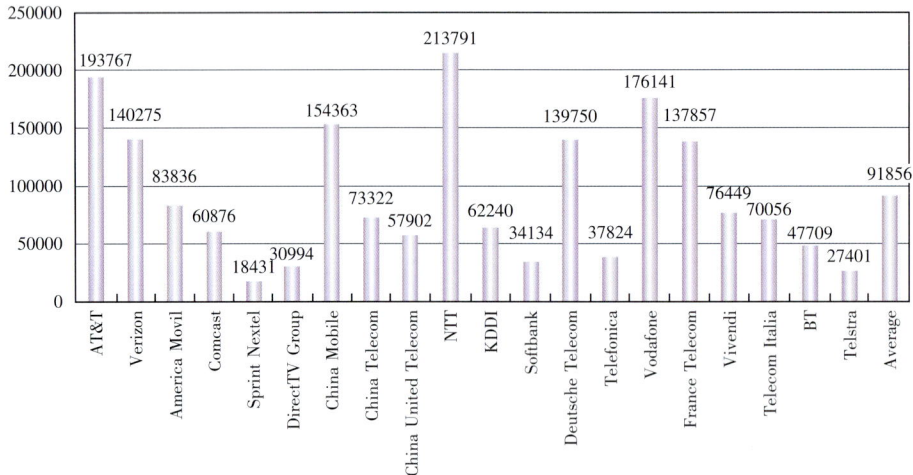

单位：百万元人民币　　　内部融资额（美洲）

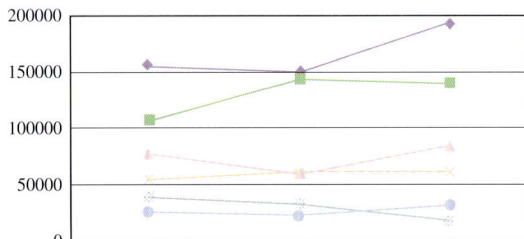

	2008 年	2009 年	2010 年
AT&T	153938	149117	193767
Verizon	105506	142918	140275
America Movil	76122	59374	83836
Comcast	54439	61512	60876
Sprint Nextel	37160	32981	18431
DirectTV Group	25438	23723	30994

单位：百万元人民币　　　内部融资额（亚洲）

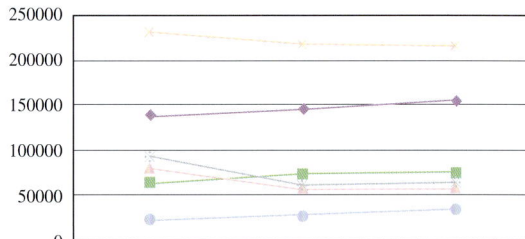

	2008 年	2009 年	2010 年
China Mobile	136303	146156	154363
China Telecom	60922	72945	73322
China United Telecom	80401	56135	57902
NTT	228600	215868	213791
KDDI	93235	59448	62240
Softbank	22906	28122	34134

单位：百万元人民币　　　内部融资额（欧洲）

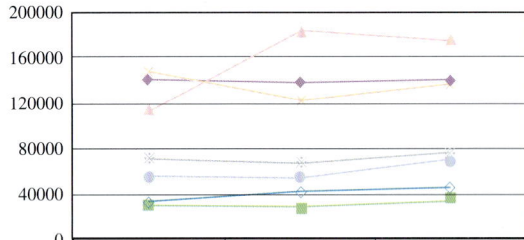

	2008 年	2009 年	2010 年
Deutsche Telecom	141459	138993	139750
Telefonica	30180	28348	37824
Vodafone	114893	183192	176141
France Telecom	146813	122287	137857
Vivendi	70998	66683	76449
Telecom Italia	54477	53667	70056
BT	31850	43386	47709

单位：百万元人民币　　　内部融资额（大洋洲）

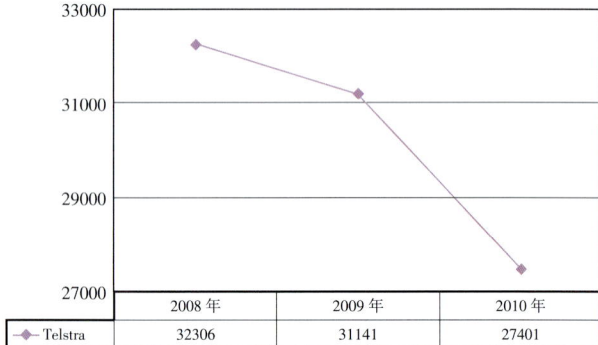

	2008 年	2009 年	2010 年
Telstra	32306	31141	27401

三 电信运营企业成本费用管理绩效指标概览

1. 总资产周转率
2. 固定资产周转率
3. 坏账发生率
4. 折旧摊销率
5. 付现成本率
6. 营销、一般及管理费用率

1. 总资产周转率

总资产周转率

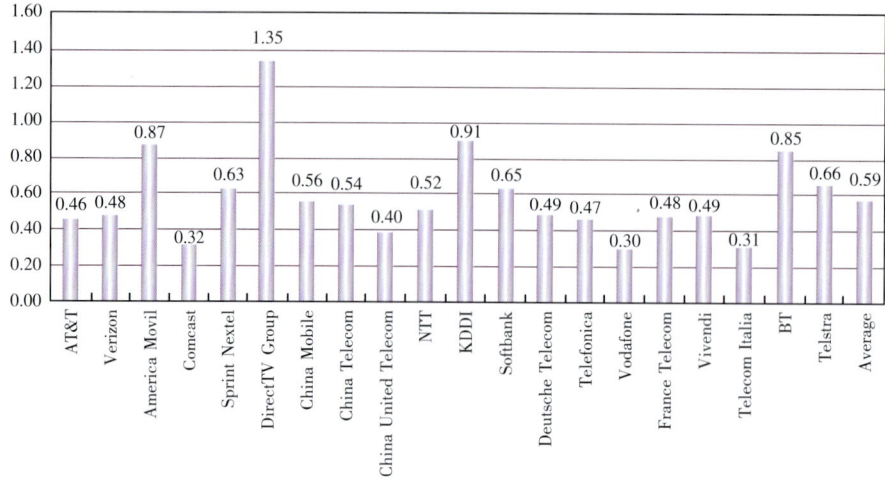

总资产周转率（美洲）

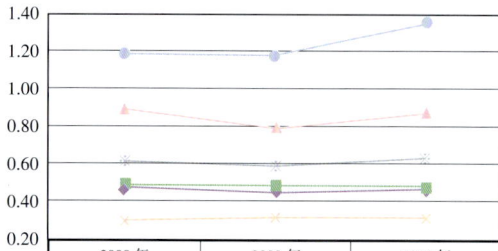

	2008 年	2009 年	2010 年
AT&T	0.47	0.46	0.46
Verizon	0.48	0.47	0.48
America Movil	0.89	0.79	0.87
Comcast	0.30	0.32	0.32
Sprint Nextel	0.61	0.58	0.63
DirectTV Group	1.19	1.18	1.35

总资产周转率（亚洲）

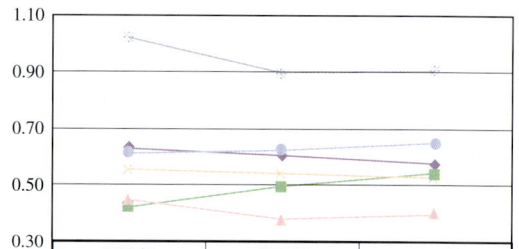

	2008 年	2009 年	2010 年
China Mobile	0.63	0.60	0.56
China Telecom	0.42	0.49	0.54
China United Telecom	0.44	0.38	0.40
NTT	0.55	0.54	0.52
KDDI	1.02	0.90	0.91
Softbank	0.61	0.62	0.65

总资产周转率（欧洲）

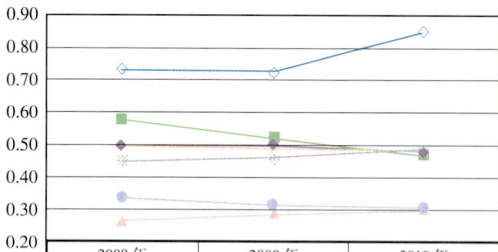

	2008 年	2009 年	2010 年
Deutsche Telecom	0.50	0.51	0.49
Telefonica	0.58	0.52	0.47
Vodafone	0.27	0.28	0.30
France Telecom	0.50	0.49	0.48
Vivendi	0.45	0.47	0.49
Telecom Italia	0.34	0.32	0.31
BT	0.73	0.73	0.85

总资产周转率（大洋洲）

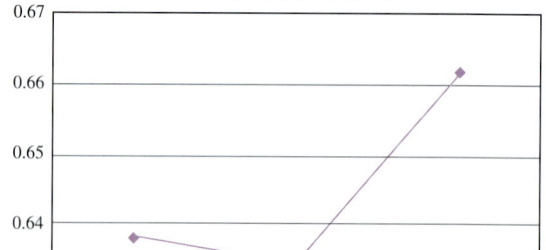

	2008 年	2009 年	2010 年
Telstra	0.64	0.63	0.66

2. 固定资产周转率

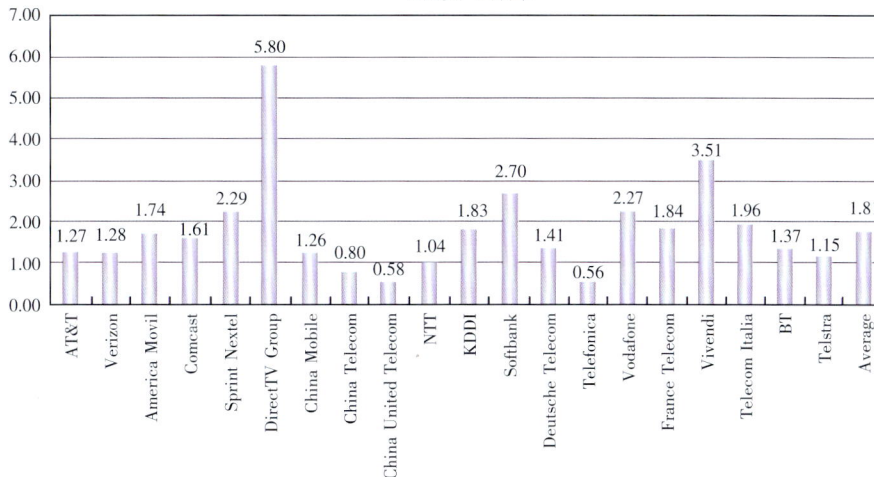

固定资产周转率

固定资产周转率（美洲）

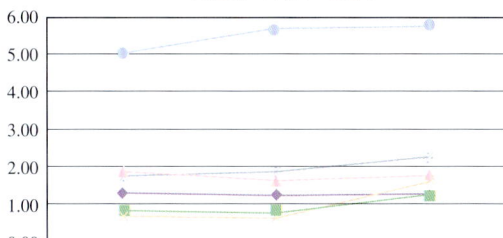

	2008 年	2009 年	2010 年
AT&T	1.30	1.27	1.27
Verizon	0.86	0.82	1.28
America Movil	1.86	1.65	1.74
Comcast	0.71	0.67	1.61
Sprint Nextel	1.74	1.88	2.29
DirectTV Group	5.05	5.71	5.80

固定资产周转率（亚洲）

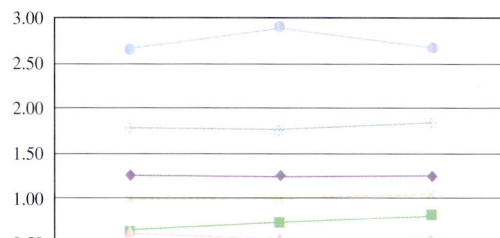

	2008 年	2009 年	2010 年
China Mobile	1.26	1.26	1.26
China Telecom	0.62	0.73	0.80
China United Telecom	0.63	0.56	0.58
NTT	1.02	1.01	1.04
KDDI	1.79	1.77	1.83
Softbank	2.67	2.91	2.70

固定资产周转率（欧洲）

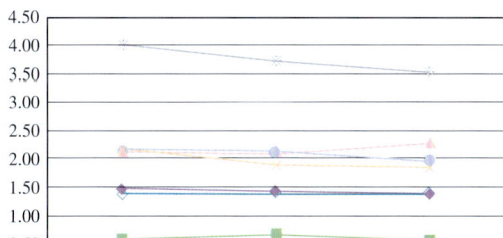

	2008 年	2009 年	2010 年
Deutsche Telecom	1.48	1.42	1.41
Telefonica	0.58	0.67	0.56
Vodafone	2.13	2.15	2.27
France Telecom	1.81	1.90	1.84
Vivendi	4.02	3.74	3.51
Telecom Italia	2.14	2.13	1.96
BT	1.39	1.40	1.37

固定资产周转率（大洋洲）

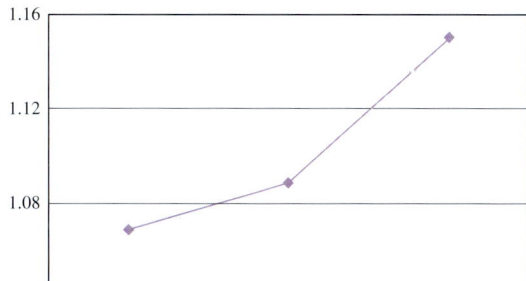

	2008 年	2009 年	2010 年
Telstra	1.07	1.09	1.15

3. 坏账发生率

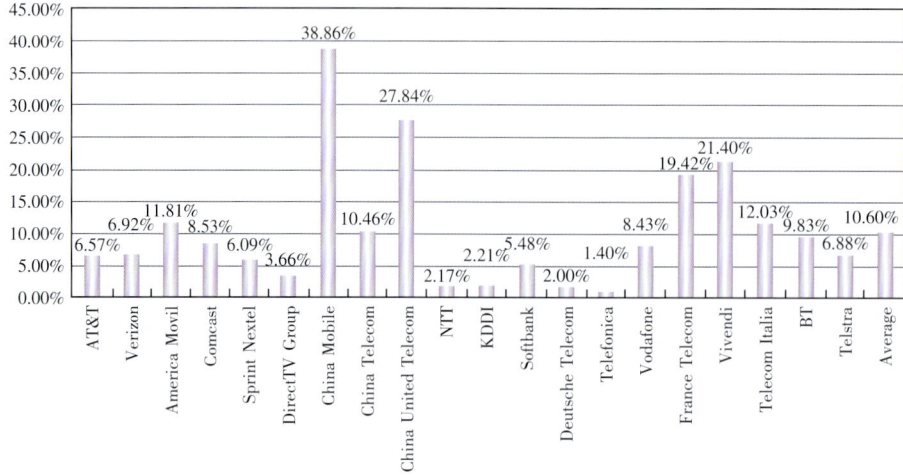

坏账发生率

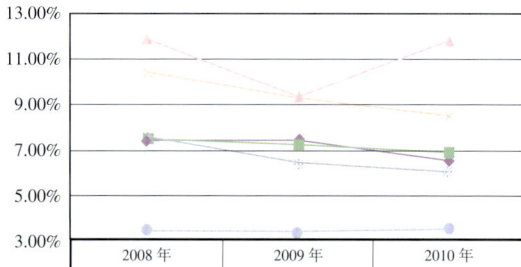

坏账发生率（美洲）

	2008 年	2009 年	2010 年
AT&T	7.33%	7.45%	6.57%
Verizon	7.44%	7.20%	6.92%
America Movil	11.90%	9.32%	11.81%
Comcast	10.46%	9.28%	8.53%
Sprint Nextel	7.59%	6.43%	6.09%
DirectTV Group	3.39%	3.33%	3.66%

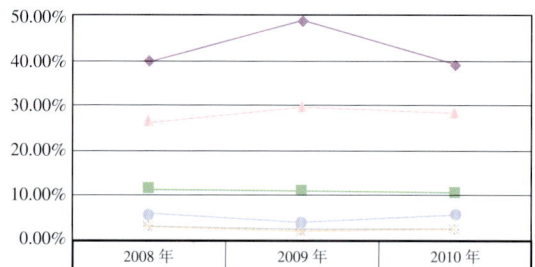

坏账发生率（亚洲）

	2008 年	2009 年	2010 年
China Mobile	39.68%	48.76%	38.86%
China Telecom	10.91%	10.62%	10.46%
China United Telecom	25.85%	29.54%	27.84%
NTT	2.27%	2.07%	2.17%
KDDI	2.73%	2.31%	2.21%
Softbank	5.69%	4.02%	5.48%

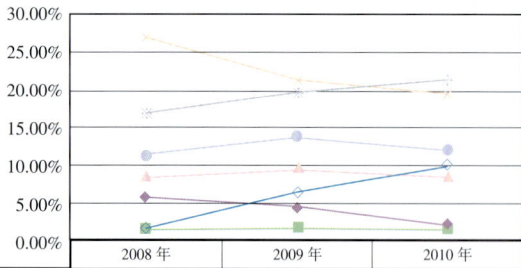

坏账发生率（欧洲）

	2008 年	2009 年	2010 年
Deutsche Telecom	5.54%	4.69%	2.00%
Telefonica	1.29%	1.54%	1.40%
Vodafone	8.37%	9.56%	8.43%
France Telecom	27.10%	21.48%	19.42%
Vivendi	16.95%	19.62%	21.40%
Telecom Italia	11.34%	13.74%	12.03%
BT	1.50%	6.29%	9.83%

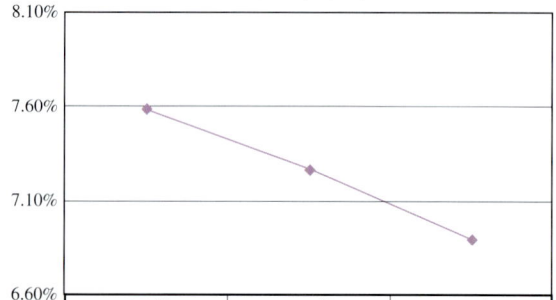

坏账发生率（大洋洲）

	2008 年	2009 年	2010 年
Telstra	7.58%	7.26%	6.88%

4. 折旧摊销率

折旧摊销率

	AT&T	Verizon	America Movil	Comcast	Sprint Nextel	DirectTV Group	China Mobile	China Telecom	China United Telecom	NTT	KDDI	Softbank	Deutsche Telecom	Telefonica	Vodafone	France Telecom	Vivendi	Telecom Italia	BT	Telstra	Average
	15.59%	15.39%	13.45%	17.44%	19.19%	10.30%	17.78%	23.49%	31.10%	19.04%	13.08%	7.49%	17.80%	15.32%	17.17%	14.20%	11.91%	20.12%	14.84%	17.77%	16.62%

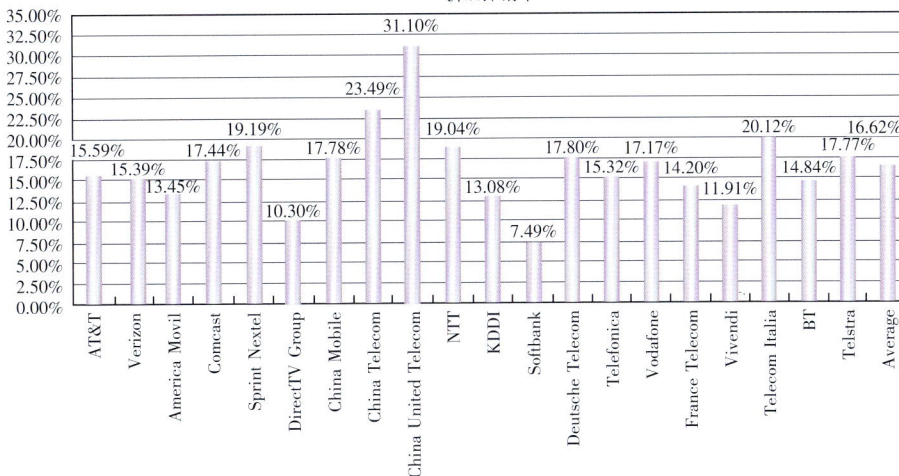

折旧摊销率（美洲）

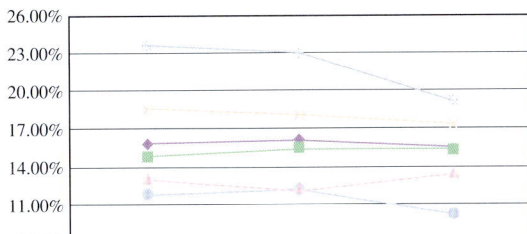

	2008 年	2009 年	2010 年
AT&T	16.03%	16.03%	15.59%
Verizon	14.96%	15.33%	15.39%
America Movil	12.97%	12.08%	13.45%
Comcast	18.68%	18.18%	17.44%
Sprint Nextel	23.59%	22.99%	19.19%
DirectTV Group	11.78%	12.24%	10.30%

折旧摊销率（亚洲）

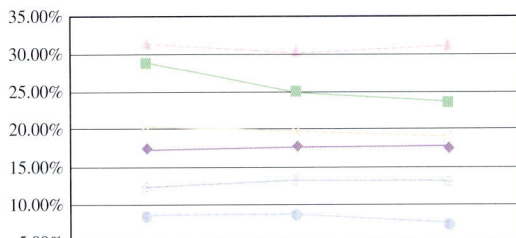

	2008 年	2009 年	2010 年
China Mobile	17.39%	17.75%	17.78%
China Telecom	28.89%	24.95%	23.49%
China United Telecom	31.48%	30.24%	31.10%
NTT	20.54%	19.76%	19.04%
KDDI	12.43%	13.39%	13.08%
Softbank	8.83%	8.83%	7.49%

折旧摊销率（欧洲）

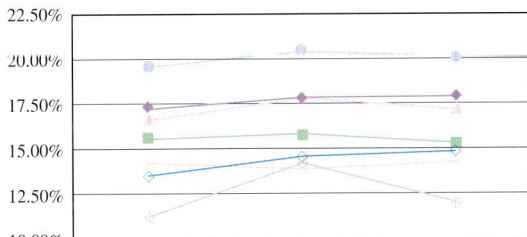

	2008 年	2009 年	2010 年
Deutsche Telecom	17.25%	17.82%	17.80%
Telefonica	15.61%	15.79%	15.32%
Vodafone	16.61%	17.79%	17.17%
France Telecom	14.35%	13.90%	14.20%
Vivendi	11.22%	14.18%	11.91%
Telecom Italia	19.57%	20.44%	20.12%
BT	13.51%	14.57%	14.84%

折旧摊销率（大洋洲）

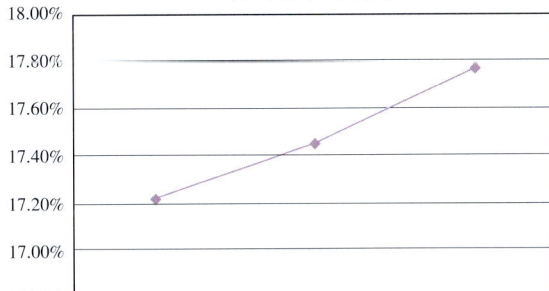

	2008 年	2009 年	2010 年
Telstra	17.21%	17.44%	17.77%

5. 付现成本率

付现成本率

	美洲			亚洲		
	AT&T 68.66%	Verizon 70.86%	America Movil 60.15%	Comcast 61.53%	Sprint Nextel 82.64%	DirectTV Group 73.54%
	China Mobile 51.15%	China Telecom 65.58%	China United Telecom 64.52%	NTT 69.17%	KDDI 73.18%	Softbank 38.23%
	Deutsche Telecom 39.44%	Telefonica 51.16%	Vodafone 49.99%	France Telecom 69.18%	Vivendi 38.52%	Telecom Italia 40.91%
	BT 74.18%	Telstra 42.62%	Average 59.26%			

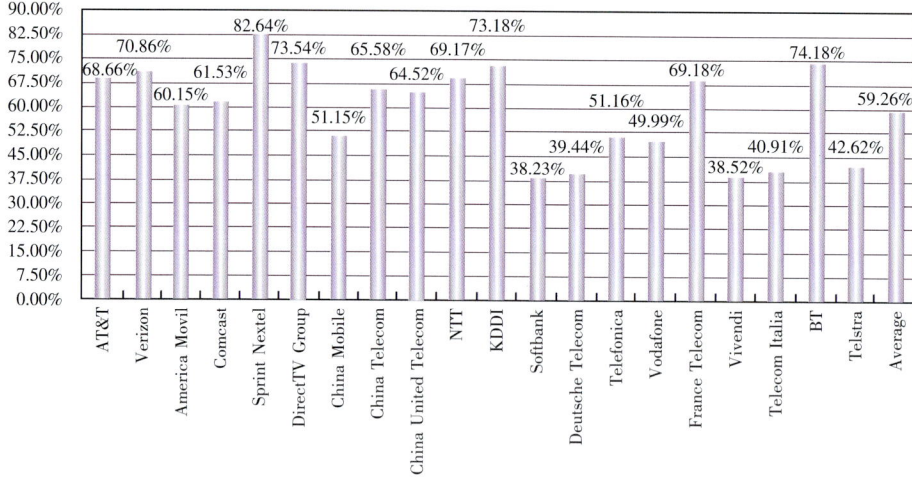

付现成本率（美洲）

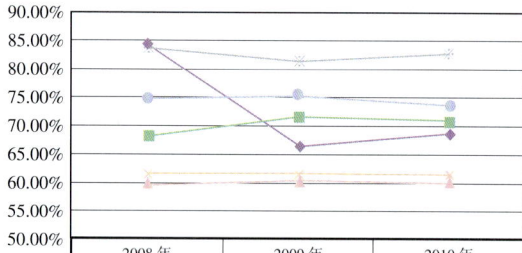

	2008 年	2009 年	2010 年
AT&T	84.86%	66.49%	68.66%
Verizon	67.70%	71.65%	70.86%
America Movil	59.69%	60.27%	60.15%
Comcast	61.67%	61.65%	61.53%
Sprint Nextel	83.82%	81.35%	82.64%
DirectTV Group	74.53%	75.36%	73.54%

付现成本率（亚洲）

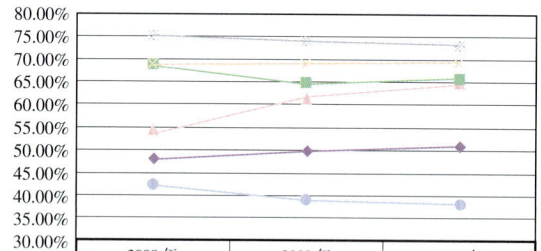

	2008 年	2009 年	2010 年
China Mobile	48.02	49.74%	51.15%
China Telecom	68.36%	64.23%	65.58%
China United Telecom	53.61%	61.41%	64.52%
NTT	68.81%	69.26%	69.17%
KDDI	74.90%	73.71%	73.18%
Softbank	42.27%	39.18%	38.23%

付现成本率（欧洲）

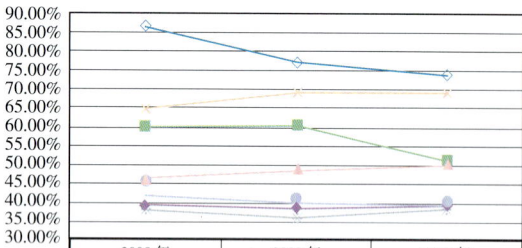

	2008 年	2009 年	2010 年
Deutsche Telecom	38.84%	38.31%	39.44%
Telefonica	59.80%	60.55%	51.16%
Vodafone	46.39%	48.41%	49.99%
France Telecom	64.77%	69.04%	69.18%
Vivendi	37.98%	36.05%	38.52%
Telecom Italia	45.48%	41.52%	40.91%
BT	86.67%	77.07%	74.18%

付现成本率（大洋洲）

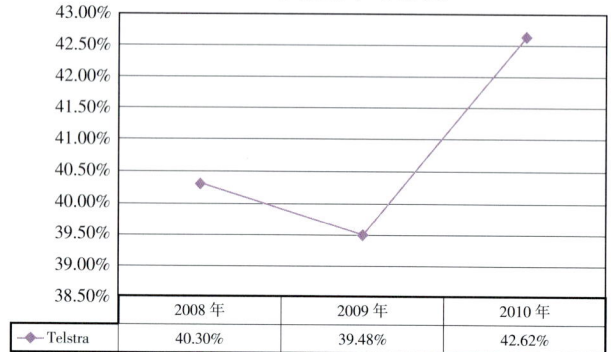

	2008 年	2009 年	2010 年
Telstra	40.30%	39.48%	42.62%

6.营销、一般及管理费用率

営销、一般及管理费用率

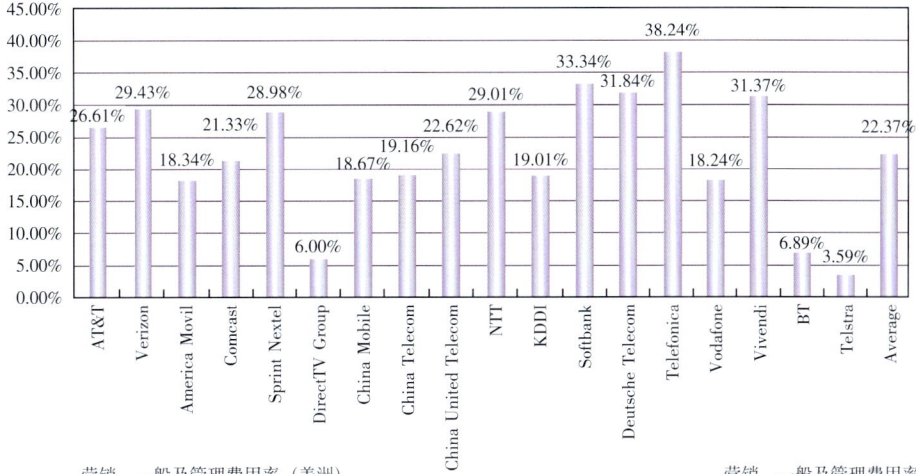

营销、一般及管理费用率（美洲）

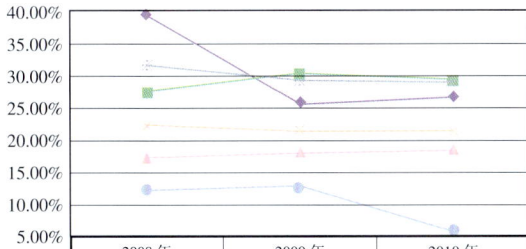

	2008 年	2009 年	2010 年
AT&T	39.32%	25.55%	26.61%
Verizon	27.63%	30.56%	29.43%
America Movil	17.20%	18.03%	18.34%
Comcast	22.34%	21.38%	21.33%
Sprint Nextel	31.86%	29.30%	28.98%
DirectTV Group	12.33%	12.86%	6.00%

营销、一般及管理费用率（亚洲）

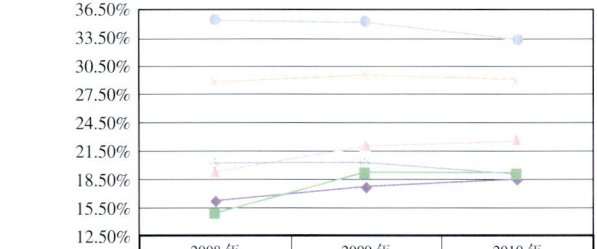

	2008 年	2009 年	2010 年
China Mobile	16.22%	17.70%	18.67%
China Telecom	14.74%	19.35%	19.16%
China United Telecom	19.40%	22.10%	22.62%
NTT	28.74%	29.47%	29.01%
KDDI	20.18%	20.40%	19.01%
Softbank	35.47%	35.14%	33.34%

营销、一般及管理费用率（欧洲）

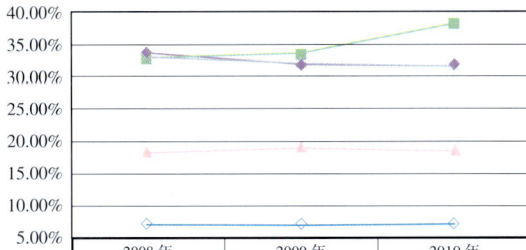

	2008 年	2009 年	2010 年
Deutsche Telecom	33.69%	31.76%	31.84%
Telefonica	32.92%	33.59%	38.24%
Vodafone	18.31%	18.68%	18.24%
Vivendi	33.10%	32.08%	31.37%
BT	6.91%	6.83%	6.89%

营销、一般及管理费用率（大洋洲）

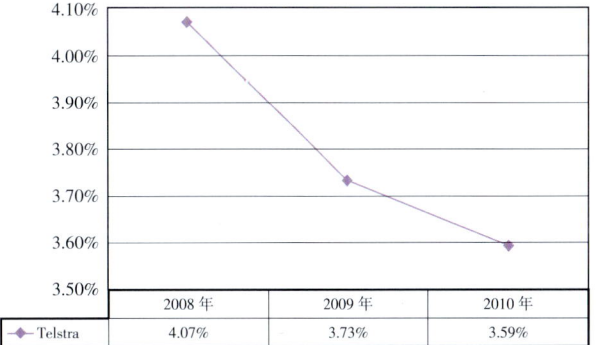

	2008 年	2009 年	2010 年
Telstra	4.07%	3.73%	3.59%

四 电信运营企业现金与质量管理绩效指标概览

1. 经营活动净现金流
2. 每股经营活动净现金流
3. 自由现金流（FCF）
4. 自由现金流占收比
5. 销售现金比率
6. 资产现金回收率
7. 现金流量经营充足率

1. 经营活动净现金流

单位：百万元人民币　　　　　　　经营活动净现金流

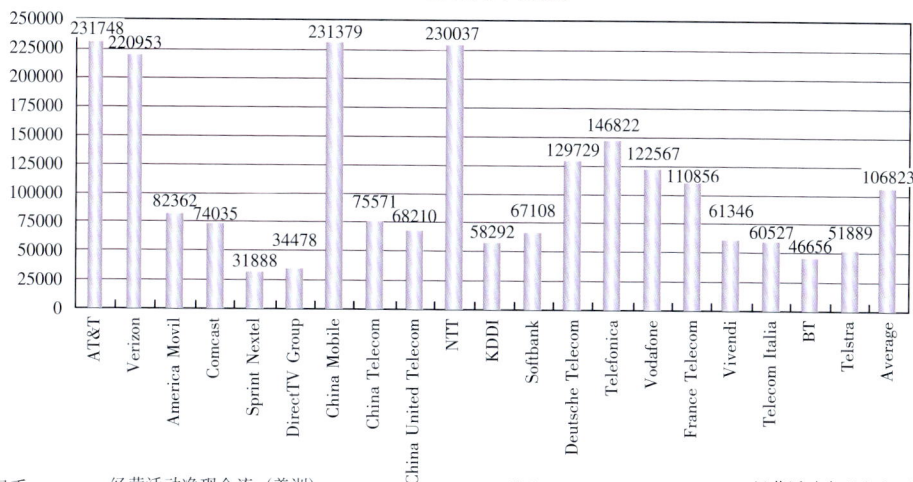

单位：百万元人民币　　经营活动净现金流（美洲）

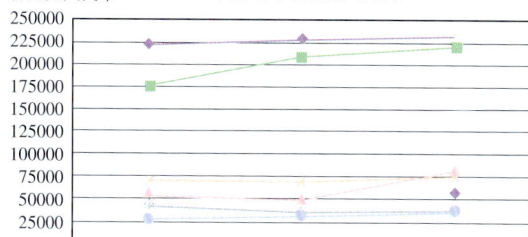

	2008 年	2009 年	2010 年
AT&T	222894	227854	231748
Verizon	176296	209046	220953
America Movil	54211	47142	82362
Comcast	67757	68088	74035
Sprint Nextel	40922	32392	31888
DirectTV Group	25895	29345	34478

单位：百万元人民币　　经营活动净现金流（亚洲）

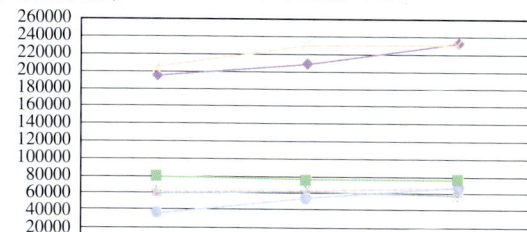

	2008 年	2009 年	2010 年
China Mobile	193647	207123	231379
China Telecom	76756	74988	75571
China United Telecom	60075	59309	68210
NTT	204296	228977	230037
KDDI	57876	60132	58292
Softbank	36393	54286	67108

单位：百万元人民币　　经营活动净现金流（欧洲）

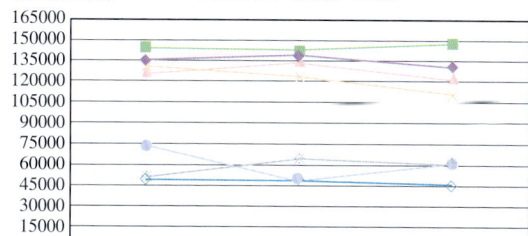

	2008 年	2009 年	2010 年
Deutsche Telecom	135338	139099	129729
Telefonica	144127	142207	146822
Vodafone	124795	133491	122567
France Telecom	129834	123317	110856
Vivendi	50567	64745	61346
Telecom Italia	72750	48216	60527
BT	48087	49303	46656

单位：百万元人民币　　经营活动净现金流（大洋洲）

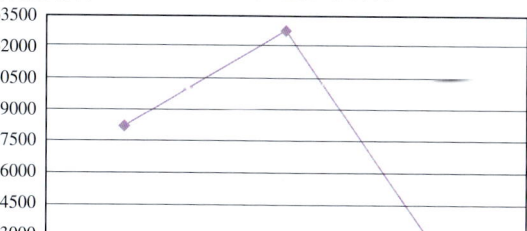

	2008 年	2009 年	2010 年
Telstra	58231	62716	51889

2. 每股经营活动净现金流

单位：人民币（元） 每股经营活动净现金流

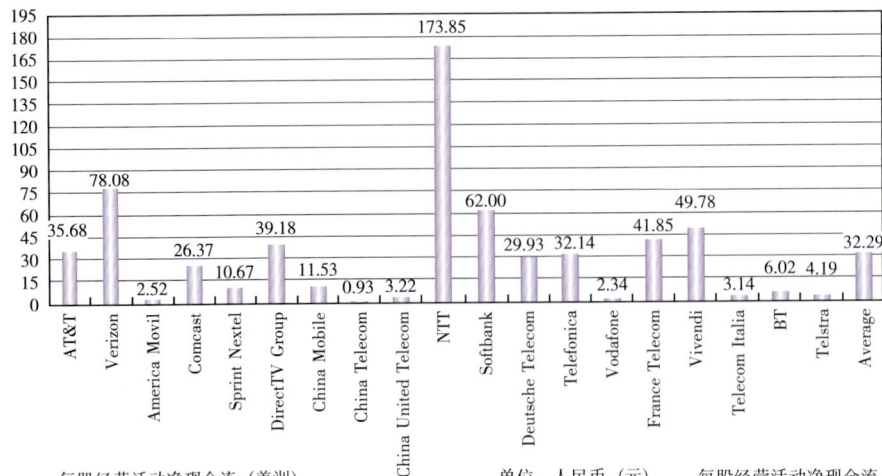

单位：人民币（元） 每股经营活动净现金流（美洲）

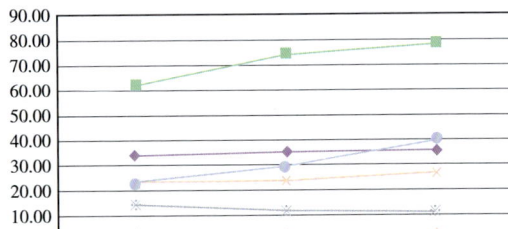

	2008 年	2009 年	2010 年
AT&T	34.32	35.08	35.68
Verizon	61.88	73.58	78.08
America Movil	1.54	1.38	2.52
Comcast	23.05	23.68	26.37
Sprint Nextel	14.29	11.22	10.67
DirectTV Group	23.33	29.79	39.18

单位：人民币（元） 每股经营活动净现金流（亚洲）

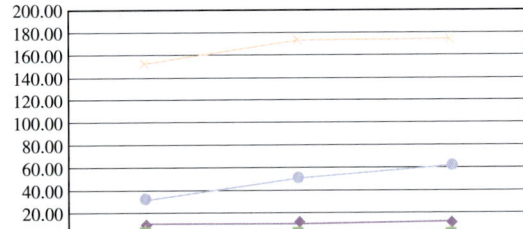

	2008 年	2009 年	2010 年
China Mobile	9.66	10.33	11.53
China Telecom	0.95	0.93	0.93
China United Telecom	2.83	2.80	3.22
NTT	152	173	174
Softbank	33.68	50.17	62.00

单位：人民币（元） 每股经营活动净现金流（欧洲）

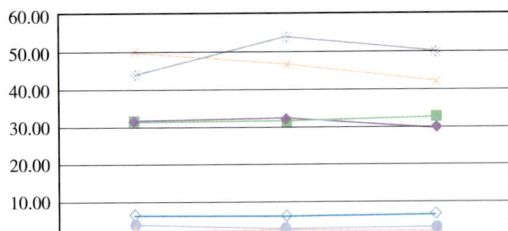

	2008 年	2009 年	2010 年
Deutsche Telecom	31.18	32.05	29.93
Telefonica	31.00	31.26	32.14
Vodafone	2.37	2.54	2.34
France Telecom	49.65	46.55	41.85
Vivendi	43.33	53.81	49.78
Telecom Italia	3.78	2.51	3.14
BT	6.23	6.37	6.02

单位：人民币（元） 每股经营活动净现金流（大洋洲）

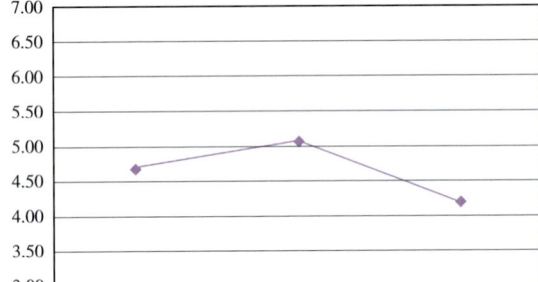

	2008 年	2009 年	2010 年
Telstra	4.70	5.06	4.19

3. 自由现金流（FCF）

单位：百万元人民币　　　　　自由现金流（FCF）

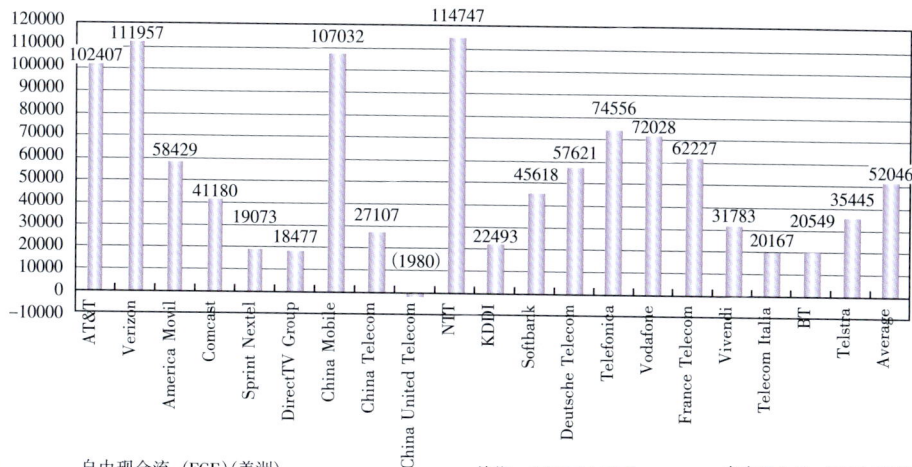

单位：百万元人民币　自由现金流（FCF）（美洲）

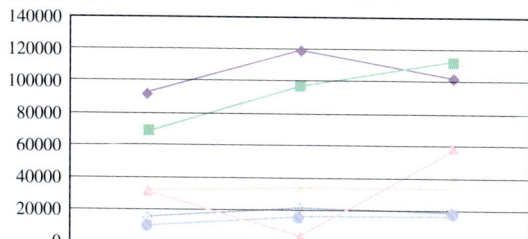

	2008 年	2009 年	2010 年
AT&T	92585	117950	102407
Verizon	68340	96148	111957
America Movil	31686	4203	58429
Comcast	29676	34200	41180
Sprint Nextel	15212	21775	19073
DirectTV Group	11133	15630	18477

单位：百万元人民币　自由现金流（FCF）（亚洲）

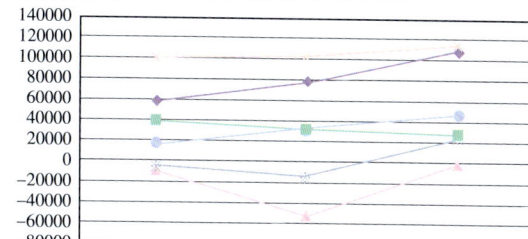

	2008 年	2009 年	2010 年
China Mobile	57355	77756	107032
China Telecom	36768	31159	27107
China United Telecom	−10410	−53160	−1980
NTT	99527	101876	114747
KDDI	−5139	−14988	22493
Softbank	14754	31764	45618

单位：百万元人民币　自由现金流（FCF）（欧洲）

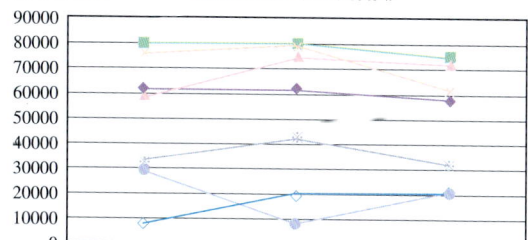

	2008 年	2009 年	2010 年
Deutsche Telecom	61672	61372	57621
Telefonica	80535	80113	74556
Vodafone	58469	73990	72028
France Telecom	75833	78924	62227
Vivendi	32945	42183	31783
Telecom Italia	28366	8208	20167
BT	7531	19752	20549

单位：百万元人民币　自由现金流（FCF）（大洋洲）

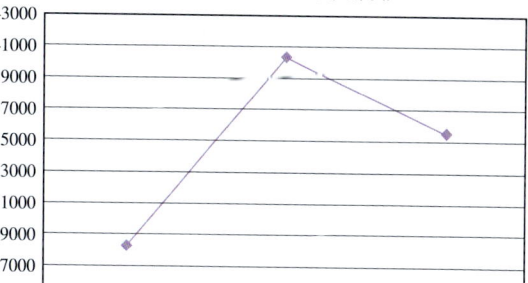

	2008 年	2009 年	2010 年
Telstra	28249	40286	35445

4. 自由现金流占收比

自由现金流占收比

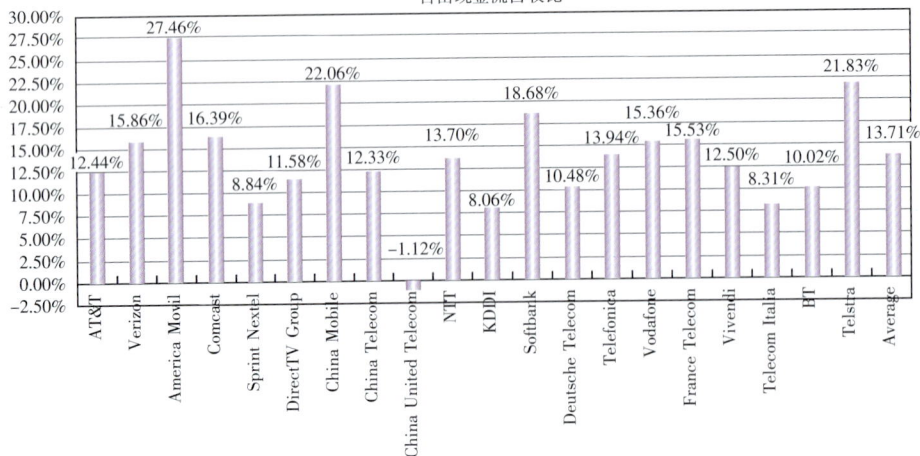

自由现金流占收比（美洲）

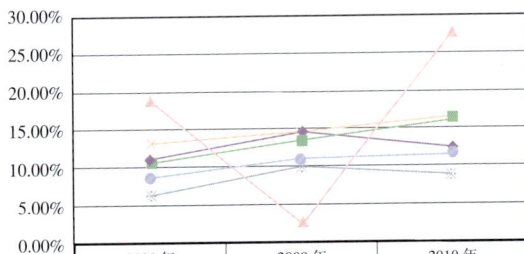

	2008 年	2009 年	2010 年
AT&T	11.27%	14.48%	12.44%
Verizon	10.60%	13.47%	15.86%
America Movil	18.87%	2.26%	27.46%
Comcast	13.08%	14.44%	16.39%
Sprint Nextel	6.45%	10.19%	8.84%
DirectTV Group	8.54%	10.94%	11.58%

自由现金流占收比（亚洲）

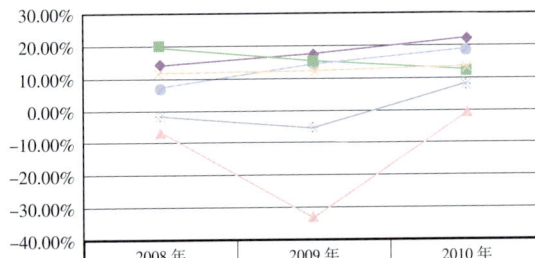

	2008 年	2009 年	2010 年
China Mobile	13.91%	17.20%	22.06%
China Telecom	19.71%	14.88%	12.33%
China United Telecom	−6.81%	−33.57%	−1.12%
NTT	11.76%	12.31%	13.70%
KDDI	−1.81%	−5.36%	8.06%
Softbank	6.79%	14.15%	18.68%

自由现金流占收比（欧洲）

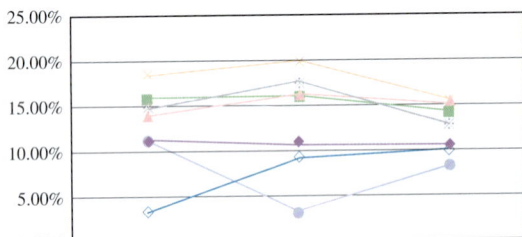

	2008 年	2009 年	2010 年
Deutsche Telecom	11.36%	10.79%	10.48%
Telefonica	15.78%	16.04%	13.94%
Vodafone	13.95%	16.28%	15.36%
France Telecom	18.43%	19.98%	15.53%
Vivendi	14.73%	17.65%	12.50%
Telecom Italia	11.11%	3.43%	8.31%
BT	3.45%	9.27%	10.02%

自由现金流占收比（大洋洲）

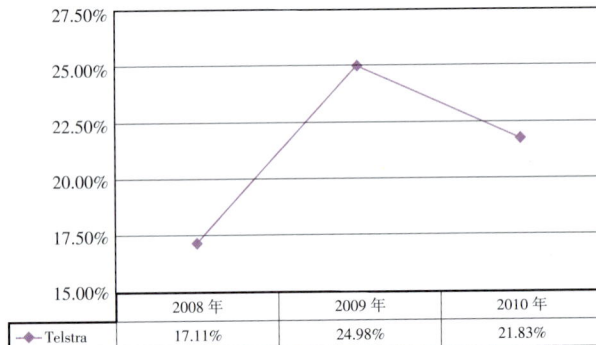

	2008 年	2009 年	2010 年
Telstra	17.11%	24.98%	21.83%

5. 销售现金比率

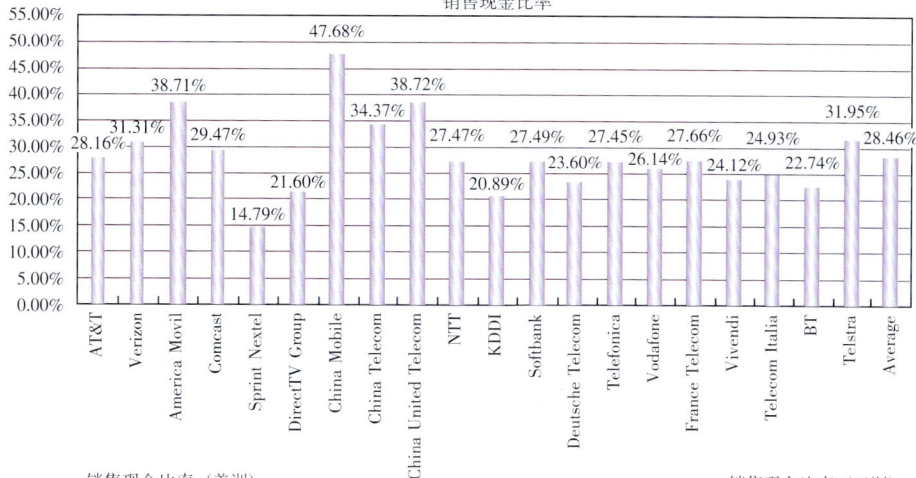

销售现金比率

销售现金比率（美洲）

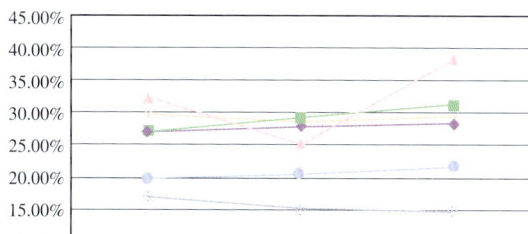

	2008 年	2009 年	2010 年
AT&T	27.14%	27.97%	28.16%
Verizon	27.34%	29.28%	31.31%
America Movil	32.28%	25.30%	38.71%
Comcast	29.87%	28.75%	29.47%
Sprint Nextel	17.34%	15.16%	14.79%
DirectTV Group	19.85%	20.55%	21.60%

销售现金比率（亚洲）

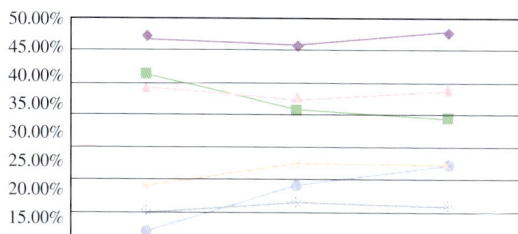

	2008 年	2009 年	2010 年
China Mobile	46.96%	45.81%	47.68%
China Telecom	41.15%	35.82%	34.37%
China United Telecom	39.33%	37.45%	38.72%
NTT	24.14%	27.68%	27.47%
KDDI	20.36%	21.50%	20.89%
Softbank	16.75%	24.17%	27.49%

销售现金比率（欧洲）

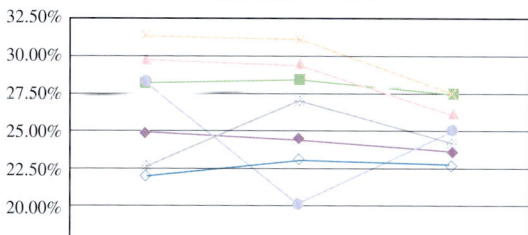

	2008 年	2009 年	2010 年
Deutsche Telecom	24.92%	24.45%	23.60%
Telefonica	28.24%	28.46%	27.45%
Vodafone	29.78%	29.38%	26.14%
France Telecom	31.56%	31.23%	27.66%
Vivendi	22.61%	27.10%	24.12%
Telecom Italia	28.49%	20.16%	24.93%
BT	22.00%	23.13%	22.74%

销售现金比率（大洋洲）

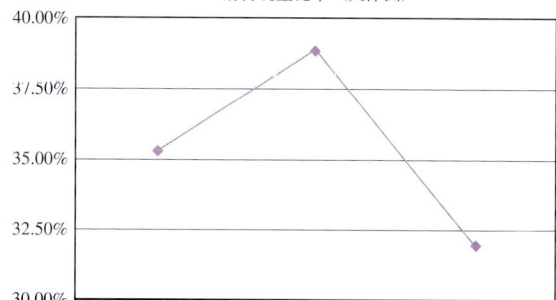

	2008 年	2009 年	2010 年
Telstra	35.28%	38.89%	31.95%

6. 资产现金回收率

资产现金回收率

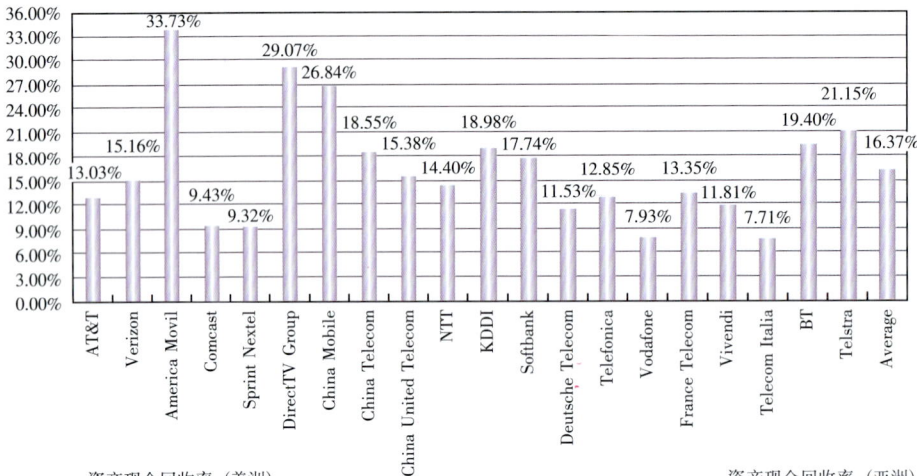

资产现金回收率（美洲）

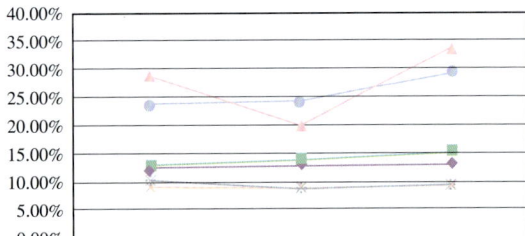

	2008 年	2009 年	2010 年
AT&T	12.69%	12.80%	13.03%
Verizon	13.16%	13.89%	15.16%
America Movil	28.81%	20.09%	33.73%
Comcast	9.05%	9.12%	9.43%
Sprint Nextel	10.55%	8.82%	9.32%
DirectTV Group	23.64%	24.27%	29.07%

资产现金回收率（亚洲）

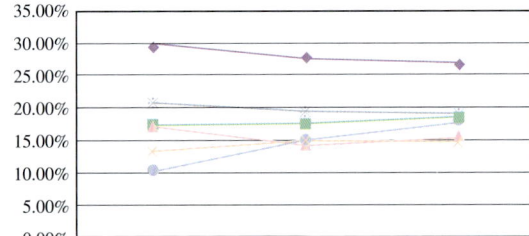

	2008 年	2009 年	2010 年
China Mobile	29.44%	27.57%	26.84%
China Telecom	17.43%	17.58%	18.55%
China United Telecom	17.31%	14.15%	15.38%
NTT	13.38%	14.88%	14.40%
KDDI	20.77%	19.37%	18.98%
Softbank	10.21%	14.97%	17.74%

资产现金回收率（欧洲）

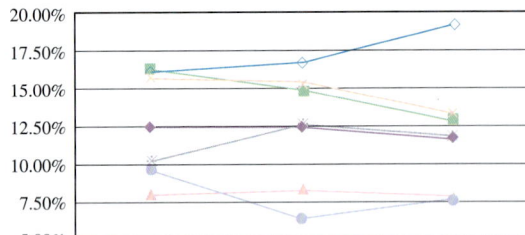

	2008 年	2009 年	2010 年
Deutsche Telecom	12.48%	12.36%	11.53%
Telefonica	16.38%	14.93%	12.85%
Vodafone	8.00%	8.32%	7.93%
France Telecom	15.74%	15.40%	13.35%
Vivendi	10.16%	12.65%	11.81%
Telecom Italia	9.65%	6.35%	7.71%
BT	16.08%	16.82%	19.40%

资产现金回收率（大洋洲）

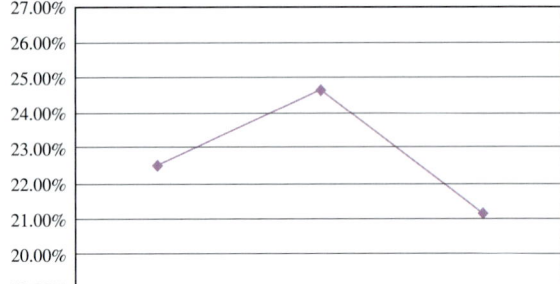

	2008 年	2009 年	2010 年
Telstra	22.52%	24.67%	21.15%

7. 现金流量经营充足率

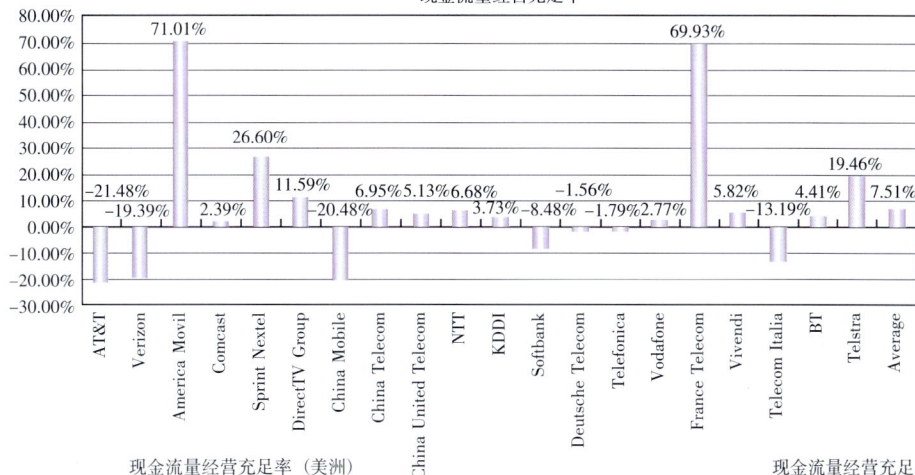

现金流量经营充足率

现金流量经营充足率（美洲）

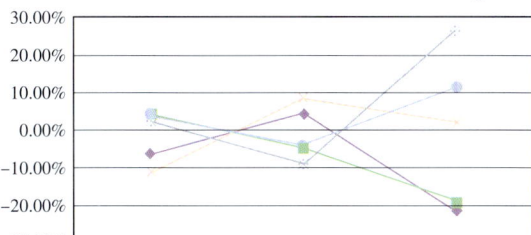

	2008 年	2009 年	2010 年
AT&T	−6.54%	4.67%	−21.48%
Verizon	4.29%	−4.71%	−19.39%
Comcast	−10.91%	8.59%	2.39%
Sprint Nextel	2.20%	−8.84%	26.60%
DirectTV Group	5.23%	−4.01%	11.59%

现金流量经营充足率（亚洲）

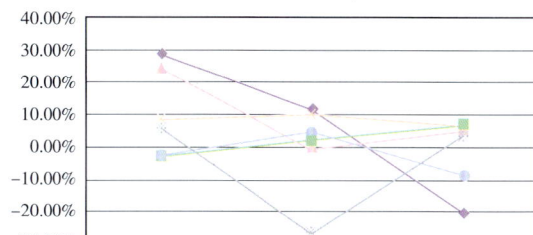

	2008 年	2009 年	2010 年
China Mobile	28.00%	11.54%	−20.48%
China Telecom	−3.05%	1.94%	6.95%
China United Telecom	24.14%	0.74%	5.13%
NTT	8.50%	9.94%	6.68%
KDDI	6.20%	−26.74%	3.73%
Softbank	−2.61%	4.61%	−8.48%

现金流量经营充足率（欧洲）

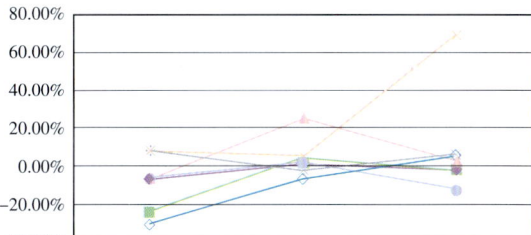

	2008 年	2009 年	2010 年
Deutsche Telecom	−7.14%	2.25%	−1.56%
Telefonica	−24.68%	3.98%	−1.79%
Vodafone	−7.32%	25.07%	2.77%
France Telecom	7.54%	6.11%	69.93%
Vivendi	8.75%	−1.96%	5.82%
Telecom Italia	−6.10%	2.03%	−13.19%
BT	−29.78%	−6.06%	4.41%

现金流量经营充足率（大洋洲）

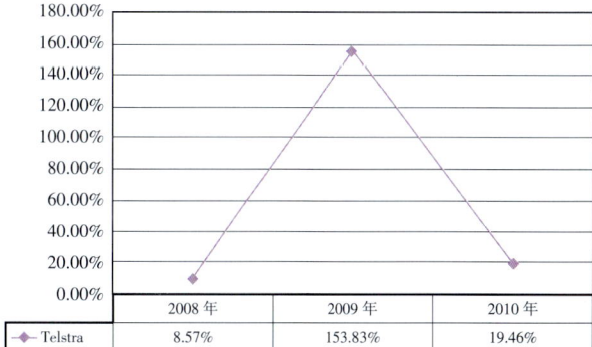

	2008 年	2009 年	2010 年
Telstra	8.57%	153.83%	19.46%

五 电信运营企业可持续成长管理绩效指标概览

1. 可持续增长率
2. 主营业务收入增长率
3. 总资产增长率
4. 净利润增长率
5. 经营活动现金流增长率
6. 每股盈余增长率

1. 可持续增长率

可持续增长率

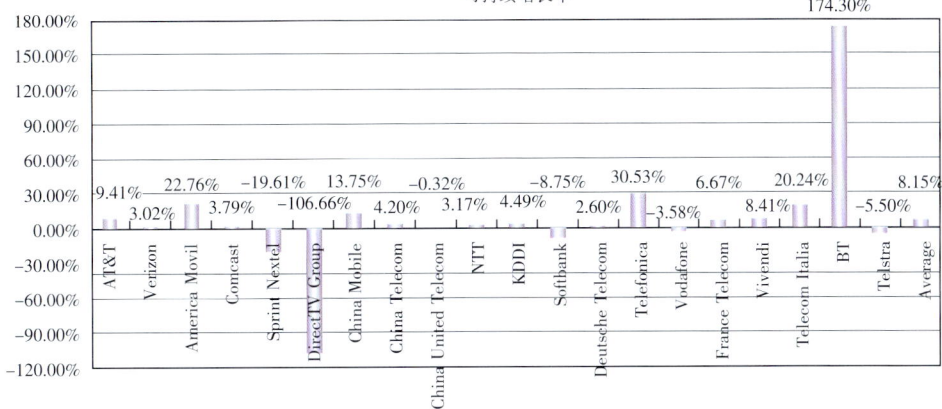

可持续增长率（美洲）

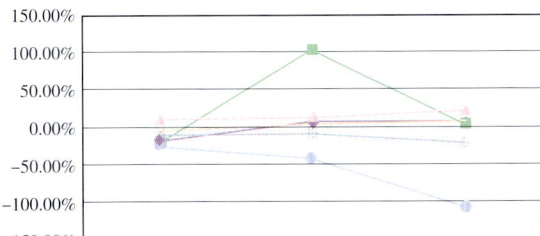

	2008 年	2009 年	2010 年
AT&T	−16.49%	6.20%	9.41%
Verizon	−17.55%	102.29%	3.02%
America Movil	11.53%	14.24%	22.76%
Comcast	−2.15%	5.84%	3.79%
Sprint Nextel	−9.47%	−9.14%	−19.61%
DirectTV Group	−22.99%	−40.02%	−106.66%

可持续增长率（亚洲）

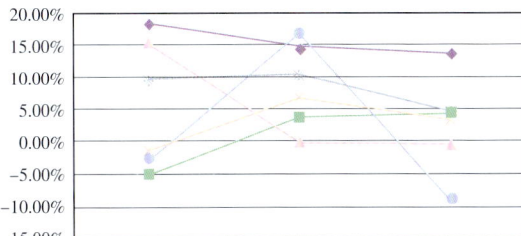

	2008 年	2009 年	2010 年
China Mobile	18.35%	14.61%	13.75%
China Telecom	−5.06%	3.76%	4.20%
China United Telecom	15.59%	−0.07%	−0.32%
NTT	−1.39%	6.84%	3.17%
KDDI	9.65%	10.48%	4.49%
Softbank	−2.82%	16.87%	−8.75%

可持续增长率（欧洲）

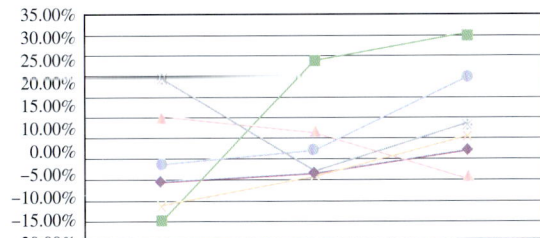

	2008 年	2009 年	2010 年
Deutsche Telecom	−4.71%	−2.73%	2.60%
Telefonica	−14.41%	24.09%	30.53%
Vodafone	10.86%	7.12%	−3.58%
France Telecom	−10.01%	−3.16%	6.67%
Vivendi	19.71%	−2.40%	8.41%
Telecom Italia	−0.63%	3.01%	20.24%

可持续增长率（大洋洲）

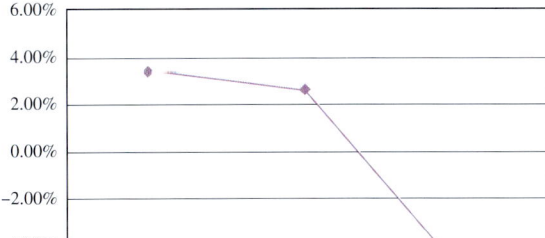

	2008 年	2009 年	2010 年
Telstra	3.56%	2.58%	−5.50%

2. 主营业务收入增长率

主营业务收入增长率

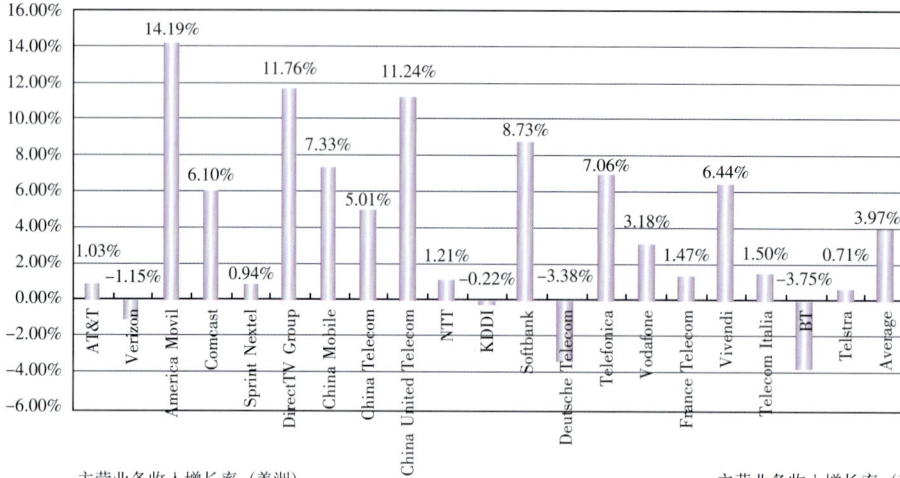

主营业务收入增长率（美洲）

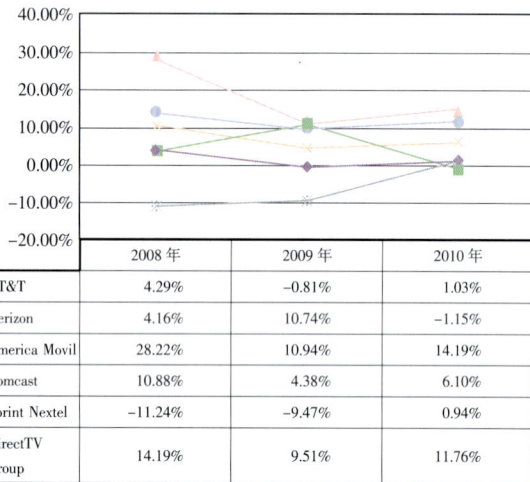

	2008 年	2009 年	2010 年
AT&T	4.29%	−0.81%	1.03%
Verizon	4.16%	10.74%	−1.15%
America Movil	28.22%	10.94%	14.19%
Comcast	10.88%	4.38%	6.10%
Sprint Nextel	−11.24%	−9.47%	0.94%
DirectTV Group	14.19%	9.51%	11.76%

主营业务收入增长率（亚洲）

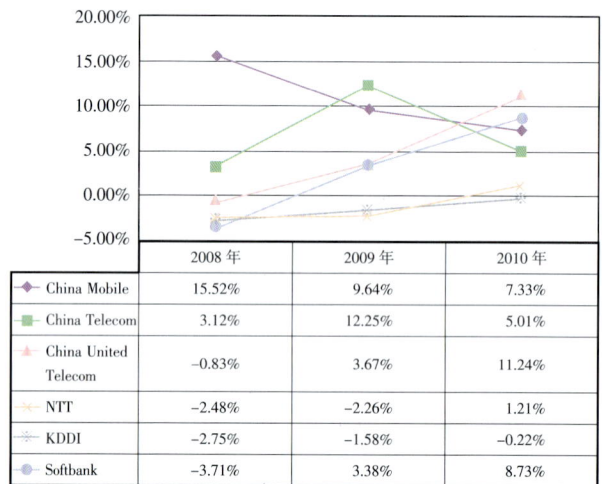

	2008 年	2009 年	2010 年
China Mobile	15.52%	9.64%	7.33%
China Telecom	3.12%	12.25%	5.01%
China United Telecom	−0.83%	3.67%	11.24%
NTT	−2.48%	−2.26%	1.21%
KDDI	−2.75%	−1.58%	−0.22%
Softbank	−3.71%	3.38%	8.73%

主营业务收入增长率（欧洲）

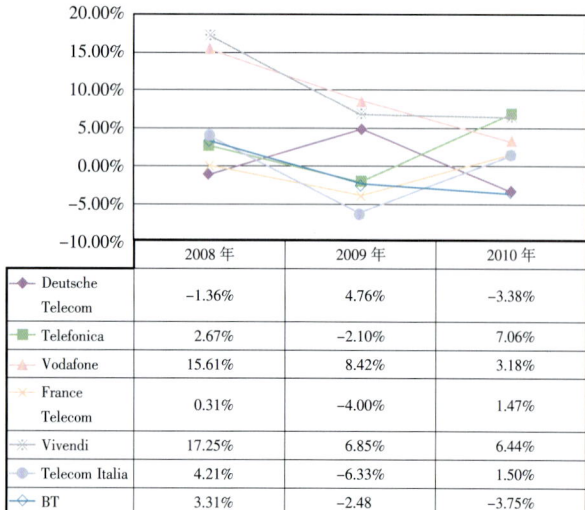

	2008 年	2009 年	2010 年
Deutsche Telecom	−1.36%	4.76%	−3.38%
Telefonica	2.67%	−2.10%	7.06%
Vodafone	15.61%	8.42%	3.18%
France Telecom	0.31%	−4.00%	1.47%
Vivendi	17.25%	6.85%	6.44%
Telecom Italia	4.21%	−6.33%	1.50%
BT	3.31%	−2.48	−3.75%

主营业务收入增长率（大洋洲）

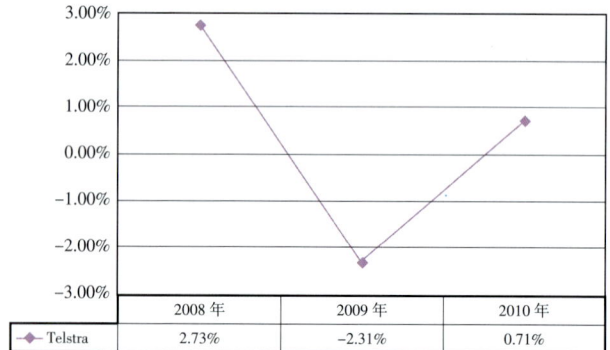

	2008 年	2009 年	2010 年
Telstra	2.73%	−2.31%	0.71%

3. 总资产增长率

总资产增长率

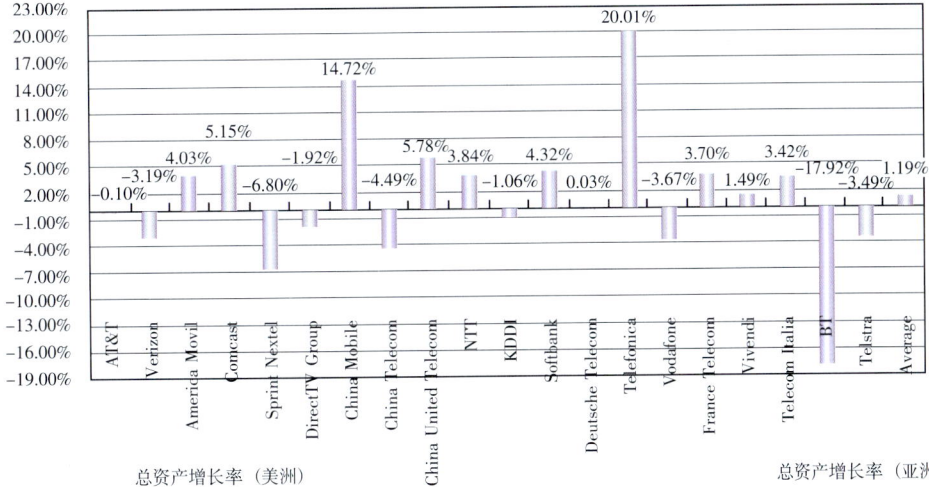

总资产增长率（美洲）

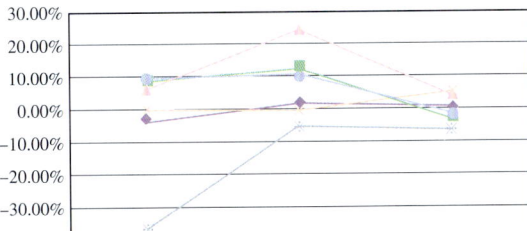

	2008 年	2009 年	2010 年
AT&T	-3.77%	1.32%	-0.10%
Verizon	8.23%	12.30%	-3.19%
America Movil	6.33%	24.73%	4.03%
Comcast	-0.35%	-0.25%	5.15%
Sprint Nextel	-36.88%	-5.34%	-6.80%
DirectTV Group	9.80%	10.41%	-1.92%

总资产增长率（亚洲）

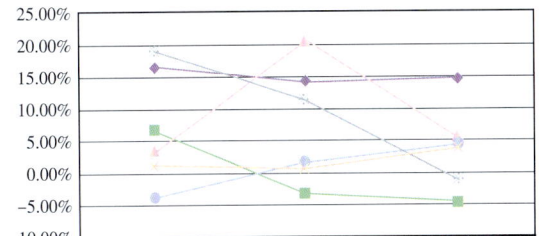

	2008 年	2009 年	2010 年
China Mobile	16.72%	14.24%	14.72%
China Telecom	6.53%	-3.14%	-4.49%
China United Telecom	3.37%	20.80%	5.78%
NTT	1.50%	0.76%	3.84%
KDDI	19.10%	11.38%	-1.06%
Softbank	-3.78%	1.74%	4.32%

总资产增长率（欧洲）

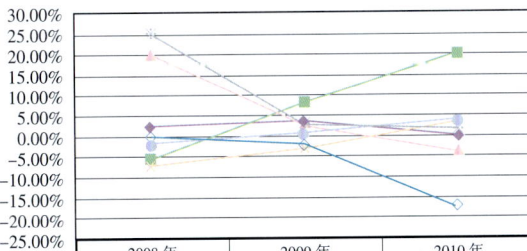

	2008 年	2009 年	2010 年
Deutsche Telecom	2.04%	3.76%	0.03%
Telefonica	-5.65%	8.25%	20.01%
Vodafone	19.98%	2.81%	-3.67%
France Telecom	-6.91%	-2.93%	3.70%
Vivendi	25.33%	2.88%	1.49%
Telecom Italia	-2.03%	0.62%	3.42%
BT	-0.27%	-2.03%	-17.92%

总资产增长率（大洋洲）

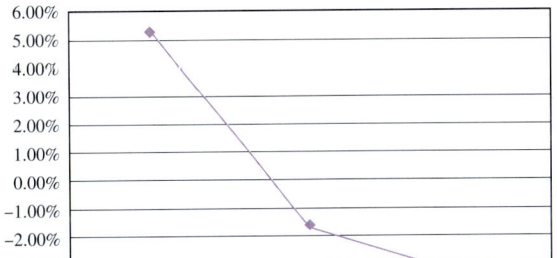

	2008 年	2009 年	2010 年
Telstra	5.38%	-1.70%	-3.49%

4. 净利润增长率

净利润增长率

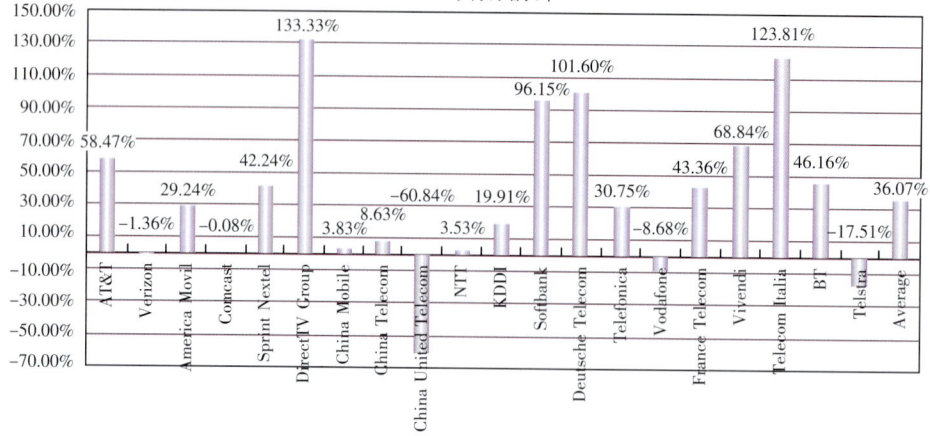

净利润增长率（美洲）

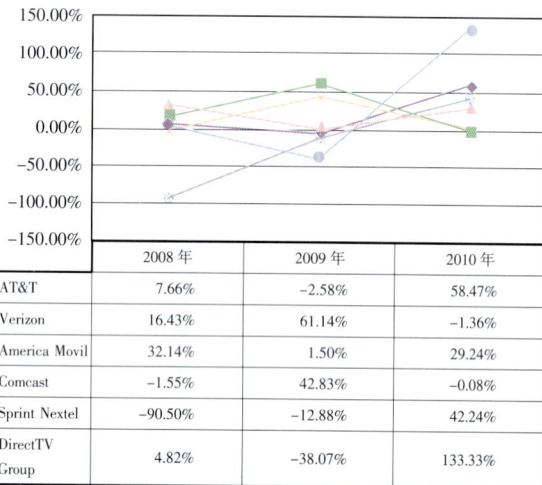

	2008 年	2009 年	2010 年
AT&T	7.66%	−2.58%	58.47%
Verizon	16.43%	61.14%	−1.36%
America Movil	32.14%	1.50%	29.24%
Comcast	−1.55%	42.83%	−0.08%
Sprint Nextel	−90.50%	−12.88%	42.24%
DirecTV Group	4.82%	−38.07%	133.33%

净利润增长率（亚洲）

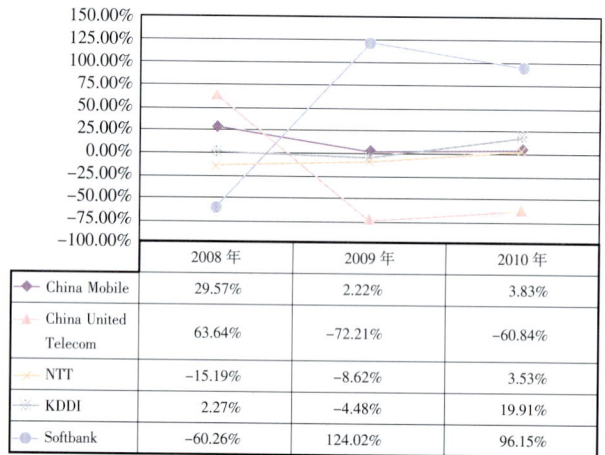

	2008 年	2009 年	2010 年
China Mobile	29.57%	2.22%	3.83%
China United Telecom	63.64%	−72.21%	−60.84%
NTT	−15.19%	−8.62%	3.53%
KDDI	2.27%	−4.48%	19.91%
Softbank	−60.26%	124.02%	96.15%

净利润增长率（欧洲）

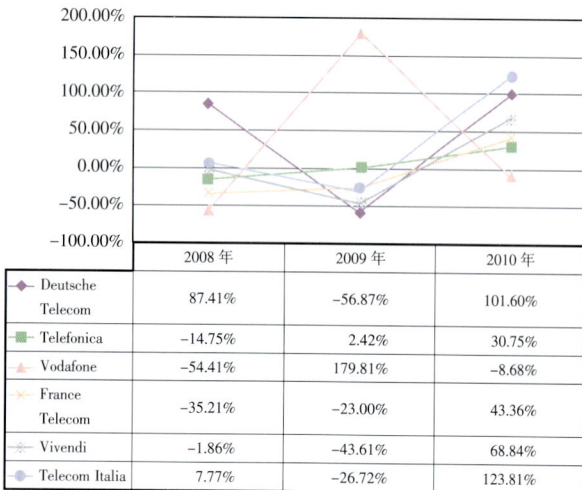

	2008 年	2009 年	2010 年
Deutsche Telecom	87.41%	−56.87%	101.60%
Telefonica	−14.75%	2.42%	30.75%
Vodafone	−54.41%	179.81%	−8.68%
France Telecom	−35.21%	−23.00%	43.36%
Vivendi	−1.86%	−43.61%	68.84%
Telecom Italia	7.77%	−26.72%	123.81%

净利润增长率（大洋洲）

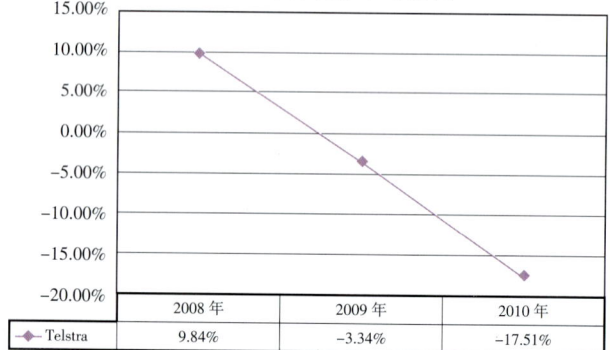

	2008 年	2009 年	2010 年
Telstra	9.84%	−3.34%	−17.51%

5. 经营活动现金流增长率

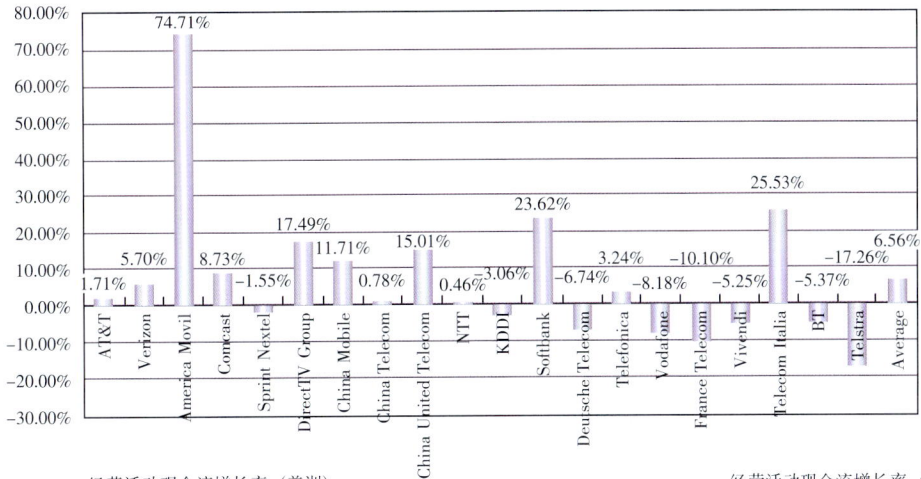

经营活动现金流增长率

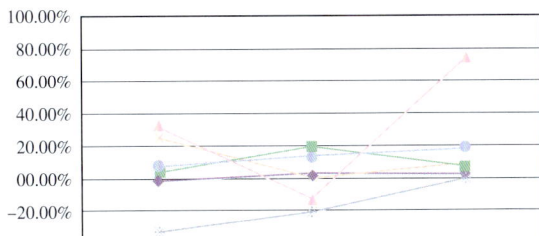

经营活动现金流增长率（美洲）

	2008 年	2009 年	2010 年
AT&T	-1.71%	2.23%	1.71%
Verizon	3.42%	18.58%	5.70%
America Movil	32.80%	-13.04%	74.71%
Comcast	24.94%	0.49%	8.73%
Sprint Nextel	-33.16%	-20.84%	-1.55%
DirectTV Group	7.27%	13.32%	17.49%

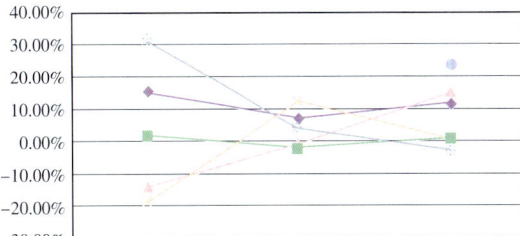

经营活动现金流增长率（亚洲）

	2008 年	2009 年	2010 年
China Mobile	14.85%	6.96%	11.71%
China Telecom	1.28%	-2.30%	0.78%
China United Telecom	-13.98%	-1.28%	15.01%
NTT	-18.66%	12.08%	0.46%
KDDI	30.63%	3.90%	-3.06%

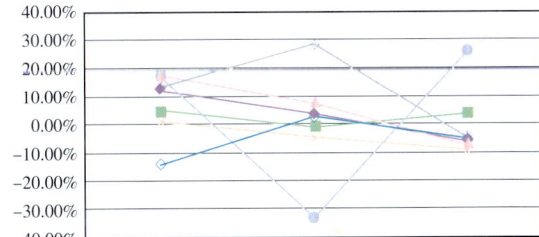

经营活动现金流增长率（欧洲）

	2008 年	2009 年	2010 年
Deutsche Telecom	12.06%	2.78%	-6.74%
Telefonica	5.13%	-1.33%	3.24%
Vodafone	16.60%	6.97%	-8.18%
France Telecom	0.68%	-5.02%	-10.10%
Vivendi	12.72%	28.04%	-5.25%
Telecom Italia	17.33%	-33.72%	25.53%
BT	-14.22%	2.53%	-5.37%

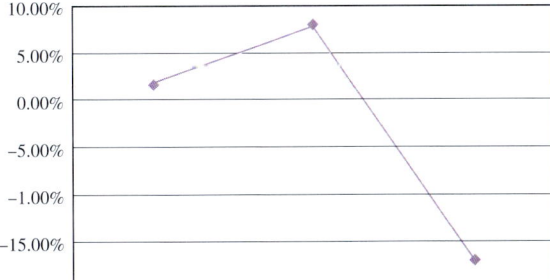

经营活动现金流增长率（大洋洲）

	2008 年	2009 年	2010 年
Telstra	1.74%	7.70%	-17.26%

6. 每股盈余增长率

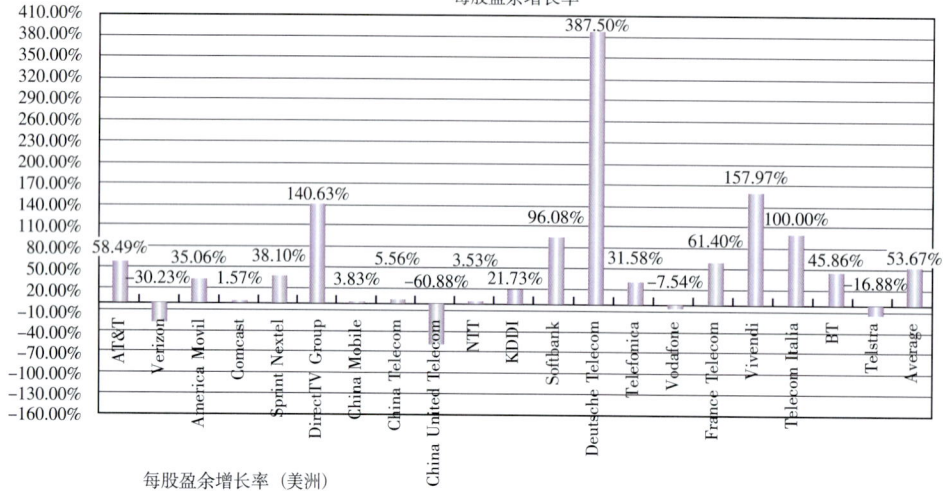
每股盈余增长率

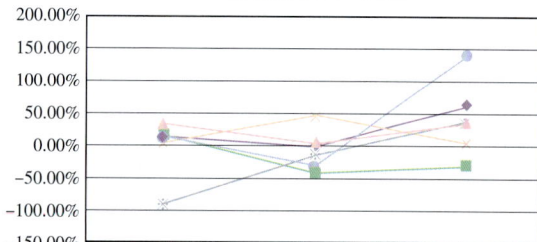
每股盈余增长率（美洲）

	2008 年	2009 年	2010 年
AT&T	10.77%	-1.85%	58.49%
Verizon	18.32%	-42.92%	-30.23%
America Movil	33.60%	4.19%	35.06%
Comcast	3.57%	45.98%	1.57%
Sprint Nextel	-90.43%	-14.29%	38.10%
DirectTV Group	13.22%	-29.93%	140.63%

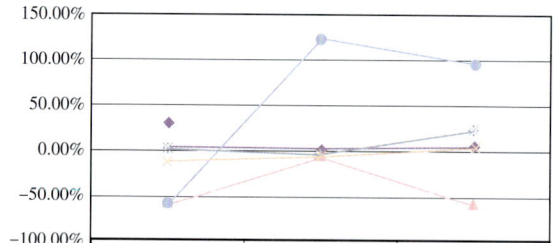
每股盈余增长率（亚洲）

	2008 年	2009 年	2010 年
China Mobile	29.43%	1.95%	3.83%
China United Telecom	-61.30%	-8.07%	-60.88%
NTT	-13.16%	-7.09%	3.53%
KDDI	2.38%	-4.41%	21.73%
Softbank	-60.71%	123.75%	96.08%

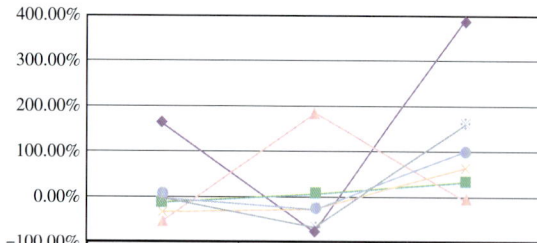
每股盈余增长率（欧洲）

	2008 年	2009 年	2010 年
Deutsche Telecom	161.54%	-76.47%	387.50%
Telefonica	-13.76%	4.91%	31.58%
Vodafone	-53.50%	181.51%	-7.54%
France Telecom	-35.54%	-26.92%	61.40%
Vivendi	-1.33%	-69.06%	157.97%
Telecom Italia	8.20%	-27.27%	100.00%

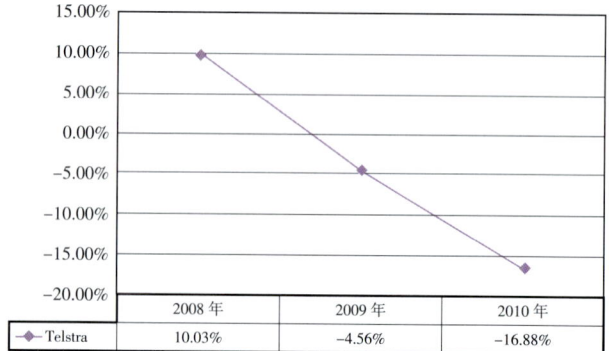
每股盈余增长率（大洋洲）

	2008 年	2009 年	2010 年
Telstra	10.03%	-4.56%	-16.88%

六 电信运营企业价值创造与分配绩效指标概览

1. EVA
2. EVA 率
3. 每股盈利（EPS）
4. 每股股利（DPS）
5. 股利支付率

1. EVA

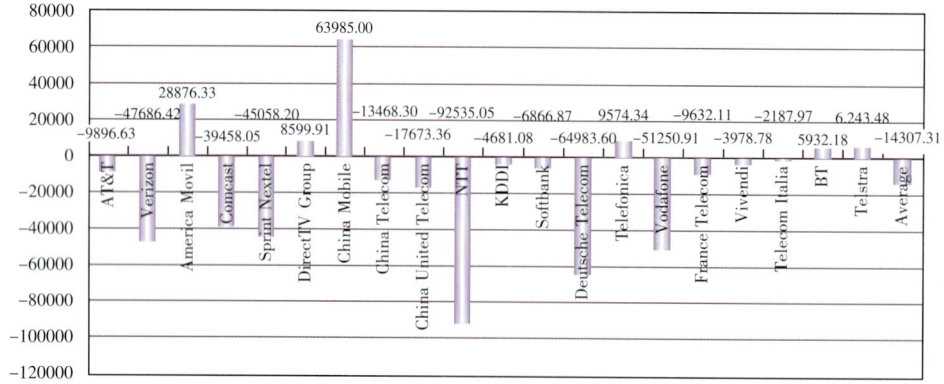

单位：百万元人民币 　　　　　　　　　　　EVA

单位：百万元人民币　EVA（美洲）

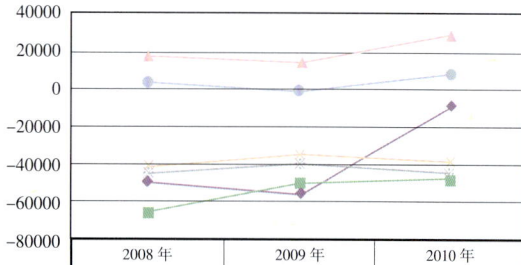

	2008 年	2009 年	2010 年
AT&T	−49609	−56593	−9897
Verizon	−66489	−49717	−47686
America Movil	16864	13732	28876
Comcast	−41454	−34869	−39458
Sprint Nextel	−45559	−40674	−45058
DirectTV Group	3421	−769	8600

单位：百万元人民币　EVA（亚洲）

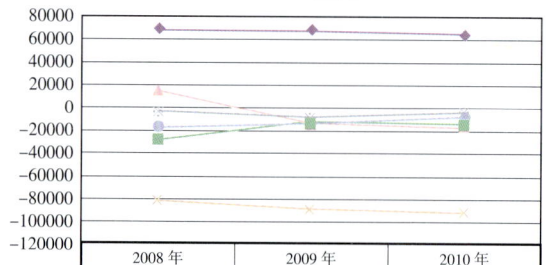

	2008 年	2009 年	2010 年
China Mobile	68178	66320	63985
China Telecom	−28608	−12240	−13468
China United Telecom	14604	−13601	−17673
NTT	−82489	−89380	−92535
KDDI	−3489	−7933	−4681
Softbank	−19269	−14198	−6867

单位：百万元人民币　EVA（欧洲）

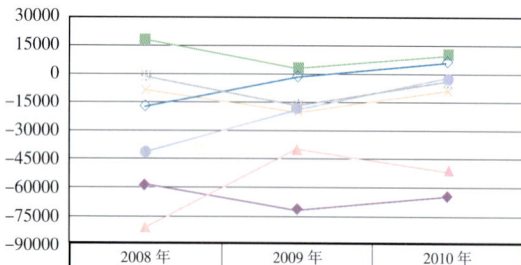

	2008 年	2009 年	2010 年
Deutsche Telecom	−58616	−71760	−64984
Telefonica	17952	2547	9574
Vodafone	−80934	−39940	−51251
France Telecom	−8404	−20886	−9632
Vivendi	−1792	−16913	−3979
Telecom Italia	−42577	−19126	−2188
BT	−18040	−1716	5932

单位：百万元人民币　EVA（大洋洲）

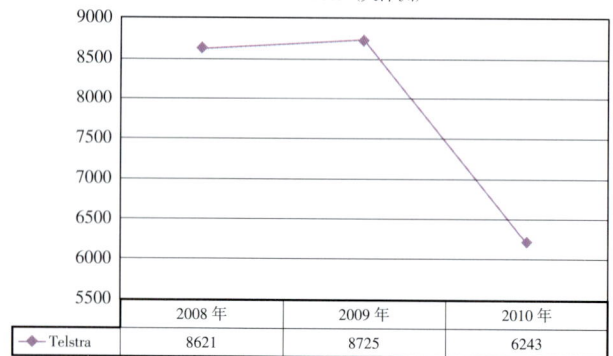

	2008 年	2009 年	2010 年
Telstra	8621	8725	6243

2. EVA 率

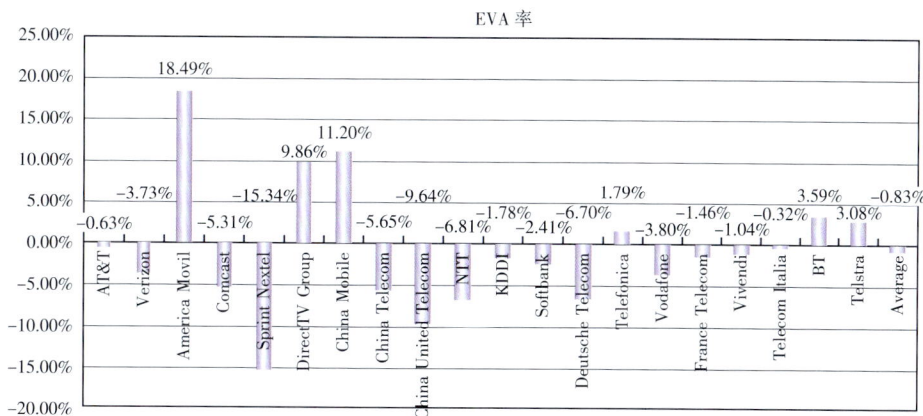

EVA 率

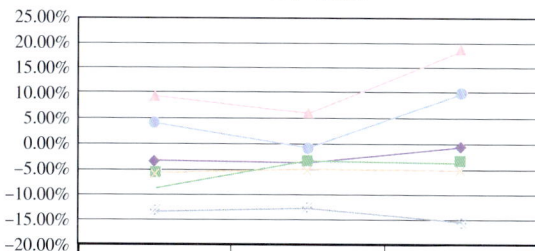

EVA 率（美洲）

	2008 年	2009 年	2010 年
AT&T	−3.27%	−3.62%	−0.63%
Verizon	−5.63%	−3.72%	−3.73%
America Movil	9.43%	6.24%	18.49%
Comcast	−5.89%	−4.94%	−5.31%
Sprint Nextel	−13.48%	−12.81%	−15.34%
DirectTV Group	4.05%	−0.84%	9.86%

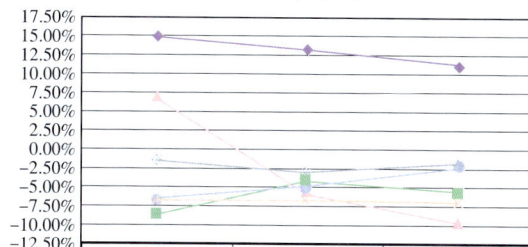

EVA 率（亚洲）

	2008 年	2009 年	2010 年
China Mobile	14.84%	13.24%	11.20%
China Telecom	−8.57%	−4.06%	−5.65%
China United Telecom	7.04%	−5.74%	−9.64%
NTT	−6.43%	−6.81%	−6.81%
KDDI	−1.57%	−3.06%	−1.78%
Softbank	−6.52%	−4.94%	−2.41%

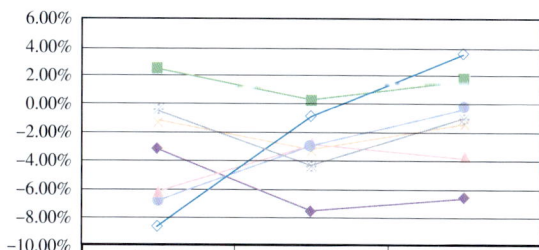

EVA 率（欧洲）

	2008 年	2009 年	2010 年
Deutsche Telecom	−6.31%	−7.45%	−6.70%
Telefonica	2.46%	0.32%	1.79%
Vodafone	−6.18%	−2.86%	−3.80%
France Telecom	−1.27%	−3.19%	−1.46%
Vivendi	−0.48%	−4.42%	−1.04%
Telecom Italia	−6.69%	−2.97%	−0.32%
BT	−8.66%	−0.81%	3.59%

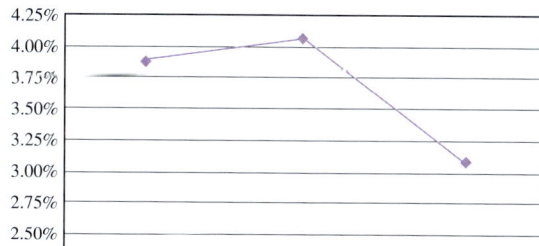

EVA 率（大洋洲）

	2008 年	2009 年	2010 年
Telstra	3.90%	4.07%	3.08%

3. 每股盈利（EPS）

单位：人民币（元）　　　　每股盈利（EPS）

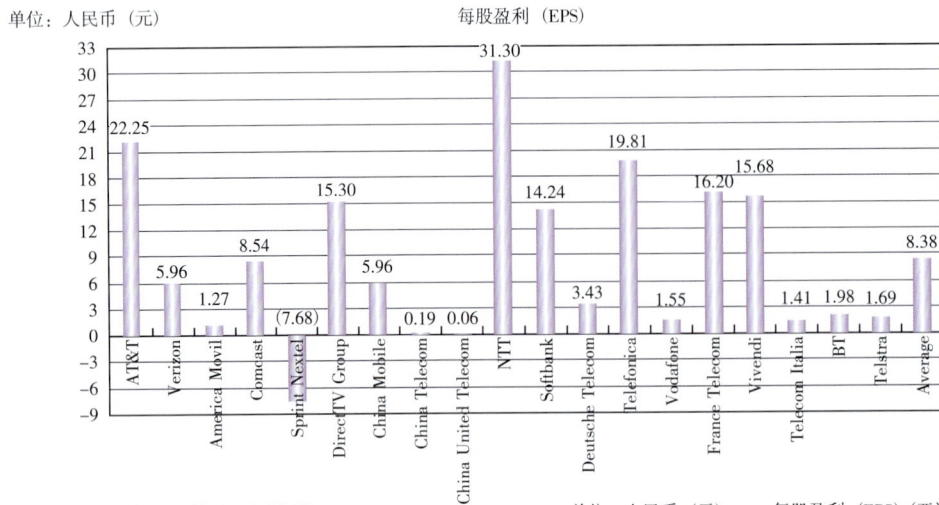

单位：人民币（元）　　　每股盈利（EPS）（美洲）

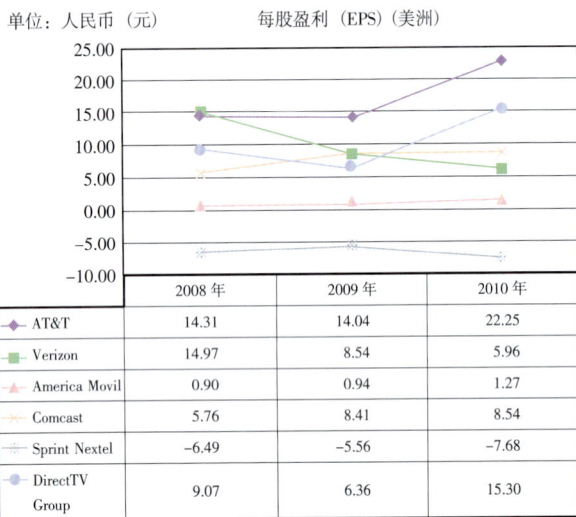

	2008 年	2009 年	2010 年
AT&T	14.31	14.04	22.25
Verizon	14.97	8.54	5.96
America Movil	0.90	0.94	1.27
Comcast	5.76	8.41	8.54
Sprint Nextel	−6.49	−5.56	−7.68
DirectTV Group	9.07	6.36	15.30

单位：人民币（元）　　　每股盈利（EPS）（亚洲）

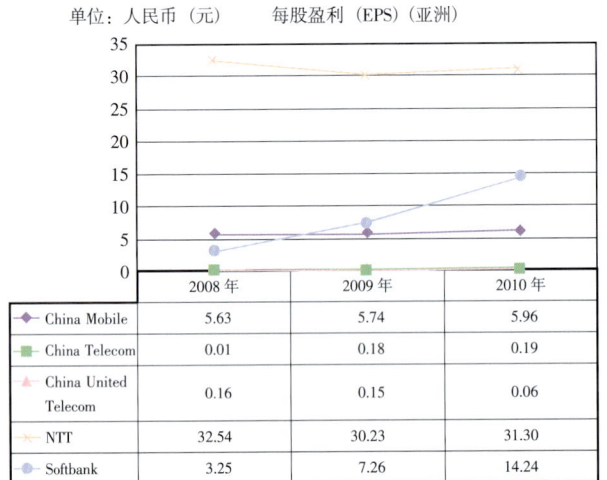

	2008 年	2009 年	2010 年
China Mobile	5.63	5.74	5.96
China Telecom	0.01	0.18	0.19
China United Telecom	0.16	0.15	0.06
NTT	32.54	30.23	31.30
Softbank	3.25	7.26	14.24

单位：人民币（元）　　　每股盈利（EPS）（欧洲）

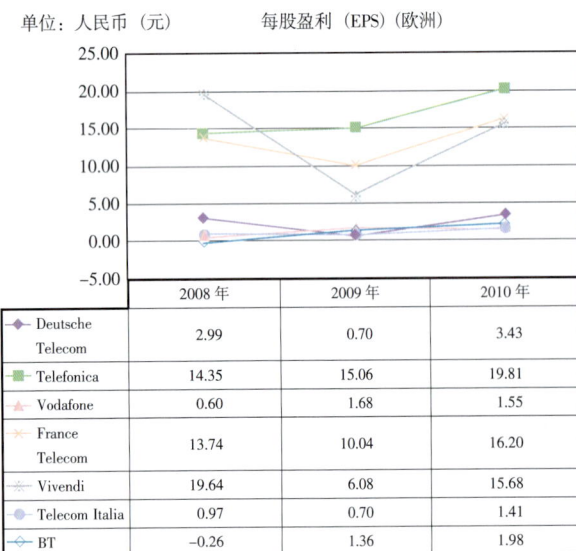

	2008 年	2009 年	2010 年
Deutsche Telecom	2.99	0.70	3.43
Telefonica	14.35	15.06	19.81
Vodafone	0.60	1.68	1.55
France Telecom	13.74	10.04	16.20
Vivendi	19.64	6.08	15.68
Telecom Italia	0.97	0.70	1.41
BT	−0.26	1.36	1.98

单位：人民币（元）　　　每股盈利（EPS）（大洋洲）

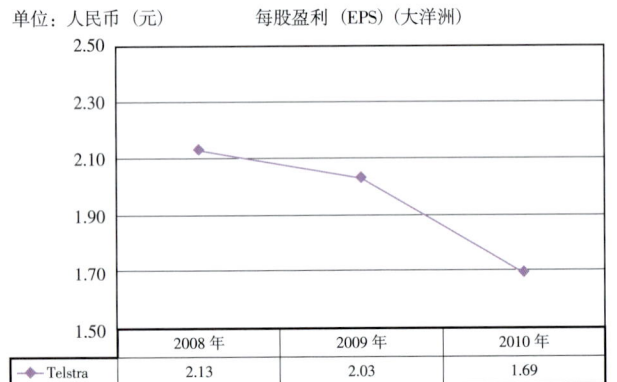

	2008 年	2009 年	2010 年
Telstra	2.13	2.03	1.69

4. 每股股利（DPS）

单位：人民币（元）　　　　　　　　每股股利（DPS）

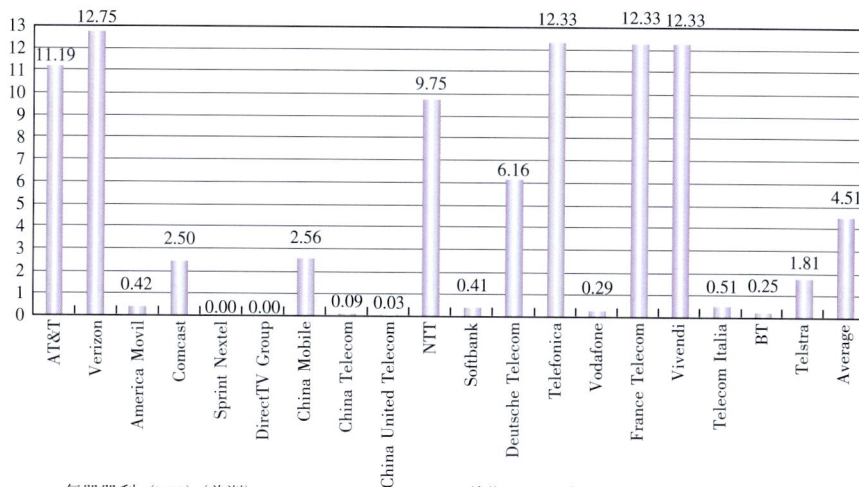

单位：人民币（元）　　每股股利（DPS）（美洲）

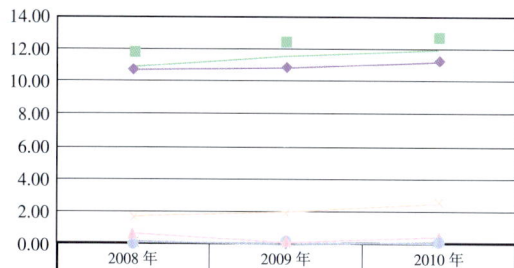

	2008 年	2009 年	2010 年
AT&T	10.66	10.93	11.19
Verizon	11.79	12.38	12.75
America Movil	0.65	0.14	0.42
Comcast	1.66	1.97	2.50
Sprint Nextel	0	0	0
DirectTV Group	0	0	0

单位：人民币（元）　　每股股利（DPS）（亚洲）

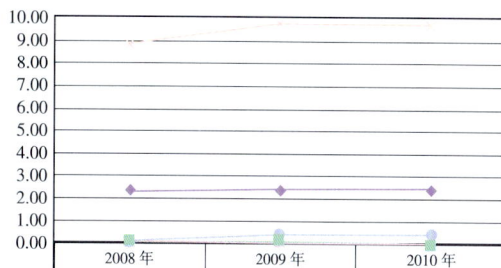

	2008 年	2009 年	2010 年
China Mobile	2.33	2.39	2.56
China Telecom	0.0850	0.0850	0.0850
China United Telecom	0.07	0.05	0.03
NTT	8.94	9.75	9.75
Softbank	0.20	0.41	0.41

单位：人民币（元）　　每股股利（DPS）（欧洲）

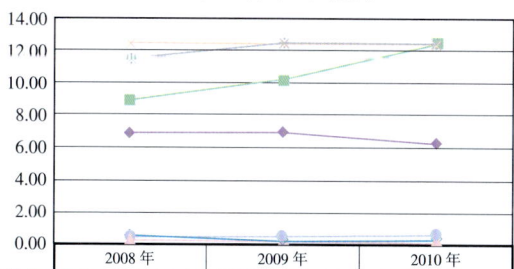

	2008 年	2009 年	2010 年
Deutsche Telecom	6.87	6.87	6.16
Telefonica	8.81	10.13	12.33
Vodafone	0.26	0.27	0.29
France Telecom	12.33	12.33	12.33
Vivendi	11.45	12.33	12.33
Telecom Italia	0.44	0.44	0.51
BT	0.55	0.24	0.25

单位：人民币（元）　　每股股利（DPS）（大洋洲）

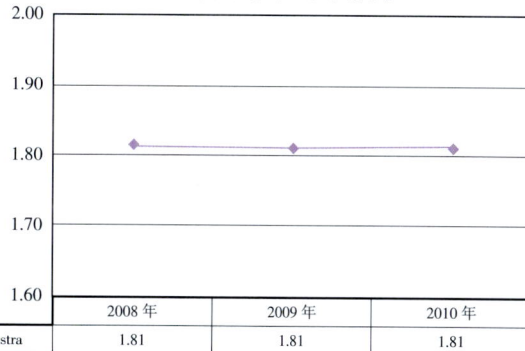

	2008 年	2009 年	2010 年
Telstra	1.81	1.81	1.81

5. 股利支付率

股利支付率

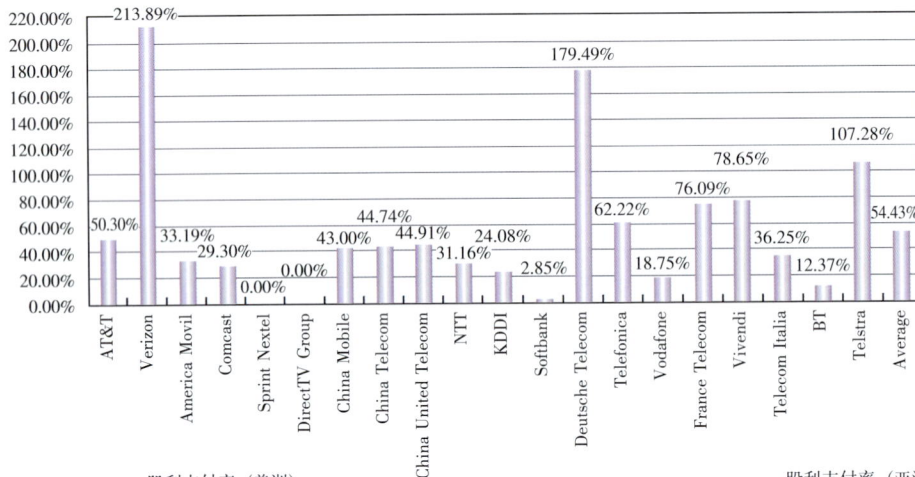

股利支付率（美洲）

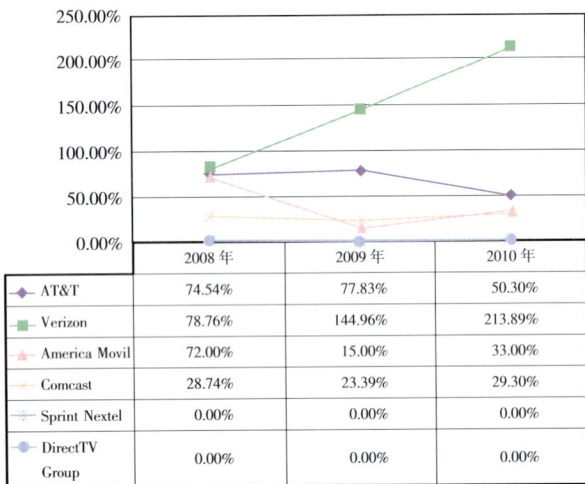

	2008 年	2009 年	2010 年
AT&T	74.54%	77.83%	50.30%
Verizon	78.76%	144.96%	213.89%
America Movil	72.00%	15.00%	33.00%
Comcast	28.74%	23.39%	29.30%
Sprint Nextel	0.00%	0.00%	0.00%
DirectTV Group	0.00%	0.00%	0.00%

股利支付率（亚洲）

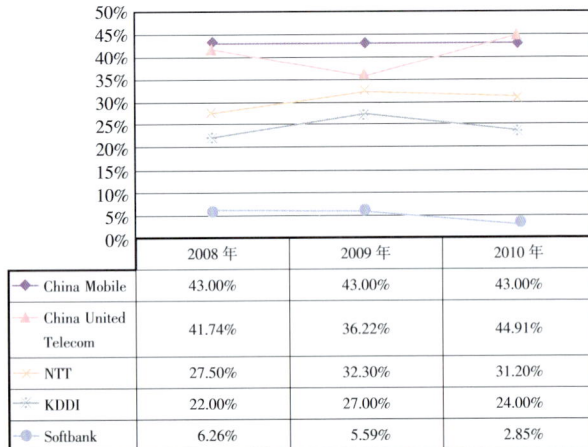

	2008 年	2009 年	2010 年
China Mobile	43.00%	43.00%	43.00%
China United Telecom	41.74%	36.22%	44.91%
NTT	27.50%	32.30%	31.20%
KDDI	22.00%	27.00%	24.00%
Softbank	6.26%	5.59%	2.85%

股利支付率（欧洲）

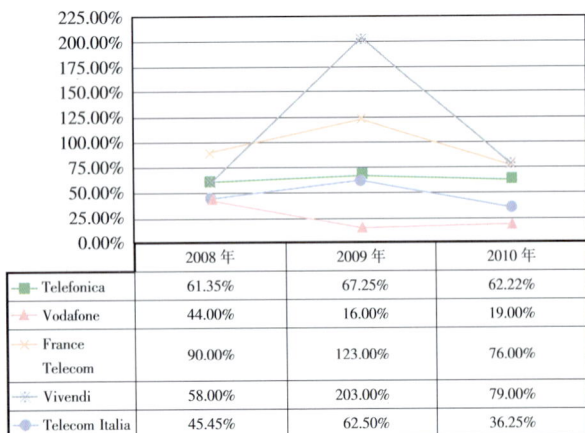

	2008 年	2009 年	2010 年
Telefonica	61.35%	67.25%	62.22%
Vodafone	44.00%	16.00%	19.00%
France Telecom	90.00%	123.00%	76.00%
Vivendi	58.00%	203.00%	79.00%
Telecom Italia	45.45%	62.50%	36.25%

股利支付率（大洋洲）

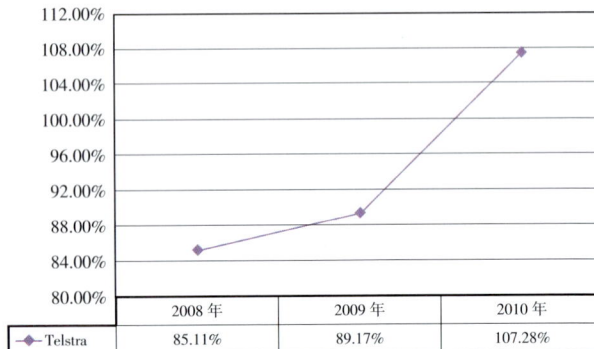

	2008 年	2009 年	2010 年
Telstra	85.11%	89.17%	107.28%

近年来，在技术创新与用户需求的驱动下，IT、互联网、媒体、娱乐等产业与电信产业互相渗透，在融合不断深化的过程中对电信行业的影响越来越大，新的全业务环境正在形成，并且竞争日益加剧。电信运营商唯有保持强劲的财务竞争力才能够保证企业的可持续增长并不断为股东创造价值。本书将从投资经营效果、融资管理效率、成本费用管理、现金与质量管理、可持续成长管理、价值创造与分配六个方面对2010年进入世界500强的20家电信运营商的财务竞争力和价值创造能力进行全面透视和解析，旨在为电信运营企业的价值创造与可持续成长提供有价值的思路和建议。

（一）电信运营企业投资经营效果

企业投资包括日常性投资和战略性投资。日常性投资主要指对现金、应收账款、存货、短期有价证券等的投资。战略性投资是指对企业未来产生长期影响的资本性支出，具有规模大、周期长、基于企业发展的长期目标、分阶段等特征，影响着企业的前途和发展方向的投资。典型意义的企业战略性投资项目包括：新产品的研究与开发、新的生产技术或生产线的引进、新领域的进入、兼并收购、资产重组、生产与营销能力的扩大等等。这类投资通常资金需求量较大，回报周期较长，并伴有较大的投资风险。下面从资本支

出和投资效果两个角度对2010年进入世界500强的20家电信运营商的投资经营效果进行分析。从投资支出的角度来看，2010年进入世界500强的20家电信运营商的CAPEX占收比的平均水平为15.72%，大都分布在10%~20%。从2008年到2010年美洲、亚洲和大洋洲的电信运营商的CAPEX占收比都呈现出逐年下降的趋势，而欧洲电信运营商的CAPEX占收比略有增长。随着中国电信行业从规模扩张型阶段进入效益增长型阶段，CAPEX占收比从2003年到2007年呈现出逐年下降的趋势，投资风险逐渐降低，投资策略趋于理性，投资结构不断优化。2008年，在中国政府的主导下中国电信行业进行了重组，运营商形成了"三足鼎立"的格局，三家运营商均具备运营全网业务的能力。为了寻找新的收入增长点，三家运营商均向新技术新业务的发展投入大量资金，2010年的CAPEX占收比远远高于世界500强中20家电信运营商的平均水平（15.72%）。中国移动2010年CAPEX约为1243亿元人民币，CAPEX占收比为25.62%，主要用于基础网络（44%）、支撑系统（7%）、传输（23%）等方面的建设和新技术新业务的发展（13%）。中国电信的CAPEX占收比为19.57%，主要投资于加快宽带业务发展，加大光纤化改造和宽带能力建设，并且严格控制传统固网语音等业务投资。中国联通的CAPEX占收比是20家电信运营商中最高的，高达39.84%，在移动网络、宽带及数据和基础设

施及传输网三个主要方面的投资大致持平。

从投资效果来看，亚洲的电信运营商的盈利能力（如净利润率、ROA、ROE）普遍低于大洋洲、欧洲、美洲三大洲的电信运营商，尤其是中国联通和中国电信的盈利能力远远低于 2010 年进入世界 500 强的 20 家电信运营的平均水平。从 2008 年到 2010 年的盈利趋势来看，亚洲和大洋洲的电信运营商的盈利能力逐年下降，而美洲和欧洲的电信运营商的盈利能力略有上升。中国三家电信运营商投资效果逐年下降，与日趋饱和的通信市场、日趋激烈的全球化竞争以及三家运营商之间层出不穷的价格战直接相关。目前我国通信市场几近饱和，三家运营商为了推动 3G 业务的发展，不惜投入巨额的推广销售费用，价格战之声不绝于耳。同时来自国内外的终端提供商、内容提供商也给运营商带来了巨大的挑战。

EBITDA，即息税折旧摊销前利润，是扣除利息、所得税、折旧、摊销之前的利润。计算公式为 EBITDA = 净利润 + 所得税 + 利息 + 折旧 + 摊销，或 EBITDA = EBIT + 折旧 + 摊销。EBITDA 率 = EBITDA/营业收入。EBITDA 主要用于衡量企业主营业务产生现金流的能力。2010 年进入世界 500 强的 20 家电信运营商的 EBITDA 率的平均值为 33.63%，其中大部分电信运营商的 EBITDA 率分布在 30%~40%。从各大洲来看，美洲电信运营商的 EBITDA 率（平均为 30.61%）低于亚洲和欧洲的电信运营商的 EBITDA 率（平均值分别为 35.59% 和 33.55%）。人均 EBITDA 最高的两家电信运营企业为日本的 KDDI 和 Softbank（分别为 413 万元和 347 万元），显著高于其他 18 家电信运营商，这 18 家电信运营商人均 EBITDA 的平均水平为 108 万元。中国的三家电信运营商员工人数（中国移动：164336 名；中国电信：312332 名；中国联通：215815 名）都远远高于 20 家电信运营企业的平均员工人数（134709 名），中国

电信的员工更是达到 20 家电信运营商员工人数之最多，但中国电信和中国联通的人均 EBITDA 却是 20 家电信运营企业人均 EBITDA 之最低（两家均为 28 万元），说明中国电信运营商整体的人均产出效率比较低。

综观 2010 年进入世界 500 强的 20 家电信运营商，可以看出中国三家电信运营商的 CAPEX 占收比远远高于其他 17 家电信运营商，但是从投资效果来看，中国三家电信运营商的盈利能力并没有提高，反而在不断下降，尤其是中国联通和中国电信的盈利能力仍远远低于世界 500 强中 20 家电信运营的平均水平。我国的三家电信运营商需要通过持续不断地完善企业投资规划与计划体系、健全项目前评估与决策体系、建立并完善项目后评价与考核体系，来实现固定资产全生命周期闭环管理；通过把握过程环节，强化精细化过程管理水平，形成动态分析与跟踪机制，以夯实固定资产全生命周期管理；通过实施基于价值导向的 CAPEX 精细化管理，来提升企业的 CAPEX 管理水平和资源使用效率，这也是提高企业核心竞争力的关键之所在。

（二）电信运营企业融资管理效率

从公司管理层面理解公司融资，它是资本结构管理问题；从公司治理角度理解公司融资，它是产权管理问题。不同的融资渠道和结构，不仅影响公司的资本结构和价值增值，还会从深层次上影响到公司的产权和控制权。企业融资按照来源可分为内源融资和外源融资。其中内源融资主要源自企业内部正常经营形成的现金流，资金来源包括：股东投入的资本金、折旧摊销额转化为重置投资以及留存收益转化为新增投资；外源融资是指企业通过一定方式向企业之外的其他经济主体筹集资金，外源融资方式包括：银行贷款、

发行股票、企业债券等。

西方发达国家运营商普遍认为,合理的资产负债率应介于45%~50%。2010年进入世界500强的20家电信运营商资产负债率平均值为62.10%,高于上述的合理区间,过高的资产负债率会增加企业的固定财务成本,在相同息税前利润的条件下,增大企业的财务杠杆系数,会增加企业的财务风险。我国运营商自在中国香港和美国上市后,受制于美国资本市场的压力和国资委的要求开始运用EVA进行绩效考核,致使资本结构持续不断优化,2010年资产负债率平均值为43.04%,逐渐趋于合理水平。

折旧与摊销占EBITDA的比值反映了运营商折旧与摊销的意识和能力。2010年,中国移动的这一比值为36.05%,虽然较前两年有所增长,但仍比20家电信运营商的平均值52.36%低16个百分点,说明中国移动在折旧与摊销方面的意识和能力还有待进一步加强。

综合折旧与摊销、股息、内部融资额三个指标来看,除美国的AT&T和澳大利亚的Telstra以外,其他18家电信运营商2010年的内部融资额与2009年相比无显著变化,影响内部融资额的主要因素有三个,即净利润、折旧与摊销、股息。2010年AT&T与Telstra的股息、折旧与摊销和2009年基本持平,AT&T内部融资额的较大提升与Telstra内部融资额的较大下降主要是由于各自净利润的变化引起,2010年AT&T的所得税费用大幅度减少,产生了所得税收益,致使净利润增长了58.47%,Telstra在购买商品和服务上的支出大幅度增加,致使净利润减少了17.51%。2010年,NTT在内部融资方面的表现尤其突出,在20家电信运营商中排名第一,融资额达到2137亿元人民币,远远高于20家电信运营商的平均值919亿元人民币。总的来说,电信运营商通过增加净利润、适度提高折旧摊销比率、资产剥离、股票

回购等方式提高内部融资额,各大电信运营商的内部融资效率呈逐年好转的趋势。

从利息保障倍数来看,2010年中国移动为177.35,远远领先于其他电信运营商,在5家利息保障倍数大于10的电信运营商中,有3家(即中国移动、NTT、KDDI)来自亚洲,亚洲的平均值也较其他三大洲高,说明亚洲的电信运营商在偿还债务利息能力方面较其他三大洲强。2010年,Vodafone的利息保障倍数较前两年增长较大,这是因为2010年Vodafone的利息费用较前两年大幅度降低所致。

2010年进入世界500强的20家电信运营商流动比率平均值为83.64%,我国电信运营商流动比率平均值为63.61%,说明我国电信运营商的资产流动性和变现能力整体上还有待进一步提高。

综上所述,在全球经济还未完全回暖的大背景下,各大电信运营商正在努力提高融资管理效率,降低融资成本,缓解资金压力。以欧洲为例,随着欧债危机不断升级,欧洲各大运营商都致力于提高内部融资额,以缓解外部融资的压力,以保障企业的正常运行和可持续发展。

(三)电信运营企业成本费用管理

成本费用是企业为了获取利润而付出的代价,加强成本费用管理有利于降低生产经营耗费,是扩大生产经营的重要条件,同时,还有利于促使企业改善生产经营管理,提高经济效益。成本通常可以分为已耗成本和未耗成本,已耗成本是指企业已经发生和消耗的成本,未耗成本是指企业尚未发生,但会在未来给企业带来收益的成本。由于电信行业的特殊性,很大一部分成本是由固定资产折旧引起的,所以固定资产周转率会对企业的成本费用率以及成本利润率产生重大影响。固定资产管理的效率和营运资金管理的效率反映

了企业资产管理效率，对于运营商来说，一方面需要开拓市场和认真做好投资项目的规划和控制，加大对存量资产的管理，向管理要效益，建立不良资产责任追究制度。另一方面需要适当加快营运资金的周转，营运资金是指公司用以支持经营活动的净投资，这些资金因为在运转所以会创造利润，而且运转越快创造的利润越大。营运资金管理不是财务人员专属的责任，它是所有经理人员以及相关人员，为了降低营运资金需求量而相互沟通协调的作业。

2010 年，进入世界 500 强的 20 家电信运营商的总资产周转率与固定资产周转率总体上呈逐年上升的趋势，中国的运营商无论是总资产周转率还是固定资产周转率，都低于 20 家电信运营商的平均水平，这表明中国电信运营商的资产管理效率还有很大的提升空间。美洲的总资产周转率与固定资产周转率都普遍较高，特别是 DirectTV Group，其总资产周转率（1.35）与固定资产周转率（5.80）都远远高于 20 家电信运营商的平均水平（总资产周转率平均值为 0.59，固定资产周转率平均值为 1.81），很值得中国电信运营商学习和借鉴。

2008~2010 年，20 家电信运营商的折旧与摊销率整体上呈现缓慢下降的趋势。2010 年，日本电信运营商的折旧摊销率最低，平均值为 13.2%，中国电信运营商的折旧摊销率最高，平均值为 24.12%。

比较美国、中国、日本三个国家电信运营商坏账发生率的平均值可以看出，日本电信运营商的坏账发生率最低，平均值为 3.29%，其次是美国，为 6.35%，中国电信运营商的坏账发生率最高，平均值为 25.72%。坏账发生率直接关系到营运资金的使用效率，中国的电信运营商应进一步加强对欠费的管理，提高营运资金的使用效率。

综合付现成本率和营销、一般及管理费用率

两个指标来看，20 家运营商的付现成本率与前两年相比总体上变化不大，营销、一般及管理费用率得到有效控制，呈现逐年好转的趋势。

总之，20 家电信运营商的成本费用管理在总体上还有待提高。亚洲电信运营商的成本费用管理与其他洲相比尚有一定差距，对未耗成本的管理欠佳导致总资产周转率与固定资产周转率偏低，2010 年，日本运营商的坏账发生率较低（平均值为 3.29%），但付现成本率（平均值为 60.19%）和营销、一般及管理费用率（平均值为 27.12%）较高，中国电信运营商的营销、一般及管理费用率（平均值为 20.15%）低于 20 家电信运营商的平均水平（22.37%），但坏账发生率（平均值为 25.72%）与折旧摊销率（平均值为 24.12%）偏高。中国移动的坏账发生率（38.86%）超过 20 家运营商平均值（10.6%）的 3 倍，中国联通的折旧摊销率居高不下，付现成本率逐年上升，中国电信的折旧摊销率和付现成本率虽然有所下降，但仍在高位运行，相比之下，中国电信运营商的成本费用管理更是捉襟见肘。对于电信运营商这样的资产密集型企业，只有同时致力于提升已耗成本和未耗成本的管理效率，加强对非付现成本、付现成本以及期间费用的综合治理，才能真正提高企业的成本费用管理效率。

（四）电信运营企业现金与质量管理

随着企业经营规模日渐扩大、地域分布趋于广泛、管理链条逐渐延伸以及组织边界的不断变化，如何对组织不同层级和维度的现金流量进行整体管理控制，确保风险控制和价值创造的有机统一，成为企业管理的核心问题之一。现金管理是指企业为了实现价值最大化的目标，通过预测与计划、执行与控制、信息传递与报告以及分析与评价等手段对不同时期的现金流向、流量、流程与流速进行合理配置的管理活动。

税前经营活动净现金流与 EBITDA 的比值反映了企业的现金管理效率，比值越大，现金管理效率越高，企业收益的质量也越高。总的来说，2010 年进入世界 500 强的 20 家电信运营商的这一比值在过去三年内呈逐年上升的趋势，表明电信运营商的现金管理效率正逐步增强。2010 年，中国三家电信运营商的这一比值的平均值为 98.81%，高于 20 家电信运营商的平均水平 85.56%。

从经营活动净现金流和每股经营活动净现金流来看，2008~2010 年总体上没有太大的变化，但不同电信运营商之间差异比较显著。AT&T、Verizon、中国移动、NTT 四家运营商的经营活动净现金流明显高于其他电信运营商，每股经营活动净现金流也比较充足，为股利支付提供了有力保障。2010 年，KDDI 由于股数较少使每股经营活动净现金流过高，达到每股 13286 元，同样，NTT 的每股经营活动净现金流为 173.85 元，也大大超过了 20 家电信运营商的平均值（32.29 元）。

从自由现金流与自由现金流占收比来看，20 家电信运营商中，只有中国联通的数值为负，这主要是由 2010 年中国联通高额的资本开支所致。

从销售现金比率、资产现金回收率和现金流量经营充足率来看，2008~2010 年，美洲和亚洲的销售现金比率呈逐年上升的趋势，欧洲和大洋洲呈下降趋势。亚洲的资产现金回收率都大于 10%，优于其他三大洲。20 家电信运营商的现金流量经营充足率平均值为 7.51，表明总体上现金流量较为充足，能够满足企业正常经营的需要。

综上所述，经营现金流较高的电信运营商其自由现金流也比较高，进一步证明经营现金流与自由现金流之间具有较强的相关性。总体看来，20 家运营商的经营现金流和自由现金流都比较充裕，为企业开展运营、进行投融资活动以及股利

支付提供了有力支撑。从自由现金流、销售现金比率和资产现金回收率三个方面可以看出，欧洲各电信运营商的现金管理能力差异较小，美洲电信运营商的现金管理能力较其余三大洲强。在日益激烈的市场竞争中，电信运营商面临的生存环境复杂多变，通过提升企业的现金管理水平，才可以合理地控制营运风险，提升企业整体资金的利用效率，从而支撑企业不断提升财务竞争力并实现可持续发展。

（五）电信运营企业可持续成长管理

公司的成长性是指公司发展的潜力和趋势。成长性既是公司发展所追求的核心目标，也是推动国民经济持续发展的主要动力，还是衡量上市公司经营状况和发展前景的一项重要指标。公司的成长性主要通过销售收入、利润、总资产和每股盈余等财务指标得以体现。可持续增长率是企业当前经营效率和财务政策决定的内在增长能力，代表了企业适宜的发展速度。从可持续增长率来看，2010 年进入世界 500 强的 20 家电信运营商平均可持续增长率为 8.15%，平均实际增长率为 3.97%，实际增长率整体上低于可持续增长率。2010 年欧洲电信运营商的可持续增长率（平均值为 10.81%）高于美洲、亚洲和大洋洲电信运营商的可持续增长率（平均值分别为 3.87%、2.76% 和 -5.5%）（计算各大洲电信运营商的可持续增长率的平均值时剔除了可持续增长率值异常低的 DirecTV Group（-106.66%）和 BT（-174.3%））。而且 2009~2010 年，欧洲电信运营商可持续增长率不断提高，相反，美洲、亚洲和大洋洲的电信运营商的可持续增长率不断下滑。从主营业务收入增长率来看，亚洲的电信运营商主营业务收入的增长速度（平均增长速度为 5.55%）高于美洲、欧洲和大洋洲的电信运营商的主营业务收入的增长速度（平

均值分别为 5.48%、1.79% 和 0.71%)。

比较企业的实际增长率和可持续增长率，可以确定企业的现金余缺状况。当企业的实际增长率超过可持续增长率时，企业在当前的经营效率和财务政策下产生的现金流不足以支持销售增长，会出现现金短缺；反之，当实际增长率低于可持续增长率时企业会出现现金剩余。但是增长率的高低只影响创造（或减损）价值的多少，而不能决定创造价值还是减损价值的性质。EVA 是衡量

企业价值创造与毁损的重要指标。当企业的 EVA 为正时，企业在为股东创造价值；反之则在毁灭价值。根据以上的分析，可以将价值创造和现金余缺联系起来构建一个财务战略矩阵，以分析2010 年进入世界 500 强的 20 家电信运营商的价值创造与现金余缺状况（如图 3-7-1 所示），并针对四个象限中 2010 年进入世界 500 强的 20 家电信运营商提出可以尝试采用的财务策略（如图 3-7-2 所示）。

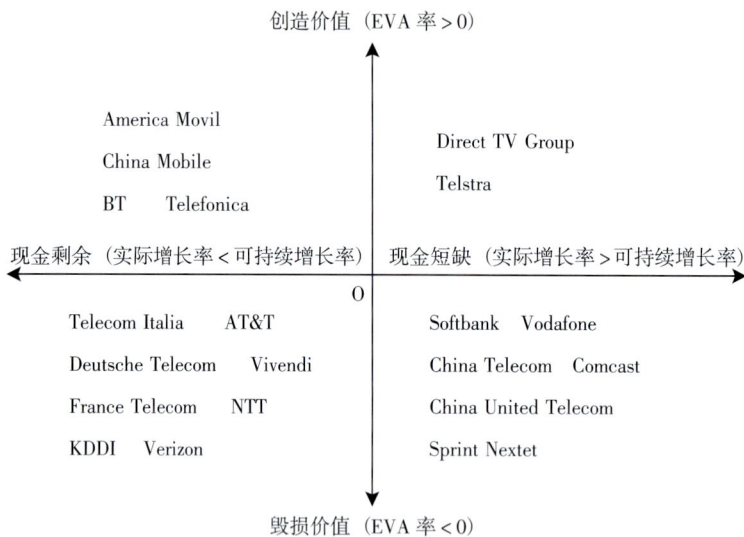

图 3-7-1 2010 年进入世界 500 强的 20 家电信运营商分布情况

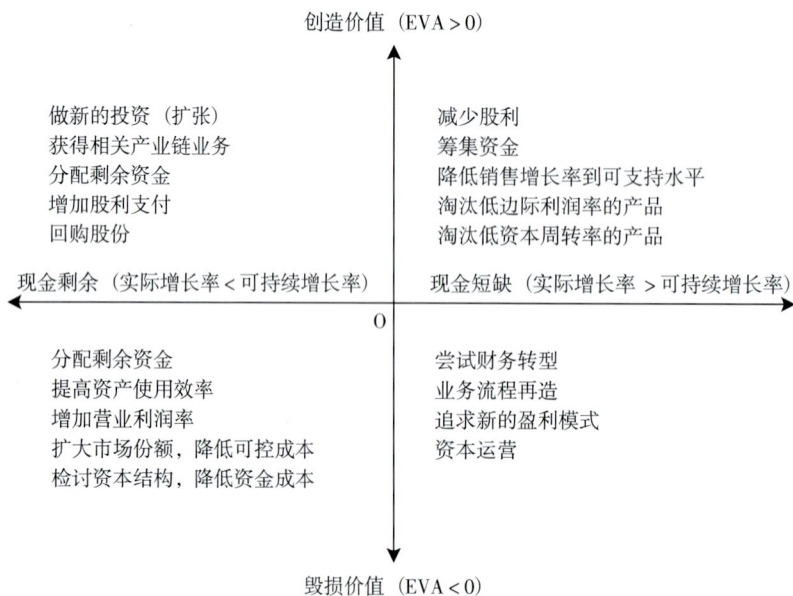

图 3-7-2 财务战略选择

比较 2010 年进入世界 500 强的 20 家电信运营商的营业收入的增长率和净利润的增长率可以看出，净利润的增长率（平均值为 36.07%）普遍高于营业收入的增长率（平均值为 3.97%），表明这些电信运营商大多提高了成本费用的使用效率，在收入增长缓慢的情况下，通过提高成本费用的使用效率以达到利润增长的目的，但中国三家电信运营商除外。国内三家电信运营商的营业收入的增长率都远远高于净利润的增长率，说明国内运营商在增加营业收入的同时，投入了更大的成本费用，在收入增长的同时并没有达到利润增长的目的。

通过上述分析发现，中国三家电信运营商中，中国移动发展最为良好，持续为股东创造了价值并产生了大量的现金流，存在的关键问题是是否能利用剩余的现金更好地实现增长，进一步缩小实际增长率与可持续增长率之间的差距。相比中国移动，中国电信和中国联通的现金流相对短缺，这种状况仅是通过扩大销售并不能改变中国电信和中国联通的窘境。中国电信和中国联通要想获得持续健康的发展，应该在进行财务转型和业务流程再造的基础上，努力进行盈利模式创新。

（六）电信运营企业价值创造与分配

投资者出于对投资回报的要求，必然促进公司关注企业价值最大化。基金经理、股票分析员、新闻媒体和各类股东要求上市公司增加公司价值，提高投资回报，要求实现新业务增长的同时实现利润率、回报率的增长，要求企业控制资本开支，控制成本开支，要求企业持续优化资本结构，以实现持续的价值增值。经济增加值（EVA）等于企业税后息前利润减去全部占用资本成本。与大多数其他度量指标不同之处在于：EVA 考虑了带来企业利润的包括权益资本在内的所有资金成本，

是对真正"经济"利润的评价，是衡量企业价值创造与毁损的重要指标。2010 年，进入世界 500 强的 20 家电信运营企业中有 6 家 EVA 率为正值，14 家 EVA 率为负值，平均 EVA 率为 -0.83%。而 2009 年，进入世界 500 强的前 20 家电信运营企业中有 5 家 EVA 率为正值，15 家 EVA 率为负值，平均 EVA 率为 -1.41%，说明整个行业还处于毁灭价值的状态，但是已经呈现出良性发展趋势。其中，美洲电信、Direct TV Group、中国移动和 Telefonica 连续三年的 EVA 为正值，连续三年都在为股东创造价值。2010 年美洲和欧洲电信运营商整体的 EVA 率有所上升，亚洲和大洋洲电信运营商整体的 EVA 率却不断下降。2010 年，中国的三家运营商，即中国移动、中国电信和中国联通的 EVA 率分别为 11.2%、-5.65% 和 -9.64%，也就是说只有中国移动创造了价值，而中国电信和中国联通仍然在毁灭价值，并且三家运营商的 EVA 率与 2009 年相比都有所下降，这与资本性支出的居高不下密切相关。

股利分配政策是股东当前利益与企业未来发展之间权衡的结果，将引起企业资金存量与股东权益规模及结构的变化，也将对企业内部的筹资活动和投资活动产生影响。股利分配的核心问题就是如何权衡公司股利支付决策与未来长期增长之间的关系，以实现公司价值最大化的理财目标。公司经常采用的股利政策有：剩余股利政策、固定或持续增长股利政策、固定股利支付率政策以及低正常股利加额外股利政策。采用固定股利支付政策的电信运营商有中国电信、法国电信、NTT、Softbank、Deutsche Telecom 和 Telstra；采用持续增长股利政策的有 AT&T；采用固定股利支付率的电信运营商有中国移动；2008~2010 年未进行股利分配的电信运营商有 Sprint Nextel 和 Direct TV Group。20 家电信运营商的平均股利支付率超过 50%，欧洲电信运营商整体的股利支付

率高于美洲和亚洲的电信运营商的股利支付率，而且欧洲电信运营商的每股股利也远远高于其他洲的电信运营商每股派发的股利。

将2010年进入世界500强的20家电信运营商的EVA率排名与世界500强排名进行对比发现，根据营业收入、规模、利润等绝对指标进行排名的世界500强榜单并不真正代表企业的财务竞争实力和价值创造能力，只有正确评估财务竞争力并探寻其提升路径才是客观评价企业增长质量、实现经济价值增值的前提和手段，也只有这样电信运营企业才能在激烈的竞争中立于不败之地。

总　结

随着价值最大化上升为电信运营企业整体的管理思想，以创造价值、实现价值增长为目标的价值管理，逐渐成为电信运营企业现代管理实践的最佳模式。电信运营企业价值由三个基本要素所推动：获得超过资本成本的回报（盈利）；增加业务和投资基数（成长）；管理和接受适当的业务风险和财务风险（风险）。因此，电信运营企业实施价值管理的基本路径就是实现管理成长、追求盈利和控制风险的有机统一，只有这样才能不断增强企业的财务竞争力并支撑企业的可持续发展，持续为股东创造价值。

近年来，随着电信市场的进一步饱和，电信业务增长空间急剧缩小，企业效益、价值的增长陷入了困境，收入的增长遇到了阶段性瓶颈，增速不断放缓，已无法有效拉动企业效益的增长。①通过对2010年进入世界500强的20家电信运营商进行纵向分析，发现CAPEX占收比呈现出逐年下降的趋势，收入的增长速度也逐渐减慢，亚洲和大洋洲电信运营商的盈利能力逐年下降，而美洲和欧洲电信运营商的盈利能力仅有微小上升，电信运营商整体的投资经营效果呈现出下降的趋势。投资效果逐年下降，与日趋饱和的通信市场、日趋激烈的全球化竞争以及运营商之间层出不穷的价格战直接相关。②2010年进入世界500强的

20家电信运营企业平均资产负债率高达62.10%，相比2009年57.59%的平均水平有所提高。其中欧洲和美洲的电信运营企业资产负债率普遍偏高，大都高于60%，亚洲的电信运营企业举债相对比较谨慎，大都保持在40%~50%的合理区间内。自21世纪初始，所有欧洲电信运营企业为了竞得3G牌照都背上了沉重的债务包袱，至今仍未得以完全缓解，而美洲电信企业则通过股票回购等多种方式调整资本结构，致使综合资本成本得以降低。我国电信运营企业在中国香港和美国上市后，受制于美国资本市场的压力和国资委的要求开始运用EVA进行绩效考核，使资本结构持续不断优化，逐渐趋于合理水平。与此同时，我国三家电信运营企业的内源融资能力也呈现出逐年上升和好转的趋势，今后还需通过提高EBITDA率、提高折旧和摊销比率、资产剥离、股票回购等多种方式提高内源融资，因为内源融资是企业实现可持续发展的基础。③2010年进入世界500强的20家电信运营商折旧摊销率逐年下降，资产周转速度不断提高，付现成本的管理也呈现出好转的趋势，但是20家电信运营商的成本费用管理在总体上还有待进一步提高，亚洲电信运营商的成本费用管理与其他三大洲相比尚有一定差距。电信运营商只有同时致力于提升已耗成本和未耗成本的

管理效率，加强对非付现成本、付现成本以及期间费用的综合治理，才能真正提高企业的成本费用管理效率。④2010年进入世界500强的20家电信运营商的现金管理效率呈现出不断上升的趋势，获得了较为充裕的经营现金流和自由现金流。从盈利质量来看，美洲和亚洲电信运营商的盈利质量不断提高，而欧洲和大洋洲电信运营商的盈利质量在不断下降。在日益激烈的市场竞争中，电信运营商只有不断缩小实际增长率与可持续增长率之间的差距，对现金的流向、流量、流程与流速进行合理配置，不断提高企业的盈利质量，才能够不断提高企业获取现金流的能力，保持企业现金流不断流，实现企业的可持续发展。盈利的质量在很大程度上体现出对流动性风险的控制能力，盈利数字本身无法准确反映企业的价值创造潜力，只有现金性利润才是连接企业投资决策、筹资规划和股利政策的关键所在。⑤2010年进入世界500强的20家电信运营商中仅有6家的EVA率为正值，14家的EVA率为负值，整个行业还处于毁灭价值的状态，但是与2009年相比，电信运营商EVA率整体上在不断提高，整个行业已经呈现出良性发展的趋势。将20家电信运营企业创造价值和可持续增长状况相结合，可以构建财务战略矩阵，分属不同象限的电信运营企业可以尝试采用不同的财务策略。

综上所述，2010年进入世界500强的电信运营企业主要分布在美洲（6家）、欧洲（7家）和亚洲（6家），其中亚洲电信运营企业的整体财务竞争实力和价值创造能力超过美洲和欧洲的电信运营企业。电信运营企业需要通过战略投融资管理，持续优化资本结构与资产结构，实现价值创造与可持续增长；通过产业经营和资本经营的合理联动，产业资本与金融资本的适度融合，在价值创造的基础上最大限度地实现与经营价值。

附　件

附表 3-7-1　　　　　　　　　　关键绩效指标计算公式一览表

关键指标	计算公式
投资经营效果：	
主营业务收入	
总资产	
EBITDA	税前利润＋折旧与摊销＋利息费用
EBITDA率	EBITDA/主营业务收入
员工人数	
人均EBITDA	EBITDA/员工人数
净利润	
净利润率	净利润/主营业务收入
总资产报酬率（ROA）	净利润/总资产
净资产报酬率（ROE）	净利润/净资产
资本性支出（CAPEX）	
CAPEX占收比	CAPEX/主营业务收入
融资管理效率：	
资产负债率	总负债/总资产
流动比率	流动资产/流动负债

续表

关键指标	计算公式
利息保障倍数	(税前利润＋利息费用)/利息费用
折旧与摊销	
股息	
内部融资额	净利润＋折旧与摊销－股息
成本费用管理：	
总资产周转率	主营业务收入/总资产
固定资产周转率	主营业务收入/固定资产
坏账发生率	呆坏账发生额/应收账款总额
折旧摊销率	折旧与摊销/主营业务收入
付现成本率	(主营业务成本－折旧与摊销)/主营业务收入
营销、一般及管理费用率	营销、一般及管理费用/主营业务收入
现金与质量管理：	
经营活动净现金流	
每股经营活动净现金流	经营活动净现金流/股数
自由现金流 (FCF)	经营活动净现金流－资本性支出
自由现金流占收比	自由现金流/主营业务收入
销售现金比率	经营活动净现金流/主营业务收入
资产现金回收率	经营活动净现金流/总资产
现金流量经营充足率	经营活动净现金流/营运资本的增加额
可持续成长管理：	
可持续增长率	(年末股东权益－年初股东权益)/年初股东权益
主营业务收入增长率	(本年主营业务收入－上年主营业务收入)/上年主营业务收入
总资产增长率	(年末总资产－年初总资产)/年初总资产
净利润增长率	(本年净利润－上年净利润)/上年净利润
经营活动现金流增长率	(本年经营活动净现金流－上年经营活动净现金流)/上年经营活动净现金流
每股盈余增长率	(本年每股盈余－上年每股盈余)/上年每股盈余
价值创造与分配：	
EVA	(净利润＋财务费用×0.75)－(负债＋所有者权益－无息流动负债－在建工程平均余额)
EVA率	(净利润＋财务费用×0.75)/(负债＋所有者权益－无息流动负债－在建工程平均余额)－10%
每股盈利 (EPS)	
每股股利 (DPS)	股息/股数
股利支付率	每股股利/每股盈利

第四部分　附录篇

——统计公报和绩效指标

附录一　2010 年中国国民经济和社会发展统计公报
附录二　2010 年中国电信业统计公报
附录三　2010 年进入世界 500 强的 20 家电信运营商关键绩效
　　　　指标一览表

附录一
2010年中国国民经济和社会发展统计公报

一　综合

初步核算，全年国内生产总值397983亿元，比上年增长10.3%。其中，第一产业增加值40497亿元，增长4.3%；第二产业增加值186481亿元，增长12.2%；第三产业增加值171005亿元，增长9.5%。第一产业增加值占国内生产总值的比重为10.2%，第二产业增加值占国内生产总值的比重为46.8%，第三产业增加值占国内生产总值的比重为43.0%。

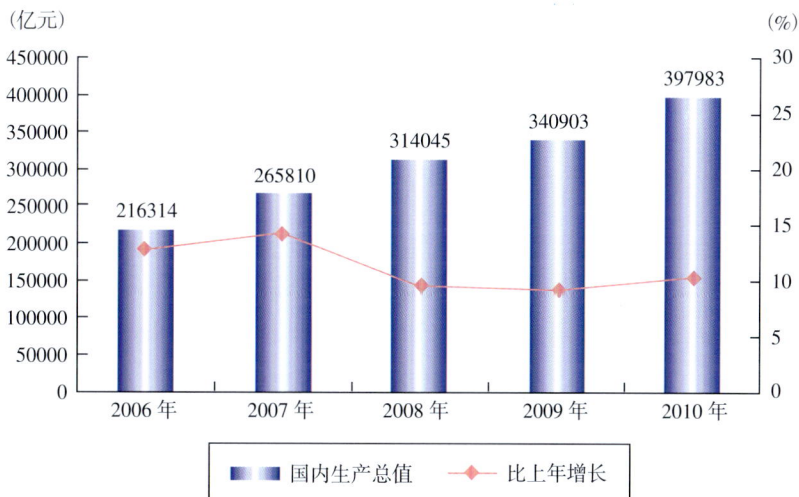

附图1-1　2006~2010年国内生产总值及其增长速度

居民消费价格一季度同比上涨2.2%，二季度上涨2.9%，三季度上涨3.5%，四季度上涨4.7%，全年平均比上年上涨3.3%，其中食品价格上涨7.2%。固定资产投资价格上涨3.6%。工业品出厂价格上涨5.5%。原材料、燃料、动力购进价格上涨9.6%。农产品生产价格上涨10.9%。

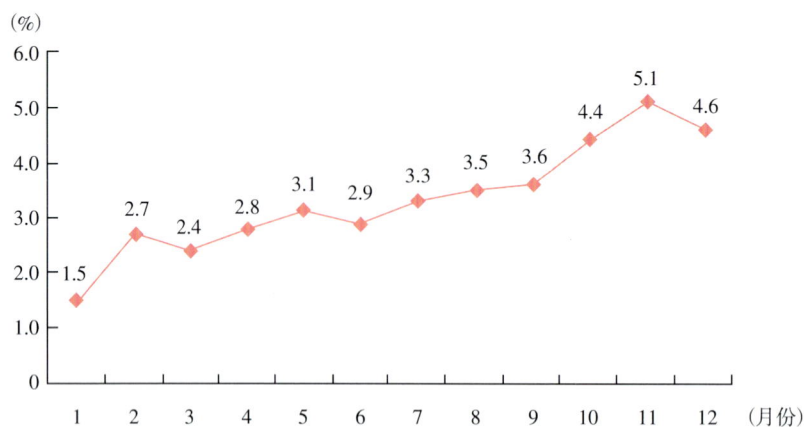

附图1-2　2010年居民消费价格涨跌幅度（月度同比）

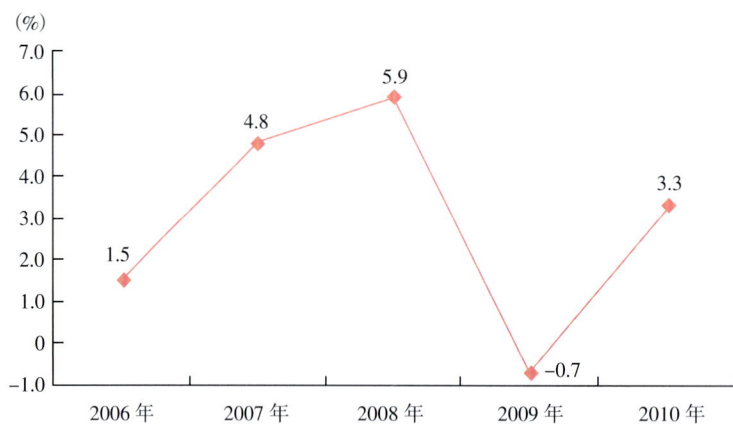

附图1-3　2006~2010年居民消费价格涨跌幅度

附表1-1　2010年居民消费价格比上年涨跌幅度　　　　　　　单位：%

指　标	全　国	城　市	农　村
居民消费价格	3.3	3.2	3.6
食品	7.2	7.1	7.5
其中：粮食	11.8	11.5	12.3
肉禽及其制品	2.9	2.6	3.5
油脂	3.8	3.4	4.4
蛋	8.3	8.4	8.2
鲜菜	18.7	17.8	21.3
鲜果	15.6	15.0	17.5
非食品	1.4	1.3	1.8
其中：家庭设备用品及维修服务	0.0	−0.1	0.1
医疗保健和个人用品	3.2	3.2	3.2
交通和通信	−0.4	−0.6	0.3
居住	4.5	4.5	4.5

70 个大中城市房屋及新建商品住宅销售价格 月度同比涨幅呈现先上升后回落趋势。

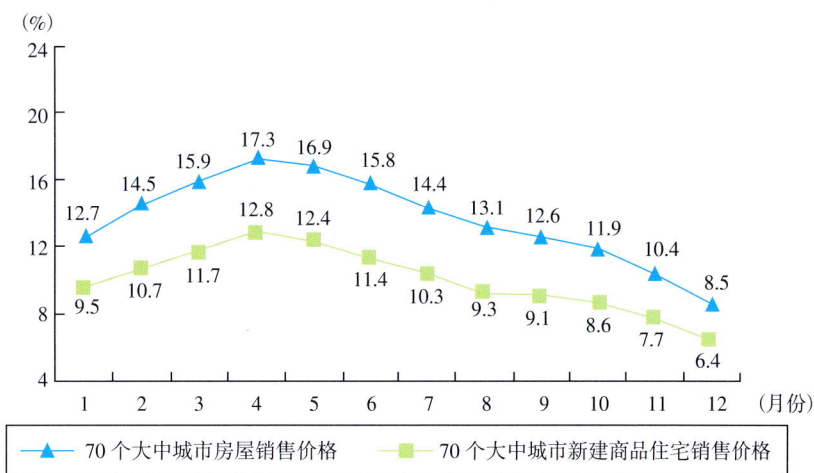

附图 1-4　2010 年 70 个大中城市房屋及新建商品住宅销售价格涨跌幅度（月度同比）

全年城镇新增就业 1168 万人，比上年增加 66 万人。年末城镇登记失业率为 4.1%，比上年末下降 0.2 个百分点。全年农民工总量为 24223 万人，比上年增长 5.4%。其中，外出农民工 15335 万人，增长 5.5%；本地农民工 8888 万人，增长 5.2%。

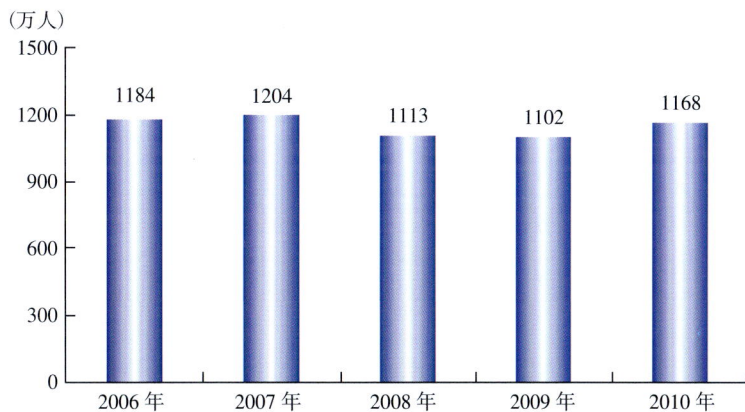

附图 1-5　2006~2010 年城镇新增就业人数

年末国家外汇储备 28473 亿美元，比上年末增加 4481 亿美元。年末人民币汇率为 1 美元兑 6.6227 元人民币，比上年末升值 3.0%。

全年财政收入 83080 亿元，比上年增加 14562 亿元，增长 21.3%；其中税收收入 73202 亿元，增加 13680 亿元，增长 23.0%。

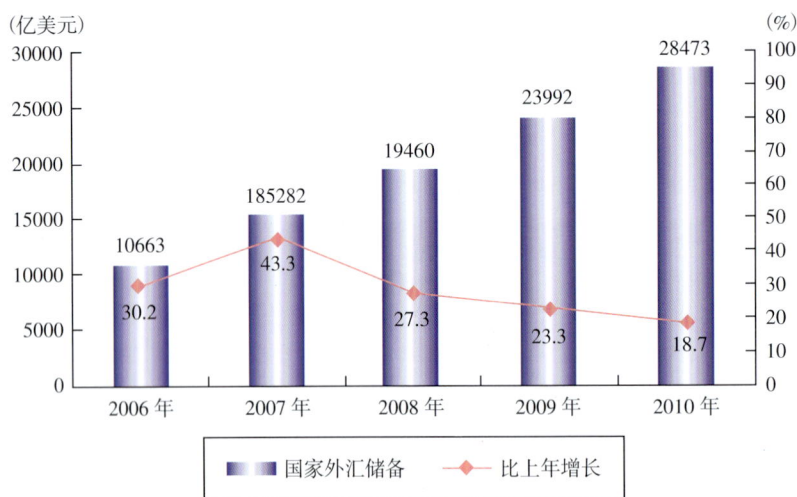

附图1-6　2006~2010年末国家外汇储备及其增长速度

附图1-7　2006~2010年财政收入及其增长速度

二　农业

全年粮食种植面积10987万公顷，比上年增加89万公顷；棉花种植面积485万公顷，减少10万公顷；油料种植面积1397万公顷，增加32万公顷；糖料种植面积192万公顷，增加3万公顷。

全年粮食产量54641万吨，比上年增加1559万吨，增产2.9%。其中，夏粮产量12310万吨，减产0.3%；早稻产量3132万吨，减产6.1%；秋粮产量39199万吨，增产4.8%。

全年棉花产量597万吨，比上年减产6.3%；油料产量3239万吨，增产2.7%；糖料产量12045万吨，减产1.9%；烤烟产量271万吨，减产

3.9%；茶叶产量 145 万吨，增产 6.4%。

　　全年肉类总产量 7925 万吨，比上年增长 3.6%。其中，猪肉产量 5070 万吨，增长 3.7%；牛肉产量 653 万吨，增长 2.7%；羊肉产量 398 万吨，增长 2.2%。生猪年末存栏 46440 万头，下降 1.2%；生猪出栏 66700 万头，增长 3.3%。禽蛋产量 2765 万吨，增长 0.8%。牛奶产量 3570 万吨，增长 1.5%。

　　全年水产品产量 5366 万吨，增长 4.9%。其中，养殖水产品产量 3850 万吨，增长 6.3%；捕捞水产品产量 1516 万吨，增长 1.4%。

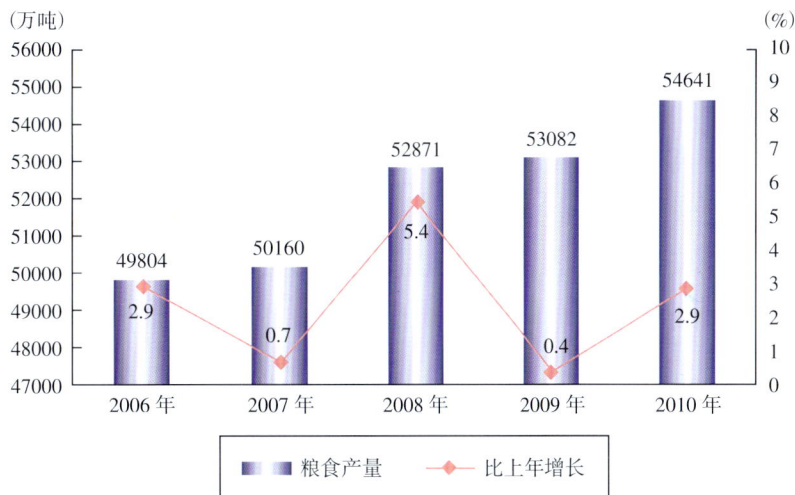

附图 1-8　2006~2010 年粮食产量及其增长速度

　　全年木材产量 7284 万立方米，比上年增长 3.1%。

　　全年新增有效灌溉面积 163.4 万公顷，新增节水灌溉面积 197.5 万公顷。

三　工业和建筑业

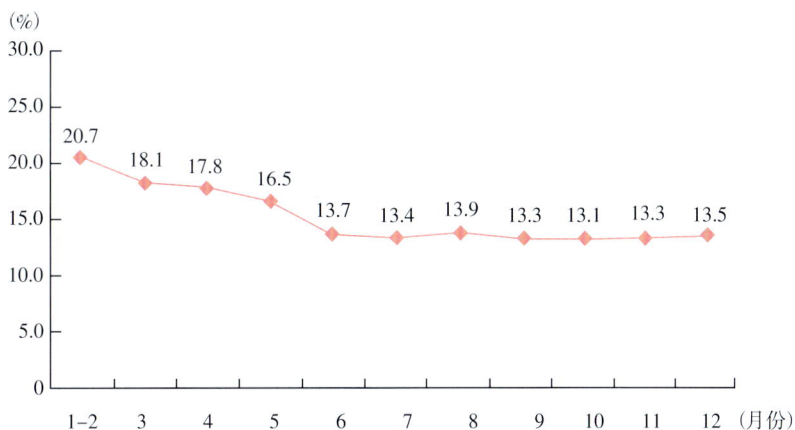

附图 1-9　2010 年规模以上工业增加值增长速度（月度同比）

全年全部工业增加值 160030 亿元，比上年增长 12.1%。规模以上工业增加值增长 15.7%。在规模以上工业中，国有及国有控股企业增长 13.7%；集体企业增长 9.4%，股份制企业增长 16.8%，外商及港澳台商投资企业增长 14.5%；私营企业增长 20.0%。轻工业增长 13.6%，重工业增长 16.5%。

全年规模以上工业中，农副食品加工业增加值比上年增长 15.0%；纺织业增长 11.6%；通用设备制造业增长 21.7%；专用设备制造业增长 20.6%；交通运输设备制造业增长 22.4%，其中汽车制造增长 24.8%，铁路运输设备制造增长 25.4%；通信设备、计算机及其他电子设备制造业增长 16.9%；电气机械及器材制造业增长 18.7%。六大高耗能行业比上年增长 13.5%，其中，非金属矿物制品业增长 20.3%，化学原料及化学制品制造业增长 15.5%，有色金属冶炼及压延加工业增长 13.2%，黑色金属冶炼及压延加工业增长 11.6%，电力、热力的生产和供应业增长 11.0%，石油加工、炼焦及核燃料加工业增长 9.6%。高技术制造业增加值比上年增长 16.6%。

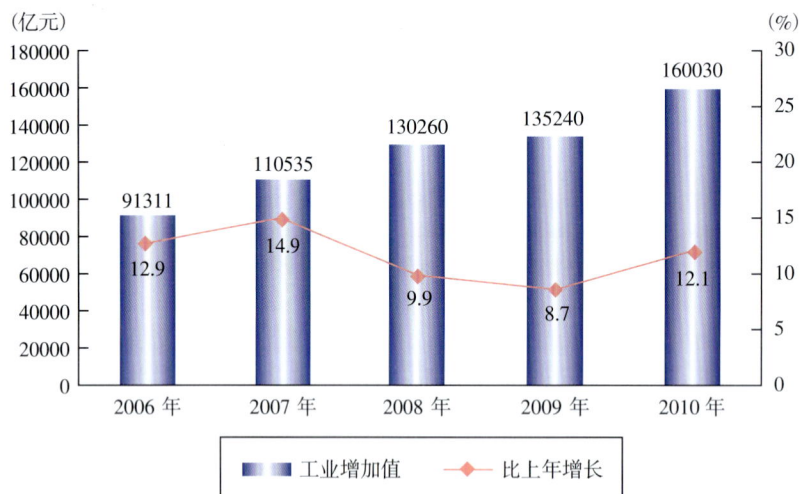

附图 1-10　2006~2010 年全部工业增加值及其增长速度

附表 1-2　2010 年主要工业产品产量及其增长速度

产品名称	单位	产量	比上年增长（%）
纱	万吨	2717.0	13.5
布	亿米	800.0	6.2
化学纤维	万吨	3090.0	12.5
成品糖	万吨	1102.9	−17.6
卷烟	亿支	23752.6	3.7
彩色电视机	万台	11830.0	19.5
其中：液晶电视机	万台	8937.5	32.1
家用电冰箱	万台	7300.8	23.1
房间空气调节器	万台	10899.6	34.9

续表

产品名称	单位	产量	比上年增长（%）
一次能源生产总量	亿吨标准煤	29.9	8.7
原煤	亿吨	32.4	8.9
原油	亿吨	2.03	7.1
天然气	亿立方米	967.6	13.5
发电量	亿千瓦小时	42065.4	13.2
其中：火电	亿千瓦小时	33301.3	11.6
水电	亿千瓦小时	7210.2	17.1
核电	亿千瓦小时	738.8	5.3
粗钢	万吨	62695.9	9.6
钢材	万吨	79775.5	14.9
十种有色金属	万吨	3092.6	16.8
其中：精炼铜（电解铜）	万吨	457.3	10.6
原铝（电解铝）	万吨	1565.0	21.4
氧化铝	万吨	2893.9	21.6
水泥	亿吨	18.8	14.4
硫酸	万吨	7090.8	19.0
纯碱	万吨	2029.3	4.3
烧碱	万吨	2086.7	13.9
乙烯	万吨	1418.9	32.3
化肥（折 100%）	万吨	6740.6	5.6
发电机组（发电设备）	万千瓦	12880.2	9.8
汽车	万辆	1826.99	32.4
其中：轿车	万辆	957.6	27.9
大中型拖拉机	万台	38.4	3.3
集成电路	亿块	652.5	57.4
程控交换机	万线	3133.3	−24.5
移动通信手持机	万台	99827.4	46.4
微型计算机设备	万台	24584.5	35.0

1~11 月规模以上工业企业累计实现利润　38828 亿元，比上年同期增长 49.4%。

附表 1–3　2010 年 1~11 月规模以上工业企业实现利润及其增长速度　　　　单位：亿元

指标	利润总额	比上年同期增长（%）
规模以上工业	38828	49.4
其中：国有及国有控股企业	11924	59.1
其中：集体企业	689	34.6
股份制企业	21100	49.4
外商及港澳台商投资企业	11131	46.3
其中：私营企业	10430	49.4

全年全社会建筑业增加值26451亿元，比上年增长12.6%。全国具有资质等级的总承包和专业承包建筑业企业实现利润3422亿元，增长25.9%，其中国有及国有控股企业990亿元，增长35.0%。

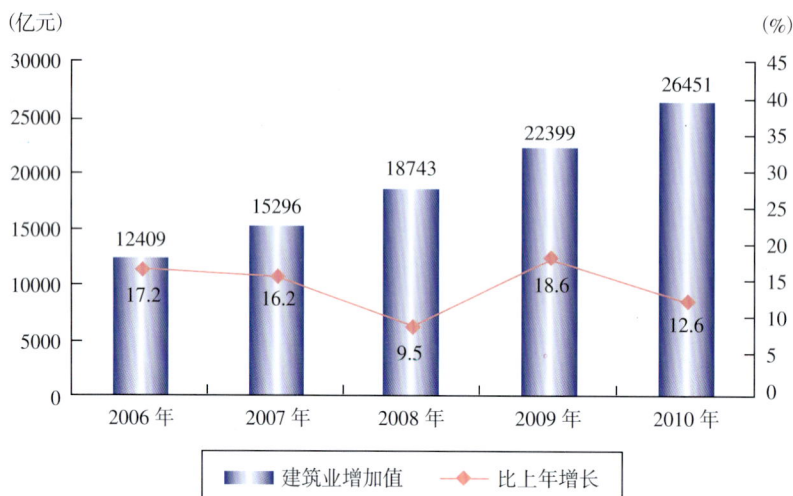

附图 1-11　2006~2010 年建筑业增加值及其增长速度

四　固定资产投资

全年全社会固定资产投资278140亿元，比上年增长23.8%，扣除价格因素，实际增长19.5%。其中，城镇投资241415亿元，增长24.5%；农村投资36725亿元，增长19.7%。东部地区投资115970亿元，比上年增长21.4%；中部地区投资62894亿元，增长26.2%；西部地区投资61875亿元，增长24.5%；东北地区投资30726亿元，增长29.5%。

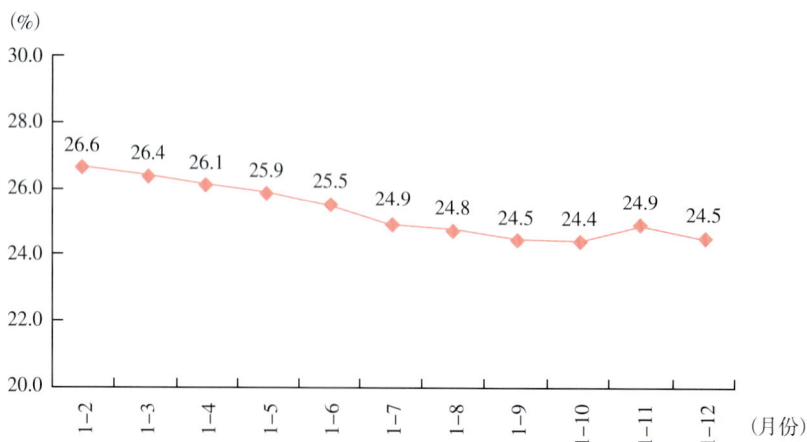

附图 1-12　2010 年城镇固定资产投资增长速度（累计同比）

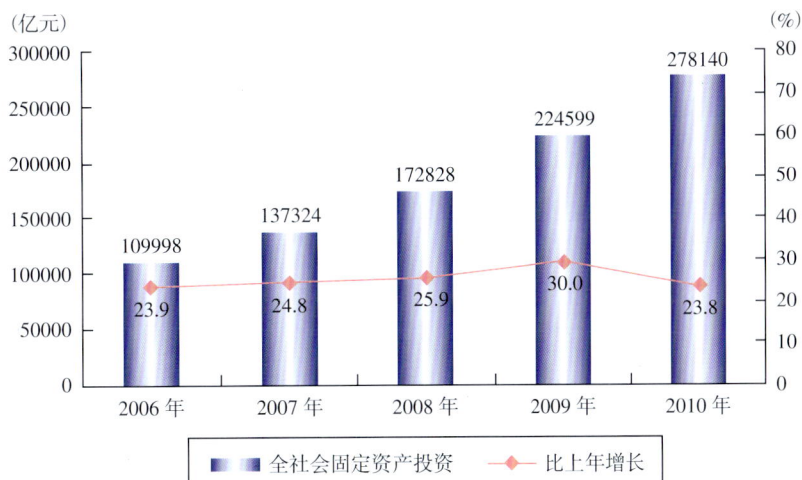

附图 1-13　2006~2010 年全社会固定资产投资及其增长速度

附表 1-4　2010 年分行业城镇固定资产投资及其增长速度　　　　　　　　单位：亿元

行业	投资额	比上年增长（%）
总计	241415	24.5
农、林、牧、渔业	3966	18.2
采矿业	9653	18.1
其中：煤炭开采及洗选业	3770	23.3
石油和天然气开采业	2893	3.6
制造业	74528	27.0
其中：农副食品加工业	3626	28.1
食品制造业	1944	28.8
纺织业	2230	26.4
纺织服装、鞋、帽制造业	1412	34.4
石油加工、炼焦及核燃料加工业	2076	12.9
化学原料及化学制品制造业	6863	14.8
非金属矿物制品业	7556	28.0
黑色金属冶炼及压延加工业	3465	6.1
有色金属冶炼及压延加工业	2924	35.8
金属制品业	3622	28.6
通用设备制造业	5459	22.4
专用设备制造业	4154	35.1
交通运输设备制造业	6554	31.7
电气机械及器材制造业	4996	40.4
通信设备、计算机及其他电子设备制造业	3889	48.2
电力、燃气及水的生产和供应业	14535	7.3
其中：电力、热力的生产与供应业	11869	6.6
建筑业	2332	48.6
交通运输、仓储和邮政业	27820	19.5
信息传输、计算机服务和软件业	2392	-6.0
批发和零售业	5216	16.2
住宿和餐饮业	2971	27.6

续表

行业	投资额	比上年增长（%）
金融业	476	36.5
房地产业	57557	33.5
租赁和商务服务业	2490	32.4
科学研究、技术服务和地质勘查业	1288	18.8
水利、环境和公共设施管理业	22261	24.5
居民服务和其他服务业	758	46.1
教育	3717	14.6
卫生、社会保障和社会福利业	1967	15.9
文化、体育和娱乐业	2596	22.1
公共管理和社会组织	4891	21.2

在城镇投资中，第一产业投资3966亿元，比上年增长18.2%；第二产业投资101048亿元，增长23.2%；第三产业投资136401亿元，增长25.6%。

附表1-5　2010年固定资产投资新增主要生产能力

指标	单位	绝对数
新增发电机组容量	万千瓦	9118
新增22万伏及以上变电设备	万千伏安	25816
新建铁路投产里程	公里	4986
其中：高速铁路	公里	1554
增建铁路复线投产里程	公里	3747
电气化铁路投产里程	公里	5948
新建公路	公里	104457
其中：高速公路	公里	8258
港口万吨级码头泊位新增吞吐能力	万吨	27202
新增光缆线路长度	万公里	166
新增数字蜂窝移动电话交换机容量	万户	6433

全年房地产开发投资48267亿元，比上年增长33.2%。其中，商品住宅投资34038亿元，增长32.9%；办公楼投资1807亿元，增长31.2%；商业营业用房投资5599亿元，增长33.9%。

全年各类保障性住房和棚户区改造住房开工590万套，基本建成370万套。

附表1-6　2010年房地产开发和销售主要指标完成情况

指标	单位	绝对数	比上年增长（%）
投资完成额	亿元	48267	33.2
其中：商品住宅	亿元	34038	32.9
其中：90平方米以下住宅	亿元	10665	27.4
房屋施工面积	万平方米	405539	26.6
其中：商品住宅	万平方米	314943	25.3
房屋新开工面积	万平方米	163777	40.7
其中：商品住宅	万平方米	129468	38.8

续表

指标	单位	绝对数	比上年增长（%）
商品房销售面积	万平方米	104349	10.1
其中：商品住宅	万平方米	93052	8.0
本年资金来源	亿元	72494	25.4
其中：国内贷款	亿元	12540	10.3
其中：个人按揭贷款	亿元	9211	7.6
本年购置土地面积	万平方米	40970	28.4
完成开发土地面积	万平方米	21254	−7.7
土地购置费	亿元	9992	65.9

五　国内贸易

　　全年社会消费品零售总额 156998 亿元，比上年增长 18.3%，扣除价格因素，实际增长 14.8%。按经营地统计，城镇消费品零售额 136123 亿元，增长 18.7%；乡村消费品零售额 20875 亿元，增长 16.2%。按消费形态统计，商品零售额 139350 亿元，增长 18.4%；餐饮收入额 17648 亿元，增长 18.1%。

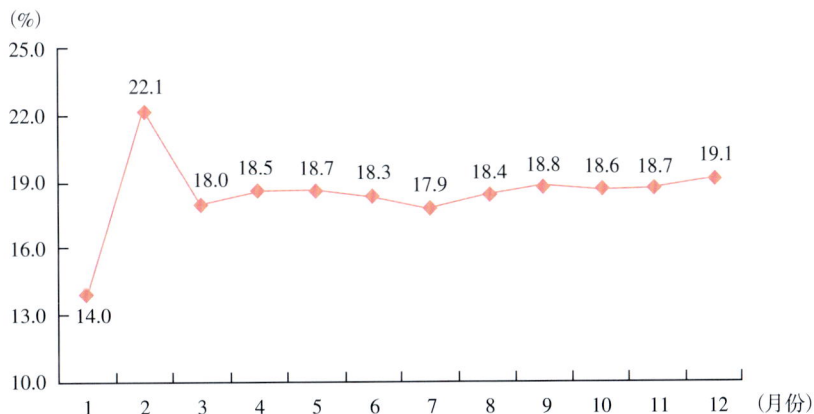

附图 1–14　2010 年社会消费品零售总额增长速度（月度同比）

附图 1-15　2006~2010 年社会消费品零售总额及其增长速度

在限额以上企业商品零售额中，汽车类零售额比上年增长 34.8%，粮油类增长 27.9%，肉禽蛋类增长 21.7%，服装类增长 25.8%，日用品类增长 25.1%，文化办公用品类增长 23.5%，通讯器材类增长 21.8%，化妆品类增长 16.6%，金银珠宝类增长 46.0%，中西药品类增长 23.5%，家用电器和音像器材类增长 27.7%，家具类增长 37.2%，建筑及装潢材料类增长 32.3%。

六　对外经济

全年货物进出口总额 29728 亿美元，比上年增长 34.7%。其中，货物出口 15779 亿美元，增长 31.3%；货物进口 13948 亿美元，增长 38.7%。进出口差额（出口减进口）1831 亿美元，比上年减少 126 亿美元。

附表 1-7　2010 年货物进出口总额及其增长速度　　　　　　单位：亿美元

指标	绝对数	比上年增长（%）
货物进出口总额	29728	34.7
货物出口额	15779	31.3
其中：一般贸易	7207	36.0
加工贸易	7403	26.2
其中：机电产品	9334	30.9
高新技术产品	4924	30.7
其中：国有企业	2344	22.7
外商投资企业	8623	28.3
其他企业	4813	42.2
货物进口额	13948	38.7

续表

指标	绝对数	比上年增长（%）
其中：一般贸易	7680	43.7
加工贸易	4174	29.5
其中：机电产品	6603	34.4
高新技术产品	4127	33.2
其中：国有企业	3876	34.3
外商投资企业	7380	35.3
其他企业	2693	56.6
进出口差额（出口减进口）	1831	—

附表 1-8　2010 年主要商品出口数量、金额及其增长速度

商品名称	单位	数量	比上年增长%	金额（亿美元）	比上年增长（%）
煤	万吨	1903	-15.0	23	-5.2
钢材	万吨	4256	73.0	368	65.3
纺织纱线、织物及制品	—	—	—	771	28.4
服装及衣着附件	—	—	—	1295	20.9
鞋类	—	—	—	356	27.1
家具及其零件	—	—	—	330	30.3
自动数据处理设备及其部件	万台	166724	27.4	1640	34.0
手持或车载无线电话	万台	75789	30.0	467	18.2
集装箱	万个	250	263.7	72	274.9
液晶显示板	万个	224976	16.9	265	37.7
汽车（包括整套散件）	万辆	54	53.2	62	32.1

附表 1-9　2010 年主要商品进口数量、金额及其增长速度

商品名称	数量（万吨）	比上年增长%	金额（亿美元）	比上年增长（%）
谷物及谷物粉	571	81.2	15	70.1
大豆	5480	28.8	251	33.5
食用植物油	687	-15.8	60	2.2
铁矿砂及其精矿	61863	-1.4	794	58.4
氧化铝	431	-16.1	15	14.9
煤	16478	30.9	169	60.1
原油	23931	17.5	1352	51.4
成品油	3688	-0.1	223	31.3
初级形状的塑料	2391	0.4	436	25.2
纸浆	1137	-16.9	88	28.8
钢材	1643	-6.8	201	3.3
未锻造的铜及铜材	429	0.0	327	44.4

附表 1-10　2010 年对主要国家和地区货物进出口额及其增长速度　　　　　　单位：亿美元

国家和地区	出口额	比上年增长%	进口额	比上年增长（%）
欧盟	3112	31.8	1685	31.9
美国	2833	28.3	1020	31.7
中国香港	2183	31.3	123	40.9
东盟	1382	30.1	1546	44.8
日本	1211	23.7	1767	35.0
韩国	688	28.1	1384	35.0
印度	409	38.0	208	51.8
中国台湾	297	44.8	1157	35.0
俄罗斯	296	69.0	258	21.7

　　全年非金融领域新批外商直接投资企业 27406 家，比上年增长 16.9%。实际使用外商直接投资金额 1057 亿美元，增长 17.4%。

附图 1-16　2006~2010 年货物进出口总额

附表 1-11　2010 年非金融领域外商直接投资及其增长速度

行业	企业数（家）	比上年增长%	实际使用金额（亿美元）	比上年增长（%）
总计	27406	16.9	1057.4	17.4
其中：制造业	11047	13.1	495.9	6.0
电力、燃气及水的生产和供应业	210	−11.8	21.2	0.6
交通运输、仓储和邮政业	396	0.3	22.4	−11.2
信息传输、计算机服务和软件业	1046	−3.2	24.9	10.7
批发和零售业	6786	33.1	66.0	22.4
房地产业	689	21.1	239.9	42.8
租赁和商务服务业	3418	19.3	71.3	17.3
居民服务和其他服务业	217	4.8	20.5	29.4

全年非金融类对外直接投资额 590 亿美元，比上年增长 36.3%。

全年对外承包工程业务完成营业额 922 亿美元，比上年增长 18.7%；对外劳务合作完成营业额 89 亿美元，与上年持平。

七　交通、邮电和旅游

全年货物运输总量 320 亿吨，比上年增长 13.4%。货物运输周转量 137329 亿吨公里，增长 12.4%。

附表 1–12　2010 年各种运输方式完成货物运输量及其增长速度

指标	单位	绝对数	比上年增长（%）
货物运输总量	亿吨	320.3	13.4
铁路	亿吨	36.4	9.3
公路	亿吨	242.5	14.0
水运	亿吨	36.4	14.0
民航	万吨	557.4	25.1
管道	亿吨	4.9	10.3
货物运输周转量	亿吨公里	137329.0	12.4
铁路	亿吨公里	27644.1	9.5
公路	亿吨公里	43005.4	15.6
水运	亿吨公里	64305.3	11.7
民航	亿吨公里	176.6	39.9
管道	亿吨公里	2197.6	8.7

附表 1–13　2010 年各种运输方式完成旅客运输量及其增长速度

指标	单位	绝对数	比上年增长（%）
旅客运输总量	亿人	328.0	10.2
铁路	亿人	16.8	9.9
公路	亿人	306.3	10.2
水运	亿人	2.2	−0.7
民航	亿人	2.7	15.8
旅客运输周转量	亿人公里	27779.2	11.9
铁路	亿人公里	8762.2	11.2
公路	亿人公里	14913.9	10.4
水运	亿人公里	71.5	3.1
民航	亿人公里	4031.6	19.4

全年规模以上港口完成货物吞吐量 80.2 亿吨，比上年增长 15.0%，其中外贸货物吞吐量 24.6 亿吨，增长 13.6%。港口集装箱吞吐量 14500 万标准箱，增长 18.8%。

年末全国民用汽车保有量达到 9086 万辆（包括三轮汽车和低速货车 1284 万辆），比上年末增长 19.3%，其中私人汽车保有量 6539 万辆，增长 25.3%。民用轿车保有量 4029 万辆，增长 28.4%，其中私人轿车 3443 万辆，增长 32.2%。

全年完成邮电业务总量 32940 亿元，比上年增长 20.6%。其中，邮政业务总量 1985 亿元，增长 21.6%；电信业务总量 30955 亿元，增长 20.5%。全年局用交换机容量减少 2707 万门，总容量 46559 万门；新增移动电话交换机容量 6433 万户，达到 150518 万户。固定电话年末用户

29438 万户。其中，城市电话用户 19662 万户，农村电话用户 9776 万户。新增移动电话用户 11179 万户，年末达到 85900 万户。其中，3G 移动电话用户 4705 万户。年末全国固定及移动电话用户总数达到 115339 万户，比上年末增加 9244 万户。电话普及率达到 86.5 部/百人。互联网上网人数 4.57 亿人，其中宽带上网人数 4.50 亿人；互联网普及率达到 34.3%。

附图 1-17　2006~2010 年末电话用户数

全年国内出游人数达 21.0 亿人次，比上年增长 10.6%；国内旅游收入达 12580 亿元，增长 23.5%。入境旅游人数达 13376 万人次，增长 5.8%。其中，外国人 2613 万人次，增长 19.1%；中国香港、中国澳门和中国台湾同胞 10764 万人

次，增长 3.0%。在入境旅游者中，过夜旅游者 5566 万人次，增长 9.4%。国际旅游外汇收入 458 亿美元，增长 15.5%。国内居民出境人数达 5739 万人次，增长 20.4%。其中因私出境 5151 万人次，增长 22.0%，占出境人数的 89.8%。

八　金融

年末广义货币供应量（M2）余额为 72.6 万亿元，比上年末增长 19.7%；狭义货币供应量（M1）余额为 26.7 万亿元，增长 21.2%；流通中

现金（M0）余额为 4.5 万亿元，增长 16.7%。

年末全部金融机构本外币各项存款余额 73.3 万亿元，比年初增加 12.1 万亿元。其中人民币各

项存款余额 71.8 万亿元，增加 12.0 万亿元。全部
金融机构本外币各项贷款余额 50.9 万亿元，增加

8.4 万亿元。其中人民币各项贷款余额 47.9 万亿
元，增加 7.9 万亿元。

附表 1–14　2010 年全部金融机构本外币存贷款及其增长速度　　　　　　　　单位：亿元

指标	年末数	比上年末增长（%）
各项存款余额	733382	19.8
其中：企业存款	252960	12.7
城乡居民储蓄存款	307166	16.0
其中：人民币	303302	16.3
各项贷款余额	509226	19.7
其中：短期贷款	171236	13.1
中长期贷款	305127	29.5

附图 1–18　2006~2010 年城乡居民人民币储蓄存款余额及其增长速度

全年农村金融合作机构（农村信用社、农村
合作银行、农村商业银行）人民币贷款余额 5.7
万亿元，比年初增加 9655 亿元。全部金融机构人
民币消费贷款余额 7.5 万亿元，增加 18866 亿元。
其中，个人短期消费贷款余额 1.0 万亿元，增加
2935 亿元；个人中长期消费贷款余额 6.5 万亿元，
增加 15931 亿元。

全年上市公司通过境内市场累计筹资 10257
亿元，比上年增加 5666 亿元。其中，首次公开发
行 A 股 347 只，筹资 4883 亿元，增加 3004 亿
元；A 股再筹资（包括配股、公开增发、非公开
增发、认股权证）筹资 4072 亿元，增加 2057 亿

元；上市公司通过发行可转债、可分离债、公司
债筹资 1320 亿元，增加 605 亿元。全年公开发行
创业板股票 117 只，筹资 963 亿元。

全年发行非上市公司企业（公司）债券 3627
亿元，比上年减少 625 亿元。企业发行短期融资
券 6742 亿元，增加 2130 亿元；中期票据 4924 亿
元，减少 1961 亿元。发行中小企业集合票据 47
亿元。

全年保险公司原保险保费收入 14528 亿元，
比上年增长 30.4%，其中寿险业务原保险保费收
入 9680 亿元；健康险和意外伤害险业务原保险保
费收入 952 亿元；财产险业务原保险保费收入

3896 亿元。支付各类赔款及给付 3200 亿元，其中寿险业务给付 1109 亿元；健康险和意外伤害险赔款及给付 335 亿元；财产险业务赔款 1756 亿元。

九 教育、科学技术和文化

全年研究生教育招生 53.8 万人，在学研究生 153.8 万人，毕业生 38.4 万人。普通高等教育本专科招生 661.8 万人，在校生 2231.8 万人，毕业生 575.4 万人。各类中等职业教育招生 868.1 万人，在校生 2231.8 万人，毕业生 659.2 万人。全国普通高中招生 836.2 万人，在校生 2427.3 万人，毕业生 794.4 万人。全国初中招生 1716.6 万人，在校生 5279.3 万人，毕业生 1750.4 万人。普通小学招生 1691.7 万人，在校生 9940.7 万人，毕业生 1739.6 万人。特殊教育招生 6.5 万人，在校生 42.6 万人。幼儿园在园幼儿 2976.7 万人。

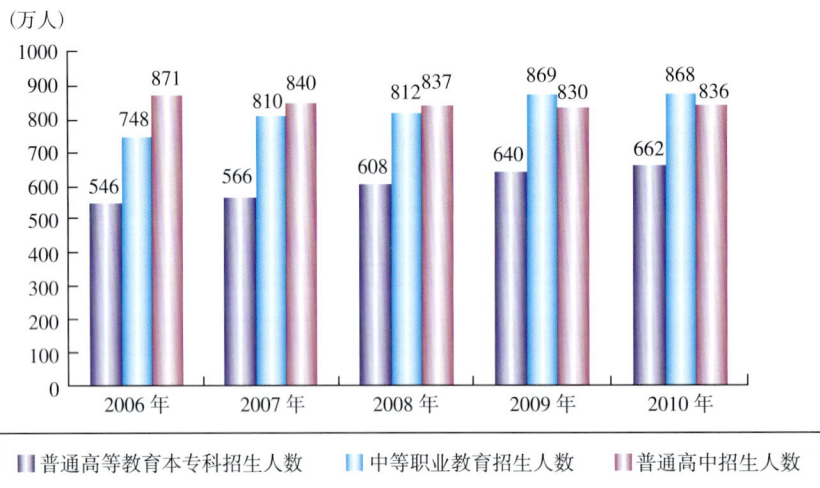

附图 1-19　2006~2010 年普通高等教育、中等职业教育及普通高中招生人数

全年研究与试验发展（R&D）经费支出 6980 亿元，比上年增长 20.3%，占国内生产总值的 1.75%，其中基础研究经费 328 亿元。全年国家安排了 326 项科技支撑计划课题，308 项"863"计划课题。累计建设国家工程研究中心 127 个，国家工程实验室 91 个。国家认定企业技术中心达到 729 家。省级企业技术中心达到 5532 家。实施新兴产业创投计划，累计支持设立 20 家创业投资企业，投资创业企业 46 家。全年受理境内外专利申请 122.2 万件，其中境内申请 108.4 万件，占 88.7%。受理境内外发明专利申请 39.1 万件，其中境内申请 28.1 万件，占 71.9%。全年授予专利权 81.5 万件，其中境内授权 71.9 万件，占 88.2%。授予发明专利权 13.5 万件，其中境内授权 7.4 万件，占 54.8%。截至年底，有效专利 221.6 万件，其中境内有效专利 173.2 万件，占 78.2%；有效发明专利 56.5 万件，其中境内有效发明专利 23.0 万件，占 40.7%。全年共签订技术

合同 23.0 万项，技术合同成交金额 3906 亿元，比上年增长 28.5%。全年成功发射卫星 15 次。嫦娥二号卫星成功发射。

年末全国共有产品检测实验室 27000 个，其中国家检测中心 443 个。全国现有产品质量、体系认证机构 171 个，已累计完成对 79850 个企业的产品认证。全国共有法定计量技术机构 3309 个，全年强制检定计量器具 4467 万台（件）。全年制定、修订国家标准 2860 项，其中新制定 2123 项。全年中央气象台和省级气象台共发布气象预警信号 5149 次，警报 6559 次。全国共有地震台站 1477 个，地震遥测台网 32 个。全国共有海洋观测站 71 个。测绘部门公开出版地图 1944 种，测绘图书 806 种。

年末全国文化系统共有艺术表演团体 2515 个，博物馆 2141 个，全国共有公共图书馆 2860 个，文化馆 3258 个。广播电台 227 座，电视台 247 座，广播电视台 2120 座，教育电视台 44 个。有线电视用户 18730 万户，有线数字电视用户 8798 万户。年末广播节目综合人口覆盖率为 96.8%；电视节目综合人口覆盖率为 97.6%。全年生产电视剧 436 部 14685 集，动画电视 221456 分钟。全年生产故事影片 526 部，科教、纪录、动画和特种影片 95 部。出版各类报纸 448 亿份，各类期刊 32 亿册，图书 74 亿册（张）。年末全国共有档案馆 4077 个，已开放各类档案 9035 万卷（件）。

全年运动健儿在 22 个项目中共获得 108 个世界冠军，8 人 5 队 15 次创 15 项世界纪录。在第十六届广州亚运会上，中国体育代表团共获得 199 枚金牌、119 枚银牌、98 枚铜牌，奖牌总数 416 枚。在广州亚残运会上，中国体育代表团共获得 185 枚金牌、118 枚银牌、88 枚铜牌，奖牌总数 391 枚。

新中国第一次承办了世界博览会。上海世博会历时 184 天，共有 246 个国家和国际组织参展，其中国家 190 个，国际组织 56 个。全国 31 个省（区、市）和港澳台地区全部参展。累计参观者 7308 万人次。

十　卫生和社会服务

年末全国共有卫生机构 93.9 万个，其中医院、卫生院 6.0 万个，社区卫生服务中心（站）3.1 万个，诊所（卫生所、医务室）17.4 万个，村卫生室 65.1 万个，疾病预防控制中心 3491 个，卫生监督所（中心）2851 个。卫生技术人员 584 万人，其中执业医师和执业助理医师 237 万人，注册护士 205 万人。医院和卫生院床位 437 万张。乡镇卫生院 3.8 万个，床位 100 万张，卫生技术人员 96.4 万人。全年甲、乙类法定报告传染病发病人数 341.4 万例，报告死亡 15950 人；报告传染病发病率 255.80/10 万，死亡率 1.20/10 万。

年末全国共有各类提供住宿的收养性社会服务机构 4.0 万个，床位 312.3 万张，收养各类人员 236.5 万人。其中，农村养老服务机构 3.1 万个，床位 213.9 万张，收养各类人员 170.4 万人。各类社区服务设施 18.0 万个，其中，社区服务中心 11400 个，社区服务站 5.1 万个。全年救助城市医疗困难群众 373.6 万人次，救助农村医疗困难群众 813.8 万人次；资助 1237.4 万城镇困难群众参加城镇医疗保险，资助 4223.7 万农村困难群众参　　加新型农村合作医疗。

十一　人口、人民生活和社会保障

初步预计，年末全国总人口 134100 万人。
全年农村居民人均纯收入 5919 元，剔除价格因素，比上年实际增长 10.9%；城镇居民人均可支配收入 19109 元，实际增长 7.8%。农村居民家庭食品消费支出占消费总支出的比重为 41.1%，城镇为 35.7%。按 2010 年农村贫困标准 1274 元测算，年末农村贫困人口为 2688 万人，比上年末减少 909 万人。

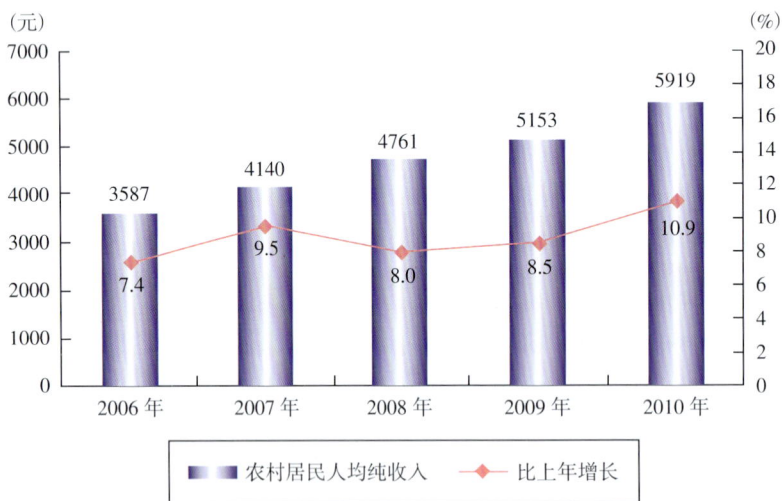

附图 1-20　2006~2010 年农村居民人均纯收入及其增长速度

附图 1-21　2006~2010 年城镇居民人均可支配收入及其增长速度

年末全国参加城镇基本养老保险人数 25673 万人，比上年末增加 2123 万人。其中参保职工 19374 万人，参保离退休人员 6299 万人。参加城镇基本医疗保险的人数 43206 万人，增加 3059 万人。其中，参加城镇职工基本医疗保险人数 23734 万人，参加城镇居民基本医疗保险人数 19472 万人。参加城镇医疗保险的农民工 4583 万人，增加 249 万人。参加失业保险的人数 13376 万人，增加 660 万人。参加工伤保险的人数 16173 万人，增加 1278 万人。其中参加工伤保险农民工 6329 万人，增加 741 万人。参加生育保险的人数 12306 万人，增加 1430 万人。2678 个县（市、区）开展了新型农村合作医疗工作，新型农村合作医疗参合率 96.3%。新型农村合作医疗基金支出总额为 832 亿元，累计受益 7.0 亿人次。全国列入国家新型农村社会养老保险试点地区参保人数 10277 万人。年末全国领取失业保险金人数为 209 万人。

全年 2311.1 万城市居民得到政府最低生活保障，比上年减少 34.5 万人；5228.4 万农村居民得到政府最低生活保障，增加 468.4 万人；554.9 万农村居民得到政府五保救济，增加 1.5 万人。

十二　资源、环境和安全生产

全年全国国有建设用地土地供应总量 42.8 万公顷，比上年增长 18.4%。其中，工矿仓储用地 15.3 万公顷，增长 7.9%；商服用地 3.9 万公顷，增长 40.4%；住宅用地 11.4 万公顷，增长 40.3%；基础设施等其他用地 12.2 万公顷，增长 10.2%。全年全国 105 个重点监测城市综合地价比上年上涨 8.6%，其中商业地价上涨 10.0%，居住地价上涨 11.0%，工业地价上涨 5.3%。

全年水资源总量 28470 亿立方米，比上年增加 17.7%。全年平均降水量 682 毫米，增加 15.4%。年末全国 422 座大型水库蓄水总量 2091 亿立方米，比上年末多蓄水 284 亿立方米。全年总用水量 5990 亿立方米，比上年增加 0.4%。其中，生活用水增加 2.9%，工业用水增加 1.4%，农业用水减少 0.6%，生态补水增加 6.8%。万元国内生产总值用水量 190.6 立方米，比上年下降 9.1%。万元工业增加值用水量 105.0 立方米，下降 9.6%。

全年完成造林面积 592 万公顷，其中人工造林 389 万公顷。林业重点工程完成造林面积 346 万公顷，占全部造林面积的 58.4%。截止到年底，自然保护区达到 2588 个，其中国家级自然保护区 319 个。新增综合治理水土流失面积 4.2 万平方公里，新增实施水土流失地区封育保护面积 2.5 万平方公里。截止到年底，已确权集体林地面积为 16204 万公顷，其中发放林权证的面积为 13396 万公顷。

全年平均气温为 9.5℃，共有 7 个台风登陆。

初步核算，全年能源消费总量 32.5 亿吨标准煤，比上年增长 5.9%。煤炭消费量增长 5.3%；原油消费量增长 12.9%；天然气消费量增长 18.2%；电力消费量增长 13.1%。全国万元国内生产总值能耗下降 4.01%。主要原材料消费中，钢材消费量 7.7 亿吨，增长 12.4%；精炼铜消费量 792 万吨，增长 5.1%；电解铝消费量 1526 万吨，增长 6.0%；乙烯消费量 1419 万吨，增长 32.3%；水泥消费量 18.6 亿吨，增长 14.5%。

七大水系的 408 个水质监测断面中，Ⅰ～Ⅲ类水质断面比例占 59.6%，比上年提高 2.2 个百分点；劣 V 类水质断面比例占 16.4%，下降 2.0 个百分点。七大水系水质总体上持续好转，部分流域污染仍然严重。

近岸海域 298 个海水水质监测点中，达到国家一、二类海水水质标准的监测点占 62.8%，比上年下降 10.1 个百分点；三类海水占 14.1%，上升 8.1 个百分点；四类、劣四类海水占 23.2%，上升 2.1 个百分点。

在监测的 330 个城市中，有 273 个城市空气质量达到二级以上（含二级）标准，占监测城市数的 82.7%；有 53 个城市为三级，占 16.1%；有 4 个城市为劣三级，占 1.2%。在监测的 331 个城市中，城市区域声环境质量好的城市占 6.3%，较好的占 67.4%，轻度污染的占 25.4%，中度污染的占 0.9%。

年末城市污水处理厂日处理能力达 10262 万立方米，比上年末增长 13.4%；城市污水处理率达到 76.9%，提高 1.6 个百分点。集中供热面积 39.1 亿平方米，增长 3.0%。建成区绿地率达到 34.5%，提高 0.3 个百分点。

全年各类自然灾害造成直接经济损失 5340 亿元，比上年增加 1.1 倍。全年农作物受灾面积 3743 万公顷，减少 20.7%。其中，绝收 486 万公顷，减少 1.1%。全年因洪涝、滑坡和泥石流灾害造成直接经济损失 3505 亿元，增加 4.4 倍；死亡 3101 人。全年因旱灾造成直接经济损失 757 亿元，下降 31.2%。全年因低温冷冻和雪灾造成直接经济损失 318 亿元，死亡 51 人。全年因海洋灾害造成直接经济损失 149.4 亿元，增加 49.1%。全年累计发生赤潮面积 10892 平方公里，减少 22.8%。全年大陆地区共发生 5 级以上地震 17 次，成灾 10 次，造成直接经济损失 235.7 亿元，死亡 2705 人。全年共发生森林火灾 7723 起，下降 12.8%。

全年各类生产安全事故共死亡 79552 人，比上年下降 4.4%。亿元国内生产总值生产安全事故死亡人数为 0.201 人，下降 19.0%；工矿商贸企业就业人员 10 万人生产安全事故死亡人数为 2.13 人，下降 11.3%；道路交通万车死亡人数为 3.2 人，下降 11.1%；煤矿百万吨死亡人数为 0.749 人，下降 16.0%。

附录二
2010 年中国电信业统计公报

2010 年，在党中央、国务院的正确领导下，我国电信业以科学发展观为主导，围绕加快转变发展方式的主线，积极推动行业转型发展，3G 建设和业务发展稳步推进，移动互联网业务蓬勃发展，市场竞争格局进一步优化，全行业回升调整趋势明显，总体继续保持平稳健康运行，在推动两化融合和支撑国民经济社会发展中发挥重要的作用。

一 总体情况

初步核算，2010 年累计完成电信业务总量 30955 亿元，同比增长 20.5%；实现电信主营业务收入 8988 亿元，同比增长 6.4%；完成电信固定资产投资 3197 亿元，同比下降 14.2%。

2010 年，电信综合价格水平同比下降 11.7%。

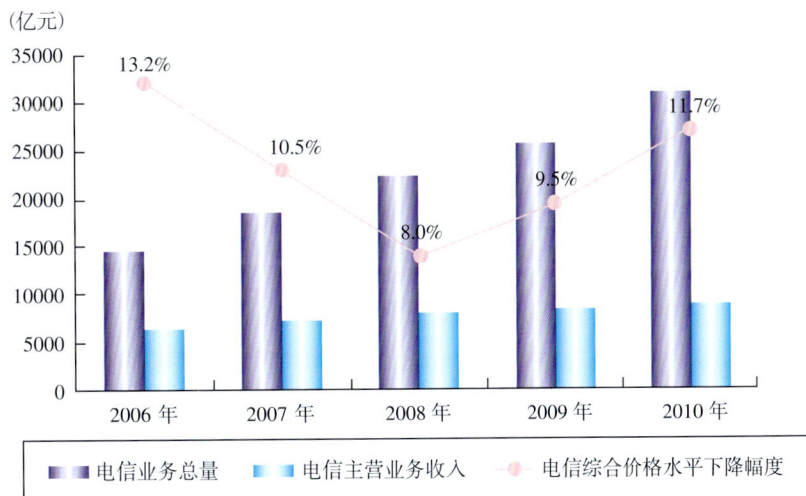

附图 2-1　2006~2010 年电信综合价格水平下降情况

二 电信用户

2010 年，全国电话用户净增 9244 万户，总数达到 115339 万户。其中，移动电话用户 85900 万户，在电话用户总数中所占的比重达到 74.5%，是固定电话用户的 3 倍左右。

附表 2-1　2006~2010 年电话用户到达数和净增数

	单位	2006 年	2007 年	2008 年	2009 年	2010 年
到达数	万户	82884	91273	98160	106095	115339
净增数	万户	8499	8389	6866	7934	9244

附图 2-2　2006~2010 年移动电话用户所占比重

（一）移动电话用户

2010 年，全国移动电话用户净增 11179 万户，创历年净增用户新高，累计达到 85900 万户。

其中，3G 用户净增 3473 万户，累计达到 4705 万户。移动电话普及率达到 64.4 部/百人，比上年底提高 8.1 个百分点。

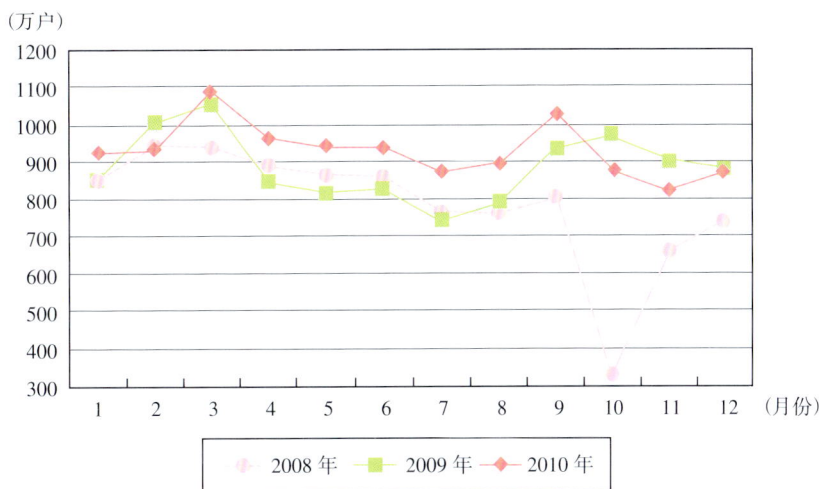

附图 2-3 2008~2010 年移动电话用户各月净增比较

移动增值业务发展较快，移动个性化回铃业务用户达到 57408 万户，渗透率达到 66.8%；移动短信业务用户达到 70062 万户，渗透率达到 81.6%；移动彩信业务用户达到 18037 万户，渗透率达到 21.0%。

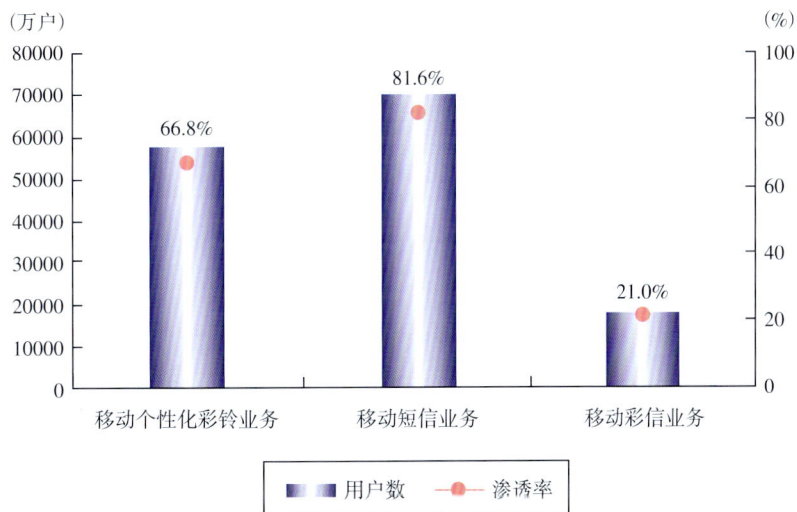

附图 2-4 2010 年主要移动增值业务发展情况

（二）固定电话用户

2010 年，全国固定电话用户减少 1935 万户，达到 29438 万户。其中，城市电话用户减少 1528 万户，达到 19662 万户；农村电话用户减少 407 万户，达到 9776 万户。固定电话普及率达到 22.1 部/百人，比上年底下降 1.5 个百分点。

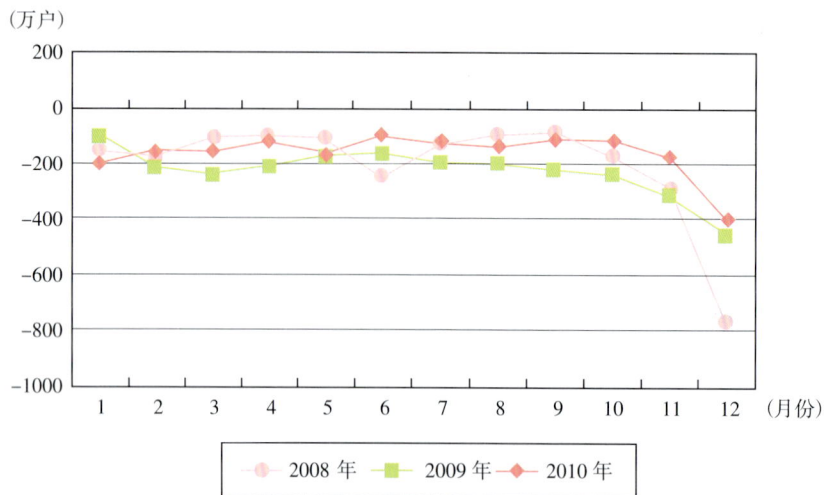

附图 2-5　2008~2010 年固定电话用户各月净增比较

固定电话用户中，传统固定电话用户减少 199 万户，达到 26575 万户；无线市话用户减少 1736 万户，达到 2863 万户。无线市话用户在固定电话用户中所占的比重从上年底的 14.7% 下降到 9.7%。

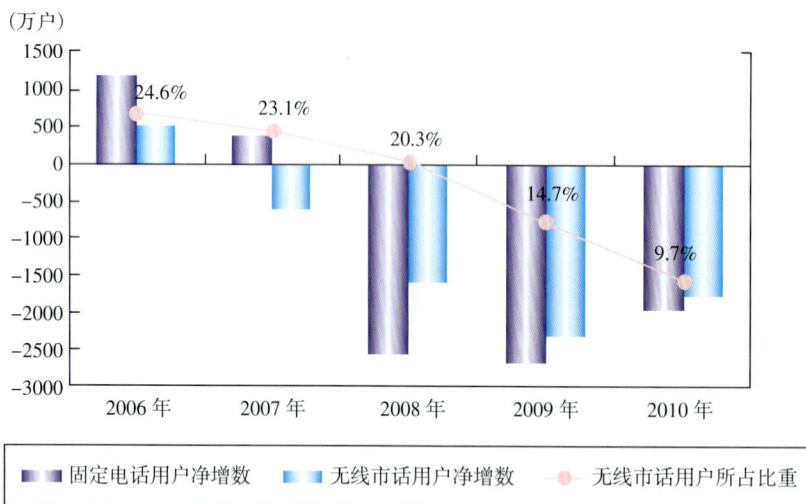

附图 2-6　2006~2010 年无线市话用户所占比重

固定电话用户中，住宅电话用户达到 20298 万户，政企电话用户达到 6555 万户，公用电话用户达到 2585 万户。与上年相比，各类电话用户所占比重基本保持稳定。

附图 2-7　2006~2010 年公用、政企、住宅电话用户所占比重

（三）互联网用户

2010 年，全国网民数净增 0.73 亿人，累计达到 4.57 亿人。其中宽带网民数净增 1.04 亿人，达到 4.5 亿人，占网民总数的 98.3%；手机网民数净增 0.69 亿人，达到 3.03 亿人，占网民总数的 66.2%；农村网民数净增 0.18 亿人，达到 1.25 亿人，占网民总数的 27.3%。互联网普及率达到 34.3%，比上年底提高 5.4 个百分点。

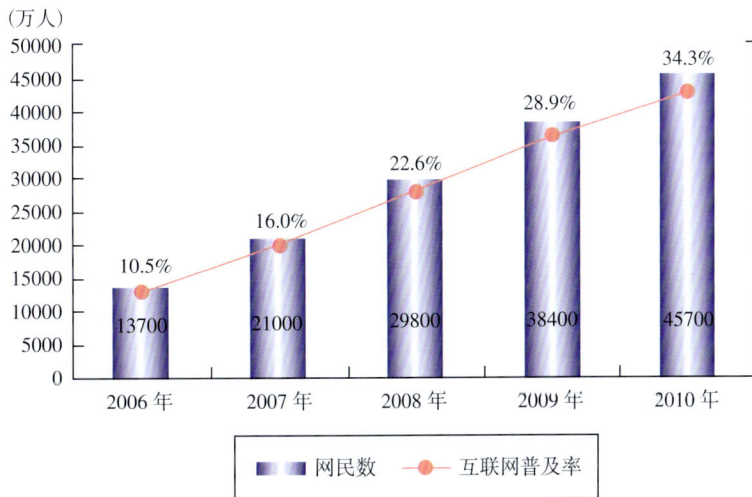

附图 2-8　2006~2010 年网民数和互联网普及率

2010 年，基础电信企业的互联网拨号用户减少 164 万户，达到 590 万户，而互联网宽带接入用户净增 2236 万户，达到 12634 万户。

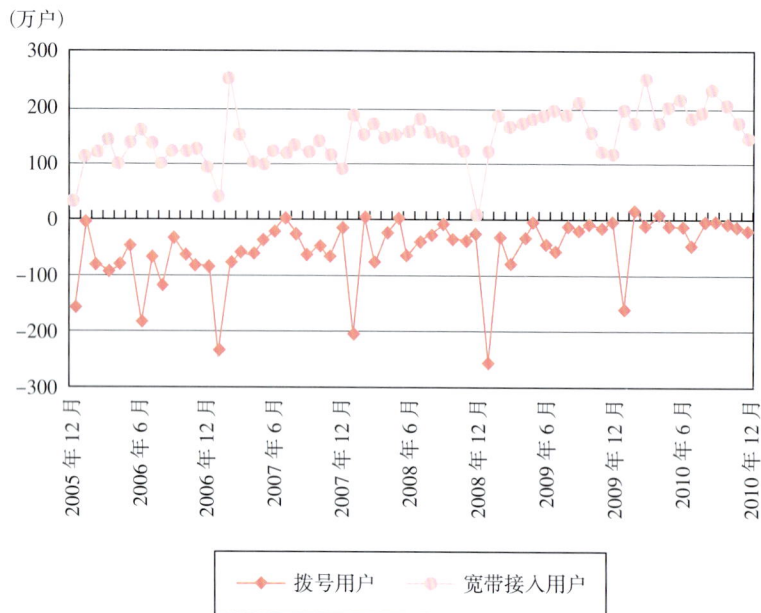

附图 2-9　2006~2010 年各月互联网拨号、宽带接入用户净增比较

三　业务使用情况

（一）移动电话业务

2010 年，全国移动电话通话时长累计达到 43261 亿分钟，同比增长 22.4%。其中，非漫游通话时长 40520 亿分钟，漫游出访通话时长 2741 亿分钟。

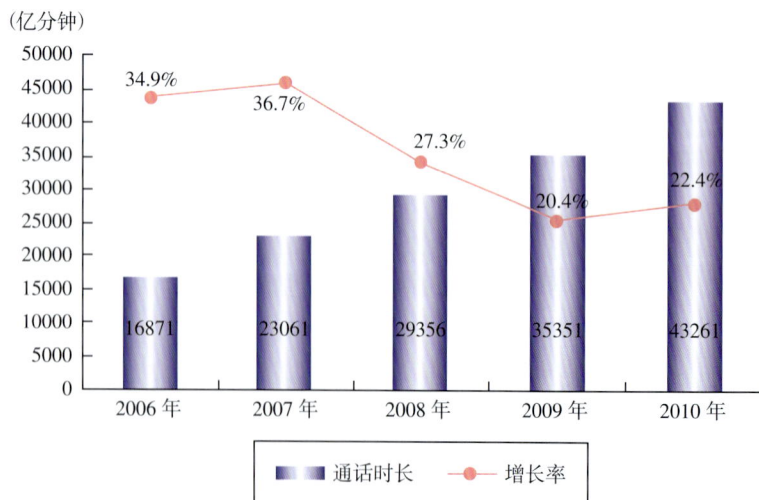

附图 2-10　2006~2010 年移动电话通话时长

（二）固定电话业务

2010年，固定本地电话通话量累计达到4369亿次，同比下降19.1%。其中，本地网内区间通话量569亿次，下降14.2%；区内通话量3753亿

次，下降19.2%；拨号上网通话量47亿次，下降47.0%。固定本地通话中，传统电话通话量3774亿次，下降10.6%；无线市话通话量596亿次，下降49.4%。

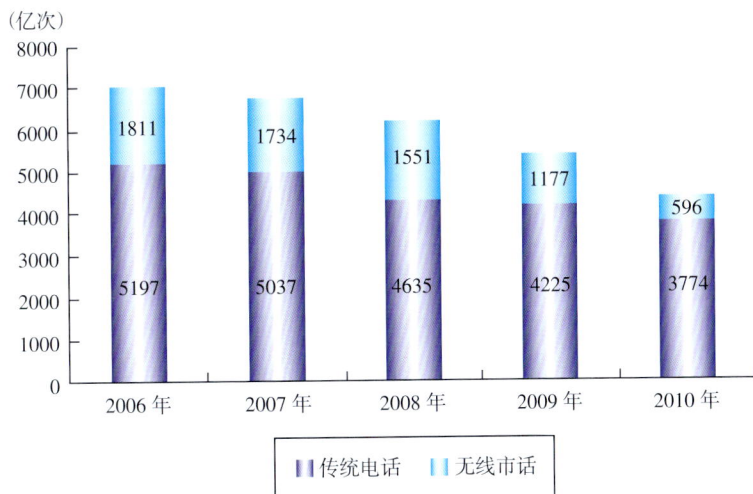

附图2-11　2006~2010年固定本地电话通话量

2010年，固定传统长途电话通话时长累计达　到729亿分钟，同比下降11.7%。

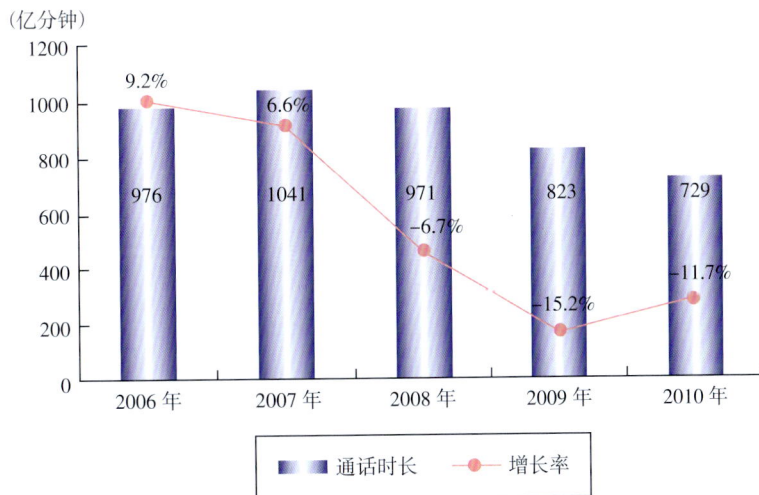

附图2-12　2006~2010年固定传统长途电话通话时长

（三）IP电话业务

2010年，全国IP电话通话时长累计达到998

亿分钟，同比下降15.8%。其中，从固定电话终端发起的通话时长达342亿分钟，同比下降30.4%；从移动电话终端发起的通话时长达655亿

分钟，同比下降 5.6%。通过移动电话终端发起的   IP 电话所占比重从上年底的 57.8% 上升到 65.7%。

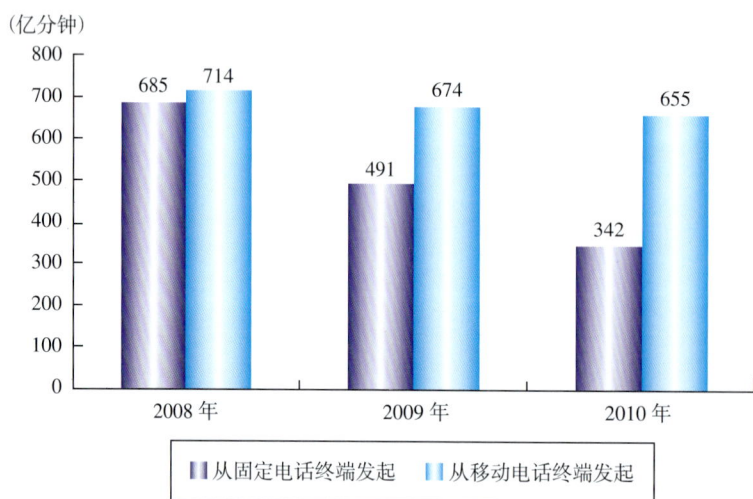

附图 2-13   2008~2010 年 IP 电话发起方式

（四）短信业务

2010 年，各类短信发送量达到 8317 亿条，同比增长 6.1%。其中，无线市话短信业务量 67 亿条，下降 47.6%；移动短信业务量 8250 亿条，增长 7.0%。

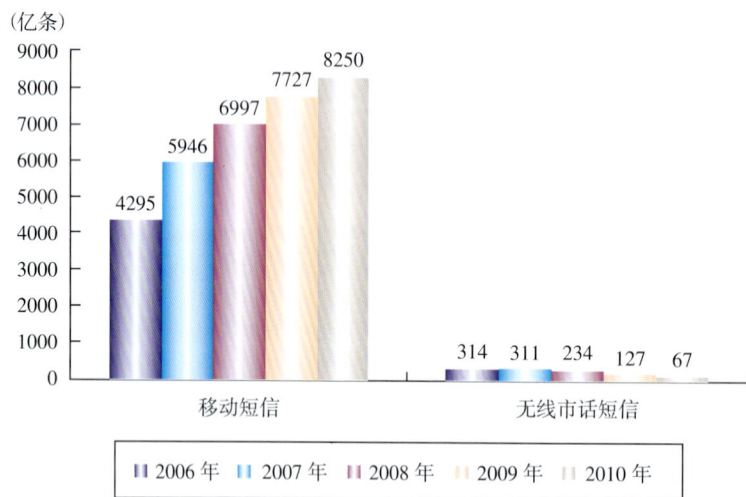

附图 2-14   2006~2010 年短信业务发展情况

四   经济效益

2010 年，全国电信主营业务收入累计完成 8988 亿元，同比增长 6.4%。其中，移动通信业务收入 6282 亿元，增长 11.2%，占主营业务收入的比重达 69.9%；固定通信业务收入 2707 亿元，下降 3.3%。

电信主营业务收入中，非话音业务收入 3801 亿元，同比增长 11.3%，占主营业务收入的比重上升到 42.3%；话音业务收入 5187 亿元，同比增长 3.1%。话音业务收入中，移动话音业务收入 4265 亿元，增长 9.4%；固定话音业务收入 922 亿元，下降 18.7%。

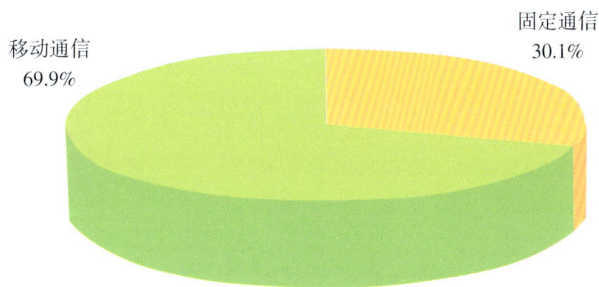

固定通信 30.1%

移动通信 69.9%

附图 2-15　2010 年电信主营业务收入构成

2010 年，完成电信固定资产投资 3197 亿元，同比下降 14.2%。

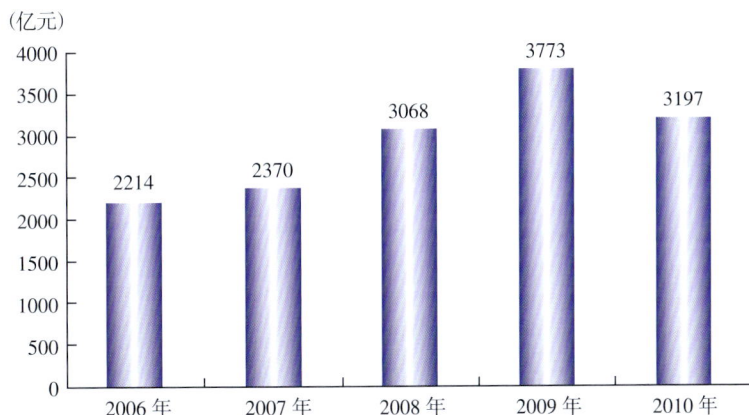

（亿元）

附图 2-16　2006~2010 年电信固定资产投资

五　电信能力建设

2010 年，全国光缆线路长度净增 166 万公里，达到 995 万公里。固定长途电话交换机容量减少 41 万路端，达到 1644 万路端；局用交换机容量（含接入网设备容量）减少 2707 万门，达到 46559 万门。移动电话交换机容量净增 6433 万户，达到 150518 万户。基础电信企业互联网宽带接入端口净增 4924 万个，达到 18760 万个。全国互联网国际出口带宽达到 1098957Mbps，同比增长 26.8%。

附表 2-2 2010 年主要电信能力指标增长情况

指标名称	单位	2010 年	比上年末净增
光缆线路长度	万公里	995	166
固定长途电话交换机容量	万路端	1644	−41
局用交换机容量	万门	46559	−2707
移动电话交换机容量	万户	150518	6433
互联网宽带接入端口	万个	18760	4924
互联网国际出口带宽	Mbps	1098957	232590

六 增值电信业务

2010 年，基础电信企业实现增值电信业务收入 2175 亿元，同比增长 15.7%，占主营业务收入的比重上升到 24.2%。其中，移动增值业务收入 1947 亿元，增长 19.0%；固定增值业务收入 227 亿元，下降 7.0%。

附图 2-17 2006~2010 年基础电信企业的增值业务收入

七 村通工程与农村信息化建设

2010 年，我国电信业从建设基础设施、推广信息服务两方面大力发展农村信息通信，消除城乡数字鸿沟，以信息化手段促进农村经济社会发展。

"村村通电话、乡乡能上网"的"十一五"农村通信发展规划目标全面实现。全国范围内 100%

的行政村通电话，100%的乡镇通互联网（其中98%的乡镇通宽带），94%的20户以上自然村通电话，全国近一半乡镇建成乡镇信息服务站和县、乡、村三级信息服务体系。此外，已有19个省份实现所有自然村通电话，75%的行政村基本具备互联网接入能力。

"信息下乡"进展明显，建成"农信通"、"信息田园"、"金农通"等全国性农村综合信息服务平台，涉农互联网站接近2万个。建成乡镇信息服务站20229个、行政村信息服务点117281个，网上建成乡镇涉农信息库14137个、村信息栏目135478个。

附件：2010年电信业主要指标分省情况

附表2-3 2010年电信业务总量、收入、投资分省情况

	电信业务总量		电信主营业务收入		电信固定资产投资	
	2010年(亿元)	比上年(±%)	2010年(亿元)	比上年(±%)	2010年(亿元)	比上年(±%)
全国	30954.9	20.5	8988.3	6.4	3196.7	−14.2
北京	1069.9	21.2	430.6	6.9	107.8	−21.6
天津	428.4	18.2	132.6	6.7	49.4	−15.6
河北	1386.8	20.4	378.5	7.3	123.3	−23.3
山西	714.5	18.8	214.8	4.3	79.1	−23.7
内蒙古	662.4	22.4	167.8	14.5	80.8	−13.1
辽宁	1122.7	23.5	359.1	4.1	113.7	−26.8
吉林	631.2	23.3	151.6	6.8	66.2	−25.8
黑龙江	778	17.2	211.7	6	80.9	−23.1
上海	969.1	15.5	448	7.3	120.8	−20.5
江苏	2006.3	21	687.1	7.3	212.7	−7
浙江	1922.9	18.4	616.7	5.6	183.9	−19
安徽	804.4	20.7	264.5	10.6	106.3	−7.8
福建	1157.5	20.6	349.2	7.9	113.4	−9.9
江西	660.2	12.2	181.2	7	78.3	10.1
山东	1926.2	20.1	538.4	6	154.3	−22
河南	1430.2	16.6	382	9.1	131.8	−21.5
湖北	972.4	21.9	301	6.9	106.1	−15.5
湖南	1048.1	21.6	309.7	5.9	112.9	−13.1
广东	4697.8	22.1	1258.3	3.9	356.3	−10.8
广西	779.2	15.7	216.2	7.6	84.5	−12.8
海南	228.2	23.6	67.6	14.1	32.1	−11.4
重庆	566.8	22.1	160	8.3	67.1	−7.7
四川	1411.1	25.6	391.5	9.1	149.1	−18.9
贵州	567.6	19.9	147.3	7.5	56.3	−14.8
云南	804.7	21.1	210.8	9.4	83.8	−6.1
西藏	62.3	22.4	22	9.8	18.7	20.6
陕西	863.4	20.2	233.2	11.5	88.3	−2.8
甘肃	448.2	26.2	117.7	14.5	54.4	−18
青海	119.9	37.1	32	6.8	19.5	−20.4
宁夏	149.4	27.6	40.4	13.3	20.9	−5.4
新疆	565.2	21.2	140.2	11.5	74.2	−7.3

附表 2-4　2010 年电信用户分省情况

	固定电话用户		移动电话用户		互联网宽带接入用户	
	2010 年	比上年	2010 年	比上年	2010 年	比上年
	（万户）	（万户）	（万户）	（万户）	（万户）	（万户）
全国	29438.3	-1934.9	85900.3	11178.9	12633.7	2235.9
北京	885.6	-7.5	2129.8	304.3	498.4	46.4
天津	366.8	-18.5	1089.8	97.3	173	13.6
河北	1251.4	-92.6	4353.5	570.3	667	143.7
山西	720.7	-38.1	2205.2	252.9	353.1	73.1
内蒙古	414.1	-27.5	2034	418	190.5	32
辽宁	1428	-101.2	3341.8	459.7	595.6	92.7
吉林	595.2	13.9	1805.4	231.1	285.1	56.9
黑龙江	813.5	-56.7	2072	206.1	326.1	48.6
上海	935.9	0.4	2361.6	248.4	486.7	35.3
江苏	2498.8	-163.6	5923.1	982.8	1048.4	93.7
浙江	1985.5	-145.5	5047.3	591.1	869.5	50.2
安徽	1231	-36.3	2798.7	644.1	341.9	82.4
福建	1045.7	-199.1	3021.8	382.7	471.6	101.9
江西	709.6	-39	1811.3	263.3	253.4	14.7
山东	1992.3	-225.1	6190.4	855.9	966.9	207.6
河南	1426.9	-33.7	4402	414.8	642.5	138.6
湖北	1026.4	-61.9	3454.7	317.8	459.4	97.2
湖南	1077	-90	3257	504.6	374.5	88.4
广东	3169.1	-197.5	9624.6	701.4	1400	276
广西	708.9	-78.7	2214.5	254.3	330.1	81.8
海南	179.8	-3	594.3	97.9	67.6	18.4
重庆	582.7	-45	1664.4	223.5	263.1	61.3
四川	1419.1	-132.1	4156.4	689.6	526.4	128.2
贵州	431.2	-19.9	1800.6	347.2	149.7	36.5
云南	562.5	-20.6	2244.5	308.2	224.1	50
西藏	43.9	-10.1	157.6	33.6	10.4	1.6
陕西	781.9	-33.1	2518.2	180.9	308.3	85.8
甘肃	411.9	-42	1390.1	195.4	112.2	25.5
青海	103.2	-6.1	397.8	96.8	34.9	7
宁夏	111.9	-2.6	437.3	54.5	43	9
新疆	528	-22.5	1359.9	246.9	160.4	37.8

附表 2-5　2010 年电信能力、电话普及率分省情况

	光缆 线路长度 （公里）	互联网宽带 接入端口 （万个）	局用交换机 容量 （万门）	移动电话 交换机容量 （万户）	固定电话 普及率 （部/百人）	移动电话 普及率 （部/百人）
全国	9951278	18759.5	46558.8	150517.5	22.1	64.4
北京	123530	633.4	1412.9	4134	50.5	121.4
天津	67098	230	534	1910	29.9	88.7
河北	455763	920.8	1739.6	8080	17.8	61.9

续表

	光缆 线路长度 （公里）	互联网宽带 接入端口 （万个）	局用交换机 容量 （万门）	移动电话 交换机容量 （万户）	固定电话 普及率 （部/百人）	移动电话 普及率 （部/百人）
山西	493559	502.8	1009.3	4176.5	21	64.3
内蒙古	201308	260.5	711.5	3565.4	17.1	84
辽宁	344936	793.4	1958.6	5425	33.1	77.4
吉林	187688	362	837	3340	21.7	65.9
黑龙江	306330	498.4	1326.8	4493.1	21.3	54.2
上海	153365	819.1	1338.6	3995	48.7	122.9
江苏	814464	1806.3	4288.2	8795.1	32.3	76.7
浙江	646457	1316.5	3061.4	8666.2	38.3	97.4
安徽	402326	609.5	1528.8	6058.6	20.1	45.6
福建	392803	747.1	1807.2	6282.2	28.8	83.3
江西	364374	358.9	1125.4	3603	16	40.9
山东	452552	1424	2737	10484.7	21	65.4
河南	394814	869.5	1989.2	7948	15	46.4
湖北	379836	588.4	1690.8	5862.7	17.9	60.4
湖南	313591	468.2	1750.4	4719	16.8	50.8
广东	761532	2184.8	5334.5	14766.9	32.9	99.9
广西	322789	493.9	1380	3567.1	14.6	45.6
海南	58536	111.3	290.7	1099.4	20.8	68.8
重庆	258550	401.1	1150.3	2746.2	20.4	58.2
四川	562131	767.8	2107.9	9624.1	17.3	50.8
贵州	236684	226.2	885.3	2724.5	11.4	47.4
云南	329785	325.9	1010.8	4364.3	12.3	49.1
西藏	37504	17.8	128.1	199	15.1	54.4
陕西	293513	484.9	1302.7	3724.1	20.7	66.8
甘肃	224483	172.3	807.2	1940	15.6	52.8
青海	71471	51.6	161.7	549	18.5	71.4
宁夏	41471	56.6	223.4	823.4	17.9	70
新疆	258040	256.6	927.3	2851	24.5	63

注：①对于本公报所披露的数据，2009 年及以前的数据为年报最终核算数，2010 年的数据为快报初步核算数。2010 年的最终核算数及分省、分企业数据将在 2011 年年中出版的《中国迪信统计年度报告（2010）》中公布。

②本公报电信综合指标是基础电信企业的合计数，未包括增值电信企业。增值电信企业年报数据将在 2011 年年中出版的《中国通信统计年度报告（2010）》中公布。

③网民数、互联网普及率、互联网国际出口带宽等数据取自中国互联网络信息中心（CNNIC）发布的《中国互联网络发展状况统计报告（2011 年 1 月）》。

附录三
2010 年进入世界 500 强的 20 家电信运营商关键绩效指标一览表

附表 3-1　美国 AT&T 关键绩效指标一览表（2008~2010）

单位：百万元人民币	美国 AT&T—1		
	2010 年	2009 年	2008 年
投资经营效果：			
主营业务收入	823069	814711	821400
总资产	1778115	1779864	1756638
EBITDA	274067	278763	285942
EBITDA 率	33.30%	34.22%	34.81%
员工人数	266590	282720	302660
人均 EBITDA	1.03	0.99	0.94
净利润	131553	83016	85214
净利润率	15.98%	10.19%	10.37%
总资产报酬率（ROA）	7.40%	4.66%	4.85%
净资产报酬率（ROE）	17.74%	12.25%	13.35%
资本性支出（CAPEX）	129341	109904	130308
CAPEX 占收比	15.71%	13.49%	15.86%
融资管理效率：			
资产负债率	58.30%	61.93%	63.68%
流动比率	58.76%	66.30%	53.34%
利息保障倍数	5.84	5.45	5.78
折旧与摊销	128341	130560	131679
股息	66128	64459	62955
内部融资额	193767	149117	153938
成本费用管理：			
总资产周转率	0.46	0.46	0.47
固定资产周转率	1.27	1.27	1.30
坏账发生率	6.57%	7.45%	7.33%
折旧摊销率	15.59%	16.03%	16.03%
付现成本率	68.66%	66.49%	84.86%
营销、一般及管理费用率	26.61%	25.55%	39.32%

续表

单位：百万元人民币	美国 AT&T—1		
	2010 年	2009 年	2008 年
现金管理：			
经营活动净现金流	231748	227854	222894
每股经营活动净现金流（元）	35.68	35.08	34.32
自由现金流（FCF）	102407	117950	92585
自由现金流占收比	12.44%	14.48%	11.27%
销售现金比率	28.16%	27.97%	27.14%
资产现金回收率	13.03%	12.80%	12.69%
现金流量经营充足率	−21.48	4.67	−6.54
成长管理：			
可持续增长率	9.41%	6.20%	−16.49%
主营业务收入增长率	1.03%	−0.81%	4.29%
总资产增长率	−0.10%	1.32%	−3.77%
净利润增长率	58.47%	−2.58%	7.66%
经营活动现金流增长率	1.71%	2.23%	−1.71%
每股盈余增长率	58.49%	−1.85%	10.77%
价值创造与分配：			
EVA	−9897	−56593	−49609
EVA 率	−0.63%	−3.62%	−3.27%
每股盈利（EPS）（元）	22.25	14.04	14.31
每股股利（DPS）（元）	11.19	10.93	10.66
股利支付率	50.30%	77.83%	74.54%

附表 3-2　日本 NTT 关键绩效指标一览表（2008~2010）

单位：百万元人民币	日本 NTT—2		
	2010 年	2009 年	2008 年
投资经营效果：			
主营业务收入	837385	827339	846429
总资产	1598026	1538988	1527394
EBITDA	266712	263347	273830
EBITDA 率	31.85%	31.83%	32.35%
员工人数	219350	195000	196000
人均 EBITDA	1.22	1.35	1.40
净利润	41412	40002	43773
净利润率	4.95%	4.83%	5.17%
总资产报酬率（ROA）	2.59%	2.60%	2.87%
净资产报酬率（ROE）	5.06%	5.04%	5.89%
资本性支出（CAPEX）	151964	161472	174311
CAPEX 占收比	18.15%	19.52%	20.59%
融资管理效率：			
资产负债率	48.74%	48.41%	51.34%
流动比率	129.31%	118.32%	110.12%
利息保障倍数	23.88	22.28	20.90

续表

单位：百万元人民币	日本 NTT—2		
	2010 年	2009 年	2008 年
折旧与摊销	159476	163500	173829
股息	12903	12366	10998
内部融资额	213791	215868	228600
成本费用管理：			
总资产周转率	0.52	0.54	0.55
固定资产周转率	1.04	1.01	1.02
坏账发生率	2.17%	2.07%	2.27%
折旧摊销率	19.04%	19.76%	20.54%
付现成本率	69.17%	69.26%	68.81%
营销、一般及管理费用率	29.01%	29.47%	28.74%
现金管理：			
经营活动净现金流	230037	228977	204296
每股经营活动净现金流（元）	174	173	152
自由现金流（FCF）	114747	101876	99527
自由现金流占收比	13.70%	12.31%	11.76%
销售现金比率	27.47%	27.68%	24.14%
资产现金回收率	14.40%	14.88%	13.38%
现金流量经营充足率	6.68	9.94	8.50
成长管理：			
可持续增长率	3.17%	6.84%	−1.39%
主营业务收入增长率	1.21%	−2.26%	−2.48%
总资产增长率	3.84%	0.76%	1.50%
净利润增长率	3.53%	−8.62%	−15.19%
经营活动现金流增长率	0.46%	12.08%	−18.66%
每股盈余增长率	3.53%	−7.09%	−13.16%
价值创造与分配：			
EVA	−92535	−89380	−82489
EVA 率	−6.81%	−6.81%	−6.43%
每股盈利（EPS）（元）	31.30	30.23	32.54
每股股利（DPS）（元）	9.75	9.75	8.94
股利支付率	31.2%	32.3%	27.5%

附表 3–3　美国 Verizon 关键绩效指标一览表（2008~2010）

单位：百万元人民币	美国 Verizon—3		
	2010 年	2009 年	2008 年
投资经营效果：			
主营业务收入	705748	713980	644746
总资产	1457027	1505015	1340117
EBITDA	215741	212781	178084
EBITDA 率	30.57%	29.80%	27.62%
员工人数	194400	222927	224366
人均 EBITDA	1.11	0.95	0.79
净利润	67664	68598	42571

续表

单位：百万元人民币	美国 Verizon—3		
	2010 年	2009 年	2008 年
净利润率	9.59%	9.61%	6.60%
总资产报酬率（ROA）	4.64%	4.56%	3.18%
净资产报酬率（ROE）	11.76%	12.28%	15.41%
资本性支出（CAPEX）	108996	111738	113467
CAPEX 占收比	15.44%	15.65%	17.60%
融资管理效率：			
资产负债率	60.50%	62.87%	79.39%
流动比率	73.04%	77.59%	100.65%
利息保障倍数	4.64	3.87	4.80
折旧与摊销	108645	109486	96460
股息	36034	35167	33524
内部融资额	140275	142918	105506
成本费用管理：			
总资产周转率	0.48	0.47	0.48
固定资产周转率	1.28	0.82	0.86
坏账发生率	6.92%	7.20%	7.44%
折旧摊销率	15.39%	15.33%	14.96%
付现成本率	70.86%	71.65%	67.70%
营销、一般及管理费用率	29.43%	30.56%	27.63%
现金管理：			
经营活动净现金流	220953	209046	176296
每股经营活动净现金流（元）	78.08	73.58	61.88
自由现金流（FCF）	111957	96148	68340
自由现金流占收比	15.86%	13.47%	10.60%
销售现金比率	31.31%	29.28%	27.34%
资产现金回收率	15.16%	13.89%	13.16%
现金流量经营充足率	−19.39	−4.71	4.29
成长管理：			
可持续增长率	3.02%	102.29%	−17.55%
主营业务收入增长率	−1.15%	10.74%	4.16%
总资产增长率	−3.19%	12.30%	8.23%
净利润增长率	−1.36%	61.14%	16.43%
经营活动现金流增长率	5.70%	18.58%	3.42%
每股盈余增长率	−30.23%	−42.92%	18.32%
价值创造与分配：			
EVA	−47686	−49717	−66489
EVA 率	−3.73%	−3.72%	−5.63%
每股盈利（EPS）（元）	5.96	8.54	14.97
每股股利（DPS）（元）	12.75	12.38	11.79
股利支付率	213.89%	144.96%	78.76%

附表 3-4　德国电信关键绩效指标一览表（2008~2010）

单位：百万元人民币	德国电信—4		
	2010 年	2009 年	2008 年
投资经营效果：			
主营业务收入	549711	568918	543062
总资产	1125576	1125242	1084432
EBITDA	171489	182013	171366
EBITDA 率	31.20%	31.99%	31.56%
员工人数	252494	257601	234887
人均 EBITDA	0.68	0.71	0.73
净利润	15499	7688	17824
净利润率	2.82%	1.35%	3.28%
总资产报酬率（ROA）	1.38%	0.68%	1.64%
净资产报酬率（ROE）	4.09%	2.08%	4.69%
资本性支出（CAPEX）	86753	81037	76678
CAPEX 占收比	15.78%	14.24%	14.12%
融资管理效率：			
资产负债率	66.33%	67.18%	64.99%
流动比率	57.63%	92.81%	63.65%
利息保障倍数	2.94	3.16	3.05
折旧与摊销	97831	101363	93692
股息	26420	29942	29942
内部融资额	139750	138993	141459
成本费用管理：			
总资产周转率	0.49	0.51	0.50
固定资产周转率	1.41	1.42	1.48
坏账发生率	2.00%	4.69%	5.54%
折旧摊销率	17.80%	17.82%	17.25%
付现成本率	39.44%	38.31%	38.84%
营销、一般及管理费用率	31.84%	31.76%	33.69%
现金管理：			
经营活动净现金流	129729	139099	135338
每股经营活动净现金流（元）	29.93	32.05	31.18
自由现金流（FCF）	57621	61372	61672
自由现金流占收比	10.48%	10.79%	11.36%
销售现金比率	23.60%	24.45%	24.92%
资产现金回收率	11.53%	12.36%	12.48%
现金流量经营充足率	−1.56	2.25	−7.14
成长管理：			
可持续增长率	2.60%	−2.73%	−4.71%
主营业务收入增长率	−3.38%	4.76%	−1.36%
总资产增长率	0.03%	3.76%	2.04%
净利润增长率	101.60%	−56.87%	87.41%
经营活动现金流增长率	−6.74%	2.78%	12.06%
每股盈余增长率	387.50%	−76.47%	161.54%
价值创造与分配：			
EVA	−64984	−71760	−58616
EVA 率	−6.70%	−7.45%	−6.31%
每股盈利（EPS）（元）	3.43	0.70	2.99
每股股利（DPS）（元）	6.16	6.87	6.87
股利支付率	179%	975%	229%

附表 3–5　西班牙电信关键绩效指标一览表（2008~2010）

单位：百万元人民币	西班牙电信—5		
	2010 年	2009 年	2008 年
投资经营效果：			
主营业务收入	534880	499602	510301
总资产	1142864	952344	879734
EBITDA	226486	197081	205139
EBITDA 率	42.34%	39.45%	40.20%
员工人数	285106	257426	257000
人均 EBITDA	0.79	0.77	0.80
净利润	89536	68479	66859
净利润率	20.01%	13.71%	13.10%
总资产报酬率（ROA）	7.83%	7.19%	7.60%
净资产报酬率（ROE）	32.09%	32.03%	38.81%
资本性支出（CAPEX）	95498	63909	73983
CAPEX 占收比	17.85%	12.80%	14.50%
融资管理效率：			
资产负债率	75.59%	77.55%	80.42%
流动比率	62.86%	88.47%	71.51%
利息保障倍数	6.53	4.42	4.27
折旧与摊销	81927	78871	79664
股息	51712	40131	36679
内部融资额	37824	28348	30180
成本费用管理：			
总资产周转率	0.47	0.52	0.58
固定资产周转率	0.56	0.67	0.58
坏账发生率	1.40%	1.54%	1.29%
折旧摊销率	15.32%	15.79%	15.61%
付现成本率	51.16%	60.55%	59.80%
营销、一般及管理费用率	38.24%	33.59%	32.92%
现金管理：			
经营活动净现金流	146822	142207	144127
每股经营活动净现金流（元）	32.14	31.26	31.00
自由现金流（FCF）	74556	80113	80535
自由现金流占收比	13.94%	16.04%	15.78%
销售现金比率	27.45%	28.46%	28.24%
资产现金回收率	12.85%	14.93%	16.38%
现金流量经营充足率	−1.79	3.98	−24.68
成长管理：			
可持续增长率	30.53%	24.09%	−14.41%
主营业务收入增长率	7.06%	−2.10%	2.67%
总资产增长率	20.01%	8.25%	−5.65%
净利润增长率	30.75%	2.42%	−14.75%
经营活动现金流增长率	3.24%	−1.33%	5.13%
每股盈余增长率	31.58%	4.91%	−13.76%

续表

单位：百万元人民币	西班牙电信—5		
	2010 年	2009 年	2008 年
价值创造与分配：			
EVA	9574	2547	17952
EVA 率	1.79%	0.32%	2.46%
每股盈利（EPS）（元）	19.81	15.06	14.35
每股股利（DPS）（元）	12.33	10.13	8.81
股利支付率	62.22%	67.25%	61.35%

附表 3-6　中国移动关键绩效指标一览表（2008~2010）

单位：百万元人民币	中国移动—6		
	2010 年	2009 年	2008 年
投资经营效果：			
主营业务收入	485231	452103	412343
总资产	861935	751368	657697
EBITDA	239382	229023	216487
EBITDA 率	49.33%	50.66%	52.50%
员工人数	164336	145954	138368
人均 EBITDA	1.46	1.57	1.56
净利润	119889	115465	112954
净利润率	24.71%	25.54%	27.39%
总资产报酬率（ROA）	13.91%	15.37%	17.17%
净资产报酬率（ROE）	20.76%	22.75%	25.50%
资本性支出（CAPEX）	124300	129400	136300
CAPEX 占收比	25.62%	28.62%	33.06%
融资管理效率：			
资产负债率	33.01%	32.44%	32.66%
流动比率	125.92%	136.96%	133.00%
利息保障倍数	177.35	124.76	97.61
折旧与摊销	86292	80235	71713
股息	51818	49544	48364
内部融资额	154363	146156	136303
成本费用管理：			
总资产周转率	0.56	0.60	0.63
固定资产周转率	1.26	1.26	1.26
坏账发生率	38.86%	48.76%	39.68%
折旧摊销率	17.78%	17.75%	17.39%
付现成本率	51.15%	49.74%	48.02%
营销、一般及管理费用率	18.67%	17.70%	16.22%
现金管理：			
经营活动净现金流	231379	207123	193647
每股经营活动净现金流	11.53	10.33	9.66
自由现金流（FCF）	107032	77756	57355
自由现金流占收比	22.06%	17.20%	13.91%
销售现金比率	47.68%	45.81%	46.96%
资产现金回收率	26.84%	27.57%	29.44%
现金流量经营充足率	−20.48	11.54	28.00
成长管理：			
可持续增长率	13.75%	14.61%	18.35%

续表

单位：百万元人民币	中国移动—6		
	2010 年	2009 年	2008 年
主营业务收入增长率	7.33%	9.64%	15.52%
总资产增长率	14.72%	14.24%	16.72%
净利润增长率	3.83%	2.22%	29.57%
经营活动现金流增长率	11.71%	6.96%	14.85%
每股盈余增长率	3.83%	1.95%	29.43%
价值创造与分配：			
EVA	63985	66320	68178
EVA 率	11.2%	13.24%	14.84%
每股盈利（EPS）（元）	5.96	5.74	5.63
每股股利（DPS）（元）	2.56	2.39	2.33
股利支付率	43%	43%	43%

附表 3-7　英国沃达丰关键绩效指标一览表（2008~2010）

单位：百万元人民币	英国沃达丰—7		
	2010 年	2009 年	2008 年
投资经营效果：			
主营业务收入	468852	454424	419120
总资产	1545196	1604104	1560309
EBITDA	149901	150565	148062
EBITDA 率	31.97%	33.13%	35.33%
员工人数	83900	83862	79000
人均 EBITDA	1.79	1.80	1.87
净利润	80417	88060	31472
净利润率	17.15%	19.38%	7.51%
总资产报酬率（ROA）	5.20%	5.49%	2.02%
净资产报酬率（ROE）	8.99%	9.49%	3.63%
资本性支出（CAPEX）	57815	61166	60379
CAPEX 占收比	12.33%	13.46%	14.41%
融资管理效率：			
资产负债率	42.10%	42.15%	44.48%
流动比率	62.80%	49.69%	46.62%
利息保障倍数	15.84	4.51	3.17
折旧与摊销	80479	80826	69627
股息	15246	14305	13795
内部融资额	176141	183192	114893
成本费用管理：			
总资产周转率	0.30	0.28	0.27
固定资产周转率	2.27	2.15	2.13
坏账发生率	8.43%	9.56%	8.37%
折旧摊销率	17.17%	17.79%	16.61%
付现成本率	49.99%	48.41%	46.39%
营销、一般及管理费用率	18.24%	18.68%	18.31%
现金管理：			
经营活动净现金流	122567	133491	124795

续表

单位：百万元人民币	英国沃达丰—7		
	2010 年	2009 年	2008 年
每股经营活动净现金流（元）	2.34	2.54	2.37
自由现金流（FCF）	72028	73990	58469
自由现金流占收比	15.36%	16.28%	13.95%
销售现金比率	26.14%	29.38%	29.78%
资产现金回收率	7.93%	8.32%	8.00%
现金流量经营充足率	2.77	25.07	−7.32
成长管理：			
可持续增长率	−3.58%	7.12%	10.86%
主营业务收入增长率	3.18%	8.42%	15.61%
总资产增长率	−3.67%	2.81%	19.98%
净利润增长率	−8.68%	179.81%	−54.41%
经营活动现金流增长率	−8.18%	6.97%	16.60%
每股盈余增长率	−7.54%	181.51%	−53.50%
价值创造与分配：			
EVA	−51251	−39940	−80934
EVA 率	−3.80%	−2.86%	−6.18%
每股盈利（EPS）（元）	1.55	1.68	0.60
每股股利（DPS）（元）	0.29	0.27	0.26
股利支付率	19%	16%	44%

附表 3-8　法国电信关键绩效指标一览表（2008~2010）

单位：百万元人民币	法国电信—8		
	2010 年	2009 年	2008 年
投资经营效果：			
主营业务收入	400722	394927	411369
总资产	830242	800599	824746
EBITDA	126259	125616	148222
EBITDA 率	31.51%	31.81%	36.03%
员工人数	168694	164651	169692
人均 EBITDA	0.75	0.76	0.87
净利润	42949	29960	38907
净利润率	10.72%	7.59%	9.46%
总资产报酬率（ROA）	5.17%	3.74%	4.72%
净资产报酬率（ROE）	15.46%	11.50%	14.46%
资本性支出（CAPEX）	48629	44394	54001
CAPEX 占收比	12.14%	11.24%	13.13%
融资管理效率：			
资产负债率	66.54%	67.47%	67.39%
流动比率	64.13%	60.89%	58.57%
利息保障倍数	3.72	3.60	3.36
折旧与摊销	56899	54900	59039
股息	38009	37428	48867

续表

单位：百万元人民币	法国电信—8		
	2010 年	2009 年	2008 年
内部融资额	137857	122287	146813
成本费用管理：			
总资产周转率	0.48	0.49	0.50
固定资产周转率	1.84	1.90	1.81
坏账发生率	19.42%	21.48%	27.10%
折旧摊销率	14.20%	13.90%	14.35%
付现成本率	69.18%	69.04%	64.77%
营销、一般及管理费用率	—	—	—
现金管理：			
经营活动净现金流	110856	123317	129834
每股经营活动净现金流（元）	41.85	46.55	49.65
自由现金流（FCF）	62227	78924	75833
自由现金流占收比	15.53%	19.98%	18.43%
销售现金比率	27.66%	31.23%	31.56%
资产现金回收率	13.35%	15.40%	15.74%
现金流量经营充足率	69.93	6.11	7.54
成长管理：			
可持续增长率	6.67%	−3.16%	−10.01%
主营业务收入增长率	1.47%	−4.00%	0.31%
总资产增长率	3.70%	−2.93%	−6.91%
净利润增长率	43.36%	−23.00%	−35.21%
经营活动现金流增长率	−10.10%	−5.02%	0.68%
每股盈余增长率	61.40%	−26.92%	−35.54%
价值创造与分配：			
EVA	−9632	−20886	−8404
EVA 率	−1.46%	−3.19%	−1.27%
每股盈利（EPS）（元）	16.20	10.04	13.74
每股股利（DPS）（元）	12.33	12.33	12.33
股利支付率	76%	123%	90%

附表 3-9 墨西哥美洲电信关键绩效指标一览表（2008~2010）

单位：百万元人民币	墨西哥美洲电信—9		
	2009 年	2008 年	2007 年
投资经营效果：			
主营业务收入	212745	186305	167938
总资产	244167	234706	188173
EBITDA	84778	74010	67697
EBITDA 率	39.85%	39.73%	40.31%
员工人数	58058	52879	45646
人均 EBITDA	1.46	1.40	1.48
净利润	41501	32111	31637
净利润率	19.51%	17.24%	18.84%

单位：百万元人民币	墨西哥美洲电信—9		
	2009 年	2008 年	2007 年
总资产报酬率（ROA）	17.00%	13.68%	16.81%
净资产报酬率（ROE）	43.28%	41.11%	46.27%
资本性支出（CAPEX）	23933	42939	22525
CAPEX 占收比	11.25%	23.05%	13.41%
融资管理效率：			
资产负债率	60.73%	66.72%	63.66%
流动比率	77.07%	76.79%	69.52%
利息保障倍数	14.06	10.67	11.07
折旧与摊销	28611	22512	21778
股息	13724	4752	22706
内部融资额	83836	59374	76122
成本费用管理：			
总资产周转率	0.87	0.79	0.89
固定资产周转率	1.74	1.65	1.86
坏账发生率	11.81%	9.32%	11.90%
折旧摊销率	13.45%	12.08%	12.97%
付现成本率	60.15%	60.27%	59.69%
营销、一般及管理费用率	18.34%	18.03%	17.20%
现金管理：			
经营活动净现金流	82362	47142	54211
每股经营活动净现金流（元）	2.52	1.38	1.54
自由现金流（FCF）	58429	4203	31686
自由现金流占收比	27.46%	2.26%	18.87%
销售现金比率	38.71%	25.30%	32.28%
资产现金回收率	33.73%	20.09%	28.81%
现金流量经营充足率	71.01	81.84	−4.24
成长管理：			
可持续增长率	22.76%	14.24%	11.53%
主营业务收入增长率	14.19%	10.94%	28.22%
总资产增长率	4.03%	24.73%	6.33%
净利润增长率	29.24%	1.50%	32.14%
经营活动现金流增长率	74.71%	−13.04%	32.80%
每股盈余增长率	35.06%	4.19%	33.60%
价值创造与分配：			
EVA	28876	13732	16864
EVA 率	18.49%	6.24%	9.43%
每股盈利（EPS）（元）	1.27	0.94	0.90
每股股利（DPS）（元）	0.42	0.14	0.65
股利支付率	33%	15%	72%

附表 3-10　日本 KDDI 关键绩效指标一览表（2008~2010）

单位：百万元人民币	日本 KDDI—10		
	2010 年	2009 年	2008 年
投资经营效果：			
主营业务收入	279091	279709	284208
总资产	307075	310376	278651
EBITDA	76085	75349	73461
EBITDA 率	27.26%	26.94%	25.85%
员工人数	18418	18301	16967
人均 EBITDA	4.13	4.12	4.33
净利润	20731	17289	18100
净利润率	7.43%	6.18%	6.37%
总资产报酬率（ROA）	6.75%	5.57%	6.50%
净资产报酬率（ROE）	11.75%	10.24%	11.84%
资本性支出（CAPEX）	36055	42093	46733
CAPEX 占收比	12.92%	15.05%	16.44%
融资管理效率：			
资产负债率	42.53%	45.58%	45.14%
流动比率	153.49%	117.97%	122.55%
利息保障倍数	34.39	36.75	39.25
折旧与摊销	36512	37456	35317
股息	4997	4703	39818
内部融资额	62240	59448	93235
成本费用管理：			
总资产周转率	0.91	0.90	1.02
固定资产周转率	1.83	1.77	1.79
坏账发生率	2.21%	2.31%	2.73%
折旧摊销率	13.08%	13.39%	12.43%
付现成本率	73.18%	73.71%	74.90%
营销、一般及管理费用率	19.01%	20.40%	20.18%
现金管理：			
经营活动净现金流	58292	60132	57876
每股经营活动净现金流（元）	13286	13500	12985
自由现金流（FCF）	22493	-14988	-5139
自由现金流占收比	8.06%	-5.36%	-1.81%
销售现金比率	20.89%	21.50%	20.36%
资产现金回收率	18.98%	19.37%	20.77%
现金流量经营充足率	3.73	-26.74	6.20
成长管理：			
可持续增长率	4.49%	10.48%	9.65%
主营业务收入增长率	-0.22%	-1.58%	-2.75%
总资产增长率	-1.06%	11.38%	19.10%
净利润增长率	19.91%	-4.48%	2.27%
经营活动现金流增长率	-3.06%	3.90%	30.63%
每股盈余增长率	21.73%	-4.41%	2.38%

续表

单位：百万元人民币	日本 KDDI—10		
	2010 年	2009 年	2008 年
价值创造与分配：			
EVA	−4681	−7933	−3489
EVA 率	−1.78%	−3.06%	−1.57%
每股盈利（EPS）（元）	4725	3882	4061
每股股利（DPS）（元）	1138	1056	894
股利支付率	24%	27%	22%

附表 3–11　中国电信关键绩效指标一览表（2008~2010）

单位：百万元人民币	中国电信—11		
	2010 年	2009 年	2008 年
投资经营效果：			
主营业务收入	219864	209370	186529
总资产	407355	426520	440337
EBITDA	88495	83284	85899
EBITDA 率	40.25%	39.78%	46.05%
员工人数	312322	312520	314541
人均 EBITDA	0.28	0.27	0.27
净利润	15888	14626	979
净利润率	7.23%	6.99%	0.52%
总资产报酬率（ROA）	3.90%	3.43%	0.22%
净资产报酬率（ROE）	6.85%	6.57%	0.46%
资本性支出（CAPEX）	43037	38042	48410
CAPEX 占收比	19.57%	18.17%	25.95%
融资管理效率：			
资产负债率	43.06%	47.81%	51.28%
流动比率	43.53%	42.47%	31.39%
利息保障倍数	9.71	6.57	6.00
折旧与摊销	51656	52243	53880
股息	5778	6076	6063
内部融资额	73322	72945	60922
成本费用管理：			
总资产周转率	0.54	0.49	0.42
固定资产周转率	0.80	0.73	0.62
坏账发生率	10.46%	10.62%	10.91%
折旧摊销率	23.49%	24.95%	28.89%
付现成本率	65.58%	64.23%	68.36%
营销、一般及管理费用率	19.16%	19.35%	14.74%
现金管理：			
经营活动净现金流	75571	74988	76756
每股经营活动净现金流（元）	0.93	0.93	0.95
自由现金流（FCF）	27107	31159	36768
自由现金流占收比	12.33%	14.88%	19.71%

续表

单位：百万元人民币	中国电信—11		
	2010 年	2009 年	2008 年
销售现金比率	34.37%	35.82%	41.15%
资产现金回收率	18.55%	17.58%	17.43%
现金流量经营充足率	6.95	1.94	−3.05
成长管理：			
可持续增长率	4.20%	3.76%	−5.06%
主营业务收入增长率	5.01%	12.25%	3.12%
总资产增长率	−4.49%	−3.14%	6.53%
净利润增长率	8.63%	1393.97%	−95.97%
经营活动现金流增长率	0.78%	−2.30%	1.28%
每股盈余增长率	5.56%	1700.00%	−96.67%
价值创造与分配：			
EVA	−13468	−12240	−28608
EVA 率	−5.65%	−4.06%	−8.57%
每股盈利（EPS）（元）	0.19	0.18	0.01
每股股利（DPS）（元）	0.0850	0.0850	0.0850
股利支付率	45%	47%	850%

附表 3–12 法国 Vivendi 关键绩效指标一览表（2008~2010）

单位：百万元人民币	法国 Vivendi—12		
	2010 年	2009 年	2008 年
投资经营效果：			
主营业务收入	254314	238938	223615
总资产	519522	511878	497541
EBITDA	73173	67660	62597
EBITDA 率	28.77%	28.32%	27.99%
员工人数	54561	48210	44243
人均 EBITDA	1.34	1.40	1.41
净利润	31016	18370	32575
净利润率	12.20%	7.69%	14.57%
总资产报酬率（ROA）	5.97%	3.59%	6.55%
净资产报酬率（ROE）	12.50%	8.03%	13.89%
资本性支出（CAPEX）	29563	22562	17622
CAPEX 占收比	11.62%	9.44%	7.88%
融资管理效率：			
资产负债率	52.24%	55.29%	52.87%
流动比率	69.38%	64.02%	79.47%
利息保障倍数	9.35	7.89	9.47
折旧与摊销	30277	33879	25081
股息	15156	14434	13342
内部融资额	76449	66683	70998
成本费用管理：			
总资产周转率	0.49	0.47	0.45

续表

单位：百万元人民币	法国 Vivendi—12		
	2010 年	2009 年	2008 年
固定资产周转率	3.51	3.74	4.02
坏账发生率	21.40%	19.62%	16.95%
折旧摊销率	11.91%	14.18%	11.22%
付现成本率	38.52%	36.05%	37.98%
营销、一般及管理费用率	31.37%	32.08%	33.10%
现金管理：			
经营活动净现金流	61346	64745	50567
每股经营活动净现金流（元）	49.78	53.81	43.33
自由现金流（FCF）	31783	42183	32945
自由现金流占收比	12.50%	17.65%	14.73%
销售现金比率	24.12%	27.10%	22.61%
资产现金回收率	11.81%	12.65%	10.16%
现金流量经营充足率	5.82	−1.96	8.75
成长管理：			
可持续增长率	8.41%	−2.40%	19.71%
主营业务收入增长率	6.44%	6.85%	17.25%
总资产增长率	1.49%	2.88%	25.33%
净利润增长率	68.84%	−43.61%	−1.86%
经营活动现金流增长率	−5.25%	28.04%	12.72%
每股盈余增长率	157.97%	−69.06%	−1.33%
价值创造与分配：			
EVA	−3979	−16913	−1792
EVA 率	−1.04%	−4.42%	−0.48%
每股盈利（EPS）（元）	15.68	6.08	19.64
每股股利（DPS）（元）	12.33	12.33	11.45
股利支付率	79%	203%	58%

附表 3-13　美国 Comcast 关键绩效指标一览表（2008~2010）

单位：百万元人民币	美国 Comcast—13		
	2010 年	2009 年	2008 年
投资经营效果：			
主营业务收入	251245	236801	226867
总资产	785015	746597	748478
EBITDA	98519	92413	85413
EBITDA 率	39.21%	39.03%	37.65%
员工人数	102000	107000	100000
人均 EBITDA	0.97	0.86	0.85
净利润	24074	24093	16868
净利润率	9.58%	10.17%	7.44%
总资产报酬率（ROA）	3.07%	3.23%	2.25%
净资产报酬率（ROE）	8.18%	8.50%	6.30%
资本性支出（CAPEX）	32855	33888	38081
CAPEX 占收比	13.08%	14.31%	16.79%

续表

单位：百万元人民币	美国 Comcast—13		
	2010 年	2009 年	2008 年
融资管理效率：			
资产负债率	62.51%	62.02%	64.21%
流动比率	107.92%	44.46%	41.57%
利息保障倍数	3.83	3.17	2.66
折旧与摊销	43816	43048	42385
股息	7013	5629	4815
内部融资额	60876	61512	54439
成本费用管理：			
总资产周转率	0.32	0.32	0.30
固定资产周转率	1.61	0.67	0.71
坏账发生率	8.53%	9.28%	10.46%
折旧摊销率	17.44%	18.18%	18.68%
付现成本率	61.53%	61.65%	61.67%
营销、一般及管理费用率	21.33%	21.38%	22.34%
现金管理：			
经营活动净现金流	74035	68088	67757
每股经营活动净现金流（元）	26.37	23.68	23.05
自由现金流（FCF）	41180	34200	29676
自由现金流占收比	16.39%	14.44%	13.08%
销售现金比率	29.47%	28.75%	29.87%
资产现金回收率	9.43%	9.12%	9.05%
现金流量经营充足率	2.39	8.59	−10.91
成长管理：			
可持续增长率	3.79%	5.84%	−2.15%
主营业务收入增长率	6.10%	4.38%	10.88%
总资产增长率	5.15%	−0.25%	−0.35%
净利润增长率	−0.08%	42.83%	−1.55%
经营活动现金流增长率	8.73%	0.49%	24.94%
每股盈余增长率	1.57%	45.98%	3.57%
价值创造与分配：			
EVA	−39458	−34869	−41454
EVA 率	−5.31%	−4.94%	−5.89%
每股盈利（EPS）（元）	8.54	8.41	5.76
每股股利（DPS）（元）	2.50	1.97	1.66
股利支付率	29.30%	23.39%	28.74%

附表 3–14　意大利电信关键绩效指标一览表（2008~2010）

单位：百万元人民币	意大利电信—14		
	2010 年	2009 年	2008 年
投资经营效果：			
主营业务收入	242804	239211	255389
总资产	784932	758953	754277
EBITDA	100500	97884	97664

续表

单位：百万元人民币	意大利电信—14		
	2010 年	2009 年	2008 年
EBITDA 率	41.39%	40.92%	38.24%
员工人数	84200	71384	75320
人均 EBITDA	1.19	1.37	1.30
净利润	31457	14055	19181
净利润率	12.96%	5.88%	7.51%
总资产报酬率（ROA）	4.01%	1.85%	2.54%
净资产报酬率（ROE）	10.95%	5.88%	8.27%
资本性支出（CAPEX）	40360	40008	44385
CAPEX 占收比	16.62%	16.72%	17.38%
融资管理效率：			
资产负债率	63.41%	68.53%	69.26%
流动比率	88.42%	91.84%	77.47%
利息保障倍数	2.76	2.58	2.33
折旧与摊销	48850	48885	49986
股息	10251	9273	14689
内部融资额	70056	53667	54477
成本费用管理：			
总资产周转率	0.31	0.32	0.34
固定资产周转率	1.96	2.13	2.14
坏账发生率	12.03%	13.74%	11.34%
折旧摊销率	20.12%	20.44%	19.57%
付现成本率	40.91%	41.52%	45.48%
营销、一般及管理费用率	—	—	—
现金管理：			
经营活动净现金流	60527	48216	72750
每股经营活动净现金流（元）	3.14	2.51	3.78
自由现金流（FCF）	20167	8208	28366
自由现金流占收比	8.31%	3.43%	11.11%
销售现金比率	24.93%	20.16%	28.49%
资产现金回收率	7.71%	6.35%	9.65%
现金流量经营充足率	−13.19	2.03	−6.10
成长管理：			
可持续增长率	20.24%	3.01%	−0.63%
主营业务收入增长率	1.50%	−6.33%	4.21%
总资产增长率	3.42%	0.62%	−2.03%
净利润增长率	123.81%	−26.72%	7.77%
经营活动现金流增长率	25.53%	−33.72%	17.33%
每股盈余增长率	100.00%	−27.27%	8.20%
价值创造与分配：			
EVA	−2188	−19126	−42577
EVA 率	−0.32%	−2.97%	−6.69%
每股盈利（EPS）（元）	1.41	0.70	0.97
每股股利（DPS）（元）	0.51	0.44	0.44
股利支付率	36.25%	62.50%	45.45%

附表 3–15　日本 Softbank 关键绩效指标一览表（2008~2010）

单位：百万元人民币	日本 Softbank—15		
	2010 年	2009 年	2008 年
投资经营效果：			
主营业务收入	244157	224554	217211
总资产	378324	362653	356461
EBITDA	75631	64003	55146
EBITDA 率	30.98%	28.50%	25.39%
员工人数	21799	21885	21048
人均 EBITDA	3.47	2.92	2.62
净利润	15416	7859	3508
净利润率	6.31%	3.50%	1.62%
总资产报酬率（ROA）	4.07%	2.17%	0.98%
净资产报酬率（ROE）	21.57%	10.03%	5.23%
资本性支出（CAPEX）	34177	18114	21054
CAPEX 占收比	14.00%	8.07%	9.69%
融资管理效率：			
资产负债率	81.11%	78.40%	81.20%
流动比率	113.27%	122.89%	112.65%
利息保障倍数	6.79	4.89	3.94
折旧与摊销	18278	19823	19178
股息	440	440	220
内部融资额	34134	28122	22906
成本费用管理：			
总资产周转率	0.65	0.62	0.61
固定资产周转率	2.70	2.91	2.67
坏账发生率	5.48%	4.02%	5.69%
折旧摊销率	7.49%	8.83%	8.83%
付现成本率	38.23%	39.18%	42.27%
营销、一般及管理费用率	33.34%	35.14%	35.47%
现金管理：			
经营活动净现金流	67108	54286	36393
每股经营活动净现金流（元）	62.00	50.17	33.68
自由现金流（FCF）	45618	31764	14754
自由现金流占收比	18.68%	14.15%	6.79%
销售现金比率	27.49%	24.17%	16.75%
资产现金回收率	17.74%	14.97%	10.21%
现金流量经营充足率	−8.48	4.61	−2.61
成长管理：			
可持续增长率	−8.75%	16.87%	−2.82%
主营业务收入增长率	8.73%	3.38%	−3.71%
总资产增长率	4.32%	1.74%	−3.78%
净利润增长率	96.15%	124.02%	−60.26%
经营活动现金流增长率	23.62%	49.17%	182.99%
每股盈余增长率	96.08%	123.75%	−60.71%

续表

单位：百万元人民币	日本 Softbank—15		
	2010 年	2009 年	2008 年
价值创造与分配：			
EVA	−6867	−14198	−19269
EVA 率	−2.41%	−4.94%	−6.52%
每股盈利（EPS）（元）	14.24	7.26	3.25
每股股利（DPS）（元）	0.41	0.41	0.20
股利支付率	2.85%	5.59%	6.26%

附表 3-16　美国 Sprint Nextel 关键绩效指标一览表（2008~2010）

单位：百万元人民币	美国 SprintNextel—16		
	2010 年	2009 年	2008 年
投资经营效果：			
主营业务收入	215655	213648	236000
总资产	342089	367057	387759
EBITDA	29226	35577	37809
EBITDA 率	13.55%	16.65%	16.02%
员工人数	40197	40364	56298
人均 EBITDA	0.73	0.88	0.67
净利润	−22948	−16133	−18517
净利润率	−10.64%	−7.55%	−7.85%
总资产报酬率（ROA）	−6.71%	−4.40%	−4.78%
净资产报酬率（ROE）	−23.82%	−13.46%	−14.04%
资本性支出（CAPEX）	12815	10616	25709
CAPEX 占收比	5.94%	4.97%	10.89%
融资管理效率：			
资产负债率	71.84%	67.35%	65.99%
流动比率	125.21%	126.65%	137.59%
利息保障倍数	−1.25	−1.41	−1.98
折旧与摊销	41379	49114	55677
股息	0	0	0
内部融资额	18431	32981	37160
成本费用管理：			
总资产周转率	0.63	0.58	0.61
固定资产周转率	2.29	1.88	1.74
坏账发生率	6.09%	6.43%	7.59%
折旧摊销率	19.19%	22.99%	23.59%
付现成本率	82.64%	81.35%	83.82%
营销、一般及管理费用率	28.98%	29.30%	31.86%
现金管理：			
经营活动净现金流	31888	32392	40922
每股经营活动净现金流（元）	10.67	11.22	14.29
自由现金流（FCF）	19073	21775	15212
自由现金流占收比	8.84%	10.19%	6.45%

续表

单位：百万元人民币	美国 SprintNextel—16		
	2010 年	2009 年	2008 年
销售现金比率	14.79%	15.16%	17.34%
资产现金回收率	9.32%	8.82%	10.55%
现金流量经营充足率	26.60	−8.84	2.20
成长管理：			
可持续增长率	−19.61%	−9.14%	−9.47%
主营业务收入增长率	0.94%	−9.47%	−11.24%
总资产增长率	−6.80%	−5.34%	−36.88%
净利润增长率	42.24%	−12.88%	−90.50%
经营活动现金流增长率	−1.55%	−20.84%	−33.16%
每股盈余增长率	38.10%	−14.29%	−90.43%
价值创造与分配：			
EVA	−45058	−40674	−45559
EVA 率	−15.34%	−12.81%	−13.48%
每股盈利（EPS）（元）	−7.68	−5.56	−6.49
每股股利（DPS）（元）	0	0	0
股利支付率	0	0	0

附表 3–17　英国电信关键绩效指标一览表（2008~2010）

单位：百万元人民币	英国电信—17		
	2010 年	2009 年	2008 年
投资经营效果：			
主营业务收入	205141	213141	218567
总资产	240536	293058	299128
EBITDA	56783	52746	32606
EBITDA 率	27.68%	24.75%	14.92%
员工人数	92600	96100	105000
人均 EBITDA	0.61	0.55	0.31
净利润	15368	10515	−1952
净利润率	7.49%	4.93%	−0.89%
总资产报酬率（ROA）	6.39%	3.59%	−0.65%
净资产报酬率（ROE）	77.09%	−39.19%	−113.02%
资本性支出（CAPEX）	26465	25883	31554
CAPEX 占收比	12.90%	12.14%	14.44%
融资管理效率：			
资产负债率	91.71%	109.16%	99.42%
流动比率	55.91%	60.32%	64.30%
利息保障倍数	2.91	2.35	0.31
折旧与摊销	30440	31053	29531
股息	1901	1819	4271
内部融资额	47709	43386	31850
成本费用管理：			
总资产周转率	0.85	0.73	0.73

续表

单位：百万元人民币	英国电信—17		
	2010 年	2009 年	2008 年
固定资产周转率	1.37	1.40	1.39
坏账发生率	9.83%	6.29%	1.50%
折旧摊销率	14.84%	14.57%	13.51%
付现成本率	74.18%	77.07%	86.67%
营销、一般及管理费用率	6.89%	6.83%	6.91%
现金管理：			
经营活动净现金流	46656	49303	48087
每股经营活动净现金流（元）	6.02	6.37	6.23
自由现金流（FCF）	20549	19752	7531
自由现金流占收比	10.02%	9.27%	3.45%
销售现金比率	22.74%	23.13%	22.00%
资产现金回收率	19.40%	16.82%	16.08%
现金流量经营充足率	4.41	−6.06	−29.78
成长管理：			
可持续增长率	−174.30%	−1653.85%	−96.89%
主营业务收入增长率	−3.75%	−2.48%	3.31%
总资产增长率	−17.92%	−2.03%	−0.27%
净利润增长率	46.16%	638.74%	−110.99%
经营活动现金流增长率	−5.37%	2.53%	−14.22%
每股盈余增长率	45.86%	−632.00%	−111.63%
价值创造与分配：			
EVA	5932	−1716	−18040
EVA 率	3.59%	−0.81%	−8.66%
每股盈利（EPS）（元）	1.98	1.36	−0.26
每股股利（DPS）（元）	0.25	0.24	0.55
股利支付率	12%	17%	−216%

附表 3-18　中国联通关键绩效指标一览表（2008~2010）

单位：百万元人民币	中国联通—18		
	2010 年	2009 年	2008 年
投资经营效果：			
主营业务收入	176168	158369	152764
总资产	443466	419232	347037
EBITDA	59630	60090	57750
EBITDA 率	33.85%	37.94%	37.80%
员工人数	215815	216772	204354
人均 EBITDA	0.28	0.28	0.28
净利润	3671	9374	33728
净利润率	2.08%	5.92%	22.08%
总资产报酬率（ROA）	0.83%	2.24%	9.72%
净资产报酬率（ROE）	1.76%	4.49%	16.14%
资本性支出（CAPEX）	70190	112470	70490
CAPEX 占收比	39.84%	71.02%	46.14%

续表

单位：百万元人民币	中国联通—18		
	2010 年	2009 年	2008 年
融资管理效率：			
资产负债率	53.06%	50.18%	36.03%
流动比率	21.37%	15.39%	28.92%
利息保障倍数	2.71	8.48	3.74
折旧与摊销	54786	47898	48097
股息	555	1136	1424
内部融资额	57902	56135	80401
成本费用管理：			
总资产周转率	0.40	0.38	0.44
固定资产周转率	0.58	0.56	0.63
坏账发生率	27.84%	29.54%	25.85%
折旧摊销率	31.10%	30.24%	31.48%
付现成本率	64.52%	61.41%	53.61%
营销、一般及管理费用率	22.62%	22.10%	19.40%
现金管理：			
经营活动净现金流	68210	59309	60075
每股经营活动净现金流（元）	3.22	2.80	2.83
自由现金流（FCF）	−1980	−53160	−10410
自由现金流占收比	−1.12%	−33.57%	−6.81%
销售现金比率	38.72%	37.45%	39.33%
资产现金回收率	15.38%	14.15%	17.31%
现金流量经营充足率	5.13	−0.74	24.14
成长管理：			
可持续增长率	−0.32%	−0.07%	15.59%
主营业务收入增长率	11.24%	3.67%	−0.83%
总资产增长率	5.78%	20.80%	3.37%
净利润增长率	−60.84%	−72.21%	63.64%
经营活动现金流增长率	15.01%	−1.28%	−13.98%
每股盈余增长率	−60.88%	−8.07%	−61.30%
价值创造与分配：			
EVA	−17673	−13601	14604
FVA 率	−9.64%	−5.74%	7.04%
每股盈利（EPS）（元）	0.06	0.15	0.16
每股股利（DPS）（元）	0.03	0.05	0.07
股利支付率	44.91%	36.22%	41.74%

附表 3-19 美国 DirectTV Group 关键绩效指标一览表（2008~2010）

单位：百万元人民币	美国 DirectTV Group—19		
	2010 年	2009 年	2008 年
投资经营效果：			
主营业务收入	159620	142819	130421
总资产	118606	120931	109533
EBITDA	43399	32431	34114

续表

单位：百万元人民币	美国 DirectTV Group—19		
	2010 年	2009 年	2008 年
EBITDA 率	27.19%	22.71%	26.16%
员工人数	23541	21800	18300
人均 EBITDA	1.84	1.49	1.86
净利润	14557	6239	10073
净利润率	9.12%	4.37%	7.72%
总资产报酬率（ROA）	12.27%	5.16%	9.20%
净资产报酬率（ROE）	−1132.99%	32.36%	31.34%
资本性支出（CAPEX）	16000	13716	14762
CAPEX 占收比	10.02%	9.60%	11.32%
融资管理效率：			
资产负债率	101.08%	84.06%	70.66%
流动比率	95.57%	88.67%	112.80%
利息保障倍数	7.31	5.34	7.86
折旧与摊销	16438	17484	15365
股息	0	0	0
内部融资额	30994	23723	25438
成本费用管理：			
总资产周转率	1.35	1.18	1.19
固定资产周转率	5.80	5.71	5.05
坏账发生率	3.66%	3.33%	3.39%
折旧摊销率	10.30%	12.24%	11.78%
付现成本率	73.54%	75.36%	74.53%
营销、一般及管理费用率	6.00%	12.86%	12.33%
现金管理：			
经营活动净现金流	34478	29345	25895
每股经营活动净现金流（元）	39.18	29.79	23.33
自由现金流（FCF）	18477	15630	11133
自由现金流占收比	11.58%	10.94%	8.54%
销售现金比率	21.60%	20.55%	19.85%
资产现金回收率	29.07%	24.27%	23.64%
现金流量经营充足率	11.59	−4.01	5.23
成长管理：			
可持续增长率	−106.66%	−40.02%	−22.99%
主营业务收入增长率	11.76%	9.51%	14.19%
总资产增长率	−1.92%	10.41%	9.80%
净利润增长率	133.33%	−38.07%	4.82%
经营活动现金流增长率	17.49%	13.32%	7.27%
每股盈余增长率	140.63%	−29.93%	13.22%
价值创造与分配：			
EVA	8600	−769	3421
EVA 率	9.86%	−0.84%	4.05%
每股盈利（EPS）（元）	15.30	6.36	9.07
每股股利（DPS）（元）	0	0	0
股利支付率	0	0	0

附表 3-20　澳大利亚电信关键绩效指标一览表（2008~2010）

单位：百万元人民币	澳大利亚电信—20		
	2010 年	2009 年	2008 年
投资经营效果：			
主营业务收入	162392	161253	165071
总资产	245358	254217	258618
EBITDA	65693	70197	70851
EBITDA 率	40.45%	43.53%	42.92%
员工人数	35790	41690	39464
人均 EBITDA	1.84	1.68	1.80
净利润	21033	25498	26378
净利润率	12.95%	15.81%	15.98%
总资产报酬率（ROA）	8.57%	10.03%	10.20%
净资产报酬率（ROE）	26.44%	30.29%	32.14%
资本性支出（CAPEX）	22068	22463	29756
CAPEX 占收比	13.59%	13.93%	18.03%
融资管理效率：			
资产负债率	67.58%	66.89%	68.27%
流动比率	87.29%	82.76%	79.88%
利息保障倍数	4.80	6.14	5.47
折旧与摊销	28857	28126	28410
股息	22489	22482	22482
内部融资额	27401	31141	32306
成本费用管理：			
总资产周转率	0.66	0.63	0.64
固定资产周转率	1.15	1.09	1.07
坏账发生率	6.88%	7.26%	7.58%
折旧摊销率	17.77%	17.44%	17.21%
付现成本率	42.62%	39.48%	40.30%
营销、一般及管理费用率	3.59%	3.73%	4.07%
现金管理：			
经营活动净现金流	51889	62716	58231
每股经营活动净现金流（元）	4.19	5.06	4.70
自由现金流（FCF）	35445	40286	28249
自由现金流占收比	21.83%	24.98%	17.11%
销售现金比率	31.95%	38.89%	35.28%
资产现金回收率	21.15%	24.67%	22.52%
现金流量经营充足率	19.46	153.83	8.57
成长管理：			
可持续增长率	-5.50%	2.58%	3.56%
主营业务收入增长率	0.71%	-2.31%	2.73%
总资产增长率	-3.49%	-1.70%	5.38%
净利润增长率	-17.51%	-3.34%	9.84%
经营活动现金流增长率	-17.26%	7.70%	1.74%
每股盈余增长率	-16.88%	-4.56%	10.03%

续表

单位：百万元人民币	澳大利亚电信—20		
	2010 年	2009 年	2008 年
价值创造与分配：			
EVA	6243	8725	8621
EVA 率	3.08%	4.07%	3.90%
每股盈利（EPS）（元）	1.69	2.03	2.13
每股股利（DPS）（元）	1.81	1.81	1.81
股利支付率	107.28%	89.17%	85.11%

后 记

为了贯彻《国民经济和社会发展第十二个五年规划纲要》中明确提出的"大力推进哲学社会科学创新体系建设，实施哲学社会科学创新工程，繁荣发展哲学社会科学"的精神，落实中国社会科学院中国哲学社会科学创新工程试点工作，中国社会科学院科研局设立了一系列哲学社会科学创新工程项目。其中，《中国社会科学权威报告系列》是哲学社会科学创新工程项目的重要组成部分，将按年度连续出版，旨在推动我国社会科学优秀成果和优秀人才走向世界，扩大中国社会科学话语权，增强中华文化的软实力，梳理当代中国社会科学各学科积累的优秀成果。

《全球电信运营企业发展报告（2010~2011）——财务竞争力与可持续发展》是《中国社会科学权威报告系列》的子报告之一。该报告的顺利完成，得到了中国社会科学院、工业和信息化部、北京邮电大学、中国移动、中国电信、中国联通等机构的积极支持。全国人大常委会委员、中国社会科学院原副院长陈佳贵，工业和信息化部党组成员、总工程师朱宏任联袂担任专家委员会主任，对报告的编写进行指导；朱宏任总工程师拨冗为本年度报告撰写了序言；经济管理出版社总编辑沈志渔研究员为本年度报告的出版倾注了大量的心血；来自学术界的知名专家和部分企业的领导组成的专家委员会，对报告的编写思路和框架设计提出了宝贵建议，并给予了大力支持和帮助，在此一并表示诚挚的感谢。

专家委员会和编写委员会的各位成员为报告的策划和编写付出了辛勤的努力，北京邮电大学的何瑛负责设计了报告的整体框架、研究思路与方法、篇章结构和具体内容，并审阅全部稿件。本年度报告的主要内容包括四个部分：第一部分（专题篇）包括一份总报告和五份分报告，由何瑛负责执笔，基础数据的计算由郝雪阳、周访、东娇、白瑞花、李娇等负责，郝雪阳和周访负责数据的最后审校。第二部分（报告篇）包括12家电信运营企业的可持续发展报告。由周访、郝雪阳、李娇、东娇、白瑞花等执笔，陈力、李玲、赵立、申兵等负责审校。第三部分（指标篇）呈现全球电信运营企业关键绩效指标概览及财务竞争力与可持续发展的深度解析，由郝雪阳、周访等执笔，张艳、任睿、佟博、王晨、林培珊等负责审校。第四部分（附录篇）由陈德华、曹宇英、罗海虹、王萌等负责整理。经济管理出版社的张艳和陈力主任为本报告的顺利出版做了大量的工作，付出了辛勤的劳动。报告的撰写还参考了许多国内外研究文献和研究报告，在此一并表示感谢！

本报告亦是中央高校基本科研业务费专项资金项目"电信运营企业现金流管控与财务竞争力综合评价研究"（2009RC1025）的阶段性成果。

由于受到时间、成本、经验、资料来源等方面的限制，作为第一次有益的尝试，也是第一部反映全球电信运营企业财务竞争力和可持续发展状况的报告，难免有偏颇或疏漏之处，报告中使用了大量的英文资料，欠妥之处敬请读者批评与指正。报告团队将与电信各界携手前进，共同努力，精益求精，为全球电信运营企业财务竞争力的研究和信息资源交流奉献更加优秀的著述。

《全球电信运营企业发展报告》
编写委员会
2011 年 11 月

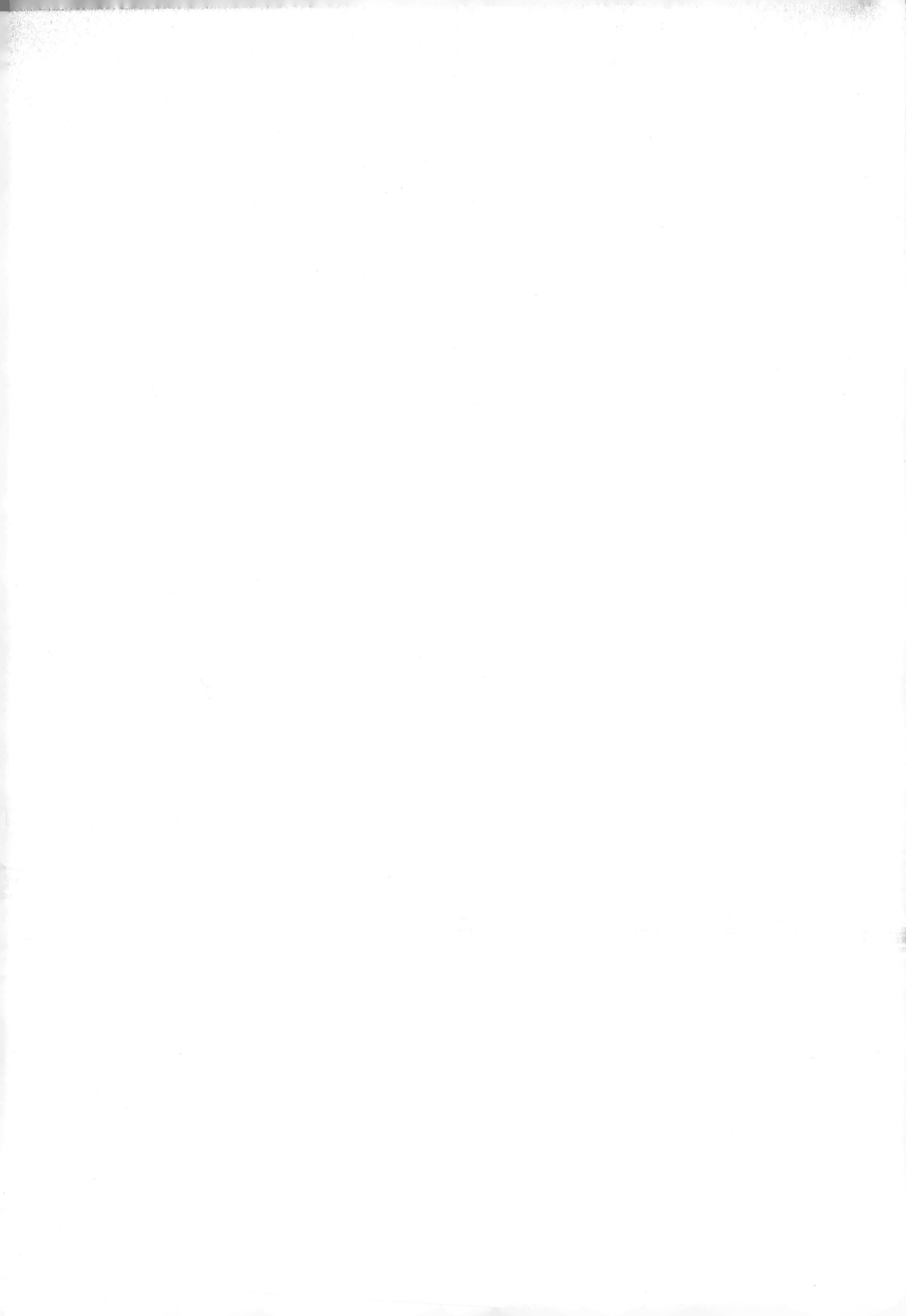